清代史学经典丛书

廿二史札记

（清）赵翼 撰 曹光甫 校点

凤凰出版社

图书在版编目（ＣＩＰ）数据

廿二史札记 ／（清）赵翼撰；曹光甫校点. -- 南京：
凤凰出版社，2023.4
（清代史学经典丛书）
ISBN 978-7-5506-3923-2

Ⅰ. ①廿… Ⅱ. ①赵… ②曹… Ⅲ. ①中国历史－古
代史－纪传体 Ⅳ. ①K204.1

中国国家版本馆CIP数据核字(2023)第045833号

书　　　名	廿二史札记
著　　　者	(清)赵翼 撰　曹光甫 校点
责 任 编 辑	李相东
特 约 编 辑	王晨韵
装 帧 设 计	陈贵子
出 版 发 行	凤凰出版社(原江苏古籍出版社)
	发行部电话025-83223462
出版社地址	江苏省南京市中央路165号,邮编:210009
照　　　排	南京凯建文化发展有限公司
印　　　刷	南京新洲印刷有限公司
	江苏省南京市六合区雨花路2号　211500
开　　　本	880毫米×1230毫米　1/32
印　　　张	19.5
字　　　数	561千字
版　　　次	2023年4月第1版
印　　　次	2023年4月第1次印刷
标 准 书 号	ISBN 978-7-5506-3923-2
定　　　价	98.00元
	(本书凡印装错误可向承印厂调换,电话:025-57500228)

前　言

　　清朝乾嘉间有三部著名历史考证著作问世，即赵翼《廿二史札记》、钱大昕《廿二史考异》与王鸣盛《十七史商榷》。张舜徽先生云："三家之书，内容不尽相同。钱氏详于校勘文字异同，训释名物制度，及纠正原书事实之讹谬；王氏重在典章故实之考证，亦间校释文句；赵氏偏于历史事实的综合比较。各有所长，相互为用。"①比较而言，钱、王二书主要重在考证；赵书则重在议论，即在考证的基础上展开史学批评与历史评论，形成寓议论于考证的特色。三书各有千秋，均为读史之津梁，而就其对后世及域外影响而论，赵翼的《廿二史札记》（以下简称《札记》）堪称独领风骚，尤胜一筹。近代史学大家吕思勉先生云："此项作品，我以为最好的有两部：（一）顾亭林炎武的《日知录》卷八之十三；（二）赵瓯北翼之《廿二史札记》。……为现在治史学的好模范。"②日本近代史学大师内藤湖南说《札记》"对于了解中国历史的大体是很方便的著作，以至近年张之洞曾说过无法通读正史的人，应该大略读一读《廿二史札记》这样意思的话"③。在日本，史学界将赵翼列为"中国史学家十杰"之一（孔子、司马迁、左丘明、刘知幾、杜佑、司马光、顾炎武、顾祖禹、赵翼、崔述）。1983年，东京大学开设《廿二史札记》专业课。可见其浸润之深，嘉惠之广。"百年史学推瓯北"（陈垣语），洵非虚誉。

　　赵翼《札记》三十六卷，补遗一卷，虽沿旧称二十二史标名，实际上包括《旧唐书》与《旧五代史》，是清史以前的全部正史，即二十四史。其分卷考证情况为：卷一至卷三，《史记》、《汉书》；卷四卷五，《后汉书》；卷六至卷八，《三国志》、《晋书》；卷九至卷十二，《宋书》、《南齐书》、《梁书》、《陈书》、《南史》；卷十三至卷十五，《魏书》、《北齐书》、《周

---

① 张舜徽《中国文献学》第九编《清代考证家整理文献的业绩》。
② 吕思勉《吕思勉论学丛稿·怎样读中国历史》。
③ ［日］内藤湖南《中国史学史》第十二章《清朝的史学》之九《考订旧史的史学》。

书》、《隋书》、《北史》;卷十六至卷二十,《新唐书》、《旧唐书》;卷二十一卷二十二,《新五代史》、《旧五代史》;卷二十三至卷二十八,《宋史》、《辽史》、《金史》;卷二十九卷三十,《元史》;卷三十一至卷三十六,《明史》。补遗一卷为《辽史》、《金史》、《元史》中人名、官名、地名的新旧译名对照表。清朝考史诸作,遍考二十四史者,仅赵翼《札记》一部而已。

"撑肠五千卷,纵目廿二史"①,赵翼纵论历史,有扎实渊博的知识作基础,功底深厚。其考史特点"多就正史纪、传、表、志中参互勘校,其有抵牾处,自见辄摘出",即限定以正史作内校或外校,不取野史校正史,因为"间有稗乘脞说与正史歧互者,又不敢遽诧为得间之奇。盖一代修史时,此等记载无不搜入史局,其所弃而不取者,必有难以征信之处。今或反据以驳正史之讹,不免贻讥有识"②。这种"以子之矛攻子之盾"的治史方法,从审慎严谨角度而言,也无可厚非,钱大昕就非常欣赏:"此论古特识,颜师古以后未有能见及此者矣。"③但过于依赖或盲从正史而一概鄙弃野史也有失偏颇。正史未必可信。《札记》卷二十三《宋史各传回护处》:"盖宋人之家传、表志、行状以及言行录、笔谈、遗事之类,流传于世者甚多,皆子弟门生所以标榜其父师者,自必扬其善而讳其恶,遇有功处辄迁就以分其美,有罪则隐约其词以避之。宋时修国史者即据以立传,元人修史又不暇参互考证而悉仍其旧,毋怪乎是非失当也。"赵翼也明知正史不可全信,他甚至在一首诗中不无偏激地说:"乃知青史上,大半亦属诬!"④野史则未必概不可信。如宋人王栐《燕翼诒谋录》,《四库全书总目提要》就大加赞赏:"其胪陈故实,如丝联绳贯,本末粲然,诚杂史中之最有典据者也。"其实野史亦多佳作,堪作正史的重要补充。许多野史,修史者未必都能寓目,即使寓目,由于主客观原因,也未必乐于或敢于录用。因此,考史而摒弃野史,并非明智之举。赵翼虽如此说,实际上却并未彻底遵循,《札记》中也时有引野史质疑正史的篇章。卷二十四《宋史列传又有遗漏者》引俞文豹《清夜录》与曹勋《北狩录》,认为《宋史》应当替忠节凛然的姜尧

---

① 《瓯北集》卷四十一《放歌》。
② 赵翼《廿二史札记·小引》。
③ 钱大昕《廿二史札记·序》。
④ 《瓯北集》卷十《后园居诗》之五。

章与王婉容两人立传;卷三十《庚申帝》中引用六种野史,肯定庚申帝扑朔迷离的身世"未必无因",从而非议《元史》未能"疑以传疑"。可见野史在赵翼心目中还是能够用来考证正史的。他在《关索插枪岩歌》一诗中说:"呜呼! 书生论古勿泥古,未必传闻皆伪史策真!"①这种观点显然比单信正史来得圆通。

陈垣先生于1903年在赵翼《札记小引》后批云:"赵瓯北札记廿二史,每史先考史法,次论史事。"②指出了《札记》考论的基本格局。关于史法,赵翼通过对诸史撰作的时代背景、作者学识水平、写作时间长短以及体例创制因革等方面的考察,从而比较其优劣得失。如对史籍的点评,《明史》开头说:"近代诸史,自欧阳公《五代史》外,《辽史》简略,《宋史》繁芜,《元史》草率,惟《金史》行文雅洁,叙事简括,稍为可观,然未有如《明史》之完善者。"③如书法的比较,《后汉书三国志书法不同处》:"今两相比较,繁简互有不同。大概同作一传,则后人视前人所有者必节之,前人所无者必增之,以见其不雷同抄袭。"④如对史籍体例的褒扬,《宋齐书带叙法》:"盖人各一传则不胜传,而不为立传则其人又有事可传。有此带叙法,则既省多立传,又不没其人。此诚作史良法。"⑤对《齐书》的类叙法也予肯定⑥。又如《辽史立表最善》云:"《辽史》最简略,二百年人物,列传仅百余篇,其脱漏必多矣。然其体例亦有最善者,在乎立表之多,表多则传自可少。"⑦其他如对史书纪传内容应当互见、应当据事直书等撰史原则加以论述,体现了赵翼将二十四史史法作通盘考量比较的宏观史识,其难度之大,自非单就一史一事考校者可等量齐观。

考论史事,是《札记》的重点,也是全书精华所在。一部二十四史内容浩如烟海,如果事无巨细、东鳞西爪地漫说一通,那就会零碎杂乱,不着边际。赵翼则将考论的内容限定在"古今风会之递变,政事之

---

① 《瓯北集》卷十九。
② 见陈智超《陈垣史源学杂文·前言》。
③ 《廿二史札记》卷三十一。
④ 《廿二史札记》卷六。
⑤ 《廿二史札记》卷九。
⑥ 《廿二史札记》卷九《齐书类叙法最善》。
⑦ 《廿二史札记》卷二十七。

屡更,有关于治乱兴衰之故者,亦随所见附著之"①。也就是说,举凡朝政举措、军国大事、典章制度、朝代递嬗等可供兴衰存亡龟鉴的重要历史事件,都进入赵翼视野。帝王将相的个人品质与历史功过,昏君的骄奢淫逸,暴君的肆意滥杀,宦官的蠹国殃民,藩镇的飞扬跋扈,以及社会风气、习俗民情、地理沿革与掌故佚闻等,均在《札记》考论之列。对史料林林总总的钩玄提要,提纲挈领地构建起中国古代历史发展的基本脉络与框架,使读者在饱饫知识的同时,既兴趣盎然,又深受启迪。难怪晚清知名学者李慈铭在咸丰年间多次批阅《札记》后题云:"此书贯串全史,参互考订,不特阙文误义多所辨明,而各朝之史,皆综其要义,铨其异闻,使首尾井然,一览可悉。即不读全史者,寝馈于此,凡历代之制度大略,时政得失,风会盛衰,及作史者之体要各殊,褒贬所在,皆可晓然。诚俭岁之粱稷也。"②评价很高。

赵翼历史评论,无论归纳还是演绎,都以史实为基础,抽丝剥茧,层层深入,最终得出令人信服的结论。为避免面面俱到,今择其有特色者简述之。

一、创新意识。创新就是不落窠臼,推陈出新。这既是赵翼诗歌创作与理论的灵魂,也是他史论的核心。赵翼《即事》诗说:"闭门宁厌寂寥居,乱帙纵横獭祭鱼。拙句点金成巧句,古书翻案出新书。"③翻案出新,最能别开生面。以南宋和议为例,南宋之亡究竟咎在和抑是战? 宋儒重义理,以和议为奇耻大辱,慷慨陈词,力主北伐,恢复中原。在强敌面前表现出凛然风义气节,主观愿望不能说不好。但义理与客观现实并不总是一致。《札记》卷二十六《和议》云:"义理之说与时势之论往往不能相符,则有不可全执义理者。盖义理必参之以时势,乃为真义理也。"这种对"真义理"的正确界定,潜台词是对假义理的否定。和议的决策者是宋高宗,他曾对赵鼎说:"今梓宫、太后、渊圣皆在彼,若不与和,则无可还之理。"秦桧身任国事,是和议策略的拥护者和执行者。他对那些不担纲国策者说"诸君争取大名以去,如桧但欲了

---

① 赵翼《廿二史札记·小引》。
② 王树民《廿二史札记校证》附录《李慈铭题记与跋语》。
③ 《瓯北集》卷二十七。

国家事耳",《札记》对此评道:"斯言也,正不能以人而废言也。"以当时实际形势而论,《札记》说:"富平一败,丧师数十万,并陕西地尽失之。""宿州一溃,又弃唐、邓、海、泗。""开禧用兵,更至增岁币,函送韩侂胄之首。"屡战屡败,最终均以和议而暂止。其后权相贾似道明知不敌元兵,竟违约邀功,囚禁元遣议和使者郝经于真州,终致"深讳议和"而导致亡国。《札记》因此而得出结论:"是宋之为国,始终以和议而存,不和议而亡。"其观点与历来论和议者相左,令人耳目一新。同样的观点,还见诸《札记》卷二十八《金以坏和议而亡》:"其后正隆南侵,开禧北伐,亦皆以议和罢兵息事。迨贾似道讳和主战而国亡矣。盖事势当危急之时,不得不谨畏睦邻,图存于亡,若犹仗虚愦之气,必误国事也。"《札记》卷三十五《明末书生误国》:"书生徒讲文理,不揣时势,未有不误人家国者。宋之南渡,秦桧主和议,以成偏安之局,当时议者无不以反颜事仇为桧罪。而后之力主恢复者,张德远一出而辄败,韩侂胄再出而又败,卒之仍以和议保疆。迨贾似道始求和而旋讳之,孟浪用兵,遂至亡国。"历史上求和图存事例不少,战国时越王勾践兵败,辱身求和,最终灭掉吴国,即是显例。赵翼写诗与论史相通,他在七言古诗《漳州木棉庵怀古》中吟道:"昔人曾耻言和议,谓是偷安无志气。到此翻思秦会之,乞和未必非长计。"①赵翼在南宋和议问题上的创新见解,言之有据,应当说是客观和公允的。有意思的是,同时期的钱大昕也持相同观点:"宋与金仇也,义不当和。而绍兴君臣主和议甚力,为后世诟病。厥后张浚、韩侂胄志在恢复,讫无成功。及金人为蒙古所困,真西山奏请绝其岁币,嗣是金人索岁币,连岁犯边。以垂毙之金,与宋决战,宋犹未能得志,其国势积弱可知矣。然则从前之主和,以时势论之,未为失算也。……盖由道学诸儒耻言和议,理、度两朝尊崇其学,庙堂所习闻者迂阔之谈,而不知理势之不可同日语也。"②两大史家不谋而合,殊途同归,可谓英雄所见略同。

赵翼《读史》诗云:"老来自笑犹闲气,动为前人抱不平。"③替古人抱不平,也就是翻案,重新评价。这也是创新。怎样重新评价史书上

① 《瓯北集》卷三十一。
② 钱大昕《十驾斋养新录》卷八《宋季耻议和》。
③ 《瓯北集》卷二十八。

已有定评的古人呢？赵翼慨叹："闲翻青史几悲凉，功罪千秋少尺量。"①史书上常有是非颠倒、黑白混淆的记载，要另作公允评价，当然不能随意褒贬，由心予夺，必须有事实作佐证，并从总体上把握与考量，才能不失偏颇。如《晋书》对王导褒扬，比作管仲、孔明，而对陶侃则加贬抑，说他"潜有包藏之志"，即有图谋不轨的野心。赵翼对此大为不平，举出许多例证，指出《王导》、《陶侃》两传褒贬失当②。再如对南宋赴金使者王伦，他"间关百死，遂成和议"的忠勇与功绩，他最终以身殉国，《札记》对他高度赞扬，而世人"徒以胡铨疏斥其狎邪小人，市井无赖，张焘疏斥其虚诞，许忻疏斥其卖国，遂众口一词，以为非善类"，功臣而披恶名，被人为地无端钉上历史耻辱柱，赵翼指斥这是"出于一时儒生不主和议者之诋諆"，"不可不急为别白也"③。其他如《札记》卷二十二《张全义　冯道》，对名实看似截然悖反的张冯二人的评议，从实际效益而不从义理教条，知人论世，饶有新意。《札记》卷二十四《赵良嗣不应入奸臣传》，也卓然有识。

二、比较论证。有比较才能有鉴别，显优劣，判异同。《札记》对于各史撰作的成败得失，往往通过史法与史实两方面的比较而作出恰当评价。如《南史》与南朝各史的比较。《札记》卷十《南史删宋书最多》记《南史》删《宋书》十之五六，是由于《宋书》"过于繁冗"。《宋书·邓琬传》"叙浓湖赭圻之战至一二万字，竟似演义小说，又如记功册籍"，"《南史》于此等处一概删削，有关系者则檃括数语存之，可谓简净，得史裁之正"。又如三国时魏、蜀、吴主都重用人才，但经过比较发现其用人方式各不相同："大概曹操以权术相驭，刘备以性情相契，孙氏兄弟以意气相投。"④同中有异，概括得精要。再如宋太祖杯酒释兵权，一改唐五代节度使、藩镇武人专擅一方的局面，启用文官牧民治事。这是政治上重大改革举措，究竟利弊如何？有的论者认为弃武重文是失策，开国即陷于弱，导致后来难以御敌，丧权辱国。赵翼则不同意这种观点，通过仔细比较，权衡利弊后说："自宋以文臣知州事，历代

① 《瓯北集》卷三十一《咏古》。
② 《廿二史札记》卷七《王导陶侃二传褒贬失当》。
③ 《廿二史札记》卷二十四《王伦》。
④ 《廿二史札记》卷七《三国之主用人各不同》。

因之,遂无复弱干强枝之患。宋太祖及赵普之计虑深矣。而议者徒谓宋之弱由此,是但知御侮力薄,不足以自强,而不知消患于未萌。苟非外有强敌,内有流寇,则民得安耕牧,不至常罹兵革之苦。其隐然之功,何可轻议也?"①从民生及社会安定着眼,其持论相当深刻,不同凡响。

三、辩证观念。论人论事要辩证全面,防止片面走极端,这是《札记》知人论世的又一特点。对于魏晋六朝的九品中正铨选制度,其建立与发展有一个历史过程,不可一概否定,说得一无是处。赵翼认为,起初由中正品第人才之法"非不密","未尝不详慎",中正亦多"矜慎者"、"秉公不挠者",如"周馥理识清正,主定九品,检括精详,褒贬允当"。然而日久生弊,后来"中正所品高下,全以意为轻重",造成"上品无寒门,下品无世族"的不良结果②。这就是赵翼对"九品中正"的辩证观点。对于后世丑诋的武则天,《札记》既指出武后极其"残忍"的一面③,又肯定武后极其"容忍"的一面④,正反两方面大量事实的迭合,还原了武后的真实面貌。为了夺取政权与巩固政权,武后的"残忍"与"容忍"相辅相成,是矛盾双方的对立统一。这样来理解武后,比片面地将武后妖魔化要高明得多。

对于《新唐书》的评价,赵翼也独树一帜。乾嘉时期学者,对《新唐书》多持批评态度。王鸣盛批评《新唐书》:"不据事直书以著其实,而舞文出入,强立多例,高下其手,故多所抵忤。"⑤纪昀等《四库全书总目提要》卷四十六《新唐书提要》说:"是书本以补正刘昫之舛病,自称'事增于前,文省于旧'。刘安世《元城语录》则谓:'事增文省,正《新书》之失,而未明其所以然。今即其说而推之。史官记录,具载《旧书》,今必欲广所未备,势必搜及小说,而至于猥杂;唐代词章,体皆详赡,今必欲减其文句,势必变为涩体,而至于诘屈。'安世所言,所谓中其病源者也。"邵晋涵的批评更为偏激,甚至说《新唐书》"为后世讥议,

① 《廿二史札记》卷二十《唐节度使之祸》。
② 《廿二史札记》卷八《九品中正》。
③ 详见《廿二史札记》卷十九《武后之忍》。
④ 详见《廿二史札记》卷十九《武后纳谏知人》。
⑤ 王鸣盛《十七史商榷》卷七十六《新书杀某之例》。

谓史法之败坏自《新书》始"①。众口一词,《新唐书》几成众矢之的。真有那么糟么？赵翼在《札记》中用了五卷(卷十六至卷二十)的篇幅来讨论新旧《唐书》的得失,对《新唐书》有褒有贬,相当辩证。他从总体上肯定《新唐书》:"论者谓《新书》事增于前,文省于旧,此固欧、宋二公之老于文学……又得诸名手佽助,宜其称良史也。"②对于"事增于前",赵翼认为由于宋仁宗时"无虑数十百种"的大量旧籍记载问世,史料来源远胜于刘昫撰《旧唐书》时的五代,所以事增是必然的。而且"《新书》事增《旧书》,非特于《旧书》各传内增事迹,并有《旧书》无传而《新书》增传者"③。如穆宗宣懿韦后、武宗王贤妃、宣宗元昭晁后、懿宗恭献王后,《旧唐书》无传,《新唐书》均为补传。据赵翼统计,《新唐书》在《旧唐书》七十一传中,增加了九十二事,皆有关当日事势、古来政要、本人贤否,都是重要史实,不可不增。又于二十六传中,增加二十八事,均所谓"琐言碎事,但资博雅而已"④。可见"事增于前",乃有得有失,且得大于失,并不"猥杂"。对于"文省于旧",赵翼亦作客观分析。有增必有删。《新唐书》删节《旧唐书》的有关内容,并不流于"诘屈"。赵翼指出有"去取得当"、"移置得宜"诸长处,也有"不当删而删者","此则景文(指宋祁)之率意裁汰,不及酌其轻重也"⑤。对于《新唐书》的"书法"及删改唐代诏诰等骈体旧文,《札记》基本上予以否定,指出:"《新唐书》书法多可议者。"⑥"欧、宋二公不喜骈体,故凡遇诏诰章疏四六行文者,必尽删之。……夫一代自有一代文体,六朝以来诏疏尚骈丽,皆载入纪传,本国史旧法。今以其骈体而尽删之,遂使有唐一代馆阁台省之文不见于世,究未免偏见也。"⑦赵翼不惮其烦列举大量例证对《新唐书》作实事求是、一分为二的评析,相当辩证,有说服力。

---

① 邵晋涵《南江文钞》卷三《新唐书提要》。转引自罗炳良《清代乾嘉历史考证学研究》第三章《乾嘉历史考证学家的史学思想》。

② 《廿二史札记》卷十六《新唐书》。

③⑤ 《廿二史札记》卷十七《新书删旧书处》。

④ 《廿二史札记》卷十七《新书增旧书处》。

⑥ 《廿二史札记》卷十六《新唐书本纪书法》。

⑦ 《廿二史札记》卷十八《新书尽删骈体旧文》。

《札记》所论及二十四史的内容非常丰富广泛，以上所举仅是其中荦荦大者，限于篇幅，不再殚述。钱大昕《廿二史札记·序》说："（是书）持论斟酌时势，不蹈袭前人，亦不有心立异，于诸史审订曲直，不掩其失，而亦乐道其长。"今人瞿林东先生在《中国史学史纲》评论《札记》"以议论为主"的特点时说："此书精华，即在于此。在这一点上，它很接近于《读通鉴论》，似也可以看作是一部《读廿二史论》或《读正史论》。"无疑都是很中肯的。

《札记》对于历代帝王荒淫无耻的行径有大量暴露，如《汉诸王荒乱》（卷三）、《宋齐多荒主》（卷十一）、《宋世闱门无礼》（卷十一）、《北齐宫闱之丑》（卷十五）、《海陵荒淫》（卷二十八）等，盈篇累幅，虽不乏借镜警示作用，但嫌过于滥冗。过多堆砌铺陈不堪入目的史料，极易造成视觉污染。《札记》卷二十八《海陵荒淫》批评《金史》取材不当时说："海陵之恶固不足道，然著其大者可矣。此等中蒨之丑亦琐琐书之，毋乃秽史乎！"真是旁观者清，当局者迷，《札记》琐琐书之的内容更甚，此乃猎奇猎艳之过，实属赘笔秽笔。其他如封建迷信、因果报应、污蔑农民起义等历史性局限，也是《札记》的不足之处。

赵翼在乾嘉时期，与钱大昕、王鸣盛并称史学三大家，与袁枚、蒋士铨并称诗坛三大家，为海内景仰，绝非浪得虚名。

赵翼（1727—1814），字耘菘，一作云崧、云菘、云松，号瓯北，江苏阳湖（今常州市）人。乾隆二十六年（1761）进士，阅卷大臣原拟第一名进呈，乾隆帝钦定以原拟第一与第三名王杰互易，赵翼遂屈居探花。事后乾隆帝对大学士傅恒说赵翼"文自佳而殊少福相"[①]，"文自佳"，这可是颇有文才的乾隆帝的鉴定，想来不至于是虚伪的盲许或谬赞。赵翼在京十八年，曾参与《国朝宫史》、《通鉴辑览》、《平定准噶尔方略》等史书的修纂，具有史才。乾隆三十一年（1766）冬，赵翼离京，外任广西镇安知府、广东广州知府、贵州贵西兵备道等职。乾隆三十七年（1772），赵翼四十六岁，有感于"仕宦几家收局好"[②]，决计辞官返乡终养，直至八十八岁去世，迄未出仕。在长达四十余年的里居生活中，赵

①　《瓯北集》卷十《散馆恭纪二首》其二"骨相兼怜广不侯"句下小注。
②　《瓯北集》卷二十七《途次先寄京师诸故人》其四。

翼吟诗订史,笔耕不辍。"老尚手一编,丹黄勘不置。……借遣时日闲,兼饫性情嗜。"①"里居何物可消闲,依旧书生静掩关。……订罢史编翻自笑,干卿甚事苦增删?"②均是真实写照。赵翼一生著作等身,收入《瓯北全集》的有:《廿二史札记》三十六卷、补遗一卷,《陔余丛考》四十三卷,《皇朝武功纪盛》四卷,《檐曝杂记》六卷、续一卷,《瓯北集》五十三卷,《瓯北诗钞》二十卷,《瓯北诗话》十卷、续二卷。总计七种一百七十六卷。

赵翼文才史才兼优,这是不争的事实。卢文弨《皇朝武功纪盛·序》称"阳湖赵观察云崧夙具史才"。昭梿《啸亭续录》卷二《考据之难》云:"袁简斋太史、赵瓯北观察,诗文秀雅苍劲,为一代大家。"赵翼对自己的文才也非常自负,在翰林院直军机处时作《奉派撰文有作》诗云:"相如典册谈何易,敢诩生平笔似椽。"③隐约自比司马相如。常州府乡里人赴考,甚至将赵翼奉为文昌府君,对之膜拜。《戏题魁星像》诗序云:"北斗为文昌之府,其第一星至第四星,总名魁星。决科者咸乞灵焉。……余薄有诗名,生事亦粗足,人遂以魁星目余。"④可见其享名之盛。

赵翼撰作《札记》,前后约费十年光阴。他在《再题廿二史札记》诗中说:"一事无成两鬓霜,聊凭阅史遣年光。敢从棋谱论新局?略仿医经载古方。千载文章宁汝数,十年辛苦为谁忙?只应纸上空谈在,留享他时酱瓿香。"⑤诗作于嘉庆五年(1800),与钱大昕、李保泰作序年岁相合。而赵翼自作《廿二史札记·小引》云:"闲居无事,翻书度日,而资性粗钝,不能研究经学,惟历代史书事显而义浅,便于流览,爰取为日课,有所得辄札记别纸,积久遂多。"末署"乾隆六十年三月"。说明乾隆末年已成初稿初刻,其补订重刻则在嘉庆五年。

《札记》成书后,海内学者多知其事并予许可。钱大昕序云:"读之窃叹其记诵之博,义例之精,论议之和平,识见之宏远,洵儒者有体有

① 《瓯北集》卷四十二《偶书》其一。
② 《瓯北集》卷三十八《七十自述》其二十。
③ 《瓯北集》卷九。
④ 《瓯北集》卷四十四。
⑤ 《瓯北集》卷四十一。

用之学，可坐而言，可起而行者也。"李保泰序云："阳湖赵瓯北先生……中岁即乞养归，优游林下者将三十年，无日不以著书为事，辑《廿二史札记》三十六卷。方先生属稿时，每得与闻绪论，及今始溃于成，窃获从编校之役，反复卒读之。"可见李保泰亲闻亲见并亲自参加编校，是《札记》成书的共事者与目击证人，想来不会是凭空编造的伪证。大学士王杰（惺园）也读过《札记》，并因此而向赵翼咨询过有关问题，《瓯北集》卷四十三有《同年王惺园相公见余廿二史札记有感于前朝荆楚流氛事手书远讯敬赋奉酬》诗，即记其事。《瓯北集》卷四十四附李调元（雨村）诗《得赵云松前辈书寄怀四首》其三云："寄来两部大文章，《札记》、《陔余》并挈纲。早岁腹原充四库，老年胸更展三长。"对赵翼的腹笥便便与才学作了充分的肯定。赵翼的《札记》与其所创作的诗歌，在内容上观点上息息相通，前述《和议》时已有提及，兹再补充一例。《瓯北集》卷二十八《访真州馆故地》诗："汉代曾传雁足书，昔是虚言今实事。"与《札记》卷三十《郝经》所述史实完全一致。

无论从赵翼的个人自述及学问功底，或同时代人的推奖与参与，或赵翼史著与诗作相通的内证诸点来看，《札记》为赵翼撰著，当毋庸置疑。然而《札记》问世七十年后，在同治九年（1870），清儒李慈铭于《越缦堂日记》中写道："阅赵翼《廿二史札记》。常州老生皆言此书及《陔余丛考》，赵以千金买之一宿儒之子，非赵自作。以《瓯北诗集》、《诗话》及《檐曝杂记》诸书观之，赵识见浅陋，全不知著书之体。此两书较为贯串，自非赵所能为。"竟以莫须有之"常州老生"与"宿儒"而否定《札记》为赵翼所作。李慈铭并非等闲之辈，作此惊世骇俗之论而又不出示确凿证据，其诋毁攻击前辈大师的真正动机何在，实在令人匪夷所思。或故弄玄虚，以沽名钓誉耶？或大言欺人，文人相轻之恶习耶？《清史稿·文苑三·李慈铭传》称："性狷介，又口多雌黄。服其学者好之，憎其口者恶之。"或系信口雌黄耶？总之，李慈铭说在无佐证前决不可信。

本书校点以嘉庆十七年壬申（1812）湛贻堂原刊本《瓯北全集》中《廿二史札记》为底本，以光绪三年丁丑（1877）滇南唐氏重刊《瓯北全集》寿考堂藏板本为校本，两书为同一系统之翻刻，因而异文不多。此外，还用本校或他校作参校。由于赵翼在《札记·小引》中自诉"家少藏书,不能繁征博采,以资参订",加之当时又缺乏公共图书馆之类可供稽核,赵翼有时恐怕仅凭记忆而未严密检索,因而《札记》在史料年代、书名人名、引用文字等处有不少疏误。如《札记》卷七《晋书》,陈垣先生指出:"末引《新唐志》晋史凡十种,几无一种无问题。"①为《札记》作校订,最著名的有陈垣先生《陈垣史源学杂文》与王树民先生《廿二史札记校证》,尤以后一种为巨擘,为《札记》之功臣。本书校点时,在审核与斟酌后,取两书之最重要者转引,署"陈垣云"与"《校证》",以示不敢掠美。间有查考史籍而有一得者,亦于校记或正文中予以体现。如《札记》卷三十三《永乐中海外诸番来朝》中"十七年,满剌加王母幹撒于的儿沙来朝",查《明史》卷三百二十五《外国六》"满剌加"条,原文为:"十二年,王子母幹撒于的儿沙来朝,告其父讣。"则可知为"十二年","王子"名"母幹撒于的儿沙"者来朝,以之订正《札记》之误。又如《札记》卷三十六《刘香》中之"康成祖",后又作"承祖",名字歧异,则据《明史》卷二百六十《熊文灿传》统一订正为"承祖"。全书正文凡原误字、衍字均加( ),并用小一号字,凡补字、改字则用〔 〕,以示区别。人名、地名或容易产生歧义时,酌情保留异体字或繁体字。正文中亦多有吸取《校证》成果者,难以一一指明,谨此致谢。此外,原书对于少数民族的侮称,一律径改今称。避讳字情况较复杂,有时径改,有时仍用补改误字法处理。如《札记》卷三十六《明从贼官六等定罪》中有何孕光、白孕谦、吴嵩孕、卫允文四人,名字用"孕"甚可疑,查《明史》卷二百七十五《解学龙传》,乃何胤光、白胤谦、吴嵩胤、卫胤文四人,即据以订正。对于全书各篇均据文意分段,以清眉目,方便阅读。

由于本书引述史料数量浩繁,虽尽量予以检核,但毕竟未能全覆盖,故疏陋之处在所难免,敬望读者诸君不吝赐正。是为谢。

曹光甫

2008 年 3 月 2 日于上海

---

① 《陈垣史源学杂文·〈廿二史札记〉七〈晋书〉条末引唐艺文志订误》。

廿二史札记序

　　瓯北先生早登馆阁，出入承明，硕学淹贯，通达古今，当时咸以公辅期之。既而出守粤徼，分臬黔南，从军瘴疠之乡，布化苗、瑶之域，盘根错节，游刃有余。中年以后，循陔归养，引疾辞荣，优游山水间，以著书自乐。所撰《瓯北诗集》、《陔余丛考》，久已传播士林，纸贵都市矣。今春访予吴门，复出近刻《廿二史札记》三十有六卷见示。读之窃叹其记诵之博，义例之精，论议之和平，识见之宏远，洵儒者有体有用之学，可坐而言，可起而行者也。乃读其自序有"质钝不能研经，唯诸史事显而义浅，爰取为日课"之语，其挚谦自下如此。

　　虽然，经与史岂有二学哉？昔宣尼赞修《六经》，而《尚书》、《春秋》实为史家之权舆。汉世刘向父子校理秘文为《六略》，而《世本》、《楚汉春秋》、《太史公书》、《汉著纪》列于《春秋家》，《高祖传》、《孝文传》列于《儒家》，初无经史之别。厥后兰台、东观，作者益繁。李充、荀勖等创立四部，而经史始分，然不闻陋史而荣经也。自王安石以猖狂诡诞之学要君窃位，自造《三经新义》，驱海内而诵习之，甚至诋《春秋》为断烂朝报。章、蔡用事，祖述荆舒，屏弃《通鉴》为元祐学术，而十七史皆束之高阁矣。嗣是道学诸儒讲求心性，惧门弟子之泛滥无所归也，则有诃读史为玩物丧志者，又有谓读史令人心粗者。此特有为言之，而空疏浅薄者托以借口，由是说经者日多，治史者日少。彼之言曰：经精而史粗也，经正而史杂也。予谓经以明伦，虚灵玄妙之论，似精实非精也；经以致用，迂阔刻深之谈，似正实非正也。太史公尊孔子为世家，谓"载籍极博，必考信于六艺"，班氏《古今人表》尊孔、孟而降老、庄，皆卓然有功于圣学，故其文与《六经》并传而不愧。若元、明言经者，非剿袭稗贩，则师心妄作，即幸而厕名甲部，亦徒供后人覆瓿而已，奚足尚哉！

　　先生上下数千年安危治忽之几，烛照数计，而持论斟酌时势，不蹈袭前人，亦不有心立异。于诸史审订曲直，不掩其失，而亦乐道其长。视郑渔仲、胡明仲专以诃骂炫世者，心地且远过之。又谓"稗乘脞说间与正史歧互者,本史官弃而不采,今或据以驳正史,恐为有识所讥",此论古特识,颜师古以后未有能见及此者矣。予生平嗜好与先生同,又少于先生二岁,而衰病久辍铅椠,索然意尽。读先生书,或冀涩然汗出而霍然病已也乎!

嘉庆五年岁次庚申六月十日嘉定钱大昕序。

序

经者治之理，史者治之迹。三代以上，明于理而经立；三代以下，详于迹而史兴。世愈积，事愈多，其于天下之情变，古今之得失，盖有不可枚举者矣。立乎今日以溯古人辽阔数千年，世尽狃于目前之近，沿流既远，前后迥判，不特封建井田之制为敻乎其不可返也。昔三代忠质文之运，递相救也，亦递相因，往往有此一代之所趋，而前代已启其端；有彼一代之所开，而后代遂衍其绪。世第纷然交眩于成败废兴之迹，回惶变易，而卒不得其所以致之者。后之读史者排比事类，商榷伦物，不过取一人一事而予夺之，毁誉之，盖皆未离乎经生之见也。

阳湖赵瓯北先生以经世之才，具冠古之识，自太史出守，擢观察，甫中岁即乞养归，优游林下者将三十年，无日不以著书为事，辑《廿二史札记》三十六卷。方先生属稿时，每得与闻绪论，及今始溃于成，窃获从编校之役，反复卒读之。嗟夫！自士大夫沉涵于举业，局促于簿书，依违于格令，遇国家有大措置，民生有大兴建，茫然不识其沿革之由，利病之故，与夫维持补救之方。虽使能辨黄初之伪年，收兰台之坠简，于以称博雅、备故实足矣，乌足以当经世之大业哉！然则使先生翱翔木天，径簉青云，以备经筵之启沃，必能援古证今，指陈贯串；否则扬历外台，建牙仗节，斟酌时宜，折衷往昔，其所裨于斯世者不少，而惜乎其仅托之此书以传也。

昔赵中令自谓以《论语》一部理天下，夫中令则何能然？读是书而有会焉。洵乎其得史学之大且重者，举而措之天下，无难也。世尝谓宰相须用读书人，岂不谅哉！爰承先生之督序，而谨述之如此。

嘉庆五年五月宝山后学李保泰拜书。

廿二史札记小引

　　闲居无事，翻书度日，而资性粗钝，不能研究经学，惟历代史书事显而义浅，便于流览，爰取为日课，有所得辄札记别纸，积久遂多。惟是家少藏书，不能繁征博采，以资参订。间有稗乘脞说与正史歧互者，又不敢遽诧为得间之奇。盖一代修史时，此等记载无不搜入史局，其所弃而不取者，必有难以征信之处。今或反据以驳正史之讹，不免贻讥有识。是以此编多就正史纪、传、表、志中参互勘校，其有抵牾处，自见辄摘出，以俟博雅君子订正焉。至古今风会之递变，政事之屡更，有关于治乱兴衰之故者，亦随所见附著之。自惟中岁归田，遭时承平，得优游林下，寝馈于文史以送老，书生之幸多矣。或以比顾亭林《日知录》，谓身虽不仕而其言有可用者，则吾岂敢。阳湖赵翼谨识。
　　乾隆六十年三月。

目　　录

卷四　后汉书

卷五　后汉书

卷六　三国志

卷七　三国志　晋书

卷八　晋书

卷十三　魏齐周隋书并北史

卷十四　魏齐周隋书并北史

卷十五　魏齐周隋书并北史

卷十六　新旧唐书

卷二十一　五代史

卷二十二　五代史

卷二十三　宋辽金史

卷二十四　宋史

卷二十五　宋史

卷二十九　元史

卷三十　元史

卷三十一　明史

卷三十二　明史

卷三十三　明史

卷三十四　明史

卷三十五　明史

卷三十六　明史

廿二史札记补遗④

【校】

① 卷二十三《宋辽金三史重修》，此目之后，原有《宋辽二史不相合处》、《辽金二史不相合处》及《宋金二史不相合处》三目，正文内无此三目及其内容，故删。

② 金末种人被害之惨　目录原缺，据正文补。

③ 卷三十六《明祖本纪》至《明朝米价贵贱》,共二十二目,目录原缺,据正
　文补。

④ 廿二史札记补遗　目录原无,据正文补。

廿二史札记卷一

司马迁作史年岁

司马迁《报任安书》谓"身遭腐刑而隐忍苟活者，恐没世而文采不表于后世也"，论者遂谓迁遭李陵之祸，始发愤作《史记》，而不知非也。其《自序》谓父谈临卒，属迁论著列代之史。父卒三岁，迁为太史令，即紬石室金匮之书。为太史令五年，当太初元年，改正朔，正值孔子《春秋》后五百年之期，于是论次其文。会草创未就而遭李陵之祸，惜其不成，是以就刑而无怨。是迁为太史令即编纂史事。五年为太初元年，则初为太史令时，乃元封二年也。元封二年至天汉二年遭李陵之祸，已十年。又《报任安书》内谓"安抱不测之罪，将迫季冬，恐卒然不讳，则仆之意终不得达，故略陈之"。安所抱不测之罪，缘戾太子以巫蛊事斩江充，使安发兵助战，安受其节而不发兵，武帝闻之以为怀二心，故诏弃市。此书正安坐罪将死之时，则征和二年间事也。自天汉二年至征和二年，又阅八年。统计迁作《史记》，前后共十八年。况安死后，迁尚未亡，必更有删订改削之功，盖书之成，凡二十余年也。其《自序》末谓"自黄帝以来至太初而讫"，乃指所述历代之事止于太初，非谓作史岁月至太初而讫也。

李延寿作《南》、《北史》凡十七年，欧阳修、宋子京修《新唐书》亦十七年，司马温公作《资治通鉴》凡十九年，迁作史之岁月更有过之。合班固作史之岁月并观之，可知编订史事未可聊尔命笔矣。元末修《宋》、《辽》、《金》三史不过三年，明初修《元史》，两次设局不过一年，毋怪乎草率荒谬，为史家最劣也。

班固作史年岁

《汉书》武帝以前纪、传、表，多用《史记》文，其所撰述，不过昭、宣、元、成、哀、平、王莽七朝君臣事迹，且有史迁创例于前，宜其成之易易。

乃考其始末,凡经四人手,阅三四十年始成完书,然后知其审订之密也。据《后汉书·班固传》,固父彪接迁书太初以后,继采遗事,傍贯异闻,作后传数十篇。是彪已有撰述也。固以父书未详,欲就其业,会有人告其私改国史,明帝阅其书而善之,使固终成之。固乃起高祖,终于孝平、王莽之诛,十有二世,二百三十年,为纪、表、志、传,凡百篇。自永平始受诏,积二十余年,至建初中乃成,是固成此书已二十余年。其八表及《天文志》尚未就而固已卒,和帝又诏其妹昭就东观藏书阁踵成之。是固所未成,又有妹为之卒业也。

《汉书》始出,多未能通,马融伏于阁下从昭受读。后又诏融兄续继昭成之,是昭之外又有马续也。百篇之书,得之于史迁者已居其半,其半又经四人之手而成。其后张衡又条上《汉书》与典籍不合者十余事,卢植、马日磾、杨彪、蔡邕、韩说等校书东观,又补续《汉记》,则是书亦尚有未尽善者,益信著书之难也。

各史例目异同

古者左史记言,右史记事,言为《尚书》,事为《春秋》。其后沿为编年、记事二种。记事者以一篇记一事,而不能统贯一代之全;编年者又不能即一人而各见其本末。司马迁参酌古今,发凡起例,创为全史。本纪以序帝王,世家以记侯国,十表以系时事,八书以详制度,列传以志人物,然后一代君臣政事,贤否得失,总汇于一编之中。自此例一定,历代作史者遂不能出其范围,信史家之极则也。魏禧序《十国春秋》,谓"迁仅工于文,班固则密于体",以是为《史》、《汉》优劣。不知无所因而特创者难为功,有所本而求精者易为力,此固未可同日语耳。至于篇目之类,固不必泥于一定,或前代所有而后代所无,或前代所无而后代所有,自不妨随时增损改换。今列二十二史篇目异同于左:

本纪。 古有《禹本纪》、《尚书》、《世纪》等书,迁用其体以叙述帝王。惟项羽作纪,颇失当,故《汉书》改为列传。《三国志》亦但有《魏纪》,而吴、蜀二主皆不立纪,以魏为正统故也。《后汉书》又立《皇后纪》,盖仿《史》、《汉·吕后纪》之例。不知史迁以政由后出,故《高纪》后即立后纪。至班固则先立《孝惠纪》,孝惠崩始立后纪,其体例已截然。以少帝既废,所立者非刘氏子,故不得以伪主纪年,而归之于后也。若东汉则各有帝纪，即女后临朝，而用人行政已皆编在帝纪内，何必又立后纪？《新唐书》武后已改唐为周，故朝政则编入后纪，宫闱琐屑事仍立后传，较有斟酌。《宋史·度宗本纪》后附瀛国公及二王，不曰帝而曰瀛国公，曰二王，固以著其不成为君，而犹附于纪后，则以其正统绪余，已登极建号，不得而没其实也。至马令、陆游《南唐书》作《李氏本纪》，吴任臣《十国春秋》为僭大号者皆作纪，殊太滥矣。其时已有梁、唐、晋、汉、周称纪，诸国皆偏隅，何得亦称纪耶？《金史》于《太祖本纪》之前，先立《世纪》以叙其先世，此又仿《尚书》、《世纪》之名，最为典切。

世家。《史记·卫世家赞》"余读世家言"云云，是古来本有世家一体，迁用之以记王侯诸国，《汉书》乃尽改为列传。按《班固传》，改世家为列传，系其父彪变例。传者，传一人之生平也。王侯开国，子孙世袭，故称世家。今改作传，而其子孙嗣爵者又不能不附其后，究非体矣。然自《汉书》定例后，历代因之。《晋书》于僭伪诸国数代相传者，不曰世家而曰载记，盖以刘、石、苻、姚诸君有称大号者，不得以侯国例之也。欧阳修《五代史》则于吴、南唐、前蜀、后蜀、南汉、北汉、楚、吴越、闽、南平，皆称世家。《宋史》因之，亦作十国世家。《辽史》于高丽、西夏，则又变其名曰外记。

表。《史记》作十表，昉于周之谱牒，与纪、传相为出入。凡列侯、将相、三公、九卿，功名表著者既为立传，此外大臣无功无过者，传之不胜传，而又不容尽没，则于表载之。作史体裁，莫大于是。故《汉书》因之，亦作七表。以《史记》中《三代世表》、《十二诸侯年表》、《六国表》，皆无与于汉也。其余诸侯皆本《史记》旧表，而增武帝以后沿革以续之。惟《外戚恩泽侯表》，《史记》所无。又增《百官公卿表》，最为明晰。另有《古今人表》，既非汉人，何烦胪列？且所分高下，亦非定评，殊属赘设也。《后汉》、《三国》、《宋》、《齐》、《梁》、《陈》、《魏》、《齐》、《周》、《隋》及《南》、《北史》，皆无表。《新唐书·宰相》、《方镇》、《宗室世系》三表。薛《五代史》无表。欧《五代史》亦无表，但有《十国世家年谱》。《宋史》有《宰相》、《宗室》二表。《辽史》立表最多，有《世表》、《皇子表》、《公主表》、《皇族表》、《外戚表》、《游幸表》、《部〔属〕〔族〕表》、《属国表》。表多则传可省，此作史良法也。《金史·宗室》、《交聘》二表。

《元史·后妃》、《宗室世系》、《诸王》、《公主》、《三公》、《宰相》六表。《明史·诸王》、《功臣》、《外戚》、《宰辅》、《七卿》，共五表。后人有因各史无表而补之者。伏无忌、黄景作《诸王》、《王子》、《功臣》、《恩泽侯表》，边韶、崔寔、延笃作《百官表》，皆不传。袁希之又有《汉表》，熊方有《后汉表》，李焘作《历代宰相年表》，皆所以补前人之缺。近时万斯同又取历代正史之未著表者一一补之，凡六十篇，益以《明史》表十三篇，最为详赡①。

书志。　　八书乃史迁所创，以纪朝章国典。《汉书》因之，作十志。《律历志》则本于《律书》、《历书》也，《礼乐志》则本于《礼书》、《乐书》也，《食货志》则本于《平准书》也，《郊祀志》则本于《封禅书》也，《天文志》则本于《天官书》也，《沟洫志》则本于《河渠书》也。此外又增《刑法》、《五行》、《地理》、《艺文》四志。其后《律历》、《礼乐》、《天文》、《地理》、《刑法》，历代史皆不能无。《后汉书》改《地理》为《郡国》，又增《礼仪》、《祭祀》、《百官》、《舆服》四志。《三国》无志。《晋》、《宋》、《齐书》大概与前书同，惟《宋书》增《符瑞志》，《齐书》亦有《祥瑞志》。《梁》、《陈书》及《南史》无志。《魏书》改《天文》为《天象》，《地理》为《地形》，《祥瑞》为《灵征》，余皆相同，而增《官氏》、《释老》二志。《齐》、《周》及《北史》皆无志。《隋书》本亦无志，今志乃合《梁》、《陈》、《齐》、《周》、《隋》并撰者，其《艺文》则改为《经籍》。《新唐书》增《仪卫》、《选举》、《兵制》三志。薛《五代史》志类有减无增。欧《五代史》另立《司天》、《职方》二考，亦即《天文》、《地理》而变其名也。《宋史》诸志与前史名目多同。惟《辽史》增《营卫》、《捺钵》、《部族》、《兵卫》诸志，其国俗然也。《金》、《元》二史志目与《宋史》同，惟少《艺文》耳。《明史》志目与《宋史》同，其《艺文志》内专载明人著述，而前代书流传于世者不载。

列传②。　　古书凡记事立论及解经者皆谓之传，非专记一人事迹也。说见《陔余丛考》。其专记一人为一传者，则自迁始。又于传之中分公卿将相为列传，其《儒林》、《循吏》、《酷吏》、《刺客》、《游侠》、《佞幸》、《滑稽》、《日者》、《龟策》、《货殖》等，又别立名目，以类相从。自后作史者，各就一朝所有人物传之，固不必尽拘迁《史》旧名也。如《汉书》少《刺客》、《滑稽》、《日者》、《龟策》四传，而增《西域传》，盖无其人不妨缺，有其事不妨增。至外夷传，则又随各朝之交兵、通贡者而载之，更不能尽同也。惟《货殖》一款本可不立传，而《汉书》所载《货殖》，又多周、秦时人，与汉无涉，殊亦赘设。《后汉书》于列传《儒林》、《循吏》、《酷吏》外，又增《宦者》、《文苑》、《独行》、《方术》、《逸民》、《列女》等传。《三国志》名目有减无增。《晋书》改《循吏》为《良吏》，《方术》为《艺术》，不过稍易其名。又增《孝友》、《忠义》二传，其逆臣则附于卷末，不另立《逆臣》名目。《宋书》但改《佞幸》为《恩幸》，其《二凶》亦附卷末。《齐书》改《文苑》为《文学》，《良吏》为《良政》，《隐逸》为《高逸》，《孝友》、《忠义》为《孝义》，《恩幸》为《幸臣》，亦稍变其名。其降敌国者，亦附卷末。《梁书》改《孝义》为《孝行》，又增《止足》一款。其《逆臣》亦附卷末。《陈书》及《南史》亦同，惟侯景等另立《贼臣》名目。《后魏书》改《孝行》为《孝感》，《忠义》为《节义》，《隐逸》为《逸士》，《宦者》为《阉宦》，亦稍变其名。其刘聪、石勒，《晋》、《宋》、《齐》、《梁》俱入《外国传》。《北齐》各传名目无所增改。《周书》增《附庸》一款。《隋书》改《忠义》为《诚节》，《孝行》又为《孝义》，余皆与前史同。而以李密、杨玄感次列传后，宇文化及、王世充附于卷末。《北史》各传名目大概与前史同，增《僭伪》一款。《旧唐书》诸传名目亦与前史同，其安禄山等亦附卷末，不另立《逆臣》名目。《新唐书》增《公主》、《藩镇》、《奸臣》三款，《逆臣》中又分《叛臣》、《逆臣》为二，亦附卷末。薛《五代史》增《世袭》一款。欧《五代史》另立《家人》、《义儿》、《伶官》等传，其历仕各朝者谓之《杂传》，又分《忠义》为《死节》、《死事》二款，又立《唐六臣传》。盖五代时事多变局，故传名亦另创也。《宋史》增《道学》一款及《周三臣传》，余与前史同。《辽史》改《良吏》为《能吏》，余与前史同，另有《国语解》。《金史》无《儒学》，但改《外戚》为《世戚》，《文苑》为《文艺》，余与前史同，亦另有《国语解》。《元史》增《释老》，余亦与前史同。《明史》各传名目亦多与前史同，增《阉党》、《流贼》及《土司传》。

【校】

① 后人有因各史无表而补之者。伏无忌、黄景作《诸王》、《王子》、《功臣》、《恩泽侯表》，边韶、崔寔、延笃作《百官表》，皆不传。袁希之又有《汉表》，熊方有《后汉表》，李焘作《历代宰相年表》，皆所以补前人之缺。近时万斯同又取历代正史之未著表者一一补之，凡六十篇，益以《明史》表十三篇，最为详赡　陈垣云：此注除首末二句外，皆朱彝尊所作万斯同《历代史表》序言。伏无忌、黄景作《诸王》、《王子》、《功臣》、《恩泽侯表》；崔寔、曹寿、延笃作《百官表》，见《史通》十二《正史》

篇。此《东观汉记》之表，非后人因前史无表而补之也。作《百官表》者崔寔、曹寿，朱序误（曹寿）作边韶，赵未考而沿之。见《陈垣史源学杂文·〈廿二史札记〉一补表条所本》）。

　　② 列传　陈垣云：各史朝代之先后，与成书之先后不同。今本前十五史成书先后，为《史》、《汉》、《三国》、《后汉》、《宋》、《南齐》、《魏》、《梁》、《陈》、《北齐》、《周》、《隋》、《晋》、《南》、《北》。论朝代，后汉在三国前，晋在宋前；论成书，则《后汉》在《三国》后，《晋》又在《梁》、《陈》、《北齐》、《周》、《隋》后也。序各史类传名目之因革，自应按成书先后，不应按朝代先后。《札记》未注意此点，故所述多误。如谓《晋书》"改《循吏》为《良吏》，《方术》为《艺术》"，"又增《孝友》、《忠义》"；《齐书》"改《孝友》、《忠义》为《孝义》"；《魏书》"改《孝行》为《孝感》，《忠义》为《节义》"，皆误之尤者也。若按成书先后，当谓《宋书》改《循吏》为《良吏》；《周书》改《方术》为《艺术》；《宋书·孝义》、《魏书》分为《孝感》、《节义》，《晋书》分为《孝友》、《忠义》，庶不至倒果为因。见《陈垣史源学杂文·〈廿二史札记〉一列传名目沿革条正误》。

史记编次

　　《史记》列传次序，盖成一篇即编入一篇，不待撰成全书后重为排比。故《李广传》后忽列《匈奴传》，下又列《卫青霍去病传》，朝臣与外夷相次已属不伦，然此犹曰诸臣事皆与匈奴相涉也。《公孙弘传》后忽列《南越》、《东越》、《朝鲜》、《西南夷》等传，下又列《司马相如传》，《相如》之下又列《淮南衡山王传》。《循吏》后忽列《汲黯郑当时传》。《儒林》、《酷吏》后又忽入《大宛传》。其次第皆无意义，可知其随得随编也。

褚少孙补史记不止十篇

　　《汉书·司马迁传》谓《史记》内十篇有录无书，颜师古注引张晏曰："迁没后，亡《景纪》、《武纪》、《礼书》、《乐书》、《兵书》、《汉兴以来将相年表》、《日者列传》、《三王世家》、《龟策列传》、《傅靳蒯成列传》，凡十篇。元、成间褚少孙补之，文词鄙陋，非迁原本也。"是少孙所补只此十篇①。然细按之，十篇之外尚有少孙增入者。如《外戚世家》，增尹、邢二夫人相避不相见；及钩弋夫人生子，武帝将立为太子，而先赐钩弋死；又卫青本平阳公主骑奴，后贵为大将军，而平阳公主寡居，遂以青为夫等事。《田仁传》后，增仁与任安皆由卫青舍人选入见帝，二人互相举荐，帝遂拔用之等事。又《张苍》、《申屠嘉传》后，增记征和以后为相者车千秋之外，有韦贤、魏相、丙吉、黄霸，皆宣帝时也；韦玄成、匡衡，则元帝时也。此皆少孙别有传闻，缀于各传之后，今《史记》内各有"褚先生曰"以别之，其无"褚先生曰"者，则于正文之下另空一字以为识别。此少孙所补显然可见者也。又有就史迁原文而增改者。《楚元王世家》后，叙其子孙有至地节二年者，则宣帝年号也。《齐悼惠王世家》后，叙朱虚侯子孙有至建始三年者，则成帝年号也。此亦皆在迁后，而迁书内见之，则亦少孙所增入也。

又《史记·匈奴传》，太初四年，且鞮侯单于立。其明年，浞野侯亡归。又明年，汉使李广利击右贤王于天山，又使李陵出居延，陵败降匈奴，则天汉二年也。又二年，汉使广利出朔方，与匈奴连战十余日，广利闻家已族灭，遂降匈奴，则应是天汉四年事。然《汉书·武帝纪》天汉二年李陵降匈奴与此传同，而广利之降则在征和三年，距天汉四年尚隔七年，殊属歧互。不知者必以史迁为及身亲见，与班固事后追书者不同，自应以《史记》为准。然征和元年巫蛊事起，二年太子斩江充，战败自杀。而广利之降，则以太子既死之明年。广利出击匈奴，丞相刘屈氂饯于郊外，广利以太子既死，属屈氂劝上立昌邑王为太子。昌邑王者，广利妹李夫人所生子，广利甥也。此语为人所告发，帝遂诛其家，广利闻之，乃降匈奴。是广利之降在卫太子死后，而太子之死实在征和二年。此等大事，《汉书》本纪编年记载，断无差误，则广利之降，必不在天汉四年明矣。再以《汉书·匈奴传》核对，则李陵降匈奴以前，皆与《史记·匈奴传》同。陵降后二年，广利出兵与单于连战十余日，无所得，乃引还，并未降匈奴也。又明年，匈奴且鞮侯单于死，狐鹿姑单于立，是为汉太始元年。狐鹿姑立六年，遣兵入寇上谷、五原、酒泉，汉乃又遣广利出塞，战胜追北，至范夫人城，闻妻子坐巫蛊事被收，乃降匈奴。计其岁年，正是征和三年之事，与《武帝纪》相合。则知《史记·匈奴传》末所云天汉四年广利降匈奴者，非迁原本也。迁是时目击其事，岂有错误年岁至此？盖迁所作传仅至李陵降后二年，广利出塞不利引还便止。迁《自叙》谓讫于太初，则并在陵降匈奴之前。而褚少孙于数十年后，但知广利降匈奴之事，不复细考年代，即以系于天汉四年出兵之下，故年代错误也。可知《史记》十篇之外，多有少孙所窜入者。

按史公《自叙》，十二本纪、〔十表〕、八书、三十世家、七十列传，共百三十篇，五十二万六千五百字。是史公已订成全书，其十篇之缺乃后人所遗失，非史公未及成而有待于后人补之也。班固作《迁传》，但云十篇有录无书，而不言少孙所补。然班《书》内燕王旦等封策，及平阳公主以卫青为夫等事，皆采少孙语入列传，则知少孙所补，久附《史记》并传矣。

又按史公《自序》，作《武帝纪》，谓"汉兴五世，隆在建元，外攘夷狄，内修法度，举封禅，改正朔，易服色，故作《今上本纪》"。是迁所作《武纪》，凡征匈奴、平两越、收朝鲜、开西南夷，以及修儒术、改夏正等事，必按年编入，非仅侈陈封禅一事也。今少孙所补，则系全取《封禅书》下半篇所叙武帝事，遂以作《武帝本纪》。凡《封禅书》中所云"今上"，皆改曰"武帝"。中尚有一"今上"字未改。其文字稍异者，惟亳人谬忌，《武纪》改云"薄诱忌"；"少翁以书置牛腹中，天子识其手书"，《武纪》改云"天子疑之，有识其手书者"而已。《武纪赞》亦全用史公《封禅书》后文，无一字改易。因思少孙所补，大概多抄录旧文，不必自作。如《龟策传》内宋元王与卫平论龟之文，皆是韵语，此必掌故中本有此文字。其后所云"首仰首俯，足开胗开"之类，亦是当时龟卜成法，特少孙抄入以补缺耳。至《扁鹊仓公传》，虽非少孙所补，然淳于意答文帝诏问之语所治何人，所疗何症，自成一篇，亦必当时有此现成文字而抄入者，使史迁为之，必不如此琐屑。窃意《扁鹊传》，史迁原文也；《仓公传》，亦少孙抄入者也。

褚少孙，沛人。尝受《诗》于王式，后应博士弟子选，由是《鲁诗》有张、唐、褚氏之学。张长(宏)〔安〕、唐长宾与少孙同受业王式。《汉书·儒林传》。

【校】

①《汉书·司马迁传》谓《史记》内十篇有录无书，颜师古注引张晏曰："迁没后，亡《景纪》、《武纪》、《礼书》、《乐书》、《兵书》、《汉兴以来将相年表》、《日者列传》、《三王世家》、《龟策列传》、《傅靳蒯成列传》，凡十篇。元、成间褚少孙补之，文词鄙陋，非迁原本也。"是少孙所补只此十篇　《校证》：张晏所举之篇目是指《史记》所缺者(其说是否与事实相符为另一问题，今不具论)，原注下文言："元、成之

间,褚先生补缺,作《武帝纪》、《三王世家》、《龟策》、《日者传》,文词鄙陋,非迁原本也。"可证张晏非谓此十篇为褚氏补作,否则不必更列举《武帝纪》等篇名也。今引文略去所补篇名,直以所缺之十篇即为褚氏所补者,实已误解原意。

史记有后人窜入处

《史记·田儋传赞》,忽言"蒯通辨士,著书八十一篇,项羽欲封之而不受",此事与儋何涉而《赞》及之?《司马相如传赞》,谓"相如虽多虚词滥说,然其要归引之节俭。杨雄以为靡丽之赋,劝百讽一,犹驰骋郑、卫之音,曲终而奏雅,不已亏乎?余采其语可论者著于篇"云云。按雄乃哀、平、王莽时人,史迁何由预引其语?此并非少孙所补,而后人窜入者也。《汉书·相如传赞》正同。岂本是班固引雄言作赞,而后人反移作《史记》传赞耶?《外戚世家》叙卫子夫得幸之处,不曰今上而曰武帝,此或是少孙所改耳。

史记律书即兵书

《史记》所缺十篇,张晏谓《礼书》、《乐书》、《兵书》。颜师古据《史记》目录但有《律书》而无《兵书》,以驳张晏之误。不知《律书》即《兵书》也。迁《自序》云"非兵不强,非德不昌,《司马法》所从来尚矣。太公、孙、吴、王子徐广曰:王子成甫。能绍而明之,故作《律书》"云云。是迁所作《律书》即《兵书》也。今褚少孙所补序亦云"六律为万事根本,其于兵械尤重",遂极论秦时黩武,汉定天下偃兵息战等事。是亦尚见兵律相关之意。而其传则又专序律吕上生下生之法,与兵事毫不相涉。此篇最无头绪,盖少孙补作时见迁《序目》有《司马法》、太公、孙、吴字样,故其序以兵律相关为言,至其正文则以律书为名,遂专取律吕以实之,而与兵事不相涉也。张晏谓《兵书》者,专指史迁《序目》而言;颜师古驳之者,专据少孙所补律吕而言。度史迁原文,必有兵与律相应之故,惜不可考矣。

史记变体

《史记·曹参世家》,叙功处绝似有司所造册籍。自后《樊哙》、《郦商》、《夏侯婴》、《灌婴》、《傅宽》、《靳歙》、《周緤》等传,记功俱用此法。

并细叙斩级若干,生擒若干,降若干人;又分书身自擒斩若干,所将卒擒斩若干;又总叙攻得郡若干,县若干,擒斩大将若干,裨将若干,二千石以下若干。纤悉不遗,另成一格。盖本分封时所据功册,而迁料简存之者也。《张良传》,以诸将未定封,上急趣丞相、御史定功行封。是必先有功册。然亦可见汉初起兵即令诸将各立简牒以纪劳绩,无枉无滥,所以能得人死力以定大业也。又张苍、任敖、周昌合为一传,窦婴、灌夫、田蚡亦合为一传,似断不断,似连不连,此又是一体。《汉书》皆全用之。《汉书·韩安国传》,下半篇全载王恢与安国辨论击匈奴事,一难一答至十余番,不下断语,亦一奇格。

汉王父母妻子

高祖称汉王之二年,定三秦,将五诸侯兵破彭城。寻为项羽所败,西奔过沛,使人求家室,家室已亡去。道遇孝惠、鲁元公主,载以行,而家属反遇楚军,为羽所得,常置军中为质。据《史记》谓是时羽取汉王父、母、妻、子置军中,《汉书》则但谓取太公、吕后,而不言父、母、妻、子。其后羽与汉王约中分天下,以鸿沟为界,遂归汉王家属。据《史记》谓归汉王父、母、妻、子,而班《书》亦但言归太公、吕后,而不言父、母、妻、子。盖以高祖之母久已前死,高祖起兵时,母死于小黄。羽所得者但有太公、吕后,而以《史记》所云父、母、妻、子者,不过家属之通称,非真有母与子在项羽军中,故改言太公、吕后也。

不知高祖母虽已前死,而楚元王为高祖异母弟,则高祖尚有庶母也。《史记》谓"同母少弟",《汉书》则谓"同父少弟",颜师古注言"同父",则知其异母也。按《吴王濞传》,晁错曰:"高帝大封同姓,庶弟元王王楚四十余城。"则元王乃异母弟无疑。陆机《汉高功臣颂》:"侯公伏轼,皇媪来归。"正指侯公说项羽,羽归汉王家属之事。曰"皇媪来归",明言汉高之母也。孝惠帝尚有庶兄肥,后封(鲁)〔齐〕为悼惠王。当高祖道遇孝惠时,与孝惠偕行者但有鲁元公主,则悼惠未偕行可知也。悼惠既未偕行,又别无投归高祖之事,则必与太公、吕后同为羽所得,故高祖有子在项军也。然则《史记》所谓父、母、妻、子,乃无一字虚设,而《汉书》改云太公、吕后,转疏漏矣[①]。

【校】

①《史记》所谓父、母、妻、子,乃无一字虚设,而《汉书》改云太公、吕后,转疏漏矣　陈垣云:《札记》"汉王父母妻子"条,为赵先生最得意之笔。盖曾以《史》、《汉》两《高纪》汉王二年、四年事对读,发现汉王家属被楚军所得者,《汉书》称"太公、吕后",《史记》称"父、母、妻、子",遂疑高祖母虽死,尚有庶母,孝惠帝尚有庶兄肥,必同为羽所得。……然此乃《史》、《汉》用语不同问题,非高祖有无母子在楚军问题。……《史》亦有称"太公、吕后"者,则非《汉书》所改也;《汉》亦有称"父、母、妻、子"者,则此乃家属通称,非必各有其人也。见《陈垣史源学杂文·〈廿二史札记〉—汉王父母妻子条书后》。

五世相韩

《史记》称张良以五世相韩,故为韩报仇。然五世指韩王而言,谓韩王五世皆张氏为相,非张氏五世皆相韩也。良大父开地相韩昭侯及宣惠王、襄哀王,良父相釐王及悼惠王,是为五世。颜师古注:"从昭侯至悼惠王,凡五君也。"

过秦论三处引用

贾谊《过秦论》,大指谓秦尚法律,不施仁义,以至一夫作难,天下土崩。史迁用之《秦〔始皇〕本纪》后,最为切当。乃褚少孙又引之于《陈涉世家》后,则以其中有"陈涉瓮牖绳枢之子"数语,故牵用之,然已非正旨矣。班固又于《陈涉项羽传》后引此及史迁所论项羽者,以作二人传赞,未免数典而忘其祖也。

再,《汉书》武帝以前纪传多用《史记》文,而即以为己作,未尝自言引用史迁云云。所引《过秦论》及《战国策》、陆贾《新语》之文,亦即以为己作,未尝自言引用某人。盖古人著述往往如此,不以抄窃为嫌也。

《汉书·五行志》记秦始皇滈池君遗璧之事,却书明引用《史记》之文。

史记自相歧互处

《史记·田儋传》,项梁趣齐进兵共击章邯,(儋)〔荣〕欲楚杀田假然后出兵。据《项羽纪》,项梁曰:"假与国之王,穷来归我,杀之不义。"而《田(荣)〔儋〕传》则以此语为楚怀王之言。

《齐悼惠王传》,悼惠子哀王将发兵诛诸吕,乃先诱燕王刘泽入齐,使祝午至燕,发其国兵并将之。泽不得归,乃愿往长安议立哀王为帝,哀王遂资其行。而《泽传》不言被诱入齐事,但云太后崩,泽即曰:"帝少,诸吕用事,刘氏孤弱。"遂与齐合兵,而泽先至长安。《汉书》亦同。

《朱建传》,谓黥布欲反,建谏之不听,布诛,建得不诛,事在《黥布传》中云云。今《布传》无此语。

《佞幸传序》,高祖有籍孺,孝惠有闳孺。而《朱建传》又云孝惠有闳籍孺,是并二人为一人。《汉书》亦云闳籍孺。

《郦食其传》,既叙食其见高祖之事,而《朱建传》又重叙郦生见高祖之事,与彼传小异。

《周仁传》,仁以不洁清得幸,景帝崩,仁尚为郎中令,终无所言,景帝以此再自幸其家。按既云"景帝崩",乃又云"景帝再幸其家",文义不顺 《汉书》删"景帝崩"三字便明①。

《田仁传》,戾太子斩江充,发兵与丞相刘屈氂战之事,既云"丞相令司直田仁闭守城门,因纵太子下吏诛死",下又云"仁发兵,长陵令车千秋上变,仁族死陉城"。文既繁复,且不可解。

【校】

① 景帝崩,仁尚为郎中令,终无所言,景帝以此再自幸其家。按既云"景帝崩",乃又云"景帝再幸其家",文义不顺 《校证》:《史记·周仁传》(卷一〇三)原文作:"景帝初即位,拜仁为郎中令。……至景帝崩,仁尚为郎中令。终无所言。"此言周仁为郎中令时间之长及其阴重不泄。"至景帝崩"不过为时间状语,并非叙事之文。下文云:"上时问人,仁曰'上自察之',然亦无所毁,以此景帝再自幸其家。"所谓"景帝以此"云云乃言另一件事,承"上"字而来,原无不顺之处。引文强合二事为一,更多刊落原文,自将矛盾难解。

史汉不同处

一代修史,必备众家记载,兼考互订,而后笔之于书。观各史艺文志所载各朝文士著述有关史事者,何啻数十百种。当修史时,自必尽取之,彼此校核,然后审定去取。其所不取者,必其记事本不确实,故弃之。而其书或间有流传,好奇之士往往转据以驳正史,此妄人之见也。即如班固作《汉书》,距司马迁不过百余年,其时著述家岂无别有记载? 倘迁有错误,固自当据以改正。乃今以《汉书》比对,武帝以前,如《高祖纪》及诸王侯年表、诸臣列传，多与《史记》同，并有全用《史记》文一字不改者，然后知正史之未可轻议也。其间有不同者，张泌有《汉书刊误》，朱子文有《汉书辨正》，刘巨容有《汉书纂误》，今皆不传。现存者惟刘攽《汉书刊误》、吴仁杰《两汉刊误补遗》，皆不过就本书中穿穴订正，非于此二书外别有援据以资辨驳也。刘仁翁有《班马异同》，盖亦就《史记》、《汉书》歧互处分别指出。今少有其本，姑以二书比对，摘其不同者列于后。

韩信击魏豹，《史记》在汉三年，《汉书》在二年。韩信袭杀龙且，《史记》在三年，《汉书》在四年。诸侯会垓下，《史记》在四年，《汉书》在五年。项羽使海春侯曹咎守成皋，为汉王所虏，《史记》在刘、项同军广武之后，《汉书》在同军广武之前。徙王韩信于楚，《史记》在汉王即帝位后，《汉书》在杀羽未即位前。萧何造未央宫，《史记》在八年，《汉书》在七年。黥布封九江王后，《史记》谓七年朝陈，八年朝洛阳，《汉书》谓六年朝陈，七年朝洛阳。二书纪事，每差一年。

项羽、陈涉二人，《史记》称项王、陈王，《汉书》改为列传，故皆称名。

《史记》，项羽立田都为齐王，田荣怒，乃杀都自立为齐王。《汉书》谓荣攻都，都走降楚。

《史记·项纪》、《高纪》皆言项羽徙义帝长沙，都郴，使衡山王、临江王击杀义帝。《汉书·高纪》则云羽使九江王布击杀义帝于郴。颜师古注谓衡山、临江、九江三王，羽皆使杀义帝，而击杀者乃九江王也。

《史记·项纪》，楚军败于定陶，项梁死。楚怀王恐，乃从盱眙徙彭城，并项羽、吕臣军自将之。《汉书》谓羽与沛公等闻项梁死，乃徙怀王都于彭城。

项羽分王诸将，《史记》先叙诸将分王毕，方叙徙楚怀王于长沙。《汉书》则先叙徙怀王，然后分王诸将。

《史记》，分王诸将，韩王成都阳翟。《汉书》无"都阳翟"三字，以成虽有此封，实未至国也。按《史记》，成无军功，羽不使之国，与俱至彭城，杀之。

《史记》，田荣击杀济北王田安，并王三齐。《汉书》，彭越击杀田安，荣遂王三齐。

《史记》，项羽美人名虞。《汉书》谓姓虞氏。

《史记》，汉骑将追项羽，为羽所叱，人马俱惊者为赤泉侯，而不著姓名。《汉书》则曰杨喜。然《史记》羽死后分其四体者有杨喜，又不言即赤泉侯①。

《史记·张耳传》，外黄富人女嫁庸奴，亡其夫，去抵父客，谓所嫁者乃庸奴，故逃之至父客处也。《汉书》谓庸奴其夫，亡抵父客，则富人女以夫为庸奴，故去之也。

《史记》卢绾、陈豨分两传。《汉书》两人合为一传，以绾之反因陈豨事见疑而起也。

荆王刘贾，《史记》谓不知其何属，《汉书》谓高祖从父兄。

燕王刘泽，《史记》谓诸刘远属，《汉书》谓高祖从祖兄弟。

《任敖传》，《史记》谓高后崩，敖不与大臣共诛诸吕，故免官。《汉书》谓与大臣共诛诸吕，后坐事免官。

《史记》，倪宽在《儒林》《尚书》条内，董仲舒在《儒林》《春秋》条内，《汉书》皆改入列传。

《史记·循吏传》载周、秦间人孙叔敖、子产、公仪休、石奢、李离。《汉书》所载则文翁、王成、（王）〔黄〕霸、朱邑、龚遂、召信臣，皆汉人也。

《史记》，张汤在《酷吏传》。《汉书》以其子孙多为名公卿，乃以汤另入列传。其他《酷吏》、《游侠》、《佞幸》内较《史记》各有所增，则皆迁以后人也。惟《货殖传》多仍《史记》之旧，列入白圭、猗顿、乌氏倮、巴寡妇清等，但去子贡耳②。试思《汉书》也，而叙周、秦间人耶？

《史记·儒林传》以《诗》为首，次《尚书》，次《礼》，次《易》，次《春秋》。《汉书·儒林传》以《易》为首，次《尚书》，次《诗》，次《礼》，次《春秋》。

《史记》，高祖为亭长以竹皮为冠，令求盗之薛治之。求盗者，亭长之副也。薛有作冠师，故令其副至薛，使冠师治之。《汉书》但云令求盗之薛治。删一"之"字便不明。

《史记》，秦始皇以东南有天子气，乃东游以厌之。高祖即自疑，隐于芒、砀山泽之间。吕后以其所居处常有云气，求辄得之。《汉书》删却"即自疑"三字。高祖以匹夫而以天子自疑，正见其志气不凡也。《汉书》删此三字，便觉无意。

《史记》，沛公破丰，命雍齿守之。齿以丰降魏，沛公攻之，不能下。

项梁益沛公五千兵攻丰,而不言攻之胜负。《汉书》则云攻丰拔之,雍齿奔魏。

《史记》,汉王败入关,又东出。袁生说汉王出武关,令荥阳、成皋间且得休息。《汉书》作辕生。

《陈涉传》,《汉书》改伍徐曰(伍)〔五〕逢,朱房曰朱防。

《史记》,项羽烧秦宫室东归,说者讥其沐猴而冠。《汉书》,说者乃韩生也。

《吴王濞传》,《史记》高祖封兄仲为郃阳侯,《汉书》作合阳侯。

《韩信传》,《史记》汉王之败彭城,信收兵与汉王会荥阳。《汉书》谓信发兵与汉王会荥阳。按是时信未有分地,从何发兵?盖收集溃卒耳。收字得实。

《张良传》,《史记》载其所致四皓姓名:东园公、甪里先生、绮里季、夏黄公。《汉书》但云四人,不著氏名。

《周勃传》,《史记》沛公拜勃为虎贲令,《汉书》作襄贲令。

《史记》周文,《汉书》作周仁;张叔,《汉书》作张歐。

《史记·梁平王传》,有告变者曰类犴反,《汉书》作犴反。又《史记》告变后验实,削梁八城,梁尚有十城。《汉书》则云削五县,尚有(十)〔八〕城。

《史记·田蚡传》,景帝后三年,封蚡为武安侯。《汉书》则云武帝初即位,蚡以舅封武安侯。按景帝后三年,正是武帝即位之岁。蚡乃武帝所封,特是时尚未改元故耳。

《李广传》,《史记》广为匈奴所得,络而盛两马间。广佯死,睨其旁一胡儿骑善马,乃忽腾而上,推坠儿,乘其马归。《汉书》谓抱胡儿,鞭马南驰。

《李陵传》,《史记》陵降匈奴,汉闻单于以女妻陵,遂族其母妻子。《汉书》谓汉闻李陵教匈奴为兵,遂族其母妻子。后乃知教兵者李绪,非李陵也。

【校】

①《史记》羽死后分其四体者有杨喜,又不言即赤泉侯　《校证》:《项羽本纪》明言,项羽死后其尸为五人所得,于是分封五人,杨喜封为赤泉侯。

②《货殖传》多仍《史记》之旧，列入白圭、猗顿、乌氏倮、巴寡妇清等，但去子贡耳 《校证》:《汉书·货殖传》(卷九一)仍有子贡之传，内容与《史记》亦大同小异。

史汉互有得失

垓下之战。 《史记·高祖纪》叙韩信、孔将军、费将军等战颇详，《汉书·高纪》但撮叙数语。然杀项羽是汉王一大事，《汉书》略之，殊失轻重。

《高祖纪》末。 《史记》但记其诸子，《汉书》独总叙高祖之明达好谋，虽日不暇给而规模弘远。《史记》少此议论。又《史记·高纪》既叙高祖八男，而《吕后纪》内又叙之，殊复。《汉书》两纪俱不叙，另立《高五王传》。

《孝文纪》。 《史记》于后六年忽总叙帝之节俭宽厚，下方叙后七年六月帝崩，殊属非法，总叙自应在帝崩后也。《汉书》取此语作赞。

《吴王濞传》。 《史记》晁错议削诸王地，楚王戊以在薄太后服中有奸，削东海郡，因削吴之豫章、会稽二郡。及前二年削赵王河间郡，胶西王六县。汉廷臣方议削吴，吴王恐削地无已，因此发谋。按是时廷臣所议削者即豫章、会稽也，故下文云及削豫章、会稽书至，吴王遂反。今先云削吴之豫章、会稽，下又云方议削吴，是又于二郡外再议削矣。则下文所谓及削豫章、会稽书至者，又何说耶?《汉书》先删去削豫章、会稽字，但云削楚及赵、胶西地，廷臣方议削吴，及削豫章、会稽书至，吴王遂反，较为明晰。

七国反时。 《史记》谓胶西王听吴王计，约同反，遂发使约齐、(临)菑〔川〕、胶东、济南、济北，皆许诺。《汉书》独无济北。按《齐孝王传》，是时孝王狐疑不同反，寻被(临)菑〔川〕等三国围急，阴与三国通谋。会路中大夫来告汉兵且至，遂坚守。及汉将栾布等解三国围，后闻齐亦通谋，将伐之，孝王惧，自杀。而济北王以城坏未完，郎中令劫守其王，不得发兵，故亦不同反。后闻齐王自杀，济北王亦欲自杀，梁孝王为之辨雪，乃得不坐。《邹阳传》。据此则齐与济北二王亦非必能坚守之人，《史记》谓胶西来约同反时，齐、济北皆许诺，从其实也。《汉书》独无济北，则以其未成反也。然以其未成反而遂不列于约反之内，则齐王不惟不反,且有坚守之功,何以转列于从反之内乎?岂以齐王自杀,遂坐以反谋,济北免罪,则并其先欲从而不得反之处概为隐讳耶?

四国攻临菑时。 《史记》谓胶西为渠率,与胶东、菑川、济南共攻临菑,《汉书》则云胶西、胶东为渠率,与菑川、济南共攻临菑。按胶西听吴王之谋,使人约诸王反,则主兵者胶西也。《汉书》增胶东为主谋,亦非。

《淮南厉王传》。 《史记》高帝过赵,赵王献美人,帝幸之,有身。会贯高等谋反,帝令尽捕赵王家属系之。美人亦在系中,告吏曰:"得幸上,有身。"吏以闻,上方怒,未理。及美人生厉王,即自杀。吏奉厉王诣上,上令吕后母之。《汉书》叙事亦同,而改美人告吏曰:"得幸上,有子。"按是时厉王尚未生也,何得先言有子?《史记》以为有身,较稳。

厉王以罪废徙蜀。 《史记》谓一路传送者皆不听发车封,王谓侍者曰:"吾以骄故,不闻过至此。人生一世间,安能邑邑如此?"乃不食死。至雍,雍令发封,以死闻。按既不发封,则王在车中与谁语?若有人共语,则饿死后岂不声言,直待雍令发封始知耶?《汉书》先叙王语,方叙传送者不敢发封以致饿死,文义较明。

廿二史札记卷二

汉书移置史记文

《汉书》武帝以前纪传多用《史记》原文,惟移换之法,别见剪裁。如鸿门之会,沛公危急,赖项伯、张良、樊哙等得免;彭城之败,汉王道逢孝惠、鲁元,载以俱行;陈平间楚使,去范增;鸿沟解兵,张良、陈平劝汉王追楚;汉王至固陵,彭越、韩信兵不至,用张良策分地王之,遂皆会兵等事,《史记》皆详于《项羽本纪》中。《汉书》则《项羽传》略叙数语,而此等事皆详于《高祖纪》内。盖《史记》为羽立纪,在《高纪》前,故大事皆先载《羽纪》,使阅者得其大概,而其下诸纪传自可了然。《汉书》则项羽改作列传,次于帝纪(世家)之后,而《高纪》则在首卷,故此等事必先于《高纪》详之,而《羽传》不必再叙也。

吕后杀戚夫人及赵王如意,《史记》载《吕后纪》内,而《外戚传》叙吕后处不复载。《汉书·吕后纪》专载临朝称制之事,而杀戚姬等事则入《外戚传》中,盖纪以记朝政,传以详细事,固各有所当也。

齐悼惠王来朝,惠帝庶兄也,帝以家人礼使坐上坐。吕后怒,欲鸩之。帝起取卮为寿,吕后恐,急自起泛卮。此事《史记》在《吕后纪》内,《汉书》则入于《齐悼惠传》,而《吕纪》不载。

韩信从至汉中,不见用,亡走。萧何自追之,荐于汉王,遂拜大将。《史记》在《信传》内,《汉书》已详其事于《高纪》,故《信传》不复叙。

蒯通说范阳令降武信君,又说武信君以侯印封范阳令。《史记》在《张耳陈余传》内,《汉书》另立《通传》详其事,故《耳余传》仅摘叙数语。

(卢绾)〔陈豨〕反,高祖亲击邯郸,即用赵人为将。《史记》详于(绾)〔陈豨〕传,《汉书》入《高纪》,故(绾)〔陈豨〕传不载。

《史记·韩信传赞》,另提出信贫时葬母,度其旁可置万家,以见其志度不凡。《汉书》则以此叙入《信传》。

韩信将击齐,闻郦食其已说下齐,欲止。蒯通曰:"将军受诏击齐,宁有诏止将军乎？何得无行也。"《史记》详《信传》内，《汉书》另入《通传》。

蒯通说信三分鼎足之计，至数千言。《史记》在《信传》内，《汉书》亦另入《通传》。

吴、楚反，袁盎对景帝以为不足忧，晁错在旁，善其语。上问盎计安出，盎请屏人语。惟错尚在，盎又谓："臣所言，人臣不得知。"乃并屏错，避入东厢。盎遂请斩错以谢七国，上因斩错。《史记》以此事叙在《吴王濞传》内，《汉书》叙入《错传》，而《濞传》删之。

淮南王安与伍被谋反，被先谏之，继又为画策，其文甚丽。《史记》载入《淮南王世家》内，《汉书》另立《伍被传》载此文，而《安传》删之。

《田叔传》，《史记》载高祖过赵，嫚骂赵王，王之臣赵午、贯高等不平，谋逆。后事发，收捕赵王等。《汉书》以此事叙入《赵王传》，故《田叔传》不复详叙。

汉书多载有用之文

晋张辅论《史》、《汉》优劣，谓司马迁叙三千年事，惟五十余万言，班固叙二百年事，乃八十余万言。以此分两人之高下。然有不可以是为定评者。盖迁喜叙事，至于经术之文，干济之策，多不收入，故其文简；固则于文字之有关于学问、有系于政务者，必一一载之，此其所以卷帙多也。今以《汉书》各传与《史记》比对，多有《史记》所无而《汉书》增载者，皆系经世有用之文，则不得以繁冗议之也。摘开于后。

《贾谊传》，《史记》与屈原同传，以其才高被谪有似屈原，故列其《吊屈赋》、《鵩鸟赋》，而《治安策》竟不载。按此策皆有关治道，经事综物，兼切于当日时势，文帝亦多用其言，何得遗之？《汉书》全载。

《晁错传》载其《教太子》一疏，《言兵事》一疏，《募民徙塞下》等疏，《贤良策》一道，皆有关世事国计。

《路温舒传》载《尚德缓刑疏》。

《贾山传》载其《至言》。

《邹阳传》载其《讽谏吴王濞邪谋》一书。

《枚乘传》载其《谏吴王谋逆》一书。

《韩安国传》载其与王恢论伐匈奴事。恢主用兵，安国主和亲，反复辨论凡十余番,皆边疆大计。

《公孙弘传》载其《贤良策》并待诏时上书一道,帝答诏一道。

以上皆《史记》无而《汉书》特载之者。其武帝以后诸传,亦多载有用章疏。

《韦玄成传》载其宗庙议礼之文,原本经义,可为后世法,而并及匡衡、王舜、刘歆等所论庙制。按匡衡等皆玄成以后之人,与玄成何涉?以其于礼制互相发明,故并载《玄成传》内。

《匡衡传》载其所上封事,元帝时论教化之原,成帝时论燕私之累,皆有关君德。

总计《汉书》所载文字皆有用之文。至如《司马相如传》所载《子虚赋》、《喻蜀文》、《谏猎疏》、《宜春宫赋》、《大人赋》,《史记》亦载。《杨雄传》载其《反离骚》、《河东赋》、《校猎赋》、《长杨赋》、《解嘲》、《解难》、《法言》序目,此虽无关于经术政治,而班固本以作赋见长,心之所好,爱不能舍,固文人习气,而亦可为后世词赋之祖也。

汉书增传

《汉书》武帝以前王侯公卿皆用《史记》旧文,间有《史记》无传而增立者,今列于后。

《史记》无《吴芮传》,蒯通则附《韩信传》内,伍被则附《淮南王传》内,《汉书》俱另立传。

《史记》有《齐悼惠王世家》,而赵隐王如意、赵共王恢、燕灵王建皆无传。赵幽王友附于《楚元王世家》内。然皆高帝子也,何得阙之?《汉书》皆立传。

景帝子为王者十三人,《史记》以同母者为一宗,作《五宗世家》,《汉书》则十三王各立传。而《河间献王传》详叙其好古爱儒,所积书与汉朝等;《鲁共王传》叙其好治宫室,坏孔子宅广其宫,因得壁中古书。《史记》皆不载。《史记》张骞附《卫青传》后,寥寥数语,而详其事于《大宛传》,《汉书》另立《骞传》。

《史记》李陵附《李广传》后,但云陵将步骑五千人,出居延,与单于战,杀伤万余人,兵食尽,欲归。匈奴围陵,陵降匈奴,其兵遂没,得还者四百余人。盖迁以陵事得祸，故不敢多为辨雪也。《汉书》特为陵立传，详叙其战功，极有精采。并述司马迁对上之语，为之剖白。

《史记》无《苏武传》，盖迁在时武尚未归也。《汉书》为立传，叙次精采，千载下犹有生气。合之《李陵传》，慷慨悲凉，使迁为之，恐亦不能过也。魏禧谓固密于体，而以工文专属之迁，不知固之工于文，盖亦不减子长耳。

汉书增事迹

《韩信传》，信贫时葬母，营高燥地，度其旁可置万家。《史记》以此事作赞，《汉书》则叙于传内。又增汉王使信击魏豹，信问郦生："魏得无用田叔为将乎？"曰："柏直也。"信曰："竖子耳。"遂进兵。又增信既虏豹，使人请汉王，愿益兵三万，北举赵，东击齐，绝楚粮道，与大王会荥阳。汉王即与兵三万。《史记》但云汉王遣张耳与信北击赵、代。

《楚元王传》，《史记》但载其封国生卒及子孙承袭之事。《汉书》增元王少时尝与穆生、〔白生〕、申生受《诗》于浮丘伯，后随高祖军中，出入卧内。及封楚王，又遣子郢〔客〕至长安，与申公仍从浮丘卒业。申公好《诗》，为《鲁诗》。元王次之，其《诗传》号曰《元王诗》。并其孙戊袭位，初为穆生设醴，后竟胥靡申公等事。

《萧何传》，《汉书》增项羽负约，封沛公于巴、蜀为汉王。汉王怒，欲攻羽，萧何力言不可，乃之国。

《王陵传》，《史记》吕后欲王诸吕，问陵，陵曰不可，问陈平，平曰可。《汉书》增陵责平负先帝约，及平自解之语。

淮南王安好文学及神仙之事，其始固贤王也。《史记》（世家）〔本传〕开首即叙其以父厉王死，怨望欲叛，初不述其贤行，并其谏伐南粤一书最可传者，亦但载入《严助传》，而《安（世家）〔传〕》内不载。《汉书》则增其好学，作《内书》二十一篇，《外书》甚多，《中书》八篇，言神仙黄白之事。武帝好文，每作报书，必令司马相如等视草，及安入朝献赋颂等事。

《石庆传》，《汉书》增武帝责丞相一诏。

《李广传》，《汉书》增广斩霸陵尉自劾，武帝不责，反加奖誉一诏。

《卫青传》，《汉书》增青初为平阳公主骑奴，及后贵为大将军，而平阳主以夫曹寿有恶疾,当另嫁,问左右列侯谁贤,左右皆以大将军对。主笑曰:"是常骑从我,奈何用为夫?"左右曰:"于今尊贵无比。"遂以青尚主。按此事本在褚少孙《外戚世家》遗事内,史迁是时目击其事而不载入传,盖其时青正贵盛,不敢直书以取怨也。《汉书》盖即取少孙所补。

《公孙弘传》,《汉书》增弘没后为相者李蔡等十余人尽诛,惟石庆得善终,正以见弘之能得君也。

《郑当时传》末,《汉书》增翟公罢官,宾客皆散,后复官,旧时宾客又将来,乃署其门,有"一贵一贱,交情乃见"等语。此本《史记》引之作赞语,已无甚关涉,而《汉书》增入《当时传》中,尤觉无谓。

汉书书恒山王

《汉书·吕后纪》,孝惠帝张后无子,取后宫美人子,杀其母,名之,立为太子。惠帝崩,太子立,太后称制。立孝惠后宫子强为淮阳王,不疑为恒山王,弘为襄城侯,朝为轵侯,武为壶关侯。四年,帝自知非皇后子,而所生母被杀,出怨言。太后乃废之,以幽死,更立恒山王弘为帝。太后崩,大臣以弘及三弟皆非孝惠子,共诛之。《恩泽表》《五行志》并云皆吕氏子,《周勃传》亦云吕后以计诈名他人子,杀其母,令孝惠子之。由前所书,则强等孝惠后宫子也;由后所书,则皆非孝惠子也。此已属歧互。且先所书恒山王则不疑也,弘则襄城侯也,后忽云立恒山王弘为帝,更不明晰。据《史记》,则襄城侯本名山,因常山王即恒山王。不疑薨,以山改封常山王,更名义,后立为帝,又名弘,始觉了了。此虽小节,亦见《史记》之密。

汉书武帝纪赞不言武功

《汉书·武帝纪赞》谓帝罢黜百家,表章《六经》,兴太学,修郊祀,改正朔,定历数,协音律,作诗乐,举封禅,绍周后,号令文章,焕焉可述。后嗣得遵洪业,有三代之风。(以)〔如〕帝之雄才大略,不改文、景之恭俭,虽《诗》《书》所称,何以加焉。是专赞武帝之文事,而武功则不置一词。抑思帝之雄才大略,正在武功。因匈奴屡入寇,则使卫青七出塞,击收河南地,置朔方郡。公孙敖筑受降城,徐自为筑五原塞,千余里列亭障，至卢朐，徙贫民实之。又使霍去病六出塞，击匈奴右地，降浑邪王，筑令居以西，置酒泉、武威、张掖、敦煌四郡。又使李广利伐大宛，斩其王毋寡，自敦煌西至盐泽起亭障，屯田于轮台、渠黎。此开境于西与北者也。使伏波将军路博德、楼船将军杨仆等取南粤，以其地为儋耳、珠崖、南海、苍梧、郁林、合浦、交趾、九真、日南九郡。此开境于极南者也。又使杨仆及横海将军韩说等击东越，东越人杀其王余善降，遂徙东越之民于江、淮而空其地。此开境于东境者也。又使唐蒙、司马相如讽谕西南诸夷，继遣中郎郭昌、卫（平）〔广〕等平南夷为牂柯郡，邛都为越嶲郡，（莋）〔筰〕都为沈黎郡，冄駹为文山郡，白马为武都郡。夜郎、滇王先后入朝，以滇地为益州郡。此开境于西南者也。又使杨仆及左将军荀彘击朝鲜，以其地为真番、临屯、乐浪、玄菟四郡。此开境于东北者也。又使张骞等通西域，而三十六国君长皆慕化入贡。此开境于极西者也。

　　其中有秦所本有，已沦入外国而武帝恢复之者，如朔方、朝鲜、南越、闽越，秦时虽已内属，然不过羁縻附隶，至武帝始郡县其地也。并有秦所本无而新辟之者，西北则酒泉、敦煌等郡，南则九真、日南等郡，西南则益州等郡，而西域三十六国，又秦时所未尝闻也。统计武帝所辟疆土，视高、惠、文、景时几至一倍。西域之通，尚无与中国重轻，其余所增地永为中国四至，千万年皆食其利。故宣帝时韦玄成等议，以武帝丰功伟烈，奉为世宗，永为不毁之庙。乃班固一概抹煞，并谓其不能法文、景之恭俭，转以开疆辟土为非计者。盖其穷兵黩武，敝中国以事四夷，当时实为天下大害。故宣帝时议立庙乐，夏侯胜已有武帝多杀士卒，竭民财力，天下虚耗之语。至东汉之初，论者犹以为戒，故班固之赞如此。其《西域传赞》亦谓光武闭玉门关，谢外国朝贡，虽大禹之叙西戎，文帝之却走马，殆无以过。其持论犹此意也。

汉帝多自立庙

　　西汉诸帝多生前自立庙。《汉书》本纪，文帝四年，作顾成庙。注："帝自为庙，制度狭小，若可顾望而成者。"贾谊策有云"使顾成之庙，为天下太宗"，即指此也。景帝庙曰德阳，武帝庙曰龙渊，昭帝庙曰徘徊，宣帝庙曰乐游，元帝庙曰长寿，成帝庙曰阳池，俱见《汉书》注。

汉初布衣将相之局

汉初诸臣，惟张良出身最贵，韩相之子也。其次则张苍，秦御史；叔孙通，秦待诏博士。次则萧何，沛主吏掾；曹参，狱掾；任敖，狱吏；周苛，泗水卒史；傅宽，魏骑将；申屠嘉，材官。其余陈平、王陵、陆贾、郦商、郦食其、夏侯婴等，皆白徒。樊哙则屠狗者，周勃则织薄曲、吹箫给丧事者，灌婴则贩缯者，娄敬则挽车者。一时人才皆出其中，致身将相，前此所未有也。

盖秦、汉间为天地一大变局。自古皆封建诸侯，各君其国，卿大夫亦世其官，成例相沿，视为固然。其后积弊日甚，暴君荒主，既虐用其民，无有底止，强臣大族，又篡弑相仍，祸乱不已。再并而为七国，益务战争，肝脑涂地，其势不得不变。而数千年世侯世卿之局，一时亦难遽变，于是先从在下者起。游说则范睢、蔡泽、苏秦、张仪等，徒步而为相。征战则孙膑、白起、乐毅、廉颇、王翦等，白身而为将。此已开后世布衣将相之例。而兼并之力尚在有国者，天方借其力以成混一，固不能一旦扫除之，使匹夫而有天下也。于是纵秦皇尽灭六国，以开一统之局。使秦皇当日发政施仁，与民休息，则祸乱不兴，下虽无世禄之臣，而上犹是继体之主也。惟其威虐毒痛，人人思乱，四海鼎沸，草泽竞奋，于是汉祖以匹夫起事，角群雄而定一尊。其君既起自布衣，其臣亦自多亡命无赖之徒，立功以取将相，此气运为之也。天之变局，至是始定。

然楚、汉之际，六国各立后，尚有楚怀王心，赵王歇，魏王咎，魏王豹，韩王成，韩王信，齐王田儋、田荣、田广、田安、田市等，即汉所封功臣，亦先裂地以王彭、韩等，继分国以侯绛、灌等。盖人情习见前世封建故事，不得而遽易之也。乃不数年而六国诸王皆败灭，汉所封异姓王八人，其七人亦皆败灭。则知人情犹狃于故见，而天意已另换新局，故除之易易耳。而是时尚有分封子弟诸国，迨至七国反后，又严诸侯王禁制，除吏皆自天朝，诸侯王惟得食租衣税，又多以事失侯。于是三代世侯世卿之遗法始荡然净尽，而成后世征辟、选举、科目、杂流之天下矣。岂非天哉！

汉初诸侯王自置官属

《汉书·齐悼惠王传赞》云,高祖初定天下,大封同姓诸侯,得自置御史大夫以下,汉但为置丞相而已。此可见当日法制之疏也。今按悼惠初封,得自置二千石。《悼惠传》。是二千石得自置也。田叔为人廉直,赵相言于赵王张敖,即以为郎中。《田叔传》。是郎中亦自置也。薄昭与淮南厉王书云:"大王逐汉所置相、二千石,而请自置,皇帝屈法许之。"是并得自置相矣。昭书又云:"今诸侯子为吏者御史主,为军吏者中尉主,出入殿门者卫尉大行主,从蛮夷来归者内史县令主。"如淳曰:"御史以下,皆王官也。"是诸侯王有此等官以主诸事矣。至景帝以梁孝王属官韩安国为梁内史,孝王则欲以公孙诡为之,窦太后诏不许,是时已在七国反后,故禁令稍严。武帝以衡山王骄恣,乃为置吏二百石以上,则禁网更密矣。其后又有左官、附益、阿党之法,诸侯王惟得食租衣税,贫者或乘牛车。《悼惠传赞》。盖法制先疏阔而后渐严,亦事势之必然也。

武帝年号系元狩以后追建

古无年号,即有改元,亦不过以某年改作元年。如汉文帝十六年,因新垣平候日再中以为吉祥,乃以明年为后元年。景帝即位之七年,改明年为中元年,又以中元五年,改明年为后元年是也。至武帝始创为年号,朝野上下俱便于记载,实为万世不易之良法。然武帝非初登极即建年号也。据《史记·封禅书》,武帝六年,窦太后崩。其明年,征文学之士。明年,至雍,郊见五畤。以后则但云其后其后,而不著某年。下又云:后三年,有司言元宜以天瑞命,不宜以一二数。一元曰建元,二元以长星见曰元光,三元以郊得一角兽曰元狩。是帝至元狩始建年号,从前之建元、元光等号,乃元狩后重制嘉号,追纪其岁年也。不然则武帝六年即应云建元六年,其下所云明年、又明年,皆可书元光几年,元朔几年,岂不简易明白,而乃云明年、后年耶?又按武帝自建元至元封每六年一改元,太初至征和每四年一改元,征和四年后,但改为后元年而无复年号,盖帝亦将终矣。

汉儒言灾异

上古之时，人之视天甚近。迨人事繁兴，情伪日起，遂与天日远一日，此亦势之无可如何也。即以《六经》而论，《易》最先出，所言皆天道。《尚书》次之，《洪范》一篇备言五福、六极之征，其他诰诰亦无不以惠迪、从逆为吉凶。至《诗》、《礼》、《乐》盛于商、周，则已多详于人事，而天人相应之理略焉，如"正月繁霜"诸作，不一二见也。惟《春秋》记人事兼记天变，盖犹是三代以来记载之古法，非孔子所创也。战国纷争，诈力相尚，至于暴秦，天理几于灭绝。汉兴，董仲舒治《公羊春秋》，始推阴阳，为儒者宗。宣、元之后，刘向治《穀梁》，数其祸福，傅以《洪范》、《五行志序》。而后天之与人又渐觉亲切。观《五行志》所载，天象每一变必验一事，推既往以占将来，虽其中不免附会，然亦非尽空言也。

昌邑王为帝无道，数出微行，夏侯胜谏曰："久阴不雨，臣下有谋上者。"时霍光方与张安世谋废立，疑安世漏言，安世实未言。乃召问胜，胜对《洪范五行传》云："皇之不极，厥罚常阴，时则有下人谋上者。"光、安世大惊。《胜传》。宣帝将祠昭帝庙，旄头剑落泥中，刃向乘舆，帝令梁丘贺筮之，云有兵谋，不吉，上乃还。果有任宣子章匿庙间，欲俟上至为逆。事发伏诛。《贺传》。京房以《易》六十四卦更直日用事，以风雨寒温为候，各有占验。每先上疏言其将然，近者或数月，远或一岁，无不屡中。《房传》。翼奉以成帝独亲异姓之臣，为阴气太甚，极阴生阳，恐反有火灾。未几，孝武园白鹤馆火。《奉传》。是汉儒之言天者，实有验于人，故诸上疏者皆言之深切著明，无复忌讳。

翼奉谓人气内逆，则感动天地，变见于星气，犹人之五藏六体，藏病则气色发于面，体病则欠伸动于貌也。李寻谓日失其度，晻昧无光，阴云邪气，在日出时者为牵于女谒，日出后者为近臣乱政，日中者为大臣欺诬，日入时者为妻妾役使所营也。孔光谓皇之不极，则咎征荐臻。其传曰：有日月乱行诸变异也。而尤言之最切者，莫如董仲舒，谓国家将有失道之败，天乃先出灾害以谴告之，以此见天心之仁爱人君，欲止其乱也。谷永亦言，灾异者天所以儆人君过失，犹严父之明诫，改则祸消，不改则咎罚。是皆援天道以证人事，若有秒忽不爽者。而其时人君亦多遇灾而惧，如成帝以灾异用翟方进言，遂出宠臣张放于外，赐萧望之爵,登用周堪为谏大夫①。又因何武言,擢用辛庆忌。哀帝亦因灾异,用鲍宣言召用彭宣、孔光、何武,而罢孙宠、息夫躬等。其视天犹有影响相应之理,故应之以实不以文。

降及后世,机智竞兴,权术是尚,一若天下事皆可以人力致而天无权。即有志图治者,亦徒详其法制禁令,为人事之防,而无复有求端于天之意。故自汉以后,无复援灾异以规时政者。间或日食求言,亦只奉行故事,而人情意见,但觉天自天,人自人,空虚寥廓,与人无涉。抑思孔子修《春秋》,日食三十六、地震五、山陵崩二、彗星见三、夜恒星不见星陨如雨一、火灾十四,以及五石陨坠、六鹢退飞、多麋、有蜮、鹳鹆来巢、昼暝晦、大雨雹、雨木冰、李梅冬实、七月霜、八月杀菽之类,大书特书不一书,如果与人无涉,则圣人亦何事多费此笔墨哉?

《汉书·艺文志》有刘向《五行传》十一卷,是以言《五行传》者,皆以为刘向所作。然《汉书·五行志》先引“经曰”,则《洪范》本文也,次引“传曰”,颜师古初未注明何人所作。今观夏侯胜引《洪范五行传》以对张安世,则武帝末已有是书,不自刘向始也。汉代言阴阳灾异者,惟眭孟与胜同时,其余京房、翼奉、刘向、谷永、李寻、解光等,皆在胜后,见《眭弘》〈寿〉〔等〕传赞。则胜所引必非诸人所作也。在胜前者有董仲舒、夏侯始昌,然仲舒之阴阳,本之《春秋》,不出于《洪范》。今仲舒所著《繁露》具在,初无推演五行之处。至《尚书》虽自景帝时伏生所传,而伏生亦未言《洪范》灾异。其弟子作《尚书大传》,亦无五行之说。惟夏侯始昌以《尚书》教授,明于阴阳,先言柏梁台灾日,至期果验。自董仲舒、韩婴死后,武帝甚重始昌。然则胜所引《洪范五行传》,盖即始昌所作也。其后刘向又推演之,成十一篇耳。

【校】

① 成帝以灾异用翟方进言,遂出宠臣张放于外,赐萧望之爵,登用周堪为谏大夫 《校证》:翟方进未有因灾异上书之事,因灾异上书者为刘向使其外亲为之。汉元帝赐萧望之爵为关内侯,又征用周堪与刘向,将用为谏大夫,而为弄权宦官石显等所沮。刘向因当时有地震灾异,使人上书,指为石显等弄权所致,石显等即予反击。结果刘向失官,萧望之自杀。见《汉书》卷三六《楚元王传》附《刘向传》,此非成帝时事。出宠臣张放于外者为班伯,见《汉书·叙传》(卷一〇〇),虽为成帝

时事，而与翟方进及因灾异上书事皆无关。此节叙事甚误。

汉重日食

汉文帝诏曰："人主不德，则天示之灾。今日食适见于天，灾孰大焉？"宣帝诏曰："皇天见异，以戒朕躬。"光武诏曰："吾德薄致灾，谪见日月，战栗恐惧，夫何言哉？今方念咎，庶消厥咎。其令百官各上封事，上书者不得言圣。"明帝诏曰："朕奉承祖业，无有善政，日月薄蚀，彗孛见天，虽夙夜勤思，而智能不逮。今之动变，倘有可救，其言事者，靡有所讳。"又诏曰："朕以无德，下贻人怨，上动三光，日食之变，其灾尤大，《春秋》图谶，所谓至谴。永思厥咎，在予一人。"章帝诏曰："朕之不德，上累三光，震栗切切，痛心疾首。前代圣君，博思咨诹，有开匦反风之应；今予小子，徒惨惨而已。"以上诸诏皆有道之君，太平之世尚遇灾而惧如此。他如西汉成帝建始三年、河平元年、永始二年之诏，哀帝元寿元年之诏，东汉和帝永元（六）〔七〕年之诏，虽庸主亦以灾异为忧。甚至明帝永平十三年日食，三公亦皆免冠自劾。

盖汉时去古未远，经传垂戒之语师友相传，如孔光论："日者，众阳之宗，人君之表。君德衰微，则日蚀应之。"谷永以正月朔日蚀为兵乱将作。刘向并以《春秋》日食三十六为弑君三十六之应。郑兴亦疏言："天反时为灾，地反物为妖。今孟夏纯乾，阴气未作，其灾尤重。"马严亦疏言："日者，众阳之长；食者，阴侵之征。是阴盛凌阳之象也。"丁鸿亦以为臣凌君之象。盖皆圣贤绪论，期于修德弭灾，初不以为次舍躔度之常，不关人事也。

汉诏多惧词

文帝诏曰："朕以不敏不明，而久临天下，朕甚自愧。"又诏曰："间者岁比不登，朕甚忧之。愚而不明，未达其咎。"元帝诏曰："元元大困，盗贼并兴，是皆朕之不明，政有所亏，咎至于此。朕甚自耻，为民父母，若是之薄，谓百姓何？"又诏曰："朕晻于王道，靡瞻不眩，靡听不惑，是以政令多违，民心未得。"东汉明帝诏曰："朕承大运，继体守文，不知稼穑之艰难，惧有废失。若涉渊（冰）〔水〕而无舟楫，实赖有德左右小子。"又诏曰："比者水旱不时，边人食寡，政失于上，人受其咎。"章帝即位，诏曰："朕以无德,奉承大业,夙夜战栗,不敢荒宁,而灾异仍见,与政相应。朕既不明,涉道日寡,又选举乖实,俗吏伤人,官职耗乱,刑章不中,可不忧欤!"岐山得铜器,诏曰："今上无明天子,下无贤方伯,民之无良,相怨一方。斯器曷为来哉!"和帝诏曰："朕奉承鸿烈,阴阳不和,水旱违度,而未获忠言至谋所以匡救之策。寤寐永叹,用思孔疚。"又诏曰："比年不登,百姓虚匮。京师去冬无雪,今春无雨,黎民流离,困于道路。朕痛心疾首,靡知所济,瞻仰昊天,何辜今人?"安帝诏曰："朕以不德,不能兴和降善,灾异蜂起,寇贼纵横,百姓匮乏,疲于征发。朕以不明,统理失中,亦未获忠良,以毗阙政。"顺帝诏曰："朕涉道日寡,政失厥中,阴阳气隔,寇盗肆暴,忧瘁永叹,疢如疾首。"以上诸诏虽皆出自继体守文之君,不能有高、武英气,然皆小心谨畏,故多蒙业而安。两汉之衰,但有庸主而无暴君,亦家风使然也。

汉时以经义断事

汉初法制未备,每有大事,朝臣得援经义以折衷是非。如张汤为廷尉,每决大狱,欲傅古义,乃请博士弟子治《尚书》、《春秋》者补廷尉史,亭疑奏谳;《汤传》。倪宽为廷尉掾,以古义决疑狱,奏辄报可;《宽传》。张敞为京兆尹,每朝廷大议,敞引古今,处便宜,公卿皆服,是也。《敞传》。

今见于各传者,宣帝时有一男子诣阙,自称卫太子,举朝莫敢发言。京兆尹隽不疑至,即令缚之。或以为是非未可知,不疑曰："昔蒯聩违命出奔,辄拒而不纳,《春秋》是之。卫太子得罪先帝,已为罪人矣。"帝及霍光闻之,曰："公卿当用经术明大义者。"《不疑传》。匈奴大乱,议者遂欲举兵灭之。萧望之曰："《春秋》:士匄侵齐,闻齐侯卒,引师还。君子善其不伐丧。今宜遣使吊问,则四夷闻之,咸服中国之仁义。"宣帝从之,呼韩邪单于遂内属。《望之传》。朱博、赵玄、傅晏等奏何武、傅喜虽已罢退,仍宜革爵。彭宣劾奏博、玄、晏等欲禁锢大臣,以专国权。诏下公卿议。龚胜引叔孙侨如欲专国,谮季孙行父于晋,晋人执囚行父,《春秋》重而书之。今傅晏等职为乱阶,宜治其罪。哀帝乃削晏封户,坐玄罪。《朱博传》。哀帝宠董贤,以武库兵送其第,毋将隆奏:"《春秋》之谊,家不藏甲,所以抑臣威也。孔子曰:'奚取于三家之堂?'臣请收还武库。"《隆传》。贾捐之与杨兴迎合石显,上书荐显,为显所恶,下狱定谳,引《书》"谗说殄行",《王制》"顺非而泽",请论如法。捐之遂弃市,兴减死一等。《捐之传》。

此皆无成例可援,而引经义以断事者也。援引古义,固不免于附会,后世有一事即有一例,自亦无庸援古证今。第条例过多,竟成一吏胥之天下,而经义尽为虚设耳。

贤良方正茂材直言多举现任官

汉时贤良方正等人,大抵从布衣举者甚少,今见于各列传者,贤良惟公孙弘由布衣起。晁错则已为太子家令。董仲舒已为博士。冯唐已为骑都尉,归家,群臣举为贤良,唐年九十余,不能为官。王吉已为云阳令,举贤良,为昌邑中尉。贡禹已为凉州刺史,病去官,复举贤良,为河南令。此贤良之多已仕者也。杜钦举方正时已为武库令。朱云举方正时已为槐里令。孔光已为议郎,举方正,迁谏大夫。盖宽饶亦已为郎,举方正,对策高第,亦迁谏大夫。陈咸已为九卿,罢归,举方正直言,为光禄大夫给事中。此方正之多已仕者也。薛宣为不其丞,举茂材,迁乐浪都尉。尹赏为楼烦长,举茂材,迁粟邑令。此茂材之多已仕者也。

至于孝廉之举,其名虽合为一,而廉与孝又分,大约举孝者少,而察廉者多。如平陵令薛恭,乃本县孝者,不能繁剧。其他如赵广汉以察廉为阳翟令,尹翁归举廉为缑氏尉,又举廉为弘农尉,张敞察廉为〔甘〕泉仓长,萧望之察廉为大行治礼丞,王尊察廉为盐官长,黄霸察廉为太守丞,是也。

汉时诸王国各自纪年

三代诸侯,各自纪年。孔子志在尊王而修《春秋》,亦以鲁公编年,盖成例相沿,虽圣人不能改也。至汉犹然。《史记》诸侯王世家,纪年不用帝年,而仍以诸侯王之年纪事。如《楚元王(传)〔世家〕》,元王子戊二十一年,景帝之三年也。又《梁孝王(传)〔世家〕》,十四年入朝,二十二年孝文帝崩,二十四年入朝,二十五年复朝。最后云:梁共王三年,景帝崩。是转以侯国岁年记天子之事矣。《汉书》亦同。盖当时虽已大一统,而列国纪载犹用古法也。按《汉书·齐悼惠传》,城阳景王章,孝文二年以朱虚侯与东〔平〕〔牟〕侯兴居俱立,二年薨。子喜嗣,孝文十二年徙王淮南。是又以帝年纪侯国事。

三老孝悌力田皆乡官名

汉文帝诏曰:"孝悌,天下之大顺也。力田,为生之本也。三老,众民之师也。其以户口,率置常员。"章怀《后汉书》注"三老、孝悌、力田,皆乡官之名也。三老,高帝置。孝悌、力田,高后置"云。而其时孝与悌又稍有差别。文帝赐三老及孝者帛人五匹,弟及力田人(一)〔二〕匹。武帝赐县三老、孝者帛人五匹,乡三老、弟者、力田帛人三匹。元帝诏赐三老、孝者帛人五匹,弟者、力田人三匹。东汉章帝诏曰:"三老,尊年也。孝悌,淑行也。力田,勤劳也。其赐帛人各一匹。"

汉三公官

汉承秦制,设丞相、御史大夫以理朝政,谓之二府。刘向封事所云"今二府奏佞谄不当在位"是也。亦称三公。晁错之父谓错曰:"人口议多怨公者。"以父而呼子为公,徐孚远曰:"御史大夫,三公也。"错父盖以官称之。又汲黯谓"公孙弘身为三公而犹布被",是时弘为御史大夫,是御史大夫已称三公也。其掌兵者则曰太尉,武帝改为大司马,而冠以将军之号。如卫青为大司马大将军,霍去病为大司马骠骑将军。成帝以何武言政事烦多,丞相一人事多废滞,于是改御史大夫为大司空,与丞相、大司马备三公官。哀帝又改丞相为大司徒。至东汉光武又改大司马为太尉。于是太尉、大司徒、大司空称为三公。建武二十七年,诏大司徒、大司空去"大"字,故刘昭《百官志》称太尉公、司徒公、司空公。此三公亦曰三司。安帝以旱蝗诏责三公曰:"三司之职,内外是监。"顺帝诏亦云"刺史、二千石之选,归任三司"是也。邓骘以车骑将军仪同三司,于是三司之外又有仪同之号,自骘始也。东汉诸帝多幼年嗣位,于是三公之上又以太傅录尚书事。如和帝初,窦太后临朝,以邓彪为太傅录尚书事;殇帝初,邓太后临朝,以张禹为太傅录尚书事是也。于是太尉、太傅、司徒、司空又称四府。种暠疏"请敕四府,条举近臣之亲为二千石残秽者"是也。

至大将军、骠骑、车骑将军，本由太尉改为大司马而冠以此号，后省大司马仍为太尉，则将军之号可不必设。然自霍光以大司马、大将军受遗辅政，自后外戚辅政者，往往为是官，于是大将军之权又在太傅、太尉、司徒、司空四府之上。旧制大将军位在三公下，明帝以弟东平王苍为骠骑将军辅政，故位在三公上。后仍复旧制。和帝初，窦宪以大将军辅政，权势既盛，公卿希旨，奏宪位在太傅下、三公上。嗣后梁商、梁冀为大将军，皆因之。故顺帝举将帅、选武猛等诏，皆以大将军列三公之首。终汉之世，以外戚秉权者为大将军，以老臣录尚书者为太傅，否则不设，惟三公官常为宰相之任。至献帝时，董卓自为相国，相国又在丞相上。萧何由丞相进位相国。而太尉、司徒、司空之官仍旧。迨曹操柄国，虑人分权，乃复汉初旧制，罢三公官，专设丞相、御史大夫，而自为丞相，于是大权尽归于操矣。

灾异策免三公

按《周官》，三公之职本以论道经邦，燮理阴阳为务。汉初犹重此说，陈平谓文帝曰："宰相者，上佐天子理阴阳，顺四时，遂万物之宜者也。"丙吉问牛喘，以为："三公调和阴阳。今方春，少阳用事，未可大热，恐牛因暑而喘，则时节失气，有所伤害。"魏相亦奏："臣备位宰相，阴阳未和，灾害未息，咎在臣等。"是汉时三公官犹知以调和阴阳引为己职，因而遇有灾异，遂有策免三公之制。

《徐防传》，防为太尉，与张禹参录尚书事，后以灾异、寇贼策免。三公以灾异策免，自防始也。《防传》。然薛宣为丞相，成帝册曰："灾异数见，比岁不登，百姓饥馑，盗贼并兴。君为丞相，无以帅示四方，其上丞相印绶罢归。"是防之先已有此制。如淳《汉书》注谓："天文大变，天下大祸，则使侍中以上尊养牛赐丞相，策告殃咎，丞相即日自杀。"则并有不止策免者矣。亦有不待免而自劾者。如元帝永光元年春霜夏寒，日青无光，丞相于定国自劾归侯印，乞骸骨。明帝永平十三年日蚀，三公免冠自劾是也。盖西汉三公之官无所不统，观安帝诏谓"三司之职，内外是监"，顺帝诏谓"刺史、二千石之选，归任三司"，此虽东汉之诏，而职任实自西京。可见选用牧守，举劾奸邪，皆三公之责。《朱浮传》，汉故事，刺史奏二千石不任职者，事先下三公，三公遣掾吏案实，然后黜退。武帝又置丞相司直，助丞相举不法者。如鲍宣为（冀）〔豫〕州牧，司直奏宣举错烦苛，代二千石置吏。又王商为丞相，有琅邪太守杨（肜）〔肜〕，其郡有灾十四以上，商部属按实，商遂奏免（肜）〔肜〕官。此可见西汉三公之任也。

　　自光武躬亲吏事，三府任轻，机事转委尚书。《陈忠传》。其刺史劾二千石，亦不复下三公，而权归刺举之吏。故朱浮谓帝以使者为腹心，使者以从事为耳目。是谓尚书之平，决于百石之吏。《浮传》。自和、安以后，女后临朝，外戚辅政，三公之任益轻。如邓彪年老，窦太后兄宪以其柔和易制，让彪为太傅录尚书事，而宪实握事权。有所施为，外令彪奏，内白太后，事无不从。是录尚书者且听命于戚臣矣。三公之轻如此，而策免三公则沿为故事，此实非事理之平。故陈忠以为非国体，而仲长统谓光武虽置三公，权归台阁，谓尚书也。然政有不理，犹加谴责。如韩歆、欧阳歙、戴涉等先后为司徒，皆坐事死。以后则权移外戚之家，宠被近习之竖，及至灾异屡见，反以策让三公，至于死免。往者任之重而责之轻，今者任之轻而责之重，此两汉三公轻重不同之大概也。

上书无忌讳

　　贾谊《治安策》愿文帝"生为明帝，没为明神。使顾成之庙，称为太宗，上配太祖，与（天）〔汉〕无极"。又曰："若畜乱宿祸，使万年之后传之老母弱子，将使不宁，不可谓仁。"是直谓帝必早崩于太后之前，太子未成人之时也。又谷永奏成帝曰："汉兴九世，百九十余岁，继体之主七，皆顺承天道。至陛下独违道纵欲，轻身妄行，积失君道，不合天意，亦已多矣。为人后嗣，守人功业如此，岂不负哉？"《永传》。刘向奏成帝亦曰："陛下为人子孙，而令国祚移于外家，降为皂隶，纵不为身，奈宗庙何？"此等狂悖无忌讳之语，敌以下所难堪，而二帝受之，不加谴怒，且叹赏之，可谓盛德矣。然文帝以谊所言分封王国子弟等事，多见之施行，成帝则徒叹向之忠而不能收外家之权，卒至日后篡夺之祸，是徒受直言亦无益也。

上书召见

　　汉高祖驻军，郦食其谒见，帝方洗足，即召入。郦生责以不宜倨见长者,帝又改容谢之。陈平以魏无知入见,即召赐食,遣出。平曰:"臣所言不可过今日。"遂欣然留,使尽言。《平传》。帝在洛阳,娄敬脱挽辂谓虞将军曰:"臣愿见上。"虞将军欲为易衣,敬曰:"臣衣帛,帛见;衣褐,褐见。"将军入言上,上即召见,赐食。《敬传》。此高祖创业时,固以收揽人才为急也。

至武帝则继体已五世,朝廷尊严,宜与臣民阔绝矣。乃主父偃上书朝奏入,暮即召见。同时徐乐、严安亦上书,俱召见,曰:"公等皆安在?何相见之晚也!"《主父偃传》。终军上书言事,帝奇其文,即拜为谒者。《军传》。甚而东方朔上书,自言:"年十三学书,十五学剑,十六学《诗》、《书》,诵二十二万言,十九学《孙》、《吴》,亦诵二十二万言。今年二十(三)〔二〕,长九尺三寸,目若悬珠,齿若编贝,勇若孟贲,捷若庆忌,廉若鲍叔,信若尾生。若此,可为天子大臣矣。"其狂肆自举如此,使在后世,岂不以妄诞得罪?乃帝反伟之,而令待诏金马门,遂以进用。《东方朔传》。史称武帝招英俊,程其器能用之如不及,宜乎兴文治,建武功,为千古英主也。又戾太子死巫蛊之祸,车千秋上书为太子讼冤,帝大感悟,召见,即拜为大鸿胪,不数月遂为丞相。帝之度外用人如此。而当时禁网疏阔,怀才者皆得自达,亦于此可见矣。

汉武用将

武帝长驾远驭,所用皆跅弛之士,不计流品也。《张骞传》,自骞开外国道致尊贵,吏士争上书言外国利害,天子为其绝远,辄予节,募吏民,无问所从来,为备人众遣之。或道中被侵盗失物及失指,天子为其习之,辄按致重罪,以激之令赎,复求使,大者予节,小者为副,故妄言无行之徒争应募。此其鼓动人材之大略也。

至其操纵赏罚,亦实有足以激劝者。如卫青、霍去病等,屡经出塞,为国宣力,固贵之宠之,封侯增邑不少靳。或奋身死事,如韩千秋战死南越,帝曰:"千秋功虽不成,然亦军锋之冠。"则封其子为成安侯。或在军有私罪,而功足录者,如李广利伐大宛,斩其王毋寡,而私罪恶甚多,则以其万里征伐,不录其过。甚至失机败事,而其罪可谅,其才尚可用者,亦终不刑戮,使得再自效。如张骞与李广俱出右北平击匈奴,广失亡多,骞后期,皆当斩,皆许赎为庶人。广又全军覆没,身为匈奴所得，佯死，夺其马奔归，当斩，亦赎为庶人。他如公孙敖亡七千人，赵食其迷失道，楼船将军杨仆击朝鲜，坐兵至列口不待左将军，以致失亡多，皆当斩，皆许赎为庶人。后皆重诏起用，使之立功。且任用时不拘以文法。如李广夜行，为灞陵醉尉所辱，及为将，请尉俱行，至即斩以报怨，上疏自言。帝不惟不以为罪，反奖誉之，以成其气。

其有恃功稍骄蹇者，则又挫折而用之。如杨仆已破南越，会东越反，帝欲以为将，为其伐前劳，特诏责之，又数其受诏不至兰池宫等罪，激使立功自赎。其驾驭豪杰如此，真所谓绦旋在手，操纵自如者也。而于畏懦者则诛无赦。如大司农张成、山州侯刘齿击东越，畏贼不敢进，却就便处，即立诛之。又或冒功行诈，如左将军荀彘击朝鲜，与杨仆争功嫉妒，虽克朝鲜，终坐弃市。以上皆见各本传。赏罚严明如此，孰敢挟诈避险而不尽力哉？史称雄才大略，固不虚也。

武帝三大将皆由女宠

汉武帝三大将皆从嬖宠擢用。卫青父郑季，给事平阳侯家，与卫媪通，生青，故青冒姓卫氏，为平阳主骑奴。而卫媪先有女子夫，以主家讴者得幸于帝，立为后。青以后同母弟见用为大将军，征匈奴有功，封长平侯。平阳主寡居，青即尚焉。霍去病父霍仲孺，先与卫子夫之姊少儿通，生去病。去病以皇后姊子见用为骠骑将军，征匈奴有功，封冠军侯。李广利之进也，其女弟本倡，后得幸于帝，为李夫人。帝用广利为贰师将军，伐大宛，得其王毋寡头以归，封海西侯。三大将皆出自淫贱苟合，或为奴仆，或为倡优，徒以嬖宠进，后皆成大功为名将，此理之不可解者也。

且卫媪一失节仆妇，生男为大将军，生女长君孺，嫁公孙贺，官至丞相；次少儿，生去病，又嫁陈掌，亦为詹事；小女子夫，且为皇后。而去病异母弟光，又因去病入侍中，后受遗辅政，封博陆侯，为一代名臣。其始皆由贱妇而起。间气所钟，固有不择地者哉！

与苏武同出使者

苏武使匈奴，守节不屈，十九年始得归，人皆知之。然是时守节绝域，或归或不得归，不止武一人也。先是长史任敞使匈奴，欲令单于为外臣,单于怒,留敞不遣。又郭吉讽单于,单于亦留吉,辱之于北海上。路充国为单于所留,且鞮侯单于立,始得归。是诸人皆在武之先。又《匈奴传》,匈奴欲和亲,先归苏武、马弘等以通善意。马弘者,前副光禄(任)〔王〕忠使西域,为匈奴所遮,忠战死,弘被擒,不肯降,至是得归。是武之外尚有马弘也。赵破奴以浚稽将军与匈奴战,为所得,在匈奴中十年,与其子定国逃归。是破奴亦守节不屈者也。张骞先使月氏,道半为匈奴所得,留十年,持汉节不失。后乃逃出,由大宛、康居至月氏、大夏。从羌中归,又为匈奴所得。岁余,乘其国内乱,乃脱归。是骞之崎岖险阻,更甚于武也。

即与武同时出使者,有中郎将张胜及假吏常惠等。后胜为匈奴所杀,惠仍在匈奴,教汉使言天子在上林射,得雁足书,知武等所在,故武得归。是惠在匈奴亦十九年也。同时随武还者九人,见于《武传》者常惠、徐圣、赵终根,然至今但称武而已。惠后以军功封长罗侯,尚在人耳目间。圣、终根虽附书于传,已莫有知之者。其余尚有六人,并氏名亦不载。则同一使也,而传不传亦有命。又况是时二十余年间,汉留匈奴使,匈奴亦留汉使以相当,前后凡十余辈,则其中守节不屈者亦必有人,而皆不见于史籍。则有幸有不幸,岂不重可叹哉!

廿二史札记卷三

汉使立功绝域

自汉武击匈奴通西域，徼外诸国无不慑汉威，是时汉之兵力实强。晁错谓匈奴之长技三，中国之长技五；陈汤亦谓外夷兵刃朴钝，胡兵五当汉兵一，今颇得汉巧，犹三当一。此可见兵威之足以詟服诸外夷也。而其时奉使者亦皆有胆决策略，往往以单车使者，斩名王定属国于万里之外。如傅介子使大宛还，知匈奴使者在龟兹，即率其从人诛匈奴使者，龟兹遂服。霍光以楼兰王尝遮杀汉使，遣介子赍金币，扬言赏赐外国，楼兰王不甚亲附，介子引去，谓译者曰："汉有重赐，而王不来受，我去之西国矣。"王贪汉物，果来见。介子与饮酒醋，引入帐后，二壮士杀之，左右皆乱。介子谕以"王负汉罪，天子遣我诛之。汉兵方至，毋敢动，动则灭国矣"，遂持其首归。关都尉文忠送罽宾使还其，国王欲害忠，忠与容屈王子阴末赴合谋攻杀王，立阴末赴而还。小昆弥末振将杀大昆弥雌栗靡，有（翎）〔翖〕侯杀末振将，汉恨不自诛之①，使段会宗往。会宗以三十弩至其国，召其太子番丘至，手刃之。官属惊乱，会宗谕以来诛之意，乃散去。此皆以单使立奇功者也。

又有擅发属国兵而定乱者。汉公主嫁乌孙，乌孙为匈奴所攻，上书请救。汉使常惠往护其兵，入右谷蠡王地，获名王都尉以下四万级，马牛羊七十余万。扜弥太子赖丹为汉校尉，屯田轮台，龟兹贵人姑翼嗾其王杀赖丹。常惠自乌孙还，以便宜发诸国兵攻龟兹，龟兹出姑翼，送惠斩之。郅支单于杀汉使谷吉，夺康居地。汉使三辈求谷吉死状，皆被辱。都护甘延寿及副陈汤谋："夷狄畏大种，今留郅支，必为西域患。"乃发屯田兵及乌孙诸国兵，攻单于城，破之，郅支被创死，斩其头，并斩阏氏以下千五百级。莎车杀汉所置莎车王万年，并杀汉使奚充国，以其属属匈奴。适冯奉世送大宛使者至伊修城，以为不急击之则莎车日强，必为西域患。乃以节发诸国兵万五千人，拔其城，莎车王自杀,传首长安。此又以一使者用便宜调发诸国兵以靖反侧者也。可见汉之威力行于绝域,奉使者亦皆非常之才,故万里折冲,无不如志。其后楚(王)〔主〕侍者冯嫽,随公主嫁乌孙,常持汉节为公主行赏城郭,诸国咸敬信之,号曰冯夫人。都护郑吉遂使冯夫人说乌就屠来降。则不惟朝臣出使者能立功,即女子在外,亦仗国威以辑夷情矣。

东汉班超为假司马使西域,至鄯善。鄯善王广初甚敬超,后忽疏懈,超谓其吏士:"此必有虏使来。"乃召侍胡诘之,果然。遂与其吏士三十六人夜攻杀虏使,召广,以首示之,广遂纳子为质。后超又出使西域,先至于阗,其王广德礼甚疏,信巫言,求超善马。超令巫来受马,即斩送广德。广德大恐,杀匈奴使者而降。龟兹王建为匈奴所立,攻破疏勒,立龟兹人兜题为疏勒王。超遣吏田虑先往降之,戒虑曰:"兜题本非疏勒种,国人不附,若不即降,可即执之。"虑遂劫缚兜题,超即赴之,因立其故王兄子为疏勒王。后超奉诏还朝,疏勒、于阗皆抱超马号泣曰:"依汉使如父母,诚不可去。"超遂仍驻疏勒,击斩其反者。又〔率疏〕勒、康居、于阗、拘弥兵万人,攻姑墨,破之。后疏勒王忠反,超又讨斩之。又发于阗诸国兵击莎车,杀五千余级,莎车遂降。以次降月氏、龟兹、姑墨、焉耆诸国,于是西域五十余国皆内属。后其子勇复为西域长史,谕降龟兹王白英,发其兵至车师,击走匈奴。又发鄯善诸国兵,击擒车师后部王军,就立故王子加特奴为王。又使别校斩东且弥王,亦更立其种人为王。又发诸国兵击匈奴走之,于是车师无复虏迹,城郭皆安。此班氏父子之功,更优于西汉诸人也。

【校】

① 小昆弥末振将杀大昆弥雌栗靡,有(翎)〔翖〕侯杀末振将,汉恨不自诛之

《汉书》卷七〇《段会宗传》:"明年,末振将杀大昆弥,会病死,汉恨诛不加。"末振将系病死,非被杀。

武帝时刑罚之滥

《杜周传》,武帝时诏狱益多,二千石系廷尉者不下百余人,其他谳案一岁至千余章。大者连逮证案数百人,小者数十人;远者数千里,近者数百里。既到,狱吏责如章告,不服,则笞掠定之。于是皆亡匿。狱

久者至更数赦十余岁犹相告言,大抵诋以不道,以上廷尉及中都〔官〕,诏狱逮至六七万人,吏所增加又十有余万。是可见当日刑狱之滥也。民之生于是时,何不幸哉!

两帝捕盗法不同

汉武时酷吏盛行,民轻犯法,盗贼滋起,大者至数千人,攻城邑,掠库兵。帝使光禄大夫范昆、〔故〕九卿张德等衣绣衣,持节发兵,斩首或至万数,并诛通行饮食者。数年稍得其渠率,而散亡者又聚党阻山川。无可奈何,乃作"沉命法",盗起不发觉,觉而勿捕满品者,二千石以下至小吏皆死。其后小吏惧诛,虽有盗不敢发,恐累府,府亦使不言,故盗贼益多。《减宣传》。

光武帝建武十六年群盗并起,所在杀长吏,讨之则解散,去又屯结。乃下令听群盗自相纠摘,五人〔共〕斩一人者除其罪。牧守令长界内有盗贼及弃城者皆不以为罪,但取获贼多少为殿最,惟蔽匿者罪之。于是更相追捕,并解散。《光武纪》。同一捕盗也,一则法愈严而盗愈多,一则法稍疏而盗易散。此亦前事之师也。

吕武不当并称

母后临朝,肆其妒害,世莫不以吕、武并称,然非平情之论也。武后改朔易朝,遍王诸武,杀唐子孙几尽,甚至自杀其子孙数人以纵淫欲,其恶为古今未有。吕后则当高帝临危时,问萧相国后孰可代者,是固以安国家为急也。孝惠既立,政由母氏,其所用曹参、王陵、陈平、周勃等,无一非高帝注意安刘之人,是惟恐孝惠之不能守业,非如武后以嫌忌而杀太子弘、太子贤也。后所生惟孝惠及鲁元公主,其他皆诸姬子,使孝惠而在,则方与孝惠图治计长久。观于高祖欲废太子时,后迫留侯画策,至跪谢周昌之廷诤,则其母子间可知也。

迨孝惠既崩,而所取后宫子立为帝者,又以怨怼而废,于是己之子孙无在者,则与其使诸姬子据权势以凌吕氏,不如先张吕氏以久其权。故孝惠时未尝王诸吕,王诸吕乃在孝惠崩后,此则后之私心短见。盖嫉妒者,妇人之常情也。然其所最妒亦只戚夫人母子,以其先宠幸时几至于夺嫡,故高帝崩后即杀之。此外诸姬子,如文帝封于代,则听其母薄太后随之。淮南王长无母,依吕后以成立,则始终无恙。齐悼惠王以孝惠庶兄失后意,后怒欲鸩之,已而悼惠献城阳郡为鲁元汤沐邑,即复待之如初。其子朱虚侯章入侍宴,请以军法行酒,斩诸吕逃酒者一人,后亦未尝加罪也。赵王友之幽死,梁王恢之自杀,则皆以与妃吕氏不谐之故。然赵王友妃,吕产女;梁王妃,亦诸吕女;又少帝后及朱虚侯妻,皆吕禄女。吕氏有女不以他适,而必以配诸刘,正见后之欲使刘、吕常相亲,以视武后之改周灭唐,相去万万也。

即其以辟阳侯为左丞相,令监宫中,亦以辟阳侯先尝随后在项羽军中同患难,虽有所私,而至是时其年已老,正如人家老仆,可使令于阃阈间,非必尚与之昵。《史记·刘泽(传)〔世家〕》,太后尚有所幸张子卿,《汉书》作张卿。然如淳注谓“奄人也”,则亦非私亵之嬖,以视武后之宠薛怀义、张易之兄弟恬不知耻者,更相去万万也。武后之祸,惟后魏之文明冯后及胡后约略似之,而世乃以吕、武并称,岂公论哉?

汉初妃后多出微贱

高祖薄姬先在魏豹宫,汉击虏豹,姬入织室,高祖纳之,岁余不得幸。先是姬与管夫人、赵子儿相约,先贵者毋相忘。已而二人先幸,相与笑姬初约。时高祖问之,以实对,高祖怜之,乃召幸,遂生男,后为文帝,尊薄姬为皇太后。武帝母王太后,先嫁为金王孙妇,后母臧儿卜此女当大贵,乃从金氏夺归。景帝时为太子,后母以后纳太子宫,生男。景帝即位,立为太子,遂立王夫人为后。太子即位,是为武帝,尊王后为皇太后。武帝卫皇后本平阳主家讴者,名子夫,帝过主家,悦之,遂进入宫。后生男据,乃立子夫为皇后,据为皇太子。两太后一皇后皆出自微贱,且多有夫者。其后成帝时赵飞燕亦由阳阿主家讴者得幸,立为皇后,其妹亦进位昭仪。

婚娶不论行辈

汉惠帝后张氏乃帝姊鲁元公主之女,则帝之女甥也。吕后欲为重亲,遂以配帝,立为皇后。是以甥为妻也。哀帝后傅氏,乃帝祖母傅太后从弟之女。太后初为元帝昭仪,生定陶共王,王生哀帝,入继成帝,故为帝。是哀帝乃傅太后之孙。而傅太后欲重亲,以侄女妻之,则以外家诸姑为妻也。汉时法制疏阔如此。

皇子系母姓

汉时皇子未封者，多以母姓为称。武帝子据立为太子，以母卫氏，遂称卫太子。太子之子进，以母史良娣故，称史皇孙。后汉灵帝生子协，灵帝母董太后自养之，因号曰董侯，即献帝也。亦有不用母姓，而以所养之家为姓者。献帝兄辩，养于史道人家，号曰史侯。又按滕公夏侯婴曾孙颇，尚主，主随外家姓，号孙公主，故滕公子孙更姓孙氏。是主既随母姓，子又随母姓，盖当时习尚如此。

汉公主不讳私夫

武帝(姊)〔姑〕馆陶公主寡居，宠董偃十余年。主欲使偃见帝，乃献长门园地。帝喜，过主家，主亲引偃出。偃奏："馆陶公主庖人偃，昧死拜谒。"帝大欢乐，呼为主人翁。《东方朔传》。武帝女鄂邑盖公主寡居，昭帝初立，年八岁，主以长姊入禁中供养帝。而主素私通丁外人，帝与霍光闻之，不绝主欢，诏外人侍长公主。上官桀谄外人，欲援列侯尚主例，为外人求封侯。燕王旦亦上书言："陛下幸使丁外人侍公主，宜有爵号。"是时霍光秉政，不许。《霍光传》。以帝女私幸之人，天子闻之不以为怪，亲王大臣且为上书乞封，其时宫庭淫逸之习，固已毫无忌讳。《东方朔传》谓自董偃后，公主贵人多逾礼制。盖上行下效，势所必至也。

汉诸王荒乱

燕王刘定〔国〕与父康王姬奸，生一子，又夺弟妻为姬，并与子女三人奸，事发自杀。衡山王孝与父侍婢奸。赵太子丹与同产姊及王后宫乱，为江充所告。梁王立与姑园子奸。江都王建父易王薨，未葬，即召易王美人淖姬等与奸。又与女弟徵臣奸。建又欲令人与禽兽交而生子，令宫人裸而据地，与牝羊及狗交。(齐)〔菑川〕王终古使所爱奴与姜八子姜号。及诸御婢奸，或使白昼裸伏，与犬马交接，终古临视之。广陵王胥子宝，与胥姬左修奸，事发弃市。皆见《汉史》各本传。此汉诸王荒乱之故事也。

推原其始,总由于分封太早,无师友辅导之益,以至如此。观文帝八岁即封代王,出居于代,其他诸王可知。故《汉书》传赞引鲁哀公之言曰:"寡人生深宫之中,长于妇人之手,未尝知忧知惧。"因以明汉诸王率多骄淫失道,盖沉溺放恣之中,居势使然也。刘立奸事发,讯治,立对曰:"立少失父母,处深宫中,独与宦者妇妾居,渐渍小国之俗,加以性质下愚,辅相亦不以仁义相辅,遂至陷于大戮。"此虽畏罪自解之辞,实亦当时致弊之由也。

上尊养牛

汉制:大臣告老,特诏留之者,则赐养老之具以慰之。如平当乞骸骨,诏赐养牛一,上尊酒十石;匡衡乞骸骨,诏赐上尊酒、养牛;张禹告病,亦赐养牛、上尊酒,大官致餐是也。而其时大臣有罪当诛,亦用此法赐死。翟方进被谴,成帝赐册曰:"今赐君上尊酒十石,养牛一,君其自审处焉。"方进即日自杀。上仍秘之,赠丞相印绶、乘舆、秘器,更亲临吊。以上见各本传。如淳注曰:"《汉仪注》:有天文大变,天下大祸,皇帝使侍中持节,乘四白马车,赐上尊酒十斛,牛一头,策告殃咎。使者去半道,丞相即上病。使者还,未白事,尚书以丞相不起闻。"盖自文帝感贾生"檠水加剑"之言,优礼大臣,不加显戮。后世遂制此法,虽赐死而仍若以病终者,于是遂成故事。其有不肯自杀,愿就狱对簿者,转以为违制拒命。如王嘉为丞相,有诏诣廷尉,掾吏泣进药,嘉不肯服。主簿曰:"丞相不对簿,已为故事,宜自引决。"嘉曰:"备位三公,负国者当伏(尸)〔刑〕都市,何为咀药死!"帝闻其诣廷尉,遂大怒。嘉欧血死。《嘉传》。

两汉多凤凰

两汉多凤凰,而最多者,西汉则宣帝之世,东汉则章帝之世。本纪所载本始元年五月,凤凰集胶东千乘。四年五月,集北海安丘、淳于。地节二年夏,凤凰集鲁郡,群鸟从之。元康元年,凤凰集泰山。二年三月,凤凰又集。三年,神爵数集雍。又五色鸟万数飞过属县,翱翔而舞,欲集未下。四年,神爵五采万数集长乐、未央、北宫等处,乃改元神爵。神爵二年,凤凰集京师,群鸟从之者万数。四年,凤凰又集京师,又集杜陵者十一。五凤三年，鸾凤集长乐宫东阙中树上，飞下地，文章五采，留十余刻。甘露三年，凤凰集新蔡，群鸟四面行列，皆向凤凰立，以万数。此宣帝时事也。元和二年，凤凰集肥城。三年，告岱宗，有黄鹄三十从西南来，经祠坛上过宫屋。五年，诏曰："乃者凤凰、黄龙、鸾鸟比集七郡，或一郡再见。"又诏："凤凰所见亭部，无出今年租。先见者赐帛〔二〕十匹，近者三匹。"此章帝时事也。

　　按宣帝当武帝用兵劳扰之后；昭帝以来与民休息，天下和乐；章帝承明帝之吏治肃清，太平日久，故宜皆有此瑞。然抑何凤凰之多耶？观宣帝纪年以神爵、五凤、黄龙等为号，章帝亦诏曰："乃者鸾凤仍集，麟龙并臻，甘露宵降，嘉谷滋生。"似亦鸣其得意者。得无二帝本喜符瑞，而臣下遂附会其事耶？按宣帝时黄霸守颍川，颍川凤凰尤数见。后霸入为丞相，会有鹖雀自京兆尹张敞舍飞集丞相府，霸以为神爵，欲奏闻，后知从敞舍来，乃止。当日所谓凤凰者，毋乃亦鹖雀之类耶？又东汉桓帝时，济阴言有五色大鸟见于己氏；灵帝时，河南言凤凰见新城。以衰乱之朝而凤凰犹见，可知郡国所奏符瑞，皆未必得实也。

汉多黄金

　　古时不以白金为币，专用黄金，而黄金甚多。尉缭说秦王赂诸侯豪臣，不过三十万金而诸侯可尽。汉高祖以四万斤与陈平，使为楚反间，不问其出入。娄敬说帝都关中，田肯说帝当以亲子弟封齐，即各赐五百斤。叔孙通定朝仪，亦赐五百斤。吕后崩，遗诏赐诸侯王各千斤。陈平交欢周勃用五百斤。文帝即位，以大臣诛诸吕功，赐周勃五千斤，陈平、灌婴各二千斤，刘章、刘揭各千斤。吴王濞反，募能斩汉大将者赐五千斤，列将三千斤，裨将二千斤，二千石一千斤。梁孝王薨，有四十万斤。武帝赐平阳公主千斤，赐卜式四百斤。卫青击匈奴斩首虏万九千级，军受赐二十余万斤。昌邑王赐故臣君卿千斤。宣帝既立，赐霍光七千斤，广陵王五千斤，诸王十五人各百斤，赐孔霸二百斤，赐黄霸百斤。元帝赐段会宗、甘延寿、陈汤各百斤。成帝赐王根五百斤。王莽聘史氏女为后，用三万斤，赐孝单于千斤，顺单于五百斤。莽末年，省中黄金万斤者为一匮，尚有六十匮，黄门、钩盾、尚方处，处各有数匮。以上见本纪及各本传。可见古时黄金之多也。

后世黄金日少，金价亦日贵，盖由中土产金之地已发掘净尽。而自佛教入中国后，塑像涂金，大而通都大邑，小而穷乡僻壤，无不有佛寺，即无不用金涂。以天下计之，无虑几千万万，此最为耗金之蠹。加以风俗侈靡，泥金写经，贴金作榜，积少成多，日消月耗。故老言黄金作器，虽变坏而金自在。一至泥金、涂金，则不复还本，此所以日少一日也。

先生或只称一字

古时先生二字，或称先，或称生。《史记·晁错传》，错初学于张恢先所，《汉书》则云初学于张恢生所。一称先，一称生，颜注云：皆先生也。又《晁错传》，校尉邓公，诸公皆称为邓先。颜注亦曰：邓先生也。《贡禹传》，禹以老乞骸骨，元帝诏曰："朕以生有伯夷之廉，史鱼之直。"师古注：生谓先生也。梅福上书曰："叔孙先非不忠也。"师古亦注：先谓先生也。是古时先生，或称先，或称生，不必二字并称。

汉外戚辅政

汉自吕后王诸吕，使产、禄掌兵，几致夺国。故诸大臣以薄太后家仁善，遂立文帝，固有鉴于外戚之祸矣。乃武帝又以祖母窦太后弟子窦婴为丞相，母王太后之同母弟田蚡亦为丞相。已而卫后弟青为大司马大将军，后姊子霍去病为大司马骠骑将军，于是外戚又日以宠贵。其后去病之弟光遂以大司马大将军受遗诏辅政，自此大司马兼将军一官，遂永为外戚辅政之职。宣帝祖母史良娣死巫蛊之祸，帝乃以良娣弟高为大司马车骑将军领尚书事。又许后为霍氏毒死，乃以后叔父延寿为大司马车骑将军辅政。然武、宣二帝皆英断，不假以权，故刘向谓正所以安全之也。

元帝又以延寿子嘉为大司马车骑将军辅政。嘉女为成帝后，成帝又以嘉辅政。后又以母王太后弟凤为大司马大将军辅政。凤卒，从弟音为大司马车骑将军辅政。音卒，又以其弟根为大司马骠骑将军辅政。根荐兄子莽自代，会成帝崩，哀帝即位，莽避帝外家，退就国。哀帝以祖母傅太后从弟喜为大司马辅政，寻罢，又以母丁太后兄明为大司马骠骑将军辅政。然帝亦不假以权，不如王氏在成帝时也。哀帝崩,成帝母王太后仍诏莽为大司马,立平帝。莽辅政,遂以篡汉。

两汉外戚之祸

两汉以外戚辅政,国家既受其祸,而外戚之受祸亦莫如两汉者。崔骃疏言:汉兴以后,至于哀、平,外家二十余,保全者四家而已。章怀注谓:"高帝吕后,产、禄谋反诛。惠帝张后废。文帝母薄太后弟昭被杀。文帝窦后弟子婴诛。景帝薄后、武帝陈后,俱废。武帝卫后自杀。昭帝母赵太后赐死。昭帝上官后家族诛。宣帝祖母史良娣以巫蛊死。宣帝母王夫人弟子商,下狱死;霍后废,家亦破。元帝王后弟子莽篡位,伏诛。成帝许后赐死;赵后废,自杀。哀帝祖母傅太后家属徙合浦。平帝母卫姬家属诛。其四家者:景帝王后,宣帝许后、王后,哀帝母丁姬,家皆保全也。"按章怀此注亦有误。史良娣死时卫太子未为帝,史氏并未以外戚干政致祸也。惟哀帝后傅氏,帝崩后为王莽所废自杀,此当在骃所言二十余家之内耳。

东汉后家,惟光武郭后、阴后家皆无祸。郭后虽废,帝待郭后恩礼无替。明帝即位,待阴、郭二家亦均。明帝马后戒饬外家以王氏五侯及田蚡、窦婴为戒,故马廖兄弟虽封侯而退居私第,迄无祸败。章帝窦后其兄宪以谋不轨诛。和帝阴后被废,其父纲自杀,家属徙日南。邓后终身称制,亦约束外家,兄骘等忠谨无过。然后崩后,骘等俱被谗死,一门七人皆死非其罪。安帝阎后兄显及弟景、耀、晏俱以谋立外藩诛,后亦迁离宫。顺帝梁后兄冀以弑逆诛。桓帝梁后以忧死;邓后被废,从父万世、(从兄)〔侄〕会,皆下狱死;窦后以父武谋诛宦官,为宦官所害,后亦迁南宫。灵帝母董后兄子重,为何进所收,自杀。灵帝宋后废,以忧死,父兄皆诛;何后兄进谋诛宦官,亦为宦官所害,后又为董卓所弑。献帝伏后为曹操所弑;曹后随帝废为山阳公夫人。计东京后族亦只阴、郭、马三家保全,其余皆无不败者。推原祸本,总由于柄用辅政,故权重而祸亦随之。

西汉武、宣诸帝,东汉光武、明、章诸帝,皆无外戚之祸,由于不假以权也。成帝柔仁,专任王氏,而国祚遂移。东汉多女主临朝,不得不用其父兄子弟以寄腹心,于是权势太盛,不肖者辄纵恣不轨,其贤者亦为众忌,所归遂至覆辙相寻,国家俱敝,此国运使然也。至伏后之死不关母家辅政,然犹为曹操所忌,外戚之危如此。

两汉丧服无定制

汉文帝临崩诏曰:"令到,吏民三日释服。"按天子之丧,吏民尚齐衰三月,今易以三日,故后世谓之以日易月。然此专指吏民而言,未尝概之于臣子也。诏又曰:"殿中当临者,旦夕各十五举音。以下则服大红十五日,小红十四日,纤七日。"(已)〔以〕下者,下棺已葬也。自始崩至葬皆衰,既葬则大功、小功及纤,以次而杀也。刘敞谓汉诸帝自崩至葬皆有百余日,未葬则服不除,既葬又有大功、小功及纤,以次而杀。是文帝虽有短丧之诏,其实臣子向有未葬以前之服,即既葬后大功、小功、纤,亦有三十六日,初非二十七日也。且此专指国丧而言,非令天下臣民凡父母之丧皆以日易月也。乃自有此制,大臣不行三年丧,遂为成例。翟方进为丞相,后母死,三十六日除服起视事,以为身备汉相,不敢逾国家之制。直至东汉安帝时,邓太后临朝,始诏长吏不为亲行服者,不得选举,而议者犹谓牧守不应同此制。刘恺独以为刺史一州之表,二千石千里之师,若不以身率先,是浊其源而欲流之清也。《恺传》。于是牧守皆行服。邓后崩,安帝又改制,仍不听行丧。桓帝时,又令刺史、二千石行丧,未几又断之。统计两汉臣僚,罕有为父母服三年者,盖因习俗相沿,已成故事也。

然虽成故事,而朝廷本未有不许行丧之令,故行不行仍听人自便。西汉河间王良丧太后,服三年,哀帝特诏以为宗室仪表,益封万户。《良传》。东汉济北王次守丧,梁太后诏曰:"王谅闇以来二十八月,自诸国有忧,未之闻也。"《次传》。薛宣后母死,弟修去官持服,宣以为三年丧人罕行之,兄弟自相驳,修遂竟服。兄弟一也,而一服一不服,可见朝廷本无定制也。邓衍不服父丧,明帝闻之,虽薄其为人,然本无服丧定例,故亦不能以此罪之。其臣下丁忧,自愿持服者则上书自陈,有听者有不听者,亦有暂听而朝廷为之起复者。如太尉赵憙遭母忧,乞身行丧,明帝不许,遣使者为释服。《憙传》。太仆邓彪遭母忧,乞身,诏以光禄大夫行服。《彪传》。桓郁遭母忧,乞身,诏以侍中行服。桓焉以母忧,乞身,诏以大夫行服。逾年,诏赐牛酒释服。《郁》、《焉传》。霍谞为金城太守,崔寔为辽东太守,俱以母忧,自上归行丧服。《谞传》、《寔传》。

盖本无必当行丧之制，故欲行丧者皆须自乞，亦无不许行丧之制，故乞身者亦多得请也。

惟其无定制，听人自为轻重，于是徇名义者宁过无不及。如江（革）〔华〕遭母忧，三年服竟犹不忍除，郡守遣丞掾为除服。（革）《〔华〕传》。东海王臻丧母，服阕，又追念丧父时幼小，哀礼有阙，乃重行丧制。《臻传》。袁绍母死，去官三年，礼毕，追感幼孤，又行父丧。《绍传》。甚至有如傅（毅）〔燮〕、荀爽、桓鸾为举主服丧三年，李恂、桓典、王允为郡将服丧三年，崔寔以期丧去官，侯（苞）〔芭〕、冯胄以师丧持服，可见两汉丧服本无定制，故转以此立名。青州民赵宣葬亲而不闭埏隧，居其中，行服二十余年，乡里称其孝。然五子皆服中生。《陈蕃传》。又可知徇名者之未必出于真也。

长官丧服

两汉父母之丧无定制，而魏、晋以后，长官之丧转有定制。盖自汉制三公得自置吏，刺史得置从事，二千石得辟功曹，掾吏不由尚书选授，为所辟置者，即同家臣，故有君臣之谊。其后相沿，凡属吏之于长官，皆如之。《晋书·向雄传》，雄为主簿时，为太守刘毅所答。又吴奋为太守，亦系雄于狱。后雄为黄门侍郎，而奋、毅俱为侍中，同在门下，不交一言。武帝闻之，特诏雄复修君臣之好。可见是时长官属吏有君臣分谊，虽帝王不禁也。

既有君臣之礼，遂有持服之制。《晋书》，丁潭为琅邪王袞郎中令，袞薨，潭上书求终丧礼，曰：“今制，王侯之丧，官僚服斩，既葬而除。今国无嗣子，丧廷乏主，臣宜终丧。”诏下博议，令既葬除服，心丧三年。《潭传》。桓温卒，服终，府州文武咸辞去。《桓玄传》。《齐书》，皇太子妃薨，宫臣未知应服与否。王俭议宫僚本属臣隶，存既尽敬，亡自应服。褚渊由司徒改司空，未拜而卒，司空掾属疑应服与否。王俭议依妇在途，闻夫家丧，改服而入之礼，其司徒掾属，宜居官持服。（王俭）《〔褚渊〕传》。《魏书》，公孙邃为青州刺史，卒，佐吏疑所服。孝文帝诏曰：“专古也理与今违，专今也大乖曩义。主簿云近代相承服斩，过葬而除，自余无服，如此则太寥落。可准诸境内为齐衰三月。”《邃传》。是晋以后属吏为长官持服并有定制，非如汉时之自以意为之也。

王莽之败

汉祚中衰,元后长寿,王莽借其势以辅政,援立幼弱,手握大权,诡托周公辅成王,由安汉公而宰衡,而居摄,而即真。权势所劫,始则颂功德者八千余人,继则诸王公侯议加九锡者九百二人,又吏民上书者前后四十八万七千五百七十二人。虽宗室有安众侯刘崇、徐乡侯刘快等,臣僚有东郡太守翟义、期门郎张充等先后起兵匡复,皆旋即败灭。其威力所劫亦已遍天下,靡然从风。使能逆取顺守,沛大泽以结人心,则天下虽未忘前朝,而亦且安于新政,未必更有发大难之端起而相抗者。

其败也,一由收天下田,名曰王田,禁之不得买卖。一夫田过一井者分与里族,敢有非议者投四裔。又禁积五铢钱,犯者亦投四裔。于是农商皆失业,以卖田、积钱坐罪者不可胜数。继又设六管之令,令州县酤酒、卖盐、铸造铁器、诸采取名山大泽众物者税之。此召怨于中国也。莽自以为北化匈奴,东致海外,南怀黄支,惟西方未廓,乃遣人诱西羌献地,置西海郡,而西羌以失地遂叛。又改蛮夷诸王皆为侯,使人授单于新印,收故汉印,改玺为章。单于欲得故印,使者椎破之,单于大怒,遂寇边。句町王亦以改王为侯而叛。此召怨于外夷也。又以匈奴之叛,遣十二将出讨之,偏裨以下百八十人,兵三十万。又摘铸钱邻伍坐罪者,男子槛车,儿女步行,铁锁琅当其颈,诣军前以十万数,到者易其夫妇。州县馈运粮饷,自江海至北边。兵先到者屯驻,候到毕同出。于是将吏在边者纵恣为害,五原、代郡尤被其毒。《汉书·匈奴传》,北边自宣帝以来不见烽火,人民繁盛,牛马蔽野。及莽挠乱匈奴,与之构难,边民亡死相继。又十二部兵屯久不出,肆行侵暴,于是野多暴骨。其讨句町者,士卒死什之五六。此又因用兵而病民,使外夷与中国胥怨者也。于是四海沸腾,寇盗蜂起,更始、赤眉、光武因得以刘宗号召天下。

人但知莽之败由于人心思汉,而不知人心之所以思汉,实莽之激而成之也。当其始也,诡激立名,以济其暗干之计,似亦奸雄之所为。及僭逆已成,不知所以抚御,方谓天下尽可欺而肆其毒痛。结怨中外,土崩瓦解,犹不以为虞,但锐意于稽古之事,以为制定则天下自平。乃日夜讲求制礼作乐,附会《六经》之说,不复省政事。制作未毕而身已为戮矣，此其识真三尺童子之不若。语云："今之愚也诈而已矣。"若莽者，其诈也愚而已矣。

王莽时起兵者皆称汉后

汉自高、惠以后，贤圣之君六七作，深仁厚泽被于人者深。即元、成、哀三帝稍劣，亦绝无虐民之政。只以运祚中衰，国统频绝，故王莽得乘便窃位。班彪所谓危自上起，伤不及下，故虽时代改易而民心未去，加以莽政愈虐，则思汉之心益坚。王常曰："莽政令苛酷，失天下心，民之讴吟思汉，非一日也。"《常传》。郑兴说更始曰："天下同苦王氏虐政，而思高祖之旧德。"《兴传》。冯衍说廉丹曰："海内淆乱，人怀汉德，甚于诗人之思召公也。"《衍传》。冯异说光武曰："天下同苦王氏，思汉久矣。"《异传》。历观诸说，可见当日之民心也。故群雄之起兵者，无不以刘氏举号。

刘圣公在平林群盗中为安集掾，军虽众而无所统一，诸将以圣公本汉裔，遂立为天子，建元曰更始。更始初都洛阳，将大封功臣。朱鲔以为高祖约非刘氏不王，是诸将初起事即守汉祖法也。《更始传》。赤眉樊崇起兵已屡胜，闻更始立，即往洛阳降。后仍亡归，因齐巫言城阳景王云："当为县官，何故作贼？"遂奉刘盆子为帝。《刘盆子传》。平〔林〕〔陵〕人方望谓弓林等曰："莽篡夺而孺子婴尚在，今皆云刘氏当更受命，婴故汉主也。"乃求得婴立之。(光武)〔刘玄〕传。卜者王郎伪称成帝子子舆，有赵王子林欲立之。会赤眉将至，林乃宣言赤眉来当立子舆为帝，以观众心，百姓果信之，遂立郎于邯郸。于是赵国以北，辽东以西，皆从风而靡。《王郎传》。卢芳因人心思汉，乃诡自称武帝曾孙刘文伯，谓曾祖母匈奴谷蠡浑邪王之姊，为武帝后，生三子，遭江充之乱，小子回卿流出在外，再传生文伯，以此诳惑人。诸豪杰以其为刘氏子孙，遂立为上将军，使人与匈奴通和，匈奴即立芳为帝。而是时五原人李兴、朔方人田飒、代郡人石鲔等各自起兵者，闻芳系汉后，即迎入塞奉之。《芳传》。刘永亦汉后，更始封为梁王。更始败，永据睢阳起兵，遣使拜董宪、张步为王，宪、步本特起不借刘氏为号者，以永系汉后，遂受其爵命为之尽力。《永》及《张步》等传。

公孙述虽自帝于蜀，然其先亦借辅汉起事。时宗成、王岑皆以应汉为将军,述在成都,迎之。而成等暴掠,述乃谓少年曰:"天下同苦新室思汉,故闻汉将到即迎之。今反肆虐,此寇贼,非义兵也。"乃使人诈称汉使者自东方来,假述辅汉将军益州牧印绶,遂击破成等,自立为蜀王,寻称帝。《述传》。隗嚣后虽割据天水诸郡,然初起时亦思奉汉。因王莽尚在长安,隔更始不得通,即立高帝庙称臣奉祠。莽死,更始至长安,嚣即入谒,见更始政乱,遂逃归。后又受光武将邓禹所封官号,并遣子入侍。末年惑于王元之说,始怀贰志。《嚣传》。历观诸起事者,非自称刘氏子孙,即以辅汉为名,可见是时人心思汉,举天下不谋而同。是以光武得天下之易,起兵不三年遂登帝位,古未有如此之速者,因民心之所愿,故易为力也。

王莽自杀子孙

王莽妻生四子,宇、获、安、临,其名也。哀帝时莽退就国,获杀奴,莽切责获,迫令自杀。及平帝立,莽秉政,虑帝母卫姬及舅卫宝、卫玄入朝挠己权,遂建议奉大宗者不顾私亲,但封以爵号而不许入京师。莽子宇心窃非之,乃与师吴章及妇兄吕宽窃议,章以莽不可谏而好鬼神,当为变怪惧之。宇即使宽夜持血洒莽门,为门吏所发,莽执宇送狱,饮药死。宇妻怀子,系狱俟产,后亦杀之。此未居摄以前,托大义灭亲之说以立名也。

僭位后,以安有疾,立临为太子。而莽妻以数哭子失明,莽使临侍养。妻侍儿原碧者,旧为莽所幸,至是临又通焉。惧事泄,谋杀莽,适以事贬出外第。而莽妻病,临寄书于母,为莽所见,中有怨望语,莽疑之,收原碧考问,具得谋逆状。莽欲秘之,乃杀考问者,而赐临药。临不肯饮,自刺死,并其妻亦自杀。是月安亦病死。已而莽孙宗自画容貌,服天子衣冠,刻三印。其母舅吕宽家徙合浦,宗又私与通书。事发,宗亦自杀。又其兄子光少孤,莽旧尝敬事寡嫂,抚光以立名。莽僭位后,光私嘱执金吾窦况为之杀人,莽闻之大怒,切责光。光母谓光曰:"汝自视孰与长孙、仲孙?"即宇、获二人也。遂母子俱自杀。是莽三子、一孙、一从子,皆为莽所杀。其意但贪帝王之尊,并无骨肉之爱也。

王莽引经义以文其奸

王莽僭窃，动引经义以文其奸。居摄时，使群臣奏曰："周成王幼小，不能修文、武之烈。周公摄政，则周道成；不摄，则恐失坠天命。故《君奭》篇曰：'我嗣子孙，大不克共上下，遏失前人光，在家不知命不易。天应棐谌，乃亡队命。'此言周公服天子衮冕，南面朝群臣，发号施令常称王命，召公不知其意，故不悦也。《书》逸《嘉禾》篇曰：'周公奉鬯立于阼阶，延登，赞曰："假王莅政，勤和天下。"'此周公摄政，赞者所称也。"又："《康诰》篇：'王若曰："孟侯，朕其弟，小子封。"'此周公居摄称王之文也。"平帝疾，莽又作策，请于泰畤，戴璧秉珪，愿以身代，藏策金縢，置于前殿，敕诸公勿言。又以汉高庙为文祖庙，取《虞书》"受终文祖"之意。此皆援《尚书》以行事也。又引《礼记·明堂记》曰："周公朝诸侯于明堂，天子负斧扆南面而立。"此言周公践天子位，朝诸侯，制礼作乐，而天下大服也。莽又欲定封建之制，引《礼记·王制》千七百余国，是以孔子《孝经》曰："不敢遗小国之臣，而况于公侯伯子男乎？"于是封爵高者为侯伯，次为子男。此引《礼记》、《孝经》以文其奸也。又引孔子作《春秋》，至于哀公十四年而一代毕，协之于今，亦哀之十四也。谓哀帝六年，平帝五年，至莽居摄三年，共年十四。此引《春秋》以文其奸也。其侮圣言以济其私也如此！

廿二史札记卷四

后汉书编次订正

《光武纪》开首即称光武,至即位后称帝,此仿班《书·高祖纪》初称高祖,继称沛公,称汉王,即位称帝之例也。惟光武曾封萧王,此纪乃省却称萧王一节,稍不同耳。列传例皆称名,独光武兄缤则书其字伯升,此亦本班《书·王莽传》内已称伯升故也。

至其编次卷帙,如《循吏》、《酷吏》、《宦者》、《儒林》、《文苑》、《独行》、《方术》、《逸民》、《外戚》等传,既各以类相从矣,其他列传自应以时代之先后分别编次,乃范《书》又有不拘时代,而各就其人之生平以类相从者。此亦本之《史记》,如老子与韩非同传,屈原与贾谊同传,鲁仲连与邹阳同传,但以类相从,不拘时代。《汉书》黄霸为丞相,朱邑为大司农,而皆入《循吏传》,以其长于治郡也。夏侯胜治《尚书》,京房治《易》,宜入《儒林传》,而另为列传,与眭弘等同卷,以其皆精于占验也。蒯通、伍被、江充、息夫躬或国初人,或中叶、末造人,而列为一卷,以其皆利口也。《后汉书》亦仿此例,如卓茂本在云台图像内,乃与鲁恭、魏霸、刘宽等同卷,以其皆以治行著也。郭伋、杜诗、孔奋、张堪、廉范皆国初人,王堂、苏章皆安帝时人,羊续、贾琮、陆康皆桓、灵时人,而同为一卷,亦以其治行卓著也。张纯国初人,郑康成汉末人,而亦同卷,以其深于经学也。张宗、法雄国初人,度尚、杨璇汉末人,而亦同卷,以其皆为郡守能讨贼也。王充国初人,王符、仲长统汉末人,而亦同卷,以其皆著书恬于荣利也。邓彪、张禹、徐防、胡广等同卷,以其皆和光取容,人品相似也。袁安、张(辅)〔酺〕、韩(陵)〔棱〕、周荣、郭躬、陈宠等同卷,以其皆明于法律,决狱平允也。班超、梁慬同卷,以其立功绝域也。杨终、李法、翟酺、应奉同卷,以其文学也。杜根、刘陶、李云同卷,以其皆仗节能直谏也。樊宏、樊(谦)〔儵〕、樊准、阴识、阴兴、阴就同卷,以其皆外戚而有功绩可纪,故不入《外戚》而仍列一卷也。苏竟、杨厚、郎颛、襄楷同卷，以其皆明于天文，能以之规切时政也。周燮、黄宪、徐稺、姜肱、申屠蟠同卷，以其皆高士也。此编次之用意也。

至《崔寔传》载其《政论》一篇，《桓谭传》载其《陈时政》一疏，《冯衍传》载其说廉丹一书、说鲍〔宣〕〔永〕一书，《王符传》载其《潜夫论》中五篇，《仲长统传》载其《乐志论》及《昌言》中〔二〕〔三〕篇，《张衡传》载其客问一篇、上疏陈事一篇、请禁图谶一篇，《蔡邕传》载其《释诲》一篇、条陈所宜行者七事，皆以有关于时政也。至如《崔骃传》载崔篆《慰志赋》一篇，骃《达旨》一篇，《班固传》载其《两都赋》、《明堂》、《〔璧〕〔辟〕雍》诗及《典引篇》，《杜笃传》载其《论都赋》，《傅毅传》载其《迪志诗》，《崔琦传》载其《外戚箴》，《赵壹传》载其《穷鸟赋》，《刘梁传》载其《和同论》，《边让传》载其《章华赋》，皆以其文学优赡，词采壮丽也。《郎颉传》载占验七事，《郭太传》载其遗事九条，此又略仿《史记·扁鹊》等传体。《儒林传》，《五经》各先载班《书》所记之源流，而后以东汉习经者著为传，尤见各有师法。《卓茂传》叙当时与茂俱不仕莽者孔休、蔡勋、刘宣、龚胜、鲍宣等五人，《来历传》叙同谏废太子者祋讽、刘〔袆〕〔玮〕、薛皓、闾丘弘、陈光、赵代、施延、朱伥、第五颉、曹成、李尤、张敬、龚调、孔显、徐崇、乐〔阐〕〔闿〕、郑安世等十七人。此等既不能各立一传，而其事可传，又不忍没其姓氏，故立一人传，而同事者用类叙法，尽附见于此一人传内，亦见其简而该也。

又有详简得宜，而无复出叠见之弊者。《吴汉传》叙其破公孙述之功，则《述传》不复详载。《耿弇传》叙其破降张步之功，则《步传》亦不复详载。宦者孙程以张防诬构虞诩，上殿力争，事见《诩传》，则《程传》不复载。张俭奏劾中常侍侯览，籍没其家，事见《览传》，则《俭传》不复载。俭避难投孔褒，褒弟融藏之，后事泄，褒兄弟争相死，事见《融传》，则《俭传》不复载。张让矫杀何进，事见《进传》，则《让传》不复载。刘虞以十万众攻公孙瓒，事见《虞传》，则《瓒传》不复载。袁绍尽诛宦官二千余人，无少长皆死，事见《何进传》，则《绍传》不复载。此更可见其悉心核订，以避繁复也。

又其论和熹后终身称制之非，而后崩后则朝政日乱，以见后之能理国。论隗嚣谓其晚节失计，不肯臣汉，而能得人死力，则亦必有过人者。论李通虽为光武佐命，而其初信谶记之言起兵，致其父及家族皆为王莽所诛,亦不可谓智。此皆立论持平,褒贬允当,足见蔚宗之有学有识,未可徒以才士目之也。

后汉书间有疏漏处

《光武本纪》,建武十六年,郡国大姓及兵长群盗处处并起,攻击所在,杀害长吏,讨之则解散,去又屯结,青、徐、幽、冀四州尤甚。乃遣使者下郡国,听群盗自相纠摘,五人〔共〕斩一人者除其罪。其牧守令长坐界内有盗贼及弃城者,皆不以为罪,但取获贼多少为殿最,惟蔽匿者罪之。于是更相追捕,并解散。按是时天下初定,民方去乱离而就安平,岂肯又生变乱?此必有激成其祸者,而本纪全不著其根由。但上文有河南尹张伋及诸郡守十余人坐度田不实,皆下狱死,则是时民变盖因度田起衅也。按《刘隆传》,天下户口垦田多不以实,户口年纪互有增减。建武十五年,有诏核检,而刺史太守多不平均,优饶豪右,侵刻羸弱,百姓嗟怨。帝见陈留吏牍,有云:"颍川、弘农可问,河南、南阳不可问。"帝怒,不得其故。时明帝年十二,在侧曰:"河南帝城,多近臣。南阳帝乡,多近亲。"帝更诘吏,吏对果如明帝所言。于是遣谒者考实,具知奸状,守令等十余人皆死。据此则十六年之民变,必因十五年之检核户口田亩不均而起衅也。其解散,亦必非令盗贼自相捕斩遂能净尽,盖因守令皆以检核不实坐死,遣谒者为更正,然后解散耳。而范《书》略不见起灭之由。

《光武纪》书帝崩年六十二。然纪又书帝起兵时年二十八,下有更始元年破王寻、王邑,持节北渡河,镇慰州郡,二年诛王郎,更始拜帝为萧王,明年六月始即位,改元建武,是帝年已三十一矣。建武凡三十二年,又加以中元二年始崩,则应是六十(四)〔三〕岁。本纪所云六十二,殊不符也。按《前汉书》,汉王四年幸薄姬,生文帝,年八岁立为代王,十七年入为帝,则应是二十五岁。而臣瓒注谓文帝二十三即位,在位二十三年,寿四十六。是文帝年岁亦不符。

安帝以延光元年三月崩,阎后立北乡侯懿即位,是年十月薨。计北乡侯在帝位已阅八月,应有本纪,乃范《书》无之,盖以未逾年未改元故耳。然殇帝在位仅一年,冲帝在位并只半年,皆为立纪,此不应独缺也。

班《书·王莽传》，长安士民攻莽，三日死，独未央宫烧，其余仍案堵如故。及赤眉至，遂烧长安宫室至市里。又《外戚传》，莽女为平帝后，帝崩，莽篡位，号后为黄皇室主。及汉兵诛莽，燔烧未央宫，后投火中死。范《书·更始传》，王莽败，惟未央宫被焚，其余宫殿一无所毁，更始至，居长乐宫。《董卓传》亦言赤眉之乱，宫室营寺焚灭无余，惟有高庙及京兆府舍。是未央宫当莽死时已被焚，赤眉之乱则长安为墟，并不特未央宫无存而已。乃《献帝纪》，董卓劫帝西迁，车驾至长安，幸未央宫。《董卓传》亦云帝之长安，移于未央宫，寻帝以病愈，大会诸臣于未央宫。此宫已被焚于王莽之败，何以献帝西迁又有未央以驻跸耶？按《顺帝纪》永和元年，帝西巡，幸未央宫。想王莽时被焚之后，东汉诸帝又曾修葺也。然范《书》不经见，而先则被焚，后则驻跸，殊不明晰。

《皇后纪》，董卓弑弘农王，其妃唐姬归乡里。及李傕、郭汜破长安，遣兵抄略关东，掠得姬，傕欲妻之，固不听，而终不自名。贾诩知之，以告献帝，帝乃下诏迎姬置园中，使侍中持节拜为弘农王妃。初平元年二月，葬弘农王于故常侍赵忠成圹中。此文殊不明晰。卓以初平元年正月弑弘农王，二月即迁都长安，而葬弘农王亦以是月，盖将迁时草草瘗之也。傕、汜之乱则在初平三年，其掠得姬，而献帝迎还册拜，自是在长安时事，而叙于葬弘农王之前，已属倒置，而又曰置园中，所谓园者安在耶？汉时凡诸王葬处曰园陵，其姬妾守园陵者曰某园贵人。桓帝尊孝崇王夫人曰孝崇园贵人，灵帝尊孝仁皇妃曰慎园贵人。今弘农王妃所居之园，即弘农王葬处耶？则是时妃在长安，而葬处在洛阳，时方扰乱，不能送往也。或即宫内之园以居之耶？

《吴汉传》，汉伐公孙述，去成都二十里阻江北为营，造浮桥，使副将刘尚屯于江南，相去二十里。帝闻之大（怒）〔惊〕，诏曰："贼若出兵缀公，以大众攻尚，尚破，公必败矣。"以其与尚相隔二十里，不及相救援也。后汉引还广都，留刘尚拒述。以状奏上，帝曰："公还广都，甚合其宜，述必不敢略尚而击公也。若先攻尚，公从广都五十里赴之，适当其危，破述必矣。"按先以相距二十里谓不足相及，今又云五十里赴救正可破贼，语似矛盾。盖汉先营江北，尚营江南，恐述断浮桥，则彼此不能相救耳，而传未分别言之。

史传叙事皆书名,未有以字行文者。范《书》惟光武兄缤字伯升,凡纪、传皆书其字,盖帝之亲兄,春陵首事,其功最大。且班《书·王莽传》内已书伯升,故范《书》仍之也。乃范式、张劭合传,前半篇叙劭事则称元伯,叙式事则称巨卿,皆其字也,殊非史体。盖本当时人为张、范作合传,蔚宗即抄入史,不复改订耳。

《三国·魏志》有《方技传》,备载华陀、管辂等。而道士于吉尤有异术。据《江表传》,谓吉制符水治病,吴人争事之。孙策在城楼会诸将,吉适过,诸将争下楼迎拜。策怒,令收之,诸将咸为之请,策曰:"此子妖妄惑众。昔张津在交州,常着绛帕头,烧香读道书,卒为南夷所杀。此甚无益,诸君但未悟耳。"遂斩之。《搜神记》谓策杀吉后,偶出行,为许贡客射伤。归治疮,尝独坐,仿佛见吉在左右,意恶之。后照镜,忽见吉在镜中,因大叫,疮裂而死。是吉乃汉末一技术之士,陈寿《吴志》不为立传,盖以《魏志》有《方技》一门,《吴志》不立《方技》,故遗之也。蔚宗作《后汉书》,既以华陀入《方技》矣,于吉在顺帝时,已有琅邪人宫崇者,以吉所得神书上之,则其人与华陀同时,而年寿在陀之前,蔚宗既传陀,何以不传吉耶? 按范《书·襄楷传》,顺帝时宫崇上其师(于)〔干〕吉所得神书一百七十卷,皆缥白素朱介青首朱目,号《太平清领书》,其言以阴阳五行为宗,而多巫觋杂语。有司奏其书妖妄不经,乃收藏之。蔚宗或以于吉名已见于《楷传》,故不复有传耳。

汉帝多自作诏

两汉诏命皆由尚书出,故比之于北斗,谓天之喉舌也。《后汉书·周荣传》,荣子兴有文学,尚书陈忠疏荐兴曰:"尚书出纳帝命。臣等既愚暗,而诸郎多俗吏,每作诏文转相求请,或以不能而专己自由,则词多鄙固。请以兴为尚书郎。"又宦官曹节欲害窦武,拥灵帝上殿,召尚书官属至,胁以白刃,使作诏版。此可见诏命皆由尚书郎所撰也。汉诏最可观,至今犹诵述,盖皆简才学士充郎署之选。而如陈忠所云,则亦有拙于为文及辗转倩人者,可知代言之职綦重矣。

然亦有天子自作者。武帝以淮南王安工文词,每赐安书,辄令司马相如等视草,是帝先具草而使词臣讨论润色也。哀帝策董贤为大司马,有"允执其中"之语,萧咸谓此乃尧禅舜之文,非三公故事,长老莫不心惧,此必非代言者所敢作也。光武诏司徒邓禹曰:"司徒,尧也;亡贼,桀也。宜以时进讨。"立阴贵人为后,诏曰:"贵人乡里良家,归自微贱,自我不见,于今三年。宜奉宗庙,为天下母。"又帝疑侯霸荐士有私,赐书曰:"崇山、幽都何可偶? 黄钺一下无处所。欲以身试法耶? 将杀身成仁耶?"此等文词亦必非臣下所代作者。明帝登极,诏曰:"今上无天子,下无方伯,本引《公羊传》之词。实赖有德,左右小子。"章帝诏亦有云:"上无明天子,下无贤方伯。"按二帝方在位,而诏云上无天子,人臣代草敢为此语耶?

不特此也,明德马皇后答章帝请封外家诏曰:"吾为天下母,而身服大练,欲以身率下,以为外亲见之当伤心自饬,但笑言太后素好俭。前过濯龙门,见外家车如流水,马如游龙,仓头衣绿褠,领袖正白,顾视御者不及远矣。"又饬章帝曰:"吾素刚急,有胸中气,不可不顺也。"此等语无论非人所能代,且马后并未称制,尚书乃帝之近臣,岂有答帝诏而即令帝之近臣代作者? 后本好学能文,此诏亦必自作者也。

光武信谶书

谶纬起于西汉之末。张衡著论曰:汉以来并无谶书。刘向父子领校秘书尚无谶录,则知起于哀、平之际也。《汉书·路温舒传》,温舒从祖父受历数、天文,以为汉厄三七之期,乃上封事以预戒。温舒系昭帝时人,则又在哀、平之前。按《樊英传》有《河》、《洛》七纬,章怀注曰:"《易》纬:《稽览图》、《乾凿度》、《坤灵图》、《通卦验》、《是类谋》、《辨终(篇)〔备〕》也。《书》纬:《璇玑钤》、《考灵耀》、《刑德放》、《帝命验》、《运期授》也。《诗》纬:《推度灾》、《氾历枢》、《含神雾》也。《礼》纬:《含文嘉》、《稽命征》、《斗威仪》也。《乐》纬:《动声仪》、《稽耀嘉》、《(斗)〔叶〕图征》也。《孝经》纬:《援神契》、《钩命决》也。《春秋》纬:《演孔图》、《元命包》、《文耀钩》、《运斗枢》、《感精符》、《合诚图》、《考异邮》、《保乾图》、《汉含孳》、《佑助期》、《握诚图》、《潜潭(包)〔巴〕》、《说题辞》也。"此等本属不经,然是时实有征验不爽者。

杨春卿善图谶,临死戒其子统曰:"吾绨帙中有祖传秘记,为汉家用。"《杨厚传》。哀帝建平中,有方士夏贺良上言赤精子之谶,汉家历运中衰,当再授命,故改号曰太初元将元年,称陈圣刘太平皇帝。其后果篡于王莽,而光武中兴。《汉书·李寻传》,成帝时有甘忠可者,造《天官历》、《包元太平经》十二卷,言汉家当再受命,以其术授夏贺良等。刘向奏其妖妄,甘忠可下狱死,贺良等又私相传授。又光武微时,与邓晨在宛,有蔡少公者学谶,云刘秀当为天子。或曰:"是国师公刘秀耶?"刘歆以谶文欲应之,故改名秀。光武戏曰:"安知非仆?"《晨传》。西门君惠曰:"刘氏当复兴,国师姓名是也。"《王莽传》。李通素闻其父说谶,云刘氏复兴,李氏为辅,故通与光武深相结。《通传》。其后破王郎,降铜马,群臣方劝进,适有旧同学强华者,自长安奉《赤伏符》来,曰:"刘秀发兵捕不道,四夷云集龙(在)〔斗〕野,四七之际火为主。"群臣以为受命之符,乃即位于鄗南。

是谶记所说实于光武有征,故光武尤笃信其术,甚至用人行政亦以谶书从事。方议选大司空,《赤伏符》有曰:"王梁主卫作玄武。"帝以野王县本卫地之所徙,玄武水神之名,司空水土官也,王梁本安阳人,名姓地名俱合,遂拜梁为大司空。《梁传》。又以谶文有"孙咸征狄"之语,乃以平狄将军孙咸为大司马。《景丹传》及《东观汉记》。此据谶书以用人也。因《河图》有"赤九会昌"之文,光武于高祖为第九世,故其祀太庙至元帝而止,成、哀、平三帝则祭于长安。本纪。会议灵台处所,众议不定,光武曰:"吾以谶决之。"此据谶书以立政也。且廷臣中有信谶者,则登用之。贾逵欲尊《左氏传》,乃奏曰:"《五经》皆无证图谶以刘氏为尧后者,惟《左氏》有明文。"《左传》,陶唐氏既衰,其后有刘累,学扰龙,范氏其后也。范归晋后,其处者皆为刘氏。由是《左氏传》遂得选高才生习。《逵传》。其不信谶者,则贬黜随之。帝以尹敏博学,使校图谶,令蠲去崔发为王莽著录者。敏曰:"谶非圣人所作,其中多近鄙别字,恐疑误后生。"帝不听。敏乃因其阙文增曰:"君无口,为汉辅。"帝召敏诘之,对曰:"臣见前人增损图书,故学为之耳。"帝深非之。《敏传》。桓谭对帝言"臣不读谶书",且极论谶书之非经,帝大怒,以为非圣无法,欲斩之。《谭传》。帝又语郑兴,欲以谶断郊祀。兴曰:"臣不学谶。"帝怒曰:"卿非之耶?"兴诡词对曰:"臣于书有所不学,而无所非也。"兴数言政事,帝以其不善谶,终不任用。《兴传》。是光武之信谶书,几等于圣经贤传,不敢有一字致疑矣。

独是王莽、公孙述亦矫用符命。莽以哀章献金匮图有王寻姓名,故使寻将兵讨昆阳,迄于败灭。莽又以刘伯升起兵,乃诡说符命,引《易》曰"伏戎于莽,升其高陵,三岁不兴",以为莽者御名也,升者伯升也,高陵者高陵侯翟义也。义先起兵被杀,谓义与伯升伏戎于新皇帝之世,终灭不兴也。又按金匮辅臣皆封拜。有王兴者,城门令史;王盛者,卖饼儿。莽按符命,求得此姓名十余人,而二人容貌应卜相,遂登用之,以示神焉。公孙述亦引谶记,谓孔子作《春秋》,为赤制而断十二公,明汉至平帝十二世而绝,一姓不得再兴也。又引《箓运法》曰:"废昌帝,立公孙。"《括地象》曰:"帝轩辕受命,公孙氏握。"光武与述书曰:"图谶言公孙,即宣帝也。代汉者当涂高,君岂高之身耶? 王莽何足效乎!"则光武亦明知谶书之不足信矣,何以明知之而又深好之? 岂以莽、述之谶书多伪,而光武所得者独真耶?

同时有新城蛮贼张满反,祭天地自云当王,为祭遵所擒,乃叹曰:"谶文误我!"遂斩之。《遵传》。又真定王刘扬造作谶记,云"赤九之后,瘿扬为主"。扬病瘿,欲以惑众,为耿纯所诛。《纯传》。是当时所谓图谶者,自夏贺良等实有占验外,其余类多穿凿附会,以惑世而长乱。乃人主既信之,而士大夫亦多有留意其术者。朱浮自言:"臣幸得与讲图谶。"《浮传》。苏竟与刘龚书曰:"孔子秘经,为汉赤制。玄包幽室,文隐事明。火德承尧,虽昧必亮。"《竟传》。郑康成戒子亦自言:"睹秘书纬术之奥。"《康成传》。所谓上有好者,下必有甚焉者也。范蔚宗曰:"世主以此论学,悲哉!"

光武多免奴婢

光武时彭宠反,其苍头子密杀宠降,光武已封为不义侯矣,其他加恩于奴婢者,更史不胜书。建武(三)〔二〕年,诏:"民有嫁妻卖子欲归父母者,恣听之。敢拘执者,论如律。"六年,诏:"王莽时吏人没入为奴婢不应旧法者,皆免为庶人。"七年,诏:"吏人遭饥〔乱〕,为青、徐贼所略为奴婢下妻,欲去留者,恣听之。敢拘制不还者,以卖人法从事。"十一年,诏曰:"天地之性人为贵,其杀奴婢,不得减罪。"又诏:"敢(熏)〔灸〕灼奴婢,论如律。免所(炙)〔灸〕灼者为民。"又除奴婢射伤人弃市律。十二年,诏:"陇、蜀民被掠为奴婢,自讼者及狱官未报,一切免为庶民。"十三年,诏:"益州民自八年以来被掠为奴婢者,皆免为庶人。或依托人为下妻,欲去者,恣听之。敢有拘留者,以略人法从事。"十四年,诏:"益、凉二州八年以来奴婢,自讼在官,一切免为民,卖者无还直。"此皆见于本纪者。主借奴婢以供使令,奴婢亦借主以资生养,固王法所不禁,而光武独为之偏护。岂以当时富家巨室虐使臧获之风过甚,故屡降诏以惩其弊耶?

按班《书·王莽传》,谓贫富不均,置奴婢之市与牛马同阑,制于臣民,专断其命,奸人因缘为利,至略卖人妻子,逆天心,悖人伦云云。是莽时奴婢之受害实甚。其后兵乱时,良民又多被掠为奴婢,光武初在民间亲见之,故曲为矜护也。

东汉功臣多近儒

西汉开国功臣,多出于亡命无赖,至东汉中兴,则诸将帅皆有儒者气象,亦一时风会不同也。光武少时往长安,受《尚书》,通大义。及为帝,每朝罢数引公卿郎将讲论经理。故樊准谓帝虽东征西战,犹投戈讲艺,息马论道。是帝本好学问,非同汉高之儒冠置溺也。

而诸将之应运而兴者,亦皆多近于儒。如邓禹年十三能诵《诗》,受业长安,早与光武同游学,相亲附。其后佐定天下,有子十三人,使各守一艺,修整闺门,教养子孙,皆可为后世法。《禹传》。寇恂性好学,守(颍州)〔颍川〕时修学校,教生徒,聘能为《左氏春秋》者,亲受学焉。《恂传》。冯异好读书,通《左氏春秋》、《孙子兵法》。《异传》。贾复少好学,习《尚书》,事舞阴李生。生奇之,曰:"贾君容貌志气如此,而勤于学,将相之器也。"后佐定天下,知帝欲偃武修文,不欲武臣典兵,乃与邓禹去甲兵,敦儒学。帝遂罢左右将军,使以列侯就第,复阖门养威重。《复传》。耿弇父况以明经为郎,学《老子》于安丘先生。弇亦少好学,习父业。《弇传》。祭遵少好经书,及为将,取士必用儒术。对酒设乐,常雅歌投壶。《遵传》。李忠少为郎,独以好礼修整称。后为丹阳太守,起学校,习礼容,春秋乡饮,选用明经,郡中向慕之。《忠传》。朱祐初学长安,光武往候之,祐不时见,先升舍,讲毕乃见。后以功臣封鬲侯,帝幸其第,笑曰:"主人得无舍我讲乎?"《祐传》。郭凉虽武将,然通经书,多智略。《凉传》。窦融疏言:"臣子年十五,教以经艺,不得观天文谶记。"《融传》。他如王霸、耿纯、刘隆、景丹,皆少时游学长安,见各本传。是光武诸功臣大半皆习儒术,与光武意气相孚合。盖一时之兴,其君与臣本皆一气所钟,故性情嗜好之相近,有不期然而然者。所谓有是君即有是臣也。

东汉四亲庙别祭

建武十九年，追尊孝宣帝为中宗，始祠昭帝、元帝于太庙，成帝、哀帝、平帝于长安，其春陵节侯以下四世祠章陵。即春陵乡，改名章陵。注引《汉官仪》曰："光武虽自高祖而下为第十二帝，而世次则与成帝为兄弟，于哀帝为诸父，于平帝为祖父，皆不可为之后。上数至元帝，始于光武为诸父，故上继元帝，而为九代。"以此计之，宣帝实为（曾）祖，故追尊及祀之。

按此议发于张纯，纯奏光武曰："陛下事同创革，而名为中兴。元帝以来，宗庙祠高皇帝为受命祖，孝文帝为太宗，孝武帝为世宗。今宜皆如旧制，别立四亲庙，推南顿君以上，尽于春陵侯。光武之高曾祖父也。礼，为人后者为之子，既事大宗，则降其私亲。今祫禘高庙，昭穆陈序，而春陵侯四世君臣并列，以卑厕尊，不合礼意。昔高皇帝以自受命，不由太上，宣帝以孙后祖，不敢私亲，故为〔父〕立庙，独群臣侍祠。今宜除四亲庙。"诏下公卿议。大司徒戴涉等议："宜以宣、元、成、哀、平五帝四世代今亲庙，宣帝、元帝尊为祖、父，可亲奉祠，成帝以下，有司行事，别为南顿君立皇考庙。其祭上（自）〔至〕春陵，皆群臣奉祠。"帝从之。是时宗庙未备，故元帝以上，祭于洛阳高庙，成帝以下，祠于长安高庙，其南顿君以上，祭于章陵。

此汉儒泥于"大宗不顾私亲"之说而定此制也。究而论之，光武以宗室崛起，中兴受命，少时并未奉诏入为帝嗣，与哀帝之入继成帝不同。则有天下后，但立高祖、太宗、世宗、中宗为不祧之庙，其下即祀春陵四世为亲庙，自协情理之正。乃必奉西京诸帝为大宗，而辈行又不可为成、哀、平三帝之后，则又舍此三帝而尊宣、元为祖、父，终觉窒碍不可通也。明臣欲世宗舍武宗而继孝宗，即本此制。惟祫祭合食则春陵四世序入昭穆，不能不以卑厕尊。然有天下者，本有追王上祀之典，光武御极，自应追尊南顿君，而祀春陵以下以天子之礼，正合于周家上祀祖绀至后稷之义。祖绀等为先公而居文王、武王之上，亦未尝不以卑临尊也。

东汉诸帝多不永年

国家当气运隆盛时,人主大抵长寿,其生子亦必早且多,独东汉则不然。光武帝年六十二,明帝年四十八,章帝年三十三,和帝年二十七,殇帝二岁,安帝年三十二,顺帝年三十,冲帝三岁,质帝九岁,桓帝年三十六,灵帝年三十四。皇子辩即位年十七,是年即为董卓所弑。惟献帝禅位后,至魏明帝青龙二年始薨,年五十四。此诸帝之年寿也。人主既不永年,则继体者必幼主,幼主无子,而母后临朝,自必援立孩稚,以久其权。殇帝即位时生仅百余日,冲帝即位才二岁,质帝即位才八岁,桓帝即位年十五,灵帝即位年十二,弘农王即位年十七,献帝即位才九岁。此诸帝即位之年岁也。

光武帝十〔一〕子,明帝九子,章帝八子。至和帝则仅二子,长子胜有痼疾,次子即殇帝也。安帝惟一子。顺帝已废而复立,顺帝又仅一子,即冲帝也。质帝、桓帝皆无子。灵帝二子,长辩嗣立,董卓废为弘农王,弑之,次即献帝。此诸帝嗣子之多寡有无也。

盖汉之盛在西京,至元、成之间气运已渐衰,故成帝无子而哀帝入继,哀帝无子而平帝入继,平帝无子而王莽立孺子婴,班《书》所谓"国统三绝"也。光武乃长沙定王发之后,本属旁支,譬如数百年老干之上特发一枝,虽极畅茂,而生气已薄。迨枝上生枝,则枝益小而力益弱,更易摧折矣。晋南渡后多幼主嗣位,见《东晋多幼主》条内。宋南渡后亦多外藩入继,皆气运使然,非人力所能为也。

东汉多母后临朝外藩入继

范《书·后妃纪序》谓:"东京皇统屡绝,权归女主,外立者四帝,临朝者六后。"章怀注:"四帝,安、质、桓、灵也。六后,窦、邓、阎、梁、窦、何也。"按章帝时窦后专宠,有梁贵人生和帝,窦后养为己子,而陷贵人以忧死。章帝崩,和帝即位,窦为太后称制。和帝崩,皇后邓氏为太后,立殇帝嗣位。殇帝殂,太后又立安帝,终身称制。安帝崩,皇后阎氏为太后,立北乡侯懿嗣位,身自临朝。未几懿殂,宦官孙程等迎立顺帝,太后乃归政。顺帝崩,皇后梁氏为太后,立冲帝,身自临朝。冲帝殂,太后又立质帝,犹秉朝政。质帝为梁冀所鸩,太后又立桓帝,数年归政。桓帝崩,皇后窦氏为太后,立灵帝,仍自临朝。后其父武为宦官所害,太后亦迁于南宫。灵帝崩,皇后何氏为太后,立子辩嗣位,身自临朝,寻为董卓废弑。此六后也。

其外藩入继者,安帝由清河王子入继,质帝由千乘王子入继,桓帝由蠡吾侯子入继,灵帝由解渎亭侯子入继。此四帝也。然安帝崩,阎太后立北乡侯懿嗣位,当时称少帝,是四帝之外尚有一帝。而范《书》专指安、质、桓、灵四君,盖以北乡侯立未逾年即殂,生前既未改元,殂后又无谥号,故独遗之耳。其实外立者,共五帝也。

外藩入继追尊本生

外藩入继大统,始自汉哀帝。当成帝无子,立弟定陶共王子欣为皇太子。帝以太子既奉大宗,不得复顾私亲,乃立楚王子景为定陶王,奉共王后。帝崩,太子即位,是为哀帝。是时成帝母称太皇太后,成帝赵后称皇太后,而帝祖母傅太后与母丁后自以定陶为称。有董宏上书,言秦庄襄王母本夏氏,而为华阳夫人所子,及即位后俱称太后,宜立定陶共王后为皇太后。师丹等劾奏宏大不道,免为庶人。傅太后大怒,于是追尊定陶共王为共皇,傅太后为共皇太后。又有段犹等奏不宜引定陶藩国之名以冠大号,于是直称共皇,并徙定陶王景为信都王,不复为定陶王立后,欲以己为定陶王后也。其时师丹议曰“冠以定陶者,母从子、妻从夫之义也。为人后者为之子,故为所后服斩衰三年,而降其父母期,所以重正统也。陛下既继体先帝奉大宗,不得奉定陶共皇”云云。《师丹传》。此固礼之正也。然身为帝王,追尊本生父母,亦情理所必至。

自哀帝尊其本生父为共皇之后,遂为故事。东汉安帝入继时,其本生父清河王庆尚在,未加尊称。及薨,葬以龙旂虎贲之礼,追谥为孝德皇,妣左氏为孝德皇后,祖妣宋贵人为敬隐皇后。祖即章帝,故不必追谥。桓帝入继时,追尊其祖曰孝穆皇,夫人赵氏曰孝穆皇后,考蠡吾侯曰孝崇皇,夫人马氏曰孝崇园贵人,生母匽贵人为孝崇皇后。灵帝入继时,追尊祖曰孝元皇,夫人夏氏曰孝元皇后,考曰孝仁皇,夫人董氏为慎园贵人。盖当时论者以为三皇无为,五帝有事,故身有天下者称帝,身未有天下而追尊者称皇,说见《太上皇》条内。哀帝又尊祖母曰帝太太后,母曰帝太后,不曰皇而曰帝,亦以身自为帝,故后号冠以帝称,以协母从子之义。所以示区别。而立庙京师,既足伸人子之情,兼不紊昭穆之序,此理之得者也。

前明世宗入继大统,其初亦只欲不没其本生父母之称,尚未有意过为崇奉,使当日议礼诸臣援此例奏请追称为兴献皇,立庙京师,则世宗之意亦塞矣。乃举朝不闻援引及此,但力争不许其追尊,争之不得,反议尊以帝称,而靳一皇字。卒至激而成称皇称帝,并入庙称宗,立主于武宗之上,此则明臣不读书之陋也。

夫在称太

皇太后、太皇太后,皆从乎子孙而言也。《汉书·孝元傅昭仪传》,昭仪初为婕妤,上宠之,欲殊之于后宫,以婕妤有子为王,而上尚在,未得称太后,乃更号曰昭仪,位在婕妤上。是夫在不称太也。乃光武帝废郭后,封后子辅为中山王,而即以后为中山太后。后辅徙封沛,又称沛太后。夫在称太,究属不经。

东汉废太子皆保全

隋、唐以后,太子被废,未有善终者。惟东汉则皆保全。光武已立子彊为皇太子,后其母郭后被废,彊不自安,数因左右陈恳,愿就藩国。乃立子庄为皇太子,封彊为东海王。帝以彊废不以过,故优以大封,赐虎贲旄头,拟于乘舆。彊就国后,数上书让还东海,又因皇太子固辞,帝不许。太子即位,是为明帝。彊寻病,明帝遣中常侍太医等视疾,并诏沛王辅彊同母弟同视。及薨,赠以殊礼。章帝立子庆为皇太子,以窦后妒,诬陷其母宋贵人,遂并废庆为清河王,立子肇为皇太子。庆虽幼而知避嫌畏祸,章帝怜之,令衣服礼秩与太子同。太子亦极友爱,入则共室,出则同舆。太子即位,是为和帝,待庆尤渥。庆小心恭孝,自被废后尤畏惧,每朝谒陵庙,常夜分严装待旦,约饬官属不得与诸王车骑并驰。及和帝崩,庆号泣殿前,呕血数升。既就国,饬官属时加策戒,以免悔咎。后其子祜入继统,是为〔顺〕〔安〕帝,庆时尚存。及薨,追谥为孝德皇。安帝已立子保为皇太子,后以谗被废为济阴王。帝崩,保以废黜不得上殿哭临梓宫,乃悲号不食,内外臣僚莫不哀之。阎后迎立北乡侯懿即位，保以年幼得全。北乡侯薨，宦官孙程等仍迎立保即位，是为顺帝。此皆已为太子，被废后仍能保全者。固由于明、和诸帝之友爱，而亦彊等之善处废黜，小心谨畏，故泯嫌猜而免祸害也。

　　又和帝长子平原王胜本应为太子，以痼疾不得立。和帝崩，邓后遂立殇帝。殇帝殂，又立安帝。是时胜尚在，亦未闻以怨怼取祸。盖自光武及明、章二帝皆崇儒重道，子弟习于孝友之训者深，故无骨肉之变也。按西汉昌邑王立为天子，后废为海昏侯，仍以善终，是西汉本无废杀之事。

廿二史札记卷五

累世经学

古人习一业,则累世相传,数十百年不坠。盖良冶之子必学为裘,良弓之子必学为箕,所谓世业也。工艺且然,况于学士大夫之术业乎?今按周、秦以来,世以儒术著者,自以孔圣之后为第一。伯鱼、子思后,子上生求,求生箕,箕生穿,穿生顺,为魏相。顺生鲋,为陈涉博士。鲋弟子襄,汉惠帝时为博士,历长沙太傅。襄生忠,忠生武及安国,武生延年。安国、延年皆以治《尚书》,武帝时为博士,安国至临淮太守。延年生霸,亦治《尚书》,昭帝时为博士,宣帝时为大中大夫,授皇太子经。元帝即位,赐爵关内侯,号褒成君。霸生光,尤明经学,历成、哀、平三帝,官御史大夫、丞相、太傅、太师、博山侯,犹会门下生讲问疑难。《孔光传》。霸曾孙奋,少从刘歆受《春秋左氏》,歆称之曰:"吾已从君鱼奋字。受道矣。"《奋传》。安国后世传《古文尚书》、《毛诗》,有名子建者不仕王莽。元和中,子建曾孙僖受爵褒成侯。其子长彦好章句学,季彦亦守家学。《僖传》。霸七世孙昱,少习家学,征拜议郎。自霸至昱卿相牧守五十三人,列侯七人。《孔昱传》。计自孔圣后,历战国、秦及两汉,无代不以经义为业,见于《前》、《后汉书》,此儒学之最久者也。

其次则伏氏。自伏胜以《尚书》教授,其后有名理者,为当世名儒。其子湛,少传家学,教授常数百人。湛弟黯,明《齐诗》,改定章句。湛兄子恭,传黯学,减省黯章句为二十万言。湛子翕,翕子光,光子晨,晨子无忌,亦皆传家学。顺帝时,无忌奉诏与议郎黄景校定中书《五经》诸子百家。桓帝时,又与崔寔等共撰《汉记》。又自采集古今删著事要,号曰《伏侯注》。伏氏自伏生以后世传经学,清静无竞,东州号为"伏不斗"云。此一家历两汉四百年,亦儒学之最久者也。《伏湛传》。

又次则桓荣,以宿学授明帝经,封关内侯。帝即位,亲行养老礼,以荣为五更,备极尊崇。其子郁,当章帝为太子时,又入授经。及和帝即位,以年少宜习经学,郁又侍讲禁中,凡教授二帝。先是荣受朱普章句四十万言,荣减为二十三万言,郁又删省成十二万言,由是有桓君大、小太常章句。郁中子焉,又以明经笃行授安帝经,顺帝为太子时,又为少傅授经,亦教授二帝。焉兄孙彬,亦以文学与蔡邕齐名。各本传。计桓氏经学,著于东汉一朝,视孔、伏二家,稍逊其久。然一家三代皆以明经为帝王师,且至于五帝,则又孔、伏二氏所不及也。

四世三公

西汉韦、平再世宰相,已属仅事。韦贤,宣帝时为丞相。其子玄成,元帝时亦为丞相。邹、鲁谚曰:"黄金满籝,不如教子一经。"又平当为丞相,其子晏为大司徒。时已改丞相为大司徒,大司徒即相也。《平当传》谓汉兴,惟韦、平父子至宰相。东汉则有历世皆为公者。杨震官太尉,其子秉代刘矩为太尉。秉子赐代刘郃为司徒,又代张温为司空。赐子彪代董卓为司空,又代黄琬为司徒,代淳于嘉为司空,代朱儁为太尉,录尚书事。自震至彪凡四世,皆为三公。袁安官司空,又官司徒。其子敞及京皆为司空。京子汤亦为司空,历太尉,封安国亭侯。汤子逢亦官司空。逢弟隗先逢为三公,官至太傅。故臧洪谓袁氏四世五公,比杨氏更多一公。古来世族之盛,未有如二家者。范蔚宗谓"西京韦、平,方之蔑如",真可谓仅事矣。而二家代以名德,为国世臣,非徒以名位门第相高,则尤难得也。

于定国为丞相,其子永为御史大夫。系两代三公。西汉丞相、大司马、御史大夫称三公也。

东汉尚名节

自战国豫让、聂政、荆轲、侯嬴之徒,以意气相尚,一意孤行,能为人所不敢为,世竞慕之。其后贯高、田叔、朱家、郭解辈徇人刻己,然诺不欺,以立名节。驯至东汉,其风益盛。盖当时荐举征辟,必采名誉,故凡可以得名者,必全力赴之,好为苟难,遂成风俗。《汉书·游侠传序》,自信陵、平原、孟尝、春申之徒,竞为游侠,取重于诸侯,显名天下。汉兴,禁网疏阔,布衣游侠,权行州城,力折公卿,众庶荣其名,觊而慕之,虽陷于刑辟不悔也。其大概有数端。

是时郡吏之于太守，本有君臣名分，为掾吏者，往往周旋于死生患难之间。如李固被戮，弟子郭亮负斧锧上书，请收固尸。杜乔被戮，故掾杨匡守护其尸不去，由是皆显名。《固》、《乔》二传。第五种为卫相，善门下掾孙斌，种以劾宦官单超兄匡，坐徙朔方。朔方太守董援，乃超外孙也，斌知种往必被害，乃追及种于途，格杀送吏，与种俱逃以脱其祸。《种传》。太原守刘瓆，以考杀小黄门赵津下狱死，王允为郡吏，送瓆丧还平原，终三年乃归。《允传》。公孙瓒为郡吏，太守刘君坐事徙日南，瓒身送之，自祭父墓曰：“昔为人子，今为人臣。送守日南，恐不得归，便当长辞。”乃再拜而去。《瓒传》。此尽力于所事，以著其忠义者也。傅（奕）〔燮〕闻举将没，即弃官行服。（奕）〔燮〕传》。李恂为太守李鸿功曹，而州辟恂为从事，会鸿卒，恂不应州命，而送鸿丧归葬，持丧三年。《恂传》。乐恢为郡吏，太守坐法诛，恢独行丧服。《恢传》。桓典以国相王吉诛，独弃官收葬，服丧三年，负土成坟。《典传》。袁逢举荀爽有道，爽不应，及逢卒，爽制服三年。《爽传》。此感知遇之恩，而制服从厚者也。然父母丧不过三年，而郡将举主之丧与父母无别，亦太过矣。

又有以让爵为高者。西汉时韦贤卒，子玄成应袭爵，让于庶兄弘，宣帝高其节，许之。《玄成传》。至东汉邓彪亦让封爵于异母弟，明帝亦许之。《彪传》。刘恺让封于弟宪，逃去十余年，有司请绝其封，帝不许，贾逵奏当成其让国之美，乃诏宪嗣。《恺传》。此以让而得请者也。桓荣卒，子郁请让爵于兄子泛，明帝不许，乃受封。《郁传》。丁綝卒，子鸿请让爵于弟盛，不报，鸿乃逃去，以采药为名。后友人鲍骏遇之于东海，责以兄弟私恩绝其父不灭之基，鸿感悟，乃归受爵。《鸿传》。郭躬子贺当袭，让与小弟而逃去，诏下州郡追之，不得已乃出就封。《躬传》。徐防卒，子（贺）〔衡〕当袭，让于弟崇，数岁不归，不得已乃就封。《防传》。此让而不得请者也。夫以应袭之爵，而让以鸣高，即使遂其所让，而己收克让之名，使受之者蒙滥冒之消，有以处己，（既）〔即〕无以处人；况让而不许，则先得高名，仍享厚实，此心尤不可问也。

又有轻生报仇者。崔瑗兄为人所害，手刃报仇亡去。魏朗兄亦为人所害，朗白日操刀，杀其人于县中。苏谦为司隶校尉李暠按罪死狱中，谦子不韦与宾客掘地道至暠寝室，值暠如厕，乃杀其妾与子，又疾驰至暠父墓，掘得其父头以祭父。见各本传。夫父兄被害，自当诉于官，官不理而后私报可也。今不理之于官，而辄自行仇杀，已属乱民，然此犹曰出于义愤也。

又有代人报仇者。何颙有友虞纬高，父仇未报而病将死，泣诉于颙，颙即为复仇，以头祭其父墓。郅恽有友董子张，父为人所杀，子张病且死，对恽欷歔不能言。恽曰："子以父仇未报也。"乃将宾客杀其人，以头示子张，子张见而气绝。亦见各本传。此则徒徇友朋私情，而转捐父母遗体，亦缪戾之极矣。

盖其时轻生尚气已成习俗，故志节之士好为苟难，务欲绝出流辈以成卓特之行，而不自知其非也。然举世以此相尚，故国家缓急之际尚有可恃，以揢拄倾危。昔人以气节之盛为世运之衰，而不知并气节而无之，其衰乃更甚也。

曹娥　叔先雄

范《书·列女传》，会稽女子曹娥，其父为巫觋，五月五日溯江涛迎神溺死。娥年十四，泣江干求十七日不获尸，遂投江死。县令度尚葬娥于道旁，使魏朗为碑文，未出，又使邯郸淳为之。朗见淳文，遂毁己作，而淳文刻于碑，蔡邕所题"黄绢幼妇，外（甥）〔孙〕齑臼"者也。

又有蜀中女子叔先雄，父泥和为县功曹，奉檄之郡溺死，失尸。雄寻至溺处，投水死。其弟梦雄告以六日后当与父同出，至期果二尸同浮于江。郡县表之，并图其形像焉。

二女事正同，又同在《列女传》，且曹娥未获父尸，叔先雄则偕父尸同出，更为灵异。乃曹娥至今脍炙人口，而叔先雄莫有知其姓名者，岂非一碑文之力耶？则传不传，岂不有命耶？

召用不论资格

汉制察举孝廉、茂才等归尚书及光禄勋，选用者多循资格，其有德隆望重由朝廷召用者，则布衣便可践台辅之位。如陈寔官仅太丘长，家居后，朝廷每三公缺，议者多归之。太尉杨赐、司徒陈耽，每以寔未登大位而身先之，常以自愧。《寔传》。郑康成绩学著名，公车征为大司农，给安车一乘，所过长吏送迎。《康成传》。荀爽有盛名，董卓秉政，征之，初拜平原相，途次又拜光禄勋，视事三日策拜司空。自布衣至三公，凡九十五日。张璠《汉纪》。

擅去官者无禁

贾琮为冀州刺史，有司有赃过者，望风解印绶去。《琮传》。朱穆为冀州刺史，令长解印绶去者四十余人，及穆到任，劾奏至有自杀者。《穆传》。李膺为青州刺史，有威政，属城闻风，皆自引去。《膺传》。范滂为清诏使，案察贪吏，守令自知赃污，皆望风解印绶。《滂传》。陈寔为太丘长，以沛相赋敛无法，乃解印绶去。《寔传》。宗慈为修武令，太守贪贿，慈遂弃官去。《慈传》。

按令、长、丞、尉各有官守，何以欲去即去？据左雄疏云："今之墨绶，拜爵王廷，而齐于匹（庶）〔竖〕，（动辄）〔叛命〕避负，非所以崇宪明理也。请自今守相长吏，非父母丧不得去官。其不遵法禁者，锢之终身。若被劾奏，逃亡不就法者，家属徙边，以惩其后。"《雄传》。黄巾贼起，诏诸府掾属不得妄有去就。《范冉传》。可见平时朝廷无禁人擅去官之令，听其自来自去而不追问也。法网亦太疏矣。

籍没财产代民租

权臣强藩积赀无艺，或亲行掊克，或广收苞苴，无一非出自民财。汉桓帝诛梁冀，收其财货，县官斥卖三十余万万，以充官府用，减天下税租之半。《冀传》。唐李锜反，兵败伏诛，朝廷将辇其所没家财送京。李绛奏言："锜家财皆刻剥六州之人所得，不如赐本道，代贫下户今年租税。"宪宗从之。《李绛传》。以横取于民者仍还之民，此法最善。宪宗英主，其说易从，不谓桓帝先已行之也。后世有似此者，籍没贪吏之财以偿民欠，籍没权要之财以补官亏，亦哀益之一术也。明臣王宗茂劾严嵩，请籍其家以充边军之费。

倩代文字

阳球奏罢鸿都文学画像疏曰："鸿都文学乐松、江览等三十二人，皆出于微贱，附托权豪。或献赋一篇，或鸟篆盈简，而位升郎中，形图丹青。亦有笔不点牍，辞不辨心，假手请字，妖伪百品，是以有识掩口。臣闻图像之设，以昭劝戒，未有竖子小人，诈作文颂，而妄窃天官，垂像图素者也。"可见曳白之徒，倩买文字，侥幸仕进，汉时已然，毋怪后世士风之愈趋愈下也。

党禁之起

汉末党禁虽起于甘陵南北部及牢修、朱并之告讦，桓帝初受学于甘陵周福，及即位，擢福为尚书。时同郡房植有盛名，乡人为之谣曰："天下规矩房伯武，因师获印周仲进。"二家宾客互相讥议，遂各树门徒，由是有甘陵南北部党，党论自此起。修、并事见后。然其所由来已久，非一朝一夕之故也。范《书》谓桓、灵之间，主荒政缪，国命委于奄寺，士子羞与为伍，故匹夫抗愤，处士横议，激扬声名，互相题拂，品核公卿，裁量国政，《党锢传序》。自公卿以下，皆折节下之。《申屠蟠传》。盖东汉风气，本以名行相尚，迨朝政日非，则清议益峻。号为正人者，指斥权奸，力持正论，由是其名益高，海内希风附响，惟恐不及。而为所贬訾者，怨刺骨，日思所以倾之，此党祸之所以愈烈也。

今按汉末党禁凡两次：桓帝延熹九年，有善风角者张成，推占当有赦令，教其子杀人。河南尹李膺捕之，果遇赦免，膺怒，竟考杀之。成弟子牢修遂诬告膺善太学游士，交结生徒，诽讪朝廷，败坏风俗。帝怒，下郡国逮捕，并遣使四出，《党（禁）〔锢〕传序》。收执膺等二百余人，诬为党人，并下狱。次年霍谞、窦武上表申理，始赦归，仍书名王府，终身禁锢。此第一次党禁也。自是正人放废，海内共相标榜，以窦武、刘淑、陈蕃为"三君"。君者，世所宗也。李膺、荀（昱）〔翌〕、杜密、王畅、刘祐、魏朗、赵典、朱寓为"八俊"。俊者，人之英也。郭林宗、宗慈、巴肃、夏馥、范滂、尹勋、蔡衍、羊陟为"八顾"。顾者，能以德引人也。张俭、岑晊、刘表、陈翔、孔昱、（范）〔苑〕康、檀（敷）〔敷〕、翟超为"八及"。及者，能导人追宗也。度尚、张邈、王考、刘儒、胡母班、秦周、蕃（响）〔向〕、王章为"八厨"。厨者，能以财救人也。

至灵帝建宁中，张俭为劾中常侍侯览，俭乡人朱并承览风旨，又告俭与同乡二十四人为部党。以俭及檀彬、褚凤、张肃、薛兰、冯禧、魏玄、徐乾为"八俊"，田（材）〔林〕、张隐、刘表、薛郁、王访、刘祇、宣靖、公绪〔恭〕为"八顾"，朱楷、田（盘）〔槃〕、疏耽、薛敦、宋布、唐龙、嬴咨、宣褒为"八及"，而俭为之魁。帝遂诏刊章捕俭等。宦官曹节又讽有司并捕前党李膺、杜密及范滂等百余人,皆死狱中,妻子徙边。诸附从者锢及五族。诏天下大举钩党,于是有行义者,一切指为党人。四年,大赦,而党人不赦。已而宦官又讽司隶校尉段颎,捕太学诸生千余人,并诏党人门生故吏、父兄子弟在位者,皆免官禁锢。直至黄巾贼起,吕强奏请赦诸党人,于是赦还诸徙者。此第二次党禁也。本纪及《党(禁)〔锢〕传》。

其时党人之祸愈酷而名愈高,天下皆以名入党人中为荣。范滂初出狱归汝南,南阳士大夫迎之者车千两。《滂传》。景毅遣子为李膺门徒,而录牒不及,毅乃慨然曰:“本谓膺贤,遣子师之,岂可因漏名而幸免哉?”遂自表免归。《李膺传》。皇甫规不入党籍,乃上表言:“臣曾荐张奂,是阿党也。臣昔坐罪,太学生张凤等上书救臣,是臣为党人所附也。臣宜坐之。”《规传》。张俭亡命困迫,望门投止,莫不重其名行,破家相容。《俭传》。此亦可见当时风气矣。

朝政乱则清流之祸愈烈,党人之立名,及举世之慕其名,皆国家之激成之也。然诸人之甘罹党祸,究亦非中道。当范滂等非毁朝政,太学生方以为文学将兴,处士复用,申屠蟠独叹曰:“昔战国处士横议,列国之王至为拥篲前驱,卒有坑儒焚书之祸。”乃绝迹自晦,后果免于难。《蟠传》。岑晊逃命,亲友多匿之,贾彪独不纳,曰:“传言相时而动,无累后人。岑君自贻其咎,吾可容隐之乎?”《彪传》。徐穉嘱茅容致意郭林宗曰:“大树将颠,非一绳所维,何乃栖栖不遑宁处?”《穉传》。此又士大夫处乱世用晦保身之法也。

东汉宦官

汉承秦制以奄人为中常侍,然亦参用士人。武帝数宴后庭,故奏请机事常以宦者主之。至元帝时,则弘恭、石显已窃权干政,萧望之、周堪俱被其害,然犹未大肆也。按班固《叙传》,彪之父穉为中常侍,是成帝时中常侍尚兼用士人。光武中兴,悉用奄人,不复参用士流。和帝践阼幼弱,窦宪兄弟专权,隔限内外,群臣无由得接,乃独与宦者郑众定谋收宪,宦官有权自此始。然众小心奉公,未尝揽权。和帝崩,邓后临朝,不得不用奄寺,其权渐重。邓后崩,安帝亲政,宦官李闰、江京、樊丰、刘安、陈(逵)〔达〕与帝乳母王圣、圣女伯荣、帝舅耿宝、皇后兄阎显等比党乱政。此犹宦官与朝臣相倚为奸,未能蔑朝臣而独肆其恶也。及帝崩,阎显等专朝争权,乃与江京合谋诛徙樊丰、王圣等,是显欲去宦官,已反借宦官之力。已而北乡侯入继,寻薨。显又欲援立外藩,宦官孙程等不平,迎立顺帝,先杀江京、刘安、陈(逺)〔达〕,并诛显兄弟,阎后亦被迁于离宫。安帝已立皇太子保,而帝乳母王圣及宦官江京、樊丰等谮太子乳母王男等,杀之,太子数为叹息。王圣等惧为后祸,共构陷太子,遂废为济阴王。帝崩,王不得立,阎后立北乡侯懿。懿又薨,后兄显与江京、刘安、陈(逺)〔达〕又欲援立外藩,宦官孙程等不平,共斩京、安、(逺)〔达〕等,迎立济阴王,是为顺帝,并即收显等兄弟诛之,封程等十九人为侯。是大臣欲诛宦官,必借宦官之力;宦官欲诛大臣,则不借朝臣力矣。

顺帝既立,以梁商女为皇后,商以大将军辅政,尊亲莫二。而宦官张逵、蓬政、石光谮商与中常侍曹腾、孟贲,云欲废帝。帝不信,逵等即矫诏收缚腾、贲,是竟敢违帝旨而肆威于禁近矣。赖帝闻之大怒,逵等遂伏诛。及帝崩,梁后与兄冀立冲帝。冲帝崩,又立质帝。质帝为冀所鸩,又援立桓帝,并以后妹为桓帝后。冀身为大将军辅政,两妹一为皇太后,一为皇后,其权已震主矣。而帝默与宦官单超、左悺、具瑗、徐璜、唐衡定谋,遂诛冀。梁冀专恣日久,梁后又忌恣,桓帝心不平而不敢泄,独呼小黄门唐衡,问左右谁与冀不协者,衡以单超、左悺、徐璜、具瑗对。帝乃召超等定议,下诏收冀及宗亲党与,皆诛之,封超等五人为侯。是宦官且诛当国之皇亲矣。然此犹曰奉帝命以成事也。桓帝梁后崩,以窦武女为皇后。帝崩,武与后定策,立灵帝。窦后临朝,武入居禁中辅政。素恶宦官,欲诛之,兼有太傅陈蕃与之同心定谋,乃反为宦官曹节、王甫等所杀。窦武与陈蕃同谋诛宦官曹节、王甫等,奏入,五官史朱瑀窃发其书,怒骂曰:"中官中放纵者当诛,吾曹何罪,而当尽灭?"因大呼曰:"陈蕃、窦武奏皇太后,欲废帝。"乃夜召素所亲共普、张亮等歃血盟。曹节闻之,拥帝出御殿,闭诸禁门,使人守武。武不受诏,驰入步兵营,令曰:"中常侍反,尽力者封侯。"而王甫已领虎贲、羽林等兵出屯朱雀门,大呼武所将兵士曰:"窦武反,汝曹皆禁兵,何故随之?"禁兵遂俱归甫,甫乃杀武,并及陈蕃。然此犹曰灵帝非太后亲子,故节等得挟帝以行事也。

至灵帝崩,何后临朝,立子辩为帝。后兄何进以大将军辅政,已奏诛宦官蹇硕,收其所领八校尉兵。是朝权兵权俱在进手,以此尽诛宦官亦复何难,乃又为宦官张让、段珪等所杀。灵帝崩,何后临朝,立子辩为帝。后兄何进辅政,欲诛宦官,先奏何后,后不听。乃谋召外兵以胁何后,何后乃悉罢诸常侍小黄门等。常侍张让子妇，乃后甥也，让对之叩头曰："老臣得罪，当与新妇同归故里。但受恩深，欲一入见太后颜色，归死无恨。"子妇言于何后母舞阳君，入白，诏诸常侍皆入。而何进方入奏诛宦官事，张让、段珪等即杀之，于是袁绍、袁术乘乱尽杀宦官。是时军士大变，袁绍、袁术、闵贡等因乘乱诛宦官二千余人，无少长皆杀之。于是宦官之局始结，而国亦随之亡矣。

国家不能不用奄寺，而一用之则其害如此。盖地居禁密，日在人主耳目之前，本易窥觇笑而售谗谀，人主不觉意为之移。范蔚宗传论，谓宦者渐染朝事，颇识典〔物〕，故少主凭谨旧之庸，女君资出纳之命。及其传达于外，则手握王命，口衔天宪，莫能辨其真伪，故威力常在阴阳奥窔之间。迨势焰既盛，宫府内外悉受指挥，即亲臣重臣竭智力以谋去之，而反为所噬。当其始，人主视之，不过供使令效趋走而已，而岂知其祸乃至此极哉？

宦官之害民

东汉及唐、明三代宦官之祸最烈，然亦有不同。唐、明阉寺先害国而及于民，东汉则先害民而及于国。今就《后汉书》各传摘叙之，可见其大概也。刘瑜疏言：中官邪孽，比肩裂土，皆竞立子嗣，继体传爵，或乞子疏属，或买儿市道。又广娶妻室，增筑第舍，民无罪而辄坐之，民有田而强夺之。贫困之民有卖其首级，父兄相代残身，妻孥相视分裂。《瑜传》。（左雄）〔周举〕疏言：宦竖皆虚以形势，威夺良家妇女，闭之白首而无配偶。（雄）《〔举〕传》。黄琼疏言：宦竖盈朝，重封累爵，明珠南金之宝，充满其室。《琼传》。单超、左悺、具瑗、徐璜、唐衡五人，以诛梁冀功，皆封侯。其后超死，四侯转盛，民间语曰："左回天，具独坐，徐卧虎，唐两堕。"皆竞起第宅，穷极壮丽，金银罽毦，施于犬马，仆从皆乘牛车，从以列骑。《超》等传。侯览前后夺人宅三百八十一所，田一百一十八顷，起立第宅十六区，皆有高楼池苑，制度宏深，僭类宫省。预作寿冢，石椁双阙，高（广）〔庑〕百尺。破人居室，发掘坟墓，虏夺良人，妻略妇（女）〔子〕。为张俭所奏，览遮截其章不得上。《览传》。赵忠葬父，僭为璠玙玉匣偶人。《朱穆传》。董卓弑弘农王，献帝葬之于忠之成圹中。忠已被诛。及献帝自长安归洛阳，宫室已尽焚毁，乃驻于忠故宅。《献帝纪》。迨后韩馥以冀州刺史让袁绍，出居于邺中之忠故宅。《馥传》。其圹可以葬帝王，宅可以居帝王，别宅又可以居牧伯，其壮丽可知也。张让说灵帝修宫室，发太原、河东、狄道诸郡材木文石，每州郡部送至京，辄诃谴不中用，以贱价折之，十不酬一，又不即收，材木遂至腐烂。州郡复增私调，百姓嗟怨。《让传》。此犹第宦官之自为苛虐也。

更有倚宦官之势，而渔肉小民者。盖其时入仕之途，惟征辟、察举二事，宦官既据权要，则征辟、察举者无不望风迎附，非其子弟即其亲知，并有赂宦官以辗转干请者。审忠疏言：宦官势盛，州郡牧守承顺风旨，辟召选举，释贤取愚。《曹节传》。李固疏云：中常侍在日月之旁，形势振天下，子弟禄位，曾无限极。虽外托谦默，不干州郡，而谄谀之徒，望风进举。《固传》。朱穆疏言：宦官子弟亲戚，并荷荣任。凶狡无行之徒，媚以求官；恃势怙宠之辈，渔食百姓。穷破天下，空竭小人。《穆传》。河南尹田歆谓王谌曰："今当举六孝廉，多贵戚书命，不得违。欲自用一名士，以报国家。"乃以种暠应诏。《暠传》。六孝廉只用一真才，已为美谈，则入仕者皆奄党可知也。灵帝诏公卿刺举二千石为民害者，太尉许馘、司空张济，凡内官子弟宾客，虽贪污秽浊不敢〔闻〕〔问〕，而虚纠边远小郡清修有惠政者二十六人。《刘陶传》。则阉党入仕者，莫敢黜革可知也夫。

是以天下仕宦，无一非宦官之兄弟姻戚，穷暴极毒，莫敢谁何。如〔具〕〔单〕超弟安为河东太守，弟子匡为济阴太守，徐璜弟盛为河内太守，左悺弟敏为陈留太守，具瑗兄恭为沛相，皆所在蠹害。璜兄子宣为下邳令，暴虐尤甚，求故汝南太守李嵩女不得，则劫取以归，戏射杀之。《超》等传。侯览兄参为益州刺史，吏民有丰富者，辄诬以大逆，皆诛灭之，而没入其财以亿计。《览传》。曹节弟破石为越骑校尉，营中五伯妻美，破石求之，五伯不敢拒，妻不肯行，遂自杀。《节传》。此又宦官子弟宾客之肆为民害，可类推也。由是流毒遍天下，黄巾贼张角等，遂因民之怨起兵为逆矣。

汉末诸臣劾治宦官

东汉末宦官之恶遍天下，然臣僚中尚有能秉正嫉邪，力与之为难者。杨秉为太尉时，宦官任人及子弟为官，布满天下，竞为贪淫，朝野嗟怨。秉与司空周景劾奏牧守以下,匈奴中郎将燕瑗、青州刺史羊亮、辽东太守孙谊等五十余人,或死或免,遂连及中常侍侯览、具瑗等,皆坐黜,天下肃然。《秉》及《景传》。秉又奏侯览弟参为益州刺史,暴虐一州,乃槛车征参诣廷尉,参惧自杀。秉并劾奏览,桓帝诏问公府外职而奏劾近官有何典故,秉以申屠嘉召诘邓通事为对。帝不得已,乃免览官。《秉传》。李膺为司隶校尉,中常侍张让弟朔为野王令,贪残无道,惧膺按问,逃还京师,匿让家,藏于合柱中。膺知状,率将吏破柱取朔,付洛阳狱,受辞毕,即杀之。《膺传》。韩演为司隶校尉,奏中常侍左悺罪,并及其兄太仆称请托州郡,宾客放纵,侵犯吏民,悺、称皆自杀。(演)《〔超〕传》。阳球为司隶校尉,奏中常侍王甫、淳于登及子弟为守令者,奸猾纵恣,罪合灭族。太尉段颎,阿附佞幸,宜并诛。乃悉收甫、颎等,及甫子永乐少府萌、沛相吉。球自临考,五毒备至,萌曰:"父子既当并诛,乞少宽楚毒,假借老父。"球曰:"死不塞责,乃欲求假借耶?"萌乃大骂,球使窒萌口,捶朴交下,父子悉死杖下。颎亦自杀。球乃磔甫尸于城门,尽没入其财产,妻子皆徙比景。《球传》。此廷臣之劾治宦官者也。

• 杜密为太山太守、北海相,凡宦官子弟为令长有奸恶者,辄按捕之。《密传》。刘祐为河东太守,属县令长率多中官子弟,祐黜其权强,平理冤结。中常侍管霸用事于内,占天下良田美宅,祐悉没入之。《祐传》。蔡衍为冀州刺史,中常侍具瑗托其弟恭举茂材,衍收其赍书人案之。又劾奏河间相曹鼎赃罪,鼎乃中常侍曹腾之弟也。《衍传》。朱穆为冀州刺史,宦官赵忠葬父僭用璠玙玉匣,穆闻之,下郡案验,吏畏穆,乃发墓剖棺,陈尸出之,而收其家属。《穆传》。山阳太守翟超,没入中常侍侯览财产。小黄门赵津及南阳大猾张泛等恃中官势犯法,二郡太守刘瓆、成瑨考案其罪,虽经赦令,竟考杀之。〔《陈蕃传》〕。王宏为弘农太守,郡中有事宦官买爵位者,虽二千石亦考杀之,凡数十人。(陈蕃)《〔王允〕传》。陈翔为扬州刺史,劾奏豫章太守王永、吴郡太守徐参在职贪秽,皆中官亲党也。《翔传》。范康为太山太守,时张俭杀侯览母,案其宗党宾客或有逃入太山界者,康皆收捕无遗脱。《康传》。黄浮为东海相,有中常侍徐璜兄子宣为下邳令,肆贪暴,浮乃收宣及家属,无少长皆考之。掾吏固争,浮曰:"宣国贼,今日杀之,明日坐死,不恨。"即杀宣，暴其尸于市。（浮）《〔单超〕传》。荀昱为沛相，荀昙为广陵太守，志除宦官，其支党有在二郡者，纤罪必诛。（昱）《〔荀淑〕传》。史弼为平原相，当举孝廉，侯览遣诸生赍书请之，弼即箠杀赍书者。《弼传》。此外僚之劾治宦官〔者〕也。

甚至朱震为州从事，奏济阴太守单匡赃罪，并连匡兄中常侍单超，遂收匡下廷尉。（震）《〔陈蕃〕传》。张俭为东部督邮，奏侯览及其母罪恶，览遮截其章不得上，俭遂破览家，籍没赀财，具奏其罪状。《俭》及《览传》。此又小臣之劾治宦官者也。

盖其时宦官之为民害最烈，天下无不欲食其肉，而东汉士大夫以气节相尚，故各奋死与之搘拄，虽湛宗灭族有不顾焉。至唐则仅有一刘蕡，对策恳切言之。明则刘瑾时，仅有韩文、蒋钦等数人；魏忠贤时，仅有杨涟、左光斗、魏大中、缪昌期、李应昇、周顺昌等数人。其余干儿、义子，建生祠颂九千岁者，且遍于搢绅。此亦可以观世变也。

宦官亦有贤者

后汉宦官之贪恶肆横，固已十人而九，然其中亦间有清慎自守者，不可一概抹煞也。郑众谨敏有心。和帝初，窦太后秉政，其兄宪为大将军，窃威权，朝臣莫不附之。众独乃心王室，宪兄弟谋不轨，众与帝定策诛之。《众传》。蔡伦在和帝时预参帷幄，尽心敦慎，匡弼得失。每休沐，辄闭门谢客。为尚方令，监作器械，莫不精工。创意用树肤、麻头、敝布、鱼网以为纸，天下称"蔡侯纸"。又典东观，校雠经传。《伦传》。安帝听宦官李闰、江京、刘安、陈（遶）〔达〕等谮，废皇太子保为济阴王。帝崩，太子不得立，阎后立北乡侯懿，未几薨。后与兄显又欲援立外藩，宦官孙程不平，乃与王康等十九人歃血盟，迎立济阴王。先斩江京、刘安、陈（遶）〔达〕并阎显及其弟景，迁阎后于别宫，于是济阴王即位，是为顺帝。后司隶校尉虞诩劾奏宦官，自诣廷尉，宦官张防等临考，一日中传考四狱，必欲杀诩。程上殿陈诩之冤，时防在帝后，程叱曰："贼臣张防，何不下殿？"防走入东厢，程劝帝急收防，毋令求请，防乃徙边。《程传》。良贺清俭退厚，诏九卿举武猛，贺独无所举。帝问之，曰："臣生长深宫，未尝交士类。昔卫鞅因景监以进，有识鄙之。今得臣所举，匪荣伊辱，故不敢也。"《贺传》。

曹腾在省闼三十余年，未尝有过，所进达皆海内名人。有蜀郡守遣人赂腾，刺史种暠搜得其书币，奏之，并劾腾。帝以书自外来，非腾之过，事遂寝。腾反称种暠为能吏。后暠为司徒，尝曰："我为公，曹常侍力也。"《腾传》。吕强尽忠奉公，上疏力陈宦官之乱政，及后宫彩女之多，河间解渎馆不宜筑，蔡邕对策切直不宜罪，郡国贡献不宜索导行费。又有宦官丁肃、徐衍、郭耽、李巡、赵祐五人，亦皆清忠。巡请刻《五经》于石，即蔡邕所书也。祐博学多览，著作诸儒称之。又吴伉博达奉公，知不见用，常托病，从容养志。此皆汉宦官之贤者，可与北魏之仇洛齐、王（瑀）〔琚〕、赵黑，北齐之田敬宣，唐之俱文珍、张承业，明之覃吉、王承恩并观也。

廿二史札记卷六

后汉书三国志书法不同处

《后汉书》与《三国志》，论时代则后汉在前，而作史则《三国志》先成，且百余年也。自《三国志·魏纪》创为回护之法，历代本纪遂皆奉以为式，延及《旧唐书》、《旧五代史》，犹皆遵之。其间虽有习凿齿欲黜魏正统，萧颖士欲改书司马昭弑君，而迄莫能更正。直至欧阳公作《五代史》及修《新唐书》，始改从《春秋》书法，以寓褒贬。而范蔚宗于《三国志》方行之时，独不从其例，观《献帝纪》，犹有《春秋》遗法焉。虽陈寿修书于晋，不能无所讳，蔚宗修书于宋，已隔两朝，可以据事直书，固其所值之时不同，然史法究应如是也。

陈寿《魏纪》书天子以公领冀州牧；蔚宗《献帝纪》则曰曹操自领冀州牧。《魏纪》汉罢三公官，置丞相，以公为丞相；《献纪》则曰曹操自为丞相。《魏纪》天子使郗虑策命公为魏公，加九锡；《献纪》则曰曹操自立为魏公，加九锡。《魏纪》汉皇后伏氏坐与父完书，云帝以董承被诛怨恨公，后废黜死，兄弟皆伏法；《献纪》则曰曹操杀皇后伏氏，灭其族及其二子。《魏纪》天子进公爵为魏王；《献纪》则曰曹操自进号魏王。《魏纪》韦晃等反，攻许，烧丞相长史王必营，必与严〔㫉〕〔匡〕讨斩之；《献纪》则曰耿纪、韦晃起兵诛曹操，不克，夷三族。至禅代之际，《魏纪》书汉帝以众望在魏，乃召群公卿士，使张音奉玺绶禅位；《献纪》则曰魏王丕称天子，奉帝为山阳公。他如董承、孔融等之诛，皆书操杀，此史家正法也。

至汉末诸臣，如董卓、袁绍、刘表、吕布、袁术、公孙瓒、陶谦、刘焉等，二书各有传，今两相比较，繁简互有不同。大概同作一传，则后人视前人所有者必节之，前人所无者必增之，以见其不雷同抄袭。如《袁绍传》，范《书》增陈琳作讨操一檄；刘表劝袁谭勿降操一书；审配劝谭兄弟相睦一书。《刘表传》，增表遣韩嵩使许，嵩不肯行一事；刘琦问诸葛亮自安之策一事。《董卓传》，增卓先从张温讨边章、韩遂，及不肯就征等事；增卓请追理陈蕃、窦武一疏；增迁都长安，驱洛阳数百万人，及发掘诸陵等事；增卓被诛后又杀其弟及母妻子于郿坞一事；增献帝东归，段煨以服御及公卿资储来迎，为杨定所诬，仍不缺于供一事。《袁术传》，增术向孙坚妻逼夺传国玺事；增孙策止其僭号一书；增术归帝号于袁绍一书。《公孙瓒传》，增瓒罪状袁绍一表；增瓒守易京，男子七岁以上不得入门，令妇人习为大声以传教令一事。《陶谦传》，增笮融奉佛造像浴佛等事。此可以彼此参观者也。惟《荀彧》一传，陈寿以其为操谋主，已列魏臣传内，蔚宗以其乃心王室，特编入汉臣，此则其主持公道处。寿《志》虽列之于魏臣，而传末云"彧死之明年，曹公遂加九锡"，可见彧不死，操尚不得僭窃也。则蔚宗之编入汉臣，自是公论也。

至二书所纪事迹，有彼此不同者。《袁绍传》，寿《志》谓何进召董卓；范《书》谓袁绍劝何进召董卓。《吕布传》，寿《志》谓布畏恶凉州人，以致李傕、郭汜之乱；范《书》谓王允不赦凉州人，以致激变。《吕布传》，寿《志》谓布投袁术，术拒而不纳，乃投袁绍；范《书》谓布投术后，恣兵抄掠，术患之，布不安，去从张扬。《董卓传》，李傕劫帝幸其营，寿《志》谓傕使公卿诣汜请和，汜皆执之；范《书》谓帝使杨彪、张（嘉）〔喜〕和傕、汜，汜留质公卿。《荀彧传》，寿《志》谓以阻九锡事留寿春，以忧薨；范《书》谓彧病留寿春，曹操遣人馈之食，发之乃空器也，遂饮药而卒。二书不同，盖皆各有所据，固可两存其说。又《袁绍传》，韩馥以冀州让绍，寿《志》载沮授说绍曰："将军弱冠登朝，则名播海内；废立之际，则忠义奋发；单骑出奔，则董卓怀怖；济河而北，则渤海稽首。今若举军东向，则青州可定；还讨黑山，则张燕可灭；回众北首，则公孙必丧；震胁戎狄，则匈奴必从。"凡用八"则"字。范《书》则删却前四"则"字以归简净，不知《史记》中本有此叠字法也。《史记·夏侯婴传》，婴初从高祖即为太仆、常奉车，以下历叙其常奉车者五，又叙其以太仆从者十，正见其亲近用事，不以繁复为嫌也。

三国志书法

自左氏、司马迁以来，作史者皆自成一家言，非如后世官修之书也。陈寿《三国志》亦系私史。据《晋书》本传，寿殁后，尚书郎范頵等表言："寿作《三国志》，辞多劝戒，虽文艳不若相如，而质直过之。"于是诏洛阳令就其家写书。可见寿修成后始入于官也。然其体例则已开后世国史记载之法。盖寿修书在晋时，故于魏、晋革易之处，不得不多所回护。而魏之承汉，与晋之承魏一也，既欲为晋回护，不得不先为魏回护。如《魏纪》，书天子以公领冀州牧，为丞相，为魏公，为魏王之类，一似皆出于汉帝之酬庸让德，而非曹氏之攘之者。此例一定，则齐王芳之进司马懿为丞相；高贵乡公之加司马师黄钺，加司马昭衮冕赤舄、八命九锡，封晋公，位相国；陈留王之封昭为晋王，冕十二旒，建天子旌旗，以及禅位于司马炎等事，自可一例叙述，不烦另改书法。此陈寿创例之本意也①。

其他体例，亦有显为分别者。曹魏则立本纪，蜀、吴二主则但立传，以魏为正统，二国皆僭窃也。《魏志》称操曰太祖，封武平侯后称公，封魏王后称王，曹丕受禅后称帝，而于蜀、吴二主则直书曰刘备，曰孙权，不以邻国待之也。《蜀》、《吴》二志，凡与曹魏相涉者，必曰曹公，曰魏文帝，曰魏明帝，以见魏非其与国也。《魏书》于蜀、吴二主之死与袭，皆不书。如黄初二年，不书刘备称帝。四年，不书备薨，子禅即位。太和三年，不书孙权称帝也。《蜀》、《吴》二志则彼此互书。如《吴志》，黄武二年，书刘备薨于白帝城。《蜀志》，延熙十五年，吴王孙权薨。其于魏帝之死与袭，虽亦不书，而于本国之君之即位，必记明魏之年号。如蜀后主即位，书是岁魏黄初四年也。吴孙亮之即位，书是岁魏嘉平四年也。此亦何与于魏，而必系以魏年，更欲以见正统之在魏也。正统在魏，则晋之承魏为正统，自不待言。此陈寿仕于晋，不得不尊晋也。然《吴志》孙权称帝后犹书其名，《蜀志》则不书名而称先主、后主。陈寿曾仕蜀，故不忍书故主之名，以别于《吴志》之书权、亮、休、皓也。此又陈寿不忘旧国之微意也。顾宁人谓刘玄德帝于蜀，谥昭烈，本可即称其谥，而陈寿既改汉为蜀，又不称谥而称先主，盖以晋承魏纪，义无两帝也。然其称先主、后主以别于吴，究是用意处。

【校】

① 也　寿考堂本作"至"，属下读。

三国志多回护

《春秋》书天王狩于河阳,不言晋侯所召,而以为天子巡狩,既已开掩护之法,然此特为尊者讳也。至于弑君弑父之事,则大书以正之,如许止、赵盾之类,皆一字不肯假借,所以垂诫,义至严也。自陈寿作《魏本纪》,多所回护,凡两朝革易之际,进爵封国、赐剑履、加九锡以及禅位,有诏有策,竟成一定书法。以后《宋》、《齐》、《梁》、《陈》诸书悉奉为成式,直以为作史之法固应如是。

然寿回护过甚之处,究有未安者。汉献帝逊位,魏封为山阳公,及薨,追谥为汉孝献皇帝,《魏纪》即称之为献帝,不曰山阳公也。魏常道乡公逊位,晋封为陈留王,及薨,亦追谥为元皇帝,则《魏纪》亦应称为元帝,乃仅以陈留王纪事,而绝无元帝之称①,则已异于山阳书法矣。司马师之废齐王芳也,据《魏略》云师遣郭芝入宫,太后方与帝对弈,芝奏曰:"大将军欲废陛下。"帝乃起去,太后不悦。芝曰:"大将军意已定,太后但当顺旨。"太后曰:"我欲见大将军。"芝曰:"大将军何可见耶?"太后乃付以玺绶。是齐王之废全出于师,而太后不知也。《魏纪》反载太后之令,极言齐王无道不孝,以见其当废。其诬齐王而党司马氏,亦太甚矣。至高贵乡公之被弑也,帝以威权日去,必不能甘,发甲于凌云台,亲讨司马昭。昭令贾充拒之,时相府兵尚不敢动,充即谕成倅、成济曰:"公畜养汝等,正为今日。"济乃抽戈犯帝,刃出于背而崩。此事见《汉晋春秋》、《魏氏春秋》及《世语》、《魏末传》,是司马昭实为弑君之首。乃《魏志》但书高贵乡公卒,年二十,绝不见被弑之迹,反载太后之令,言高贵乡公之当诛,欲以庶人礼葬之。并载昭奏,称"公率兵向臣,臣即敕将士不得伤害。骑督成倅弟成济横入兵阵伤公,遂至殒命。臣辄收济付廷尉,结正其罪"等语,转似不知弑君之事,而反有讨贼之功。本纪如此,又无列传散见其事,此尤曲笔之甚者矣。

然此犹曰身仕于晋,不敢不为晋讳也。至曹魏则隔朝之事,何必亦为之讳?乃曹操之征陶谦,据《世语》,谓操父嵩在泰山华县,操令泰山太守应劭资送兖州,谦密遣数十骑掩杀操弟德于门下,嵩穿后垣欲遁,先出其妾,妾肥不能出,嵩与妾遂皆被害。是嵩之被难,实谦使人杀之也。《曹腾传》亦谓嵩子操起兵,嵩不肯从,与少子避难琅邪,为陶谦所杀。

《应劭传》亦谓嵩与少子德避难琅邪，应劭遣兵迎之，未到，而陶谦素怨操，使轻骑追杀嵩、德。韦曜《吴书》则谓谦本遣张闿护送，闿见嵩辎重多，乃杀嵩，取其赀奔淮南。是嵩之被杀，由闿之利其财，而非谦本意也。按谦生平非嗜利忘害者，且嵩未被害之前，操未尝加兵于徐州，则《劭传》所谓谦怨操数击之者，殊非实事。而《吴书》所记，必系闿南奔后自言其事，当属可信。《后汉书·谦传》亦谓别将守阴平者，利其赀货，遂袭杀嵩。而寿作《陶谦传》则专据《世语》，谓嵩为谦所害，故操志在复仇，此则因操之征谦，所过无不屠戮，凡杀男女数十万人，鸡犬无余，故坐谦以杀嵩致讨之罪，而不暇辩其主名也。

　　魏文帝甄夫人之卒，据《汉晋春秋》，谓由郭后之宠以至于死。殡时被发覆面，以糠塞口，是甄之不得其死可知也。而《魏文纪》但书夫人甄氏卒，绝不见暴亡之迹。又魏明帝太和二年，蜀诸葛亮攻天水、南安、安定三郡，魏遣曹真、张郃大破之于街亭，《魏纪》固已大书特书矣。是年冬，亮又围陈仓，斩魏将王双，则不书。三年，亮遣陈式攻克武都、阴平二郡，亦不书。以及四年，蜀将魏延大破魏雍州刺史郭淮于阳溪；五年，亮出军祁山，司马懿遣张郃来救，郃被杀，亦皆不书。并《郭淮传》亦无与魏延交战之事。此可见其书法，专以讳败夸胜为得体也。乃至《蜀后主传》，街亭之败亦不书，但云亮攻祁山不克而已。岂寿以作史之法必应如是回护耶？抑寿所据各国之原史本已讳而不书，遂仍其旧而不复订正耶？

　　又《魏武纪》及《袁绍传》，官渡之战，绍遣淳于琼率万人迎粮，操自率兵破斩琼，未还营，而绍将高览、张郃来降，绍众遂大溃。是因郃、览等降而绍军溃也。《张郃传》则谓郃告绍遣将急救琼，郭图曰："不如先攻其本营，操必还救。"绍果遣轻骑救琼，自以大兵攻操营，不能下，而操已破琼，绍军溃。郭图潜郃曰："郃快军之败，出言不逊。"郃惧，乃归操。是郃因绍军溃后，惧郭图之潜而降操也。纪、传皆陈寿一手所作，而歧互如是。盖寿以郃为魏名将，故于其背袁降曹之事，必先著其不得已之故为之解说也。

　　又华歆奉曹操令入宫收伏后，后藏壁中，歆就牵后出，遂将后下暴室，暴崩，而《歆传》绝不载。刘放、孙资在中书久掌机密，夏侯献、曹肇等恶之，指殿中鸡栖树曰："此亦久矣，其复能几？"此犹出于忌者之口。

至蒋济为魏名臣,而疏言:"左右之人未必贤于大臣,今外所言,辄云中书虽恭慎不敢外交,而实握事要,日在目前。倘因疲倦之间有所割制,众臣见其能推移于事,即亦因而向之。"是可见放、资二人之窃弄威福矣。其后乘明帝临危,请以司马懿辅政,遂至权移祚易,故当时无不病二人之奸邪误国。《晋书·荀勖传》,论者以勖倾国害时,为孙资、刘放之亚。可知二人之名,至晋时犹为世所诟詈也。而寿作二人合传,极言其身在近密,每因群臣谏诤,多扶赞其义,并时陈损益,不专导谀言。是直以放、资为正人,与当时物议大相反也。盖二人虽不忠于魏,而有功于晋,晋人德之,故寿为作佳传。是不惟于本纪多所讳,并列传中亦多所讳矣。

【校】

　① 魏常道乡公逊位,晋封为陈留王,及薨,亦追谥为元皇帝,则《魏纪》亦应称为元帝,乃仅以陈留王纪事,而绝无元帝之称　陈垣云:按陈留王之薨,在太安元年,年五十八,见《魏纪》四注引《魏世谱》,时西历三〇二也。《晋书》八二《陈寿传》,寿元康七年卒,年六十五,时西历二九七。是寿先卒于陈留王者五年,《魏纪》何由书为元帝耶?《札记》误矣。

三国志书事得实处

　《三国志》虽多回护,而其剪裁斟酌处,亦自有下笔不苟者,参订他书,而后知其矜慎也。袁宏《汉纪》,曹操薨,子丕袭位,有汉帝命嗣丞相魏王一诏,寿《志》无之。《献帝传》,禅代时,有李伏、刘廙、许芝等劝进表十一道,丕下令固辞,亦十余道,寿《志》亦尽删之,惟存九锡文一篇,禅位策一通而已。故寿书比《宋》、《齐》、《梁》、《陈》诸书较为简净。董卓之乱,曹操尚未辅政,故《魏纪》内不能详叙,而其事又不可不记,则于《卓传》内详之。此叙事善于位置也。

　至甄后之死,本纪虽不言其暴亡,而后传中尚明言文帝践阼,郭后、李、阴贵人并爱幸,甄失志,出怨言,帝怒,遂赐死。是虽讳之于纪,犹载之于传也。郭后之死,《汉晋春秋》谓文帝宠郭而赐甄死,即命郭母养其子明帝。明帝知之,即位后数向郭后问母死状,后曰:"先帝自杀,何责问我?"帝怒,遂逼杀之,使如甄后故事以敛。《魏略》则谓甄临殁,以明帝托李夫人,及郭太后崩,李夫人始说甄被谮惨死,不得大敛之状。帝哀感流涕,令殡郭太后一如甄法。由前之说,则郭被明帝逼死也,由后之说,则郭死后,明帝始知旧事而以恶殡也。按明帝即位,郭为皇太后,凡九年始崩。若明帝欲报怨,岂至如许之久? 则逼杀之说,当是讹传。或死后因李夫人之言而敛不以礼,或生前明帝虽恨之,而以先帝所立,犹崇以虚名,徙之许昌,而未尝逼杀也。魏自文帝已都洛阳,明帝更大营洛阳宫室,何以帝居洛阳而太后居许? 此可见当日情事矣。寿《志》于《明帝纪》书皇太后崩,《郭后传》亦但云太后崩于许昌,葬首阳陵西,绝不见其被害之迹。盖甄之赐死系实事,故传书之;郭之逼杀系讹传,故传不书。亦足见记事之慎也。而以"崩于许昌"四字,略见其不在宫闱,此又作史之微意也。

正元二年,毌丘俭反,《世语》谓司马师奉天子征俭,俭既破,天子先归。裴松之遍考诸书,惟诸葛诞反时,司马昭挟太后及常道乡公征之,故诏有云:"今宜太后与朕暂临戎也。"征毌丘俭时,则常道乡公并未亲行,寿《志》但云司马景王征俭,斩其首,而不言帝亲征,亦见其考订之核也。

鱼豢《魏略》谓刘备在小沛生子禅,后因曹公来伐出奔。禅时年数岁,随人入汉中,有刘括者养以为子,已娶妻生子矣。禅记其父字玄德,比邻又有简姓者。会备得益州,使简雍到汉中,禅见简,简讯之符验,以告张鲁,鲁乃送禅于备。按后主生于荆州,当长坂之败方在襁褓,赵云抱而奔得免。其后即位时年十七。即位之明年,诸葛亮领益州牧,与主簿杜微书曰:"朝廷今年十八。"此可证也。若生于小沛时,则已三十余岁矣。陈寿据《诸葛集》,书即位时年十七,而并无奔入汉中为人养子之事。《魏略》谓诸葛亮先见刘备,备以其年少轻之。亮说以荆州人少,当令客户皆著籍以益众,备由此知亮。然亮《出师表》谓:"先帝不以臣卑鄙,三顾臣于草庐之中。"是备先见亮,非亮先见备也。寿《志》亮本传,徐庶谓先主曰:"诸葛孔明,卧龙也。可就见,不可屈致。"由是先主遂诣亮,凡三往,乃见。如此之类,可见寿作史时不惑于异说。又孙策出行,为许贡客所射,中创而死,《江表传》、《志林》、《搜神记》皆以为策杀道士于吉之报。寿作《策传》,独以为妖妄,削而不书,亦见其有识。

三国志立传繁简不同处

陈寿立三国诸臣传,较旧史有增有删。如《魏略·贾逵传》,尚有李孚、杨沛二人同卷,寿《志》无此二人。《魏武故事》载屯田之策起于枣祗,成于任峻,寿《志》则有峻而无祗。又吴黄武四年,丞相孙邵卒,以顾雍为丞相,是邵为相在雍之前,乃雍有传,而邵无传。《志林》谓邵与张惠恕不睦,作史者韦曜乃惠恕党也,故不为立传,而寿《志》亦遂遗之。然则寿《志》立传悉本旧史,旧史所无者概不书也。然如孚、沛、祗等旧史所有者,何又删之?或以其无事迹可纪耶?至蜀后主禅将出降,其子北地王谌怒曰:“若理穷力屈,便当父子君臣背城一战,同死社稷。”禅不听,谌哭于昭烈之庙,先杀妻子而后自杀,事见《汉晋春秋》。此岂得无传?乃寿《志》仅于《后主传》内附见其死节,而王子传内不立专传,未免太略也。

亦有以附传见其详者。如《仓慈传》后历叙吴瓘、任燠、颜斐、令狐邵、孔乂等,以其皆良吏而类叙之。蜀杨戏有《季汉辅臣赞》,并载于《戏传》后,其中有寿所未立传者,则于各人下注其历官行事,以省人人立传之烦。又采《益部耆旧传》内,增王嗣、常播、卫继三人,由是蜀臣略无遗矣。《吴志·陆凯传》,增其谏孙晧二十事一疏,本得之传闻者,故云予从荆、扬来〔者〕得此疏,问之吴人,多云不闻凯有此,且其文切直,恐非晧所肯受也。或以为凯藏之箧笥,未敢上,及病笃,晧遣董朝来视疾,因以付之。虚实难明,然以其指摘晧事足为后戒,故列于《凯传》之后云。是其编纂亦多详慎也。

至《方伎传》内,如华佗则叙其治一证即效一证,管辂则叙其占一事即验一事,独于《朱建平传》总叙其所相者若干人,而又总叙各人之征验于后。此又作传之变体,亦另开一法门也。

三国志误处

《魏武纪》,建安(二)〔元〕年,汝南黄巾贼何仪、刘辟、黄邵、何曼等众各数万,操进军讨破之,斩辟、邵等。是辟已就戮矣。而建安五年,操与袁绍相拒于官渡,汝南降贼刘辟等叛应绍,略许下,绍使刘备助辟。是辟初未尝死,但降于操,至此又叛应绍也。一纪中已歧互若此。

而《于禁传》，禁从征黄巾，刘辟、黄邵等夜袭操营，禁击破之，斩辟、邵等。此事叙在从战官渡之前，即建安（二）〔元〕年事也，则辟实已死也。《蜀先主传》，操与绍相拒于官渡，汝南黄巾刘辟等叛曹应绍，绍遣先主与辟等略许下，则又是建安五年事，而辟尚在也。何以纪、传又适相符耶？岂其时有两刘辟耶？

《高堂隆传》，魏明帝大营宫室，隆疏谏曰："今吴、蜀二贼称帝，若有人来告权、备并修德政，陛下闻之，岂不惕然？"按蜀先主崩于魏文帝黄初四年，何得于明帝时尚称权、备，此必有误字也。

《吴·孙（辅）〔翊〕传》，其子松为射声校尉、都乡侯，黄龙三年卒。蜀丞相诸葛亮与兄瑾书曰："既受东朝厚遇，依依于子弟。又子乔良器，为之恻怆。〔见〕其所与亮器物，感用流涕。"其悼松如此，由亮养子乔咨述云。此段文字最不可解。子乔乃瑾子，出继亮为后者，盖子乔尝为亮述松之为人也。然所谓"依依于子弟"及"与亮器物"，果何谓也？岂亮前奉使至吴时与松相识，其后松又托乔附致器物于亮耶？然文义究不明晰。

《陆抗传》，抗都督西陵，自关羽至白帝。白帝，夔州城也。关羽或亦地名，盖羽守荆州后，人遂以其名名其地耳。此尚非有误。《夏侯惇传》，建安二十一年，从征孙权。二十四年，曹操击破吕布军于摩陂，召惇同载以宠异之。按操擒布在建安二年，距建安二十四年已二十余载，何得尚有破布之事？考是时关羽围曹仁，操遣徐晃救之，操自洛阳亲往应接，未至而晃破羽，羽已走，操遂军摩陂。则《惇传》所云吕布，必关羽之讹也。

又《吴志·孙壹传》，孙綝遣朱异潜兵袭壹，壹奔魏，魏以为车骑将军，封吴侯，以故主齐王芳贵人邢氏妻之，魏黄初三年死。按黄初系魏文帝年号，文帝至齐王芳被废已二十余年，何得妻芳妃，后又死于黄初也？《魏志》，壹之来降在高贵乡公甘露二年，则其死当在景元、咸熙间，今曰黄初三年死，亦必误也。

荀彧传

《荀彧传》，《后汉书》与孔融等同卷，则固以为汉臣也。陈寿《魏志》，则列于夏侯惇、曹仁等之后，与荀攸、贾诩同卷，则以为魏臣矣。

按董昭等以曹操功高,议欲封魏公,加九锡,或以为操本起义兵匡汉室,秉忠贞之节,君子爱人以德,不宜如是,以是拂操意。会征孙权,乃表请或劳军。或病留寿春,操遣人馈食,发之,空器也,遂饮药而卒。明年,操乃为魏公,是或之心乎为汉可知也。

论者或谓末路虽以失操意而死,而当其初去袁绍就操时,值吕布攻兖州,或为操坚守鄄城及范、东阿以待操,谓昔汉高先定关中,光武先取河内以为基,此三城即操之关中、河内也。后又劝操迎天子,谓晋文纳襄王而定霸,汉高发义帝丧而得诸侯,是早以帝王创业之事劝操,何得谓之尽忠于汉?不知献帝遭董卓大乱之后,四海鼎沸,强藩悍镇四分五裂,或计诸臣中非操不能削群雄以匡汉室,则不得不归心于操而为之尽力,为操即所以为汉也。其初劝操迎天子,谓操曰:"将军虽御难于外,乃心无不在王室,是将军匡天下之素志也。诚因此时奉主上以从民望,大顺也;秉至公以服雄杰,大略也;扶弘义以致英俊,大德也。"是可知或欲借操以匡汉之本怀矣。

且是时操亦未遽有觊觎神器之心也。及功绩日高,权势已极,董昭等欲加以上公九锡,则非复人臣之事。或亦明知操之心已怀僭妄,而终不肯附和,姑以名义折之,卒之见忌于操而饮药以殉,其为刘之心,亦可共白于天下矣。陈寿已入于魏臣内,范蔚宗独提出列于《后汉书》,传论明言取其归正而已,亦杀身以成仁之义,此实平心之论也。寿于传末亦云"或死之明年,操遂为魏公",则亦见或不死,操尚未敢为此也。则又公道自在人心,而不容诬蔑者矣。

又按臧洪自是汉末义士,其与张超结交,后与袁绍交兵之处,皆无关于曹操也。则《魏纪》内本可不必立传,而寿列之于张邈之次,盖以其气节不忍没之耳。蔚宗特传于《后汉书》内,不以寿《志》已有《洪传》而遂遗之,亦见其编订之正。

荀彧郭嘉二传附会处

《左传》载卜筮奇中处,如陈敬仲奔齐,繇词有"五世其昌"、"有妫之后,将育于姜"等语,其后无一字不验,似繇词专为此一事而设者,固文人好奇撰造以动人听也。陈寿《三国志》亦有似此者。《荀彧传》谓彧料袁绍诸臣,田丰刚而犯上,许攸贪而不治,审配专而无谋,逢纪果而自用。此二人留知后事,若攸家犯法,配不纵也,不纵攸必为变。后审配果以攸家不法录其妻子,攸怒,遂背绍降操。又《郭嘉传》,操与绍相持于官渡,或传孙策将袭许,嘉曰:"策勇而无备,若刺客伏起,一人之敌耳。"策果为许贡客所杀。此二事或、嘉之逆料,可谓神矣,然岂能知攸之必犯,配之必激变,策之必死于匹夫之手,而操若左券,毋乃亦如《左传》之穿凿附会乎?

陈寿论诸葛亮

《陈寿传》,寿父为马谡参军,谡为诸葛亮所诛,寿父亦被髡,故寿为《亮传》,谓"将略非所长"。此真无识之论也。亮之不可及处,原不必以用兵见长。观寿校定《诸葛集表》,言亮科教严明,赏罚必信,无恶不惩,无善不显。至于吏不容奸,人怀自励,至今梁、益之民,虽《甘棠》之咏召公,郑人之歌子产,无以过也。又《亮传》后评曰:"亮之为治也,开诚心,布公道,善无微而不赏,恶无纤而不贬。终于邦域之内,咸畏而爱之,刑政虽峻而无怨者,以其用心平而劝戒明也。"其颂孔明可谓独见其大矣。又于《杨洪传》谓西土咸服亮之能尽时人之器能也。《廖立传》谓亮废立为民,及亮卒,立泣曰:"吾终为左衽矣!"《李平传》亦谓平为亮所废,及亮卒,平遂发病死。平常冀亮在,当自补复,策后人不能故也。寿又引《孟子》之言,以为佚道使民,虽劳不怨,生道杀民,虽死不怨杀者,此真能述王佐心事。至于用兵不能克捷,亦明言所与对敌或值人杰,加以众寡不侔,攻守异体,又时无名将,故使功业陵迟,且天命有归,不可以智力争也。寿于司马氏最多回护,故亮遗懿巾帼,及死诸葛走生仲达等事,传中皆不敢书,而持论独如此,固知其折服于诸葛深矣。而谓其以父被髡之故以此寓贬,真不识轻重者。

裴松之三国志注

宋文帝命裴松之采三国异同,以注陈寿《三国志》。松之鸠集传纪,增广异闻,书成奏进,帝览而善之曰:"此可谓不朽矣。"其表云:"寿书铨叙可观,然失在于略,时有所脱漏。臣奉旨寻详,务在周悉,其寿所不载而事宜存录者,罔不毕取。或同说一事而辞有乖杂,或出事本异疑不能判者,并皆抄内以备异闻。"此松〔之〕作注大旨在于搜辑之博，以补寿之阙也。其有讹谬乖违者，则出己意辨正以附于注内。

今按松之所引书凡五十余种①：谢承《后汉书》、司马彪《续汉书》、《九州春秋》、《战略》、《序传》、张璠《汉纪》、袁（晔）〔晔〕《献帝春秋》、孙思光《献帝春秋》、袁宏《汉纪》、习凿齿《汉晋春秋》、孔衍《汉魏春秋》、华峤《汉书·灵帝纪》、《献帝纪》、《献帝起居注》、《山阳公载记》、《三辅决录》、《献帝传》、《汉书·地理志》、《续汉书·郡国志》、蔡邕《明堂论》、《汉末名士录》、《先贤行状》、《汝南先贤传》、《陈留耆旧传》、《零陵先贤传》、《楚国先贤传》、荀绰《冀州记》、《襄阳记》、《英雄记》、王沈《魏书》、夏侯湛《魏书》、阴澹《魏纪》、魏文帝《典论》、孙盛《魏世籍》、孙盛《魏氏春秋》、《魏略》、《魏世谱》、《魏武故事》、《魏名臣奏》、《魏末传》、吴人《曹瞒传》、鱼氏《典略》、王隐《蜀记》、《益（都）〔部〕耆旧传》、《益部耆旧杂纪》、《华阳国志》、《蜀本纪》、汪隐《蜀记》、郭（仲）〔冲〕记诸葛五事、郭颁《魏晋世语》、孙盛《蜀世谱》、韦曜《吴书》、胡冲《吴历》、张勃《吴录》、虞溥《江表传》、《吴志》、环氏《吴纪》、虞预《会稽典录》、王隐《交广记》、王隐《晋书》、虞预《晋书》、干宝《晋纪》、《晋阳秋》、傅畅《晋诸公赞》、陆机《晋惠帝起居注》、《晋泰始起居注》、《晋百官表》、《晋百官名》、《太康三年地（理）记》、《帝王世纪》、《河图括地象》、皇甫谧《逸士传》、《列女传》、张隐《文士传》、虞喜《志林》、陆氏《异林》、荀勖《文章叙录》、《文章志》、《异物志》、《博物记》、《列异传》、《高士传》、《文士传》、孙盛《杂语》、孙盛《杂记》、孙盛（同）《异〔同〕评》、徐众《三国评》、《袁子》、《傅子》、干宝《搜神记》、葛洪《抱朴子》、葛洪《神仙传》、卫恒《书势序》、张俨《默记》、殷基《通语》、顾礼《通语》、挚虞《决疑》、《曹公集》、《孔融集》、《傅咸集》、《嵇康集》、《高贵乡公集》、《诸葛亮集》、《王朗集》、庾阐《扬都赋》、《孔氏谱》、《庾氏谱》、《孙氏谱》、《嵇氏谱》、《刘氏谱》、《王氏谱》、《郭氏谱》、《陈氏谱》、《诸葛氏谱》、《崔氏谱》、华峤《谱叙》、《袁氏世纪》、《郑玄别传》、《荀彧别传》、《祢衡传》、《荀氏家传》、《邴原别传》、《程晓别传》、《王弼传》、《孙资别传》、《曹志别传》、《陈思王传》、《王朗家传》、《何氏家传》、《裴氏家记》、《刘廙别传》、《任（昭）〔嘏〕别传》、《钟会母传》、《虞翻别传》、《赵云别传》、《费祎别传》、《华佗别传》、《管辂别传》、《诸葛恪别传》、何（邵）〔劭〕作《王弼传》、缪袭撰《仲长统昌言表》、傅玄撰《马先生序》、《会稽邵氏家传》、陆机作《顾谭传》、

《陆氏世颂》、《陆氏祠堂像赞》、陆机所作《陆逊铭》、《机云别传》、蒋济《万机论》、陆机《辨亡论》。凡此所引书皆注出书名,可见其采辑之博矣。

范蔚宗作《后汉书》时,想松之所引各书尚俱在世,故有补寿《志》所不载者。今各书间有流传,已不及十之一,寿及松之、蔚宗等当时已皆阅过,其不取者必自有说。今转欲据此偶然流传之一二本,以驳寿等之书,多见其不知量也。

【校】

① 今按松之所引书凡五十余种　陈垣云:下列所引书凡百五十一种,则"五十"上当有"百"字。然松之所引书在二百三十种以上,赵未列入尚多也。见《陈垣史源学杂文》附录四《三国志注引书目》(《廿二史札记考正》之一篇)。文长不录。又《校证》亦有长篇校记及改写者,可参阅。

廿二史札记卷七

汉复古九州

《后汉书》,建安十八年,复《禹贡》九州。《魏志》亦称是年诏书并十四州为九州。《献帝春秋》谓省幽、并州入于冀州,省司隶校尉及凉州入于雍州,于是有兖、豫、青、徐、荆、扬、冀、益、雍九州。按《荀彧传》,建安九年,或说曹操宜复古九州,则冀州所制者广。或曰:"若是则冀州当得河东、冯翊、扶风、西河、幽、并之地,所夺者众,关右诸将必谓以次见夺,将人人自保,恐天下未易图也。"操乃寝九州议。至是乃重复之,盖是时幽、并及关中诸郡国皆已削平,操自为张本,欲尽以为将来王畿之地故也。观于是年之前,已割荡阴、朝歌、林虑、卫国、顿丘、东武阳、发干、廪陶、曲周、南和、任城、襄国、邯郸、易阳以益魏郡,是年又以冀州之河东、河内、魏郡、赵国、中山、常山、巨鹿、安平、甘陵、平原十郡封操为魏公,可见复九州正为禅代地也。

关张之勇

汉以后称勇者,必推关、张。其见于二公本传者,袁绍遣颜良攻刘延于白马,曹操使张辽、关羽救延。羽望见良麾盖,即策马刺良于万人之中,斩其首还,绍将莫能当者。当阳之役,先主弃妻子走,使张飞以二十骑拒后。飞据水断桥,瞋目横矛曰:"身是张益德也,可来共决死!"敌皆无敢近者。二公之勇见于传记者止此,而当其时无有不震其威名者。魏程昱曰:"刘备有英名,关羽、张飞皆万人之敌。"《魏志·昱传》。刘晔劝曹操乘取汉中之势进取蜀曰:"若小缓之,诸葛亮明于治国而为相,关羽、张飞勇冠三军而为将,则不可犯矣。"《魏志·晔传》。此魏人之服其勇也。周瑜密疏孙权曰:"刘备以枭雄之姿,而有关羽、张飞熊虎之将,必非久屈为人用者。"《吴志·瑜传》。此吴人之服其勇也。

不特此也,晋刘遐每击贼陷坚摧锋,冀方比之关羽、张飞。《晋书·

退传》。苻秦遣阎负、〔梁〕殊使于张玄靓,夸其本国将帅有王飞、邓羌者,关、张之流,万人之敌。秃发傉檀求人才于(宋)〔宗〕敞,敞曰:"梁崧、赵昌,武同飞、羽。"李庠膂力过人,赵廞器之曰:"李玄序一时之关、张也。"皆《晋书》载记。宋(檀道济)〔薛肜、高进之〕有勇力,时以比关羽、张飞。《宋书·道济传》。鲁爽反,沈庆之使薛安都攻之。安都望见爽,即跃马大呼直刺之,应手而倒,时人谓关羽之斩颜良不是过也。《南史·安都传》。齐垣历生拳勇独出,时人以比关羽、张飞。(齐书)《〔南史〕·文惠太子传》。魏杨大眼骁果,世以为关、张弗之过也。《魏书·大眼传》。崔延伯讨莫折念生〔之兄莫折天生〕,既胜,萧宝寅曰:"崔公,古之关、张也。"《魏书·延伯传》。陈吴明彻北伐高齐,尉破胡等十万众来拒,有西域人矢无虚发。明彻谓萧摩诃曰:"若殪此胡,则彼军夺气。君有关、张之名,可斩颜良矣。"摩诃即出阵,掷铣杀之。《陈书·摩诃传》。以上皆见于各史者,可见二公之名,不惟同时之人望而畏之,身后数百年,亦无人不震而惊之。威声所垂,至今不朽,天生神勇,固不虚也。

借荆州之非

借荆州之说,出自吴人事后之论,而非当日情事也。《江表传》谓破曹操后,周瑜为南郡太守,分南岸地以给刘备。而刘表旧吏士自北军脱归者,皆投备,备以所给地不足供,从孙权借荆州数郡焉。《鲁肃传》亦谓备诣京见权,求都督荆州,肃劝权借之,共拒操。操闻权以地资备,方作书,落笔于地。后肃邀关羽,索荆州,谓羽曰:"我国以土地借卿家者,卿家军败远来,无以为资故也。"权亦论肃有二长,惟"劝吾借玄德地是其一短"。此借荆州之说之所由来,而皆出吴人语也。

夫借者,本我所有之物而假与人也。荆州本刘表地,非孙氏故物。当操南下时,孙氏江东六郡方恐不能自保,诸将咸劝权迎操,权独不愿。会备遣诸葛亮来结好,权遂欲借备共拒操,其时但求敌操,未敢冀得荆州也。亮之说权也,权即曰:"非刘豫州莫可敌操者。"乃遣周瑜、程普等随亮诣备,并力拒操。《亮传》。是且欲以备为拒操之主,而己为从矣。亮又曰:"将军能与豫州同心破操,则荆、吴之势强,而鼎足之形成矣。"是此时早有三分之说,而非乞权取荆州而借之也。

赤壁之战,瑜与备共破操。《吴志》。华容之役,备独追操。《山阳公载记》。其后围曹仁于南郡,备亦身在行间,《蜀志》。未尝独出吴之力,而备坐享其成也。破曹后,备诣京见权,权以妹妻之。瑜密疏请留备于京,权不纳,以为正当延揽英雄,是权方恐备之不在荆州以为屏蔽也。操走出华容之险,喜谓诸将曰:"刘备,吾俦也,但得计少晚耳。"《山阳公载记》。是操所指数者惟备,未尝及权也。程昱在魏闻备入吴,论者多以为权必杀备。昱曰:"曹公无敌于天下,权不能当也。备有英名,权必资之以御我。"《昱传》。是魏之人亦只指数备,而未尝及权也。即以兵力而论,亮初见权曰:"今战士还者及关羽精甲共万人,刘琦战士亦不下万人。"而权所遣周瑜等水军,亦不过三万人。《亮传》。则亦非十倍于备也。且是时刘表之长子琦尚在江夏,破曹后,备即表琦为荆州刺史,权未尝有异词,以荆州本琦地也。时又南征四郡,武陵、长沙、桂阳、零陵皆降。琦死,群下推备为荆州牧,《蜀先主传》。备即遣亮督零陵、桂阳、长沙三郡,收其租赋以供军实。《亮传》。又以关羽为襄阳太守、荡寇将军,驻江北。《羽传》。张飞为宜都太守、征虏将军,在南郡。《飞传》。赵云为偏将军,领桂阳太守。《云传》。遣将分驻,惟备所指挥,初不关白孙氏,以本非权地,故备不必白权,权亦不来阻备也。

迫其后三分之势已定,吴人追思赤壁之役实借吴兵力,遂谓荆州应为吴有而备据之,始有借荆州之说。抑思合力拒操时,备固有资于权,权不亦有资于备乎?权是时但自救危亡,岂早有取荆州之志乎?羽之对鲁肃曰:"乌林之役,左将军寝不脱介,戮力破曹,岂得徒劳无一块土?"《肃传》。此不易之论也。其后吴、蜀争三郡,旋即议和,以湘水为界,分长沙、江夏、桂阳属吴,南郡、零陵、武陵属蜀,最为平允。而吴君臣伺羽之北伐,袭荆州而有之,反捏一借荆州之说,以见其取所应得。此则吴君臣之狡词诡说,而借荆州之名遂流传至今,并为一谈,牢不可破,转似其曲在蜀者。此耳食之论也。

三国之主用人各不同

人才莫盛于三国,亦惟三国之主各能用人,故得众力相扶,以成鼎足之势。而其用人亦各有不同者。大概曹操以权术相驭,刘备以性情相契,孙氏兄弟以意气相投,后世尚可推见其心迹也。

荀彧、程昱为操画策,人所不知,操一一表明之,绝不攘为己有,此固已足令人心死。刘备为吕布所袭,奔于操,程昱以备有雄才,劝操图之。操曰:"今收揽英雄时,杀一人而失天下之心,不可也。"然此犹非与操有怨者。臧霸先从陶谦,后助吕布。布为操所擒,霸藏匿,操募得之,即以霸为琅邪相,青、徐二州悉委之。先是操在兖州,以徐翕、毛晖为将,兖州乱,翕、晖皆叛,后操定兖州,翕、晖投霸。至是操使霸出二人,霸曰:"霸所以能自立者,以不为此也。"操叹其贤,并以翕、晖为郡守。《霸传》。操以毕谌为兖州别驾,张邈之叛,劫谌母妻去。操遣谌往,谌顿首无二,既出,又亡归从吕布。布破,操生得谌,众为之惧。操曰:"人能孝于亲者,岂不忠于君乎?吾所求也。"以为鲁相。操初举魏种为孝廉,兖州之叛,操谓种必不弃我。及闻种走,怒曰:"种不南走越,北走胡,不汝置也。"及种被禽,操曰:"惟其才也。"释而用之。本纪。此等先臣后叛之人,既已生擒,谁肯复贷其命?乃一一弃嫌录用。盖操当初起时,方欲借众力以成事,故以此奔走天下,杨阜所谓曹公能用度外之人也。及其削平群雄,势位已定,则孔融、许攸、娄圭等皆以嫌忌杀之。荀彧素为操谋主,亦以其阻九锡而胁之死。甚至杨修素为操所赏拔者,以厚于陈思王而杀之。崔琰素为操所倚信者,亦以疑似之言杀之。然后知其雄猜之性,久而自露,而从前之度外用人,特出于矫伪,以济一时之用,所谓以权术相驭也。

　　至刘备一起事即为人心所向,少时结交豪杰,已多附之。中山大商张世平、苏双等早资以财,为纠合徒众之用。领平原相,刘平遣刺客刺之,客反以情告。救陶谦,谦即表为豫州刺史。谦病笃,命以徐州与备,备不敢当,陈登、孔融俱敦劝受之。后为吕布所攻投奔于操,操亦表为左将军,礼之甚重。嗣以徐州之败奔袁谭,谭将步骑迎之。袁绍闻备至,出邺二百里来迓。及绍败,备奔刘表,表又郊迎,待以上宾之礼,荆州豪杰多归之。曹兵来讨,备奔江陵,荆州人士随之者十余万,是时身无尺寸之柄,而所至使人倾倒如此。程昱谓备甚得人心,诸葛亮对孙权亦谓"刘豫州为众士所慕仰,若水之归海",此当时实事也。乃其所以得人心之故,史策不见。第观其三顾诸葛,咨以大计,独有傅岩爰立之风。关、张、赵云自少结契,终身奉以周旋,即羁旅奔逃寄人篱下,无寸土可以立业,而数人者患难相随,别无贰志。此固数人者之忠义,而备亦必有深结其隐微而不可解者矣。其征吴也,黄权请先以身尝寇,备不许,使驻江北以防魏师。及猇亭败退,道路隔绝,权无路可归,乃降魏。有司请收权妻子,备曰:"我负权,权不负我也。"权在魏,或言蜀已收其孥,权亦不信,君臣之相与如此。至托孤于亮曰:"嗣子可辅,辅之;不可辅,则君自取之。"千载下犹见其肝膈本怀,岂非真性情之流露?设使操得亮,肯如此委心相任乎?亮亦岂肯为操用乎?惜是时人才已为魏、吴二国收尽,故得人较少。然亮第一流人,二国俱不能得,备独能得之,亦可见以诚待人之效矣。

至孙氏兄弟之用人,亦自有不可及者。孙策生擒太史慈,即解其缚曰:"子义青州名士,但所托非人耳。孤是卿知己,勿忧不如意也。"以张昭为长史,北方士大夫书来,多归美于昭。策闻之曰:"管仲相齐,一则仲父,二则仲父,而桓公为霸者宗。今子布贤,我能用之,其功名不在我乎?"此策之得士也。周瑜荐鲁肃,权即用肃继瑜。权怒甘宁粗暴,吕蒙谓斗将难得,权即厚待宁。刘备之伐吴也,或谓诸葛瑾已遣人往蜀,权曰:"孤与子瑜有生死不易之操,子瑜之不负孤,犹孤之不负子瑜也。"吴、蜀通和,陆逊镇西陵,权刻印置逊所,每与刘禅、诸葛亮书,常过示逊,有不安者便令改定,以印封行之。委任如此,臣下有不感知遇而竭心力者乎?权又不自护其非。权欲遣张弥、许晏浮海至辽东封公孙渊,张昭力谏不听,弥、晏果为渊所杀。权惭谢昭,昭不起,权因出,过其门呼昭,昭犹辞疾。权烧其门以恐之,昭更闭户,权乃灭火,驻门良久,载昭还宫,深自刻责。倘如袁绍不用沮授之言以至于败,则恐为所笑而杀之矣。权用吕壹,事败,又引咎自责,使人告谢诸大将曰:"与诸君从事,自少至长,发有二色,以谓表里足以明露。尽言直谏,所望于诸君,诸君岂得从容而已哉!凡百事要所当损益,幸匡所不逮。"陆逊晚年为杨竺等所谮,愤郁而死。权后见其子抗,泣曰:"吾前听谗言,与汝父大义不笃,以此负汝。"以人主而自悔其过,开诚告语如此,其谁不感泣?使操当此,早挟一"宁我负人,无人负我"之见而老羞成怒矣。此孙氏兄弟之用人,所谓以意气相感也。

禅　代

古来只有禅让、征诛二局,其权臣夺国则名篡弑,常相戒而不敢犯。王莽不得已托于周公辅成王以摄政践阼,然周公未尝有天下也。

至曹魏,则既欲移汉之天下,又不肯居篡弒之名,于是假禅让为攘夺。自此例一开,而晋、宋、齐、梁、北齐、后周以及陈、隋皆效之。此外尚有司马伦、桓玄之徒,亦援以为例。甚至唐高祖本以征诛起,而亦假代王之禅,朱温更以盗贼起,而亦假哀帝之禅。自曹魏创此一局,而奉为成式者且十数代,历七八百年,真所谓奸人之雄,能建非常之原者也。

　　然其间亦有不同者。曹操立功汉朝,已加九锡,封二十郡,爵魏王,建天子旌旗,出警入跸,然及身犹不敢称帝,至子丕始行禅代。操尝云:"若天命在吾,吾其为周文王乎!"此可见其本志,非饰说也。又《魏书》,魏国既建,诸将皆为魏臣,独夏侯惇尚为汉臣,惇上疏不敢当不臣之礼,操曰:"区区之魏,而敢屈君为臣乎?"是操为魏王时,犹与汉臣为同列也。司马氏三世相魏,懿已拜丞相,加九锡,不敢受;师更加黄钺,剑履上殿,亦不敢受;昭进位相国,加九锡,封十郡,爵晋公,亦辞至十余次,晚始受晋王之命,建天子旌旗,如操故事,然及身亦未称帝,至其子炎始行禅代。及刘裕则身为晋辅而即移晋祚,自后齐、梁以下诸君莫不皆然,此又一变局也。

　　丕代汉,封献帝为山阳公,未尝加害,直至明帝青龙二年始薨。炎代魏,封帝奂为陈留王,亦未尝加害,直至惠帝大安元年始薨。不特此也,司马师废齐王芳为邵陵公,亦至晋泰始中始薨。司马伦废惠帝,犹号为太上皇,居之于金墉城;桓玄废安帝为平固王,迁之于寻阳,又劫至江陵,亦皆未尝加害,故不久皆得返正。自刘裕篡大位而即戕故君,以后齐、梁、陈、隋、北齐、后周亦无不皆然,此又一变局也。

　　去古日远,名义不足以相维,当曹魏假称禅让以移国统,犹仿唐、虞盛事,以文其奸。及此例一开,后人即以此例为例,而并忘此例之所由仿,但谓此乃权臣易代之法,益变本而加厉焉。此固世运人心之愈趋愈险者也。按刘裕后亦尚有循魏、晋故事者。高欢在东魏封渤海王,都督中外诸军事,进位相国、录尚书事,犹力辞不受。因玉〔璧〕之败,并表解都督,其九锡殊礼,乃死后追赠者。宇文泰在西魏,累加以至左丞相、都督中外诸军事、太师、大冢宰。封安定王,不受,以安定公终其身。是尚能守臣节者。又曹操奉献帝都许,而身常在邺,高欢亦奉孝静帝都邺,而身常在晋阳,与曹操相似。司马懿父子常随魏帝在洛,宇文泰亦随西魏诸帝在长安,与司马氏相似。今撮叙各朝禅代故事于后。

　　按裴松之《三国志注》引(魏略)《〔献帝传〕》,曹丕受禅时,汉帝下禅诏及册书凡三,丕皆拜表让还玺绶。李伏等劝进者一,许芝等劝进者一,司马懿等劝进者一,桓(楷)〔阶〕等劝进者一,尚书令等合词劝进者一,刘廙等劝进者一,刘若等劝进者一,辅国将军等百二十人劝进者一,博士苏林等劝进者一,刘廙等又劝进者一,丕皆下令辞之。最后华歆及公卿奏择日设坛,始即位。此虽一切出于假伪,然犹见其顾名思义不敢遽受,有揖让之遗风。至司马炎既受禅,陈留王迁居于邺以事上表,炎犹下诏曰:"陈留王志尚谦冲,每事上表,非所以优崇之也。自后非大事,皆使王官表上之。"及元帝南渡,营缮宫室,尚书符下陈留王出夫,荀奕奏曰:"陈留王位在三公之上,坐在太子之右,答表曰书,赐物曰与,岂可令出夫役?"以前朝残裔,而臣下犹敢为之执奏,可见是时尚有虞宾之意。按山阳公居河内,至晋时始罢督军,除其禁制,又除汉宗室禁锢,是逊位后魏仍有人监之也。按《后汉书》,东海王(疆)〔彊〕、沛王辅,东平王苍之后,至魏受禅,犹皆封为崇德侯。陈留王逊位后,晋令山涛护送至邺,琅邪王伷尝监守邺城,是晋于陈留王亦有监制之法,然皆未尝加害也。刘裕急于禅代,以谶文有"昌明之后,又有二王"之语,遂鸩安帝而立恭帝,未几即令逊位。有司以诏草呈帝,帝曰:"桓玄之时,天命已改,重为刘公所延,将二十载。今日之事,固所甘心。"乃出居于秣陵宫,裕封帝为零陵王。帝常惧祸,与褚妃自煮食于床前。裕使妃兄褚淡之往视妃,妃出与相见,兵士即逾垣入,进药于帝,帝不肯饮曰:"佛教自杀者不得复为人身。"乃以被掩杀之。

萧道成以宋废帝无道,使王敬则结杨玉夫等弑之,迎顺帝即位。甫三年,即禅代,封顺帝为汝阴王,居丹徒宫,使人卫之。顺帝闻外有驰马声,甚惧,监者杀之而以疾告,齐人赏之以邑。

萧衍以齐东昏无道,举兵入讨,奉和帝以号令。既围京师,东昏为黄泰平等所弑,衍入京,迎和帝至姑熟,使人假帝命以禅诏来,遂即位,封和帝为巴陵王。初欲以南海郡为巴陵国,使帝居之,因沈约言不可慕虚名而受实祸,乃遣郑伯禽进以生金。和帝曰:"我死不须金,醇酒足矣。"乃引饮一升,伯禽就而摺杀之。

陈霸先既禅代,使沈恪勒兵入宫害梁敬帝,恪辞曰:"身经事萧家来,今日不忍见如许事。"霸先乃令刘师知入诈帝令出宫,帝觉之，绕床走曰："师知卖我。陈霸先反，我本不须作天子，何意见杀？"师知执帝衣，行事者加刃焉，既而报霸先曰："事已了。"

高洋将禅代，使襄城王昶等奏魏孝静帝曰："五行之运，迭有盛衰。请陛下法尧禅舜。"帝曰："此事推挹已久，谨当逊位。"又曰："若尔，须作诏书。"崔劼等曰："诏已作讫。"即进帝书之。帝乃下御座，入后宫泣别，皇后以下皆哭，帝曰："今日不减汉献帝、常道乡公。"遂迁于司马子如宅。洋行幸，常以帝自随，竟遇鸩而崩。

宇文泰在西魏，以孝武帝宫闱无礼，使人鸩之，而立文帝。文帝崩，立废帝。帝因泰杀元烈有怨言，泰遂废之，出居雍州廨舍，亦以鸩崩。《北史》不载，事见《通鉴》。泰复立恭帝。即位三年，泰死，其从子护当国，使帝禅位于泰子觉。觉封帝为宋公，出居大司马府，寻崩。诸书皆不载其死状，然正月封而二月即殂，盖亦非善终也。

杨坚因周宣帝崩，郑译等矫诏，使坚受遗辅政，立静帝，年八岁，坚即诛戮宇文氏。未几，亦假静帝禅诏夺其位。封帝为介国公，邑万户，上书不称表，答表不称诏，《北史》谓有其文，事竟不行。是年二月逊位，五月即殂，《周书》云隋志也，则亦不得其死也。

唐高祖兵入长安，立恭帝，次年亦以恭帝诏禅位，封恭帝为酅国公，至明年五月始殂。《隋书》、《北史》、《通鉴》俱不言其死状。

朱温逼唐昭宗迁洛阳，使蒋玄晖弑之，而立哀帝。帝封温爵魏王，以二十一军为魏国，备九锡。温怒不受，使人告蒋玄晖与何太后通，遂杀玄晖，弑太后。哀帝使宰相张文蔚等押传国玺、玉册金宝、仪仗法物至汴劝进，温遂即位，封哀帝为济阴王，次年正月弑之。

魏晋禅代不同

曹之代汉，司马氏之代魏，其迹虽同，而势力尚有不同者。曹操自克袁尚后，即居于邺，天子所都之许昌，仅留长史国渊、王必等先后掌丞相府事。其时献帝已三四十岁，非如冲主之可无顾虑也，然一切用人行政，兴师讨伐，皆自邺出令，莫敢有异志。司马氏辅魏，则身常在相府，与魏帝共在洛阳。无论懿专政未久，即师、昭兄弟大权已在手，且齐王芳、高贵乡公髦、常道乡公奂皆幼年继位,似可不必戒心。然师讨毌丘俭,留昭镇洛阳,及病笃,昭始赴军。师既卒,魏帝命昭统兵镇许昌,昭仍率兵归洛,不敢远在许下也。诸葛诞兵起,昭欲遣将则恐其不可信,而亲行又恐都下有变,遂奉皇太后及高贵乡公同往督军。是可见其一日不敢离城社也。

尝推其故,操当汉室大坏之后,起义兵,诛暴乱,汉之臣如袁绍、吕布、刘表、陶谦等能与操为敌者,多手自削平,或死或诛。其在朝者,不过如杨彪、孔融等数文臣,亦废且杀,其余列侯将帅皆操所擢用。虽前有董承、王子服、吴子兰、种辑、吴硕,后有韦晃、耿纪、金祎欲匡汉害操,而皆无兵权,动辄扑灭,故安坐邺城,而朝政悉自己出。司马氏则当文帝、明帝国势方隆之日,猝遇幼主嗣位,得窃威权。其时中外臣工尚皆魏帝所用之人,内有张缉、苏铄、乐敦、刘贤等伺隙相图,外有王凌、毌丘俭、诸葛诞等相继起兵声讨。司马氏惟恃挟天子以肆其奸,一离京辇则祸不可测,故父子三人执国柄,终不敢出国门一步,亦时势使然也。

然操起兵于汉祚垂绝之后,力征经营,延汉祚者二十余年,然后代之。司马氏当魏室未衰,乘机窃权,废一帝弑一帝而夺其位,比之于操,其功罪不可同日语矣。

九锡文

每朝禅代之前,必先有九锡文,总叙其人之功绩,进爵封国,赐以殊礼,亦自曹操始。按王莽篡位已先受九锡,然其文不过五百余字,非如潘勖为曹操撰文格式也。勖所撰,乃仿张竦颂莽功德之奏,逐件铺张,至三五千字,勖文体裁正相同。其后晋、宋、齐、梁、北齐、陈、隋皆用之。其文皆铺张典丽,为一时大著作,故各朝正史及《南》、《北史》俱全载之。今作者姓名尚有可考者:操之九锡文,据裴松之《三国志注》,乃后汉尚书左丞潘勖之词也。以后各朝九锡文,皆仿其文为式。曹丕受禅时,以父已受九锡,故不复用,其一切诏诰皆卫觊作。《觊传》。晋司马昭九锡文,未知何人所作,其让九锡表,则阮籍之词也[①]。见《籍传》。刘裕九锡文,亦不详何人所作,据《傅亮传》,谓裕征广固以后,至于受命,表策文诰皆亮所作,则九锡文必是亮笔也。萧道成九锡文,据《王俭传》,齐高为太尉以至受禅,诏策皆俭所作,则九锡文是俭笔也。萧衍九锡文,据《任昉传》,梁台建,禅让文诰多昉所作;又《沈约传》,武帝与约谋禅代,命约草其事,约即出怀中诏书,帝初无所改;又《丘迟传》,梁初劝进及殊礼皆迟文:则九锡文总不外此三人也。陈霸先九锡文,据《徐陵传》,陈受禅诏策皆陵所为,而九锡文尤美,是陵作九锡文更无疑也。高洋九锡文,据《魏收传》,则收所作也。

　　他如司马伦亦有九锡文,伦既败,齐王冏疑出傅祗,将罪之,后检文草,非祗所为,乃免。《祗传》。又以陆机在中书,疑九锡文、禅位诏皆机所作,遂收机,成都王颖救之,得免。《机传》。而《邹湛传》谓赵王伦篡逆,湛子捷与机共作禅文,则九锡文必是机笔也。桓温病,求九锡文,朝廷命袁宏为文,以示王彪之,彪之叹其美,而戒勿示人。谢安又屡使改之,遂延引时日,及温死乃止。《彪之传》。桓玄篡位,卞范之及殷仲文预撰诏策,其禅位诏,范之之词也,九锡文,则仲文之词也。见《范之》、《仲文传》。此皆见于各史列传者。至于曹丕授孙权九锡,孙权加公孙渊九锡,刘曜授石勒九锡,石弘授石虎九锡,石世授石遵九锡,苻登授乞伏乾归九锡,姚兴授(焦)〔谯〕纵九锡,其文与作者俱不可考。然亦可见当时篡乱相仍,动用殊礼,僭越冒滥,莫此为甚矣。

　　《汉书·武帝纪》,诸侯贡士得人者谓之有功,乃加九锡。张晏注曰:“九锡,经无明文,《周礼》以为九命,《春秋说》有之。”臣瓒曰:“九锡备物,霸者之盛礼。”然皆不言九锡出处。据《后汉书》章怀注,谓九锡本出于纬书《礼·含文嘉》:一曰车马,二曰衣服,三曰乐器,四曰朱户,五曰纳陛,六曰虎贲,七曰斧钺,八曰弓矢,九曰秬鬯。按周制本有锡命之礼,如《诗》、《左传》所载“厘尔圭瓒,秬鬯一卣,彤弓矢千”是也。纬书仿之而演为九耳。

【校】

　　① 其让九锡表,则阮籍之词也　《校证》:《晋书》卷四九《阮籍传》:“帝让九锡,公卿将劝进,使籍为其词。”则阮籍所作者,乃以公卿名义所上之劝进表,而非让九锡之表文。

一人二史各传

　　一人而传于两史,如后汉之董卓、公孙瓒、陶谦、袁绍、刘表、袁术、吕布等,当陈寿撰《三国志》时,以诸人皆与曹操并立,且事多与操相涉,故必立传于《魏志》而叙事始明。刘焉乃刘璋之父,其地则昭烈所因也,欲纪昭烈必先传璋,欲传璋必先传焉,故亦立其传于《蜀志》之首。及范蔚宗修《后汉书》,则董卓等皆汉末之臣,荀彧虽为操画策而心犹为汉,皆不得因《三国志》有传遂从删削,所以一人而两史各有传也。此事惟《晋》、《宋》二书界限最清,缘沈约修《宋书》,以刘毅、何无忌、诸葛长民、魏咏之、檀凭之等虽与刘裕同起义,而志在匡晋,初非宋臣,故不入《宋书》。及唐初修《晋书》,遂为毅等立传,自无复出之病也。陶潜隐居完节,卒于宋代,故《宋书》以为《隐逸》之首。然潜以家世晋臣,不复仕宋,始终为晋完人,自应入《晋书》内,故修《晋书》者特传于《晋·隐逸》之末,二史遂并有传。此《宋书》之借,而非《晋书》之夺也。

至李延寿作《南》、《北史》,系一手编纂,则南人归北,北人归南者,自可各就其立功最多之处传之,而其先仕于某国则附见传内,不必再立一传于某国也。乃毛修之自宋流转入魏,后卒于魏,则但立传《北史》可矣,而《南史》又传之。朱修之自宋入魏,后又逃归,以功封南昌县侯,则但立传《南史》可矣,而《北史》又传之。以及薛安都、裴叔业等莫不皆然,何其漫无裁制也?又裴矩在隋朝事迹甚多,且《隋书·矩传》内已叙其入唐仕宦之处,则《唐书》不必再传矣,而又传之,亦赘。

晋 书

唐初修《晋书》,以臧荣绪本为主,而兼考诸家成之。今据《晋》、《宋》等书列传所载诸家之为《晋书》者,无虑数十种。其作于晋时者,武帝时议立《晋书》限断,荀勖谓宜以魏正始起年,王瓒欲引嘉平以下朝臣尽入于晋,贾谧请以泰始为断。事下尚书议,张华等谓宜用(正)〔泰〕始,从之。《贾谧传》。武帝诏自泰始以来大事皆撰录,秘书写副,后有事即依类缀缉。《武帝纪》。此《晋书》之权舆也。

自后华(峤)〔畅〕草《魏》、《晋》纪传,与张载同在史官。永嘉之乱,《晋书》存者五十余卷①。《峤传》。干宝著《晋纪》,自宣帝迄愍帝,凡二十卷,称良史。《宝传》。谢沈著《晋书》三十余卷。《沈传》。傅畅作《晋诸公叙赞》二十二卷,又为《公卿故事》九卷。《畅传》。荀绰作《晋后书》

十五篇。《绰传》。束皙作《晋书》帝纪、十志。孙盛作《晋阳秋》，词直理正，桓温见之，谓其子曰："枋头诚为失利，何至如尊公所说？若此史遂行，自是关君门户事。"其子惧祸，乃私改之。而盛所著已有二本，以其一寄慕容隽，后孝武博求异闻，又得之，与中国本多不同。《盛传》。王铨私录晋事，其子隐遂谙悉西晋旧事，后与郭璞同为著作郎，撰晋史。时虞预亦私撰《晋书》，而生长东南，不知中朝故事，借隐书窃写之。庾亮资隐纸笔，乃成书。隐文鄙拙，其文之可观者乃其父所撰，不可解者，隐之词也。《王隐传》。习凿齿作《汉晋春秋》，起汉光武，终晋愍帝。于三国之时则以蜀为正统，魏武虽承汉禅，而其时孙、刘鼎立，未能一统天下也，尚为篡逆。至司马昭平蜀，乃为汉亡而晋始兴焉。《凿齿传》。

其晋以后所作者，宋徐广撰《晋纪》〔四〕十六卷。《广传》。沈约以晋一代无全书，宋泰始中，蔡兴宗奏约撰述凡二十年，成一百十卷。《约传》。谢灵运亦奉敕撰《晋书》，粗立条流，书竟不就。《灵运传》。王韶之私撰《晋安帝春秋》，既成，人谓宜居史职，即除著作郎，使续成后事，讫义熙九年。其序王珣货殖，王嶷作乱事，后珣子(和)〔弘〕贵，韶之尝惧为所害。《韶之传》。荀伯子亦助撰晋史。《伯子传》。张缅著《晋钞》三十卷。《缅传》。臧荣绪括东、西晋为一书，纪、录、志、传共一百十卷。《荣绪传》。刘(肜)〔昫〕集众家《晋书》注干宝《晋纪》，为四十卷。《刘昫传》。萧子云著《晋书》一百十卷。《子云传》。此皆见于各传者。

又《唐书·艺文志》所载晋朝史事，尚有陆机《晋帝纪》，刘协注《晋纪》，刘谦《晋纪》，曹嘉《晋纪》，邓粲《晋纪》及《晋阳秋》，檀道鸾《晋春秋》，萧景畅《晋史草》，郭季产《晋续纪》、《晋录》之类[②]。当唐初修史时尚俱在，必皆兼综互订，不专据荣绪一书也。

【校】

①《晋书》存者五十余卷　《晋书》卷四四《华峤传》："(撰)《汉后书》奏之……永嘉丧乱，经籍丧没，峤书存者三十余卷。"可知存者为《汉后书》，非《晋书》。

②《唐书·艺文志》所载晋朝史事，尚有陆机《晋帝纪》……《晋录》之类　陈垣云：《隋经籍志》所据，皆唐初现存之书。《旧唐志》据开元时毋煚《古今书录》，《新唐志》据《旧志》而续增天宝以后书。论唐初所存晋史，自应引《隋志》，不应引《唐志》，更不应引《新唐志》也。《札记》七"《晋书》"条末引《新唐志》晋史凡十种，

几无一种无问题。今疏举如下……《隋志》格式,撰人在书名下,小字双行,冠以朝代,次第明晰。《旧唐志》尽将朝代删去,遂有宋在晋前、梁在宋前之弊。《新志》因之,更将撰人改在书名上,遂有撰注不明之弊。不知《札记》考唐初晋史,何以不引《隋志》而引《新唐》也。见《陈垣史源学杂文·〈廿二史札记〉七〈晋书〉条末引唐艺文志订误》)。

晋书二

论《晋书》者,谓当时修史诸人皆文咏之士,好采诡谬碎事以广异闻,又史论竞为艳体,此其所短也。然当时史官如令狐德棻等,皆老于文学,其纪传叙事皆爽洁老劲,迥非《魏》、《宋》二书可比,而诸僭伪载记,尤简而不漏,详而不芜,视《十六国春秋》不可同日语也。其列传编订亦有斟酌。如陶潜已在《宋书·隐逸》之首,而潜本晋完节之臣,应入晋史,故仍列其传于《晋·隐逸》之内。愍怀太子妃,王衍之女,抱冤以死,而太子妃不便附入《后妃传》内,则入之于《列女传》。此皆位置得当者。

各传所载表、疏、赋、颂之类,亦皆有关系。如《刘寔传》载《崇让论》,见当时营竞之风也。《裴頠传》载《崇有论》,见当时谈虚之习也。《刘毅传》载论九品之制有八损,《李重传》亦载论九品之害,见当时选举之弊也。《陆机传》载《辨亡论》,见孙皓之所以失国也;《豪士(传)〔赋序〕》,见齐王冏之专恣也;《五等论》,见当时封建之未善也。《傅玄传》载兴学校、务农功等疏,固切于时政也。《段灼传》载申理邓艾一疏,《阎缵传》载申理愍怀太子一疏,以二人皆冤死也。《江统传》载《徙戎论》,固预知刘、石之乱,尤有先见也。《皇甫谧传》载《释劝论》,见其安于恬退也;《笃终论》,见厚葬之祸也。《挚虞传》载《思游赋》,见其安命也;《今尺长于古尺论》,见古今尺度之不同也。《束皙传》载《玄居释》,见其淡于荣进也。《潘尼传》载《安身论》,见其静退也;《释奠颂》,有关储宫之毓德;《乘舆箴》,有关帝王之保治也。《潘岳传》载《闲居赋》,见其迹恬静而心躁竞也。《郭璞传》不载《江赋》、《南郊赋》,而独载刑狱一疏,见当时刑罚之滥也。《左贵嫔传》载《愁思文》、《杨皇后诔》、《纳继室杨后颂》,以左芬本以才著也。《张载传》载〔张协〕《七命》一篇,亦以其文人而著其才也。《卫恒传》载《书势》一篇,以恒本工书,且备书法之源流也。惟《刘颂传》载其所上封事至七八千字，殊觉太冗。《张华传》载《鹪鹩赋》，殊觉无谓。华有相业，不必以此见长也。

　　《元帝纪》后叙其父恭王之妃夏侯氏通小吏牛金生帝①，而《夏侯太妃传》内不载，讳其丑于传，而转著其恶于纪，亦属两失。《苻坚载记》后附王猛、苻融二人，以其为坚功臣也。苻朗不过一达士，亦附一传。《苻登载记》后又附一索泮，据《泮传》，又未尝仕于坚与登也。此二传殊赘。《姚兴载记》忽叙西胡梁国儿作寿冢，每将妻妾入冢燕饮，升灵床而歌。此于兴有何关系而拉杂及之？毛德祖为宋功臣，《宋书》已立传，唐修《晋书》，自不必以宋臣附晋臣之内。乃毛宝之传后又叙德祖事甚详，盖本毛氏家传钞入之，而未及删节也。《隐逸》中《夏统》一传，非正史记事体，盖当时人另作《夏统别传》，如《五柳先生传》之类，《晋书》遂全录之，不复增损，阅史者静观自别之也。

【校】

　　①《元帝纪》后叙其父恭王之妃夏侯氏通小吏牛金生帝　《校证》：《晋书·元帝纪》，夏侯氏所通之小吏牛氏无名，牛金为被晋宣帝毒死者。

王导陶侃二传褒贬失当

　　《晋书》惟《王导》、《陶侃》二传褒贬颇为失中。导为元帝佐命功臣，历事三朝，以宏厚镇物，固称贤相。当元帝初政时，其从弟敦悍帝贤明，欲更议所立，导固争乃止。其后敦以讨刁协、刘隗、戴若思为名，称兵向阙，导率群从待罪阙下，帝亦谅导之心，曰："导大义灭亲，可以吾安东时节假之。"《导传》。是其心固信于君也。孔愉在帝前极言导忠贤，有佐命之勋。《愉传》。周𫖮亦极言导忠诚，申救甚力。《𫖮传》。是其心又信于友也。然当敦入石头，王师战败，敦问导曰："周𫖮、戴若思当登三司也？"导不答。又曰："若不三司，便应令仆耶？"导亦不答。敦曰："若不尔，正应诛耳。"导亦无言。敦遂诛周、戴。《𫖮传》。又王彬数敦曰："兄抗旌犯顺，将祸及门户。"敦大怒，欲杀之。导在坐，劝彬谢，彬竟不拜。是导之于敦情好甚密，既不阻其称兵，反欲借敦以诛除异己。盖渡江之初，王氏兄弟布列中外，其势甚大，当时有"王与马，共天下"之谣，帝心忌之，特用刘隗、刁协、戴若思等为腹心，排抑豪强，疏忌王氏。刁、刘等劝帝出亲信以镇方隅，乃用谯王丞为湘州，隗及若思为都督，隗、协并请尽诛王氏。《隗》等传。是以不惟敦恶之，即导亦恶之。而是时敦亦未敢遽有篡夺之举，观其申雪导枉一疏，全以刁、刘等为词。甘卓自襄阳将袭敦，敦闻之曰："甘侯虑吾危朝廷耶？吾但除奸凶耳。"《卓传》。此敦初次起兵专欲除刁、刘、戴数人，正与导意相合。其后敦再起兵时，病已危笃，与兄含偕行，导与含书曰："兄此举谓可如往年大将军乎？往年奸人乱朝，人怀不宁，如导之徒，心思外济。"《敦传》。此直自吐衷怀，谓敦之诛刁、刘与己意同也。又敦初次起兵时，兵至石头，周札守石头，即开门纳之，以是敦兵势盛而王师败。敦后又忌札宗强而杀之。敦死后，札家请雪，卞壹等以札开门延贼，不宜雪。导独曰："札在石头，知隗、协乱政，信敦匡救，开门延之，正以忠于社稷。"《札传》。是更以敦之称兵为匡救朝廷之失，可见是时导虽不欲敦移国祚，而欲敦诛刁、刘等，则其肝膈本怀。夫帝即偏信刁、刘，疏外王氏，岂遂可肆其威胁乎？颙之论曰："人主非尧、舜，岂能无失？人臣遂可举兵正其失耶？"此论最为严正。则导之幸敦举兵以除异己，安得尚称纯臣也？

且导之可议者，更不止于此。导辅政，委任群小赵胤、贾(宣)〔宁〕等，陶侃尝欲起兵废之，庾亮亦欲举兵黜之。《亮传》。桓景谄导，导昵之，陶回谓景非正人，不宜亲狎。《回传》。成帝每幸导第，犹拜导妻曹氏，孔坦甚非之。《坦传》。苏峻贼党匡术尝欲杀孔群，或救之得免。后术既降，与群同在导坐，导令术劝群酒，以释前憾。群答曰："群非孔子，厄同匡人，虽阳和布气，鹰化为鸠，而识者犹憎其目。"导有愧色。《群传》。此亦皆导之弛纵处。而《晋书·导传论》至比之管仲、孔明，谓："管仲能相小国，孔明善抚新邦，抚事论情，抑斯之类也。提挈三世，始终一心，称为仲父，盖其宜矣。"又于《刘隗》、《刁协传论》，谓其专行刻薄，使贤宰见疏，以致物情解体。是转以激变之罪坐刘、刁，而导无讥焉，殊未为平允也。

至陶侃生平，惟苏峻、祖约之反，侃以不与顾命不肯勤王，经温峤等再三邀说，始率兵东下，此是其见小不达大义之处①。其他则尽心于国，老而弥笃，朝廷加以殊礼，侃固辞。又因病上表去位，曰"臣少长孤寒，始愿有限"云云。未没前一年已逊位归国，佐吏苦留之，不果。及疾笃将归，以后事付右司马王愆期。出府门就船，顾谓愆期曰："老子婆娑，正坐诸君辈。"《侃传》。是亦可见其超然于权势矣。本传亦云侃季年常怀止足之分，不与朝权。而传末乃云侃尝梦生八翼，上天门，至第九重折翼而坠。后督八州，据上流，握强兵，有觊觎之志。每思折翼之祥，自抑而止。传论亦谓其潜有包藏之志，顾思折翼之祥，悖矣。是直谓其素有不臣之心，因一梦而不敢也。于导则略其疵累而比之管、葛，于侃则因其一梦而悬坐以无将之罪，岂非褒贬失当乎？

【校】

①　至陶侃生平，惟苏峻、祖约之反，侃以不与顾命不肯勤王，经温峤等再三邀说，始率兵东下，此是其见小不达大义之处　《校证》：陶侃为东晋时之名臣，但出身寒微，颇为当权之豪门贵族庾亮等所排陷，所谓不与顾命，迟迟不肯兴兵云云，即诬词之一。清代学者多为之辨正者，以王懋竑之说为最详尽，见《白田草堂存稿》卷四《论陶长沙侃》，可参看。

廿二史札记卷八

八王之乱

惠帝时八王之乱,《晋书》汇叙在一卷,《通鉴纪事本末》亦另为一条,然头绪繁多,览者不易了。今撮叙于此。武帝临崩,欲以汝南王亮司马懿之子,武帝叔父。与皇后父杨骏同辅政。骏匿其诏,矫令亮出镇许昌。惠帝既立,贾后擅权,杀杨骏,废杨太后。征亮人,与卫瓘同辅政。亮与楚王玮武帝第五子,惠帝之弟。不协,玮诣于贾后,诬亮、瓘有废立之谋。后乃使帝诏玮杀亮、瓘,又坐玮以矫杀亮、瓘之罪,即日杀玮。后益肆淫恣,废太子遹,惠帝长子,非贾后生。弑杨太后。时赵王伦在京师,懿第九子,惠帝之叔祖。素谄贾后,其嬖人孙秀说以太子之废,人言公实与谋,宜废后以雪此声,伦从之。秀又恐太子聪明,终有疑于伦,不如待后杀太子,而废后为太子报仇,可以立功。乃使后党讽后,后果杀太子。伦遂矫诏,与齐王冏齐王攸之子,惠帝从弟。率兵入宫,废后,幽于金墉城,寻害之。伦自为相国、侍中,都督中外诸军事。孙秀等恃势肆横,冏内怀不平,秀觉之,出冏镇许昌。伦僭位,以惠帝为太上皇,迁于金墉。于是冏及河间王颙、司马孚之孙,惠帝从叔,时镇长安。成都王颖武帝第十六子,惠帝之弟,时镇邺中。共起兵讨伦。伦兵败,其将王舆废伦斩秀,迎惠帝复位。伦寻伏诛,颖遂还邺。

冏入京,帝拜冏大司马,如宣、景辅魏故事。冏大权在握,沉湎酒色,不入朝,坐召百官,恣行非法。有校尉李含奔于长安,诈称有诏使河间王颙讨冏。颙遂上表,请废冏,以成都王辅政,并檄长沙王乂为内主。武帝第六子,惠帝之弟。冏遣兵袭乂,乂径入宫奉帝讨,斩冏。颙本以乂弱冏强,冀乂为冏所杀,而以杀乂之罪讨之,因废帝立颖,己为宰相,可以专政。及乂先杀冏,其计不遂,颖亦以乂在内,己不得遥执朝权,于是颙遣将张方率兵,与颖同向京师。帝又诏乂为大都督,拒方等,连战,先胜后败。东海王越在京,司马泰之子,惠帝从叔祖。虑事不济，与殿中将收乂送金墉，又为张方所杀。颖入京，寻还于邺。颙表颖为皇太弟，位相国，乘舆服御及宿卫兵皆迁于邺，朝政悉颖主之。左卫将军陈眕不平，奉帝讨颖，颖遣将石超败帝于荡阴，超遂以帝入于邺。平北将军王浚起兵讨颖，颖战败，仍拥帝还洛阳。时颙遣张方救颖，方遂挟帝及颖归于长安。颙废颖立豫章王炽<small>武帝第二十五子，惠帝之弟，是为怀帝。</small>为皇太弟。东海王越自徐州起兵迎大驾，颙又命颖统兵拒之。河桥战败，越兵入关，奉惠帝还洛阳，颖窜于武关、新野间，有诏捕之，为刘舆所害。颙亦单骑逃太白山，其故将迎入长安。有诏征颙为司徒，颙入京，途次为南阳王模所杀。惠帝崩，怀帝即位，越出讨石勒而卒。此八王始末也。

　　赵王伦将篡时，淮南王允<small>武帝子，惠帝弟。</small>在京师，举兵欲诛伦，为伦所杀。又吴王晏<small>亦武帝子。</small>亦助淮南王允攻伦，兵败被废。后长沙王乂及成都王颖相攻时，晏又为前锋都督。此二王俱不在八王之内。

晋书所记怪异

　　采异闻入史传，惟《晋书》及《南》、《北史》最多，而《晋书》中僭伪诸国为尤甚。刘聪时，有星忽陨于平阳，视之，则肉也。长三十步，广二十七步，臭闻数里，肉旁有哭声。聪后刘氏适产一蛇一虎，各害人而走，寻之，乃在陨肉之旁，哭声乃止。又豕与犬交于相国府门，豕著进贤冠，犬冠武冠带绶，豕犬并升御座，俄而斗死。聪子约死，一指犹暖，遂不殡。及苏，言见刘渊于不周山，诸王将相皆在，号曰蒙珠离国。渊谓曰：“东北有遮须夷国，无主，待汝父为之，三年当来，汝且归。”既出，道过一国，曰猗尼渠余国。引约入宫，与一皮囊曰：“为我寄汉皇帝刘郎，后来当以小女相妻。”约归，置皮囊于几，俄而苏。几上果有皮囊，中置白玉一方，题曰：“猗尼渠余国天王敬寄遮须夷国天王，岁摄提，当相见。”聪闻之曰：“如此，吾不惧死也。”至期聪果死。刘曜时，西明门风吹折大树，一宿而变为人形，发长一尺，须眉长〔二〕〔三〕寸，有敛手之状，亦有两脚，惟无目鼻，每夜有声，十日而柯条遂成大树。石虎时，太武殿所画古贤像忽变为胡，旬余，头皆缩入肩中。此数事尤可骇异，而皆出于刘、石之乱，其实事耶？抑传闻耶？刘、石之凶暴本非常，故有非常之变异以应之,理或然也。

他如干宝父死,其母妒,以父所宠婢推入墓中。后十余年,宝母亡,开墓合葬,而婢伏棺如生。经日而苏,言其父常取饮食与之,在地中亦不恶。既而嫁之,生子。此事殊不可信,然宝因此作《搜神记》,自叙其事如此。若果非真,岂肯自讦其父之隐及母之妒耶? 则天地之大,何所不有也! 至《晋书》所载怪异尚多,固不必一一为之辨矣。

东晋多幼主

晋南渡后,惟元帝年四十二即位,简文帝年五十一即位,其余则践阼时多幼弱。明帝二十四岁,成帝五岁,康帝二十一岁,穆帝二岁,哀帝二十(三)〔一〕岁,废帝二十(一)〔四〕岁,孝武帝十二岁,安帝(二十二)〔十五〕岁,至恭帝即位年三十二,而国已归刘宋矣。盖运会方隆,则享国久长,生子亦早,故继体多壮年,所谓国有长君,社稷之福也。及其衰也,人主既短祚,嗣子自多幼冲,固非人力所能为矣。然东晋犹能享国八九十年,则犹赖大臣辅相之力。明帝、成帝时有王导、庾亮、郗鉴等,康帝、穆帝时有褚裒、庾冰、蔡谟、王彪之等,孝武时有谢安、谢玄、桓冲等,主虽孱弱,臣尚公忠,是以国脉得以屡延。一桓温出而宗社几移,迨会稽王道子昏庸当国,元显以狂愚乱政,而沦胥及溺矣。国家所贵,有树人之计也。

晋帝多兄终弟及

晋司马师、司马昭相继专魏政,是开国时已兄弟相继。后惠帝以太子、太孙俱薨,立弟豫章王炽为皇太弟,即位,是为怀帝。成帝崩,母弟岳立,是为康帝。皆庾后出。哀帝崩,母弟奕立,是为废帝海西公。皆章太妃出。安帝崩,母弟德文立,是为恭帝。皆陈太后出。以后惟北齐文宣、孝昭、武成亦兄弟递袭帝位,然孝昭废济南王而自立,武成废乐陵王而自立,非晋之依次而立也。

愍元二帝即位

晋怀帝,永嘉五年为刘曜所掳。次年,贾疋等已奉秦王邺为皇太子,都于长安,然犹未即尊位。直至永嘉七年,怀帝崩问至,始称帝,是为愍帝。愍帝,建兴四年降于刘曜。次年,元帝称晋王于建康,亦未即尊位。又明年,愍帝崩问至,始称帝。流离倾覆中,尚有不忍其君之意,可谓合乎礼之变者也。

僭伪诸君有文学

《晋》载记诸僭伪之君,虽非中国人,亦多有文学。刘渊少好学,习《毛诗》、《京氏易》、《马氏尚书》,尤好《左氏春秋》、《孙吴兵法》,《史》、《汉》、诸子,无不综览。尝鄙随、陆无武,绛、灌无文,一物不知,以为君子所耻。其子刘和,亦好学,习《毛诗》、《左氏春秋》、《郑氏易》。和弟宣,师事孙炎,沉精积思,不舍昼夜。尝读《汉书》,至《萧何》、《邓禹传》,未尝不反覆咏之。刘聪幼而聪悟,博士朱纪大奇之。年十四,究通经史,兼综百家之言,工草隶,善属文,著述怀诗百余篇,赋颂五十余篇。刘曜读书志于广览,不精思章句,亦善属文,工草隶。小时避难,从崔岳质通疑滞。既即位,立太学于长乐宫,立小学于未央宫,简民间俊秀千五百人,选朝廷宿儒教之。慕容皝尚经学,善天文。即位后,立东庠于旧宫,赐大臣子弟为官学生,亲自临考。自造《太上章》以代《急就》,又著《典诫》十五篇,以教胄子。慕容儁亦博观图书。后慕容宝亦善属文,崇儒学。

符坚八岁,向其祖洪请师就学。洪曰:"汝氐人,乃求学耶?"及长,博学多才艺。既即位,一月三临太学,谓躬自奖励,庶周、孔之微言不坠,诸非正道者悉屏之。自永嘉之乱,庠序无闻,至是学校渐兴。符登长而折节,博览书传。姚兴为太子时,与范勖等讲经籍,不以兵难废业。时姜龛、淳于岐等皆耆儒硕德,门徒各数百人,兴听政之暇,辄引龛等讲论。姚泓博学善谈论,尤好诗咏。王尚、段章以儒术,胡义周、夏侯稚以文学,皆尝游集。淳于岐疾,(兴)〔泓〕亲往问疾,拜于床下。李流少好学。李庠才兼文武,曾举秀异科。沮渠蒙逊博涉群史,晓天文。赫连勃勃闻刘裕遣使来,预命皇甫徽为答书,默诵之,召裕使至前,口授舍人为书。裕见其文曰:"吾不如也。"此皆生于戎羌,以用武为急,而仍兼文学如此。人亦何可轻量哉!

九品中正

魏文帝初定九品中正之法,郡邑设小中正,州设大中正。由小中正品第人才,以上大中正;大中正核实,以上司徒;司徒再核,然后付尚书选用。此陈群所建白也。然魏武时何夔疏言:"今草创之际,用人未详其本,是以各引其类。宜先核之乡闾,使长幼顺序无相逾越,则贤不肖先分。"《夔传》。杜恕亦疏言:"宜使州郡考士必由四科,皆有事效,然后察举,试辟公府。"《恕传》。此又在陈群之前。盖汉以来,本以察举孝廉为士人入仕之路。迨日久弊生,夤缘势利,猥滥益甚,故夔等欲先清其原,专归重于乡评以核其素行。群又密其法而差等之,固论定官才之法也。然行之未久,夏侯玄已谓中正干铨衡之权,《玄传》。而晋卫瓘亦言魏因丧乱之后,人士流移,考详无地,故立此法,粗具一时选用。其始乡邑清议,不拘爵位,褒贬所加,足为劝励,犹有乡论余风。其后遂计资定品,惟以居位为重。是可见法立弊生,而九品之升降尤易淆乱也。

今以各史参考,乡邑清议亦时有主持公道者。如陈寿遭父丧,有疾,令婢丸药。客见之,乡党以为贬议,由是沉滞累年。张华申理之,始举孝廉。《寿传》。阎义亦西州名士,被清议,与寿皆废弃。《何攀传》。卞粹因弟褒有门内之私,粹遂以不训见讥,被废。《卞壶传》。并有已服官而仍以清议升黜者。长史韩预强聘杨欣女为妻,时欣有姊丧,未经旬,张辅为中正,遂贬预以清风俗。《辅传》。陈寿因张华奏,已官治书侍御史,以葬母洛阳,不归丧于蜀,又被贬议,由此遂废。《寿传》。刘颂嫁女于陈(峤)〔矫〕,(峤)〔矫〕本刘氏子,出养于姑,遂姓陈氏,中正刘友讥之。《颂传》。李含为秦王郎中令,王薨,含俟葬讫除丧。本州大中正以名义贬含,傅咸申理之,诏不许,遂割为五品。《含传》。淮南小中正王式父没,其继母终丧,归于前夫之子,后遂合葬于前夫。卞壶劾之,以为犯礼害义,并劾司徒及扬州大中正、淮南大中正含(宏)〔容〕徇隐。诏以式付乡邑清议,废终身。《壶传》。温峤已为丹阳尹,平苏峻有大功,司徒长史〔孔愉〕以峤母亡,遭乱不葬,乃下其品。《愉传》。是已入仕者尚须时加品定,其法非不密也。且石虎诏云:"魏立九品之制,三年一清定之,亦人伦之明镜也。先帝黄纸再定,以为选举。今又阅三年,主者更铨论之。"是魏以来尚有三年更定之例,初非一经品定,即终身不改易,其法更未尝不详慎也。

且中正内亦多有矜慎者。如刘毅告老,司徒举为青州大中正,尚书谓毅既致仕,不宜烦以碎务,石鉴等力争,乃以毅为之。铨正人流,清浊区别,其所弹贬,自亲贵者始。《毅传》。司徒王浑奏周馥理识清正,主定九品,检括精详,褒贬允当。《馥传》。燕国中正刘沈举霍原为二品,司徒不过。沈上书谓原隐居求志,行成名立,张华等又特奏之,乃为上品。《李重传》《霍原传》。张华素重张轨,安定中正蔽其善,华为延誉,得居二品。《轨传》。王济为太原大中正,访问者论邑人品状,至孙楚,则曰:"此人非卿所能目,吾自为之。"乃状曰:"天才英博,亮拔不群。"《楚传》。华恒为州中正,乡人任让轻薄无行,为恒所黜。《恒传》。韩康伯为中正,以周勰居丧废礼,脱落名教,不通其议。《康伯传》。陈庆之子暄,以落魄嗜酒,不为中正所品,久不得调。《庆之传》。此皆中正之秉公不挠者也。

然进退人才之权寄之于下,岂能日久无弊?晋武为公子时,以相国子当品,乡里莫敢与为辈,十二郡中正共举郑默以辈之。《默传》。刘卞初入太学,试经当为四品,台吏访问,助中正采访之人。欲令写黄纸一鹿车,卞不肯。访问怒言于中正,乃退为尚书令史。《卞传》。孙秀初为郡吏,求品于乡议,王衍将不许,衍从兄戎劝品之。及秀得志,朝士有宿怨者皆诛,而戎、衍获济。《戎传》。何勖初亡,袁粲晋臣,非宋袁粲。来吊,其子岐辞以疾,粲独哭而出,曰:"今年决下婢子品。"王诠曰:"岐前多罪时,尔何不下? 其父新亡,便下岐品,人谓畏强易弱也。"《何勖传》。可见是时中正所品高下,全以意为轻重,故段灼疏言:九品访人,惟问中正,据上品者非公侯之子孙,即当途之昆弟。《灼传》。刘毅亦疏言:高下任意,荣辱在手,用心百态,求者万端。《毅传》。此九品之流弊见于章疏者,真所谓"上品无寒门,下品无世族",高门华阀有世及之荣,庶姓寒人无寸进之路,选举之弊,至此而极。

然魏、晋及南北朝三四百年,莫有能改之者。盖当时执权者即中正高品之人,各自顾其门户,固不肯变法;且习俗已久,自帝王以及士庶皆视为固然,而无可如何也。

六朝清谈之习

清谈起于魏正始中。何晏、王弼祖述《老》、《庄》，谓天地万物皆以无为本。无也者，开物成务，无往而不存者也。《王衍传》。是时阮籍亦素有高名，口谈浮虚，不遵礼法。《裴𬱟传》。籍尝作《大人先生传》，谓世之礼法君子，如虱之处裈。《阮籍传》。其后王衍、乐广慕之，俱宅心事外，名重于时，天下言风流者，以王、乐为称首。《乐广传》。后进莫不竞为浮诞，遂成风俗。《王衍传》。学者以《老》、《庄》为宗，而黜《六经》；谈者以虚荡为辨，而贱名检；行身者以放浊为通，而狭节信；仕进者以苟得为贵，而鄙居正；当官者以望空为高，而笑勤恪。《愍帝纪论》。其时未尝无斥其非者，如刘颂屡言治道，傅咸每纠邪正，世反谓之俗吏。裴𬱟又著《崇有论》以正之，《𬱟传》。江惇亦著《通道崇检论》以矫。《惇传》。卞壶斥王澄、谢鲲，谓悖礼伤教，中朝倾覆，实由于此。《壶传》。范宁亦谓王弼、何晏二人之罪，深于桀、纣。《宁传》。应詹谓元康以来贱经尚道，永嘉之弊由此。《詹传》。熊远、陈頵各有疏论，莫不大声疾呼，欲挽回颓俗，而习尚已成，江河日下，卒莫能变也。

今散见于各传者：裴遐善言玄理，音词清畅，泠然若琴瑟。尝与郭象谈论，一座尽服。（遐）《〔裴秀〕传》。卫玠善玄言，每出一语，闻者无不咨嗟，以为入微。王澄有高名，每闻玠言，辄叹息绝倒。后过江，与谢鲲相见，欣然言论终日。王敦谓鲲曰："昔王辅嗣吐金声于中朝，此子复玉振于江表，不意永嘉之末，复闻正始之音。"《玠传》。王衍为当时谈宗，自以论《易》略尽，然亦有未了，每曰："不知此生当见有能通之者否？"及遇阮修谈《易》，乃叹服焉。《修传》。王戎问阮瞻曰："圣人贵名教，《老》、《庄》明自然，其指同异？"瞻曰："将毋同。"戎即辟之，时人谓之"三语掾"。《瞻传》。郭象善《老》、《庄》，时人以为王弼之亚。《庾敳传》。桓温尝问刘惔："会稽王更进耶？"惔曰："极进，然是第三流耳。"温曰："第一流是谁？"惔曰："故是我辈。"《惔传》。张凭初诣刘惔，处之下座，适王濛来，清言有所不通，凭即判之，惔惊服。《凭传》。此可见当时风尚大概也。其中未尝无好学者，然所学亦正以供谈资。向秀好《老》、《庄》之学，尝注解之，读者超然心悟。郭象又从而广之，儒、墨之迹见鄙，道家之风遂盛。《秀传》。潘京与乐广谈，广深叹之，谓曰："君天才过人，若加以学，必为一代谈宗。"京遂勤学不倦。《京传》。王僧虔戒子书曰："汝未知辅嗣何所道，平叔何所说，而便盛于麈尾，自称谈士，此最险事。"《僧虔传》。是当时父兄师友之所讲求，专推究《老》、《庄》，以为口舌之助。《五经》中惟崇《易》理，其他尽阁束也。

　　至梁武帝始崇尚经学，儒术由之稍振。然谈义之习已成，所谓经学者，亦皆以为谈辨之资。武帝召岑之敬升讲座，敕朱异执《孝经》，唱《士孝》章，帝亲与论难。之敬剖释纵横，应对如响。《之敬传》。简文为太子时，出士林馆，发《孝经》题，张讥议论往复，甚见嗟赏。其后周弘正在国子监，发《周易》题，讥与之论辨。弘正谓人曰："吾每登座，见张讥在席，使人凛然。"《讥传》。简文使戚衮说朝聘仪，徐摛与往复，衮精采自若。《衮传》。简文尝自升座说经，张正见预讲筵，请决疑义。《正见传》。伏曼容宅在瓦官寺东，每升座讲经，生徒常数十百人。《曼容传》。袁宪与岑文豪同候周弘正，弘正将登讲座，适宪至，即令宪树义。时谢岐、何妥并在座，递起义端，宪辨论有余。到溉曰："袁君正有后矣。"《宪传》。严植之通经学，馆在潮沟，讲说有区段次第，每登讲，五馆生毕至，听者千余。《植之传》。鲍皦在太学，有疾，请纪少瑜代讲，少瑜善谈吐，辨捷如流。《少瑜传》。崔灵恩自魏归梁，为博士，性拙朴无文采，及解析经义，甚有精致，旧儒咸重之。《灵恩传》。沈峻精《周官》，开讲时群儒刘岩、沈熊之徒，并执经下座，北面受业。《峻传》。是当时虽从事于经义，亦皆口耳之学，开堂升座以才辨相争胜，与晋人清谈无异，特所谈者不同耳。况梁时所谈，亦不专讲《五经》。

　　武帝尝于重云殿自讲《老子》，徐勉举顾越论义，越音响若钟，咸叹美之。《越传》。简文在东宫，置宴玄儒之士。《戚衮传》。邵陵王纶讲《大品经》，使马枢讲《维摩》、《老子》，同日发题，道俗听者二千人。王谓众曰："马学士论义，必使屈伏，不得空具主客。"于是各起辨端，枢转变无穷，论者咸服。《枢传》。则梁时《五经》之外，仍不废《老》、《庄》，且又增佛义，晋人虚伪之习依然未改，且又甚焉。风气所趋，积重难返，直至隋平陈之后，始扫除之。盖关陕朴厚，本无此风，魏、周以来，初未渐染，陈人之迁于长安者，又已衰荼不振，故不禁而自消灭也。

　　按：汉时本有讲经之例。宣帝甘露三年，诏诸生讲《五经》异同，萧望之等平奏其议，上亲临决。又施雠论《五经》于石渠阁。

章帝建初四年,亦诏博士、议郎、郎官及诸生诸儒会白虎观,讲议《五经》异同,使五官中〔郎〕将魏应承制问,侍中淳于恭奏①,帝亲称制临决,作《白虎奏议》,今《白虎通》是也。然此特因经义纷繁,各家师说互有异同,故聚群言以折衷之,非以此角胜也。至梁时之升座说经,则但以炫博斗辩而已。

【校】

① 奏　寿考堂本作"奉"。

清谈用麈尾

六朝人清谈,必用麈尾。《晋书》,王衍善玄言,每捉白玉柄麈尾,与手同色。《衍传》。孙盛与殷浩谈,奋麈尾,尽落饭中。《盛传》。《宋书》,王僧虔戒子,谓其好捉麈尾,自称谈士。《僧虔传》。《齐书》,(戴)〔周〕颙著《三宗论》,智林道人曰:"贫道捉麈尾(三)〔四〕十年,此一涂无人能解,今始遇之。"《颙传》。《梁书》,卢广发讲时,谢举屡折之,广愧服,以所执麈尾赠之,以况重席。《举传》。张孝秀谈义,尝手执栟榈①皮麈尾。《孝秀传》。《陈书》,后主宴宫僚,所造玉柄麈尾新成,曰:"当今堪捉此者,惟张讥耳。"即以赐讥。又幸钟山开善寺,使讥竖义,时麈尾未至,命取松枝代之。《讥传》。此皆清谈麈尾故事也。亦有不必谈而亦用之者。王浚以麈尾遗石勒,勒伪为不敢执,悬于壁而拜之。《勒载记》。何充诣王导,导以麈尾指其床曰:"此是君坐也。"《充传》。王濛病笃,灯下视麈尾而叹。既没,刘惔以犀麈尾纳之棺中。《濛传》。盖初以谈玄用之,相习成俗,遂为名流雅器,虽不谈亦常执持耳。

【校】

① 栟榈　原作"栟栏",据寿考堂本改。《梁书》卷五十一《张孝秀传》:"手执并榈皮麈尾。"

驺虞幡

晋制最重驺虞幡,每至危险时,或用以传旨,或用以止兵,见之者辄慑伏而不敢动,亦一朝之令甲也。《晋书》,楚王玮率兵诛汝南王亮及宰相杨骏,彻夜喧斗。天明,张华奏惠帝,使殿中将军持驺虞幡麾众曰:"楚王玮矫诏。"众皆释仗而走,玮遂被擒①。《玮传》。淮南王允拥兵诛赵王伦,自辰至(申)〔未〕斗不解。陈(准)〔淮〕遣驺虞幡解斗,允兵散被杀。《允传》。伦既篡,王舆率兵杀其党孙秀,使伦为手诏迎惠帝复位。传诏者以驺虞幡敕将士解兵,文武官皆散走。《伦传》。长沙王乂发兵攻齐王冏,冏遣董艾率兵拒之,潜令人盗驺虞幡,呼云长沙王矫诏,乂又称齐王谋反。冏战败被擒。《冏传》。南渡后桓玄之变,会稽王道子遣司马柔之以驺虞幡宣告荆、江二州。(柔之)《〔冏〕传》。王敦犯阙,甘卓在襄阳起兵,将袭其后。敦惧,求台以驺虞幡止之。《卓传》。桓温兵东下,殷浩欲以驺虞幡止其军。《温传》。此皆驺虞幡之故事也。他朝未见有用之者。

建业有三城

　　六朝时,建业之地有三城。中为台城,则帝居也,宫殿台省皆在焉。其西则石头城,尝宿兵以卫京师。王敦内犯,周札守石头城,开门纳敦,敦遂据之以败王师。后苏峻之反,劫迁成帝于石头,峻败,帝始出。卢循舟师将至,朝臣欲分守诸津。刘裕谓兵分则势弱,不如聚兵石头,则众力不分,乃自镇石头,果败贼。宋末袁粲据石头,欲诛萧道成,为道成所杀,当时谚曰:"可怜石头城,宁为袁粲死,不作褚渊生。"梁末王僧辩镇石头,陈霸先使侯安都往袭之。石头不甚高,军士捧安都投入女垣内,众随入,遂执僧辩。后徐嗣徽引北齐兵入石头,来逼台城,安都自台城以甲士突出东西掖门败之,贼还石头,遂不敢逼台城是也。

　　台城之东则有东府,凡宰相录尚书事兼扬州刺史者居之,实甲尝数千人。晋时会稽王道子居之,刘裕秉政亦居此。裕出征,则曰留府,尝使刘穆之监府事。裕讨刘毅回，公卿咸候于新亭，而裕已潜还东府矣。宋末后废帝之弑，萧道成移镇东府。《顺帝纪》，萧道成出镇东府，辅政后进爵齐王，卞彬戏谓曰："殿下今以青溪为鸿沟，溪东为齐，溪西为宋。"因咏诗曰："谁谓宋远？跂予望之。"陈安成王顼辅政，入居尚书省，刘师知等忌之，矫诏令其还东府是也。可见是时二城皆为要地。

宋后废帝狂暴，阮佃夫欲俟其出游，闭台城，分人守东府、石城以拒之。会帝不出，乃止。齐豫章王嶷守东府，竟陵王子良镇石头，而皆造私第于京师中，游燕忘返。因范云谓重地不宜虚旷，嶷乃还东府，子良乃还石头。缘此二城拱卫京师，最居要害故也。其时尚有冶城，当徐嗣徽等引北齐兵据石头，而市廛在南路，去台城稍远，恐为贼所乘，乃使徐度镇冶城寺，筑垒以断之。此又在台城之南。

南朝多以寒人掌机要

魏正始、晋永熙以来，皆大臣当国。晋元帝忌王氏之盛，欲政自己出，用刁协、刘隗等为私人，即召王敦之祸。自后非幼君即孱主，悉听命于柄臣，八九十年，已成故事。晋韦华谓姚兴曰："晋主虽有南面之尊，无统驭之实。"宰辅执政，权在臣下，遂成习俗。至宋、齐、梁、陈诸君，则无论贤否，皆威福自己，不肯假权于大臣。而其时高门大族门户已成，令仆三司可安流平进，不屑竭智尽心以邀恩宠，且风流相尚，罕以物务关怀，人主遂不能借以集事，于是不得不用寒人。人寒则希荣切而宣力勤，便于驱策，不觉倚之为心膂。《南史》谓宋孝武不任大臣，而腹心耳目不能无所寄，于是戴法兴、巢尚之等皆委任隆密。齐武帝亦曰："学士辈但读书耳，不堪经国。经国，一刘系宗足矣。"此当时朝局相沿，位尊望重者其任转轻，而机要多任用此辈也。

然地当清切，手持天宪，口衔诏命，则人虽寒而权自重，权重则势利尽归之。如法兴威行内外，江夏王义恭虽录尚书事，而积相畏服，犹不能与之抗。阮佃夫、王道隆等权侔人主，其捉车人官虎贲中郎将，傍马者官员外郎。茹法亮当权，太尉王俭尝曰："我虽有大位，权寄岂及茹公！"朱异权震内外，归饮私第，虑日晚台门闭，令卤簿自家列至城门，门者遂不敢闭。此可见威势之薰灼也。法亮在中书，尝语人曰："何须觅外禄？此户内岁可办百万。"佃夫宅舍园池胜于诸王邸第，女妓数十,艺貌冠绝当时。出行遇胜流,便邀与同归,一时珍羞莫不毕具。凡诸火剂并皆始熟,至数十种,虽晋之王、石不能过。此可见贿赂之盈溢也。

盖出身寒贱,则小器易盈,不知大体,虽一时得其力用,而招权纳贿,不复顾惜名检。其中亦有如法兴遇废帝无道,颇能禁制,然持正者少,乘势作奸者多。唐寓之反,说者谓始于虞玩之,而成于吕文度,此已见蠹国害民之大概。甚至佃夫弑主,而推戴明帝。周石珍当侯景围台城,辄与景相结,遂为景佐命。至陈末,施文庆、沈客卿用事,自取身荣,不存国计。隋军临江,犹曰此常事,边臣足以当之,不复警备,以致亡国。小人而乘君子之器,其害可胜道哉!大臣不能体国,致人主委任下僚;人主不信大臣,而转以群小为心膂,此皆江左之流弊也。按公孙瓒常言:衣冠之人皆自谓职当富贵,不谢人惠,故所宠皆商贩庸儿。亦同此见。

相　墓

古人但有望气之法,如秦始皇时,望气者谓东南有天子气,乃南巡以厌之。又谓金陵有王气,乃凿淮水以泄之。光武未贵时,望气者苏伯阿过南阳,望春陵郭,唶曰:"气佳哉,郁郁葱葱然!"孙皓时,临平湖开,皓以问陈训,训曰:"臣止能望气,不知湖之开塞。"陈敏反,或曰:"陈家无王气,不久当灭。"此古来专以望气占吉凶,未尝有相墓之术也。

相墓术相传始于郭璞。然《后汉书·袁安传》,安觅地葬父,有三书生指一处云:葬此当世为上公。从之,故累世隆盛。《晋书·羊祜传》,有相墓者言祜祖墓有帝王气,祜乃凿之。相者曰:犹当出折臂三公。后祜堕马折臂,果位三公,则又在璞之前。即璞本传载其卜筮灵验之处甚多,谓先有郭公者,精于卜筮,璞从受业,公授以《青囊书》九卷,遂洞五行、天文、卜筮之术,亦未尝及相墓也。又璞所著书,载其灵验事迹者曰《洞林》,抄京、费诸家最要者曰《新林》,又《卜韵》一篇,注《尔雅》、《三苍》、《方言》、《穆天子传》、《山海经》、《楚词》、《子虚》、《上林赋》,及所作诗赋诔颂共数十万言,亦未有所谓《葬经》也。惟传内称璞葬母暨阳,去水百步。或以近水言之,璞曰:"当即为陆矣。"其后果沙涨数十里。又璞为人葬墓,晋明帝微服观之,问主人何以葬龙角。主人曰:"郭璞云:此葬龙耳,当致天子。"帝曰:"当出天子耶?"主人曰:"非出天子,能致天子至耳。"此璞以相墓擅名,而后世皆以为葬术之始也,而葬术之行,实即由是时而盛。

陶侃将葬父,家中忽失牛,有老父谓曰:"前冈见有一牛眠山污中,若葬之,位极人臣。"又指一山曰:"此亦其次,当出二千石。"侃寻得牛,因葬其处,以所指别山与周访葬其父。后侃果为三公,访为刺史。《晋书·周光传》。宋武帝父墓在丹徒(侯)〔候〕山,有孔恭者善占墓,谓此非常地,后果为天子。齐高帝旧茔在武进彭山,冈阜相属,百里不绝,其上常有五色云。宋明帝恶之,遣占墓者高灵文往相之。灵文先给事齐高,乃诡曰:"不过方伯耳。"私谓齐高曰:"贵不可言。"后果登极。《南史·宋》、《齐》二纪。齐高之母刘氏与夫合葬时,墓工始下锸,有白兔跳起。及坟成,又止其上①。《刘后传》。荀伯玉家墓,有相之者,谓当出暴贵而不久。伯玉官果至散骑常侍,坐事诛。《伯玉传》。柳世隆晓术数,于倪塘创墓,与宾客往游,十往五往常坐一处,及卒,正葬其地。《世隆传》。富阳人唐寓之,祖、父皆以图墓为业。《沈文季传》。梁武丁贵嫔薨,昭明太子求得善墓地,被俞三副以己地奏帝,买葬之。有道士谓此地不利长子,教以用蜡鹅诸物厌之。后事发,昭明以此惭惧而薨。《昭明太子传》。杜嶷葬(祖)父〔祖〕,梁元帝忌之,命墓工恶为之,逾年而嶷卒。(嶷)〔杜崱传〕。吴明彻葬父,有伊氏者善占墓,谓其兄曰:"葬日必有乘白马逐鹿者过此,此是最小子大贵之征。"明彻后果大贵。《明彻传》。此皆见于各列传者,可见六朝时此术已盛行。如《昭明传》曰"不利长子",《明彻传》曰"最小子大贵",则术家所云长房、小房之说,亦即起于是时矣。

【校】

① 齐高之母刘氏与夫合葬时,墓工始下锸,有白兔跳起。及坟成,又止其上 《校证》:刘氏为齐高帝萧道成之妻,非道成之母。卒时道成犹未称帝,故单独埋葬,曾有白兔之异,非与夫合葬时之事。

唐人避讳之法

唐人修诸史时,避祖讳之法有三:如"虎"字、"渊"字,或前人名有同之者,有字则称其字,如《晋书》公孙渊称公孙文懿,刘渊称刘元海,褚渊称褚彦回,石虎称石季龙是也。否则竟删去其所犯之字,如《梁书》萧渊明、萧渊藻,但称萧明、萧藻,《陈书》韩擒虎,但称韩擒是也。否则以文义改易其字,凡遇"虎"字皆称猛兽,李叔虎称李叔彪,殷渊源称殷深源,陶渊明称陶泉明,魏广阳王渊称广阳王深是也。其后讳"世"为"代",讳"民"为"人",讳"治"为"理"之类,皆从文义改换之法。

廿二史札记卷九

宋书多徐爰旧本

沈约于齐永明五年奉敕撰《宋书》,次年二月即告成,共纪、志、列传一百卷,古来修史之速未有若此者。今按其《自序》而细推之,知约书多取徐爰旧本而增删之者也。宋著作郎何承天已撰《宋书》,纪传止于武帝功臣,其诸志惟《天文》、《律历》,此外悉委山谦之。谦之亡,诏苏宝生续撰,遂及元嘉诸臣。宝生被诛,又以命徐爰。爰因苏、何二本勒为一史,起自义熙之初,迄于大明之末,其《臧质》、《鲁爽》、《王僧达》三传,皆孝武所造,惟永光以后至亡国十余年,记载并缺。今《宋书》内永光以后纪传,盖约等所补也。按《王智深传》,约多载宋明帝鄙渎事,武帝谓曰:"我昔经事明帝,卿可思讳恶之义。"于是多所删除。可见宋明帝以后纪传皆约所撰。其于爰书,稍有去取者。爰本有晋末诸臣及桓玄等诸叛贼,并刘毅等与宋武同起义者,皆列于《宋书》。约以为桓玄、〔焦〕〔谯〕纵、卢循,身为晋贼,无关后代;吴隐、郗僧施、谢混,义止前朝,不宜入宋;刘毅、何无忌、诸葛长民、魏咏之、檀凭之,志在匡晋,亦不得谓之宋臣,故概从删除。是约所删者止于此数传,其余则皆爰书之旧,是以成书若此之易也。《徐爰传》,爰虽因前作,而专为一家之书,起元义熙为王业之始,载序宣力为功臣之断。于是内外博议,或谓宜以义熙元年为断,或谓宜以元兴三年为断。诏曰:"项籍、圣公,编录二《汉》,前史已有成例。《桓玄传》宜在宋典,余如爰议。"是可见爰旧本体例也。

余向疑约修《宋书》,凡宋、齐革易之际,宜为齐讳;晋、宋革易之际,不必为宋讳。乃为宋讳者反甚于为齐讳,然后知为宋讳者,徐爰旧本也;为齐讳者,约所补辑也。人但知《宋书》为沈约作,而不知大半乃徐爰作也。观《宋书》者,当于此而推之。何尚之,何偃之父也。乃《偃传》在五十九卷,《尚之传》反在六十六卷,可见《宋书》时日促迫,仓猝编排,前后亦不暇审订。

宋书书晋宋革易之际

《宋书》作于齐,其于晋、宋革易之际,固可无所避讳。乃《宋武纪》历叙其勋高绩茂,以致晋恭帝自愿禅位,宋武尚奉表陈让。晋帝已逊于琅琊王第,表不获通,乃即位,封晋帝为零陵王,令食一郡,载天子旌旗,一用晋典,斯固俨然唐、虞揖让光景,绝不见有逼夺之迹。纪内惟将禅时,有司以禅草呈晋帝,晋帝欣然曰:"桓玄之时,天命已改,重为刘公所延,将二十载。今日之事,固所甘心。"此数语略见禅位之非出于晋帝本心。至零陵王之殂,则王被废后方虑祸,自与褚妃煮食于床前。宋武使其妃兄褚淡之往视妃,妃出与相见,兵士即逾垣入,进药于王,王不肯饮,乃以被掩杀之。《南史》。此其悖逆凶毒为自古所未有,则书法自应明著其罪。乃永初二年书零陵王薨,车驾三朝率百官举哀于朝堂,一依魏明帝服山阳公故事,一若零陵之寿考令终,宋武之恩礼兼备者。

又文帝为太子劭所弑,尤属千古之奇变,而本纪亦只书上崩于合殿,年四十七,绝无一字及于被弑。其他如前废帝以药酒鸩死沈庆之,而本纪书新除太尉沈庆之薨。明帝赐刘道隆死,而书新除中护军刘道隆卒。建安王休仁以鸩死,而书建安王休仁有罪自杀。帝又赐巴陵王休若死,而书巴陵王休若薨。凡遇朝廷过举,无一不深为之讳,此皆徐爰旧书也。约作《宋书》于齐朝,可无所讳,爰作《宋书》于宋朝,自不得不讳。讳之于本纪,而散见其事于列传,当日国史体例本如是。沈约急于成书,遂全抄旧文而不暇订正耳。《南史》于零陵王殂,则书曰宋志也。于文帝之崩,则书元凶劭构逆,帝崩于合殿。以及沈庆之、建安王、巴陵王之死,亦直书曰赐死、鸩死,较为得实矣。

宋书书宋齐革易之际

沈约在萧齐修《宋书》,永光以后皆其笔也,故于宋、齐革易之际,不得不多所忌讳。如《后废帝纪》,但历叙帝无道之处,以见其必当废杀。《顺帝纪》,亦但叙萧道成之功勋,进位相国,封十郡为齐公,备九锡,进爵齐王,增封十郡,冕十有二旒,建天子旌旗。下云天禄永终,逊位于齐,帝迁居于丹阳宫。齐王践祚,封帝为汝阴王。建元元年殂于丹阳宫,年十三,谥曰顺帝。绝不见篡夺之迹。《南史》书帝逊位于东邸时，王敬则以兵陈殿廷，帝在内闻之，逃于佛盖下。太后惧，自帅奄竖索之。黄门或促帝，帝怒，抽刀杀之。帝既出，居于丹阳宫，齐兵卫之。齐建元元年五月，帝闻外驰马者，惧乱作，监者杀王而以病讣。齐人德之，赏之以邑。其于诸臣之效忠于宋谋讨萧道成者，概曰反，曰有罪。如昇明元年，书沈攸之举兵反，《南史》书举兵不从执政。又书司徒袁粲据石头反，《南史》书粲据石头谋诛萧道成，不果，旋见覆灭。吴郡太守刘遐反，《南史》书据郡不从执政。王宜兴有罪伏诛，《南史》书贰于执政见杀。兖州刺史黄回有罪赐死，《南史》书贰于执政见杀。临澧侯刘晃谋反伏诛，《南史》书诛临澧侯刘晃。是也。其党于道成而为之助力者，转谓之起义。如张敬儿等起义兵是也。作刘宋本纪，而以为刘氏者曰反，为萧氏者曰义，此岂可笔之于书？顾有所不得已也。

然亦有可见其微露实事之处。如《后废帝纪》谓废帝昱无道，齐王顺天人之心潜图废立，与王敬则谋之。敬则结昱左右杨玉夫等二十五人，乘夜弑昱。玉夫以昱首付敬则，敬则驰至领军府以呈齐王，王乃戎服入宫，以太后令迎安成王即位。是道成为弑君主谋已不待辨也。《沈攸之传》虽不敢载其"宁为王凌死，不作贾充生"之语，见《南史》。然犹存攸之上武陵王赞一书，以见其忠于宋室之志。书曰："下官位重分陕，富兼金穴，岂不知俯眉苟安，可保余齿？何为不计百口，甘冒患难？诚感历朝知遇，欲报宋室耳。若天必丧道，忠节不立，政复阖门碎灭，百死无恨。"《黄回传》亦载其与袁粲约，欲从御道直向台门，攻齐王于朝堂，会粲败，乃不果。《刘秉传》谓齐王辅政，四海属心，秉密怀异图，与袁粲及黄回等谋作乱，为齐王所诛。此亦各见其尽节于宋。至《袁粲传》虽不敢载当时谚语"可怜石头城，宁为袁粲死，不作褚渊生"之句，然传内谓齐王功高德重，天命有归，粲自以身受顾托，不欲事二姓，乃与黄回、卜伯兴等谋矫太后令，使伯兴等据宿卫兵攻齐王于朝堂。事泄，为齐王攻破石头，被杀。则明著其送往事居，不济则以死继之，其志节为不可及也。又如明帝诸子传，随阳王翙、新兴王嵩，皆先书元徽四年，年六岁，下书齐受禅，以谋反赐死。元徽四年至昇明三年齐受禅，仅三阅岁，则翙等仅九岁耳。九岁之人岂能谋反？而曰以谋反赐死，则齐之戕及亡国之童稚，不言可知也。然则约之书宋、齐间事，尚不至大失实也。盖是非之公，天下共之，固不能以一手掩万目。

约撰《宋书》，拟立《袁粲传》，以审于帝，帝曰："粲自是宋室忠臣。"《王智深传》。刘祥在永明中同修《宋书》，讥斥禅代事，王俭密奏之，上衔而不问。《南史·刘祥传》。又有诏："袁粲、刘秉同奖宋室，沈攸之于景和之世特有乃心，岁月弥往，宜特优奖，可皆为改葬。其诸子丧枢在西者，亦符送还旧墓。"则帝亦不能掩天下之公论耳。

按沈约不讳齐高帝废弑之事，非彰齐之恶，乃正以见苍梧之当废也。废昏立明，本有故事，晋、宋间去汉未远，霍光废昌邑之例，在人耳目间。故少帝义符以失德为徐羡之等所弑，时论亦但以废杀为过，未尝以废立为非也。前废帝子业无道，明帝结阮佃夫等弑之，时论亦未尝以明帝为非也。当苍梧无道时，阮佃夫、申伯宗、朱幼等已有废立之谋，事泄而死。《废帝纪》。齐高亦先与袁粲、褚渊谋废立，袁、褚不敢承而止。《齐高帝纪》。是当时朝野内外，本无一不以苍梧为当废，齐高之举，固协于天下之公。其答沈攸之书亦云："黜昏树明，实惟前则；宁宗静国，何愧前修？"固已明目张胆，自认为理所宜然。故约明书齐王顺天人之心，与王敬则谋废立而不讳也。其后齐郁林无道，齐明帝废而弑之，论者亦止恶其假废立为篡夺，而未尝以废郁林为非也。

至东昏无道，内而始安王萧遥光起兵欲废之，张欣泰、胡松等又结党欲废之，许准又劝宰相徐孝嗣废之；外而陈显达起兵欲废之，崔慧景又起兵欲废之，最后梁武起兵，卒令殒命。夫固皆以废立为势所不得已也。当东昏赐徐孝嗣、沈昭略死时，昭略骂孝嗣曰："废昏立明，古今令典。宰相无才，致有今日。下官与龙逢、比干欣然相对，霍光若问明府今日之事，何辞答之？"又梁武围城日久，张稷召王亮等曰："桀有昏德，鼎迁于商。商纣暴虐，鼎迁于周。今独夫自绝于天，斯微子去殷之时也。"乃遣范云等诣梁武。可见当时人意中各有伊、霍故事，以为理之当然。约之书此，正见齐高之应天顺人也。

宋书本纪书法

《史记》，汉高祖初起事称刘季，封沛公称公，封汉王称王，及即位称帝，此本《虞书》旧法也。《宋书》本纪，于刘裕起事即称高祖，及封豫

章公乃称公,封宋王后称王,登极后称上,此又仿陈寿《魏志》例。《魏
志》,曹操初起事即称太祖,后乃称公、称王。然操之封公,在建安十八
年,而本纪建安元年方叙天子封太祖为武平侯,下忽改称公,殊觉两无
所着。《宋书》于封公后称公,封王后称王,尚为得实矣。《南史》则于
起事时即称帝,以后封公、封王及登极皆称帝,亦是一法。《宋书》于萧
道成,书法尤有窒碍者。沈约在齐朝作《宋书》,自不敢直书道成之名,
故于《宋明帝纪》已称齐王,《顺帝纪》又称录公齐王、太尉齐王、太傅齐
王,其时实未尝进爵为王也。至昇〔平〕〔明〕三年,始进爵为齐公,若蒙
上文而下应书进齐王爵为齐公,而文不可通,乃书进太傅位相国,封十
郡为齐公,下始云进齐公爵为齐王。是称齐王在前,封齐王在后,终觉
文义不顺。《南史》直书萧道成,盖易世之后无所避讳,故易于下笔也。

宋齐书带叙法

　　《宋书》有带叙法,其人不必立传,而其事有附见于某人传内者,即
于某人传内叙其履历以毕之,而下文仍叙某人之事。如《刘道规传》,
攻徐道覆时,使刘遵为将,攻破道覆,即带叙遵〔临〕淮〔海〕西人,官至
淮南太守,义熙十年卒。下文又重叙道规事,以完本传。是刘遵带叙
在《刘道规传》内也。《庐陵王义真传》,义真从关中逃回,藏匿草中,值
段宏来寻,始得就路。因带叙宏鲜卑人,本慕容超尚书,元嘉中为青、
冀二州刺史。下文又重叙义真事,以完本传。是段宏带叙于《义真传》
内也。他如《何承天传》带叙谢元也,《何尚之传》带叙孟颛也,《谢灵运
传》带叙荀雍、羊璿之、何长瑜三人也,皆是此法。盖人各一传则不胜
传,而不为立传则其人又有事可传。有此带叙法,则既省多立传,又不
没其人。此诚作史良法。但他史于附传者,多在本传后方缀附传者之
履历,此则正在叙事中而忽以附传者履历入之,此例乃《宋书》所独
创耳。

　　至如《刘义庆传》,因叙义庆好延文士鲍照等,而即叙鲍照字明远,
文词赡逸,又因照文词赡逸,而即载其《河清颂》一篇二千余字,并叙照
惧孝武忌其才,故为鄙言累句以免祸。而其下又重叙义庆之事,以完
本传。遂觉一传中义庆事转少,鲍照事转多,此未免喧客夺主矣。照
本才士,何不入《文苑传》而载其赋颂于本传中,今乃不立照传,而以照

《颂》附入《义庆传》，成何史体也？

《齐书》亦多带叙法。如《文惠太子传》，因文惠诱执梁州刺史范柏年，而带叙柏年先在梁州平氐贼之绩，又带叙襄阳有盗发冢，得竹简书，王僧虔以为科斗书《考工记》阙文也。因文惠使徐文景作乘舆服御之属，而带叙文景父陶仁恶文景所作，曰终当灭门，乃移家避之。后文景果赐死，陶仁遂不哭①。又如《张敬儿传》，因敬儿斩沈攸之使，而姚道和不斩攸之使，遂带叙道和本姚兴之孙，自称祖天子，父天子，身经作皇太子云云。

【校】

①《齐书》亦多带叙法。如《文惠太子传》……因文惠使徐文景作乘舆服御之属，而带叙文景父陶仁恶文景所作，曰终当灭门，乃移家避之。后文景果赐死，陶仁遂不哭　《校证》：《齐书》未载此事，而见于《南史·文惠太子传》(卷四四)。

宋书纪魏事多误

《宋书》有《索虏传》，叙魏太武后文成帝即位之事，谓太武有六子：长名晃，为太子。次晋王，被太武赐死。次秦王乌奕肝，与晃对掌国事，为晃所潜，遣镇枹罕。次燕王，次吴王，次楚王。太武南征，所卤获甚多，晃私遣人择取。太武闻之大加搜检，晃惧，谋行弑。煮诈死，遣近侍召晃迎丧，至则执之，罩以铁笼，杀之，立秦王为太子。会太武死时，使嬖人宗爱立吴王博真，后宗爱、博真恐为乌奕肝所害，杀之而自立。燕王曰："博真非正嫡，当立晃子濬耳。"乃杀博真及宗爱而立濬，即文成帝也。按《魏书》，太子晃极有令德，正平元年薨，谥景穆。次秦王翰，改封东平王，即《宋书》所谓乌奕肝也。次燕王谭，改封临淮王。次楚王建，改封广阳王。次吴王余，改封南安王。正平二年，太武为中常侍宗爱所弑，宗爱又矫皇太后令，赐秦王翰死，迎南安王余立之。已而余为宗爱所害，大臣长孙渴侯、陆丽等迎立皇孙濬，是为文成帝。据此则太子晃以疾薨，非太武赐死也。吴王为宗爱所擅立，非太武遗命也。继又为宗爱所害，非燕王杀之也。《宋书》所云，盖南北分裂，徒以传闻为记载，故有此误耳。

又如《宋书·柳元景传》，元景有从弟光世，留仕于魏，司徒崔浩，其姊夫也。拓跋焘南寇时，浩密有异志，光世邀河北义士为浩应。浩谋泄被诛，河东大姓连坐者甚众。光世南奔，得免。按《魏书》，崔浩之诛，以修国史刊石于路衢，为众所嫉，事上闻，故至族诛，并连及柳氏、卢氏等族。是浩之死以国史，初非别有异图也。《宋书》所云，盖光世南奔时诡托之词，后遂笔之于记载耳，自当以《魏书》为正。《北史》叙太子晃、秦王翰及南安王余事，俱据《魏书》。《南史·柳元景传》亦但云从弟光世留乡里，仕魏为河北太守，与崔浩亲，浩被诛，光世南奔，而不言浩有异图被祸，固以《宋书》所记不足凭也。

宋书南史俱无沈田子沈林子传

宋武开国武将功臣，以檀道济、檀韶、檀祗、王镇恶、朱龄石、朱超石、沈田子、沈林子为最。田子从武帝克京口，平京邑，灭慕容超。卢循内逼，田子与孙季高从海道袭广州，倾其巢穴，循无所归，遂被诛戮。武帝北伐，田子先入武关，据青泥，姚泓率大众来御，田子大破之，遂平长安。武帝宴诸将于文昌殿，举酒属田子曰："咸阳之平，卿之功也。"后旋师，留田子及王镇恶、傅弘之、王修等辅桂阳公义真镇长安。会赫连勃勃来寇，田子与镇恶出师御之。或言镇恶本北人，欲尽杀南人，自据关中，田子乃矫武帝令诛之，而自归于义真，为长史王修所杀。是其身虽死，而勇烈固在诸将之右也。

林子从武帝灭慕容超，而卢循奄至京邑，林子与徐赤特断拒查浦，赤特轻战而败，林子收败卒，再战破之。徐道覆又至，林子复断塘而斗，会朱龄石至，与林子并力，贼乃散去。武帝每征讨，林子皆摧锋居前，至夜辄召还宿卫。武帝北伐，林子为先锋，杀董神虎于襄邑，袭薛帛于解县。与道济等攻蒲坂，林子以蒲坂城池坚深，非可猝下，潼关天险，而王镇恶孤军无援，若使姚绍先据之则难图，乃亟赴潼关。而姚绍已举关中之众来，设长围，诸将疑沮，议欲渡河避其锋。林子力争不可，率麾下犯其西北，绍众稍却。林子乘其乱而薄之，绍乃大溃。遂进屠定城，杀姚鸾，屯河上，走姚（瓒）〔赞〕。绍又遣姚伯子等凭河固险以绝粮援，武帝使林子累战，大破之，于是粮运无阻，遂平长安，擒姚泓。是克关中之功，林子又其最也。

沈约撰《宋书》，所以不入列传者，以此二人功绩详载于《自序》中，以显其家世勋伐,故功臣传缺之。李延寿作《南史》,既非如沈约另有《自序》载其功绩,则自应将此二人作传,与道济、龄石等同入列传中,乃竟遗之,而仍附于《沈约传》内。可见延寿作史,但就正史所有者删节之,离合之,不复另加订正也。

齐书旧本

《齐书》亦有所本。建元二年,即诏檀超与江淹掌史职。超等表上条例:开元纪号,不取宋年;封爵各详本传,无假年表;立十志,《律历》、《礼乐》、《天文》、《五行》、《郊祀》、《刑法》、《艺文》依班固,《朝会》、《舆服》依蔡邕、司马彪,《州郡》依徐爰;《百官》依范蔚宗,〔合《州郡》〕;日蚀旧载《五行》,应改入《天文志》;帝女应立传,以备甥舅之重;又立《处士》、《列女传》。诏内外详议。王俭议以为食货乃国家本务,至朝会前史不书,乃伯喈一家之意,宜立《食货》,省《朝会》;日月应仍隶《五行》;帝女若有高德绝行,当载《列女传》,若止于常美,不立传。诏日月灾隶《天文》,余如俭议。见《檀超传》。此齐时修国史体例也。又有豫章熊(囊)〔襄〕著《齐典》,沈约亦著《齐纪》二十卷,江淹撰《齐史》十志,吴均撰《齐春秋》,俱见各本传。

今按萧子显《齐书》,但有《礼》、《乐》、《天文》、《州郡》、《百官》、《舆服》、《祥瑞》、《五行》(七)〔八〕志,而《食货》、《刑法》、《艺文》仍缺。列传内亦无《帝女》及《列女》,其节义可传者,总入于《孝义传》。改《处士》为《高逸》,又另立《幸臣传》。其体例与超、淹及俭所议,皆小有不同。盖本超、淹之旧而小变之。《超传》内谓超史功未就而卒,淹撰成之,犹未备也。此正见子显之修《齐书》,不全袭前人也。

齐书缺一卷

《梁书·萧子显传》谓所著《齐书》六十卷,今《齐书》只有五十九卷。盖子显欲仿沈约作《自序》一卷附于后,未及成,或成而未列入耶?按《南史·子显传》载其《自序》二百余字,岂即其附《齐书》后之作,而延寿撮其略入于本传者耶?

齐书书法用意处

萧子显本齐高帝之孙，豫章王嶷之子，故《高帝本纪》于帝使王敬则结杨玉夫等弑宋苍梧王之事不书，但云玉夫弑帝，以首与敬则，呈送高帝，此为尊者讳也。其于受禅于宋顺帝之处，亦仿《宋书》例，载九锡文、禅位诏，绝不见篡夺之迹。然于顺帝逊位时出东掖门，问今日何不奏鼓吹，左右莫有答者，则亦微露禅受事皆高帝为之，而宋帝不知也。郁林王无道，为萧鸾〔即明帝〕废杀，固无所隐讳。于《海陵王纪》则书宣城王〔即鸾〕辅政，帝起居皆咨而后行。思食蒸鱼菜，太官〔令〕答以无录公命，竟不与，见明帝之目无幼主，久视为机上肉也。七月废帝，十一月即称海陵王有疾，数遣御医占视，乃殒之。本纪直书其事，尤深著明帝悖逆之罪也。明帝杀高、武子孙几尽，子显本高帝孙，幸而不死，于明帝有隐痛焉，故不复为之讳也。子显修书在梁武时，其叙郁林失德之处，不过六七百字，叙东昏无道之处，则二千余字。甚东昏之恶，正以见梁武之兵以义举，此又作史之微意也。

《褚渊传》，先叙其在宋时，宋明帝在藩，与渊素善，及即位，深相委寄，临崩驰召渊，付以后事。而下即叙其见萧道成，识为非常人。苍梧无道，道成与渊及袁粲谋废立，粲不肯，渊独赞成之。顺帝时，沈攸之事起，袁粲有异图，渊谓道成曰："西峄易弭，公当先备其内耳。"道成遂杀粲。传末又叙其子贲恨渊失节于宋，遂终身不仕于齐，以封爵让其弟蓁。通篇于渊之失节处不置一议，而其负恩丧节自见。又如《王晏传》，先叙其在宋时倾心于齐高，常参密议。至齐武帝，更位任亲重，朝夕进见，言论朝事，自豫章王以下皆降意接之。武帝临崩，遗诏以尚书事付晏，令久于其职。及郁林无道，明帝辅政，谋废立，晏即响应，推奉明帝即位，晏自以为有佐命功。又如《萧谌传》，先叙其在武帝时，帝倚以心膂，密事皆使参掌。临崩，犹敕谌在左右宿直。郁林即位，更深委信。谌每出宿，帝通夕不寐，谌入，乃安。明帝辅政，或不得进说，则托谌入内言之。其亲信如此，而谌已潜附明帝。废立之际，郁林犹手书呼谌，而不知谌已为明帝领兵作先驱也。又《萧坦之传》，先叙其在郁林时，亲信不离左右，得入内见皇后。其见信如此，乃改附明帝。谋废立，萧谌尚迟疑未敢举事，坦之曰："废天子何等大事？今曹道刚等已有猜疑,明日若不就事,弟有百岁老母,岂能坐受祸败？正应作别计耳。"谌遑遽,明日遂废帝,坦之力也。此数传皆同一用意,不着一议而其人品自见,亦良史也。

古未有子孙为祖父作正史者,独子显为祖作本纪,为父豫章王作传,故于《豫章传》铺张至九千余字,虽过于繁冗,然亦不失为显扬之孝思也。惟豫章乃高帝第二子,则应入高帝诸子传内,与临川王映等同卷。乃以临川等为高祖十二王,编在三十五卷,而豫章则另为一卷,编在二十二卷,与文惠太子相次,以见豫章之不同诸子。此则苟欲尊其父,而于义无当也。又《宗室传》,衡阳王道度、始安王道生,皆高帝兄也,自应编在高、武诸子之前。乃高帝子在三十五卷,武帝子在四十卷,而道度等反在四十五卷,此亦编次之失检也。至萧宝寅避梁武之难,逃入魏,封齐王,此岂得没其实？且《和帝纪》既称宝寅入魏矣,而《宝寅传》则云中兴二年谋反,诛。《南史》云谋反奔魏。岂子显修史时,宝寅在魏尚无音耗,而以"诛"字了此局耶？<small>汲古阁本如是,或系传刻之误,当别求他本校对①。</small>至《魏虏传》谓魏太子晃以谋杀太武,遂见杀,此盖仍《宋书》之误。又谓魏文明太后冯氏本江都人,太武南侵掠得之,濬以为妾。按冯后系长乐信都人,父西域郡公朗为秦、雍二州刺史,坐事诛,后没入宫,以选为后,初非江都人也。又云其先匈奴女,名拓跋,妻李陵。北俗以母名为姓,故拓跋实李陵之后,然甚讳之,有言其是李陵之后者,辄见杀。按《魏》、《齐》、《周》诸书皆无此说,则亦皆传闻之讹也。

【校】

① 汲古阁本如是,或系传刻之误,当别求他本校对 中华书局《南齐书》卷五十《明七王》《校勘记》〔五〕:"谋反,诛",南监本、殿本作"奔魏"。按《和帝纪》中兴二年"鄱阳王宝寅奔虏",不云"谋反,诛",与此异。钱大昕《廿二史考异》云:"按宝寅起兵不克奔魏,事见《魏史》。此云诛者,据梁人之词,以为宝寅已死,其在魏者伪也。"

齐书类叙法最善

《齐书》比《宋书》较为简净,豫章王嶷及竟陵王子良二传过为铺张,此另有他意。他如《刘善明传》所陈十一事,皆櫽括其语载之;《张欣泰传》所陈二十事,只载其一条,若《宋书》则必全载矣。《孝义传》用类叙法,尤为得法。盖人各一传则不胜传,而不立传则竟遗之,故每一传辄类叙数人。如《褚澄传》叙其精于医,而因叙徐嗣医术更精于澄。《韩灵敏传》叙其〔兄之〕妻卓氏守节,而因及吴康之妻赵氏、蒋隽之妻黄氏、倪翼之母丁氏,传不多而人自备载。惟《张敬儿传》,忽载沈攸之与萧道成绝交书,及萧道成答书,共三千余字,与敬儿关涉者,不过攸之反间敬儿,敬儿不从数语耳,而貌缕至此,未免喧客夺主。又《柳世隆传》,讨沈攸之时有尚书符檄一篇,按《宋书·沈攸之传》亦有尚书符檄一篇,其文又不相同,此不可解也。

按类叙之法本起于班固《汉书》,如《鲍宣传》后历叙当时清名之士纪逡、王思、薛方、郇越、唐林、唐尊、〔郭钦〕、蒋诩、栗融、禽庆、苏章、曹竟等,《货殖传》后类叙樊嘉、如氏、苴氏、王君房、豉樊(小)〔少〕翁等。其后范蔚宗《后汉书》,《董卓传》叙李傕、郭汜、张绣等,《公孙瓒传》叙阎柔、鲜于辅等。陈寿《三国志》,《王粲传》后叙一时文人徐幹、陈琳、阮瑀、应场、刘桢及阮籍、嵇康等,《卫觊传》后叙潘勖、王象等,《刘劭传》后叙缪袭、仲长统、苏林、韦诞、夏侯惠、孙该、杜挚等。此本古法也。《齐书》之后,《梁书》亦有此类叙法。如《滕昙恭传》,因昙恭之孝,而并及于徐普济被火伏棺之事,又因普济之孝,而并及宛陵女子搏虎救母之事。又如叙何逊工诗,而因及会稽虞骞、孔翁归、江避等俱能诗,皆此法也。以后惟《明史》用之最多。

梁书悉据国史立传

《梁书》本姚察所撰,而其子思廉续成之。说见前。今细阅全书,知察又本之梁之国史也。各列传必先叙其历官,而后载其事实,末又载饰终之诏,此国史体例也。有美必书,有恶必为之讳。如昭明太子以其母丁贵嫔薨,武帝葬贵嫔地不利于长子,昭明听墓工言埋蜡鹅等物以厌之。后事发,昭明以忧惧而死,事见《南史》及《通鉴》。而本传不载。临川王宏统军北伐,畏魏兵不敢进,军政不和,遂大溃,弃甲投戈填满山谷,丧失十之八九。此为梁朝第一败衄之事,见《南史》及《通鉴》。而本传但云征役久,有诏班师,遂退还,绝无一字及溃败之迹。他如郁皇后之妒，徐妃之失德，永兴公主之淫逆，一切不载。可见国史本讳而不书，察遂仍其旧也。

其尤显然可据者，简文诸子大器、大心、大临、大连、大春、大雅、大庄、大钧、大威、大球、大昕、大挚外，尚有大款、大成、大封、大训、大圜，而俱无传。元帝诸子方矩、方等、方诸外，尚有方略，亦无传。《梁书》谓其余诸子本书不载，故缺之。所谓本书者，即梁朝国史也。昭明有五子：豫章王欢、河东王誉、岳阳王詧、武昌王䗢、义阳王鉴。武帝以昭明薨，不立其子继统，故各封大郡以慰其心。今《梁书》欢等皆无传，惟誉有传，而与武陵王纪同卷。此必元帝时国史，纪与誉皆称兵抗元帝者，故同入于叛逆内也。豫章王欢有子栋，为侯景所立，建号改元，未几禅位于景。景败，元帝使人杀之。此亦当时一大事，而《梁书》无传。贞阳侯明陷于齐，齐人立之，入主梁祀，为陈霸先所废。齐人征还，死于途，追谥曰闵皇帝。又方等有子庄，敬帝时为质于齐。陈霸先将篡，王琳请于齐，以庄为帝，即位于郢州。后兵败，仍入齐，封梁王。此亦皆梁末余裔之当传者，而《梁书》亦无传。王琳当梁、陈革命之后，犹尽心萧氏，崎岖百战，卒以死殉，此尤梁室第一忠臣，所必当传者，而《梁书》亦无之。盖当敬帝时王室多故，不暇立史馆，入陈以后又莫有记之者，故无国史可据，而《梁书》亦遂不为立传。尤可见《梁书》悉本国史，国史所有则传之，所无则缺之也。《南史》增十数传，其有功于《梁书》多矣。又兰钦有子京，在东魏刺杀高澄，应附其事于《钦传》后，《梁书・钦传》绝无一字，《南史・钦传》亦不附见，何也？

梁书编传失检处

古未有创业之君其母编入《皇后传》者，自沈约《宋书》始，《梁书》亦因之。武帝即位，追尊其父顺之为文皇帝，母张氏为献皇后，于是《皇后传》内首列张后。然顺之官职事迹已叙入《武帝纪》，未尝另作纪传，则张后生武帝有菖蒲花之祥，亦即叙于《武帝纪》可矣。乃特立一传于诸后之首，是妻有传而夫无传，殊非史法。

又武帝兄弟九人，应立为《宗室传》，如《宋书》之长沙王道怜、临川王道规是也。《梁书》乃变其例，编为太祖五王及嗣王四人。按太祖本武帝追崇其父之称，非及身为帝者，而以其子系之，已属位置失宜。既系之于太祖矣,则长沙王懿太祖长子也,自应叙在太祖诸子之首。其余衡阳王畅、永阳王敷、桂阳王融亦应以次叙入,总为太祖九王。乃以其没于齐朝,遂不为立传,而转附见于其子嗣王传内。其意以临川王宏、安成王秀、南平王伟、鄱阳王恢、始兴王憺,皆武帝登极后身受王封,故列为太祖五王,懿、畅、敷、融则身后追封者,故但传其嗣子,以别于生封之五王耳。然此九王皆太祖子也,皆武帝所封也,五人则系之于父,四人则系之于子,强为区别,究属无谓。

既不立《宗室传》矣,而吴平侯景,武帝从弟也,不便附于太祖诸子内,又别无可位置,只得另立一《萧景传》,一似同姓不宗者。此盖皆国史旧编之次第。国史本武帝时所修,以诸王皆武帝亲兄弟,若列作《宗室传》,转似推而远之,故修史者创为此例,而不知转多窒碍也。姚察修《梁书》,则已时代革易,自应改正,乃亦仍原书体例,何也?《南史》尽入之《宗室传》,较得矣。

《梁书》以萧颖胄附于其弟《颖达传》内,此却位置得宜。盖颖胄与梁武同起兵,未及平建邺,先卒。既非梁臣,不便入《功臣传》内,而远族,又不便入《宗室传》。《齐书·萧赤斧传》后虽附见之,然《梁书》终不可缺也,附《颖达传》极当。《南史》则亦附于《赤斧传》内,作齐宗室。

梁书多载饰终之诏

《梁书》诸王及功臣列传,必载其没后加恩饰终之诏,盖本国史体例如是。至修入正史,自应删除以省繁复。乃《王茂传》诏曰:"旌德纪(功)〔勋〕,哲王令轨;念终追远,前典明诰。"《吕僧珍传》诏曰:"思旧笃终,前王令典;追荣加等,列代通规。"《南平王伟传》诏曰:"旌德纪功,前王令典;慎终追远,列代通规。"《孔休源传》诏曰:"慎终追远,列代通规;褒德酬庸,先王令典。"篇篇如此,殊可呕哕。其后作史者亦自知其芜冗,至《蔡道恭》、《范云》、《冯道根》、《昌义之》、《周舍》等传,则去此冒语,但存诏中述其生平功绩之处,斯较为得之矣。

梁书有止足传无方伎传

《梁书》有不必立传而立者,又有应立传而不立者。《处士》之外,另立(知)〔止〕足一门，其序谓鱼豢《魏略》有《知足传》，谢灵运《晋书》有(知)〔止〕足传》，《宋书》亦有(知)〔止〕足传，今沈约书无此门，盖徐爰旧本也。故《梁书》亦存此门。然所谓知足者，不过宦成身退，稍异乎钟鸣漏尽夜行不休者耳。传中如顾宪之政绩，自可入《良吏传》，其余陶季直、萧眎素辈，传之不胜传也。

至如《方伎》一门，累代所不废。梁时沙门释宝志精于佛学，能知未来，其谶记往往流传后世。即其散见于各传者，如《南史·梁武纪》，天监中宝志有诗曰："昔年三十八，今年八十三。四中复有四，城北火酾酾。"帝命周舍纪之。帝年三十八克建邺，八十三同泰寺灾，四月十四日火起之日也，其言皆验。《王僧辩传》，天监中宝志有谶云："太岁龙，将无理。萧经霜，草应死。余人散，十八子。"时人谓萧氏当灭，李氏当兴，遂有李洪雅起兵湘州，后为僧辩所败。《徐陵传》，陵数岁，家人携以见宝志，宝志摩其顶曰："此天上石麒麟也。"此见《南史》者也。即以《梁书》而论，《何敬容传》，宝志谓敬容曰："君后必贵，终是何败何耳。"及敬容为相，恐何姓者当为其祸，遂抑没宗族，无仕进者。后为河东王誉发其请嘱私书，遂及于败，此"何败何"之验也。《刘歊传》，宝志遇歊于兴皇寺，惊曰："隐居学道，(精)〔清〕净登佛。"如此三说。此又见于《梁书》者也。则其生平必尚多可纪述。且《王筠传》，筠奉敕制开善寺宝志大师碑文，词甚丽逸。是不惟为时人所敬信，并人主亦崇奉之，此岂得无传？乃《梁书》无《方伎》一门，遂少此传。《南史》附传于陶弘景之后，可补《梁书》之缺矣。

古文自姚察始

《梁书》虽全据国史，而行文则自出炉锤，直欲远追班、马。盖六朝争尚骈俪，即序事之文亦多四字为句，罕有用散文单行者。《梁书》则多以古文行之。如《韦叡传》叙合肥等处之功，《昌义之传》叙钟离之战，《康绚传》叙淮堰之作，皆劲气锐笔，曲折明畅，一洗六朝芜冗之习。《南史》虽称简净，然不能增损一字也。至诸传论，亦皆以散文行之。魏郑公《梁书总论》犹用骈偶，此独卓然杰出于骈四俪六之上，则姚察父子为不可及也。世但知六朝之后，古文自唐韩昌黎始，而岂知姚察父子已振于陈末唐初也哉？

陈书多避讳

《陈书》于武帝之进公爵，封十郡，加九锡；进王爵，封二十郡，建天子旌旗；以及梁帝禅位，逊于别宫，陈武奉梁主为江阴王，行梁正朔；次年江阴王薨，丧葬如礼，一一特书，绝不见有逼夺之迹。此固仿照前史格式，当时国史本是如此，姚察父子固不能特变其体也。第本纪所讳者，恃有列传散见其事。乃衡阳王昌本武帝子，陷于周未回。武帝崩，从子文帝即位，而昌始归。文帝使侯安都往迎，而溺之于江。见《南史》。本纪既但书衡阳王昌薨，而《昌传》亦但书济江，中流船坏，以溺薨，即《侯安都传》亦但云昌济汉而薨，《南史·昌传》则谓济江于中流陨之，使以溺告。初不见有被害之迹也。始兴王伯茂乃废帝伯宗之弟，与伯宗同居宫中。伯宗为宣帝所废，伯茂出就第，宣帝遣盗殒之于途。《陈书·伯茂传》但谓路遇盗，殒于车中，亦隐约其词，不见被害之迹也。

不特此也，刘师知为陈武害梁敬帝，入宫诱帝出，帝觉之，绕床而走曰："师知卖我！"师知执帝衣，行事者加刃焉。见《南史》。此则师知弑逆之罪上通于天，何得曲为之讳？乃《陈书·师知传》绝无一字及之，但叙其议大行灵前侠御不宜吉服一疏，并载沈文阿、徐陵、谢岐、蔡景历、刘德藻等各议，共三千余字[①]，敷演成篇，以见师知议礼之独精。此岂非曲为回护耶？

又如虞寄本梁臣，侯景之乱遁回乡里，流寓晋安，陈宝应厚待之，梁元帝除寄中书侍郎，宝应留不遣。后陈武代梁，宝应有异志，寄惧祸及，不受其官，尝居东山，著居士服。此不过知几能远害耳，其于陈武未尝有君臣之分也。若以报韩为心，正应佐宝应拒陈武，乃反为书劝宝应臣于陈武，书中并称陈武曰主上，曰今上，以自托于班彪《王命论》。试思彪本汉臣，故宜归心于汉，寄非陈臣，何必预附于陈？当其不仕宝应，尚不失为洁身远害，及其推戴陈武，适形其望风迎合而已。而《陈书》专以此为寄立传，且详载其书千余字，欲以见其卓识高品。亦思寄之于陈武有何分谊，而汲汲推奉耶？盖姚察父子本与刘师知及寄兄荔同官于陈，入隋又与荔之子世基、世南同仕，遂多所赡徇，而为之立佳传也。《南史》于《师知传》明书其事，洵为直笔，而《寄传》亦全载其劝宝应之书，又无识甚矣。

【校】

①《陈书·师知传》……但叙其议大行灵前侠御不宜吉服一疏,并载沈文阿、徐陵、谢岐、蔡景历、刘德藻等各议,共三千余字 陈垣云:《陈书·刘师知传》凡一六七一字,大行灵座服制议全案凡一三八六字。《札记》谓各议三千余字,非也……至以江德藻为刘德藻,则因蔡景历二次建议,末有"犹依前议,同刘舍人"之句。刘舍人即师知,下文"德藻又议"云云,则江德藻也。《札记》以"刘舍人"与"德藻"连读,遂误为刘德藻,不可谓小误也。见《陈垣史源学杂文·〈廿二史札记〉九〈陈书〉刘师知传条正误》。

萧子显姚思廉皆为父作传入正史

司马迁、班固、沈约作史,皆以其父入《自序》中,未尝另立父传,列于正史也。惟萧子显作《齐书》,为其父豫章王嶷立传,姚思廉修《陈书》,为其父吏部尚书察立传。凡生平行事及朝廷之优礼,名流之褒奖,无一不纤屑叙入,故《嶷传》至七千余字,《察传》亦至三千余字。为人子者得借国史以表彰其父,此亦人之至幸也。或疑《嶷传》只载其子子廉、子恪、子操、子行、子光,而子显不载,当是子显亲为父作传,故隐己之名。

至《察传》并载思廉在陈为法曹参军,入隋为司法,似非思廉所自作者。然传末云"察所撰《梁》、《陈》二史未毕功,虞世基奏思廉踵成之,自尔以来稍有撰续"云云,而不言思廉卒于何时,可见《察传》实思廉自作。况察之父僧坦,以医术著于梁代,官太医丞,所得赏赐皆给察游学,事见《南史》。而《陈书·察传》但云察父上开府僧坦,知名梁代,二宫礼遇优厚,每得赏赐皆给察兄弟,为游学之资,而不言以医术得幸,并不言官太医丞。盖思廉耻以方伎轻其家世,故讳之也。则《察传》系思廉自作无疑也。

八朝史至宋始行

南北八朝史,《宋书》成于齐,《齐书》成于梁,《魏书》成于北齐,其余各史皆唐初修成。然虽成于唐初,而天下实未尝行也。观苏洵等进《陈书》云①:《陈书》与《宋书》、《魏》、《齐》、《梁》等书传之者少,秘书所藏亦多脱误。嘉祐六年,始诏校雠。因臣等言,恐馆阁所藏不足以定,请诏京师及天下藏书家使悉上之。至七年冬,始稍稍集,因得借以参校。又刘攽等校《北齐书》云:《文襄纪》其首与《北史》同,而末多取《魏孝静帝纪》,其与侯景书则载《梁书·侯景传》内,此外序列尤无伦次。盖原书已散佚,后人杂取《北史》及《高氏小〔识〕〔史〕》等书以补之者。是宋时并已失其原本,虽购之天下,亦终无由订正也。可见各正史在有唐一代并未行世。盖卷帙繁多,唐时尚未有镂板之法,必须抄录,自非有大力者不能备之。惟《南》、《北史》卷帙稍简,抄写易成,故天下多有其书。世人所见八朝事迹,惟恃此耳。若无镂板之法,各正史盖已一部不存矣。

【校】

① 观苏洵等进《陈书》云　陈垣云:今本《南齐》、《梁》、《陈书》卷首,皆有臣巩等校上序。《梁书》仅称臣巩,《齐》、《陈书》则以臣恂为头,臣巩殿后,盖三序皆曾巩主撰,故并载今《南丰集》也。然臣恂之"恂",各本皆从"心",《札记》指为苏洵,不知何据?据《续通鉴长编》库本一九五,嘉祐六年十月,以孟恂与王猎并除编校书籍,恂时为都官郎中,《宋史》无传。所谓臣恂,当即此人,与苏洵无涉也。

廿二史札记卷十

南史仿陈寿三国志体例

《宋书·武帝本纪》所载晋帝进爵禅位诏策无虑十余篇，《南史》只存九锡一策，登极告天一策，其余皆删。此盖仿陈寿《魏志》旧式也。汉献帝建安十八年，赐曹操魏公爵，封十郡，加九锡，既有策文；二十年进操爵为王，裴注中有献帝诏二道；及禅位曹丕时，袁宏《汉记》有诏一道，裴注中又有手诏三道。而寿《志》一概不载，仅存九锡策一道，禅位策一道。《南史》删节《宋书》，亦只存九锡、禅位二策，固知仿寿《志》例也。

南北史子孙附传之例

传一人而其子孙皆附传内，此《史记》世家例也。至列传则各因其人之可传而传之，自不必及其后裔。间有父子祖孙各可传者，则牵连书之。如《前汉书》之于楚元王、裔孙向、歆。周勃、子亚夫。李广、孙陵。张汤、子安世，孙延寿。金日䃅、子安上。疏广、兄子受。萧望之、子育、咸、由。翟方进、子宣、义。韦贤、子玄成。《后汉书》之于来歙、曾孙历。邓禹、子训，孙骘。寇恂、曾孙荣。耿弇、弟国，子秉、夔。窦融、弟固，曾孙宪，玄孙章。马援、子廖、防。伏湛、子隆。梁统、子竦，曾孙商，玄孙冀。桓荣、子郁，孙焉，曾孙鸾，玄孙典、彬。班彪、子固。班超、子勇。杨震、子秉，孙赐，曾孙彪，玄孙修。荀淑、子爽，孙悦。陈实，子纪。《三国志》之于袁绍、子谭、尚。公孙度、子康，孙渊。曹真、子爽。荀彧、子恽，孙甝。钟繇、子毓。王朗、子肃。杜畿、子恕、预。胡质、子威。诸葛亮、子乔、瞻。张昭、子承、休。步骘、子阐。吕范、子据。朱桓、子异。陆逊、子抗。陆凯、弟胤。代不过十余人。然《后汉书》班彪与固为一传，班超与勇又为一传，一家父子尚各为传。《三国志》，诸葛瑾与诸葛恪父子也，而亦各为传。其以子孙附祖父传之例，沈约《宋书》已开其端。然如萧思话、萧惠开，徐羡之、徐湛之，谢弘微、谢庄、王弘、王僧达，范泰、范晔，王昙首、王僧绰，颜延之、颜（峻）〔竣〕，皆父子也^①，檀道济、檀韶、檀祇，谢晦、谢瞻，皆兄弟也，犹皆各自为传，则以其事当各见，故不牵混，使阅者一览了如也。

若一人立传，而其子孙兄弟宗族，不论有官无官，有事无事，一概附入，竟似代人作家谱，则自魏收始。收谓中原丧乱，谱牒遗逸，是以具书支派。然当时杨愔、陆操等已谓其过于繁碎，乃《南》、《北史》仿之而更有甚者。《魏书》一传数十人，尚只是元魏一朝之人。《南》、《北史》则并其子孙之仕于列朝者，俱附此一人之后，遂使一传之中，南朝则有仕于宋者，又有仕于齐、梁及陈者，北朝则有仕于魏者，又有仕于齐、周、隋者。每阅一传，即当检阅数朝之事，转觉眉目不清。且史虽分南北，而南北又分各朝，今既以子孙附祖父，则魏史内又有齐、周、隋之人，成何魏史乎？宋史内又有齐、梁、陈之人，成何宋史乎？又如褚渊、王俭为萧齐开国文臣之首，而渊附于宋代《褚裕之传》内，俭附于宋代《王昙首传》内，遂觉萧齐少此二人，刘宋又多此二人。此究是作史者之弄巧成拙。其后宋子京修《唐书》，反奉以为成例而踵行之，其意以为简括，而不知究非史法也。

按《南》、《北史》仿《魏书》子孙附传之例，亦稍有不同。《魏书》凡是某人之子孙，尽附于其传后，如朱端子孟胤及弟珍，珍弟腾，腾弟庆宾，庆宾子清，皆但有官位，毫无事迹，《北史》则删之，较为简净。《新唐书》仿之，又更有别择，必其子孙有事可传者附之，否则削而不书，尚不至《魏书》、《北史》之代人作家谱也。

【校】

① 徐羡之、徐湛之……王弘、王僧达……皆父子也 《校证》：徐湛之为徐羡之之侄徐达之之子，二人实为祖孙关系。王弘、王僧达二人亦为祖孙关系。

南史删宋书最多

《南》、《北史》大概就各朝正史量为删减，《魏书》、《宋书》所删较多，然《魏书》尚不过删十之二三，《宋书》则删十之五六。盖《宋书》本过于繁冗，凡诏诰、符檄、章表，悉载全文，一字不遗，故不觉卷帙之多也。今就纪传所载，略摘于左。

本纪。刘裕诛桓玄后,晋帝还都,进裕都督,一诏一策,裕论起义诸人一疏,讨司马休之一表。桓玄余党尽平,晋帝褒策一道,裕讨刘毅符下荆州一檄,又请以侨人归土断一疏。讨司马休之,休之自诉一表,裕招韩延之一书,延之答裕一书。平洛阳后,进裕位相国,封十郡,加九锡,一诏一策。裕西伐,过张良墓,祭文一道。克长安后,晋帝进裕爵为王,加封十郡,一诏。裕受宋公九锡之命,下令国中赦文一道。晋帝禅位,一诏、一策、一玺书。群臣劝裕,不许,太史令骆达陈符瑞(一表)〔数十条〕。即位告天一策,御太极殿一诏,特存王导、谢安等祀一诏,追论战亡将士一诏,遣使巡方一诏,增百官俸一诏,改旧制从宽一诏,优复彭、沛三郡一诏,赦罪人一诏,置晋帝守陵户一诏,禁淫祠一诏,兴学校一诏。悉载全文,不减一字。《南史》惟载韩延之答裕一书,以见休之被伐之枉;及九锡文一,禅位策一,登极后告天策一,以见革易之典故,而其他概从删削。太史令所奏祥瑞,《宋书》但括之云数十条,《南史》以《宋书》不载,反备载之。此亦好异之过。

至《宋书》列传,如《王弘传》,载其辞爵一表,因旱求逊位一表,成粲与弘论彭城王不宜在外一书,弘自请彭城王入辅一疏,答诏一道,弘又请以相府事力全归彭城王一疏,答诏一道。其同伍犯法不罪士人应罪奴仆一事,载弘创议一疏,江奥一议,孔默之一议,王淮之一议,谢元一议,何尚之一议,又弘折衷一议。按弘为宋名相,其请彭城王入辅一事,足见其逊让。至议同伍坐罪之事,岂足为相业,而连篇累牍若此耶?《徐羡之传》载其归政三表,文帝诛羡之等一诏。《傅亮传》载其《演慎》一篇。《谢晦传》载其起兵诉冤一疏,尚书符其罪状一道,晦檄京邑一道,再诉冤一表,被擒在道作《悲人道》一篇。《王(徽)〔微〕传》载其与江(敩)〔湛〕辞官一书二千余字,与王僧绰一书二千余字,答何偃一书二千余字,吊弟僧谦文一篇二千余字。《郑鲜之传》载其议滕恬〔子羡〕父丧不返仕宦如故一书三千余字,弹刘毅一疏一千余字,谏北伐一表一千余字。《何承天传》载其谏北伐一表五千余字。《何尚之传》载其铸钱一议,及沈演之一议,又袁淑止其致仕后再出一书。《谢灵运传》载其《撰征赋》一篇一万余字,《山居赋》一篇数万字,劝伐河北一疏二千字。《颜延之传》载其《庭诰》一篇四千余字。《袁豹传》载其讨蜀一檄。《沈攸之传》载萧道成罪状攸之一檄。《王僧达传》载其求守徐州一疏一千余字,请解职一疏二千余字。《孔灵符传》徙民一事,载江夏王一议,湘东王一议,沈怀文一议,王玄谟一议,王昇之一议。《颜竣传》铸钱一事,先载徐爱一议,沈庆之一议,江夏王一议,方载竣二议,又庾徽之劾竣一表。《顾觊之传》载其《定命论》三千余字。《周朗传》载其答羊希书二千余字,上言时政书三千余字。《吴喜传》载明帝数喜罪一书三千余字。《建平王宏传》载刘琎为宏〔子景素〕诉冤一书二千余字。且不特此也,《邓琬传》虽无书疏,而专叙浓湖赭圻之战至一二万字,竟似演义小说,又如记功册籍,宜乎卷帙之多也。《南史》于此等处一概删削,有关系者则橐括数语存之,可谓简净,得史裁之正矣。宜乎宋子京谓其刊落酿词,过于旧书远甚也。

南史过求简净之失

《南史》有过求简净而失之者。《王镇恶传》,武帝谋讨刘毅,镇恶以百舸前驱,扬声刘兖州上,毅以为信然,不知见袭云云。所谓刘兖州者,何人耶? 是时毅有疾,求遣其从弟兖州刺史刘藩为副,故武帝伪许之,而镇恶假其号以袭之也。《宋书》所载甚明,《南史》不先叙明,遂觉兖州句突无来历。此犹不过文字之小疵也。《谢晦传》,《宋书》载其被讨时自诉表云:"若臣等颇欲执权,不专为国,初废营阳,陛下在远,武皇之子,尚有童稚,拥以号令,谁敢非之? 而溯流三千,虚馆三月,奉迎銮驾,血心若斯,易为可鉴。只以王弘、王昙首等在陛下左右,不除臣等,罔得专权,所以交结谗慝,成此乱阶。"此最为当日实情。《南史》虽摘叙数语,而未能明其本志之无他。此则但求简净,而未免太略而没其真也。

当徐羡之、傅亮、谢晦受武帝顾命,立少帝义符,而义符失德,羡之等谋欲废立。而庐陵王义真以次当立,又轻动多过,不任四海。乃先奏废义真,然后废帝,而迎文帝入嗣,其于谋国,非不忠也。文帝即位之次年,羡之等即上表归政,则亦非真欲久于其权而别有异图者。其曰徐、傅执权于内,檀、谢分镇于外,可以日久不败,此亦王华、王昙首等之诬词,而未必晦等之始念也。只以华、昙首等系文帝从龙之臣,急于柄用,而徐、傅、谢等受遗先帝,久任事权,不除去之无由代其处,是以百方媒蘖,劝帝以次剪除,然后己可得志。观于《王华传》谓华见羡之等秉权，日夜构之于帝，此可知三人之死，不死于文帝，而死于华及昙首等明矣。《宋书》于《亮传》载其《演慎》一篇，见其小心畏祸；《晦传》载其自诉二表，见其本志为国。此正作史者用意所在。而《南史》尽删之，未免徒求文字之净，而没其情事之实矣。

惟羡之等废少帝而又弑之，并杀义真，此则威权太恣，杀人两兄而北面事之，岂有不败者？毋怪华、昙首等之得逞其构陷也。霍光不学无术，仅废昌邑王使之归国，羡之等不学无术，乃更甚于霍光。当时范泰已预烛其必败，曰："吾观古今多矣，未有受遗顾托，而嗣君见杀，贤王婴戮者也。"则虽无华等之倾陷，亦岂有自全之理乎？

南史误处

《南史·宋后废帝纪》，谓孝武二十八子，明帝杀其十六，余皆帝杀之。今按《宋书·前废帝》、《明帝》、《后废帝》三本纪及《孝武诸子传》，孝武子新安王子鸾、南海王子师，则前废帝子业所杀也。明帝所杀者，前废帝子业、豫章王子尚、晋安王子勋、安陆王子绥、临海王子顼、邵陵王子元、永嘉王子仁、始安王子真、淮安王子孟、南平王子（彦）〔产〕、庐陵王子舆、松滋侯子房、东平王子嗣，又子趋、子期、子悦皆未封而为明帝所杀。其余晋陵王子云、淮阳王子霄，及未封之子深、子凤、子玄、子衡、子况、子文、子雍，皆早夭。是孝武诸子为前废帝杀者二，明帝所杀者十六，殇者九。《南史·孝武子传》内又有齐敬王子羽，亦二岁而亡。是孝武诸子除前废帝及明帝所杀共十八人外，余十人皆夭死，并无为后废帝所杀者。《后废帝纪》内但有桂阳王休范、建平王景素举兵被杀之事，而非孝武子也。然则《南史》所云明帝杀十六，余皆后废帝所杀者，实缪悠之词。即以《南史》各纪传核对，亦无后废帝杀孝武子之事，此李延寿之误也。

又《檀韶传》谓韶卒，子臻嗣位员外郎。按《宋书·韶传》，韶卒，子绪嗣。臻则檀祗之子也，在《祗传》内。今以臻为韶子，亦误。

南史增齐书处

《南史》于《宋书》大概删十之三四，以《宋书》所载章表符檄本多芜词也。于《齐》不惟不删，且大增补。今以两书相校，惟《豫章王嶷》及

《竟陵王子良》二传多所删削，其他则各有所增。姑摘录于左。

《王俭传》。　增齐高帝为相，俭请间于帝曰："功高不赏。以公今日地位，欲北面居人臣，可乎？"帝正色裁之，而神采内和。俭又言："公若小复推迁，恐人情易变，七尺不能保。"帝笑曰："卿言不无理。"俭即曰："当令褚公知之。"帝曰："我当自往。"乃造渊，款言移晷，曰："我梦应得官。"渊曰："今授始尔，恐一二年间未容便移。"帝还告俭，俭曰："褚是未达事理。"乃即令虞整作诏。及高帝为太尉以至受禅，诏策皆出于俭，此正见俭倾心于齐高，为佐命功臣之处。　更定衣服之制，引《汉书》及《魏都赋》，为藩国侍臣服貂之证。又引《晋典·劝进表》，定百僚致敬齐公之礼。引《春秋》曹世子来朝，定齐国世子之礼。及受禅改元应特举郊祭之礼，立春在上辛后仍应南郊之礼，皆援据有典。此正见俭深于礼学，为开国文臣之首。

《褚渊传》。　增幼时父湛之有所爱牛堕井，湛之躬率左右救之，渊勿顾也。湛之殁，有两（府）〔厨〕宝物在渊生母郭氏处，嫡母吴氏求之，郭不与，渊再三请，乃从之。山阴公主见渊貌美，请于废帝，召以自侍，备见逼迫，渊终不移志。时淮北已属魏，江南无鳆鱼，一枚直数千钱。或有饷三十枚者，门生请卖之，可得十万钱。渊悉以与亲游啖之，少日而尽。　后废帝时，袁粲知渊私于齐高，谓渊曰："国家所倚，惟公与刘丹阳及粲耳，愿各自勉，无为竹帛所笑。"渊曰："愿以鄙心寄公腹内。"然竟不能贞固。齐高功业日重，王俭议加九锡，齐高恐渊不同，任遐曰："渊保妻子，爱性命，非有奇才，遐力能制之。"果无违异。

《张敬儿传》。　增敬儿贫时，尝为襄阳城东吴泰家担水，通其婢。事发逃空棺中，以盖加上，乃免。及建鹊尾军功，收籍吴氏家财数千万，并取所通婢为妾。

《王敬则传》。　增生时母为女巫，谓应得鸣鼓角，人笑之曰："汝子得为人鸣鼓角，幸矣。"及长，与（既）〔暨〕阳县吏斗，谓曰："我若得（既）〔暨〕阳县，当鞭汝背。"吏唾其面曰："汝得（既）〔暨〕阳，我应作司徒公矣。"又尝至高丽，与其国女子私通，后将被收，乃逃归。后果得（既）〔暨〕阳令，昔日吏逃亡，勒令出，遇之甚厚，曰："我已得（既）〔暨〕阳，汝何时作司徒公耶？"　禅位时，宋顺帝逃入宫内，敬则将舆入宫，启譬令出。顺帝谓敬则曰："欲见杀乎？"答曰："出居别宫耳。官昔取司马家亦如此。"顺帝泣曰："惟愿生生世世不复与帝王作因缘。"宫内尽哭。　　敬则与王俭同拜开府仪同三司，徐孝嗣戏俭曰："今日可谓合璧。"俭曰："不意老子与韩非同传。"或以告敬则，敬则欣然曰："我南沙县小吏，遂与王卫军同日拜三公，复何恨？"

《柳世隆传》。　　增世隆初起兵应明帝，为孔道存所败，逃匿，其母妻并絷在狱。时购世隆甚急，或斩一貌似者送道存，道存示其母妻，母哭不甚哀，而妻号恸方甚，窃谓姑曰："今不悲，恐为人所觉。"故大恸以灭其迹也。　　世隆性清廉，张绪曰："君当以清名遗子孙耶？"答曰："一身之外，亦复何须？子孙不才，将为争府，如其才也，不如一经。"韦祖征乡里旧德，世隆虽贵，每为之拜。或劝祖征止之，答曰："司马公为后生楷法，吾何必止之？"

《张瓌传》。　　增安陆王（紑）〔綍〕行部雍州，见丐者，问何不事产而行乞，答曰："昔张瓌使君在州，百姓家得相保，后人苛虐，故至行乞。"

后拜太常卿，自以闲职，辄归家。武帝曰："卿辈未富贵，谓人不与。既富贵，那复欲委去？"

《周奉叔传》。　　增奉叔就王敬则求米二百斛，敬则以百斛与之，不受，敬则大惧，乃更饷二百斛。敬则有一妓，帝令奉叔求之。奉叔径率左右，刀皆半拔，直入其家。敬则惧，跣足入内，既而自计不免，乃出呼奉叔曰："弟那忽见顾？"奉叔宣旨求妓，意乃释。

《王广之传》。　　增广之求刘勔所乘马，皇甫肃曰："广之敢夺节下马，当斩。"后广之破敌还，甚敬肃。勔亡后，肃转依广之，广之启为东海太守。其不念旧恶如此。

《豫章王嶷传》，《南史》所删最多，以此传本太冗，至八九千字也。然又有增者。是时武帝奢侈，后宫万余人，宫内不容，暴室皆满。嶷后房亦千余人，荀丕献书谏嶷，嶷咨嗟良久，为之稍减。　　又增嶷死后，忽见形于沈文季曰："我未便应死，皇太子加膏中十一药，使我痢不差，汤中又加一药，使我利不断。吾已诉先帝矣。"俄而太子薨。　　又尝见形于后园，呼直兵，直兵无手板，左右以玉板与之。出园后，直兵倒地，仍失玉板。《齐书》皆无之，盖不欲见其父之中毒，且为文惠太子讳也。

嶷乃萧子显之父。

《武陵王晔传》。　增幼时生母死，晔思慕不异成人，高帝令与武帝同居。　帝时甚贫，诸子学书无纸笔，晔尝以指画空中及画掌学字，遂工篆法。无棋局，乃破荻为片，纵横为之，指点行势，遂至名品。后侍武帝宴，醉伏地，貂抄肉桙，帝曰："污貂。"对曰："陛下爱其羽毛，而疏其骨肉。"又尝在帝前与竟陵王子良围棋，子良大北。豫章王嶷私劝其让，晔曰："生平未尝一口妄语。"执心疏婞，偏不知悔。

《江夏王锋传》。　增其母张氏为宋苍梧王逼取，又欲害锋，高帝乃匿锋于张氏村舍。五岁学凤尾诺，一学即工。　武帝禁藩邸诸王不得读异书，《五经》之外惟许看《孝子图》，锋乃密使人买书。　锋善琴，帝欲试以临人，（锋）〔鄱阳王锵〕曰："昔邹忌鼓琴，齐威王委以国政。"遂出为南徐州刺史。　善与人交。幕僚王〔文〕和赴益州任，来告，〔文和〕流涕曰："下官少来未尝作诗，今日违恋，不觉文生于情。"　锋工书，南郡王昭业谓武帝曰："臣书胜江夏。"帝曰："阇黎第一，法身第二。"法身，昭业小名；阇黎，锋小名也。　明帝辅政时，锋危惧，深自晦迹。江祐曰："江夏王有才行，而善能匿迹。"锋闻叹曰："江祐遂为混沌画眉，益反敝耳。寡人声酒自耽，狗马是好，岂复一（毫）〔豪〕于平生哉？"尝著《修柏赋》以寓意。　见明帝，言次及遥光才力可任，锋曰："遥光之于殿下，犹殿下之于高皇，卫宗庙，安社稷，实有攸寄。"明帝失色。　后被杀，江敩闻之流涕曰："芳兰当门，不得不锄，其《修柏》之赋乎！"

《宜都王铿传》。　增三岁丧母，及有识，闻知母死，悲祷。一夕果梦一女人，云是其母。因向左右说梦中所见，形貌衣服皆如平生，闻者以为孝感。　善射，常插甘蔗于百步外射之，十发十中。　明帝诛高、武诸子，铿咏陆机《吊魏武》云："昔以四海为任，死则以爱子托人。"左右皆泣下。后果遣吕文显赍药至，正逢八关斋，铿从容谓曰："高帝昔宠任君，何事有今日之行？"答曰："出不得已。"乃仰药死。　又死后见梦于其师陶弘景，云当托生某家。弘景参访果符，乃著《梦记》。

《河东王铉传》。　增幼时高帝尝昼卧缠发，铉上高帝腹弄绳，帝因以绳赐之。及崩后，铉以锦函盛绳，岁时开示，辄流涕呜咽。　被杀时欣然曰："死生命也，终不效建安王乞为奴。"乃仰药死。

《竟陵王子良传》，所删亦最多，如谏遣台使督租一疏，请垦荒田一疏,谏租布折钱一疏,谏射雉二疏,共三四千字。然亦有增者。幼时(高)〔武〕帝为赣县令,其母裴后尝为(高)〔武〕帝所怒,遣还家,已登路。子良不悦,帝曰:"何不读书?"子良曰:"娘今何在? 何用读书?"帝乃召还裴后。 子良亡后,袁彖谓陆(慧)〔惠〕晓曰:"齐氏微弱,已数年矣。爪牙柱石之臣都尽,所余惟风流名士耳。若不立长君,无以镇四海。王融欲立子良,实安社稷,恨其不能断事,以至被杀。今苍生方涂炭,正当沥耳听之。"

《鱼复侯子响传》。 增子响以董蛮为僚属,武帝闻之,曰:"人以蛮名,何得蕴藉?"乃改名为仲舒。谓:"今日仲舒何如昔日仲舒?"对曰:"昔董仲舒出自私庭,今仲舒降自天帝,故当胜之。"

《晋安王子懋传》。 增幼时母阮淑媛尝病危,请僧祈祷。有献莲花供佛者,子懋礼佛曰:"若使阿姨病愈,愿佛令此花不萎。"七日斋毕,花更鲜好,当世称其孝感。 子懋被害,参军周英,防阁陆超之、董僧慧皆抗节不屈。王玄邈执僧慧,僧慧曰:"晋安举事,仆实与谋。今得为主人死,不恨矣。愿至主人大敛毕,退就死。"玄邈许之。还,具白明帝,以配东冶。子懋子昭基,年九岁,以方〔二〕寸绢为书,探问消息。僧慧得书曰:"此郎君书也。"悲恸而卒。陆超之见子懋死,或劝其逃亡,答曰:"人皆有死,何足惧? 吾若逃,非惟孤晋安之眷,亦恐田横客笑人。"有门生姓周者,谓杀超之可得赏,乃伺超之坐,自后斩之。及殡敛,周又助举棺,堕压其头,折〔颈〕而死,闻者以为天道焉。

《建安王子真传》。 增明帝使裴叔业就典签柯令孙杀之,子真走入床下,叩头乞为奴,不许,遂见害。

《南海王子罕传》。 增母乐容〔华〕寝疾,子罕昼夜祈祷,以竹为灯缵照夜。此缵一夕枝叶茂大,母疾亦愈。

《巴陵王子伦传》。 增明帝遣茹法亮杀子伦,子伦镇琅琊,有守兵,恐其见拒,以问典签(裴)〔华〕伯茂。伯茂曰:"若遣兵取之,恐不可即办。若委伯茂,一小吏力耳。"法亮乃令伯茂以鸩逼之。子伦谓法亮曰:"君是身家旧人,今衔此命,当由事不获已,此酒非劝酬之爵。"因仰之而死。其下因历叙典签之权重,谓明帝杀诸王,悉典签所杀,无一人抗者。孔珪闻之曰:"若不立签帅,故当不至此。"事见《典签》条内。

南史与齐书互异处

《齐书·张敬儿传》，谓敬儿既得方伯，意知满足，初得鼓吹，羞便奏之。是敬儿本无大志。《南史》则叙其征荆州时，每见诸将，辄自言未贵时梦村中社树忽高数十丈，在雍州又梦此树高至天，以此诱部曲。又为谣言，使村儿歌之曰："天子在何处？宅在赤谷口。天子是阿谁？非猪即是狗。"敬儿本名苟儿，家在赤谷。敬儿少习武事，既从容都下，益不得志云。是明言敬儿有反志，与《齐书》本传不同。盖李延寿好取新奇语入史，既采社树及童谣，则传不能又谓其意存知足也。

《齐书·周奉叔传》，谓郁林欲诛宰辅，<small>时明帝鸾方辅政。</small>乃出奉叔为都督青、冀二州军事，以为外援。《南史》则谓明帝辅政，令萧谌说帝出奉叔为外援；又说奉叔以方岳之重，奉叔乃许。是奉叔之出乃明帝意，非郁林意也。按奉叔勇力绝人，郁林欲诛宰辅，方倚以为助，岂肯出之于外？当是明帝谋废立，惧其在帝左右为难，故说帝出之。此则《南史》为得其实也。

《齐书·竟陵王子良传》，子良在宋时为邵陵王友，王名友，寻废此官，迁子良为安南长史。《南史》则云宋道衰谢，诸王微弱，故不废此官。两传迥异。

《齐书·萧昭胄传》，东昏无道，昭胄与萧(宣)〔寅〕、胡松等谋因东昏出行，闭城拒之。会东昏新起芳乐苑，月余不出，故事泄而败。《南史》则谓朱光尚托鬼道，为东昏所信。光尚知昭胄等谋，托言蒋王云巴陵王在外欲反，故东昏不敢出四十余日，事败，乃伏诛。

《齐书·鱼复侯子响传》，子响杀台使尹略等，武帝遣萧顺之帅兵至，子响部下逃散，子响乃(自)〔白〕服降，赐死。《南史》则云顺之将发舟，时文惠太子素忌子响，嘱顺之早为之所，勿令生还。顺之乃缢杀之。是子响之死，出文惠之意，自是实事。《齐书》盖为文惠讳。且顺之即梁武之父，兼为顺之讳也。

南史增删梁书处

《南史》增《梁书》事迹最多。李延寿专以博采见长，正史所有文词必删汰之，事迹必櫽括之，以归简净。而于正史所无者，凡琐言碎事，新奇可喜之迹，无不补缀入卷。而《梁书》本据国史旧文，有关系则书，无关系则不书。即有关系，而其中不无忌讳，亦即隐而不书，故行墨最简，遂觉《南史》所增益多也。今略举其增删处两相比较，可以见二书之大概也。

南史删梁书处

《梁武本纪》，齐东昏无道，帝在雍州，使张弘策陈计于长兄行郢事懿，谋共起兵靖乱。《梁书》载其语甚详，《南史》但云使弘策陈计于懿，语在《懿传》。盖《梁书》不立《懿传》，故以此叙于本纪，《南史》另立《懿传》，则以此详于《懿传》中，而本纪从略也。帝平京邑，有肆赦一令，革除昏政一令，恤战亡将士一令，节省浮费一令，齐帝进帝爵梁公九锡文一篇，百僚劝进文二篇，齐帝进帝爵为梁王一诏，齐帝禅位一诏、玺书一道。《南史》皆删之，但存九锡文一篇，劝进文一篇而已。此仿陈寿之例，说已见《梁书》内。《简文纪》，《梁书》有即位一诏，大赦一诏，大宝元年改元一诏。《南史》皆删之。大宝二年，《梁书》书湘东王绎遣王僧辩讨侯景，擒其将任约、宋子仙等，《南史》亦删之，以此事叙入《元帝纪》，故《简文纪》不叙也。《梁书·简文纪》、《元帝纪》并叙，未免繁复。《元帝纪》，《梁书》大宝二年简文崩后，有王僧辩等劝进一表，答书一道，又劝进一表。大宝三年帝讨侯景一檄，僧辩平侯景又劝进一表，徐陵在魏遣使劝进一表，帝即位一诏。《南史》皆删，只存僧辩等劝进一表而已。又《僧辩传》，齐文宣送梁贞阳侯萧渊明入为梁主，《梁书》载文宣与僧辩一书，僧辩一启，贞阳答僧辩一书，又一启，贞阳又答一书。《南史》亦尽删之。《梁书》元帝使鲍泉围河东王誉，久不克，乃使王僧辩代之。僧辩至，泉愕然曰："得王竟陵来助我，贼不足平矣。"僧辩既入，背泉而坐曰："鲍郎有罪，（今）〔令〕旨使我锁卿，卿勿以故意相期。"此事既载于《泉传》，又载于《僧辩传》，殊属繁复。《南史》则详其事于《泉传》，而《僧辩传》则略之。又《沈约传》，《梁书》载其《郊居赋》一篇三千余字，将以见其恬适耶？则约本躁竞也；将以见其工于文耶？则约之工文又不止此赋也。《南史》亦删之。此皆《南史》删节之得当者也。

亦有不当删而删者。本纪。武帝起兵时有檄文一道，正见伐罪除暴之不容已。《南史》不载，但云移檄建业。及帝出沔，命干茂等围郢城,久不拔,西台遣席阐文来议,欲与魏连和,帝答以非策。此段文字最长,见帝之英断,《南史》亦不载。《萧昱传》,《梁书》载其乞试用边州一表,武帝斥责一诏。《南史》尽删之。《许懋传》,《梁书》载谏封禅国山一表,正见其征引之博,议论之正。《南史》亦尽删之,但云帝见其议称善而已。此外亦无事迹可纪,则何必立此传耶?《梁书·贺琛传》载其论大功之末不可冠子嫁女一议甚详,《南史》亦全载其文,以其有关于礼制也。懋封禅一表所系更大,乃独删之,何耶?《梁书·王僧辩传》附其弟僧智逃入齐,并附徐嗣徽小传,此皆因僧辩之难间关被害者,自应附见,而《南史》一概删之①。此又不当删而删者也。

至如《江淹传》载其上建平王景素一书,盖仿《汉书》邹阳狱中上书例也。《陈伯之传》,伯之奔魏,临川王宏北伐,使丘迟作书与伯之,伯之遂拥众八千以归;《南史》亦载其全文,以其文之工也。《任昉传》,昉没后诸子流离,刘孝标悯之,乃广朱公叔《绝交论》;《南史》亦载其全文,亦以一死一生,乃见交情,为千古所同慨也。此又见延寿之意存斟酌,不尽以删节为能者。

【校】

① 《梁书·王僧辩传》附其弟僧智逃入齐,并附徐嗣徽小传,此皆因僧辩之难间关被害者,自应附见,而《南史》一概删之 《校证》:所称《王僧辩传》附载之事,皆不见于《梁书》,而为《南史》所补者。此文所叙正与实际情况相反。又出奔北齐者乃僧辩之弟僧愔,僧智则依附于任约,任约失败后被害。

南史增梁书有关系处

《武帝纪》。 增皇考之薨不得志。武帝父顺之,在齐武帝时讨鱼复侯子响,缢杀之,齐武心恶之,顺之忧惧而卒。见《齐书·子响传》。至是郁林失德,齐明帝辅政,帝欲助明帝以倾武帝之嗣,乃与明帝谋废立等事。又增齐明性猜忌,帝避时嫌,常乘折角小牛车以自晦。 晚年为侯景所制,临崩,口苦索蜜不得,再曰“荷荷”而崩。

《元帝纪》。 增帝性情矫饰,多猜忌,于名无所假借,人有胜己,必加毁害。王铨兄弟有盛名,帝妒之,乃改宠姬王氏之(父)〔兄〕名琳,以同其父之名。忌刘之遴才,使人鸩之,虽骨肉亦罹其祸。始居母忧,依丁兰刻木为像,及武帝崩,秘丧逾年,乃发凶问,方刻檀为像,朝夕事之,其虚恢如此。武陵之平,议者欲因其舟楫迁都建业,宗懔、黄罗汉皆楚人,不愿移,帝亦不欲动,乃止。西魏来攻,城将破,乃聚书十万卷烧之,在幽辱中犹作四绝句。

《徐妃传》。 增妃不见礼于元帝,二三年始一入房。妃以帝眇一目,知帝将至,先为半面妆待之,帝大怒。妃性妒,见无宠之妾,便交杯接坐,才觉有娠,即手加刀刃。先与瑶光寺智远道人私通,又与帝左右暨季江者淫通,季江每叹曰:"柏直狗虽老,犹能猎;萧溧阳马虽老,犹骏;徐娘虽老,犹尚多情。"又有贺徽者色美,妃要之于普贤尼寺,书白角(扇)〔枕〕为诗赠之。后为帝逼死,帝尝著《金楼子》述其秽行。

《昭明太子传》。 增丁贵嫔薨,太子求得善墓地。有卖地者欲以己地出售,乃赂奄人俞三副言于帝,谓太子所得地不如己地,于帝最吉。帝便命市之。既葬,有道士善图墓,谓此地不利长子,教以用蜡鹅诸物厌之。有宫监密闻于帝,帝遣检果然,将穷其事,徐勉固谏而止。由是太子终以此惭惧,以及于薨,其后嗣亦不得立。

《南康王会理传》。 增会理在建业,伺侯景出征,欲与柳(仲)〔敬〕礼等起事拒景。建安侯贲以谋告王伟,遂被诛。

《武陵王纪传》。 增纪在蜀十七年,积赀无数,厩马至八千匹。统兵东下,黄金一斤为饼,百饼为簉,至有百簉。银五倍之。每战则悬以示赏,而终不给。

《临贺王正德传》。 增正德奔魏,又逃归,复西丰侯本封,益肆横。与弟乐山侯正则及潮沟董当门之子遄、南岸夏侯夔之子为四凶,尝杀人于道。其车服牛马,号西丰骆马,乐山乌牛,董遄金帖,织成战袄。武帝诏责之,谓其专为逋逃主,劫掠行路,致京邑士女,早闭晏开。徐敫失妻,横尸道路,王伯敫列卿之女,乃夺为妾。又正德妹长乐公主,适谢禧,正德与奸,乃烧主第,缚一婢,加金钏于其手,声云主烧死,而藏于家,呼为柳夫人,生(一)〔二〕子。其事稍露,后因夺张准雉媒,准于众中骂曰:"雉媒非长乐主,何可掠夺?"皇太子恐帝闻之,亟为和解,乃送还雉媒。

《萧懿传》。 增懿在齐功高枉死,武帝即位之日,即追封长沙郡王,第三日追封兄敷及弟畅、融,逾月始追尊皇考妣。先卑后尊,为识者所讥。

《萧藻传》。 增藻出刺益州。先是邓元起在蜀，自以有克刘季连功，恃宿将，轻藻年少，藻怒，乃杀之。元起在蜀时聚积如山，金玉为一室，曰内藏；绮縠为一室，曰外府。藻以外府赐将士，内藏送京，己无私焉。

《临川王宏传》。 增宏统军北伐时，军容甚盛。既克梁城，诸将欲乘胜深入，宏闻魏援兵至，遂不敢进。吕僧珍亦赞之。裴邃曰："是行也，固敌是求，何难之避？"马仙琕曰："但有前死一尺，何得退生一寸？"昌义之曰："吕僧珍可斩也。岂有百万之师轻言可退？"朱僧〔勇〕、胡辛生拔剑起曰："欲退自退，下官当向前取死。"议罢，宏终不敢出。魏人遗以巾帼，歌曰："不畏萧娘与吕姥，但患合肥有韦武。"韦叡也。宏仍不进。于是军政不和，遂大溃而归，弃甲投戈填满山谷，士卒丧失十之八九。 又增宏败后常怀愧愤，有人伏于（朱雀）〔骠骑〕航伺帝窃发，被获，称为宏所使。宏自辨无此事，帝乃宥之。宏恣意聚敛，有库百间。帝疑其藏军仗，具馔至其家宴，半醉曰："我欲履行汝后房。"见其积钱百万标一黄榜，千万悬一紫标，凡三十余间，帝疑始释，大悦曰："阿六，汝生活大可！"豫章王综尝为《钱愚论》以讥之，帝特以激宏，敕综曰："天下文章何限，那忽作此？"而宏不知愧也。宏又与帝女永兴公主私通，遂谋弑逆。会斋期，公主使二僮伺帝，丁贵嫔疑之，令宫帅擒获，称宏所使。帝杀二僮，秘其事，以漆车载主出，主恚死。

《南平王伟传》。 增其世子恪刺郢州，侯景之乱，邵陵王纶至，恪以州让之，纶不受。

《鄱阳王恢传》。 增其子修镇汉中，拒魏帅，力屈乃降。宇文泰礼之，令还金陵。元帝方疑忌，修请输仗马而后入。及江陵，患发背卒。又增其子谘当简文为侯景所制，外人莫得见，惟谘以文弱，得出入卧内。景恶之，遣人刺杀之。

《沈约传》。 增约之先世田子、林子为宋初开国功臣。按此二人功绩最著，本应入《宋·功臣传》，约欲自夸其先世，故不入列传而载于《自序》内，此私见也。《梁书·约传》删此二人，自属得体。延寿惟恐遗二人功绩，乃亦仍《自序》之旧而载之。延寿既作《南史》，则《宋史》亦其所作，何不补此二人于《宋史》内，而仍序于《约传》耶？

《范云传》。　增云在齐朝时，豫章王嶷常在私第，不居东府；竟陵王子良亦好游，不常居石头。云言其非，乃各镇一城。　又增梁武将加九锡，云适中病，医者徐文伯谓须一月愈，若欲速愈，恐二年不可复救。云急于痊愈以备佐命，文伯乃下火而床焉，重衾覆之，汗果出，遂愈。二年卒。

《任昉传》。　《梁书》谓昉卒后诸子皆幼，人罕赡恤之，故刘孝标为作《广绝交论》。《南史》增诸子并无术业，坠其家声，兄弟流离不能自振，生平旧交莫有收恤之者。

《徐勉传》。　增勉掌选时，奏立九品，为十八班。自是贪冒者以财货取通，守道者以贫寒见没矣。

《朱异传》。　增异贪冒财贿，欺罔视听，四方馈饷，曾无推拒。起宅极美丽，退直则酣饮其中，虑日晚台门闭，先令卤簿自家列至城门，城门不敢闭。声势所驱，薰灼内外。

　　以上皆增《梁书》，而多有关于人之善恶，事之成败者。又如《萧藻传》增其弟猷，猷弟朗，朗弟明，及猷之子韶，韶弟骏也。《临川王宏传》增其子正仁、正（文）〔义〕、正德、正则、正立、正表、正信，及正德子见理，正立子贲也。《南平王伟传》增其子恪也。《鄱阳王恢传》增其子范，范弟谘，谘弟修，修弟泰也。《始兴王憺传》增其子亮、暎、晔也。《任昉传》增其子东里、西华、南容、北叟也。此皆有补于《梁书》者也。

廿二史札记卷十一

南史增梁书琐言碎事

《武帝纪》。 增帝兵围郢州城，将破，有毛人数百泣投黄鹄矶，盖城之精也。帝东下，所乘船常有两龙导引，左右皆见之。军至建业，围六门，东昏将（檀）〔桓〕和给东昏出战，因来降。时民间谓密相欺者为"和欺"，梅虫儿等曰："今日败于（檀）〔桓〕和，可谓'和欺'矣。" 又增帝少时符瑞，及在位，信奉佛教，重云殿游仙化生皆动。又海中浮鹄山女子献红席等事。

《简文纪》。 增昭明太子梦以己班剑授简文，已而昭明薨，简文果为皇太子。

《元帝纪》。 增生时符瑞，武帝梦眇目僧执香炉托生宫中，适采女阮姓侍侧，始褰帷，有风回裾，武帝竟感幸之，遂生帝。 又增帝工书善画，自图宣尼像，为之赞，人称三绝。自承圣三年，主衣库有黑蛇丈许，数十小蛇随之。帝恶之，左右曰："钱龙也。"乃取数千万钱镇其地以厌之。又有蛇落帝帽上，所御肩舆中有小蛇蜿蜒其中。又有龙腾空去，六七小龙随之，群鱼腾跃坠死于地。未几江陵陷，为西魏所灭。

《郗皇后传》。 增后酷妒，及终，化为龙，入宫通梦于帝，或见形。帝体将不安，龙辄激水腾涌于露井上。常置银镂轳金瓶，灌百味以祀之。故帝终身不复娶后。

《丁贵嫔传》。 增郗后遇之无道，常使日舂米五斛，每中程，若有神助者。

《昭明太子传》。 增武帝在襄阳起兵时，尚未有子。在途闻太子生，又徐元瑜降而萧颖胄死，人以为同时三庆。又太子十二岁时，见狱官持案牍，问左右："我得判否？"即取来，皆署杖五十。有司不敢行，具以闻帝，帝笑而从之。

《南康王会理传》。 增会理在湘州行事，刘纳尝禁其所为，会理乃诬以赃贿,收送建业。纳曰:"我一见至尊,当使汝等知。"会理遂使人杀之于路,百口俱尽。

(广)《〔庐〕陵王续传》。 增元帝母阮得幸,由丁贵嫔之力,故元帝与简文帝相得,与续亦少相狎,长而相谤。元帝自荆州还京,携所宠李桃儿俱归。时宫禁门户甚严,续奏之,元帝惧,遂先送桃儿还荆,所谓西归内人也。后续死,元帝在(荆)〔江州〕闻之,喜跃,屡为之破。又续好聚敛,临终启上金银器千余件,帝乃知其多财。谢宣融曰:"王之过如日月之蚀,欲令陛下知之,故终不隐。"帝意乃解。

《武陵王纪传》。 增纪初授扬州时,帝于诏书内增数语曰:"贞白俭素,是其清也;临财能让,是其廉也;知法不犯,是其慎也;庶事无留,是其勤也。"后使都督益州,纪辞以远,帝曰:"天下若乱,惟益州可免,故以处汝。汝念我老,我犹当再见汝还益州也。"

《临贺王正德传》。 增正德奔魏时,为诗纳火笼中,即咏《火笼》曰:"桢干屈曲尽,兰麝氛氲消。欲知怀炭日,正是履冰朝。"至魏,称"被废太子",萧宝夤在魏,请杀之,不果。

《萧昂传》。 增有一女子年二十许,散发黄衣,在武窟山石室中,不甚食,或饮少酒,鹅卵一二,故人呼为圣姑。求子多验,造之者满山谷。昂呼问,无所对,以为妖,鞭之二十,创即差,失所在。

《萧业传》。 增其父懿被害时,业与二弟藻、象俱逃,匿王严秀家。东昏收严秀付狱,考掠备至,以钳拔手爪,至死不言,乃免祸。又增业以私米购甓,助修城工,武帝嘉之,出刺湘州。有二虎无故毙于道,有人谓刺史德政所致,言讫不见。

《萧藻传》。 增其(从孙)〔侄〕韶为童时,庾信爱之,有断袖之欢,衣食皆资于信。后入梁,韶镇郢州,信过之,韶接信甚薄,坐青油幕,引信入宴,坐信别榻,有自矜色。信不能堪,乃径上韶床,践踏肴馔,直视曰:"官今日形容大异。"韶甚惭。

《永阳王敷传》。 增敷仕齐为随郡内史,有美政。齐明帝谓徐孝嗣曰:"学士不解治官,闻萧随(州)〔郡〕置酒清谈,而路不拾遗。"

《南平王伟传》。 增其世子恪为雍州刺史,任用其客江仲举、蔡薳、王台卿、庾仲雍。百姓每有诉,必数处输钱,民间歌曰:"江十万,蔡五百,王新车,庾大宅。"武帝闻之,为接其句曰:"主人愦愦不如客。"

《范云传》。　　增云在齐时，与明帝说(梦见)太宰文宣王〔梦中〕之事，明帝哀感，待其子昭冑等稍弛。江祏尝求云女结婚，以剪刀为聘。及祏贵，云曰："荆布之室，理隔华盛。"乃还其剪，祏别结姻焉。梁武少与云相得，云乃筑室相依。帝每至其家，云妻辄闻跫声。又尝与云宿顾(僧)冔〔之〕舍，冔〔之〕妻方产，有鬼在外曰："此中有王，有相。"云谓帝曰："王当仰冔，相以见归。"后果验。

《江淹传》。　　增晚年才思微退，梦张景阳向其索锦，淹探怀中数尺与之，景阳曰："那便割裂都尽？"顾见丘迟曰："余此数尺，聊以遗君。"又梦郭璞向其索笔，淹即以五色笔与之。尔后为诗，终无新句。

《任昉传》。　　增昉在齐东昏时，纡意于梅虫儿，得中旨，用为中书令。往谢尚书令王亮，亮曰："卿宜谢梅，那忽谢我？"　又增时人称"任笔沈诗"，昉以为病。晚节更好作诗，欲以倾沈，而用事过多，属词不得流便。都下士子慕之，转为穿凿，于是有才尽之叹矣。

《王僧孺传》。　　增僧孺论《素问》中用砭石事，谓古人以石为针，许慎《说文》所谓以石刺病也。　又载晋、宋以来谱学散乱一事。　又附同时文人虞羲、丘国宾、萧文(炎)〔琛〕、丘令楷、江洪、刘孝孙、徐夤等，因叙文(炎)〔琛〕等击〔铜〕钵立韵，响灭而诗成等事。

《胡僧祐传》。　　增僧祐尝以所加鼓吹置斋中自娱，或言此是公羽仪，公名位已重，不宜若此。答曰："我性爱之，恒须见耳。"出游亦以自随。

《阴子春传》。　　增青州有神庙，刺史王神念毁之，栋上一大蛇长丈余，遂入海。子春夜梦一人乞地安置，乃办牲醴，请召安置一处。夜梦前人来谢曰："当以一州相报。"后果因破魏兵，授南青州刺史。

《杜岸传》。　　增岸为萧詧所擒，詧母数岸罪，岸斥之为老婢。詧命拔其舌，脔其肉而烹之，尽灭诸杜，发其冢墓。及建业平，杜崱兄弟亦发安宁陵以报。

　　以上所增皆琐言碎事，无甚关系者。李延寿修史，专以博采异闻，资人谈助为能事，故凡稍涉新奇者，必罗列不遗，即记载相同者，亦必稍异其词，以骇观听。如《羊侃传》，谓武帝新造两刀稍，长丈四尺，令侃试之。《南史》则谓长二丈四尺。《梁书》谓侃挽弓至十余石，《南史》则云二十石。皆欲以奇动人也。然有时采掇过多,转觉行文芜杂者。如《豫章王综传》,正叙综奔魏后,梁兵大溃而归,为魏兵抄掠。而因及任焕乘骓马走,为抄伤足,歇桥下,抄者又至,焕足伤不能上马,马跪其前蹄,焕遂得骑而逸。又如《王僧辩传》,正叙其攻郢州入罗城,忽又叙有大星如车轮坠贼营,去地十余丈,又有龙五色光耀,入鹦鹉洲水中等事。平郢州后,正叙其进兵浔阳,忽又叙军中多梦周、何二庙神云:"吾已助天子讨贼。"乘朱航而返,曰已杀景矣,同梦者数十百人等事。及师至鹊头,风浪大作,僧辩仰天告誓,风遂止息。忽又叙群鱼跃水飞空,官军上有五色云,双龙夹槛等事。既复京师,又奉命征陆纳。方叙纳据长沙拒守,忽又叙天日清明,俄而大雨,时人谓为泣军,咸知纳必败也。又有两龙自城西江中腾跃升天,遥映江水,父老咸悲曰:"地龙已去,国其亡乎!"诸如此类,必一一装入,毋怪行文转多涩滞,不如《梁书》之爽劲也。

梁南二史歧互处

《长沙嗣王业传》。 《梁书》叙其父懿当东昏无道,崔慧景奉江夏王宝玄围台城,东昏征懿赴援。懿在历阳,即投箸而起,进兵击败慧景,乃加懿侍中尚书令。而幸臣茹法珍等忌懿功高位重,寻构东昏赐死。《南史·懿传》则谓懿率兵入援时,武帝遣虞安福劝懿诛贼后即勒兵入宫,行伊、霍故事,若放兵受其厚爵,必生后悔。懿不从,遂及于难云。按懿在历阳闻诏即赴,一二日已达京师,败慧景,时武帝方在襄阳,距京二千里,岂能逆知其事,而遣使在未平慧景之先? 此必误也。《梁书》本传无武帝劝懿废立之事。《南史》慧景未反前,武帝遣赵(祖)〔景〕悦劝懿兴晋阳之甲,当即此一事而系之于两处耳。

《邵陵王纶传》。 《梁书》载其少年为(丹阳尹)〔扬州太守〕时侵渔细民,为少府丞何智通所奏,纶使戴子高刺杀智通。智通子诉于阙下,帝令围纶第捕子高,纶匿之,竟不出,坐是罢官,后复爵。其载纶之不善如此而已。《南史》则增纶因帝敕责,乃取一老公类帝者,加以衮冕,朝以为君,自陈无罪,旋即剥裰而挞之于庭。又因昭明太子薨,帝立简文为太子,纶以为非,乃伏兵于莽,常伺车驾。有张僧胤知之,谋颇泄。又献曲阿酒百器,帝以赐寺人,饮之而薨。帝由此始不自安,每加卫士以警宫禁云。按纶当侯景之变，率兵赴援，钟山之战最力，后兵败而逃。闻湘东王绎以兵围河东王誉，作书劝湘东息家门之愤，赴君父之难。湘东不听，反以兵逼纶，纶遂遁入齐昌，尚思匡复，为西魏兵所攻，被杀。是纶非肆逆者。且帝既先防其为乱，加卫士防之矣，侯景反时，岂肯又加以征讨大都督之权，令其统诸军讨贼乎？此亦必《南史》好采异闻，而不究事之真伪也。至《武陵王纪传》，《梁书》谓侯景之乱纪不赴援，《南史》则谓纪先遣世子圆照领兵三万，受湘东王绎节度，绎令且驻白帝，未许东下。及武帝凶问至，纪总戎将发，绎又使胡智监至蜀止之。是纪未尝不发兵也。而《梁书》所谓不发兵者，盖本元帝时国史。元帝既杀纪，欲著其逆迹而有是言，所谓欲加之罪，其无辞乎！此事当以《南史》为正。

《王僧孺传》。《梁书》载其为南康王长史时，被典签中伤去职，奉辞王府一笺凡千余字。按笺内有云"去矣何生，高树芳烈"之语。既辞王府，何以独称何生，殊不可解。《南史》虽删此文，而谓僧孺将去，有友人何炯犹在王府，僧孺与炯书以见意，然后何生句始明，盖别何炯书，非辞王府笺也。此又可见《南史》详细处。至《任昉传》，《梁书》、《南史》俱谓昉出为新安太守，卒于官。而刘孝标《广绝交论》有云"瞑目东粤，鬾尔诸孤，流离大海之南，寄命瘴疬之地"，是则昉殁于粤，非殁于新安也，二书俱误。

南史于陈书无甚增删

《南史》于他书多所增删，独至《陈书》则甚少。今以两书比对，如《杜僧明》、《周文育》、《侯安都》、《侯瑱》、《欧阳頠》、《吴明彻》、《黄法氍》、《淳于量》、《章昭达》、《程灵洗》等传，大概相同，但稍节其字句耳。其《陈书》所有而《南史》删之者，《周铁虎传》删马明战死之事，《任忠传》删后主幸臣沈客卿、施文庆弄权误国之事，《华皎传》删戴僧朔、曹庆、钱明、（本）〔潘智虔〕、鲁闲、席慧略等附见之事，《傅縡传》删其《明道论》一篇，《沈炯传》删其请终养一疏、答诏一道，《江总传》删其《修心赋》一篇而已。

其《陈书》所无而增之及《陈书》所略而详之者，如《萧摩诃传》，隋将贺若弼兵至建业，鲁广达力战，贺若弼与七总管兵八千人，各勒阵以待之。弼躬当广达，麾下死者二百七十余人，弼纵烟以自隐，窘而复振。陈人得人头辄走献后主取赏。弼更趋孔范军，范败走，陈军遂溃。隋将擒萧摩诃送弼，弼以刀临颈，辞色不挠，乃释而礼之。又《陈慧纪传》，慧纪闻隋师攻建业，先遣吕肃据巫峡，以铁锁横江，四十余战，隋军死者五千余人，陈军尽取其鼻以邀赏。既而隋军获陈卒则纵遣之。别帅廖世宠诈降于隋，欲烧隋舰，风浪大起，火反烧陈船，陈军大败。慧纪尚率兵东下，隋晋王广遣使以慧纪子来谕降，又使降将樊毅等谕上流城戍悉解，慧纪不得已乃降。此《陈书》所略而详之者也。

《任忠传》，忠降隋数年而死，隋文帝谓群臣曰："平陈之初，我悔不杀任蛮奴。受人荣禄，兼当重寄，不能横尸而云无所用力，与弘演纳肝，何其异也？"《傅縡传》，縡以直谏死，死后有蛇屈尾来上灵座，去而复来，百余日，时时有弹指声。《吴明彻传》，明彻为周所擒，封怀德郡公。《义阳王叔达传》，《陈书》止载其入隋为绛郡通守，《南史》并载其入唐为礼部尚书。此皆《陈书》所无而《南史》增之者也。其余但删减行墨，而绝无添列事迹。盖李延寿修《南》、《北》二史阅十七年，至修《陈书》则已精力渐竭，故不能多为搜辑耳。

南史与陈书歧互处

《南史》于《陈书》虽无甚增删，然如《衡阳王传》直书其为文帝所害，《始兴王伯茂传》直书其为宣帝所害，《刘师知传》直书其害梁敬帝之事，使奸恶不能藏匿，此最有功于《陈书》。事俱见《陈书避讳》条内。

其他有与《陈书》歧互者。《长沙王叔坚传》，《陈书》谓后主待坚渐薄，坚不自安，乃为左道祈福，刻木作偶人，衣以道士服，昼夜醮之。有人上书告其事，后主令宣敕责之，坚曰："非有他故，但欲求亲媚耳。"是左道厌魅，叔坚实有其事也。《南史》则云后主阴令人造其厌魅之具，又令人告之，案验令实。是叔坚本无此事，而后主诬陷之耳。又江总《自序》，太建之末，权移群小，屡被摧黜。生平惟奉佛教，深悟苦空。《陈书》本传谓此序时人谓之实录，《南史》则谓此叙识者讥其言迹之乖。惟此两传，二书歧互。观于江总谄事后主，与《自序》不同，则亦当以《南史》为定也。

宋齐多荒主

古来荒乱之君何代蔑有,然未有如江左宋、齐两朝之多者。宋武以雄杰得天下,仅三年而即有义符。文帝元嘉三十年,号称治平,而末有元凶劭之悖逆。孝武仅八年而有子业,明帝亦八年而有昱。齐高、武父子仅十五年而有昭业,明帝五年而有宝卷。统计八九十年中,童昏狂暴,接踵继出。盖劫运之中天方长乱,创业者不永年,继体者必败德,是以一朝甫兴,不转盼而辄覆灭,此固气运使然也。今摘于左。

宋少帝义符,武帝之长子也。善骑射,解音律,即位后所为多乖戾。于华林园为列肆,亲自酤卖。又开渎聚土,以象破冈埭,与左右引船唱呼,以为欢乐。徐羡之等废立之夕,帝方游天泉池,即龙舟而寝,诘朝未兴。兵士进杀二侍者,并伤帝指,扶出东阁,收玺绶,群臣拜辞,以皇太后令废为营阳王,遂徙于吴郡。未几,羡之等使中书舍人邢安泰弑帝于金昌亭。帝有勇力,不受制,突走出昌门,追以门阃踣之而殒。

前废帝子业,孝武帝之长子也。幼而猖急,在东宫每为孝武所责。孝武西巡,帝参承起居,书迹不谨,孝武责之曰:“书不长进,此是一条耳。”初即位受玺绶,傲然无哀容。始犹难诸大臣及戴法兴等,既杀法兴,于是又诛群公。太后疾笃呼帝,帝曰:“病人间有鬼,那可往?”太后怒谓侍者曰:“将刀来,破我腹,那得生此宁馨儿?”山阴公主,帝姊也,淫恣过度,帝为置面首左右三十人。每出,使公主与朝臣共陪辇。自以在东宫时不为孝武所爱,将掘其景宁陵,太史言不利于帝而止。乃纵粪于陵,骂孝武为“齇奴”。又掘殷贵妃墓,忿其在孝武时专宠也。文帝第十女新蔡公主,帝之姑也,纳之宫中,立为贵嫔,改姓谢氏,杀一婢,假称公主薨逝,以鸾辂龙旂送还其家。又忌诸父建安王休仁、湘东王彧、即明帝。山阳王休祐,聚之殿内,殴捶陵曳,无所不至。三王并肥壮,帝以笼盛之。彧尤肥,号为“猪王”,号休仁为“杀王”,休祐为“贼王”。尝以木槽盛饭,纳诸杂食搅和之,裸彧入地坑中,令以口就槽食之,以为欢笑。令左右淫休仁生母杨太妃,备诸丑状。又令淫南平王敬猷母,不从,即杀敬猷及其弟敬先、敬渊。时廷尉刘蒙妾有孕,帝迎入宫,冀生男,立为太子。会彧尝忤旨,帝裸之,缚其手脚,以杖贯之,使担付大官,即日屠猪。休仁笑曰:"未应死。"帝问其故,休仁曰:"待皇子生,杀猪作汤饼。"帝意解,乃一宿出之。将南巡荆、湘,期旦杀彧、休仁等,然后发引。是夜彧与帝幸臣阮佃夫、王道隆、李道儿密结帝左右寿寂之、姜产之等十一人,共谋杀帝。先是帝游竹林堂,使妇人裸身相逐,一妇人不从,命斩之。夜梦一女子骂其悖虐无道,帝怒,于宫中求得貌类所梦者戮之。是夕又梦所戮女骂曰:"汝枉杀我,我诉上帝矣。"至是巫言此堂有鬼,帝与山阴公主及六宫彩女数百人捕鬼,帝亲射之。事毕将奏乐,寿寂之怀刀入,姜产之为副,诸姬皆走,帝亦走。追及之,大呼"寂寂"者三,手不能举,乃被弑。

　　后废帝昱,明帝之长子也。五六岁即能缘漆竿,去地丈余,食顷方下。渐长,喜怒乖节,左右失旨者手加扑打。及即位,内畏太后,外惮大臣,未得肆志。三年后,好出入,单将左右,或十里,或二十里,或入市中,遇(慢)〔谩〕骂则悦而受焉。四年后,无日不出,与解僧智、张五儿恒夜出承明门,夕去晨返,晨出暮归,从者并执铤矛,道上男妇及犬马牛驴值无免者。人间白昼不开门,道无行人。尝着小裤褶,不衣冠。有白棓数十,钳凿刀锯不离左右,为击脑、槌阴、剖心之诛,日有数十,至尸卧流血然后快。左右人见之有颦眉者,帝即令正立,以矛刺之。曜灵殿养驴数十头,所自乘马养于御床侧。与右卫营女子私通,每从之游,持数千钱为酒肉费。出逢婚姻葬送,辄与挽车小儿群饮以为欢。既杀阮佃夫,佃夫有腹心人张羊逃匿,后捕得,自以车轹杀之。杀杜延载、杜幼文,皆手自脔割。察孙超有蒜气,剖腹视之。执盾驰马,自往刺杜叔文于玄武湖北。闻沈勃多宝货,往劫之,挥刀独前。勃知不免,手搏帝耳骂之曰:"汝罪逾桀、纣。"遂见害。帝尝〔制〕露车一乘以出入,从数十人,羽仪追之恒不及。又各虑祸,亦不敢追,但整部伍,别在一处瞻望而已。凡诸鄙事,(遇)〔过〕目即能,锻银裁衣作帽,无不精绝。未尝吹篪,执管便韵。天性好杀,一日无事即惨惨不乐,内外忧惶,夕不及旦。萧道成与直阁将军王敬则谋之。七月七日,帝微行出北湖,张五儿马坠湖,帝自驰骑刺马屠割之,与左右作羌胡伎为乐。又于(峦)〔蛮〕冈赌跳,后往青园尼寺、新安寺偷狗,就县度道人煮之饮酒。杨玉夫尝有宠,忽然见憎,见辄切齿曰:"明日当杀小子。"是夜令玉夫伺织女渡河来报,因与内人穿针讫,大醉,卧于仁寿殿东阿毡幄中。王敬则先结玉夫及陈奉伯、杨万年等二十五人,是夕玉夫候帝眠熟,与万年同入毡幄,取千牛刀杀之。

齐废帝郁林王,武帝之孙,文惠太子之子也。文惠早薨,武帝立为皇太孙。性辨慧,阴怀鄙慝。与左右无赖二十余人共衣食卧起,妃何氏,择其中美者,皆与交欢。密就富人求钱,无敢不与。凡诸小人皆预加爵位,许以南面之日即便施行。师史仁祖、侍书胡天翼惧祸,皆自杀。文惠太子每节其用度,帝谓豫章王妃曰:"阿婆,佛法言有福生帝王家,今反是大罪,不如市边屠沽。"文惠疾及薨,帝侍疾居丧,哀容号毁,见者皆呜咽。才还内室,即欢笑饮食,备极甘滋。葬毕,立为皇太孙。武帝往东宫,帝迎拜号恸欲绝,武帝自下舆抱持之,以为必能负荷也。帝令女巫杨氏祷祠,速求天位。文惠之薨谓由杨氏之力,又令祷祈武帝晏驾。武帝疾甚,帝与妃何氏书纸中央作大喜字,而作三十六小喜字绕之。武帝临崩,谓曰:"五年中一委宰相,五年以后勿复委人。"执帝手曰:"阿奴,若忆翁,当好作。"如此者再。大敛始毕,即呼武帝诸伎奏乐。又好狗马,即位未旬日,即毁武帝招婉殿作马埒。驰骑而坠,面额并伤,称疾不出者数日。多聚名鹰快犬,饲以粱肉①。武帝梓宫下渚,帝于端门内奉辞便称疾还内,奏胡伎,鞞(鞞)〔铎〕之声响震内外。王敬则问萧坦之曰:"不太匆匆耶?"坦之曰:"此是内人哭响彻耳。"山陵之后,微服游市里,多往文帝陵隧中,与群小作诸鄙亵,掷涂赌跳,放鹰走狗。极意赏赐,动至数十万。每见钱曰:"我昔思汝,一个不得。今日得用汝未?"武帝聚钱,上库五亿万,斋库三亿万,金银布帛不可胜计。未期年,用已过半。以诸宝器相击剖碎,以为笑乐。好斗鸡,买鸡价至数千。徐龙驹为后宫舍人,日夜在宫内。帝与文帝幸姬霍氏私通,改姓徐氏。龙驹劝长留宫中,声云度霍氏为尼,以余人代之。皇后亦淫乱,斋阁通夜洞开,内外无别。西昌侯鸾即明帝。使萧谌等诛幸臣曹道刚、朱隆之等,率兵自尚书省入,王晏、徐孝嗣等继进。帝在寿昌殿,方裸身与霍氏相对。谌兵入宫,帝走向徐姬房内,拔剑自刺,不入,以帛缠头颈,舁接出西弄,遇弑。

齐废帝东昏侯宝卷,明帝第二子也。以母后故立为皇太子。在东宫好弄,不喜书学。尝夜捕鼠,达旦以为乐。明帝临崩,嘱以后事曰:"作事不可在人后。"故委任群小,诛杀大臣。性讷涩少言,不与朝士

接。恶明帝灵在太极殿,欲速葬,徐孝嗣力争,得逾月。每当哭,辄云
喉痛。羊阐入临,无发,号恸俯仰,帻遂落地,帝大笑曰:"此秃(秋)〔鹙〕
啼来乎!"自江祏等诛后,无所忌惮,日夜戏马击鼓吹角,左右数百人
叫,杂以羌胡横吹诸伎。尝以五鼓就卧,至晡乃起。王侯朝见,至晡乃
得前,或际暗遣出。台阁奏案不知所在,阉竖以纸包裹鱼肉还家,并是
五省黄案也。元旦朝会,食后方出,礼才毕,便还西序寝,百僚陪位者
自巳至申,皆僵仆。拜潘妃为贵妃,乘卧舆,帝骑马从后。著织成袴
褶,金(薄)〔簿〕帽,七宝稍,金银校具等,各有名字。戎服急装,不避寒
暑,陵冒雨雪,驰骋坑阱,渴辄下马,取腰边蠡器酌水饮之。乘具惧为
雨湿,织杂采珠为覆。好为担幢,初学时幢每倾倒,其后白虎幢七丈五
尺,齿上担之,折齿不倦。黄门五六十人为骑客,又选无赖善走者为逐
马。置射雉场二百(六十)〔九十六〕处,翳中帷幛皆红绿锦为之,金银镂
弩牙,瑇(玳)〔瑁〕帖箭。每出,与鹰犬队主徐令孙、〔媒〕翳队主俞灵韵
齐马而走,又不欲人见之,驱逐百姓,惟置空宅。一月率二十余出,既
往无定处。尉司常虑得罪,东行驱西,南行驱北,应旦出夜便驱逐,打
鼓踏围,鼓声所闻便应走避,避不及者应手格杀。从万春门东至郊外
数十里,皆悬幔为高幛,处处禁断。疾病者悉扛移,无人扛者扶匍道
侧,吏司又捶打,绝命者相继。有弃病人于青溪边者,吏惧帝见,推置
水中,须臾便死。魏兴太守王敬宾新死未敛,家被驱不得留视,及还,
两眼已为鼠食尽。有一妇人当产不能去,帝即剖其腹看男女。长秋卿
王儇病笃,不得留家,乃死于路边。丹阳尹王志被驱,狼狈步走,藏酒
垆边,至夜半方得归。蒋山定林寺一僧病不能去,立杀之,左右韩晖光
曰:"老道人可念。"帝曰:"汝见獐鹿亦不射耶?"璿仪等殿及华林、秘阁
三千余间,尽被火烧,有左右赵鬼者能诵《西京赋》,云"柏梁既灾,建章
是营",于是大起芳乐、芳德等殿。又为潘妃起神仙、永寿、玉寿三殿,
皆饰以金璧。庄严寺有玉九子铃,外国寺佛面有光相,禅灵寺塔有诸
宝珥,皆剔取以为殿饰。又凿金为莲花,使潘妃行其上,曰步步生莲花
也。潘氏服御,极选〔珍宝〕,库物不周,贵市人间金宝,价皆数倍,琥珀
钏一只,直百七十万。又订出雄雉头鹤氅、白鹭缞,百品千条,无复穷
已。亲幸小人因缘为奸,科一输十,百姓困穷,号泣满路。凡诸市买,
遇便掠夺,商旅无诉。又以阅武堂为芳乐苑,当暑种树,朝种夕死。征

求人家,望树便取,毁墙撤屋出之。合抱者亦皆移植,取玩俄顷,烈日中至便焦枯,死而又种,无复已极。诸楼壁上,画男女私亵之状。明帝时所聚金宝,悉泥而用之,犹不足,令富户买金,限以贱价,又不还直。潘妃威行远近,父宝庆挟势逞毒,富人悉诬以罪而没入之。潘妃生女百日而亡,帝为制衰绖,群小来吊,帝蔬膳积旬,不听音伎,阉人王宝孙等共治肴羞,为天子解菜。又于苑中立店肆,帝与宫人等共为酤贩,以潘妃为市令,自为市吏录事。帝小有失,妃亦予杖,乃敕虎贲不得进大荆。虽畏潘氏,而私与诸姊妹淫通。又开渠立埭,躬自引船,埭上设店,坐而屠肉。于时百姓歌云:"阅武堂,种杨柳。至尊屠肉,潘妃沽酒。"朱光尚托鬼道谓帝曰:"向见先帝瞋怒。"帝乃缚菰为明帝形,北向斩之,悬首苑门。会魏师来伐,令扬、南徐二州人三丁取两,远郡悉令上米,一人准五十斛,输米既毕,就役如故。萧衍师至,帝袴褶登南掖门,又虚设马仗千人,张弓拔白,出东掖门,称蒋王出荡。外围既立,屡战不胜,帝犹惜金钱,不肯赏赐。茹法珍叩头请之,帝曰:"贼来独取我耶?何为就我求物?"将军王珍国、张稷等惧祸,乃结后阁舍人钱强、游荡主崔叔智,夜开云龙门。稷、珍国勒兵入殿,帝方吹笙歌作(儿)《女〔儿〕子》,卧未熟,闻兵入,急趋出。阉人黄泰平刃伤其膝,直后张齐斩首,送萧衍。宣德太后令废为东昏侯。

陈后主叔宝,宣帝嫡长子也。即位后荒于酒色,不恤政事。左右嬖佞珥貂者五十人,妇人美丽从者千余人。常使张贵妃、孔贵人等八人夹坐,江总、孔范等十人预宴,号曰"狎客"。先令八妇人擘采笺,制五言诗,十客一时继和,迟罚酒。君臣酣饮,从夕达旦,以此为常。盛修宫室,无时休止。税江税市,征取百端,刑罚酷滥,牢狱常满。隋兵至,入井避之,军人呼之不应,欲下石,乃闻呼声。以绳引之,惊其太重,及出,乃与张、孔二嫔同乘而上。高颎入宫,见其臣下所启军事犹在床下,尚未启封也。入隋,以善终。以上皆本纪。魏征史论:后主于光熙殿前起临春、结绮、望仙三阁,阁高数丈,并数十间。其窗牖壁带悬楣栏槛之类,并以沈檀香木为之,又饰以金玉,间以珠翠,外施珠帘,内有宝床宝帐。其服玩之属,瑰奇珍丽,近古所未有。每微风暂至,香闻数里,朝日初照,光映后庭。其下积石为山,引水为池,植以奇(植)〔树〕,杂以花药。后主自居(迎)〔临〕春阁,张贵妃居结绮阁,龚、孔二贵嫔居望仙阁,并复道交相往来。又有王、李二美人,张、薛二淑媛,袁昭仪、何婕妤、江修容等七人,并有宠,递代以游其上。以宫人有文学者袁大舍等为女学士。后主每引宾客对贵妃等游宴,则使诸贵人及女学士与狎客共赋新诗,互相赠答,采其尤艳丽者以为曲词,被以新声。选宫女有容色者以千百数,令习而歌之,分部迭进,持以相乐。其曲有《玉树后庭花》、《临春乐》等,大指所归,皆美张贵妃、孔贵嫔之容色也。其略曰:"璧月夜夜满,琼树朝朝新。"而张贵妃发长七尺,鬒黑如漆,其光可鉴。特聪慧,有神采,进止闲雅,容色端严,每瞻视盼睐,光采溢目,照映左右。常于阁上靓妆,临于轩槛,宫中遥望,飘若神仙。才辩强记,善候人主颜色。是时后主怠于政事,百司启奏,并因宦者蔡脱儿、李善度进请,后主置张贵妃于膝上共决之。李、蔡所不能记者,贵妃并为条疏,无所遗脱,由是益加宠异,冠绝后庭。而后宫之家不遵法度,有挂于理者,但求哀于贵妃,贵妃则令李、蔡先启其事,而后从容为言之,大臣有不从者,亦因而赞之,所言无不听。于是张、孔之势薰灼四方,大臣执政亦从风而靡,阉宦便佞之徒内外交结,转相引进,贿赂公行,赏罚无常,纲纪瞀乱矣。

　　按《宋》、《齐》、《陈书》及《南史》所记如此。其无道最甚者,其受祸亦最烈。若仅荒于酒色,不恤政事,则虽亡国而身尚得全。又可见劫运烦促中,仍有报施不爽者,可以观天咫矣。

【校】

　　① 粱肉　原作"梁肉",据寿考堂本改。《南史》卷五《齐本纪》下《废帝郁林王》:"多聚名鹰快犬,以粱肉奉之。"

宋世闺门无礼

　　宋武起自乡豪,以诈力得天下,其于家庭之教,固未暇及也,是以宫闱之乱,无复伦理。赵倩尚文帝女海盐公主,始兴王濬出入宫掖,与主私通。倩知之,与主肆詈搏击,至引绝帐带。事上闻,文帝诏离婚,杀主所生母蒋美人。《宋书·赵伦之传》如此。《南史》则谓倩与公主素相爱,偶因戏言,以手击主。事上闻,文帝怒,遂离婚。孝武闺庭无礼,有所御幸,尝留止其母路太后房内,故人间咸有丑声。宫掖事秘,莫能辨也。《路太后传》。帝又与南郡王义宣诸女淫乱，义宣因此发怒，遂举兵反。《义宣传》。义宣败后，帝又密取其女入宫，假姓殷氏，拜为淑仪，左右宣泄者多死。殷卒，帝命谢庄作哀册文。《殷淑仪传》。前废帝子业以文帝女新蔡公主为贵嫔，改姓谢氏，杀一宫婢代之，诡言主薨，以武贲钑戟鸾辂龙旂送还其家。《废帝纪》，并见《何迈传》。帝姊山阴公主淫恣过度，谓帝曰："妾与陛下虽男女有殊，俱托体先帝，陛下后宫数百，而妾惟驸马一人。事不均平，一何至此？"帝为置面首左右三十人。公主又以吏部郎褚渊貌美，就帝请以自侍，备见逼迫。十余日，渊誓死不回，乃得免。《废帝纪》。帝又使左右淫建安王休仁母杨太妃，刘道隆欲得帝欢，尽诸丑状。休仁妃殷氏有疾，召祖翻诊视，祖翻貌美，殷悦之，遂与奸。事泄，遣还家，赐死。皆《休仁传》。

明帝内宴，裸妇人而观之，以为欢笑。王皇后独以扇障面，帝怒曰："外舍寒乞，今共为乐，何为不视？"后曰："为乐之方甚多，岂有姑姊妹相聚，而裸妇人形体？以此为乐，实外舍所无。"帝大怒。《王皇后传》。帝又以妃陈氏赐李道儿，寻又迎还，生后废帝，故人间皆呼废帝为李氏子，废帝亦自称李将军，或自谓李统。《陈太妃传》。帝又素肥，晚年废疾，不能内御。诸弟姬人有孕者辄取入宫，生子则杀其母，而与六宫所爱者养之。顺帝本桂阳王休范子也，以陈昭华为母。《陈昭华传》。此见于纪传者。

宫庭内习尚如此，宜乎士大夫以联姻帝室为畏途。且凡为公主者皆淫妒，人主亦自知之。故江敩当尚主，明帝使人代敩作辞婚表，遍示诸公主，以愧厉之。《文穆皇后传》。亦一代得失之林也。

齐郁林尊其母王太后，称宣德宫，置男左右三十人，前代所未有也。《南史·王皇后传》。

梁武与殷叡素旧，乃以女永兴公主妻其子钧。钧形貌短小，为主所憎，每被召入，先满壁书殷叡字，钧辄流涕而出。主又命束而反之。钧不胜怒而言于帝，帝以犀如意击主，碎（其）〔于〕背。是梁时公主亦然。

宋子孙屠戮之惨

宋武帝七子，长义符，即位，以失德为徐羡之等所废，杀于金昌亭。

次庐陵王义真，亦被废，杀于新安郡。次文帝义隆，为其子劭所弑。次彭城王义康，为文帝赐死。其子允，(文)〔又〕为劭所杀。次江夏王义恭，为前废帝所杀。先有十二子，尽为劭所杀。后又有四子，为前废帝所杀。次南郡王义宣，以谋反为朱修之所杀。其长子恢自杀。恺逃在民间，亦捕杀。余子在江陵者，皆为修之所杀。次衡阳王义季，以饮酒致殒，传国至孙，齐受禅国除。是武帝七子，惟义季善终有后，其余皆死于非命，且无后也。

文帝十九子，长元凶劭，次始兴王濬，皆以弑逆被诛。劭四子，濬三子，皆枭首。次孝武帝。次南平王铄，为孝武鸩死。其子敬猷、敬渊、敬先皆为前废帝所杀。次庐陵王绍，出继义真，以善终。绍又无子，以敬先嗣，即前废帝所杀者。次竟陵王诞，为孝武所忌，使沈庆之攻杀之。无子。次建平王宏，善终。其子景素，后废帝时被杀，并杀其子延龄及二少子。次庐江王祎，明帝逼令自杀。有子克明，善终。无子。次晋熙王昶，前废帝欲讨之，乃奔魏。有二妾，还都各生一子，寻皆殇。明帝以子燮继之，齐受禅赐死。惟昶奔魏后为驸马都尉，有子承绪、孙文远等。次武昌王浑，孝武帝逼令自杀。无子。次明帝。次始安王休仁，为明帝所忌，赐死。其子伯融、伯猷，后废帝时为杨运长等所杀。次晋平王休祐，明帝使人触之，坠马死。有十三子。顺帝时，萧道成以朝命并赐死。次海陵王休茂，以反被杀。次鄱阳王休业、临庆王休倩、新野王夷父，皆早卒。次桂阳王休范，举兵讨萧道成，为张敬儿所杀。子德宣、德嗣、青牛、智藏，皆被杀。次巴陵王休若，为明帝赐死。子冲，寻卒。是文帝十九子，惟孝武及明帝嗣位，绍及宏善终，昶奔魏，休业、休倩、夷父早卒，其余皆不得死，且亦无后也。

孝武帝二十八子，夭殇者十，为前废帝所杀者二，为明帝所杀者十六。见《南史误处》条内。

当明帝时，以孝武子孙诛杀已尽，转以己子武陵王赞为孝武后，则孝武子孙已无一在者可知也。按《刘休传》，明帝素肥，痿不能御内，诸王妾有孕者，密取入宫，生子则闭其母于后房。顺帝本桂阳王休范子也。苍梧亦非帝子，陈太妃先为李道儿妾，故苍梧自称李统云。然则明帝虽有十二子，皆非亲子也，而何以自护其假子，而尽杀祖宗之子孙？卒之十二子中，后废帝及顺帝，皆为萧道成所弑；随阳王翙、新兴王嵩、始建王禧，亦为道成所杀；智井、燮、跻皆出继，而燮亦为道成所杀。智井、燮生卒不可考。惟法良及邵陵王友暨第四子之未名者，以早夭免诛。然则明帝十二子,其真伪本不可知,而即其自号为亲子者,夭卒不过数人,其余亦皆不得其死,且皆年幼无子也。

《南史·顺帝纪》,谓帝逊位被害后,宋之王侯,无少长皆尽矣。然则宋武(九)〔七〕子、四十余孙、六七十曾孙,死于非命者十之七八,且无一有后于世者。

当其勃焉兴也,子孙繁衍,为帝为王,荣贵富盛,极一世之福;及其败也,如风之卷箨,一扫而空之,横尸喋血,斩艾无噍类,欲求为匹夫之传家保世而不可得。斯固南北分裂时劫运使然,抑亦宋武以猜忍起家,肆虐晋室,戾气所结,流祸于后嗣。孝武、明帝又继以凶忍惨毒,诛夷骨肉惟恐不尽。兄弟子姓悉草薙而禽狝之,皆诸帝之自为屠戮,非假手于他族也。卒至宗支尽,而己之子孙转为他族所屠,岂非天道好还之明验哉?前废帝尝梦其母王太后谓之曰:“汝不孝不仁,本无人君之相。子尚愚悖,亦非运祚所及。孝武险虐灭道,怨结神人,儿子虽多,并无天命。”是冥冥中固有鉴观不爽者。孝武既以多杀文帝子而绝嗣,明帝又以多杀孝武子,而其子亡国殒身无复孑遗,真所谓自作之孽也。

廿二史札记卷十二

人君即位冠白纱帽

宋前废帝子业将杀湘东王彧，彧结左右寿寂之等弑帝于后堂，建安王休仁便称臣，引彧升西堂登御座。事出仓猝，犹著乌纱帽，休仁呼主衣以白纱帽代之，乃即位，是为明帝。《明帝纪》。后废帝昱无道，萧道成使王敬则结帝左右陈奉伯等弑之。明旦召大臣会议，敬则遽呼虎贲钑戟羽仪，手自取白纱帽加道成首，令道成即位，曰"事须及热"，道成呵之乃止。《齐高帝纪》。又《齐书·柳世隆传》，沈攸之起兵谓诸将曰："我被太后令建义下都，大事若克，白纱帽当共著耳。"是古来人君即位例著白纱帽。盖本太子由丧次即位之制，故事相沿，遂以白纱帽为登极之服也。

齐梁之君多才学

创业之君兼擅才学，曹魏父子固已旷绝百代，其次则齐、梁二朝，亦不可及也。齐高帝虽不以才学名，然少为诸生，《刘瓛传论》。从雷次宗受业，治《礼》及《左氏春秋》。本纪。为领军时与谢超宗共属文，爱超宗才翰。《超宗传》。即位后，见武陵王晔效谢康乐体诗，训之曰："康乐放荡，作体不辨首尾。安仁、士衡深可宗尚，颜延之抑其次也。"是帝之深于诗文也。《晔传》。又尝与王僧虔赌书，毕，谓僧虔曰："谁为第一？"僧虔曰："臣书第一，陛下亦第一。"帝笑曰："卿可谓善自为谋。"《僧虔传》。是帝之精于书法也。其子孙亦多以才著。临川王映能左右书。《映传》。鄱阳王锵好文章，桂阳王铄好名理，人称为"鄱桂"。〔锵〕〔铄〕传。江夏王锋五岁学凤尾诺，一学即工。十岁能属文，武帝谓其书为第一。明帝辅政，剪除高、武子孙，锋作《修柏赋》以寓意。《锋传》。此其子之多才学也。文惠太子临国学，与王俭讲《礼记》"毋不敬"、《周易·乾》、《震》之义。《文惠传》。竟陵王子良招致学士，抄《五经》百家为《四部要略》千卷。《子良传》。晋安王子懋撰《春秋例苑》三十卷。《子懋传》。随郡王子隆能文，武帝曰："此我家东阿也。"《子隆传》。此其孙之多才学也。而诸孙中，尤以豫章王嶷之诸子为最。子范入梁为南平王从事，制《千字文》，令蔡薳注之。府中文笔皆子范属草。简文遭侯景之逼，葬其后，使子范作哀册文，词极工惋，帝曰："此段庄陵万事零落，惟哀册尚有典刑。"子显著《鸿序赋》，沈约见之，极为倾倒。又采众家《后汉书》，考正同异，作《后汉书》一百卷。又撰《齐书》六十卷、《普通北伐记》五卷、《贵俭传》三卷、文集二十卷。其子恺亦工诗，于宣猷堂与诸名人饯谢嘏出守，赋诗用十五剧韵，独先就，又极工。《子显传》。子显弟子云有文藻，弱冠撰《晋书》，年二十六，书成百余卷。又工书，百济国使人求其书，值子云将出都，使者望船一步一拜，子云遣问之，曰："侍中尺牍之美名闻海外，今日所求惟在名迹。"乃停舟书三十纸与之。其子特亦工书，梁武谓之曰："子敬之迹，不及右军。萧特之笔，遂过于父。"《子云传》。此亦萧齐后人负一代文学之望者也。

至萧梁父子间尤为独擅千古。武帝少而笃学，洞达儒玄，虽万机多务，犹卷不辍手。造《制旨孝经义》，《周易讲疏》，及六十四卦、二《系》、《文言》、《序卦》等义，《乐社义》、《毛诗答问》、《春秋答问》、《尚书大义》、《中庸讲疏》、《孔子正言》、《老子讲疏》，共二百余卷。又令明山宾等〔覆〕述制旨，并撰吉、凶、军、宾、嘉五礼，一千余卷。又造《通史》，亲制赞序，凡六百卷。天性睿敏，下笔成章，千赋百诗，直疏便就。诸文集又一百〔二十〕卷，并撰《金策》三十卷。兼长释义，制《涅槃》、《大品》、《净名》、《三慧》诸经义，又复数百卷。历观古帝王，艺能博学，罕或有焉。《武本纪》。昭明太子三岁受《孝经》、《论语》，五岁遍读《五经》。及长，读书数行并下，过目皆忆。每游宴祖饯，赋诗辄十数韵。或作剧韵，皆属思便成，无所点易。著文集二十卷；〔撰〕古今典诰文言，为《正序》十卷；五言诗之善者，为《文章英华》二十卷；《文选》三十卷。本传。简文帝六岁便能属文，既长，九流百氏经目必记，篇章词赋操笔立成，博综儒书，善言玄理。自序其诗云："余七岁有诗癖，长弗倦也。"史论谓其伤于轻艳，当时号曰"宫体"。所著《昭明太子传》五卷、《诸王传》三十卷、《礼大义》二十卷、《老子义》二十卷、《庄子义》二十卷、《长春义记》一百卷、《法宝连璧》三百卷。本纪。元帝好学，博极群书,才辨敏速,冠绝一时。著《孝德传》三十卷,《忠臣传》三十卷,《丹阳尹传》十卷;《注汉书》一百一十五卷,《周易讲疏》十卷,《内典博要》一百卷,《连山》三十卷,《洞林》三卷,《玉韬》十卷,〔《补阙子》十卷〕,《老子讲疏》四卷,《全德志》、《怀旧志》、《荆南志》、《江州记》、《贡职图》,又《古(人)〔今〕同姓名录》一卷,《筮经》十二卷,《式赞》三卷,文集五十卷。本纪。南康王绩七岁,有人洗改官文书者,即能察出。本传。邵陵王纶预钱衡州刺史元庆和,于坐赋诗十二韵,末云:"方同广川国,寂寞久无声。"武帝大赏之,曰:"汝人才如此,何虑无声?"其后湘东王绎与河东王誉交兵,纶作书劝其息家庭之争,赴君父之急,词极恺切动人。本传。武陵王纪少勤学,有文才,属词不好轻华,甚有骨气。本传。此梁武父子间才学也。

帝弟南平王伟,精玄学,著《二旨义》,别为新通,又制《性情》、(机)〔几〕《神》等论,周舍、殷(芸)〔钧〕俱不能屈。本传。鄱阳王恢猎史籍。本传。安成王秀精意学术,搜集传记,招刘孝标为《类苑》,未毕而已行于世。本传。此又帝诸弟之才学也。

昭明诸子,史不著其能文。简文子大心,幼聪明,善属文;大临,以明经射策甲科;大连,少俊爽,工文,兼善丹青,武帝赐以马,即为谢启,其词甚美;大钧,七岁学诗,武帝赐以王羲之书一卷。元帝子方等,尝著论以鱼鸟自况,因不得于父也。曾注范蔚宗《后汉书》,未就。所撰《三十国春秋》及《静住子》,行于世。第三子方诸,博学,明《老》、《易》,善谈玄,词辨风生。南康王绩子会理,少聪慧,好文史。其弟(通)〔义〕理,博学有文才,尝祭孔文举墓,为之立碑,其文甚美。邵陵王纶子坚,善草隶。其弟确,尤工楷法,公家碑志皆令书之。除秘书丞,武帝谓曰:"以汝能文,故有此授。"武陵王纪子圆正,为元帝因于荆州,曾有连句诗曰:"水长二江急,云生三峡昏。愿贳淮南罪,思报阜陵恩。"元帝览诗而泣。此皆见于各本传者,此武帝诸孙之才学也。

帝兄懿之子渊藻,善属文,尤好古体,非公宴不妄作,虽小文成辄弃本。懿之孙孝俨,从帝游华林园,于坐献《相风乌》、《华光殿》、《景阳山》等颂。南平王伟之孙静,宗室后进,有文才,笃志好学,散书满席,手自校雠。鄱阳王恢之子范,虽无学术,而率意题章,皆有奇致。尝得旧琵琶,齐竟陵王子良旧物也,即揽笔为咏,以示湘东王,王作《琵琶赋》和之。始兴王憺之子(映)〔暎〕，因野谷生，为《嘉谷颂》。其弟晔，当简文入居监抚，为《储德颂》以献。安成王秀之子机，博览强记，有诗赋数千言，元帝序而传之。机弟推，亦善属文，为简文所赏。此亦皆见于本传者，又帝从子从孙之才学也。

齐明帝杀高武子孙

宋子孙多不得其死，犹是文帝、孝武、废帝、明帝数君之所为。至齐高、武子孙，则皆明帝一人所杀，其惨毒自古所未有也。明帝本高帝兄子，早孤，高帝抚之，恩过诸子。历高、武二朝，爵通侯，官仆射。至郁林王时辅政，因郁林无道，弑之而立海陵，不数月，又废弑之而夺其位。自以得不以正，亲子皆幼小，而高、武子孙日渐长大，遂尽灭之，无遗种。《子岳传》。

今按高帝十九子，长武帝，次豫章王嶷、临川王暎、长沙王晃、武陵王晔、安成王暠、始兴王鉴，皆卒于明帝前，故未被害。又早殇者四人。其余鄱阳王锵、桂阳王铄、江夏王锋、南平王锐、宜都王铿、晋熙王铼、河东王铉、衡阳王钧，皆明帝所杀也。武帝二十三子，长文惠太子，早薨。次竟陵王子良，善终。鱼复侯子响，武帝时以擅杀长史，拒台兵，见杀。又早殇者四人。其余庐陵王子卿、安陆王子敬、晋(陵)〔安〕王子懋、随郡王子隆、建安王子真、西阳王子明、南海王子罕、巴陵王子伦、邵陵王子贞、临贺王子岳、西阳王子文、衡阳王子峻、南康王子琳、湘东王子建、衡山王子珉、南郡王子夏，皆明帝所杀也。文惠太子子郁林王昭业、海陵王昭文，既为明帝所弑；巴陵王昭秀、桂阳王昭粲，亦明帝杀之；甚至竟陵王子良之子昭胄、昭颖，亦明帝所杀。统计高帝后，惟豫章王嶷有子子廉、子恪、子操、子范、子显、子云等有后于梁，其余诸子及武帝、文惠诸子孙，大半皆被明帝之祸，且俱无后。

按齐高尝戒武帝曰："宋氏若不骨肉相残，他族岂得乘其衰敝？"故终武帝世，诸兄弟尚得保全。然齐高但知宋之自相屠戮，而不知己之杀刘氏子孙之惨。当巴陵王子伦被害时，谓茹法亮曰："先朝杀灭刘氏，今日之事，理数固然。"是天理即人心，杀人子孙者，人亦杀其子孙。金翅下殿，搏食小龙无数，《子夏传》。明帝名鸾，即金翅鸟也。斯固齐高之自取也。然齐明之忍心害理，亦已至矣。〔延兴〕、建武中凡三诛诸王。

每一行事,帝辄先烧香火,呜咽流涕,人以此知其夜当有杀戮。《子岳传》。每杀诸王,皆以夜遣兵围宅,或斧砍关排墙而入。《锵传》。当时高、武子孙朝不保夕,每朝见,鞠躬俯偻,不敢正行直视。《铉传》。桂阳王铄见帝后,出谓人曰:"吾前日见上流涕呜咽,而鄱阳、随郡诛。今日又流涕,而有愧色,其在吾耶?"是夕果见杀。《铄传》。宜都王铿咏陆机《吊魏武》云:"昔以四海为己任,死则以爱子托人。"左右皆泣,未几赐死。《铿传》。王敬则起兵向阙,以奉南康王子恪为名,子恪逃走,不知所在。明帝欲尽杀高、武子孙,乃悉召入尚书省,敕人各两左右自随,孩抱者乳母随入。其夜太医煮药,都水办棺材数十具,须三更悉杀之。会子恪自吴奔归,二更刺启入。时刻已至而帝眠未醒,沈徽孚、单景隽少留其事。及帝觉,乃白子恪已至,帝惊曰:"未尽诸王命耶?"景隽具以事答,明日悉遣诸王侯还第。《昭胄传》。盖天良难昧,帝亦动于心之所不安也。然其后又卒皆诛死。然则齐明之残忍惨毒,无复人理,真禽兽之不若矣。

卒之高、武子孙既尽,而己之子东昏侯宝卷、和帝宝融皆被废杀之祸。江夏王宝玄先为东昏所杀。鄱阳王宝寅逃入魏,后亦谋反诛。邵陵王宝攸、晋熙王宝嵩、桂阳王宝贞皆中兴元二年赐死。惟(广)〔庐〕陵王宝源以先卒未被祸,巴陵王宝义以废疾得善终,余皆早夭。是明帝之子亦无一得免祸者。始安王遥光,明帝亲兄子,明帝谋害诸王,皆遥光赞成之。后遥光亦以反诛。真所谓天理昭彰,报施不爽,凡杀人以利己者,可以观于此矣。

齐制典签之权太重

齐制,诸王出镇,其年小者则置行事及典签以佐之。一州政事,以及诸王之起居饮食,皆听命焉,而典签尤为切近。《齐书·孝武诸子传论》谓帝子临州,年皆幼小,故辅以上佐,简自帝心。州国府第,先事后行,饮食起居,动应闻启。行事执其权,典签掣其肘,处地虽重,行己莫由。斯宋氏之余风,在齐而弥甚也。

今见于列传者,武陵王暠为丹阳尹,始不置行事,得自亲政。《暠传》。随郡王子隆督益州,始亲府州事。《子隆传》。可见其始皆有行事,不得自专也。蔡约为宜都王长史,行府州事,时诸王行事多相裁割,约在任,主佐之间穆如也。《约传》。可见行事如约者少也。刘暄为江夏王宝玄郢州行事,执事过刻。有人献马,宝玄欲看之,暄曰:"马何须看?"妃索煮腯,暄曰:"已煮鹅,不复烦此。"宝玄曰:"舅殊无渭阳之情。"《江祏传》。可见行事之威制也,此行事之弊也。

其签帅之权,如武陵王曅在江州,忤典签赵渥〔之〕,赵渥〔之〕启其得失,即召还京。《曅传》。宜都王铿举动每为签帅所(判)〔制〕,立意多不得行。《铿传》。南海王子罕欲暂游东堂,典签姜秀不许,还,泣谓母曰:"儿欲移五步不得,与囚何异?"邵陵王子贞求熊白,厨人答以无典签命不敢与。西阳王子明欲送书侍读鲍僎,典签吴修之不许,乃止。俱见《子伦传》。其有不甘受制而擅杀典签者,则必治以专辄之罪。如长沙王晃为典签所裁,晃杀之,高帝大怒,手诏赐杖。《晃传》。鱼复侯子响为行事刘寅、典签吴修之等所奏,武帝遣台使检校,子响愤杀寅、修之等,后以抗拒台兵被诛。《子响传》。是以威行州郡,权重藩君,势积重而难反。

当子响之杀寅等也,武帝闻之曰:"子响遂反。"戴僧静大言曰:"诸王都应反。"帝问故,对曰:"诸王无罪,而一时被囚,取一挺藕、一杯浆,签帅不在,则竟日忍渴。诸州但闻有签帅,不闻有刺史。"见《子伦传》。而《僧静传》,武帝使僧静往讨,僧静曰:"王年少,长史捉之太急,怨不思难故耳。天子儿过误杀人,有何大罪,而忽遣军西上耶?僧静不敢奉诏。"竟陵王子良尝问范云曰:"士大夫何故诣签帅?"云曰:"诣长史以下皆无益,诣签帅便有十倍之利,不诣何为?"《子伦传》。故明帝杀诸王,无一不就典签杀之。其初辅政时,防制诸王,先致密旨于上佐。《孔琇之传》。又令萧谌召诸王典签,约不许诸王外接人物。《谌传》。其害巴陵王子伦也,惧其有兵能拒命,以问典签(裴)〔华〕伯茂,伯茂曰:"若遣兵,恐不可即得。委伯茂,则一小吏力耳。"果以鸩逼之死。《子伦传》。又遣裴叔业害南平王锐,防阁周伯玉欲斩叔业,举兵匡社稷,典签叱左右斩之,锐遂见害。《锐传》。积威之渐,一至于此。

按《南史·吕文显传》,故事,府州部内论事皆用签,前叙所论之事,后书某官某签。故府州置典签掌之,本五品吏耳。宋季多以幼小王子出为方镇,人主皆以亲近左右为典签,一岁中还都者数四,人主辄问以刺史之贤否,往往出于其口,于是威行州郡,权重藩君。齐明帝知之,始制诸州论事不得遣典签,其任稍轻,其后仍复积重。《梁书》,江革为庐陵王长史,时少王行事多倾意于签帅,革以正直自处,不与签帅同坐。盖以典签本微贱者也。然官小而权重,革之为此,岂至梁时签帅已轻,不复如齐时之威福在手耶?

南朝以射雉为猎

南朝都金陵,无搜狩之地,故尝以射雉为猎。宋明帝射雉,至日中无所得,甚惭曰:"吾旦来如皋,遂空行,可笑。"褚炫对曰:"今节候虽适,而云雾尚凝,故斯翚之禽骄心未警。"帝意解,乃于雉场置酒。《宋书·褚炫传》。帝至岩山射雉,有一雉不肯入场,日暮将返,留晋平王休祐侍之,令勿得雉勿返。休祐便驰去,上令寿寂之等追之,蹴令坠马死。《休祐传》。齐武帝永明六年,邯郸超谏射雉,上为之止,久之超竟诛。后又将射雉,竟陵王子良又谏止。《子良传》。东昏置雉场二百九十六处,翳中帷幛皆红绿锦为之,有鹰犬队主、〔媒〕翳队主等官。《齐纪》。

江左世族无功臣

六朝最重世族,已见《丛考》前编,其时有所谓旧门、次门、后门、勋门、役门之类,以士庶之别,为贵贱之分,积习相沿,遂成定制。陶侃微时,郎中令杨晫与之同乘,温雅谓晫曰:"奈何与小人同载?"郗鉴陷陈午贼中,有同邑人张实先附贼,来见,竟卿鉴,鉴曰:"相与邦壤,义不及通,何可怙乱至此?"实惭而退。杨方在都,缙绅咸厚之,方自以地寒不愿留京,求补远郡,乃出为高梁太守。王僧虔为吴兴郡守,听民何系先等一百十家为旧门,遂为阮佃夫所劾。张敬儿斩桂阳王休范,以功高当乞镇襄阳。齐高辅政,以敬儿人位本轻,不欲便处以襄阳重镇。侯景请婚王、谢,梁武曰:"王、谢门高,可于朱、张以下求之。"一时风尚如此。

即有出自寒微,奋立功业,官高位重,而其自视犹不敢与世族较。陈显达既贵,自以人微位重,每迁官,常有愧惧之色,诫诸子曰:"我本志不及此,汝等勿以富贵骄人。"又谓诸子曰:"麈尾是王、谢家物,汝不须捉此。"王敬则与王俭同拜开府,褚渊戏俭以为连璧,俭曰:"老子遂与韩非同传。"或以告敬则,敬则欣然曰:"我本南沙小吏,今得与王卫军同拜三公,复何恨?"《敬则传》。王琳为梁元帝所忌,出为广州刺史,琳私谓李膺曰:"官正疑琳耳。琳分望有限,岂与官争为帝乎?何不使琳镇雍州,琳自放兵作田,为国捍御外侮也。"《琳传》。且不特此也,齐高在宋,以平桂阳之功加中领军,犹固让与袁粲、褚渊,书自称下官常人,志不及远。《褚渊传》。及即位后,临崩,遗诏亦曰:"吾本布衣素族,念不到此。"本纪。可见当时门第之见习为固然,虽帝王不能改易也。

　　然江左诸帝乃皆出自素族。宋武本丹徒京口里人。少时伐获新洲,又尝负刁逵社钱被执,其寒贱可知也。齐高自称素族,则非高门可知也。梁武与齐高同族,亦非高门也。陈武初馆于义兴许氏,始仕为里司,再仕为油库吏,其寒微亦可知也。其他立功立事为国宣力者,亦皆出于寒人。如顾荣、卞壸、毛宝、朱伺、朱序、刘牢之、刘毅等之于晋,檀道济、朱龄石、沈田子、毛修之、朱修之、刘康祖、到彦之、沈庆之等之于宋,王敬则、张敬儿、陈显达、崔慧景等之于齐,陈伯之、陈庆之、兰钦、曹景宗、张惠绍、昌义之、王琳、杜龛等之于梁,周文育、侯安都、黄法氍、吴明彻等之于陈,皆御武戡乱,为国家所倚赖。而所谓高门大族者,不过雍容令仆,裾屐相高,求如王导、谢安柱石国家者,不一二数也。次则如王弘、王昙首、褚渊、王俭等,与时推迁,为兴朝佐命以自保其家世,虽朝市革易,而我之门第如故,以是为世家大族迥异于庶姓而已。此江左风会习尚之极敝也。

梁武存齐室子孙

　　宋之于晋,齐之于宋,每当革易,辄取前代子孙尽殄之。梁武父顺之,在齐时以缢杀鱼复侯子响事,为孝武所恶,不得志而死。故梁武赞齐明帝除孝武子孙以复私仇,然亦本明帝意,非梁武能主之也。后其兄懿又为明帝子东昏侯所杀,故革易时亦尽诛明帝子以复之,所谓自雪门耻也。至于齐高子孙犹有存者,高、武子孙已为明帝杀尽,惟豫章王一支尚留。则皆保全而录用之。如萧子恪仕至吴郡太守,子范秘书监,子显侍中、吏部尚书,子云国子祭酒,子晖中骑长史。梁武尝谓子恪等曰:"我初平建康,人皆劝我,云时代革易,宜有处分。我依此而行,有何不可?正以江左以来,代谢必行诛戮,有伤和气,所以运祚不长。昔曹志是魏武帝孙,陈思王之子,事晋武帝能为忠臣,此即卿事例。卿等无复自外之意,日久当知我心耳。"姚察论曰:"魏、晋革易,皆抑前代宗支以绝民望,然刘晔、曹志犹显于新朝。及宋,遂令司马氏为废姓。齐之代宋,戚属皆歼,其祚不长,抑亦由此。梁受命,而子恪兄弟及群从并随才受任,通贵满朝,君子以是知高祖之量度越前代矣。"

陈武帝多用敌将

陈武帝起自寒微,数年有天下,其将帅自侯安都、黄法氍、胡颖、徐度、杜稜、吴明彻诸人外,其余功臣皆出于仇敌中者。杜僧明、周文育则起兵围广州,为帝所擒者也。欧阳頠亦事萧勃,为周文育擒送于帝者也。侯瑱、周铁虎、程灵洗则王僧辩故将也。鲁悉达、孙玚、周炅、樊毅、樊猛则王琳故将也。或临阵擒获,或力屈来降,帝皆释而用之,委以心膂,卒得其力以成偏安之业。其度量恢廓,知人善任,固自有过人者。如侯瑱据豫章,自以本事僧辩,不肯入朝。及部众叛散,或劝其投北齐,瑱以帝有大量,必能容人,乃诣阙归罪。鲁悉达据晋熙,王琳授以镇北将军,帝亦授以征西将军,悉达两受之而皆不就。帝使沈泰潜师袭之,亦不克。后为北齐师所破,乃来归。武帝谓曰:"来何迟也?"对曰:"陛下授臣以官,恩至厚矣;使沈泰来袭,威亦深矣。臣所以自归者,以陛下豁达大度,同符汉祖故也。"帝曰:"卿言得之矣。"可见帝之度量,当时早有以见信于人,故能驱策群雄,借以集事。魏郑公史论谓帝:"志度宏远,怀抱豁如。或取士于仇雠,或擢才于亡命,掩其受金之过,宥其吠尧之罪,委以心腹爪牙,咸得其死力。方诸鼎峙之雄,足以无惭权、备矣。"然则虽偏安江左,固亦有帝王之量哉!

齐梁台使之害

《齐书·竟陵王子良传》,宋元嘉中,簿书赋税皆责成郡县,孝武帝急速,乃遣台使,自此公私劳扰。齐初子良疏曰:"此辈使人,既非详慎,或贪险崎岖,营求此役。朝辞禁门,形态即异;暮宿村县,威福便行。胁遏津吏,恐喝邮传。既望城郭,便飞下严符,但称行台,未知所督,先诃官吏,却摄群曹。绛标寸纸,一日数至,四乡所召,莫辨枉直。万姓骇迫,争致馈遗。今日酒谐肉饫,即许附申;明日礼轻货薄,复责科算。及其豚蒜转积，鹅栗渐盈，远则分鬻他境，近则托质吏民，反请郡邑，助民祈缓。"此齐室台使之害也。《梁书·贺琛传》亦有疏曰："今东境户口空虚，皆由使命繁数。大邦大县，舟船衔命者非惟十数，即穷幽之乡、极远之邑，亦皆必至。驽困邑宰，则拱手听其渔猎；桀黠长吏，又因之而为贪残。故细民弃业，流冗者多。"此梁室台使之弊也。

以田租丁赋，动遣台使分催，本非政体。此辈假公营私，骚及鸡犬，固事之所必有也。然如子良所云豚蒜鹅栗之类，则征索尚属微细，后世固不至以簿书赋役动遣使征求。然有时以重案，特命大官出勘，名曰钦差。其中未尝无公正之人，能廉洁持身，平反定狱，然不可多得也。不肖者则因以为利，借权索贿，动至数万金，小民之受累犹少，官府之被祸已深。前明刘瑾窃柄时，科道出使归，例以千金为馈，犹觉其细已甚也，何况齐、梁台使仅索鸡豚果栗之类，固不足数矣。夫外吏不可信而遣朝官，小官不可信而遣大僚，宜其励官方而达民隐，乃滋累更甚，则不如不遣之为愈也。

后汉桓帝数遣黄门常侍及中使伯荣往来甘陵。伯荣尤骄蹇，所经郡国莫不迎送礼谒。陈忠上言："使者所过，威权翕赫，震动郡县。王侯二千石为伯荣独拜车下，仪体上僭，侔于人主。长吏惧责，发人修道，缮理亭传，征役无度，老幼相随，动以万计。赂遗仆从，人数百匹，顿踣呼嗟，莫不叩心。"后代钦差之弊，往往类此。

六朝多以反语作谶

自反切之学兴，遂有以反语作谶者。《三国志》，诸葛恪未被害时，民间谣曰："诸葛恪，芦苇单衣篾钩落，于何相逢成子阁。""成子阁"反语"石子冈"也。后恪为孙峻所杀，投尸于石子冈。《晋书·孝武纪》，帝为清暑殿，识者谓"清暑"反语为"楚声"，哀楚之征也。（齐书）《〔南史〕》，益州向无诸王作镇，宋时有邵硕曰："后有王胜憙来作此州。"及齐武帝以始兴王鉴为益州刺史，"胜憙"反语为"始兴"也，硕言果验。又文惠太子启武帝，乞东田作小苑。"东田"反语为"颠童"，后其子郁林王即位，果以童昏见废。《梁书》，武帝创同泰寺，后又创大通门，以对寺之南，取反语以协"同泰"也，遂改年号为大通，以符寺及门名。昭明太子时有谣曰："鹿子开城门，城门开鹿子。""鹿子开"者，反语谓"来子哭"。时太子之长子欢为南徐州刺史，太子薨，乃遣人追欢来临丧，故曰"来子哭"也。

哀策文

周制，饰终之典，以谥诔为重。汉景帝始增哀策。《汉书》本纪，中二年，令诸侯王薨，大鸿胪奏谥诔策；列侯薨，大行奏谥诔策。应劭注谓赐谥及诔文哀策也。沿及晋、宋，犹以谥诔为重。《魏志·郭后传》裴松之注，后崩，有哀策文。《晋书·文明王皇后传》，武帝时后为皇太后，既崩，帝手疏后德行，命史官为哀策文。及帝杨后崩，亦命史官作哀策。其文俱载本传。愍怀太子为贾后所害，后追复皇太子，特为哀策文，又江统、陆机并作诔颂焉。李胤卒，皇太子命王赞诔之，其文甚美。《王珣传》，孝武帝崩，哀策谥议皆珣所草。宋文帝袁皇后薨，诏颜延之为哀策文，甚丽，帝自增"抚存悼亡，感今怀昔"八字。孝武殷贵嫔薨，命谢庄为诔文，都下传写，纸为之贵。至齐，则专重哀策文。齐武裴后薨，群臣议立石志，王俭曰："石志不出《礼经》，今既有哀策，不烦石志。"乃止。可见齐以后专以哀策为重也。今见于《齐》、《梁书》各列传者，梁武丁贵嫔薨，张缵为哀策文；昭明太子薨，王筠为哀策文；简文为侯景所制，其后薨，萧子范为哀策文，简文读之曰"今葬礼虽缺，此文犹不减于旧"是也。唐代宗独孤后薨，命宰相常衮为哀策，犹沿此制。

南朝陈地最小

晋南渡后南北分裂，南朝之地，惟晋末宋初最大，至陈则极小矣。刘裕相晋，灭慕容超而复青、齐，降姚洸而复洛阳，灭姚泓而复关中。其后关中虽为赫连勃勃所夺，而溯河西上时，遣王仲德在北岸陆行，魏将尉建弃滑台，仲德入据之。自后魏屡攻，得而复失。魏明元帝欲南伐，崔浩谓当略地以淮为限，则滑台、虎牢反在我军之北。是滑台、虎牢尚为宋地。宋将到彦之、王仲德攻河南，（明元）〔太武〕帝遣长孙道生等追击，至历城而还。是历城亦宋地也。宋元嘉十九年诏，阙里往经寇乱，应下鲁郡修复学舍。是鲁郡亦宋地也。直至魏太武帝遣安颉攻拔洛阳，克虎牢，克滑台，帝临江起行宫于瓜步，宋馈百牢，乃班师，于是河南之地多入魏。魏孝文帝时，宋薛安都以彭城，毕众敬以兖州，常珍奇以悬瓠，俱属于魏。张永、沈攸之与魏战，又大败，于是宋遂失淮北四州及豫州淮南地。其后齐将裴叔业又以寿春降魏，于是淮北之地亦尽入于魏，故萧齐北境已小于宋。

迨梁武帝使张（绍）惠〔绍〕取宿豫，萧（容）〔宏〕取梁城，韦叡取合肥，以及义阳、邵阳之战，浮山堰之筑，两国交兵争沿淮之地者十余年，互有胜负。魏孝明帝时，元法僧以徐州降梁，梁武遣萧综守之，综仍以徐州降魏。魏末尔朱荣之乱，北海王颢奔梁，梁立为魏主，使陈庆之送之归国，深入千里，孝庄帝北走，颢遂入洛，梁之势几振。其后颢战败被擒，魏仍复所失地，而梁之地尚无恙也。及侯景之乱，西魏寇安陆，执司州刺史柳仲礼，尽没汉东之地。其淮阳、山阳、淮阴等地俱降东魏，郢阳王范又以合州降东魏，东魏遂尽有淮南之地。景又攻陷广陵，使郭元建守之，景败，元建以广陵降北齐，时东魏孝静帝已逊位于齐文宣。于是江北亦为北齐所有。是时萧绎在江陵，乞师于西魏，令萧循以南郑与西魏，西魏遂取汉中。绎称帝于江陵，武陵王纪自成都起兵伐之，西魏使尉迟迥攻成都以救绎。及纪为绎所杀，而迥亦取成都，于是蜀地尽入于西魏矣。是时梁之境自巴陵至建康，惟以长江为限，荆州界北尽武宁，西拒峡口。而岳阳王萧詧以绎杀其兄誉，遂据襄阳降西魏，西魏遣于谨等伐江陵，克之，杀元帝。即绎。乃以江陵易襄阳，使詧为梁主，而襄阳亦入于西魏矣。元帝殁后，王僧辩、陈霸先立其子方智于建业，北齐文宣纳萧渊明入为梁主，陈霸先废杀之，仍奉方智。其时徐嗣徽、任约降北齐，方据石头城，文宣又遣萧轨、柳达摩、东方老等来镇石头，为霸先所擒杀，金陵之地得以不陷。计是时江以北尽入于北齐，西境则蜀中及襄阳俱入西魏，江陵又为萧詧所有，梁地更小于元帝时矣。

陈霸先篡位，是为陈武帝。因之以立国，其地之入于周者，西魏恭帝逊位于周。惟湘州在江之南，周将贺若敦、独孤盛不能守，全师北归，地归于陈。其后周、陈通好，陈又略周以黔中地及鲁山郡。迨北齐后主荒纵，陈宣帝乘其国乱，使吴明彻取江北，大败齐师于吕梁，又攻杀王琳于寿阳，于是淮泗之地俱复。而是时周已灭齐，宣帝欲乘乱争徐、兖，又使明彻北伐，至彭城，反为周师所败，明彻被擒。于是周韦孝宽复取寿阳，梁士彦复拔广陵，陈仍画江为界，江北之地尽入于周。故隋承周之地，晋王广由江都至六合，韩擒虎自庐州直渡采石，贺若弼自扬州直造京口，遂以亡陈也。

　　按三国时孙吴之地，初只江东六郡，渐及闽、粤。后取荆州，始有江陵、长沙、武陵、桂阳等地，而夔府以西尚属蜀也。其江北之地，亦只有濡须坞，今无为州。其余则皆属魏。陈地略与之相似，而荆州旧统内江陵又为后梁所占，是其地又小于孙吴时。

廿二史札记卷十三

魏书多曲笔

魏收仕于北齐,修史正在齐文宣时,高洋。故凡涉齐神武高欢。在魏朝时事,必曲为回护。如《孝庄纪》,建义元年书齐献武王高欢先谥。与于晖等大破羊侃于瑕丘。《北史》不书。二年书齐献武王与上党王天穆大破邢杲于济南,杲降送京,斩于都市。《北史》不书。《前废帝纪》,普泰元年书齐献武王以尔朱(荣)逆乱,兴义于信都。《北史》不书。又《尔朱荣传》内书河阴之役,荣欲篡立,齐献武王及司马子如劝止之,乃仍奉庄帝。《北史》谓刘灵助劝止之,而不及高欢等。此皆深著齐神武之功也。孝武西迁为西魏,神武立孝静帝为东魏,则于西魏之君臣率多贬词。孝武之殂,则书宇文黑獭即宇文泰。既害出帝,即孝武帝。乃以南阳王宝炬僭尊号。即文帝。斛斯椿随入关,《北史》载其死后家无余赀,而魏收《书》则谓其狡狯多事,好乱乐祸,朝野莫不疾之。贺拔胜自魏奔梁,又自梁归西魏,感梁武之德,见鸟之南飞者亦不忍射。玉(璧)〔壁〕之战,追逐齐神武,几获之。《北史》谓其垂翅江左,忧魏室之危亡;奋翼关西,感梁朝之顾遇。是固君子人也。魏收《书》则谓其好行小数,志大胆薄,周章南北,终无所成,致殁于贼中。此皆以其仕于西魏,故肆为诋訾。当时已谓其党齐毁魏,褒贬肆情,则其曲笔可知也。

至《孝静帝纪》历叙高澄无礼于帝,及帝逊位于齐文宣时,与宫嫔泣别,乘一犊车而去,后文宣行幸,常以帝自随,竟遇鸩而崩等语。按魏收修书正在文宣时,方谄齐之不暇,岂敢直书其事?此必非收原本,乃后人取《北史》之文以足之。惟《后妃传》内孝静帝后高氏,本神武之女,文宣妹也,而书帝崩后下嫁杨遵彦,亦似略无忌讳,故《丛考》前编谓非收原本。今细按之,正见收之谄附遵彦,欲以见其联姻帝室之荣。则此传实系收《书》,非抄《北史》之文也。遵彦,杨愔字也,史家书名不书字,今独书其字,尤见其谄愔而不敢书名也。然则收之《书》趋附避讳,是非不公,真所谓秽史也。

孝武帝与高欢不协,而西迁既入关,因闺门无礼,为宇文泰所鸩。魏收在齐修《魏书》,宜乎详著其丑,乃《出帝纪》即孝武帝。并不叙及,但云帝为宇文黑獭所害,是犹存讳恶之义。或收修书时,孝武闺门之事尚未闻于齐故耶?

魏书纪传互异处

《魏书·道武宣穆皇后传》,明元帝之母刘贵人。魏故事,后宫产子,将为储贰,其母皆赐死,故后以旧法薨。然考纪传,道武以前未有此事。《明元本纪》载道武将立明元为太子,召而告之曰:"昔汉武将立其子而杀其母,不令妇人与国政也。汝当继统,故吾远同汉武。"于是刘贵人死,明元悲不自胜。据此则立子先杀其母之例,实自道武始也。遍检《魏书》,道武以前实无此例,而传何以云魏故事耶?《北史》亦同此误。

尔朱荣传

《北史》魏诸臣传多与魏收《书》相同,惟《尔朱荣传》,当时谓荣子文畅遗收金,请为其父作佳传,收论内遂有"若修德义之风,则韦、彭、伊、霍夫何足数"等语,故《北史》此传多有改订。今按收《书》大概著其功而减其恶,先叙其讨破万(子)〔于〕乞真、句。(番)〔素〕和婆嵎岭、句。〔内附叛胡〕乞、步落坚胡刘阿如、句。敕勒(北)〔叱〕列若、句。(勒勒)〔敕勒〕斛律洛阳、句。费也头牧子等,详悉不遗。至葛荣作乱,则载其请讨一疏。明帝之殂,则载其请诛徐纥、郑俨一疏。立庄帝后,载帝加以柱国大将军一诏。擒葛荣后,载帝加以大丞相一诏,又进位太师一诏。平元颢后,载帝加以天柱大将军一诏。及荣死后,又载废帝追赠三诏。而于荣肆横无君,逞凶滥杀,及庄帝畏逼忧祸,潜谋杀荣之事,则不甚详。使阅者但觉功多罪少,此收之舞文也。《北史》则于讨破万(子)〔于〕乞真等小贼,不过檃括数语,其疏与诏一切删除。此本《北史》体例如是,非专略于《荣传》。而河阴之杀朝臣,《魏书》谓千三百人,《北史》谓二千余人。及庄帝杀荣之事详叙之,历历如绘,自是功罪各不相掩。

然收《书》河阴之役,荣杀帝兄弟,并幽帝于别帐,将弑之,已使赵元则作禅文,因铸己象不成,乃还奉庄帝之处,亦终不能稍讳,则亦未大失实也。惟荣女先为明帝嫔,荣欲以为庄帝后,帝从祖莹言立之。此事《荣传》中竟绝无一字,则以此后后为齐神武所纳,故讳之。然则收非曲徇尔朱,乃曲徇高氏耳。

西魏书

魏自胡太后临朝,孝明帝崩后,尔朱荣起兵,沉太后、少帝于河,立长乐王子攸,是为孝庄帝。帝以荣肆横,手杀之。尔朱兆等称兵害帝,立长广王晔,又以晔诏禅位于广陵王恭,是为节闵帝。《魏书》谓前废帝。高欢起兵讨尔朱氏,废节闵而立平阳王修,是为孝武帝。未几,帝与欢不协,乃西迁关中,依宇文泰。欢别立清河王亶子善见为帝,是为东魏,而孝武为西魏。

按欢废节闵时会朝臣议,佥谓孝文不可无后,故立孝武。天下共以为主已三年,始西迁,是魏统自应属孝武。孝武崩,文帝立,文帝崩,废帝、恭帝继之,皆魏之正统也。魏收在北齐修《魏书》,欲以齐继魏为正统,故自孝武后即以东魏孝静帝继之,而孝武后诸帝不复作纪,此收之私见也。魏澹作《魏书》,以西魏为正统,自是正论。惜其书不传,故西魏文帝等纪年纪事转见于《周文帝》即宇文泰。纪内。幸《北史》增文帝诸纪,名分始正,而《魏书》究不得为完书。

近日谢蕴山藩伯另撰《西魏书》,以次于《魏书》之后,诚得史裁之正也。其采掇亦甚详,可称良史。惟列传尚有遗漏,如八柱国内少李弼、独孤信、赵贵、侯莫陈崇,十二大将军内少侯莫陈顺、宇文遵、达奚武、李远、豆卢宁、宇文贵、杨忠、王雄。按柱国本尔朱荣官号,荣败后此官遂废。魏文帝以宇文泰功大,始命为之。其后功参佐命、望实俱重者,亦居此职。自大统十六年以前任者凡八人。泰统百揆,元欣皇族,其余六人各督二大将军,分掌禁旅,出则征伐。是诸臣乃大统十六年以前功臣,虽皆宇文泰擢用,然是时魏祚未移,泰亦尚为魏臣,诸人方与泰比肩事魏,则皆西魏臣也,岂得无传?又苏绰在魏,仿《周礼》定官制,与卢辩同事,今绰有传而辩无传,亦属挂漏。曾属蕴山补之,未知增入否。

附：答　书

谢启昆

前过常州，快聆麈论，得慰积怀。昨惠手书，过蒙期许，拙诗复陇以序文，感何如之！承示《西魏书》挂漏处，极费清心。所有宗室内少元育、元赞，八柱国内少李弼、独孤信等，十二大将军内少侯莫陈顺等，诚属疏略。然断代为书，列传当有限制。尝怪汉之臧洪、陶谦、荀彧、公孙瓒、董卓、二袁诸人皆未臣魏，陈寿载之《魏志》，殊失史裁，范蔚宗收入《后汉书》，是也。然黄初诸臣曾仕建安者甚多，使俱入《汉书》，则无此义例矣。弟为此书之初，搜罗周、隋两朝之曾仕西魏者凡三百余人，《周书》列传非西魏臣者十无一二，势难废《周书》而改为《西魏》，故拙撰列传，以宇文受禅为断，其下仕周、隋者即不立传，虽尉迟迥、独孤信辈勋业烂然，亦从删削。然《封爵表》载其爵秩大事，《异域表》载其勋略，柱国大将军之制载于《百官考》，似可与列传互为补苴，不致缺漏矣。此区区作书之旨，不识高明以为然否？大抵吾辈著书，得失参半，一人见识既单，精力有限，不得良友正之，则疑无从改订。尚祈不吝教言，尤荷高谊。吾兄近日著述如已脱稿，亦望寄示，或可效一得之愚也。诸惟鉴原是幸。

答谢蕴山藩伯书

承示《西魏书》断自宇文受禅，而以仆所指八柱国、十二大将军有不能尽入《西魏》者，具见斟酌苦心，仆深愧考核未精，妄参末议矣。汉以后数朝，皆以禅代为革命，其臣多历仕前后两朝，故作史者必先立限断。晋武时议立《晋书》限断，荀勖欲以魏正始为断，王瓒欲以嘉平为断，贾谧欲以泰始为断。后因张华谓宜用(正)〔泰〕始，其议遂定。徐爰《宋书》旧本，列晋末诸臣及叛贼，并刘毅等与宋武同起义者，沈约修《宋书》以桓玄、(焦)〔谯〕纵、卢循身为晋贼，无关后代；吴隐、郗僧施义止前朝，不宜入宋；刘毅、何无忌、诸葛长民、魏咏之、檀凭之志在匡晋，亦非宋臣，遂一概删却。此皆古人先立限断之法。足下《西魏书》以宇文受禅为断，可谓扼要矣。然亦有未可尽拘者。

陈寿《魏志》列入汉末诸臣，董卓、陶谦、吕布、二袁、刘表等，诚有如足下所云殊失史裁。然寿作《三国志》时，后汉尚未有正史，而诸臣事多与曹操相涉，不立传则记载不明，故仿(史记)〔《汉书》〕项羽、陈涉之例，遂列汉臣于《魏志》。及范蔚宗出，悉收入《后汉书》，而后汉、魏两朝人物,灿若列眉。足下《西魏书》列斛斯椿、贾显度、贺拔胜等传,正用范《书》例也。而范《书》中有苟彧一传,彧出仕即参曹操军事,始终为其谋主,佐成大业,则听其传于《魏志》可矣。而蔚宗以其心存汉朝,阻魏九锡,特入于汉臣内,此又作史者于限断之中寓变通之例。今西魏八柱国、十二大将军,虽多宇文泰擢用,其后又多仕于周者,然其先则与泰同官魏朝,且泰于魏文帝时尚不失臣节,其出师尝奉魏帝以行,所仿《周礼》六官亦必奏而后著为令,非如操之目无汉献也,则与泰同立功于西魏者尚皆魏臣。况李弼、侯莫陈顺,当周闵帝受禅之年即卒;赵贵、独孤信,并以谋杀宇文护而被害,似不得尽指为周臣,而《西魏书》不列传也。如以仕周者不终于魏,则有《新唐书》传赵光胤、王处直之例在。二人皆唐臣,后历仕朱梁、后唐,而《新唐书》仍为立传。光胤则叙其历官知制诰而止,处直则叙其天复初封太原郡王而止,以此官犹是唐所授,以后则不复叙也。否则有《隋》、《唐》二书各传裴矩之例在。矩入唐为民部尚书,唐人修《隋书》,以其在隋朝事迹最多,特为立传。后宋祁以其说曹旦举山东之地归唐,又为立传于《唐书》,是一人两传,古亦有此例。

西魏达奚武入周,有迎齐将司马消难、拒斛律敦等功,而其先战沙苑,战河桥,斩齐将高敖曹,败梁将萧循,皆魏朝事也。豆卢宁入周,有讨稽胡刘桑德等功,然其先从擒窦泰,复弘农,破沙苑,平梁仚定,讨(乙铁忽)〔傍乞铁忽〕,皆魏朝事也。杨忠入周,有破齐师于晋阳等功,而其先从平潼关,破回洛城,斩齐将辛纂,擒梁将柳仲礼,皆魏朝事也。宇文贵入周,但有讨吐谷浑之功,而其先从尔朱荣擒葛荣,平邢杲,拒元颢,则尚在孝武以前;及从孝武入关,援贺若统,败尧雄,走任祥,降是云宝,亦皆魏朝事。魏文帝以金卮置侯上,射中者赐之,贵一发而中,帝即赐贵,且奖谕之,则更为魏帝所宠任者。窃意此诸人仍应补传于《西魏》,但叙其在魏立功之处,而入周后事迹,《周书》本有传,固不妨并存,似与《隋》、《唐》二书传裴矩、赵光胤、王处直之例相合,不必以其曾仕周遂不入《魏书》也。

前、后五代之人,多历仕数朝,最难位置。如后五代时,张全义附梁最密,而薛居正以其再仕后唐,则入于《唐臣传》;冯道历仕数朝,居正以其殁于周,亦入于《周臣传》,终觉未妥,故欧阳修另立《杂传》以处之。今以仕周者遂不入《魏书》，意虽严而事未备也。且前代各史，凡手创帝业，身未为帝，至其子始禅代者，皆听其入新朝纪内，而前朝不复立传。如《后汉书》不立《曹操传》，《魏志》不立司马懿父子传，《后魏书》不立《高欢传》，是也。今《西魏书》以宇文泰为西魏功臣之首，特为立传，此与《后周书》立《杨忠传》同一卓识。泰既立传于《西魏》，而与泰同仕魏朝，同受魏封之人，反以其仕周遗之，转不免留全书之缺矣。承谕著书必资友朋订正，此诚大人先生虚怀集益之雅量，故仆敢再进瞽说，以就正有道焉。

北史魏书多以魏收书为本

李延寿修《北史》时，魏收、魏澹二《书》并存。史称澹《书》义例极严，则延寿《魏史》自应以澹《书》为本。乃今与魏收《书》一一核对，惟道武、太武、献文之弑及以西魏为正统，昭成帝为其子实君所弑，《魏书》但云二十九年十二月，帝至云中，旬有二日，帝崩。《北史》则云皇子实君作乱，帝暴崩。　道武为清河王绍所弑，《魏书》但云冬十月戊辰，帝崩于天安殿，年三十九。《北史》则云清河王绍作乱，帝崩。　太武为中常侍宗爱所弑，《魏书》但云正平二年三月甲寅，帝崩于永安宫，年四十五。《北史》则云中常侍宗爱构逆，帝崩。　献文为文明太后所害，《魏书》但云承明元年年二十三，帝崩于永安殿。《北史》则书文明太后有憾于帝，帝崩。　《魏书》出帝之后，即接以东魏孝静帝，而出帝后诸帝不书。《北史》则孝武帝后即出帝。有《文帝》、《废帝》、《恭帝》三本纪。恭帝逊位，西魏亡，始列东魏《孝静帝本纪》。**此盖用魏澹之例。**澹《书》以西魏为正统，东魏为伪。又以道武诸帝并遭非命，前史立纪不异善终，杀主害君莫知名姓，则乱臣贼子将何所惧？今分明直书，不敢回避云。其他纪传则多本魏收《书》，但删繁就简耳。

推原其故，盖魏收修史在北齐时，凡魏朝记载如邓渊、崔浩、高允所作编年书，李彪、崔光所作纪传表志，邢峦、崔鸿、王遵业所作高祖起居注，温子昇所作《庄帝纪》，元晖业所作《辨宗室录》，卷帙具在，足资采辑，故其书较为详备。及书成，则尽焚崔、李等旧书，于是收《书》独存。而魏澹续修，亦仅能改其义例之不当者，而年月件系事实，则固不能舍收《书》而别有所取也。是知澹《书》已悉本收《书》，延寿又在澹后，自不得不以收《书》为本，故叙事大略相同也。

按孝明帝之崩，本胡太后幸臣郑俨、徐纥所为，魏收《书》及

《北史》本纪皆不见其迹,但云武泰元年二月癸巳,帝崩于显阳殿而已。是《北史》例亦不画一。又《晋书·苻坚载记》,坚遣俱难、邓羌等讨涉翼犍,即《魏书》什翼犍。涉翼犍战败,遁于阴山,其子翼珪缚父以降。坚以涉翼犍荒俗未知礼义,令入太学习礼,以翼珪执父不孝,迁于蜀。此事魏收《书》本纪既不载,《北史》亦不书。

北史改编各传

《北史》编次各传,多有与正史异者。《魏》、《齐》、《隋》俱有《外戚传》,《北史》以魏之刘罗辰、李峻、于劲、李延实,齐之娄叡、尔朱文畅、郑仲礼、李祖昇、元蛮,隋之独孤罗、萧岿,各附其家传,惟魏之贺讷、姚黄眉、杜超、贺迷、闾毗、冯熙、李惠、高肇、胡国珍,齐之赵猛、胡长仁入《外戚传》。《周书》无《外戚传》。《魏书·文苑传》有袁跃、裴敬宪、卢观、封肃、邢臧、裴伯茂、邢昕、温子昇,《北史》惟取子昇,其余各附其家传。《齐书·文苑传》有祖鸿勋、李广、樊逊、刘逖、荀士逊、颜之推,《北史》惟取祖、李、樊、荀,其余亦各附其家传。《周书》无《文苑传》,《北史》取王褒、庾信、颜之推及弟之仪。之推本在《北齐·文苑》内,后又仕周,故《北史》编入周代。《隋书·文学传》有刘臻、崔儦、王颁、诸葛(颖)〔颍〕、王贞、孙万寿、虞绰、王胄、庾自直、潘徽,《北史》则取刘臻、诸葛(颖)〔颍〕、王贞、虞绰、王胄、庾自直、潘徽,又增虞世基、许善心、柳(䛒)〔䛒〕、明克让为《文苑传》,而崔儦、王颁、孙万寿各从其家传。《魏书》有《孝感传》,赵(谈)〔琰〕、长孙虑、乞伏保、孙益德、董洛生、杨引、阎(允)〔元〕明、吴悉达、王续生、李显达、仓跋、张昇、王崇、郭文恭也;《周书》有《孝义传》,李棠、柳桧、杜叔毗、荆可、秦族、皇甫遐、张元也;《隋书》有《孝义传》,陆彦师、田德懋、薛濬、王颁、田翼、杨庆、郭世俊、纽因、刘仕儁、郎方贵、翟普林、李德饶、华秋、徐孝肃也。《北史》则以赵(谈)〔琰〕、李棠、柳桧、杜叔毗、陆彦师、李德饶入别传及家传,其余作《孝行传》。《魏书·(艺)术〔艺〕传》,晁崇、张(胜)〔渊〕、殷绍、王早、耿玄、刘灵助、江式、周澹、李修、徐謇、王显、崔彧、蒋少游也;《齐书·方技传》,由吾道荣、王春、信都芳、宋景业、许遵、吴遵世、赵辅和、皇甫玉、解法选、魏宁、綦母怀文、张子信、马嗣明也;《周书·艺术传》,冀儁、蒋昇、姚僧垣、黎景熙、赵文深、褚该、强练也;《隋书·艺术传》,庾季才、卢太翼、耿询、韦鼎、来和、萧吉、张胄玄、许智藏、万宝常也。《北史》则以江式、崔㥄、冀儁、黎景熙、赵文深各编列传，又增沙门灵远、李顺兴、檀特师、颜恶头，并以陆法和、徐之才、何稠共为《艺术传》，其余入别传及家传。《魏书·酷吏传》，于洛侯、胡泥、李洪之、高遵、张赦提、羊祉、崔暹、郦道元、谷楷也；《齐书·酷吏传》，邸珍、宋游道、卢斐、毕义云也；《周书·酷吏传》，王文同也。《北史》则以高遵、羊祉、郦道元、谷楷、宋游道、卢斐、毕义云各从其家传，其余入《酷吏传》。

北史全用隋书

　　《北史》于《魏》、《齐》、《周》正史间有改订之处，惟于隋则全用《隋书》，略为删节，并无改正，且多有回护之处。如隋文帝之篡，《隋书》本纪既循照历代国史旧式，叙九锡文、禅位诏，并帝三让乃受，绝不见攘夺之迹矣。《北史》亦一一照本抄誊，略无一语差异，只删去九锡文以省繁冗而已。文帝杀宇文诸王，《周书》谓诸王皆以谋执政被害，而《北史》则第书诛陈王纯，诛代王达，诛滕王逌，一似有罪而伏法者。帝即位后封静帝为介国公，年方九岁，开皇元年殂，《周书》谓隋志也，而《北史》但书介国公薨，上举哀于朝堂，谥曰周静帝，一似善终而加以恩礼者。其于文帝之崩，书帝疾甚，与百寮辞诀，握手歔欷，崩于大宝殿。又载遗诏一篇，有"恶子孙已为百姓除去，今嗣位者乃好子孙"等语。一似凭几末命，寿考令终，并非遭害者。《炀帝纪》亦但书高祖崩，上即位于仁寿宫。而炀帝使张衡侍疾致毙，及矫诏即位之事，绝不见形迹。即《张衡传》亦不著其弑逆，但载其赐死时自言"我为人作何事，而望久活"，监刑者塞耳促杀之而已。惟《宣华夫人传》，文帝以太子广无礼于夫人，速召故太子勇，杨素急以白太子广，广遂令张衡入寝殿，令夫人及后宫侍疾者皆出，俄而帝崩。此则略露端倪于隐约之间，然亦未尝直书也。

　　《隋书》书法承历代相沿旧例，尚不足怪。李延寿自作私史，正当据事直书，垂于后世，何必有所瞻徇，乃忌讳如此？岂于隋独有所党附耶？抑《隋书》本延寿奉诏所修，其书法已如此，故不便歧互耶？然正史隐讳者赖有私史，若依样胡卢，略无别白，则亦何贵于自成一家言也？

南北史两国交兵不详载

《南》、《北史》以简净为主,大概就各朝正史删十之三四。如每代革易之际,以禅让为篡夺者,必有九锡文、三让表、禅位诏册,陈陈相因,遂成一定格式,《南》、《北史》则删之,而仅存一二诏策。其他列传内,文词无关轻重者,亦多裁汰。如许善心《神雀赋》,《隋书》全载原文,《北史》但记其事而不载其赋。如此类者,不一而足,宋子京所谓"刊落酿词,过旧书远甚"者也。

其于南北交兵事,尤多删削。今即以《北史》与《魏(史)〔书〕》校对。如《魏书》明元帝泰常七年,魏攻滑台,宋将王景度弃城走。八年,克虎牢,获宋将毛德祖等。此事在宋少帝景平元年,《宋书》书魏军克虎牢,执司州刺史毛德祖以去。《南史》却不书。太武帝神麚元年,宋将王仲德寇济阳,王玄谟、竺灵秀寇荥阳,魏兵击破之。四年,安颉平滑台,擒宋将朱修之、李元德等,追檀道济至历城而还。此事在宋元嘉八年,《宋书》书滑台复为索虏所陷,檀道济引兵还。太平真君四年,皮豹子等破宋兵于浊水。七年,永昌王仁擒宋将王章于高平。十一年,仁斩宋将刘坦之于汝东。宋将萧斌之寇济州,王买德弃城走,斌之入城,遣王玄谟寇滑台。帝南伐,遣长孙真率骑五千赴之,玄谟、斌之皆遁,乃命诸将并进。宋将臧(盾)〔质〕拒守,燕王谭破其援兵胡崇之,永昌王又攻拔悬瓠。车驾至淮,斩宋将(唐德)〔刘康〕祖,遂至瓜步。宋人大惧,献百牢,请进女皇孙以求和。帝以师婚非礼,许和而不许婚。《北史》俱不书,但云帝南征,命诸将分道并进,所至城邑皆下,起行宫于瓜步〔山〕。宋文帝遣使进百牢,并请进女,帝许和而不许婚。又如孝文帝太和四年,齐将崔文仲陷(寿春)〔茌眉戍〕,崔慧景寇武兴。魏诏元嘉等南讨,破齐将卢绍之于朐山。又诏冯熙等出(正)〔义〕阳,贺罗出钟离,诸将击破齐将桓康于淮阳,俘三万余人。《北史》亦不详载,但云元嘉破齐军,俘三万口。十(三)〔二〕年,齐将陈显达陷醴阳,左仆射穆亮讨之。十(五)〔三〕年,齐兵寇淮阳,太守王僧俊击走之。二十一年,帝留诸将攻赭阳,自至宛城,克其郛;至新野,筑长围困之。大破齐将于沔北。二十二年,齐将蔡道福、成公期、胡松等各弃地遁走。又攻宛城,拔之,其将房伯玉出降。齐将裴叔业寇涡阳,诏郑思明救之。二十三年,齐将陈显达寇(颍)

〔荆〕州,诏元英讨之。显达陷马圈〔戍〕,车驾南伐,显达遁走。《北史》皆不书①。宣武帝正始元年,梁将姜庆真陷寿春外郭,州兵击走之。统军刘思祖大破梁兵于邵阳,擒其将赵景悦等。元英又破梁将王僧炳于樊城,又破梁将马仙琕于义阳,拔之。《北史》皆不书,但书破马仙琕一事而已。二年,邢峦擒梁将范始男等,王足斩梁将王明达等,薛真度又破梁将王超宗等。《北史》俱不书,但云频大破之。是年,又诏中山王英南讨襄、沔。三年,梁将王茂先寇荆州,诏杨大眼讨之,斩其将王花等,茂先遁,追至汉水,拔其〔王〕〔五〕城。梁将张惠绍陷宿豫,韦叡陷合肥,诏尚书元遥南讨,奚康生破张惠绍,斩其将宋黑,中山王英破其将王伯敖,邢峦破其将桓和于孤山,诸将别克固城、蒙山,兖州平。邢峦败梁兵于宿豫,张惠绍弃宿豫,萧昞弃淮阳南走,徐州平。中山王英大破梁军于淮南,梁临川王宏等弃〔梁城,沿〕淮东走,遂攻钟离。四年,钟离大水,英败绩而回。《北史》皆不书,但书命中山王英南讨,破梁将王伯敖,及围钟离,因大水败回而已。淮阳之役,临川王宏大兵逃回,实两国大事,乃亦不书。

　　盖延寿叙事,专以简括为主,固不能一一详书。且南北交兵,各自夸胜讳败,国史固各记其所记。延寿则合南北皆出其一手,惟恐照本抄誊,一经核对,则事迹多不相符故也。即如《齐神武纪》,神武围王思政于玉壁,欲以致敌,西师不敢出,乃班师。而《周文纪》谓周文闻齐神武至玉壁,乃出军蒲坂,神武即退。是西师未尝不敢出也。芒山之战,《齐纪》谓神武大败周文,俘斩六万。会有军士奔西军,告以神武所在,西军尽锐来攻,神武几为贺拔胜所获,仅而免。是东军先胜而后败也。《周纪》则云齐神武阵芒山,数日不进,周文率军夜登山,未明而击之,神武为贺拔胜所逐,仅免。而赵贵等五军居右,战不利,齐神武合军再战,周文又不利。是西魏军亦先胜后败。两纪相校,则《周纪》少叙先为东军所败一节,《齐纪》又少叙再战而败西军一节,致不相合。且齐神武奔脱后,合兵再战,周文不利之处,应叙于《齐纪》以夸胜,乃反叙于《周纪》,而《齐纪》不书。此战之后,《齐纪》谓神武遣刘丰徇地,至弘农而还,《周纪》谓齐神武自至陕,达奚武御之乃退,亦不相符。可见作史之难,两国交涉处一经校对,辄多罅隙,宜乎延寿之不敢详书也。

　　按《北史》太略,亦有不明处。如魏宣武帝景明元年,齐将陈伯之寇淮南，是伯之方为齐攻魏也，忽于正始三年书陈伯之自梁城南奔。一伯之也，何以忽南忽北？《魏书》则景明三年书伯之来降，正始元年，伯之破梁将赵祖悦及昌义之，三月，伯之自梁城南奔，则其先降北而又奔南，较为明晰。《北史》不书其降魏一节，殊无来历。若以伯之降魏事小故不书，然正始元年梁将夏侯道迁据汉中来降，何以又书也？

【校】

① 齐将陈显达陷醴阳……齐兵寇淮阳……帝留诸将攻赭阳，自至宛城，克其郛；至新野，筑长围困之。大破齐将于沔北……显达陷马圈〔戍〕，车驾南伐，显达遁走。《北史》皆不书　《校证》：以上各事，《北史·孝文帝纪》(卷三)并有记载，此文言"皆不书"，与事实不符。

北史与魏齐周隋书歧互处

《北史》与《魏》、《齐》、《周》、《隋》各史比对，大略相同，间有小异处，今为摘出。《魏书》，神元帝遣子文帝沙漠汗。如魏，是岁魏景元二年也。《北史》则谓遣文帝如晋，是岁晋景元二年也。按景元尚是魏陈留王年号，《魏书》以属魏，从其名也。是时权已在晋，《北史》以属晋，从其实也。《魏书》凡宗室皆系以元姓，如元觚、元仪、元题之类是也。按拓跋之改姓元，乃孝文帝时事，道武以来固未尝有此。乃以后来所改之姓，追叙于未改之前，殊属倒装。《北史》则书秦王觚、东平公仪、襄城公题，较为得实。尔朱荣河阴之杀朝士，《魏书》谓责百官以明帝被害之故，《北史》谓荣妄言高阳王雍欲反，故杀之。《周书·杨忠传》，忠从独孤信破穰城，居半年，以东魏之逼，与信俱奔梁，后从梁归关中，周文召居帐下。是奔梁后方归西魏也。《北史》云东魏之逼，忠与信俱归关中，周文召居帐下。则删却奔梁一节，未免过求简净之失。

其他与正史稍有歧互者，魏孝文南伐，《魏书》步骑百余万，《北史》作三十余万。齐文宣逼魏孝静帝禅位，《魏书》有襄城王旭入奏，请静帝法尧禅舜，《北史》作襄城王旵。西魏克南郑，《周书》谓梁萧循降，《北史》作萧修。《周书·文帝纪》有沃野贼卫可孤，《北史》作卫可瓌。弘农之战，《周书》谓斩东魏将李徽伯，《北史》谓擒李徽伯。此皆稍有差异之处。延寿《自序》谓正史外又勘究杂史千余卷,故有此改订也。

北史书法与周隋书不同处

《周书·文帝纪》内,魏大统十二年,齐神武围玉壁不克,以疾班师,十三年春遂殂。十五年,侯景弑梁武帝。十六年,齐文宣废魏孝静而自立。《北史·周纪》皆不书,以是时周文帝尚为魏臣,诸事皆书于魏史故也。《隋书·文帝纪》专叙文帝事,而其父忠立功于周室之处不叙,以《周书》已立《忠传》也。《北史》则于周代不立《忠传》,而以忠事叙于《隋文纪》内。

《周书·文帝》、《孝闵帝》、《明帝》三本纪各为一论,《北史》则三帝合为一论,而论词仍櫽括《周书》三论用之。《周书·武帝》、《宣帝》、《静帝纪》各为一论,《北史》亦櫽括其语为一论。至如《隋文帝》、《炀帝》、《恭帝纪论》则全用《隋书》,一字不易,惟《文帝论》开首"龙德在田,奇表见异"八字,换以"树基立本,积德累仁"耳。然隋文以诡诈攘位,有何积德累仁耶?

北史纪传互异处

《隋书·文帝本纪》,周五王谋隋文帝,帝以酒肴造赵王招,观其指趣。王伏甲于卧内,赖元胄以免。是文帝知招欲谋害,故以酒肴赴之以观其意也。《元胄传》则云,招欲害帝,帝不之知,乃将酒肴诣其宅。则已与纪异矣。《周书·赵王招传》云,招邀隋文帝至第,饮于寝室。则又非隋文之以酒肴赴之也。《周》、《隋书》各记所记,故不同如此。《北史》则延寿一手所成,乃此等处全抄旧文,初不检点,遂亦歧互。

大业十四年

隋炀帝江都之难在大业十四年,而《隋书》及《北史》只书十三年者,缘十三年唐高祖起兵入长安,奉代王侑为帝,改元义宁,而炀帝大业之号已从削除。修史者皆唐臣,自应遵本朝之制,以义宁纪年,而炀帝之被弑,转书于义宁二年之内。其实天下共主一日尚存,终当称其年号,则大业十四年不可没也。

太上皇帝

太上皇本汉高祖有天下后奉其父太公之称,非太公有天下传于子而有是称也。《汉书》,高帝诏曰:"父有天下,传归于子。子有天下,尊归于父。此人道之极也。今公卿大夫已尊朕为皇帝,而太公未有尊号,今上太公曰太上皇。"蔡邕曰:"太上皇不言帝,非天子也。"颜师古曰:"天子之父,故号曰皇。不预政治,故不曰帝也。"又《三国志》,王肃议曰:"汉总帝王之号,号曰皇帝。有别称帝,无别称皇者。高祖时其父见在,而使称皇,则皇是稍轻者也。"裴松之注:"汉祖尊其父为皇,其实贵而无位,高而无民,比之于帝,实稍轻也。"其以天下传子而称太上皇帝者,各史所载共十四君。今记于左。按《左传》晋景公有疾,立太子州蒲为君,会诸侯伐郑。《史记》赵武灵王传国于子惠文王,自称主父。此实内禅之始,然未有太上之称,故不列。他如晋司马伦迁惠帝于金墉城,号曰太上皇;唐高祖立隋代王侑,尊炀帝为太上皇,此皆僭乱革易时事,名同而实异,更不可列入内禅之内也。

吕光即天王位,年号龙飞。在位十年,以老病,立子绍为天王,自称太上皇帝。《晋书》载记。

后魏献文帝即位后,雅薄时务,常有遗世之心。在位七年,年十七即内禅,使太保陆馥、太尉源贺奉皇帝玺绶册命皇太子升帝位。是为孝文皇帝,时年仅五岁。群臣奏曰:"昔三皇之世淡泊无为,故汉高祖尊其父曰太上皇,不统天下。今皇帝幼冲,万几大政犹宜陛下总之。谨上尊号曰太上皇帝。"帝乃从之。遂徙居崇光宫,采椽不斫,土阶而已。国之大事,仍以奏闻。孝文帝每月一朝崇光宫,后改称宁光宫。其后讨蠕蠕、拾寅等事,献文帝仍躬御戎车。承明(二)〔元〕年崩,年二十三。《魏书》。

北齐武成帝即位五年,年二十八岁。以天文有变,太史奏当有变易。祖珽乃上表,言陛下虽贵为天子,未是极贵。按《春秋元命苞》,乙酉之岁,除革旧政。今太岁在乙酉,宜传位东宫,应天道。乃上魏献文帝禅子故事。帝从之,《祖珽传》。乃传位于皇太子纬,是为齐后主。时年十岁。大赦改元,百官上尊号为太上皇帝,军国大事仍以奏闻。《北齐书》本纪。然是时武成帝仍往来晋阳、邺都,凡除拜生杀仍自主之。后主天统四年崩,凡为太上皇帝四年。《北齐书》。

后主纬隆化二年,时年二十一。自晋阳战败回邺,以周师日逼,乃传位太子恒，时方八岁。改隆化二年为承光元年，尊后主为太上皇帝。后主先走青州，幼主亦东走，又禅位于任城王湝，以太上皇为无上皇，幼主为守国天王。不数日，父子俱为周所执。《北齐书》。

后周宣帝以大象元年时年二十一。传位于皇太子衍，时年七岁。诏曰："朕以寡薄，祗承鸿绪。上赖先朝得一之迹，下借群后不贰之心，（兴）〔思〕隆国本，用弘天历。皇太子衍，地居上嗣，正统所归，远凭积德之休，允叶无疆之（庆）〔祚〕。朕今传位于衍。乃眷四海，深合讴歌之望；（传子）〔俾予〕一人，高蹈风尘之表。万方兆庶，（谅）〔知〕朕意焉。"于是自称天元皇帝，所居称天台，皇帝衍称正阳宫。朝廷政事，仍宣帝处分。大象二年崩，年二十二。《周书》。

唐高祖武德九年六月，秦王世民杀皇太子建成、齐王元吉，乃立世民为皇太子，听政。是岁八月，皇太子即皇帝位于东宫显德殿。贞观三年，太上皇徙居大安宫。《新唐书》本纪书法如此，但言皇太子即位，而不言高祖传位，以见其迫于势之不得已也。以下皆《唐书》。

唐睿宗在武后时已立为帝，后中宗归为帝，睿宗仍为相王。中宗为韦后及安乐公主所弑，韦后临朝。临淄王隆基睿宗子。率兵讨乱，诛韦氏及安乐公主，于是睿宗即皇帝位，立临淄王为皇太子。先天元年，立为皇帝，听小事；自称太上皇，听大事。明年，诏归政于皇帝，是为玄宗。

唐玄宗享国既久，尝欲传位于太子，杨国忠等甚惧，使杨贵妃衔土祈哀，乃不果。天宝十五载安禄山反，帝避乱至马嵬，太子从行。父老请留太子讨贼，帝许之，遣寿王瑁及高力士谕太子，太子乃治兵于朔方。因裴冕、杜鸿渐等请，遂即位于灵武，是为肃宗。尊玄宗为上皇天帝，遣使奏闻。玄宗遣韦见素、房琯、崔涣奉皇帝册至灵武。肃宗复两京，至德二载迎玄宗归。至咸阳，备法驾于望贤驿，玄宗御楼，肃宗紫袍望楼拜舞，玄宗降楼抚肃宗。肃宗泣辞黄袍，玄宗自为衣之，肃宗伏地固辞，玄宗曰："天下人心皆归于汝，使朕得保残龄，即汝之孝也。"肃宗乃受。玄宗居兴庆宫。乾元元年，玄宗入御宣政殿，授肃宗传国受命宝及符册，号曰光天文武大圣孝感皇帝。肃宗又上玄宗尊号曰圣（王）〔皇〕天帝。上元元年，肃宗病，李辅国矫诏迁玄宗于西内。宝应元年，玄宗崩。

唐顺宗即位,病喑,乃立广陵王纯为皇太子,命权勾当军国事。明年,立为皇帝,是为宪宗,而顺宗称太上皇。元和元年,宪宗上尊号曰应乾圣寿太上皇。

宋徽宗宣和七年,以金兵之逼,先命皇太子为开封牧,寻诏皇太子嗣位,自称道君皇帝。太子即位,是为钦宗,尊徽宗为教主道君太上皇帝,居龙德宫。靖康元年,徽宗避金兵至镇江府,金兵退,还京师。明年,金人以二帝北行。以下皆《宋史》。

宋高宗自元懿太子薨,访太祖子孙"伯"字行内者育于宫中。绍兴二年,得伯玖,赐名瑗,后封普安郡王。三十年,立为皇子,更名玮。三十一年,金海陵入寇,玮从高宗至金陵。已而海陵被弑,金兵退,高宗自金陵归。三十二年,立为皇太子,改名眘。高宗久有传位之意,至是乃降御札,皇太子可即位,朕称太上皇帝,退处德寿宫。遣中使召太子入禁中,太子趋避殿侧,高宗勉谕再三,于是高宗出御紫宸殿,宰臣奏事毕,高宗还宫。百官移班殿门外,拜诏毕,复班殿廷,内侍掖太子至御榻前即位,是为孝宗。孝宗是时犹侧立,不敢坐,内侍扶掖至八九,乃略坐。宰相率百官称贺,孝宗遽兴。宰相升殿固请,孝宗愀然曰:"此大位恐不克当。"高宗即驾往德寿宫,孝宗步送出祥曦门,冒雨掖辇,至宫门不止。高宗麾谢再三,令左右扶还,顾曰:"吾付托得人,无憾矣。"自是每五日一朝德寿宫,百官月两朝,高宗诰每月四朝。孝宗上高宗尊号曰光尧寿圣太上皇帝。孝宗终身备极孝养,两宫无纤毫间隔。至淳熙十四年,高宗崩,年八十一,凡为太上皇帝者二十四年。孝宗行三年之丧。

宋孝宗淳熙十五年,诏自今御内殿,令皇太子侍立。十六年二月,诏传位皇太子,以德寿宫为重华宫。是日孝宗吉服御紫宸殿,行内禅礼。百官称贺毕,内侍请太子坐,太子固辞,内侍扶掖,乃即位,是为光宗。光宗是时微坐复兴,丞相率百官贺礼毕,枢密院奏事,光宗仍立听。班退,孝宗反丧服御后殿,光宗侍立。寻登辇,同诣重华宫。光宗还内,上尊号曰至尊寿皇圣帝。

宋光宗绍熙四年七月以后,因疾不能朝重华宫。明年,孝宗疾甚,光宗仍不能朝。孝宗崩后,亦不能过宫行丧,乃立子嘉王为皇太子。赵汝愚密请太皇太后,于禫祭日命皇太子即位,尊光宗为太上皇。至

日,众官扶太子入素幄,披黄袍,太子却立未坐。汝愚率同列再拜,须
臾催仗讫,百官班定,内侍扶掖,乃即位,是为宁宗。宁宗诏建泰安宫
以奉太上皇,自是五日一朝。寻诏以秋暑太上皇未须移御,即以寝殿
为泰安宫,上尊号曰圣安寿仁太上皇帝。庆元六年崩。

　　明英宗土木之变陷于〔也〕先,皇太后谕立皇长子见深为皇太
子,命郕王英宗弟。辅之,代总朝政。后议者谓时方多难,宜立长君,皇
太后亦遣太监金英传旨,郕王宜早正大位,于是郕王即帝位,是为景
帝。景帝遥尊英宗为太上皇。后〔也〕先送英宗归,景帝奉迎之礼
甚简,将至京,始备法驾于安定门外。英宗自东安门入,景帝迎拜,英
宗答拜,各述己意,逊让良久。乃送英宗于南宫,群臣就见而退。后群
臣请朝英宗万寿圣节及元旦,景帝皆不许。已又废太子见深为沂王,
而立己子见济为皇太子,又杀侍英宗之太监阮浪等。皇太子见济寻
卒,御史钟同等请复储,皆被杖,并伐南城中高树,英宗危甚。及景帝
不豫,石亨、徐有贞等迎英宗复位。《明史》。

　　以上皆历代太上皇故事。北朝诸君固无足道,唐、宋则名分
典礼各著称史册。然洪容斋谓唐四君,顺宗以病不能临政;高祖
以秦王杀兄弟;明皇幸蜀,太子擅立;惟睿宗传位发于诚心,然至
先天二年太平公主被诛之明日,始尽行归政,则犹有不得已者。
惟宋高、孝两朝为千古所未有云。此固确论也。然南宋国仅偏
安,嗣君又非亲子,究不得为大全。惟我高宗纯皇帝当大一统之
运,临御六十年,亲传宝位,犹时勤训政,享年至八十有九。今上
自受禅后,极尊养之诚,无一日不亲承色笑,视宋孝宗之一月四
朝,曾不足比数焉。然则两宫授受,慈孝兼隆,福德大备,真开辟
以来所未见,岂不盛哉!

廿二史札记卷十四

皇太孙

《礼记》："有適子，无適孙。"注谓："冢子，身之副也。家无二主，亦无二副。"故古未有称皇太孙者。汉宣帝时，元帝为太子，生成帝，为世嫡皇孙。宣帝爱之，名之曰骜，字曰太孙。此以之为字，非立为太孙也。惟晋惠帝、帝立子遹为皇太子，后为贾后所杀。赵王伦废后，复遹位号，乃立遹子临淮王臧为皇太孙。未几，伦又害臧，乃立臧弟襄王尚为皇太孙，寻薨。齐武帝、帝以皇太子长懋先卒，乃立长懋子昭业为皇太孙，其东宫官属悉改为太孙官属。太孙即位，以无道废为郁林王。魏太武帝、帝先立子晃为皇太子，寻卒，乃封晃子濬为高阳王。后以皇孙世嫡不宜在藩，乃停封号，但号世嫡皇孙。后即位，为文成帝。唐高宗、帝屡废太子，立英王哲为皇太子。太子生重照，帝喜，立为皇太孙。武后时杖死。辽道宗、皇太子濬为乙辛谮废被害，诏封濬子延禧为燕国王、天下兵马大元帅。帝崩，遗诏燕国王即位，是为天(祐)〔祚〕帝。金世宗、帝先立嫡子允恭为皇太子，寻薨，乃立允恭子璟为原王，后立为皇太孙，谕之曰："明德皇后嫡孙惟汝一人，故建立在朕，保守在汝。"后即位，是为章宗。元世祖、帝先立嫡子珍戩为皇太子，珍戩卒，命皇孙铁穆尔镇北边，授以皇太子宝。帝崩，皇孙入即位，是为成宗。明太祖、帝先立嫡子标为皇太子，先薨，乃立标子允炆为皇太孙。后即位，是为建文帝。明成祖，帝先立高炽为皇太子，是为仁宗。在东宫时子瞻基性英睿，成祖乃立为皇太孙，是为宣宗。皆有建立。然晋惠帝、齐武帝、金世宗、明太祖皆以皇太子先卒，故立皇太孙以系正统，此事之不得已者也。魏太武、辽道宗、元世祖则虽东宫先卒，大位已属嫡孙，然尚不设皇太孙之称。如魏太武则号其孙曰世嫡皇孙，辽道宗则封其孙曰燕国王、天下兵马大元帅，元世祖则付其孙以皇太子宝，俱未尝有皇太孙之号。乃唐高宗则当中宗在东宫时，即立重照为皇太孙；明成祖亦当仁宗在东宫时，即立宣宗为皇太孙，皆非礼也。梁武帝当简文太子在东宫时，亦立简文嫡子大器为宣城郡王，而无皇太孙之称。高宗立重照时,尝以问裴敬彝、王方庆,皆对曰:"礼有嫡子,无嫡孙。晋立愍怀_{即遹}。子为皇太孙,齐立文惠_{即长懋}。子为皇太孙,皆居东宫。今有太子,又立太孙,古所未有。"帝曰:"自我作古若何?"遂立之。是唐时犹有能据礼以争者。乃明永乐中竟未闻有以此为过举,而举朝寂然无声,可见明臣不读书,不知故事之陋也。

皇太弟

皇太孙之称已非古法,晋以后更有所谓皇太弟者。晋惠帝皇太孙臧及尚俱死,因河间王颙奏,乃诏立成都王颖为皇太弟。_{惠帝弟。}后颖兵败,又废之,而立豫章王炽为皇太弟。_{亦惠帝弟。}既即位,是为怀帝。刘渊死,其太子和为刘聪所害,聪让位于弟北海王乂,乂固请聪即位,乃立乂为皇太弟。后乂为聪子粲所害。慕容暐为苻坚所擒,官于长安。后暐弟冲起兵,高盖等立冲为皇太弟,檄书与坚,自称皇太弟致书,请奉送家兄皇帝出城。苻丕败死,其子懿奔于苻登,时登已称帝,乃立懿为皇太弟。此古来所创见也。唐文宗崩,中尉仇士良等立颍王瀍为皇太弟,即位,是为武宗。僖宗崩,军容使杨复恭立寿王为皇太弟,即位,是为昭宗。此皆仓猝拥立,非预建为储副者。_{又南唐元宗李璟立弟齐王景遂为皇太弟,然未尝传位。}然兄终弟及,名号尚非不经。_{唐武宗崩,宦官马元贽立光王为皇太叔,即位,是为宣宗,此又古所未有。安乐公主请中宗以己为皇太女,则更不经之甚矣。}

元成宗崩,无子,其兄子海山镇漠北。海山弟爱育黎拔力八达在怀州,入京监国,迎海山即位,是为武宗。武宗即立爱育黎拔力八达为皇太子。又泰定帝崩,武宗二子在外,长曰和世〔㻋〕〔瑓〕,镇漠北。其弟图帖睦尔,在江陵,亦先入京,称号,迎和世〔㻋〕〔瑓〕即位,是为明宗。明宗亦立图帖睦尔为皇太子。明宗寻被害,皇太子仍即位,是为文宗。按武、明二帝皆以其弟为储副,则皇太弟之号实属相宜,乃反立为皇太子,是直以弟为子矣。盖元人不知有皇太弟故事,但知皇太子为继体之号,而不知其为对君父之称也。

帝王行三年之丧

三代后帝王行三年之丧者,咸称晋武帝、宋孝宗,然尚有晋康帝、姚兴、魏孝文帝、后周武帝、北汉刘承钧,世未之知也,今摘于后。

晋文帝司马昭。之丧,臣民皆从权制,三日除服。既葬,武帝亦除,然犹练冠蔬食。及谒崇阳陵,仍以衰绖从行,裴秀奏既除不宜复服,乃止。羊祜曰:"三年之丧,汉文除之,毁礼伤义。今主上至孝,若因此复先王之法,不亦善乎?"群臣异议,乃止。群臣又请易服复膳,诏曰:"可试省孔子答宰我之言,无俟纷纭也。"遂蔬素终三年。后王太后殂,帝居丧一遵古礼。既葬,有司请除服,诏曰:"前代典礼,质文不同,何必援近制,使达丧阙然乎?"竟素服以终三年。武帝杨后崩,既葬即吉,尚书奏皇太子亦宜释服。杜预奏皇太子宜复古典,以谅闇终制,从之。见《杜预传》。

《康帝纪》,有司奏成帝崩已一周,请改素服,进膳如旧。诏曰:"权制之作,出自近代,虽曰适事,实敝薄之始。先王崇之,后世犹怠,而况因循,又从轻降,义不可矣。"是康帝亦行三年丧也。

姚兴母虵氏死,兴哀毁过礼,群臣请依汉、魏故事,既葬即吉。李嵩疏曰:"孝治天下,先王之令典也。宜遵圣性,以光孝道,既葬之后,仍素服临朝,率先天下。"尹纬驳之曰:"帝王丧制,汉、魏为准。嵩矫常越礼,请付有司论罪。"兴曰:"嵩忠臣孝子,有何咎乎?其一依嵩议。"《晋书》载记。

魏孝文帝遭文明太后之丧,欲行三年之丧。群臣固请依遗诏过葬即吉,帝不许,乃以衰服过期,终四节之慕。明年正月,始听政于皇信堂。又明年,遇文明太后再周忌日,哭于陵左,绝膳三日,哭不辍声。《魏书》。

后周武帝皇太后叱奴氏崩,帝诏曰:"三年之丧,达乎天子,古今不易之道。朕宜遵前典,以申罔极,百寮以下,仍遵遗令。"公卿固请过葬即吉,帝不许。于是遂申三年之制,五服之内亦令依礼。《后周书》。

北汉刘承钧于乾祐七年遭其父世祖之丧,承钧谓以日易月非礼也,始行三年丧。至乾祐九年冬,始除服。《十国春秋》。

宋孝宗遭高宗之丧,诏:"朕当衰服三年,群臣自遵易月之令。"自是每七日及朔望皆诣德寿宫。至大祥,帝以白布巾袍御延和殿,若诣德寿宫仍经杖如初。葬后,帝亲行奉迎虞主之礼。自是七虞、八虞、九虞,卒哭奉辞皆如之。又下诏曰:"朕欲衰绖三年,群臣屡请御殿,故以布素视事。虽诏俟过祔庙,勉从所请,然稽诸典礼,心实未安,行之终制,乃为近古。宜体至意,勿复有请。"于是遂终丧三年。将内禅时,密谕两府,欲禅位退休以毕高宗三年之丧。届期,吉服御紫宸殿,行内禅礼毕,仍返丧服,驾诣重华宫,至服阕始除。《宋史》。孝宗崩,光宗病不能执丧。宁宗即位,已服期,欲大祥毕更服两月。御史胡纮言"孙为祖服已期矣,今欲加两月,不知用何典礼? 若谓嫡孙承重,则太上皇即光宗。圣躬久已康复,在宫中自行三年之丧,而陛下又行之,是二孤也"云云。是光宗亦行三年之丧。《朱子语类》。

女后之贤

洪容斋标三女后之贤,谓王莽女为汉平帝后,自刘氏之废,称疾不朝会。莽敬而哀之,欲嫁之,不肯。及莽败,后曰:"何面目以见汉家?"自投火中死。杨坚女为周宣帝后,知其父有异图,意颇不平,及禅位,愤惋愈甚。坚内愧之,欲夺其志,后誓不许,乃止。李昪女为吴太子琏妃,昪既篡,封为永兴公主,妃闻人呼公主,则流涕而辞之。三后之事略同,可畏而仰也。

然此三后犹人所知,容斋所记尚有遗漏。汉灵帝崩,子辩即位,是为少帝。董卓废为弘农王,寻进鸩弑之。临服鸩时,与妻唐姬泣别。姬还颍川,父会稽太守瑁欲嫁之,誓不肯。后李傕遣兵抄关东,掠得之,傕欲妻之,不听,而终不自名。献帝闻之,诏迎姬拜为弘农王妃。晋愍怀太子遹妃王氏,名惠风,王衍女也。太子既废,衍请离婚。及刘曜陷洛阳,以惠风赐其将乔属,惠风拔剑拒属曰:"我太尉公女,皇太子妃,岂为汝逆胡所辱?"属遂杀之。苻坚奔五将山,为姚苌所擒,其张夫人自杀。苻登妻毛氏,壮勇善骑射,为姚苌所袭。营垒既陷,犹弯弓跨马,率壮士数百十人,与苌交战,力屈被执。苌欲纳之,毛氏骂曰:"吾天子后,岂为贼羌所辱? 何不速杀我?"苌怒,杀之。吕绍为吕纂所弑,妻张氏色美,吕隆欲污之,张氏自投楼下,二胫俱折,诵佛经而死。以上皆《晋书·列女传》。吕纂既篡,为吕超所诛,其妻杨氏色美,超将娶之,使其父语之。杨氏曰:"大人卖女与氏以求富贵,一之已甚,其可使女辱于二氏乎!"乃自杀。《北史》。西魏废帝后,宇文泰之女也。帝为泰所废,后以忠于魏被祸。《北史》。此皆亡国后妃之贤者,摘出以补容斋所未及。

南北朝通好以使命为重

南北通好,尝借使命增国之光,必妙选行人,择其容止可观,文学优赡者,以充聘使。如魏游明根尝三使于宋,李彪尝六使于齐,齐武帝以裴昭明有将命之才,特命使魏,皆以其能称使职也。其后益以使命为重。《李谐传》谓南北交聘,务以俊乂相矜,衔命接客,必尽一时之选,无才地者不得与焉。梁使每入,邺下为之倾动,贵游子弟盛饰聚观,馆门成市。魏使至梁亦如之。一时风尚如此,凡充使及伴使,皆不轻授。邢邵在魏,为一时文人之冠,特以不持威仪,遂不令出使。《邢邵传》。北齐李纬与崔暹不协,尝曰:"虽失贵人意,聘梁使不能舍我。"后果使梁。《李纬传》。崔瞻曾经热病,面多瘢痕,然雍容可观,词韵温雅,遂出使于陈。《崔瞻传》。此出使之精于选择也。

其出使而增重邻国者,魏游明根使宋,宋孝武称其长者,迎送礼加常使。《游明根传》。高推使宋,宋称其才辨。《高允传》。李彪使齐,将还,齐主亲至琅琊山,命群臣赋诗送别。《李彪传》。北齐崔悛将使梁,悛曰:"文采与识,悛不推李谐,口颊顾顾,谐乃大胜。"乃以李谐、卢元明、李业兴出使。梁武谓左右曰:"卿辈尝言北方无人,此等从何处来?"《李谐传》。李浑聘梁,梁武曰:"伯阳之后,久而弥盛;赵、李人物,今实良多。"《李浑传》。魏收与王昕聘梁,昕风流文辨,收词藻富逸,梁君臣咸敬礼。《魏收传》。周使崔彦穆聘陈,彦穆风韵闲旷,器度方雅,为江表所称。《崔彦穆传》。以上皆(魏书)〔北史〕。此皆出使之有光者也。

其邻国之接待聘使,亦必选有才行者充之。魏使至齐,齐以宗夬与任昉同接魏使,皆时选也。《宗夬传》。王融有才辨,乃命兼主客接魏使,房景高、宋弁以融年少,问主客年几,融曰:"五十之年,已逾其半。"景高曰:"在北闻君《曲水诗序》,实愿一见。"融乃示之,弁曰:"昔观相如《封禅》,知汉武之德;今览王生《诗序》,用见齐主之盛。"《王融传》。刘绘以才辨奉敕接魏使,事毕当撰记,绘曰:"无论润色未易,但得我语亦难矣。"《刘绘传》。以上皆《齐书》。齐永明中,魏使至,诏选朝士有词辨者接使于界,乃以范岫往迎。《范岫传》。魏使刘善明聘梁,梁使朱异接之。预燕者皆归化北人,善明欲见王锡、张缵,乃使锡、缵入宴。善明遍论经史,锡、缵随而酬对,善明深叹服之。《张缵传》。以上皆《梁书》。

齐使刘缵至魏，文成命李安世接之。安世善举止，缵叹曰："不有君子，岂能国乎?"《李安世传》。李谐、卢元明聘梁，梁武以萧挹词令可观，令受币于宾馆。《萧挹传》。梁使至魏，陆卬每接燕，即席赋诗，卬必先成，遂以敏速见美。《陆卬传》。刘孝仪聘魏，魏诏邢昕迎于境上。《邢昕传》。徐君房、庾信聘魏，名誉甚高，选接待者皆一时之秀，卢元景之徒皆降阶摄职，更递司宾。《祖珽传》。梁使至北齐，齐每令裴让〔之〕摄主客郎接待之。《裴让之传》。陈使傅縡聘北齐，齐令薛道衡接对，縡赠诗五（百）〔十〕韵，道衡和之，南北称美。《薛道衡传》。陈使贺彻、周濆相继聘隋，隋每令卢昌衡接待之。《卢昌衡传》。隋陆爽博学有口辨，每陈使至，文帝尝使爽迎劳。《陆爽传》。此又可见伴使者亦必慎选也。

今按刘缵聘魏，指方山问接伴李安世曰："此山去燕然远近?"安世曰："亦石头之于番禺耳。"《李安世传》。魏李绘使梁，与梁人泛言氏族，袁狎自谓出自黄帝，姓在十四之限，绘曰："兄所出虽远，当共车千秋分一字耳。"《李绘传》。李业兴使梁，梁朱异问："洛中委粟山是南郊耶?"业兴曰："是圆丘，非南郊。"异曰："北间郊丘异地，是用郑义，此中用王义。"业兴曰："江左用王义，除禫应是二十五月，何以王俭丧礼，仍用郑义二十七月?"《李业兴传》。梁徐陵使东魏，宴日甚暑，魏收曰："今日之热，当由徐常侍带来。"陵曰："昔王肃至魏，为魏制礼仪；今我来聘，使卿复知寒暑。"《陈书·徐陵传》。此等犹不过以言语文学见长，无大关系；若事涉朝政边事，而能以片言全国体，折敌谋，则尤有足尚者。

如魏太武南伐，宋太尉江夏王义恭、安北将军武陵王骏守彭城，太武使李孝伯至城下劳问曰："主上有诏，诏太尉、安北可暂出相见。"宋张畅出对曰："有诏之言，何得称之于此?"孝伯曰："邻国之君，何为不称诏于邻国之臣，何至杜门绝桥?"畅曰："二王以魏帝营垒未立，此间精甲十万，恐相凌践故耳。"孝伯曰："主将令行禁止，何待绝桥杜门，又何必以十万夸大? 我亦有良马百万，可以此相矜乎?"孝伯应答如流，风容闲雅，畅甚相嗟赏。《魏书·李孝伯传》。宋人亦称孝伯足辞辨，北土之美。畅随宜应答，音韵详雅，北人美之。《宋书·张畅传》。刘缵使魏，市肆交易，金玉甚贱。缵曰："当是山川所出。"李安世曰："我朝不贵金玉，故同于瓦砾耳。"缵初将大市，闻安世言，惭而罢。《李安世传》。齐高帝篡位,使车僧朗于魏,魏主问齐王何故夺宋天下,僧朗辨对甚明。《齐书·(车僧朗)〔魏虏〕传》。魏文明太后崩,齐使裴昭明来吊,欲朝服行事,不肯丧服。魏成淹折之曰:"玄冠不吊,童稚共闻。昔季孙将行,请遭丧之礼。何得以朝服行吊?"昭明言:"我高帝崩,魏遣李彪来吊,不丧服。"淹曰:"彪本请丧服以行,及至齐,齐已即吉。君臣皆鸣玉行庭,使臣何容衰服? 今我皇方亲行丧服,岂得以此方比也?"昭明遂以丧服入。《成淹传》。及魏使李彪报谢,则入宴辞乐,曰:"我皇孝性自天,除缞后尚以素服从事,使臣不敢闻乐。"齐不能屈。《李彪传》。齐明帝废海陵王自立,魏孝文来伐寿春,城中遣(王)〔崔〕庆远出与孝文语,遂退兵。《齐书·萧遥昌传》。陈文帝弟安成王项在梁,魏克江陵,随例迁长安。宇文泰欲归之,遣杜杲使陈道意,陈文帝大喜,即赂以黔中及鲁山郡。后杲送项归,陈帝曰:"家弟得归,实贵朝大惠,然不还鲁山,恐未能如此。"杲曰:"安成在我朝,咸阳一布衣耳,然是陈之介弟,其贵岂止一城? 我朝亲睦九族,推己及人,所以送归。今谓以土地易骨肉,何以闻之四方?"陈帝大惭曰:"前言戏之耳。"后杲又使陈,宣帝谓曰:"若欲合从图齐,当以樊、邓见与。"杲曰:"合从图齐,岂惟敝邑之利? 必须城镇,宜待得之于齐。今先索汉南,使臣不敢闻命。"宣帝甚敬之。(邢)〔杜〕杲传。此等使臣,实能为国家折冲樽俎之间,使邻国不敢轻视,真所谓使于四方不辱君命者,又不徒以言语文学见长而已。宜是时南北皆以选使为重也。

后魏追谥之滥

有天下追尊其先世,礼也,然不过两三代,独后魏则无限制。道武帝建国称帝,既追尊其始祖力微为神元皇帝,自神元以下,沙漠汗曰文帝,悉鹿曰章帝,绰曰平帝,弗曰思帝,禄官曰昭帝,猗㐌曰桓帝,猗卢曰穆帝,郁律曰太祖平文帝,贺傉曰惠帝,纥那曰炀帝,翳槐曰烈帝,什翼犍曰昭成帝,凡十三帝。又从神元而上追尊极远之祖,毛曰成帝,贷曰节帝,观曰庄帝,楼曰明帝,越曰安帝,推寅曰宣帝,利曰景帝,俟曰元帝,肆曰和帝,机曰定帝,盖曰僖帝,侩曰威帝,邻曰献帝,诘汾曰圣武帝,又共十四帝,则不惟谥号遥加,并名讳亦出于追制。苟欲崇其祖先,而至于滥亵已甚,此不经之甚者也。

按魏澹谓平文以前本部落之君长，道武远追二十八帝，实越典礼。今《魏书》及《北史》所载止二十七帝，殊不合魏澹所云。考平文时长孙斤反，拔刀向御前，太子实格之，伤胁而薨，后追谥为献明帝。所云二十八帝者，献明当在内也。《魏书》、《北史》以献明未登位，无事可纪，故缺之耳。

　　按汉制，开国之君称祖，以下则俱称宗。自曹魏始三代称祖，武帝称太祖，文帝称高祖，明帝称烈祖。明帝庙号乃生前所定，尤属不经，故孙盛讥之。晋亦三代称祖，司马懿追称高祖，昭追称太祖，武帝称世祖。慕容氏亦三代称祖，廆追称高祖，皝追称太祖，儁僭号称烈祖。姚秦亦三代称祖，弋仲追称始祖，苌称太祖，兴称高祖。至元魏则更有两太祖，道武既追尊平文帝为太祖，及道武崩，其庙号又称太祖，此列朝所未见也。其后太武帝称世祖，献文帝称显祖，孝文帝称高祖。北齐则高欢追称高祖，文宣帝称显祖，武成帝称世祖，亦三代称祖。周宇文泰追称太祖，武帝称高祖。南朝则宋武帝称高祖，文帝称太祖，孝武帝称世祖，亦三代称祖。齐高帝称太祖，武帝称世祖。梁武帝称高祖，元帝称世祖。陈武帝称高祖，文帝称世祖。祖以功，宗以德，原非必一祖之外不得再称祖，然亦须揆其功而祖之。创业中兴，有大功于世，祖之可也。如魏明帝、宋文帝、孝武帝、后魏献文帝、北齐武成帝诸君，不过蒙业继体，在位仅数年，无功可纪，乃亦以祖为庙号。僭伪之朝，苟为崇奉，固不可为法也。

保太后

《礼记·曾子问》篇，子游问曰："丧慈母如母，礼欤？"孔子曰："非礼也。古者男子外有傅，内有慈母，君命所使教子也，何服之有？"鲁昭公少丧母，有慈母良，及死，公欲丧之，有司以为非礼，公乃以练冠丧慈母。丧慈母自鲁昭公始也。然但练冠以居，而孔子已以为非礼。按慈母亦有不同，或子幼母死，父命妾长育之者，父卒而遭此妾之丧，尚有三年之服，以重父命也。若但父使之保抱，则不过保母而已。《晋书·顾和传》，成帝以保母周氏有保育之劳，欲假以名号。和奏谓古无此例，惟汉灵帝以乳母赵娆为平氏君，此末世之私恩，非先王之令典，乃止。是古未有崇奉保母之制也。

乃后魏自道武创例，立太子则先杀其母，以防母后预政，自是遂著为令。而帝即位皆无太后，于是转奉保母为太后。太武帝保母窦氏，本以夫家坐事没入宫，明元帝命为太武保母。太武既立，尊为保太后，后又尊为皇太后。太后登崞山，谓左右曰："吾母养帝躬，死必不为贱鬼。然于先朝无位次，不可违礼从葬园陵，此山之土可以终托。"故殁后遂葬崞山，从其志也。文成帝乳母常氏，亦有勤劳之功，文成即位尊为保太后，再进为皇太后。是时文成妃李氏生献文，后将立献文为太子，常太后依故事，令李氏条记在南兄弟，付托其宗兄洪之，痛哭而死。以保母而能主宫闱之政，赐死太子之母，则当日之尊竟同皇太后可知也。文成帝又极尊奉，封太后之兄英为辽西王，弟喜带方公，三妹皆县君，妹夫皆公侯。又追赠太后祖为公，父为王，母为王太妃，可谓滥矣。亲母则必赐死，保母转极尊崇，魏法之矫枉过正，莫不善于此。

异姓封王之滥自后魏始

太武帝即位，封长孙嵩北平王，奚斤宜城王，长孙翰平阳王，叔孙建丹阳王，司马楚之琅琊王，杜超阳平王，穆寿宜都王，长孙道生上党王，楼伏连广陵王。自是功臣无有不王者。文成帝封周㤪乐陵王，杜遗、闾若文、刘尼、杜元宝、源贺、闾武皮、常英、闾毗、闾纥、尉眷、乙浑、李峻俱进爵为王。又封陆丽为平原王，丽乞以让父，帝曰："吾岂不能以二王封卿父子也？"乃封其父俟东平王。后丽之子叡事献文帝，又封东郡王，一门之内遂有三王。献文帝又封慕容白曜济南王，韩颓襄城王。孝文帝亦封陈建魏郡王，苟颓河东王，王叡中山王，张祐新平王。太和十六年，始诏诸远族非太祖子孙及异姓封王者，皆降为公，公为侯，侯为伯，其子男仍旧，皆除将军之号，惟长孙道生以大功特不降。自是名器稍重。

至北齐武成帝时又极猥亵。奄人邓长颙、韩宝业、卢勒叉、齐绍、秦子徵、陈德信俱封王。后主纬时，庶姓封王者尤多。穆提婆城阳郡王，高阿那肱淮阳郡王，韩长鸾昌黎郡王，皆幸臣也。张景仁以侍书封王，传谓仓颉以来八体进爵，一人而已。又有仓头陈山提、盖丰乐、刘郁斤、赵道德、刘桃枝、梅胜郎、辛洛周、高舍（盛）〔洛〕，至武平时皆封王,其不及武平者,亦追赠王爵。《齐书》谓诸仓头始自家人,情寄深密,及后主时已是先朝勋旧,故致此叨窃。又有乐人曹僧奴及其子妙达,以能弹琵琶,亦封王。此外官阶更不可数计,开府千余,仪同无数,诸贵宠追赠祖父,岁一进官,位极而止。马及鹰犬皆有郡君、仪同之号,如"赤彪仪同"、"逍遥郡君"、"凌霄郡君"之类,甚至斗鸡亦号开府。官爵之滥,至此极矣。故当时受之者不以为荣,且反有以为辱者。阳休之为中书监,封燕郡王,谓人曰:"我非奴,何忽有此授?"可见人之贱之,至不齿于人列也。荒乱之朝,何所不至,固不可以常理论矣。

后魏以铸像卜休咎

《北史·魏后妃传序》云,魏故事,将立皇后,必令手铸金人,以成者为吉,否则不得立也。道武帝妃慕容氏有宠,帝令后铸金人,成,乃立为后。后薨,又宠刘氏,以铸金不成,不登后位。明元帝妃姚氏铸金人不成,未升尊位,然帝礼之如后。薨,遂赠为后,加谥焉。然非特立后用此法也。尔朱荣以明帝崩,将有所立,乃以铜铸孝文及咸阳王禧等五王之子孙像,成者当立为主,惟庄帝独就,乃迎立之。及河阴之役,荣欲僭位,铸金为己像,数四不成,乃止。齐高洋欲僭位,群臣皆意以为不可,铸像卜之,一写而成,遂决意僭号。盖当时国俗然也。《魏书》、《北齐书》及《北史》。

按《晋书》载记,冉闵遣常炜使于慕容儁,儁使封裕问之曰:"闻闵铸金为己像,坏而不成,何得言有天命?"炜言此事非实。此又在元魏之前,则不始于魏矣。盖本北俗故事,至拓跋而益尚之也。

后魏百官无禄

后魏未有官禄之制,其廉者贫苦异常。如高允草屋数间,布被缊袍,府中惟盐菜,常令诸子采樵自给是也。《允传》。否则必取给于富豪。如崔宽镇陕,与豪宗盗魁相交结,莫不感其意气。时官无禄力,惟取(结)〔给〕于人,宽以善于结纳,大有受取,而与之者无恨。《宽传》。文成帝诏,诸刺史每因调发,逼人假贷,大商富贾,要时射利,上下通同,分以润屋。自今一切禁绝,犯者十匹以上皆死。明元帝又诏,使者巡行诸州,校阅守宰赀财,非自家所赍,悉簿为赃。是惩贪之法未尝不严,然朝廷不制禄以养廉,而徒责以不许受赃,是不清其源而徒遏其流,安可得也?至孝文帝太和八年,始诏曰:"置官班禄,行之尚矣。自中原丧乱,兹制久绝,先朝因循,未遑厘改。今宜班禄,罢诸商人,以简人事。户增调绢(二)〔三〕匹,谷二斛九升,以为官司之禄;均预调为二匹之赋,即兼商用。禄行之后,赃满一匹者死。"俸以十月为首,每季一请。后以军兴,用不足,又诏百官禄四分减一,以充军用。至明帝时,于忠当国,欲结人心,乃悉复所减之数。此魏制官俸之大概也。

按文成诏中所谓商贾邀利,刺史分润,孝文诏中所谓罢诸商人,以简人事,盖是时官未有禄,惟借商贾取利而抽分之,至见于诏书,则陋例已习为常矣。崔宽并交结盗魁为受纳之地,既取利于商贾,自并及于盗贼,亦事之所必至也。上下交征如此,何以立国哉!

后魏刑杀太过

后魏起北方,专以刑杀为政令。自猗卢为代王,即严刑峻法,诸部人多以违命得罪,凡后期者,举部戮之。或有宗室相携悉赴死所,或问何往,曰当就诛戮,其威严如此。道武帝以秦王觚使于燕为所害,及克中山,收害觚者傅高霸、程同等,皆夷五族,以大刃挫杀之。其讨刘卫辰,收其子弟宗党,无少长五千余人,尽戮死。末年每朝臣至前,追其旧恶,辄杀之。其余或以颜色动变,或以喘息不调,或以行步乖节,或以言词失措,皆以为怀恶在心,变见于外,乃手自殴击,死者皆陈天安殿前。道武时尝有神巫谓帝当有暴祸,惟灭清河,杀万人,乃可免。帝乃灭清河一郡,尝手自杀人,欲其数满万。或乘辇,手剑击担辇者脑,一人死,一人代,每一行死者数十。有爱妾名万人,与帝子清河王绍私通,惧事发,乃弑帝。临死,始悟清河、万人之谶,在此二人也。太武帝虽诏有司按律令务求厥中,皆本纪。然如崔浩之诛,清河崔氏无远近,及范阳卢氏、太原郭氏、河东柳氏皆浩之亲党,尽夷其族,甚至童吏亦夷五族,同修史者亦族诛。《浩传》。史臣谓太武果于刑戮,后多悔之,则亦仍其祖父旧法也。至孝文帝,始诏"一人为恶,殃及合门,朕所不忍。自今非谋反大逆及外奔者,罪止其身"。寻又诏五族者降止同祖,三族者止一门,门诛者止其身。于是刑戮稍减。然自先世以来冤死者已不可数计矣。

按猗卢为其子六修所弑，道武为其子绍所弑，及身之报，已属显然。其后亡国时，北齐文宣帝问元韶："光武何故中兴？"韶曰："为王莽诛诸刘不尽。"文宣乃诛诸元世哲、景武等二十五家，男子无少长皆斩，所杀三千人，余十九家并禁之。韶乃入地牢，绝食，啖衣袖而死。寻又大诛元氏，壮者斩东市，婴儿投于空中，以槊承之。悉投尸漳水，剖鱼者多得爪甲，都下为之久不食鱼。文宣尝令诸囚自金凤台各乘纸鸢以飞，最远者免死。元黄头独能至(紫阶)〔紫陌〕，宜得免矣，仍付御史狱饿死。凡昭成以下，并无遗焉。然则元魏之后竟无遗种，实好杀之报也。高允曰："皋陶至德也，其后英、蓼先亡。刘、项之际，英布黥而王，经世虽久，犹有刑之余衅，况凡人乎？"后周宇文氏之后，为隋所诛杀殆尽，史臣亦谓渚宫制胜，阖城芟戮，茹茹归命，尽种诛夷，周祚不永，或由于此。是则天道之报施，固有昭然不爽者也。

按族诛之法本起于秦，汉高祖入关，所谓父老苦秦苛法，诽谤者族是也。《后汉书》杨终疏亦言秦政酷烈，一人有罪，延及三族。如淳曰："父族、母族、妻族也。"张晏曰："父母、妻子、兄弟也。"是族诛本秦酷政，汉高约法三章则已除之。然韩、彭之诛皆夷三族，购季布敢匿者罪三族，捕贯高等敢有随者罪三族，是仍未尝除也。故崔寔《政论》谓高祖使萧何定律，有夷三族之令，至文帝始除之。杨终疏所谓文帝至仁，除去收孥是也。然文帝虽除，而其后如李陵、王温舒等仍坐罪族诛，则此刑故在。至魏、晋之际益惨酷无人理。司马懿诛曹爽，支党皆夷三族，男女无少长，姑姊妹女子之适人者，皆杀之。《爽传》。王凌之妹为郭淮妻，凌被诛，淮五子向淮叩头流血，淮不能忍，乃致书懿，免之。《淮传》。毌丘俭之诛，其子甸妻荀氏应坐死，其兄颢乞其命，乃诏离婚。而荀氏所生女已嫁刘子元，亦当坐死，以怀妊在狱，荀氏乞为婢以赎女命。按荀氏之女，则俭孙女也，而亦不免，是诛及四族矣，司马氏之酷如此。程威乃上议曰："已出之女，父母有罪，既须追刑；夫党见诛，又须从戮。是一人之身，内外受辟。男不得罪于他族，女独婴祸于二门，事属不均。请在室者从父母之诛，出嫁者从夫家之罚。"乃改此制。《晋书·刑法志》。其后解结被戮，其女适裴氏者，明日当嫁而祸起，裴氏欲认，活之，女曰："家既若此，我何活为？"亦坐死。夫以将嫁而夫家来认之即可不死，则已稍轻于毌丘俭之案矣。然一人有罪，害及无辜，秦、汉以来，以此法枉杀者不知凡几，又况后魏之诛及五族耶！《尔雅》：内宗曰族，母妻则曰党。是古所谓族者，专指宗姓而言。故孔安国称《尚书》九族，谓自高祖至玄孙，即《丧服小记》所云以三为五，以五为九也。后世乃误以父母妻为三族，以致滥杀益多。顾宁人谓始于杜预以外祖父母、从母子及妻父母、姑之子、姊妹之子、女之子当之。然《汉书》张晏三族注谓父母、兄弟、妻子也。如淳注则曰父族、母族、妻族也。则此误不自杜预始矣。今按司马氏之诛曹爽、王凌、毌丘俭，虽极惨毒，然尚止及于姑姊妹及女子之适人者。至魏太武之诛崔浩，并及于卢氏、郭氏、柳氏，皆夷其族，则于本族之外延及于母党、妻党、出嫁之女党，安知非如淳、杜预之注之遗害耶？故落笔不可不慎也。

魏以奄人为外吏

后魏多以奄人为外吏。《杨范传》谓灵太后临朝，中官贵者，皆许以方岳，故宦寺多为外吏。今考《魏书》，不自灵太后始也。盖魏时籍没之制甚严，凡官吏有罪者，一经籍没，则妇女入掖廷，男子小者即为奄寺，故其中往往有士人子孙，知义理有才具者。如仇洛齐，其(祖)〔父〕本殿中侍御史，洛齐在太武时为奄人，因绫罗户不属守宰，多隐漏，乃奏请悉归郡县。后出为冀州刺史，有能名。王(瑀)〔琚〕先世晋豫州刺史，(瑀)〔琚〕被刑入宫，历事数朝，志在公正。出为冀州刺史，年老致事。孝文时随迁洛，以家贫，特蒙赐帛。赵黑先世本晋平远将军，黑没为奄人，官选部尚书，能自谨厉，当官任举，颇能得人。献文欲传位京兆王子推，黑愿以死奉太子，孝文以是得立。后出为定州刺史，克己清俭，忧济公私。有欲行赂者，黑曰："高官厚禄，足以自给，敢卖公营私耶！"孝文闻之，特赐绢谷。孙小父本姚秦护军，守城殉节，小没入宫刑。后出为并州刺史，州内四郡百余人诣阙颂其政化。后迁冀州刺史，清约自守，当时牧伯无能及。他如抱嶷以忠谨被擢，后因老疾乞外禄，乃出为泾州刺史，自以故老前宦，为政多守法。王质解书学，出为瀛州刺史，在州十年，风化粗行，察奸纠慝，究其情状，民庶畏服之。此皆在灵太后之前，而阉寺为吏亦有能勤于其官者。

自灵太后后，杨范为白水太守，王温为巨鹿太守、瀛州刺史，然皆无可称，盖亦视朝政之盛衰为贤否。朝政肃则刑余为吏亦能砥节奉公,朝政弛则士大夫亦多贪纵,况此辈乎! 俱见《魏书·奄官传》。

魏孝文迁洛

魏孝文帝以国俗沿上世之陋,欲迁洛以变旧风。恐大臣不欲,乃发京师步骑百余万南伐。至洛阳,帝戎服执鞭而出,群臣稽颡于马前,请停南伐。帝曰:"今者之举,兴发不小,动而无成,何以示后? 若不南伐,便当都洛。"乃议迁移之计。次年,至平城宫,部分迁留。又临太极殿,喻在代诸臣迁移之略。本纪。时旧臣多不欲行,帝先与(彭)〔任〕城王澄议之,谓平城乃用武之地,非可兴文,须光宅中原,澄力赞之,乃决。《澄传》。帝又谓元赞等曰:"朕为天子,何假中原? 欲令卿等子弟博见多智耳。若永居恒北,卿等子弟不免面墙也。"《广陵王羽传》。又尝问于烈迁留孰便,烈对曰:"圣略深远,非愚管所及。若隐心而言,乐迁之与恋旧中半耳。"帝曰:"卿不鸣异同,朕深感不言之益。"《烈传》。时穆泰、陆叡以畏迁谋反,泰欲推阳平王(颐)〔颐〕为主,事败赐死。《泰传》。

迁洛后,太子恂守金墉,畏河南暑热,召牧马,欲轻骑奔代,元徽勒门阻之,乃止。帝遂废恂为庶人,寻亦赐死。《恂传》。帝引见朝臣,诏断北语,一从正音。年三十以上习性已久,或不可革,三十以下见在朝之人,语音不许仍旧,违者免所居官。又诏革衣服之制。尝出行,见妇女仍夹领小袖,乃责咸阳王禧等。《禧传》。又诏迁洛人死者葬河南,不得还北。于是代人南迁者,皆为洛阳人。又诏改国姓为元氏。本纪。盖帝优于文学,恶本俗之陋,欲以华风变之,故不惮为此举也。然国势之衰,实始于此。一传而宣武,再传而孝明,而鼎祚移矣。盖徒欲兴文治以比于古帝王,不知武事已渐弛也。

其先道武帝遣贺狄干至秦,为姚兴所留,因在长安读书,通《尚书》《论语》,举止似儒者。后归,道武见其类中国人,遂杀之。《贺狄干传》。明元帝时,或言国家当迁都邺,崔浩曰:"非计也。今居北方,若山东有事,则轻骑南出,谁知多少,百姓望而远服。此国家威制四夷之长策。若南徙,则种人不满诸州之地,参居榛林之下,不服水土,疾疫死伤,情见事露,四方闻之,有轻侮之意,则声实俱损矣。"《崔浩传》。此又开国君臣之深识远虑也。

顾宁人言中国风俗多有不如外蕃者。《辽史》,言契丹生计仰给畜牧,绩毛饮湩,以为衣食。狃习劳事,不见纷华,故家给人足,戎备完整。《金史》,世宗曰:"女直旧俗虽不知书,然其祭天地,敬亲戚,尊耆老,接宾客,皆出自然。"乃禁女直人不得改称汉姓,学南人衣装,犯者抵罪。又曰:"辽不忘旧俗,朕以为是。海陵习学汉人,是忘本也。若依国家旧风,乃长久之计也。"《金史·食货志》,亦谓金中叶以后,鄙辽俭朴,袭宋繁缛之文,又惩宋宽柔,用辽操切之政,是弃二国之所长,而专用其所短。迄金之末,国用易竭,民心易离,实由于此。作法不慎,变法以救其弊,只益甚焉。此又操化权者所当加意也。

魏孝文帝文学

古今帝王以才学著者,曹魏父子、萧梁父子为最,然皆生自中土,绩学少年。惟魏孝文帝生本北俗,五岁即登帝位,此岂有师儒之训,执经请业如经生家所为?乃其聪睿夙成,有不可以常理论者。史称其雅好读书,手不释卷,《五经》之义,览之便讲,史传百家,无不该涉。善谈《庄》、《老》,尤精释义,才藻富赡,好为文章,诗赋铭颂,在兴而作。有大文笔,马上口授,及其成也,不改一字。自太和十年以后诏册,皆帝文也,余文章尚百余篇。史论亦谓帝钦明稽古,焕乎其有文章,谥之以经天纬地,信不虚也。今就各列传所散见者撮叙之。

帝宴宗室于皇信堂,命任城王澄为七言连韵诗,帝往复极欢,乃罢。《澄传》。帝征悬瓠,赐宴,与从臣联句,帝歌曰:"白日光天兮无不曜,江左一隅独未照。"彭城王勰曰:"愿从圣明兮登衡会,万国驰诚混(日)〔江〕外。"郑懿曰:"云雷大振兮天门辟,率土来宾一正历。"邢峦曰:"舜舞干戚兮天下归,文德远被莫不思。"郑道昭曰:"皇风一鼓兮九地匝,戴日依天清六合。"帝又歌曰:"遵彼《汝坟》兮昔化贞,未若今日道风明。"帝乃命邢峦总集叙记。《郑道昭传》。冯熙造寺于北邙山,贾元(素)〔寿〕作碑,文帝游寺见之,称为佳作。熙卒,帝亲为作志铭。《冯熙传》。帝以冯诞为司徒,亲为制三让表并启,将拜,又代为谢章。诞卒,又亲为碑文及挽歌,皆穷美尽哀。《冯诞传》。又常游幸,憩大松下,谓彭城王勰曰:"汝可作诗,比至吾间令就也。"勰去帝十步,且行且作曰:

"问松林,松林经几冬。山川何如昔,风云与古同。"未至帝所已成。帝又尝御清徽堂,与群臣讲丧服。李彪曰:"古未有人君亲讲丧礼,臣得亲承音问,千载一时。"《彪传》。刘昶出镇彭城,帝赐以御集,曰:"虽则不文,然欲罢不能,故以相示,聊为一笑。"(彪)《昶(二)传》。崔挺至行在,帝谓曰:"别卿以来,倏焉二载。吾所缀文已成一集,今当给卿副本。"《挺传》。可见帝深于文学,才藻天成,有不能自讳者,虽亦才人习气,然聪睿固不可及已。其急于迁洛,欲变国俗而习华风,盖发于性灵而不自止也。

廿二史札记卷十五

北朝经学

六朝人虽以词藻相尚，然北朝治经者尚多专门名家。盖自汉末郑康成以经学教授，门下著录者万人，流风所被，士皆以通经绩学为业，而上之举孝廉，举秀才，亦多于其中取之，故虽经刘、石诸朝之乱，而士习相承，未尽变坏。大概元魏时经学以徐遵明为大宗，周、隋间以刘炫、刘焯为大宗。按《北史·儒林传》，遵明讲郑康成所著《易》，以传卢景裕、崔瑾，是遵明深于《易》也。《尚书》之业，遵明所通者郑注之今文，后以授李周仁等，是遵明深于《尚书》也。三《礼》并出遵明之门，传李铉、祖隽、熊安生，是遵明深于《礼》也。馆陶赵世业家有《服氏春秋》，乃晋永嘉旧本，遵明读之，手撰《春秋义章》三十卷，河北诸儒能通《服氏春秋》者，并出徐生之门，《遵明传》。是遵明又深于《春秋》也。至隋刘焯，于贾、王、马、郑章句多所是非，著有《五经述议》行世，与刘炫齐名，时称二刘。炫尤博学多识，韦世康问其所能，炫曰："《周礼》、《礼记》、《毛诗》、《尚书》、《公羊》、《左传》、《孝经》、《论语》，孔、郑、王、何、服、杜等注凡十三家，并堪讲授。《周易》、《仪礼》、《穀梁》用功差少。"在朝知名之士(七)十余，皆谓炫所陈不谬，是炫之深于诸经也。

其时治经者各有师承。如李铉从李周仁受《毛诗》，刘子猛受《礼记》，房虬受《周官》、《仪礼》，鲜于灵馥受《左氏春秋》，又受业徐遵明者五年。杨汪受《礼》于沈重，受《汉书》于刘臻。刘焯亦受《诗》于刘轨思，受《左氏传》于郭懋，问《礼》于熊安生，又以刘智海家多坟籍，就之读十年。此可见诸儒师资有自，非同后世稗耳贩目之学也。

其业既成，则各有所著以开后学。如刘芳撰郑玄所注《周官》、《仪礼音》，干宝所注《周官音》，王肃所注《尚书音》，何休所注《公羊音》，范宁所注《穀梁音》，韦昭《国语音》，各一卷。卫冀隆精服氏《左传》，难杜预《春秋》六十三事。贾思同又驳冀隆乖错者十余条。姚文安难服虔

《左传解》七十七条，名曰《驳妄》，李崇祖申明服氏，名曰《释谬》。刘献之撰《三礼大义》四卷，《三传略例》三卷，《毛诗序义》一卷。李铉撰《孝经》、《论语》、《毛诗》、《三礼义疏》及《三传异同》、《周易义例》，合三十余卷。沈重著《周礼义》三十一卷，《仪礼义》三十五卷，《礼记义》三十卷，《毛诗义》二十八卷，《丧服经义》五卷，《周礼音》、《仪礼音》各一卷，《礼记音》、《毛诗音》各二卷。樊深撰《孝经》、《丧服问〔疑〕》各一卷，《七经异同〔说〕》三卷。熊安生撰《周礼〔义疏〕二十卷》、《礼记义疏》〔各〕三十卷。乐逊著《孝经》、《论语》、《毛诗》、《左氏春秋序论》十余篇，又著《春秋序义》，通贾、服说，发杜氏违。刘炫著《春秋攻昧》十卷，《五经正名》十〔三〕〔二〕卷，《孝经述议》五卷，《春秋述议》〔二〕〔四〕十卷，《毛诗述议》四十卷。鲁世达撰《毛诗章句义疏》四十〔三〕〔二〕卷。张〔仲〕〔冲〕撰《春秋义略》，异于杜氏者七十余事，及《丧服义》三卷，《孝经义》三卷，《论语义》〔三〕〔十〕卷。此又可见当时治经者，各有心得笔之于书，非如后世记问掇拾之学也。

其所以多务实学者，固由于士习之古，亦上之人有以作兴之。梁越通经，道武帝命授诸皇子经，官上大夫。卢丑当太武帝监国时入授经，后以师傅恩赐爵济阴公。张伟当太武时，以通经官中书侍郎。（张）〔孙〕灵晖通经，南阳王绰奏以为王师，官三品。孝文帝尤重儒学，尊三老五更，又开皇子之学，刘芳、李彪诸人皆以经书进用。董（微）〔徵〕通经，宣武帝征入璇华宫，为诸王师。此元魏之崇尚经学也。李铉、邢峙皆以通经，齐文宣帝诏授太子经。（冯）〔马〕敬德博学，武成帝为后主择师，命为侍讲。其子元熙，又以《孝经》授纬太子。此高齐虽荒乱，亦尚知以经术训子也。周武帝以沈重经学，授骠骑大将军，开府仪同三司。熊安生在齐精三《礼》，周武帝灭齐，安生遽令扫门，家人怪之，安生曰："周帝崇儒重道，必来见我。"已而果至。乐逊通经，节闵帝命为小师氏，自谯王俭以下，并束脩行弟子礼。此宇文周之崇尚经学也。以上俱见各本传。

下至僭伪诸国，亦有重儒术者。姚兴时耆儒姜龛、淳于岐等经明行修，教授长安，诸生皆自远而至，兴每引龛等讲论道艺。胡辩讲授洛阳，关中诸生赴之者，兴敕关尉勿稽其出入，于是学者咸劝，儒风振焉。刘延明深于经学，凉武昭王以为儒林祭酒。及沮渠蒙逊平酒泉，亦躬往致礼。至牧犍，又尊为国师，亲自致拜焉。蒙逊平酒泉时，又以宋繇博通经籍，特擢之，曰："不喜克李氏，喜得宋繇耳。"蒙逊又以阚骃通经，甚重之，常令在左右，访以政事，牧犍待之愈重。又程骏有文学，牧犍擢为东宫侍讲。皆见《晋书》载记①。可见北朝偏安窃据之国，亦知以经术为重。在上者既以此取士，士亦争务于此以应上之求，故北朝经学较南朝稍盛，实上之人有以作兴之也。

【校】

　① 刘延明深于经学，凉武昭王以为儒林祭酒……蒙逊平酒泉时，又以宋繇博通经籍，特擢之……蒙逊又以阚骃通经，甚重之，常令在左右……又程骏有文学，牧犍擢为东宫侍讲。皆见《晋书》载记　《校证》：以上各事，非出《晋书》载记，而见于《魏书》与《北史》。

南朝经学

　　南朝经学本不如北，兼以上之人不以此为重，故习业益少。统计数朝，惟萧齐之初及梁武四十余年间，儒学稍盛。《齐书·刘瓛传》谓晋尚玄言，宋尚文章，故经学不纯。齐高帝少为诸生，即位后王俭为辅，又长于经礼，是以儒学大振。建武以后，则日渐衰废。《梁书》姚察论曰，崔、伏、何、严等遭梁之崇儒重道，皆至高官，稽古之力，诸儒亲遇之。《陈书·儒林传序》亦谓梁武开五馆，建国学，置博士，以《五经》教授。帝每临幸，亲自试胄，故极一时之盛。陈初未遑劝课，间有以经学名者，亦皆梁之遗儒云。益可见经学之盛衰，总由于上之轻重也。今并叙南朝经学诸儒所著述于此。

　　伏曼容著《周易》、《毛诗》、《丧服集解》、《论语义》。何佟之著《礼义》百余篇。严植之撰《凶礼仪注》四百七十九卷。贺玚著《宾礼仪注》一百四十五卷，其子革亦通三《礼》，又兼治《孝经》、《论语》、《毛诗》、《左传》。崔灵恩集注《毛诗》二十二卷，集注《周礼》四十卷，《三礼义宗》四十七卷，《左氏经传义》二十二卷，《左氏条例》十卷，《公羊》、《穀梁文句义》十卷。孔子祛著《尚书义》二十卷，集注《尚书》三十卷，续朱异集注《周易》一百卷，续何承天《集礼论》一百五十卷。皇侃撰《论语义〔疏〕》十卷。何胤（著）〔注〕《周易》十卷，《毛诗总集》六卷，《毛诗隐义》十卷,《礼记隐义》二十卷,《礼答问》五十五卷。王元规著《春秋发题辞》及《义记》十一卷,《续经典大义》十四卷,《孝经义〔记〕》二卷,《左传音》三卷,《礼记音》(三)〔二〕卷。张讥撰《周易义》三十卷,《尚书义》十五卷,《毛诗义》二十卷,《孝经义》八卷,《论语义》二十卷。顾越著《丧服》、《毛诗》、《孝经》等《义疏》四十卷。沈不害著《五礼仪》一百卷。而宋怀方、戚衮并自魏入梁,以名其家。怀方自魏携《仪礼》、《礼记》疏,秘惜不传,临死,谓家人曰:"戚衮若来,以此付之,否则殉葬。"戚衮在梁,亦著《三礼义记》,遭乱亡失,惟《礼记义》四十卷行于世。其时自北来者,崔(君)〔灵〕恩、宋怀方、戚衮外,尚有孙(祥)〔详〕、蒋显等,并讲学,而音辞鄙拙,惟卢广言论清雅,不类北人。是可见梁武之世,不特江左诸儒崇习经学,而北人之深于经者亦闻风而来,此南朝经学之极盛也。

后魏多家庭之变

穆帝为其子六修所弑,昭成帝为其子实君所弑,道武帝为其子清河王绍所弑,太武帝为中常侍宗爱所弑,献文帝为其母文明太后所害,孝明帝亦为其母胡太后所害。统计后魏诸帝不得令终者凡六人,而祸皆出于家庭之间。盖刚戾性成,其俗固然也。

魏齐诸帝皆早生子

魏道武帝十五岁生明元帝,景穆太子十三岁生文成帝,文成十五岁生献文帝,献文十三岁生孝文帝。北齐后主纬十四岁生子恒,纬弟俨被诛时年十四,已有遗腹子四人。

按高澄年十二尚魏孝静帝妹冯翊长公主,盖魏、齐之间皇子皆早娶,故生子亦早。

魏诸帝多幼年即位

魏道武帝年六岁即位,太武帝十六岁即位,文成帝十三岁即位,献文帝十一岁即位,孝文帝五岁即位,宣武帝十七岁即位,孝明帝六岁即位。

元魏时人多以神将为名

北朝时人多有以神将为名者。魏北地王世子名钟葵。元叉本名夜叉,其弟罗本名罗刹。孝文时又有奄人高菩萨。尔朱荣子一名叉罗,一名文殊。梁萧渊藻小名迦叶。隋时汉王谅反,其将有乔钟葵。隋末有贼帅宋金刚。唐武后时岭南讨击使上二阉儿:一曰金刚;一曰力士,即高力士也。

财 婚

魏、齐之时,婚嫁多以财币相尚。盖其始高门与卑族为婚,利其所有,财贿纷遗。其后遂成风俗,凡婚嫁无不以财币为事,争多竞少,恬不为怪也。魏文成帝尝诏曰:"贵族之门,多不奉法。或贪利财贿,无所选择,令贵贱不分,亏损人伦,何以示后?"此可见财婚由来久矣。《封述传》,述为子娶李士元女,大输财聘,及将成礼,犹竞悬违。述忽取所供像对士元打碎为誓,士元笑曰:"封翁何处常得此应急像,须誓便用。"述又为次子娶卢庄女,述诉府云:"送骡乃嫌脚跛,评田则云咸薄,铜器又嫌古废。"皆以财聘以致纷纭,可以见是时习尚也。

高门士女

《北齐书》,郭琼以罪死,其子妇范阳卢道虔女也,没官,齐神武以赐陈元康为妻。元康地寒,时人以为殊赏。《元康传》。孙搴为神武所宠,赐妻韦氏,既士人女,兼有色貌,时人荣之。《搴传》。魏太常刘芳〔孙〕女,中书郎崔肇师女,其夫家皆坐事,齐文宣并以赐魏收为妻,人比之贾充置左右夫人。《收传》。

魏齐斗秤

《汉书·匈奴传》,严尤谏王莽伐匈奴曰:"调兵出塞,计一人三百日,食用糒十八斛。"《晋书·傅玄传》,魏初课田功,白田收十余斛,水田收至数十斛。《宋书·刘勔传》,每二万人岁食米四十八万斛。此非古人所食之多,田之所收者广也,乃古之斗斛小耳。又《晋·挚虞传》,陈勰掘地得古尺,尚书奏今尺长于古尺,宜以古尺为准。是古时尺度亦短。其大斗长尺及重秤,则起于魏、齐、周、隋之间。孔颖达《正义》,魏、齐斗秤于古二而为一,周、隋斗秤于古三而为一。顾宁人所谓古今斗尺权量之一大变局也。

然即以魏而论,其制亦先后不同。魏初斗秤亦大,自孝文帝迁洛后,诏改长尺大斗,依《周礼》制度,班之天下。**本纪。**是斗秤全以古制为准,并无所谓以二为一也。孝文之后,又日渐加增。按《张普惠传》,孝明帝时,尚书欲复绵麻之征,普惠疏曰:"高祖废大斗,去长尺,改重秤,本以爱民。而军国需绵麻之用,故绢上加税绵八两,布上加税麻十五斤,其时百姓免长尺大斗重秤之苦,故乐于供输。其后尺渐长阔,而绵麻又征,以致百姓嗟怨。自后大臣不知去其幅广度长及秤重斗大,而特免绵麻之征,以苟悦天下之心,所谓悦之不以其道也。"然则魏斗秤自孝文改从周制后,仍未久而变。颖达所谓二而为一者,盖宣武、孝明时已变之制也。余见《陔余丛考》。

假　　官

后魏孝静帝时,吏部令史张永和、崔阔等伪假人官,事觉,纠检、首者六万余人。**本纪。**此在荒乱之朝,吏弊官邪,固无足怪。至隋文帝以综核为政,宜无敢有作伪者矣。乃有向道力者,伪作高平郡守,将之官,薛胄遇诸途,疑之,使主簿按问。有徐俱罗者,先为海陵郡守,已为道力所代,秩满而公私未悟。俱罗亦曰:"道力已代我一任,使君岂容疑之?"胄不听,遽收道力,道力果引服。《薛胄传》。郡守非卑秩,任满非暂时,乃作伪而莫之悟,亦可见法网之疏矣。然亦有不可信者。彼既为伪守,则真守何在,岂肯听人之假冒数年而不出理者?恐作史者之谀闻也。

周隋唐皆出自武川

两间王气,流转不常,有时厚集其力于一处,则帝王出焉。如南北朝分裂,其气亦各有所聚。晋之亡,则刘裕生于京口,萧道成、萧衍生于武进之南兰陵,陈霸先生于吴兴,其地皆在数百里内。魏之亡,则周、隋、唐三代之祖皆出于武川。宇文泰四世祖陵,由鲜卑迁武川。陵生系,系生韬,韬生肱,肱生泰,是为周文帝。杨坚五世祖元(素)〔寿〕,

家于武川。元(素)〔寿〕生惠嘏,惠嘏生烈,烈生祯,祯生忠,忠生坚,是为隋文帝。李渊(三)〔四〕世祖熙,家于武川。熙生天(赐)〔锡〕,天(赐)〔锡〕生虎,虎生昞,昞生渊,是为唐高祖。区区一弹丸之地,出三代帝王,周幅员尚小,隋、唐则大一统者共三百余年。岂非王气所聚,硕大繁滋也哉?

北齐以厮役为县令

后魏光宅中原,颇以吏治为意。如明元帝神瑞元年,诏使者巡行诸州,阅守令资财,非自家所赍,悉簿为赃。二年,又诏刺史守令惰逋今年租调者,罚出家财以充,不得征发于民。太武帝行幸中山,免守宰贪污者(数)十〔数〕人。神麚元年,以天下守宰多非法,精选忠良悉代之。太延三年,又诏天下吏民得告守令之不法者。是皆能整饬官吏,不至猥滥。及其末造,国乱政淆,权移于下,遂至宰县者多厮役,士流皆耻为之。

入北齐,其风更甚。仆射元文遥深见其弊,奏县令乃治民之官,请革其选。于是密令搜扬贵游子弟,发敕用之。犹恐其披诉,乃召集神武门外,令赵郡王叡宣旨唱名,厚加慰谕遣之。士人为县自此始。《元文遥传》。自是李仲举、卢昌衡等八人,以门资并见征用。仲举为修武令,人号曰"宽明";昌衡为平恩令,人号曰"恩明",时称卢李之政。《李仲举传》。以亲民之官而寄之厮役,衰乱之朝何事蔑有?此亦可以观世变也。

按《晋书》,赵王伦篡位时,奴卒厮役亦加爵位。每朝会貂蝉满座,时人语曰:"貂不足,狗尾续。"又《会稽王道子传》,孝武不亲万机,与道子酣饮,姊姆尼僧尤为亲昵,窃弄其权。许荣上疏曰"今台府局吏、直卫武官,凡仆隶婢儿取母之姓者,本臧获之徒,无乡邑品第,皆得用为郡守县令"云云。嬖人赵牙出自倡优,道子以为魏郡太守,茹千秋本捕贼吏,为谘议参军。是又在北齐以前故事也。

齐文宣帝能预知

齐文宣帝沉湎于酒,昏醉如痴,沉酗既久,遂亏本性,然时或发言屡中,故时人谓之神灵。尝问泰山道士曰:"吾得为几年天子?"答曰:"得三十年。"帝谓李后曰:"十年十月十日,得非三十乎?吾甚畏之。"果以天保十年十月十日崩。先是帝令邢邵为太子制名,名殷,字正道,文宣尤之曰:"殷家兄终弟及,正字一止,吾身后儿不得也。"邵惧,请改名。帝不许,曰:"天也。"因谓昭帝 即帝弟演。曰:"夺时但夺,慎勿杀也。"后殷即位未一年,为孝昭所废,寻又害之。俱《齐纪》。定州城西门久闭不开,文宣过之,或请开门,文宣不许,曰:"当有圣人启之。"后隋文帝从周武平齐,除定州总管,至定州,开此门入,人莫不惊异。后果登大位。《隋书》本纪。

北齐宫闱之丑

古来宫闱之乱,未有如北齐者。神武以草窃起事,本不知有伦理。魏庄帝后尔朱氏,荣之女也;建明帝后小尔朱氏,兆之女也;以及魏广平王妃郑氏名大车,任城王妃冯氏,城阳王妃李氏,皆魏宗室之妃。魏亡后,神武一一纳之,是开国之初,已肆情荡检。长子文襄高澄。踵其淫风,以薛寘〔书〕妻元氏有色,迎入欲通之,元氏正词哭拒,文襄使崔季舒送付廷尉罪之。陆操曰:"廷尉守法,须知罪状。"文襄怒,以刀环筑操。又高慎妻美,文襄挑之不从,衣尽破裂,奔以告慎,慎遂降西魏。慎妻不及从,入逆口中,文襄盛服见之,乃从焉。又纳孙腾妓元玉仪,封琅琊公主。玉仪姊静仪,黄门郎崔括妻也,文襄夺之,亦封公主,括由是见擢。文襄又与神武妃郑氏 即大车。私通,为婢所告,赖司马子如掩覆而事寝。文襄又烝于神武之妻蠕蠕公主,生一女。此文襄之所为也。

文宣高洋。篡位后,文襄后元氏居静德宫,文宣曰:"兄昔奸我妇,我今须报。"乃淫于后。崔修妻王氏,文宣幸之,纳为嫔。娼女薛氏,旧为清河王岳所好,寻入宫为嫔,又纳其姊。后帝知其曾与岳通,姊妹俱被杀。永安王浚、上党王涣,帝亲弟也,使苍头刘郁捷杀浚,即以浚妃妻之;冯文洛杀涣,即以涣妃妻之。凡高氏妇女,无亲疏,皆令左右乱交。帝又自呈露以示群下,此文宣之所为也。

武成帝高湛。践祚,以文宣后李氏有容德,逼与淫乱,曰:"若不许我,当杀尔儿绍德。"后惧从之。后有娠,绍德至阁不得见,绍德愠曰:

"姊姊腹大,故不见我。"齐宫中呼母为姊姊。后惭,由是生女不举。武成怒曰:"尔杀我女,我何为不杀尔儿?"遂对后筑杀绍德,并裸后而挞之,送妙胜寺为尼。武成又纳魏静帝嫔李氏、文宣嫔王氏及文宣所幸彭乐女、任祥女,皆为夫人。此武成之所为也。

一门之中,父子兄弟俱荒于色如此,何以垂法?宜乎宫闱相习成风。如神武在时,郑妃已通于文襄,及殁后,蠕蠕公主亦为文襄所烝。而文襄后又为文宣所污,文宣后又为武成所污。甚至武成后胡氏,当武成时已与阉人褒狎,又与和士开握槊,遂通士开。武成崩后,后数诣佛寺,与沙门昙献通,僧徒至戏昙献为太上。后主闻太后不谨而未之信,见太后有二尼侍,召之,则男子也,于是尼及昙献俱正法。齐亡后,胡后入周,恣行奸秽。孝昭帝高演。在位时尚无秽行。其后(王)〔元〕氏,齐亡后亦入周宫中,隋文帝作相,始放还山东。

后主纬于宗族中尚无帷薄之丑,史谓其稍优于武成。然国亡后,其后斛律氏先废为尼者,改嫁元仁为妻。继后胡氏,亦改嫁。所宠宫婢冯小怜,曾立为后,后主向周武帝乞之,武帝仍以赐后主。后主遇害,以小怜赐代王达,潜达妃几死。隋文帝以赐达妃兄李询,令着布裙配舂,询母逼令自杀。此妃后之辱也。又后主庶兄南阳王绰妃郑氏,入周宫为武帝所幸。后主母弟俨妃李氏,曾进封楚帝后,至是亦改嫁焉。他如浚、涣之妃为苍头所辱。神武又有子华山王凝,最孱弱。其妃王氏亦与苍头奸,凝知而不能禁,后事发,王氏赐死。可见北齐中冓之丑本习为故常,恬不知怪,而天道之报施,所谓"淫人妻女,妻女淫人"者,亦昭然可见也。

观后周诸帝后,当隋革命后俱无失节者。孝闵帝后元氏,出居里第。武帝后阿史那氏,至开皇中殂。又后李氏,出家为尼,改名常悲。宣帝杨后,隋文帝女也,帝欲夺其志,不许。又有四后朱氏、陈氏、元氏、尉迟氏,皆出家为尼。朱名法净,陈名华光,尉迟氏名华首,皆完节待死,绝无丑声。良由宇文泰开国时,早能尊用《周礼》,家庭之内不越检闲,故虽亡国而无遗玷。然则整饬人物之主,可不纳身于轨物哉。

北齐百官无妾

《元孝友传》,疏言:"将相多尚公主,王侯率娶后族,故无妾媵,习以为常。举朝略是无妾,天下殆皆一妻。父母嫁女,必教之以妒;姑姊逢迎,必相劝以忌。以（劫）制〔夫〕为妇德,能妒为女工,自云受人欺,畏人笑我。"可见是时风俗如此。

按西汉时王吉上疏,言汉家故事,列侯尚公主,诸侯则国人承翁主,使男事女,夫拙于妇,逆阴阳之位,故多女乱。是汉时已有此陋习。

北齐有贤阉

北齐有宦者田敬宣,年十四五,好读书。既为阉寺,得暇便至文林馆,问书之外无他语。见古人节义事,未尝不感激沉吟。后主纬惧周师之逼,奔于青州,使之侦伺,为周军所获。问后主所在,绐曰已去。捶之,每折一肢,辞色逾厉,竟断四体而卒。宦寺之贤,世所传不过吕强、张承业,而不知尚有此人也,故特表而出之。

诵经获报

佛教在六朝时,最为人所信向。各史所载虽似近于怪妄,然其教一入中国,即能使天下靡然从风,是必实有耸人观听者,非徒恃谈空说寂也。今略撮于左。

徐义为慕容永所获,埋其足于土中,将杀之。义诵《观世音经》,至夜,土开械脱,若有人导之者,遂奔于杨佺期。《晋书》载记。宋王玄谟弃滑台,将为萧斌所杀,梦人告曰:"诵《观音经》千遍,则免。"既觉,诵之。明日将就戮,忽传旨停刑。《宋书·王玄谟传》。后魏崔浩非毁佛法,其妻郭氏敬好释典,浩怒焚而投灰于厕中。后浩以史事族诛,人以为谤佛之报。《魏书·崔浩传》。汉明帝时西域以白马驮佛经送洛,因立白马寺。其经函形制古朴,世以为古物,历代宝之。韩贤故斫破之,未几,因战为败兵斫胫而死,论者谓因破经函致祸。（魏）《〔北齐〕书·韩贤传》。魏孝文囚道人法秀,加以笼头铁锁,无故自脱。《南齐书·魏虏传》。卢景裕系狱,至心诵经,枷锁自脱。时又有文人负罪当死,梦沙门教诵经,觉时如所梦诵千遍,临刑刀折,主者以闻,赦之。此经遂行,号曰《高王观世音经》。《北齐书·卢景裕传》。张元以祖丧明,诵《药师经》,见"盲者得视"之言,乃请七僧,燃七灯,转《药师经》,誓以灯光普施法界。如此七日夜，梦老翁以金錍疗其祖目，三日后（左）〔祖〕目果明。《北史·孝行传》。卢光从周文帝狩于檀台，帝遥指山上谓群公曰："有所见否？"咸曰："无所见。"光独曰："见一沙门。"帝曰："是也。"令光于沙门立处造浮图，掘基一丈，得瓦钵锡杖各一，帝因立寺焉。《周书·卢光传》。后梁甄玄成有罪当诛，萧詧誓不杀诵《法华经》人，玄成素诵此经，遂得免。詧后见之，曰："甄公好得《法华经》力。"《甄玄成传》。此皆载于正史，未必尽诬。

盖一教之兴，能耸动天下后世者，其始亦必有异人异术，神奇灵验，如佛图澄、鸠摩罗什之类，能使人主信之，士大夫亦趋之，是以震耀遍天下，而流布于无穷，不然则何以起人皈依也。然则史所记诵经获报诸事，或当时实有之，非尽诬也。今录《鸠摩罗什》及《佛图澄》二传于后。

　　鸠摩罗什在胎时，其母慧解异常。年七岁，母遂与同出家。罗什日诵千偈，偈三十二言，凡三万二千言，（母）〔义〕亦自通。后专以大乘为化，学者皆师之。年二十，龟兹王迎之，其母辞去，谓罗什曰："方等深教，不可思议。传之东土，惟尔之力。"母至天竺，道成，进登第三果。苻坚闻罗什名，密有迎之之意。太史奏有星见外国，当有大智人辅中国。坚遣吕光伐龟兹，谓光曰："若获罗什，即驰送之。"光军破龟兹城，获罗什，俱还凉州。光攻龟兹，夜梦金甲人飞出城外，光曰："此所谓佛也。胡神出则城必破矣。"遂攻克之。光父子不信其道，姚兴迎之入秦。罗什览中土旧经多有纰缪，兴乃使沙门僧叡等翻译传写。罗什好大乘，志在敷演，每叹深识者寡，惟为兴著《实相〔论〕》二（论）〔卷〕。兴赠以宫女，一交而生二子。诸僧多欲效之取妻，罗什聚针盈钵，谓诸僧曰："若能效我食此者，乃可畜室耳。"因食针尽，诸僧愧服，乃止。吕纂尝与罗什围棋，杀其棋子，曰斫胡奴头。罗什曰："不斫胡奴头，胡奴斫人头。"后纂为吕超所杀，胡奴，超小字也。事见《晋书》载记。

　　佛图澄诵神咒，能役使鬼神。腹旁有一孔，常以絮塞之，夜则拔絮，孔中出光照一室。又常至流水，则从腹孔中引出五脏六腑洗之，仍纳腹中。又能听铃音占吉凶，无不验。石勒召试以道术，即取钵盛水咒之，钵中出青莲花，光色耀目。勒以此信之。勒尝有意害澄，澄辄避去，语弟子曰："若将军来召，则答云不知所在。"
使者果然还报，勒惊曰："吾有恶意，澄辄知之。"因悔，思见澄。澄
明旦造勒，勒问昨夜何避，澄曰："昨公有恶心，故避；今有善意，故
来。"襄国城外水源竭，勒问何以取水，澄曰："今当敕龙取水。"乃
至故泉源，烧香祝数百言，水泫然微流，有小龙随水而来，有顷水
大至，隍堑皆满。段末波来攻，兵势甚盛，勒颇惧，澄曰："铃音云
明日当擒末波。"已而果然。刘岳来攻，石虎拒之，岳保石梁坞。
澄在襄国，忽曰："昨日亥时，岳已被执。"已而果然。刘曜攻洛阳，
石勒将救之，澄曰："相轮铃音云'秀支替戾冈，仆谷劬秃当'，谓此
行捉得曜也。"勒果擒曜。勒爱子斌暴死，勒告澄，澄取杨枝，沾水
洒之，执斌手曰："可以起矣。"斌遂活。澄在邺，常遣弟子法常至
襄国，途遇其弟子法佐，夜谈，言及和尚。法佐归，澄即笑曰："昨
夜与法常共说汝师耶？"佐愕然愧忤。由是国人相语："莫起恶心，
和尚知汝。"澄之所在，莫敢向其方面涕唾者。澄将死，谓弟子法
祚曰："戊申岁祸乱起，己酉石氏当灭。吾及其未乱，先从化矣。"
遂卒。后有人见澄入关，石虎掘其冢视之，惟有一石，恶之曰："石
者朕也，葬我而去，吾将死矣。"因遇疾而死，果大乱。

后周诏诰用尚书体

汉武册封三王诏，本仿《尚书》体，见褚少孙所补《史记》及《汉书·
武五王子传》。王莽好仿《尚书》作诏诰，今见于《汉书·翟义传》者。
居摄时，莽因翟义等起兵匡复汉室，莽大惧，乃依《周书》作《大诰》，曰：

居摄二年十月甲子，摄皇帝若曰：大诰尔诸侯王、三公、列侯于汝
卿大夫、元士御事。不吊，天降丧于赵、傅、丁、董。洪惟我幼冲孺子，
当承继嗣无疆大历服事，予未遭其明悊能道民于安，况其能往知天命。
熙！我念孺子，若涉渊水，予惟往求朕所济度，奔走以傅近奉承高皇帝
所受命，予岂敢自比于前人〔乎〕！天降威明，用宁帝室，遗我居摄宝
龟。太皇太后以丹石之符，乃绍天明意，诏予即命居摄践阼，如周公故
事。反虏翟义，擅兴师动众，曰有大难于西土，西土人亦不靖。于是动
严乡侯信，诞敢犯〔祖〕乱（祖）宗之序。天降威遗我宝龟，固知我国有呰
灾，使民不安，是天反右我汉国也。粤其闻日，宗室之隽有四百人，民

献仪九万夫,予敬以终于此谋继嗣图功。我有大事,休,予卜并吉,故我出大将告郡太守、诸侯相、令、长曰:"予得吉卜,予惟〔以〕汝于伐东郡严乡逋播臣。"尔国君或者无不反曰:"难大,民亦不静,亦惟在帝宫诸侯宗室,于小子族父,敬不可征。"帝不违卜,故予为冲人长思厥难曰:"呜呼!义、信所犯,诚动鳏寡,哀哉!"予遭天役遗,大解难于予身,以为孺子,不身自邮。予义彼国君泉陵侯上书曰:"成王幼弱,周公践天子位以治天下,六年,朝诸侯于明堂,制礼乐,班度量,而天下大服。太皇太后承顺天心,成居摄之义。皇太子为孝平皇帝子,年在襁褓,宜且为子,知为人子道,令皇太后得加慈母恩。畜养成就,加元服,然后复子明辟。"熙!为我孺子之故,予惟赵、傅、丁、董之乱,遏绝继嗣,变剥适庶,危乱汉朝,以成三厄,队极厥命。呜呼!害其可不旅力同心戒之哉!予不敢僭上帝命。天休于安帝室,兴我汉国,惟卜〔用〕克绥受兹命。今天其相民,况亦惟卜用!太皇太后肇有元城沙鹿之右,阴精女主圣明之祥,配元生成,以祐我帝室,以安我大宗,以绍我后嗣,以(维)〔继〕我汉功。厥害适统不宗元绪者,辟不违亲,辜不避戚。夫岂不爱?亦惟帝室。是以广立王侯,并建曾玄,俾屏我京师,绥抚宇内。天毖劳我成功所,予不敢不极卒安皇帝之所图事。肆予告我诸侯王〔公〕、列侯、卿大夫、元士御事:天辅诚辞,天其累我以民,予(曷)〔害〕敢不于祖宗安人图功所终?天亦惟劳我民,若有疾,予害敢不于祖宗所受休辅?若考作室,厥子堂而构之;厥父菑,厥子播而获之。予害敢不于身抚祖宗所受大命?予永念曰天惟丧翟义、刘信,若啬夫,予害敢不终于亩?天亦惟休于祖宗,予害其极卜,〔害〕敢不(卜)〔于〕从?率宁人有旨疆土,况今卜并吉,故予大以尔东征。命不僭差,卜陈惟若此云云。

文句全用《尚书》,此盖刘歆等为之弄笔也。

宇文泰在西魏当国时,从苏绰之言,官制仿《周礼》,诏诰亦仿《尚书》。其官制至魏恭帝时始奏行之,而诏诰则大统中已大变骈丽之习。因魏帝祭庙,群臣毕至,命苏绰作《大诰》,颁行之,自后文笔皆依此体。其词曰:

惟中兴十有一年仲夏,庶邦百辟,咸会于王庭。六月丁巳,皇帝朝格于太庙,凡厥具僚,罔不在位。皇帝若曰:"咨我元辅、群公、列将、百辟、卿士、庶尹、御事,朕惟〔寅〕敷祖宗之灵命,稽于先王之典训,以大诰于尔在位。昔我太祖神皇(帝),肇膺明命,以创我皇基。烈祖景宗,廓开四表,底定武功。暨乎文祖,诞敷文德,龚惟武考,不霣其旧。自时厥后,陵夷之弊,用兴大难于彼东丘,则我黎人,咸坠涂炭。惟台一人,缵戎下武,夙夜祗畏,若涉大川,罔识攸济。是用稽于帝典,揆于王庭,拯我民瘼。惟彼哲王,示我通训,曰天生烝民,罔克自义,上帝降鉴睿圣,植元后以义之。惟时元后弗克独义,博求明德,命百辟群吏以佐之。肆天之命辟,辟之命官,惟以恤民,弗惟逸念。辟惟元首,庶黎惟趾,股肱惟弼,上下一体,各勤攸司,兹用克臻于皇极。故其彝训曰:'后克艰厥后,臣克艰厥臣,政乃义。'今台一人,膺天之嘏,既陟元后。股肱百辟又服我国家之命,罔不咸守厥职。嗟夫!后弗艰厥后,臣弗艰厥臣,于政何弗敕。呜呼艰哉!凡尔在位,其敬听(朕)命!《苏绰传》。

讨高欢时誓师曰:"与尔有众,奉天威,诛暴乱。惟尔士,整尔甲兵,戒尔戎(士)〔事〕,无贪财以轻敌,无暴民以作威,用命则有赏,不用命则有戮。尔众士其勉之。"其黜废帝而立恭帝也,又命卢辩作诰谕群臣,曰:"呜呼!我群后暨(尔)众士,维文皇帝以褵褓之嗣托于予,训之诲之,庶厥有成。而予罔能(革)变厥心,庸暨乎废,坠我文皇帝之志。呜呼!兹咎予其焉避。予实知之,矧尔众人之心哉!惟予之颜,岂惟今厚?将恐来世以予为口实。"俱载本纪。

及宇文泰殁后,魏恭帝禅位于周孝闵帝,诏曰:"予闻皇天之命不于常,惟归于德。故尧授舜,舜授禹,时宜也。天厌我魏邦,垂变以告,惟(予)〔尔〕罔弗知。予虽不明,敢弗龚天命,格有德〔哉〕?(我)今踵唐、虞旧典,禅位于周,庸布告尔焉。"又使大宗伯赵贵奉册曰:"咨尔周公,帝王之位弗常,有德者受命,时乃天道。予式时庸,荒求于唐、虞之(遗)〔彝〕踵。曰我魏德之终旧矣,我封小大罔弗知,今其可亢怫于天道,而不归(于)有德欤?时用询谋,金(同)曰公昭考文公,格勋德于天地,丕济黔黎。洎公又躬宣重光。故玄象〔征〕见于上,讴讼奔走于下,天之历数,用实在焉。予安敢弗若?是以钦祗圣典,逊位于公。公其享兹天命,保有万国,可不慎欤!"本纪。是时宇文泰已殁,而诏谕如此,盖朝廷之上用《尚书》作诰,久已相习为常故也。

当六朝时,骈体盛行,而绰等独能复古,可谓转移风气者矣。然时会所趋，积而难返。及宣帝即位，修洛阳之诏，传位太子之诏，已用当时文体。迨隋文时，去周不过一二十年，而李谔奏文体卑靡，云："竞一(字)〔韵〕之奇，争一字之巧。连篇累牍，不出月露之形；积案盈箱，尽是风云之状。世俗以此相高，朝廷据兹擢士。至于羲皇、舜、禹之典，伊、傅、周、孔之说，不复关心，何尝入耳？"则周时虽暂用古体，而世之为文者骈丽自如，风会所开，聪明日启，争新斗巧，遂成世运，固非功令所能禁也。

魏末周初无年号

自汉武帝创置年号，便于记事，诚万世不易之良法。然后世有不用年号者。《周书·崔宣猷传》，明帝即位，依周礼称天王，不建年号。宣猷请仍用以纪事，乃从之。是周明帝即位之初，无年号也。然不始于此。按西魏废帝及恭帝皆无年号，其时宇文泰当国，专用周礼，故不设年号，但称元年、二年。周孝闵帝禅代亦因之。直至明帝三年，因宣猷奏，乃复用年号耳。

隋书志

《隋书》本无志，今之志乃合记梁、陈、齐、周、隋之事，旧名《五代史志》，别自单行。其后附入《隋书》，然究不可谓《隋志》也。自开皇、仁寿时，王劭为《隋书》八十卷，以类相从，至编年纪传尚阙。唐武德五年，令狐德棻奏修《五代史》，梁、陈、齐、周、隋。诏封德彝、颜师古修《隋书》，历年不就而罢。贞观三年，又诏魏徵修之，房玄龄为监修。徵又奏颜师古、孔颖达、许敬宗同撰，序论皆徵所作，凡帝纪五，列传五十，十年正月上之，此《隋书》也。十五年，又诏于志宁、李淳风、韦安仁、李延寿同修《五代史志》，凡成十志，三十卷。显庆元年，长孙无忌等上之，此《五代史志》也。说见刘敞校刊时所记。

一帝数后

一帝一后，礼也。至荒乱之朝，则漫无法纪，有同时立数后者。孙皓之夫人滕氏无宠，长秋(官)〔宫〕僚，备员而已，而内诸姬佩皇后玺绶者甚多。《三国志》。刘聪僭位，立其妻呼延氏为皇后。后死，纳刘殷女为皇后。后死，又纳靳准女为皇后，未几进为上皇后，而立贵妃刘氏为左皇后，贵嫔刘氏为右皇后，又立樊氏为上皇后。四后之外，佩皇后玺绶者又七人。后又以宦者王沈养女为左皇后，宣怀养女为中皇后。《晋书》载记。后周宣帝初即位，立妃杨氏为皇后。其后自称天元皇帝，又立妃朱氏为天元帝后，妃元氏为天右皇后，陈氏为天左皇后。寻进杨氏为天元大皇后，朱氏为天大皇后，元氏为天右大皇后，陈氏为天左大皇后，陈氏又改为天中大皇后，而以妃尉迟氏为天左大皇后。《后周书》本纪。

隋文帝杀宇文氏子孙

古来得天下之易，未有如隋文帝者。以妇翁之亲，值周宣帝早殂，结郑译等矫诏入辅政，遂安坐而攘帝位。其时虽有尉迟迥、宇文胄、石愻、席毗、王谦、司马消难等起兵匡复，隋文犹假周之国力，不半载殄灭之。于是大权在手，宇文氏子孙以次诛杀，殆无遗种。

今以《周书》考之，周文帝子，除宋公震、谯王俭、冀公通先卒，卫王直先以罪诛外，赵王招、陈王纯、越王盛、代王达、滕王逌皆被杀，而并杀招子员、贯、乾铣、乾铃、乾（鉴）〔铿〕等，纯子谦、让、议等，盛子忱、悰、恢、愐、忻等，达子执、转，逌子祐、裕、礼、禧等，而震之子实，俭之子乾恽，通子绚，亦皆被杀，于是周文帝子孙尽矣。（节）〔孝〕闵帝一子康先死，其子湜亦被杀，于是（节）〔孝〕闵子孙又尽矣。明帝子毕王贤、酆王贞皆被杀，并杀贤子（宏文）〔弘义〕、恭道、树孃等，贞子德文等，于是明帝子孙亦尽矣。武帝子汉王赞、秦王贽、曹王允、道王充、蔡王兑、荆王元皆被杀，并杀赞子道德、道智、道义等，贽子忠诚〔公〕靖智、靖仁等，余本无子，于是武帝子孙尽矣。宣帝子静帝既为隋文所害，余子邺王（衍）〔衎〕、郢王术皆幼而被杀，于是宣帝子孙又尽矣。其宗室内，宇文胄以起兵应尉迟迥被杀，又宇文洽、宇文椿及子道宗、本、仁邻、武子、礼献等，宇文众及子仲和、孰伦等，皆被杀。惟宇文洛以疏属，幼年得封介国公，以为隋宾，未几又毙之。于是宇文之宗族亦无在者。

窃人之国，而戕其子孙至无遗类，此其残忍惨毒，岂复稍有人心！其后隋文帝五子，长太子勇，被废，后赐死。次炀帝，为宇文化及所弑。次秦王俊，先卒。次越王秀，废锢，死江都之难。次汉王谅，以反诛。

计五子中，除秦王俊外，无一非不得其死者。而勇子十，俨以鸩死，裕、筠、巘、恪、该、〔韶〕、暥、孝实、孝范皆贬岭外杖死。俊子浩、湛，及秀、谅之子，皆为化及所害。炀帝三子，长太子昭，先卒。次齐王暕，次赵王杲，皆死江都之难，无子。而昭子代王侑，为唐所立，未几禅位，封酅国公，不数月而殂。次燕王倓，亦遇害于江都。次越王侗，称号东都，为王世充所弑。于是炀帝之子孙亦无遗种矣。惟齐王暕有一遗腹子憨，随萧太后入突厥，后归于唐，官尚衣奉御，杨氏之种仅延此一线。而炀帝之死，又巧借一姓宇文者之手以毙之，宇文化及与周同姓，而非同宗。此岂非天道好还之显然可据者哉！

按隋文灭陈，不惟陈后主得善终，凡陈氏子孙，自岳阳王叔慎以抗拒被杀外，其余无一被害者，皆配往陇右及河西诸州，各给田业以处之。同一灭国也，于宇文氏则尽殄之，于陈氏则悉保全之。盖隋之篡周本不以道，与宇文有不两立之势，且恐有尉迟迥等之起兵匡复者，不得不尽绝其根芽。至取陈，则隋之基业已固，陈之子孙又皆孱弱不足虑，故不复肆毒也。至炀帝以后主第六女为贵人，最宠，因召陈氏子孙尽还京，随才叙用，由是并为守宰遍天下。此则陈氏开国之初，本未甚杀戮，故子孙亦少诛夷，亦天道之不爽者。且劫运将终，杀气渐减也。

隋独孤后妒及臣子

古来宫闱之妒，莫有过于隋独孤后者，不惟妒在己，并子与臣之有妾者，亦代为妒之。《后传》谓后宫罕得进御，尉迟迥女〔孙〕没入宫，帝私幸之，后伺帝听朝，即阴杀之。凡诸王及朝臣有妾孕者，必劝帝斥之。皇太子勇多内宠，其妃元氏暴崩，疑太子宠妾云氏而害之，由是讽帝废太子。高颎妻死，后欲为娶继室，颎辞以老。后颎妾生子，后恶之，谮颎于帝，遂黜死。《隋书·后妃传》。按《太子勇传》，勇多内宠，昭训云氏尤嬖，礼匹于嫡。勇妃元氏无宠，尝遇心疾，二日而卒，独孤后意有他故，甚责望。后听晋王广之谮，后忿然曰：“睍地伐勇小字。渐不可耐，我为娶得元氏女，竟不闻作夫妻，专宠阿云，使有如许豚犬。新妇本无病，忽尔暴亡，我亦不能穷治。每思东宫竟无正嫡，至尊万岁后，使汝等向阿云再拜问讯，此是几许大苦痛耶！”乃日媒孽勇之短于帝前，遂废之。

又《高颍传》，颍妻死，后谓文帝曰："高仆射老矣，而丧夫人，宜为之娶。"帝以告颍，颍谢曰："臣今已老，惟斋居诵佛经，纳室实非所愿。"帝乃止。后颍妾生男，帝甚为之喜，后谓帝曰："陛下尚信颍耶？陛下欲为娶妇，颍心爱妾，故面欺陛下。今其诈已见，安可信之！"帝由是疏颍，以至赐死。子之厚妾薄妻而母恶之，此犹是家庭之恒情。至于臣下之有妾，亦何与后事？乃亦因此而憾之，岂非奇妒哉！

廿二史札记卷十六

旧唐书源委

晋出帝开运二年六月，监修国史刘昫、史官张昭远后以避刘智远讳，但名昭，《宋史》有传。以新修《唐书》纪、志、列传并目录凡二百三卷上之，赐器币有差。《晋纪》。此《旧唐书》所以首列刘昫名也。然薛、欧二《史·刘昫传》俱不载其有功于《唐书》之处，但书其官衔监修国史而已。盖昫为相时《唐书》适讫功，遂由昫表上，其实非昫所修也。唐末播迁，载籍散失，自高祖至代宗尚有纪传，德宗亦存实录。武宗以后六代，惟武宗有实录一卷，余皆无之。《五代会要》。梁龙德元年，史馆奏请令天下有记得会昌以后公私事迹者，抄录送官，皆须直书，不用词藻。凡内外臣僚奏行公事，关涉制置沿革有可采者，并送官。《梁纪》。唐长兴中，史馆又奏宣宗以下四朝未有实录，请下两浙、荆湖等处购募野史及除目朝报、逐朝日历、银台事宜、内外制词、百司簿籍，上进；若民间收得，或隐士撰成野史，亦令各列姓名请赏。从之。《后唐纪》及《五代会要》。闻成都有本朝实录，即命郎中庾传美往访，及归，仅得九朝实录而已。《后唐纪》。可见《唐书》因载籍散佚，历梁、唐数十年未溃于成，直至晋始成书，则纂修诸臣搜剔补缀之功不可泯也。

今据薛、欧二《史》及《五代会要》诸书考之，晋天福（五）〔六〕年，诏张昭远、贾纬、赵熙、郑受益、李为光同修《唐史》，宰臣赵莹监修。《晋纪》。莹以唐代故事残缺，署能者居职，纂补实录及正史。《莹传》。贾纬丁忧归，莹又奏以刑部员外郎吕琦、侍御史尹拙同修。《晋纪》。莹又奏请据史馆所缺唐书实录，下敕购求。况唐咸通中，宰臣韦保衡与（薛）〔蒋〕伸、皇甫（焕）〔燠〕撰《武宗》、《宣宗实录》，皆因多事，并未流传。今保衡、裴贽现有子孙居职，或其门生故吏亦有纪述者，请下三京诸道，凡有此数朝实录，令其进纳，量除官赏之。会昌至天祐垂六十年，李德裕平上党，有《武宗伐叛》之书；康承训定徐方，有《武宁本末》之传。凡此之类,令中外臣僚有撰述者,不论年月多少,并许进纳。从之。《五代会要》。是此事赵莹为监修,综理独周密,故莹本传谓《唐书》二百卷,莹首有力焉。昭宗一朝全无纪注,天福中张昭远重修《唐史》,始有《昭宗本纪》。《五代史补》。是张昭远于此事搜辑亦最勤,故刘昫上《唐书》时与昭远同署名。昭远寻加爵邑,酬修史之劳也。《晋纪》。贾纬长于史学,以武宗之后无实录,采次传闻,为《唐年补录》六十五卷,入史馆与修《唐书》。《纬传》。今《旧唐书》会昌以后纪传,盖纬所纂补。又赵熙修《唐书》成,授谏议大夫,赏其笔削之功。《熙传》。

是则《旧唐书》之成,监修则赵莹之功居多,纂修则张昭远、贾纬、赵熙之功居多,而《刘昫传》并不载经画修书之事。今人但知《旧唐书》为昫所撰,而不知成之者乃赵莹、张昭远、贾纬、赵熙等也,故特标出之。

新唐书

宋仁宗以刘昫等所撰《唐书》卑弱浅陋,命翰林学士欧阳修、端明殿学士宋祁刊修,曾公亮提举其事,十七年而成,凡二百二十五卷。修撰纪、志、表,祁撰列传。故事,每书首只用官尊者一人,修以祁先进,且于《唐书》功多,故各署以进。《修传》。祁奉诏修《唐书》,十余年出入(卧)内〔外〕,尝以稿自随,为列传百五十卷。《祁传》。

论者谓《新书》事增于前,文省于旧,此固欧、宋二公之老于文学,然难易有不同者。《旧书》当五代乱离,载籍无稽之际,掇拾补茸,其事较难。至宋时文治大兴,残编故册次第出见。观《新唐书·艺文志》所载唐代史事,无虑数十百种,皆五代修《唐书》时所未尝见者,据以参考,自得精详。又宋初绩学之士,各据所见闻,别有撰述。如孙甫著《唐史记》七十五卷,每言唐君臣行事,以推见当时治乱,若身历其间。人谓终日读史,不如一日听孙论也。又赵瞻著《唐春秋》五十卷,赵邻几追补《唐实录》、会昌以来《日历》二十六卷,陈彭年著《唐纪》四十卷。以上见《宋史》各本传。诸人皆博闻勤采,勒成一书,必多精核,欧、宋得借为笔削之地。又吕夏卿熟于唐事,博采传记杂说数百家,又通谱学,创为世系诸表,于《新唐书》最有功。《宋史·夏卿传》。宋敏求尝补唐武宗以下六世《实录》百四十卷,王尧臣修《唐书》,以敏求熟于唐事,奏为编修官。《宋史·敏求传》。是刊修《新书》时又得诸名手佽助,宜其称良史也。

唐实录国史凡两次散失

唐时修实录、国史者,皆当代名手。今可考而知者,《高祖实录》二十卷,《太宗实录》二十卷,皆敬播撰,房玄龄监修。又《贞观实录》四十卷,令狐德棻撰,贞观十三年以后事,长孙无忌监修。其时同修者又有敬播、顾胤、邓世隆、慕容善行、孙处约、刘凯、庾安礼,俱为修史学士。见《德棻》及《胤》、《处约》等传。其后许敬宗又奏改正。初高祖、太宗两朝《实录》,敬播等所修,颇详直,敬宗辄以己意改之。敬宗贪财,嫁女于钱九陇,本皇家隶人也,乃列之于刘文静等功臣传。又其子娶尉迟敬德女,则为敬德作佳传,以太宗赐长孙无忌之《威凤赋》移为赐敬德者,事见《敬宗传》。而《播传》又谓播与敬宗同撰。盖当玄龄、无忌监修时,播已在事,至是又徇敬宗意,而与之同改修耳。高宗以其事多失实,又命宰臣刊正。见《郝处俊传》。《高宗实录》三十卷,许敬宗、令狐德棻等撰。后修实录三十卷,德棻等所撰,止乾封,刘知幾、吴兢续成之。又有武后所定《高宗实录》一百卷,见《艺文志》。韦述所撰《高宗实录》三十卷。见《述传》。《则天皇后实录》二十卷。魏元忠、武三思、祝钦明、徐彦伯、柳冲、韦承庆、崔融、岑羲、徐坚撰,刘知幾、吴兢删正,见《艺文志》及《元忠传》。按刘子玄修《武后实录》有所改正,武三思不听。而吴兢书张易之诬元忠有不顺之言,引张说为证,说已许之,赖宋璟力阻,始对武后谓元忠无此语。后说见《实录》所书如此,嘱兢改之,兢曰:“如此何名实录?”是刘、吴二人修《实录》,尚多直笔。《中宗实录》二十卷。见《艺文志》,谓吴兢撰,而《岑羲传》又谓羲撰。其书节愍太子之难,谓冉祖雍诬睿宗及太平公主连谋,羲密疏保护之。是岑羲亦在修史之列。《睿宗实录》五卷。亦吴兢撰。刘知幾又有《太上皇实录》十卷,记睿宗为太上皇时事也。《玄宗实录》二十卷,张说与唐颖等撰,开元初年事。又有《开元实录》四十七卷,见《艺文志》,不著撰人姓氏。代宗时又修成一百卷。令狐峘撰。时起居注散亡,峘衰掇诏策成之,而开元、天宝间名臣事多漏略,拙于去取,不称良史,见《峘传》。《肃宗实录》三十卷。元载监修。《代宗实录》四十卷。亦令狐峘撰。峘受诏纂修,未成,坐事贬外,诏许在外成书。元和中其子丕上之。《建中实录》十卷。沈既济撰。时称其能,见《既济传》。《德宗实录》五十卷。蒋乂、韦处厚、独孤郁、樊绅、林宝等撰,凡五年书成。裴垍监修。《顺宗实录》五卷。韩愈、沈传师、宇文籍撰,李吉甫监修。按《愈传》,修《顺宗实录》，拙于取舍，为世所非。穆宗、文宗尝诏史臣改修，而愈婿李汉、蒋偕皆在显位，诸公难之。又《郑覃传》，文宗尝谓事不详实，史臣韩愈岂屈人耶？是当时论者皆多此异议。然《路隋传》谓愈所书禁中事皆切直，宦官不喜，咸议其非，故文宗诏隋刊正。隋奏周居巢、王彦威、李固言皆谓不宜改。而宰臣李宗闵、牛僧孺谓史官"李汉、蒋偕皆愈之婿，不可参撰，臣独以为不然。愈所书本非己出，自元和至今无异词，但请示其甚谬者，付下刊定可耳"。乃诏摘出贞元、永贞间数事改正，余不复改。据此则愈所撰本非失实，特宦寺等妄论之耳。《宪宗实录》四十卷。蒋偕、沈传师、郑澣、陈夷行、李汉、宇文籍、苏景胤撰，杜元颖、韦处厚、路隋监修，敕隋与处厚更日入直，书未成且免常参。传师寻授湖南观察使，元颖引张说、令狐峘之例，奏令传师以史稿即官下成之。俱见各本传。按《宪宗实录》凡两次重修。武宗时李德裕当国，欲掩其父吉甫不善之迹，奏请重修，诏允之，并令旧本不得注破，候新撰成时同进。史官郑亚等希德裕意，多所删削。德裕又奏旧本多载禁中之言，夫公卿论奏必有章疏，藩镇上表亦有批答，若徒得自其家，未足为据。今后实录所载，必须有据者方得纪述。从之。议者谓德裕以此掩其改修之迹也。又《李汉传》，汉修《宪宗实录》，书宰相李吉甫事不相假借，德裕恶之，乃坐以李宗闵党贬逐。此会昌中重修也。及宣宗即位，又诏《元和实录》乃不刊之书，李德裕擅敢改张，夺他人之懿节，为私门之令猷。周墀亦奏德裕窜寄他事以广父功，乃诏崔龟从等刊落。此大中再定本也。俱见本纪及各本传内。《穆宗实录》二十卷。苏景（贶）〔胤〕、王彦威、杨汉公、苏涤、裴休撰，路隋监修。《敬宗实录》十卷。陈商、郑亚撰，李让夷监修。《文宗实录》四十卷。卢耽、蒋偕、〔王沨〕、卢告、牛丛撰，魏暮监修。《武宗实录》三十卷。韦保衡监修。宣宗以后无实录。大顺中诏修宣、懿、僖实录，而日历记注亡缺，史官裴廷裕因摭宣宗政事，奏记于监修杜让能，名曰《东观奏记》，凡三卷。以后诸帝皆无实录。此诸帝实录见于各本纪、列传及《艺文志》者也。

其总辑各实录事迹，勒成一家言，则又别有国史。先是吴兢在长安、景龙间任史事，武三思、张易之等监修，事多不实。兢不得志，乃私撰《唐书》、《唐春秋》，未就。后出为荆州司马，以史草自随。会萧嵩领国史，奏遣使就兢取其书，凡六十余篇。《兢传》。此第一次国史也，然尚未完备。开、宝间韦述总撰一百一十（二）〔三〕卷，并《史例》一卷，萧颖士以为谯周、陈寿之流。《述传》。此第二次国史也。肃宗又命柳芳与韦述缀辑吴兢所次国史。述死，芳绪成之，起高祖讫乾元，凡一百三十篇。而叙天宝后事，去取不伦，史官病之。《芳传》。此第三次国史也。后芳谪巫州，会高力士亦贬在巫，因从力士质问，而国史已送官，不可改,乃仿编年法为《唐历》四十篇,以力士所传载于年历之下,颇有异同。亦《芳传》。然芳所作止于大历,宣宗乃诏崔龟从、韦(涣)〔澳〕、李荀、张彦远及蒋偕分年撰次,至元和,为《续唐历》三十卷。《蒋偕》《崔龟从》等传。此第四次国史也。是唐之实录、国史本极详备,然中叶遭安禄山之乱,末造又遭黄巢、李茂贞、王行瑜、朱温等之乱,乃尽行散失。据《于休烈传》云,国史一百六卷,《开元实录》四十七卷,起居注并余书三千六百八十二卷,俱在兴庆宫,京城陷贼后皆被焚。休烈奏请降敕招访有人收得者,送官重赏。数月内仅收得一两卷,惟史官韦述藏国史一百一十三卷送于官。是天宝后所存仅韦述之本也。广明乱后,书籍散亡。

五代修《唐书》时,因会昌以后事迹无存,屡诏购访。据《旧唐书·宣宗纪论》云:"宣宗贤主,虽汉文、景不过也。惜乎简籍遗落,十无(二)三〔四〕。"又《五代会要》所云,有纪传者惟代宗以前,德宗亦只存实录,武宗并只实录一卷。则虽有诏购访,而所得无几。此五代时修《唐书》之难也。《新唐书·韦述等传赞》云:"唐三百年业巨事丛,其间巨盗再兴,(国)〔图〕典焚逸,大中以后,史录不存。故圣主贤臣,叛人佞子,善恶汩汩,有所未尽。"然则不惟《旧唐书》多所阙漏,即《新唐书》搜采极博,亦尚歉然于文献之无征也。

旧唐书前半全用实录国史旧本

五代修《唐书》虽史籍已散失,然代宗以前尚有纪传,而庾传美得自蜀中者,亦尚有九朝实录。今细阅《旧书》文义,知此数朝纪传,多钞实录、国史原文也。凡史修于易代之后,考覆既确,未有不据事直书。若实录、国史修于本朝,必多回护。观《旧书》回护之多,可知其全用实录、国史而不暇订正也。

以本纪而论,高宗上元二年皇太子弘之死,由武后鸩之也,而书皇太子弘薨于合璧宫之绮云殿。《新书》书天后杀太子弘。章怀太子之死于巴丘,亦武后令丘神勣迫令自杀也,而书庶人贤死于巴丘。《新书》书天后杀庶人贤。薛怀义承辟阳之宠,至命为行军大总管,以宰相李昭德、苏味道为其幕僚,后以恣横杀之,而《后纪》绝无一字及怀义。《新书》书永昌元年,白马寺僧薛怀义为行军大总管,击突厥。证圣元年,书杀薛怀义。张易之兄弟被诛,本张柬之等建谋举事,而书张易之与弟昌宗反,皇太子率左羽林军桓彦范等诛之。《新书》书张柬之、崔玄〔晖〕〔暐〕等以羽林兵讨乱,张易之等伏诛,帝复于位。其后张柬之等五王为武三思诬构至死,亦全不书。杨贵妃本寿王瑁妃,度为女道士,号太真,召入宫,此开元二十八年事也。本纪亦不书。直至天宝四载,始书册太真杨氏为贵妃,而绝不见其来自寿邸之迹。《新书》则先书以寿王妃杨氏为道士,号太真,后书册太真为贵妃。至如穆宗以下诸帝皆宦官所立,而本纪绝不书。凡故君纪内,必先书遗诏以某嗣位,而于新君纪内,即书某月日柩前即位,一似授受得其正,皆先帝弥留时所定,而宦官无与者。此本纪之回护也。

其列传,如《皇后传》内,宪宗郭后历穆、敬、文、武四朝,皆居重闱之尊,诸帝孝养备至。迨宣宗即位,其母郑本后侍儿,有宿怨,宣宗奉养遂薄。后郁郁登楼,将自殒,帝闻不喜,是夕后暴崩。其后议葬景陵外园,太常王皞请合葬景陵,帝令宰相白敏中责之,皞曰:"后乃宪宗元妃,事顺宗为子妇,历五朝母天下,岂容有异议?"皞遂贬。是郭后在宣宗时不得其死,自是实事。见《新书》及《通鉴》。而《旧书》后本传乃云诸帝既极孝养,宣宗继统,后之诸子也,恩礼愈异于前朝,大中年崩于兴庆宫。一似全福令终,并无嫌隙之处。又宣宗母郑,本丹阳人,有相者云当生天子,李锜闻之纳为妾。后锜反,没入宫,宪宗幸之,遂生宣宗。见《新书》及《通鉴》。是后之由李锜没入掖廷,自有原委,而《旧书》但云宪宗时在内职御女之列,旧史残缺,未见族姓所出,入宫之由。亦是讳其所出也。曹王明之母,本齐王元吉妃,太宗纳之而生明,后即以明为元吉后,见《新书·曹〔明〕王〔明〕传》。而《旧书》不载。杨弘武为吏部,高宗责其授官多非才,弘武对曰:"臣妻悍,此其所嘱,故不敢违。"盖以讽帝也,见《新书·弘武传》。《旧书·弘武传》不载。苏良嗣为相,遇薛怀义于朝,颇偃蹇,良嗣叱左右批其颊,曳去。武后谓怀义曰:"师第出入北门,彼南衙宰相行来,勿犯之。"见《新书·良嗣传》。而《旧书·良嗣传》不载。甚至《褚遂良传》不载其倾陷刘洎之事,《李世勣传》不载其瞻徇立武后之事,《辛云京传》不载其激变仆固怀恩之事,怀恩引回纥可汗兵讨贼,过太原,辛云京以可汗系其婿,恐被袭,遂闭门不出犒军。及回纥讨贼还,过城下,亦不出。于是怀恩怒,遂叛。《通鉴》载之甚详,亦见《旧书·怀恩传》,而《云京传》不载。《田神功传》不载其先为贼将之事,神功先为安禄山兵马使，归朝后守陈，与贼战不胜，又降史思明。思明令其南略江、淮，遂再归顺。《旧书》竟不叙，但云上元中为平卢兵马使，破贼于郑州，似未尝失身于贼者。岂以其晚节忠朴而代为讳耶？《李勉传》不载其逃弃汴城之事，李希烈攻襄州，诏勉出兵救之。勉以贼兵攻襄，则许下必虚，攻许则襄围自解，乃遣将攻许，未至，为贼兵所败。希烈自来攻汴，勉固守不支，乃溃围出。《旧书》不载败状，但云若与贼战，多杀无辜，遂南奔。而《传论》并谓与坐受丧败，不如避寇全师，是更为洗雪矣。《郝玼传》不载马璘不城临泾之事，玼为临泾将，请于其帅马璘城临泾，以控戎骑。或谓璘曰："如此则边塞久安，公复何足重？"乃不听。《旧书》但云玼请于主帅，不听，而不著马璘姓名，似为璘讳者。《李辅国传》不载代宗遣人夜刺杀之事，但云夜盗入其家杀之。《鱼朝恩传》不载帝使人擒缢之事，但云自缢死。盖当时朝旨本以为盗杀及自缢，故国史从而书之，此又列传之回护也。实录、国史书法既有回护，易代后修史时考其非实，自应改正而直笔书之，乃《旧书》书法仍复如此，知其全用旧史之文，不复刊正也。

今按《唐绍传》："先天二年，今上讲武骊山，绍以仪注不合，坐斩。"今上指玄宗也。此《玄宗实录》原文也。《刘仁轨传》后引韦述论云："仁轨好以甘言悦人，以收物望；戴至德正色拒下，推善于君。故身后毁誉各异。"此引用韦述国史旧文也。而《刘仁轨》、《裴行俭》、《郝处俊》传论并称仁轨曰刘（来）〔乐〕城，行俭曰裴闻喜，处俊曰甑山。不称名而称爵邑，史家无此法，更可见韦述当日尊呼前辈之称，而非易代后史官之词也。《崔玄翰传》谓李汧公镇滑台，辟玄翰为从事。汧公，李勉也。《薛伾传》谓尚父汾阳王召置麾下。汾阳王，郭子仪也。此并是玄翰、伾家状送入史馆者，国史即用之不及改，五代修史时亦即用之不复改也。惟全录旧文，而旧时史官本皆名手，故各传有极工者。如《高仙芝》、《封常清》二传，似分似合，《常清传》内载其临死谢表，郁勃悲凉，而继之以仙芝之死，叹息数语，觉千载下犹有生气。又如《郭子仪传》乃裴垍所修，首尾整洁，无一酿词。因此可知唐史官之老于文学也。

至会昌以后无复底本，杂取朝报吏牍补缀成之。故本纪书吴湘狱案至千余字。咸通八年，并将延资库计帐贯匹之数琐屑开入，绝似民间记簿。其除官必先具旧衔，再入新衔，如以某官某人为某官，下至刺史亦书于本纪，是以动辄累幅，虽邸抄除目无此繁芜也。然亦有未可轻訾者。凡本纪只略具事由，而其事则详于列传。此书如庞勋之乱，黄巢之乱，李茂贞、王行瑜等之劫迁，朱温之篡弑，即于本纪详之，不待翻阅各传已一览了如。迁、固本有此体，非必纪内只摘事目也。其余列传虽事迹稍略，而文笔极为简净，以《新书》比较，转逊其老成。则五代修史诸人，如张昭远、贾纬等亦皆精于史学，当缺漏支诎中仍能补缀完善，具见撰次之艰，文字之老。今人动谓《新书》过《旧书》远甚，此耳食之论也。《新书》谓旧史之文浅则入俚，简则及漏，或有所讳而不得逞耶，或因浅仍俗而不足于文也。此亦偶摘《旧书》之俚俗缺略者疵之耳，其佳处终不可没也。

新唐书本纪书法

《新唐书》书法多可议者。武德元年，唐帝追谥隋太上皇为炀帝。贞观四年，李靖破突厥，获隋萧后及炀帝孙正道，此大事也，而本纪不书。《旧书》书之。薛举寇泾州，虽因秦王卧病，刘文静出战而败，然主兵者秦王也，乃但书"刘文静及薛举战，败绩"。《旧书》书秦王与薛举战，败绩。秦王擒窦建德，降王世充，献俘于朝，斩建德于市，流世充于蜀。本纪但书"建德伏诛"，而世充放流之事不书，则世充如何决遣乎？突利、颉利，两可汗也，乃李靖擒颉利则书，突利来奔则不书。侯君集擒高昌王麹智盛则书，李靖擒吐谷浑慕容伏允则不书。体例亦不画一。

凡书伏诛者，以其有罪而正法也。玄宗讲武骊山，以仪注有失斩唐绍，绍死后玄宗追悔之。是其罪本不至死，而书"唐绍伏诛"。《旧书》，唐绍斩于纛下。封常清与禄山战败，奔陕郡，劝高仙芝速守潼关。仙芝至关，缮守备，贼至不得入，乃去。是二人皆无死罪也，而书"封常清、高仙芝伏诛"。《旧书》，斩常清、仙芝于潼关。是不亦太刻乎？此数人皆书伏诛矣，宦官陈弘志弑宪宗，幸逃其罪，文宗始赐死于青泥驿。《新书》于《宪宗纪》既书"陈弘志反，帝暴崩"矣，又于《文宗纪论》谓"帝能诛弘志，亦足伸其志矣"，则青泥驿之赐死，自必应书伏诛，乃反书"杀陈弘志"，一似无罪而枉杀者，此更两失之也。

奉天之围，朱泚来攻二十余日，皆浑瑊昼夜拒战，得保危城。而本纪但书"甲子，瑊与泚战城下，败之"，似瑊之战只此一次矣。宣宗大中元年，积庆太后崩，此文宗母也，本纪但书"皇太后"，则竟似宣宗母矣。

宰相王铎赴沧帅任,路经魏博,为节度使乐彦祯所害,《新书》但书"盗杀义昌军节度使王铎",似为彦祯讳者。此皆欧公过求简净之失也。

《新唐书》本纪及《五代史》皆欧公重修,然《五代史》系欧公私自撰述,从容订正,故无遗议。《新唐书》则二百八十余年事迹,头绪繁多,不暇检校入细。试平心论之,宋景文于列传之功,实费数十年心力,欧公本纪则不免草率从事,不能为之讳也。当日进呈时,宋仁宗即有旨,《旧唐书》不可废,其早有所见欤?

新书本纪书安史之乱

欧公本纪书法,凡反逆者虽遣其将拒战,亦必书逆首姓名,不书贼将也。然亦有不可通者。如秦宗权、董昌等部将不多,举事又小,书其逆首,自不至混淆。至安禄山、史思明等地广兵雄,遣将四出,其将又皆僭大官,拥大众,分路专征,各当一面。此岂得概以逆首之名书之?乃常山之陷,本贼将蔡希德也,而书禄山陷恒山郡。滍水之战,本鲁炅与贼将武令珣战而败也,而书鲁炅与禄山战滍水,败绩。灵宝西原之战,本哥舒翰与贼将崔乾祐战而败也,而书哥舒翰与禄山战灵宝西原,败绩。颍川之陷,本贼将阿史那承庆也,而书禄山陷颍川郡,执太守薛愿。且禄山既入东京,即在东京僭号。及潼关不守,天子幸蜀,禄山遣张通儒为西京留守,田乾真为京兆尹,安守忠屯兵苑中,禄山未尝亲至长安也。据《苗晋卿传》,是时衣冠多为贼胁,自陈希烈以下皆送洛阳。又《崔光远传》,光远为京尹,伪遣其子东见禄山,禄山仍以光远为京尹。光远赴灵武,禄山乃遣田乾真为尹。是禄山未至长安之明证,而书禄山陷京师。即《新书·禄山传》亦云禄山未至长安,群不逞争取大盈库及百司帑藏,禄山至,怒,乃大索三日,民间赀财尽掠之。是宋景文亦真以禄山为亲至长安矣。

禄山为其子庆绪所弑,庆绪亦在东京,未尝出洛阳一步。如广平王收西京,庆绪自东京亟发大兵,使严庄率赴陕,助通儒等拒战。及收东京,陈希烈等三百人皆待罪于天津桥南。此又庆绪据守东京,并未至长安之明证。而至德二载二月,书郭英义及庆绪战于武功,败绩。又书郭子仪及庆绪战于潼关,败之。又书子仪及庆绪战于永丰仓,败之。又书崔光远及庆绪战于骆谷,败之。广平王收京时,又书广平王及庆绪战于沣水,败之,遂复京师,并书庆绪奔于陕郡。是竟以庆绪自长安东奔矣。又书广平王及庆绪战于新店,败之,遂复东都。据此书法,一似庆绪处处身在行间者。其实香积寺之战,即沣水之战。乃贼将安守忠、李归仁拒战而败,张通儒在长安即出奔也。新店之战,贼将严庄自东京来助战而败也。而《新书》概书庆绪,不几使观者回惑乎?《代宗纪》内却明书克城后,代宗率大军以东,安庆绪遣其将严庄拒于陕州,代宗及郭子仪、李嗣业大败之。是又明知庆绪之未至长安也。既处处书逆首姓名矣,乃河曲之战,又书郭子仪败禄山将高秀岩;陈留之战,又书嗣吴王祗败禄山将谢元同;常山之复,书郭子仪、李光弼败禄山将史思明;雍丘之战,书张巡败禄山将令狐潮;堂邑之战,书颜真卿败禄山将袁知泰;白沙(场)〔堝〕之战,书张巡败禄山将翟伯玉;刘〔运〕桥之战,书子仪败庆绪将李归仁;清渠之战,书子仪及庆绪将安守忠战,败绩。是又各书贼将之姓名,而不书禄山、庆绪,此又自乱其例也。

新书改编各传

《旧书》武后有本纪,遂不列《后妃传》。《新书》以其称制后政事编作本纪,而猥亵诸迹仍立传于《皇后传》内。 《旧书·帝子传》各隶于诸帝之朝。《新书》总编于《后妃传》后。 《旧书》无《帝女传》,故平阳公主附于其夫《柴绍传》后,太平公主附于其夫《武攸暨传》后。《新书》另立《公主传》。 《旧书》无《奸臣传》,许敬宗、李义府、李林甫、卢杞、崔胤、柳灿等皆在列传。《新书》另立《奸臣传》,而义府子湛能与李多祚等同诛张易之兄弟,遂不附其父传后,而入《多祚传》。

《旧书》无《叛臣》、《逆臣传》,但以安禄山父子、史思明父子及高尚、孙孝哲、朱泚、黄巢、秦宗权列在末卷,稍示区别。然高尚、孙孝哲皆禄山将校,则附于《禄山传》可矣,何必另立专传?此二人既有专传,则贼将尚有崔乾祐、张通儒、安守忠、尹子奇等,皆贼将之剧者,何以又不立传乎?朱泚既在末卷,而从泚叛臣如源休、姚令言等反在列传,岂不轻重倒置?《新书》则分叛、逆二项,以李希烈、安禄山父子、史朝义父子,及朱泚、黄巢、秦宗权、董昌等《旧书》无《昌传》,《新书》增入。僭号称尊者,入《逆臣传》,而贼党即附其传后。以仆固怀恩、周智光、梁崇义、李怀光等背国自擅者,入《叛臣传》。分类殊有差等。惟黄巢未仕于唐，而列于《逆臣》，殊觉名实不称，此《明史》所以有《流贼传》也。
《旧书》杜伏威、罗艺、苑君璋、李子和俱列《群雄》内，与李子通、朱粲等
相次。然伏威等皆降唐者，伏威入朝后不复出长安，后以辅公祏诬累，
太宗登极，曾为之昭雪。李子和降唐后，历官数十年，以善终。此岂得
尚与《群雄》同卷乎？罗艺、苑君璋虽降而再叛，然既为唐臣，则唐之
《新书》另编为卷，不复与《群雄》同列。惟李密、萧铣亦曾降唐而仍入
《群雄》，则以此二人地大兵众，唐初已隐然如敌国，与窦建德、王世充
相等，未便入之降臣内耳。又《旧书》辅公祏次于伏威后，以二人同起
事也。阚稜、王雄诞又次公祏后，以其为伏威部将也。然伏威降唐后，
公祏反，而稜与雄诞皆为唐效力，此岂得与公祏相次乎？《新书》稜、雄
诞附《伏威传》后，而公祏另入《群雄》内。

　　《旧书》孔颖达、颜师古、马怀素、褚无量皆在列传，《新书》改入《儒
林》，以其深于经学也。刘太真、邵说、于邵、崔元翰、于公异、李善、李
贺皆在列传，《新书》改入《文苑》，以其优于词学也。孙思邈在《方伎》，
改入《隐逸》，以其人品高，不仅以医见也。李淳风改入《方伎》，以其明
天文也。武士彟改入《外戚》，以武后之父，尊崇极盛，三思等皆其子
孙，宠幸冠一时，故皆附其传后也。杨国忠亦改入《外戚》，以杨贵妃之
兄也。丘神勣本附其父《和传》后，改入《酷吏》，以其与周兴、来俊臣等
同肆毒也。马三宝本柴绍家奴，附《绍传》后，改入《功臣传》，以其为国
立功，则绍不得而有之也。祖孝孙、傅仁均无传，以孝孙明乐律，事已
入《礼乐志》；仁均明历术，事已入《历志》也。杨元（炎）〔琰〕、薛季昶本
在《循吏传》，改与桓彦范等同卷，以诛二张时同事也。李齐运本蒋王
恽之孙，若论《新书》子孙附于祖父传之例，应入《恽传》，乃另立专传，
以其与裴延龄等同恶，故与之同卷也。王宰旧附其父《智兴传》，后乃
另立专传，以其讨刘稹之功大也。独孤及旧附其子《朗传》内，《新书》
则传及而以朗附之，文行相等，自宜以子从父也。沧州程日华旧附义
武《张孝忠传》内，以沧州本属义武也。《新书》另立横海专传，是时日
华能守沧州，朝命以沧州为横海镇，特授日华为节度，横海一镇自此始
故也。甘露之变，《旧书》详于宦官《王守澄传》内，以仇士良继其职，故
合为一传也。然甘露之事究与守澄无涉，《新书》故另立《士良传》而详
其事于传内也。他如立《宗室宰相传》，见皇族之有人也。立《蕃将

传》，见外夷亦效用也。唐末诸镇周宝、邓处讷、刘巨容、顾彦朗、李罕之、王敬武、孟方立、杨行密、赵犨等，《旧书》以诸人皆涉五代，不复立传，《新书》传之，以其事尚多系唐末造也。然赵光胤、王处直后皆历仕梁及后唐，《新书·光胤传》但至知制诰而止，《处直传》但书天复初封太原郡王而止，以此官爵尚唐所授，其后则不复叙也。韦应物、郑谷等皆有诗名，而无事迹可传，则于《文（苑）〔艺〕序》内见其姓名，谓史家逸其事，故不能立传，亦可见《新书》之周密也。

惟中宗少子温王重茂，中宗崩，韦后立为帝，睿宗即位，退封襄王，开元中薨，追谥殇帝。《旧书》有传。《新书》既不列于帝纪，而《皇子传》内亦无传，殊为缺略。长孙顺德旧在《功臣传》内，《新书》改附于《长孙无忌传》后。按高祖手定功臣，首秦王，次裴寂、刘文静，次即顺德，今反不立专传，而附于无忌后。苏瑰、张说旧不同卷，《新书》既以当时燕、许并称而改编作一卷矣，长庆中诗人元、白并称，《旧书》同在一卷，《新书》何以又不同卷，而以白居易与李义等同卷，列在中宗朝桓彦范等之前，不且颠倒时代乎？晚唐诗人温、李并称，《新书》何以《文（苑）〔艺〕》中只有李商隐，而温庭筠则附其远祖《大雅传》后乎？阳城裂麻一事，不愧真谏官，入之列传可矣；司空图避乱晦迹，入之《隐逸》可矣，乃又创立《卓行》一门以位置之。张易之兄弟《旧书》附在名臣《张行成传》后，本属不伦，《新书》别无可位置，遂亦附《行成传》后。薛怀义旧附《外戚·武氏传》后，固属非类，《新书》以其无可附，遂并不立传。夫《卓行》一门既可创为之矣，此等独不可立《幸臣传》乎？李忠臣、乔琳旧在列传，《新书》以其晚节受朱泚伪命，遂改入《叛臣传》。夫叛臣必如高骈、朱玫等首倡叛乱者，方专立一传，乔、李等不过从贼耳。从贼中如源休、姚令言等皆尽力助逆，仅附《泚传》中，而乔、李曾有功于国，晚节一蹉跌，转列为叛首，而并以附泚之蒋镇等附其传后，更觉失当。岂以二人曾为将相，故责之独重耶？又《旧书》无《藩镇传》，殊觉淆混。《新书》则《魏博》、《镇冀》、《淄青》、《横海》、《宣武》、《彰义》、《泽潞》各为一卷，便觉一览了如。然既分镇立传，则此一镇之主帅更替承袭，但依次直书，其人之贤否自见。《新书》则以田弘正、张孝忠等之纯心为国始终一节者，又提出另入列传，遂使一镇之序次中断，此亦过于分别之病。至僧玄奘，为有唐一代佛教之大宗，此岂得无传？《旧书》列于《方伎》是矣,《新书》以其无他艺术,遂并不立传。抑思方者方外也,伎者艺术也,无艺术独不可以方外处之乎? 余尝谓《新唐书》一部独缺两僧,一高行之玄奘,一邪幸之怀（素）〔义〕,究属史家缺事也。

廿二史札记卷十七

新书增旧书处

五代纷乱之时，唐之遗闻往事，既无人记述，残编故籍，亦无人收藏。虽悬诏购求，而所得无几，故《旧唐书》援据较少。至宋仁宗时，则太平已久，文事正兴，人间旧时记载多出于世，故《新唐书》采取转多。今第观《新书·艺文志》所载，如吴兢《唐书备阙记》，王彦威《唐典》，蒋义《大唐宰辅录》、《凌烟功臣》、《秦府十八学士》、《史臣》等传，凌璠《唐录政要》，南卓《唐朝纲领图》，薛〔璠〕〔珰〕《唐圣运图》，刘肃《大唐新语》，李肇《国史补》，林恩《补国史》等书，无虑数十百种，皆《旧唐书》所无者，知《新书》之"文省于前，而事增于旧"，有由然也。试取《旧书》各传相比较，《新书》之增于《旧书》者有二种：一则有关于当日之事势，古来之政要，及本人之贤否，所不可不载者；一则琐言碎事，但资博雅而已。今分别于左，而《新书》删《旧书》之处亦附见焉。

新书增旧书有关系处

代宗《沈后传》，陷贼后不知所在。《新书》增高力士女冒为后，迎还上阳宫。力士子知非真，具言其情，诏贷之。

《李密传》。　增密为魏公，设坛即位，改元永平。　又增密与宇文化及隔水语，责其弑逆。　又增贾润甫劝其稍节兴洛仓米，勿致食尽人散。

《王世充传》。　增炀帝至江都，世充请以江、淮女进宫。

《徐圆朗传》。　增圆朗迎彭城刘世彻，欲以为主。会盛彦师被执在圆朗所，恐二凶合则祸不解，乃说曰："公不见翟让用李密而见杀乎？"圆朗乃忌世彻而杀之。

《房玄龄传》。　增帝问创业守成孰难，玄龄谓创业难，徵谓守成难。帝曰："玄龄从我定天下，徵与我安天下，故所见各异。然创业之事往矣,守成之难,当与公等共之。"此正见太宗之图治也。

《许敬宗传》。 增高宗欲立武后,敬宗曰:"田舍翁多收十斛麦,尚欲更故妇,天子富有四海,立一后何不可?"此正见其逢君之恶。

《刘仁轨传》。 增仁轨平百济后,高宗遣刘仁愿代还。仁轨以百济新定,恐新兵不得力,愿再留镇守。此正见其忠于为国之处。《旧书》但书仁愿率兵渡海,与旧镇兵交代,仁轨乃西还。

《褚遂良传》。 增遂良谏立武氏,谓武氏昔事先帝,武后从幄后呼曰:"何不扑杀此獠?"

《魏元忠传》。 增元忠再相,稍惮权幸,不能守正如往时。袁楚客以书规之,全载其文。

《来济传》。 增谏立武后,引汉成帝以婢为后故事。

《韩瑗传》。 增谏立武后,引宗周褒姒为言。

《陆象先传》。 增玄宗初即位,太平公主欲废之,召宰相议曰:"宁王长当立。"象先曰:"帝何以得立?"曰:"有一时之功。"象先曰:"立以功者,废必以罪。今不闻有罪,安得废?"

《苏颋传》。 增吐蕃盗边,玄宗欲自将讨之,颋极谏以为不可,乃止。

《李景伯传》。 增时有建言设都督者,景伯议都督专生杀,权太重,授非其人,则衅易生。宜罢都督,留御史按察,秩卑任重,可制奸宄。由是停都督。

《姚崇传》。 增玄宗欲相崇,崇先以十事邀帝。此为相业之始,而《旧书》不载。 又增崇在帝前序进郎吏,帝不顾,后谓高力士曰:"我任崇以大政,此小事,何必渎耶!"此见玄宗任相之专。

《宋璟传》。 增璟不赏郝灵佺斩默啜之功,恐启天子幸边功。此见大臣远虑。 又增张嘉贞为相,阅堂案,见璟危言切论,不觉失声叹息。

《韩休传》。 增帝尝猎苑中,或张乐,必视左右曰:"韩休知否?"帝尝引镜不乐,左右谓:"自休入相,陛下无一日欢。"帝曰:"吾虽瘠,天下肥矣。"

《张九龄传》。 增武惠妃谋陷太子瑛,私使人言于九龄,九龄即奏之,帝为动色。故终九龄为相,太子得无患。

《裴耀卿传》。 增玄宗封禅后,谓张说曰:"怀州刺史王丘,饩牵外无他献,我知其不市恩也。魏州刺史崔沔,供张不用锦绣,示我以俭也。济州刺史裴耀卿,上书言扰民即不足告成功,此其爱人也。"

《吴兢传》。　增兢撰《则天实录》,书张昌宗诬构魏元忠有不顺之言,引张说为证,说已许之,赖宋璟再三劝阻,说始明元忠无此语。后说为相,私乞改之,兢曰:"徇公之请,何名实录?"卒不改。世谓今之董狐。

《马怀素传》。　增同时修书者数十人,姓名类叙于传末。

《杨慎矜传》。　增慎矜得罪之由,因其家所出婢得入宫,以其与术士史敬(宗)〔忠〕相往来之事奏闻,玄宗发怒。杨国忠密知之,乃语王锹,使告发其罪。

《杨国忠传》。　增国忠主议征云南募兵之惨酷,州县吏至召贫弱者,缚置室中械而送军前,亡者即以送吏代之。　又增国忠请以安禄山为平章事,追入辅政。已草诏,而帝遣辅璆琳觇之,璆琳得赂还,言禄山不反,帝遂焚前诏。

《郭子仪传》。　增复陕郡时,其子旰与贼战死。

《刘晏传》。　增晏在襄阳,辞永王璘之官。为采访使李希言守杭州,璘闻有备,乃西走。　又增晏所用管计帐者皆士人。尝言士有爵禄,则名重于利;吏无荣进,则利重于名。　又增传末附韩洄、元琇、裴腆、李衡、包佶、卢徵、李若初等,皆晏所擢用,后多任转运等使,循晏旧法以利国者。

《崔涣传》。　增涣劾奏元载怙权树党之疏,正见其疾恶。

《冯盎传》。　增贞观中,或告盎反,帝将讨之。魏徵力保其不反,乃遣使谕盎,盎果遣子入侍。帝曰:"徵一言强于十万兵矣。"

《阿史那社尔传》。　增同出征者有郭孝恪,其在军,床帷器用多饰金玉,以贻社尔,社尔不受。帝闻之曰:"二将优劣,不必问人矣。"

《崔光远传》。　增玄宗出奔,光远为京兆尹,伪遣子东见禄山。时禄山已令张休为京兆尹,及得光远投顺,即命休还洛①。

《王思礼传》。　增肃宗自灵武至凤翔,贼兵来攻,甚危。适崔光远遣王伯伦、李椿以兵至,闻贼攻凤翔,欲乘虚袭长安,贼闻之乃引还。伯伦战死,椿被执。

《李光弼传》。　增野水渡之役,光弼以计降贼将高晖、李日越二人。又增邙山之败，由鱼朝恩不听光弼言，去山险就平地，故败。 又增代郭子仪，营垒麾帜无所更，一经光弼号令，气色乃益精明。 又于《郝庭玉传》记朝恩使庭玉布阵，坐作进退如一，朝恩叹赏，庭玉曰："此临淮王遗法也。"

《姜公辅传》。 增德宗出避泾师之乱，欲往凤翔倚张镒，公辅谓镒文臣，而其下皆朱泚旧部曲，军且有变，帝乃往奉天。不数日，凤翔大将李楚琳果杀镒应泚。 又增帝初至奉天，闻泚欲来迎，乃诏止诸道援兵。公辅力言不可无备，乃纳兵。不数日，泚兵来犯。

《田承嗣传》。 增承嗣先为安、史伪将，后背史朝义降于仆固埸。

《田悦传》。 增朱泚僭据长安，其弟滔自幽州起兵应之，约悦同举兵，悦许之。而王武俊遣人阻悦，悦兵遂不出。滔怒，攻其贝州，于是武俊与李抱真同出兵救悦。

《田季安传》。 增宪宗命吐突承璀讨王承宗，季安欲救之。有谭忠者为画策，阳出兵助王师，而阴约承宗以堂邑见与，若为攻得者，遂邀朝命宠奖。

《李维岳传》。 增维岳败于束鹿，欲上表归朝，田悦遣人来责，维岳遂复抗。

《刘济传》。 增谭忠激济进兵讨王承宗。

《刘总传》。 增谭忠劝其以地归朝。

《段秀实传》。 增郭晞在邠，不戢军士，邠帅白孝德不能制。秀实杀十七人，自请于晞，晞不能难。

《韩游瓌传》。 增李怀光诱游瓌叛，游瓌白发其书，帝嘉之。后又有书来诱，为浑瑊所获，稍伺察之，游瓌怒骂瑊，帝惧有变，遂幸梁州。此事大有关系，《旧书》乃无之。 又增吐蕃入寇，游瓌破之于合水。吐蕃攻陷盐州，游瓌收复之。及吐蕃请盟，游瓌奏不可信，帝不从。及平凉之盟，游瓌以劲骑赴（柳）〔柏〕泉，会盟使浑瑊被劫，逃出，赖游瓌兵乃得归。《旧书》亦无。

《董晋传》。 增晋与李涵使回纥，回纥责偿马价，涵不能对，晋曰："我非无马，而与尔为市，赐尔不已多乎？尔之马多疲毙，天子敕勿屑屑较，尔反以为不足乎？"回纥语塞。

《李希烈传》。 增窦良女为希烈所得，女谓父母曰："勿戚戚，吾能杀贼。"果为希烈所壁,乃与陈仙奇密谋,鸩死希烈。《旧书》但云仙奇鸩死希烈,而窦良女不载。

《鲍防传》。　增策贤良方正,防阅策得穆质、柳公绰等,皆名士。质对策最切直,独孤恫欲黜之,防曰:"使上得闻所未闻,不亦善乎?"卒置高第。

《杨凭传》。　增凭为李夷简所劾,贬临贺尉,姻友无敢送者,徐晦独送至蓝田。夷简特荐晦为御史,曰:"君不负杨临贺,肯负国耶!"《旧书》至以此另立《徐晦传》,《新书》删《晦传》,而以此附《凭传》内。

《杜黄裳传》。　增黄裳与宪宗论致治之道在修己任贤,操执纲领,至簿书讼狱,本非人主所自任。

《李吉甫传》。　增罢冗员一疏。奏伐蜀之师宜增三峡一路,以分贼势。劾中书(吏)〔史〕滑涣勾结枢密使窃权。李锜将反,吉甫建议使韩弘进兵。因田弘正归顺,请撤河阳之兵戍汝州,以逼吴元济。按武宗时吉甫子德裕重修《宪宗实录》,虚张其父之美,宣宗时特命刊正。今此等事《旧书》皆无,而《新书》增之,岂《旧书》据大中刊正之本,而《新书》尚据会昌重修之本耶?

《权德舆传》。　增德舆建议王承宗可起复,卢从史不可起复。

《张荐传》。　增颜真卿使于李希烈,为所拘絷。荐上疏,请以希烈之母妻妹三人之拘于京师者移置境上,以赎真卿。

《蒋乂传》。　增李锜以反诛,诏削一房属籍。宰相召乂问:"一房自大功乎?"乂曰:"其祖神通,开国时有功,可因孙而累其祖乎?"曰:"自期可乎?"乂曰:"其父若幽死社稷,可令其绝祀乎?"乃止坐锜及子息,无旁坐者。

《王锷传》。　增西域朝贡酋长在京,因陇右陷蕃不得归,皆食鸿胪,凡四千余人。锷奏请停其廪给。李泌请以隶神策军,皆成劲旅,而岁省五十万缗。

《孔戣传》。　增番舶至粤,向有下碇税,有阅货宴钱。戣帅粤,悉禁绝之。海商死,官籍其赀,满(二)〔三〕月无妻子至,则没入。戣不为限,悉推与之。

《韦澳传》。　增宣宗召澳,屏人问:"近日奄宦如何?"对曰:"帝威制前世无比。"帝曰;"未也。"澳曰:"不若就其中可用者计之。"帝曰:

"朕固行之矣。自黄至绿至绯犹可,衣紫则合为一矣。"

《郑绲传》。　增宦官窦文玚新为中尉,欲以白麻制下中书,绲力谏止。　又增卢从史怀不轨,李吉甫谮绲漏言于从史。宪宗怒,召李绛告之,绛曰:"诚如是罪当族,然谁为陛下言者?"帝曰:"吉甫。"绛曰:"安知非吉甫诬陷之?"帝乃悟。

《崔弘礼传》。　增讨李同捷时,大将李万瑀、刘寀拥兵自固,弘礼夺其兵,破贼。李祐以郑、滑兵入齐而溃,弘礼悉斩其兵,以郓兵二千付祐,败贼。

《王起传》。　增武宗即位,起为山陵使。枢密刘弘逸、薛〔季〕稜欲因山陵兵谋废立,起密奏,乃皆伏诛②

《王式传》。　增式为安南都护,退蛮兵,捕斩反者。及移浙东,讨杀草贼仇甫。移徐州,杀银刀(都)〔军〕之为乱者数千人。

《钱徽传》。　增徽为掌书记,时大寒,先发冬衣,以靖兵乱。在宣歙幕,帅崔衍病亟,徽请池州刺史李逊至,以安军士。及为学士,奏宪宗弗纳贡献,帝密戒有献者入银台门,勿令学士知。

《裴度传》。　增度与帝言:"君子无党,小人有党。"

《牛僧孺传》。　增初对策切直,得罪时宰之处,此为牛、李党事之始。　又增刘稹诛后,石雄军吏得刘从谏与僧孺、李宗闵交结书。此盖因李德裕当国,希旨者附会为之。

《李石传》。　增石与文宗论为治之要,惟登拔才良。及论贞观、开元之治,石欲强帝意,谓汉文、(景)〔宣〕不足法,当上法尧、舜。

〔《李回传》〕。　增讨刘稹时(石)〔回〕奉使督战,责石雄、王宰等取破贼期,后果如期奏绩。

《萧俶传》。　增宣宗以李璲为岭南节度,已赐节,因俶封还诏书,帝方作乐,不暇遣使,即令乐工追节还。

《李珏传》。　增文宗尝欲以陈王成美为嗣。既崩,中人引宰相商议所当立,珏曰:"帝已命陈王矣。"已而武宗即位,人皆危之,珏曰:"臣下知奉上命而已,安与禁中事?"后终以此被贬。

《李德裕传》。　增德裕帅蜀时,筑筹边楼、仗义城、御侮城、柔远城等事。　又增宰相阁,百官非公事不入。自李宗闵时,往往通宾客,至设宴其中。德裕为相,奏文宗禁止。　又增帝欲官李训,德裕以为金人,不当授。帝语王涯别与官,德裕摇手止之,适为帝所见,帝不悦。

武宗欲杀杨嗣复、李珏,皆宗闵党也。德裕三叩求,乃免死。对武宗论任宰相一事,又极论朋党之害。传末又附载崔嘏、魏铏、丁柔立等,皆为德裕讼冤者。

《马植传》。　增植与中尉马元贽善,元贽以上所赐带遗之。他日对便殿,帝识其带,知其通近侍,遂出之。

《崔安潜传》。　增安潜之将张自勉讨王仙芝有功,宋威忌之,欲令隶麾下。宰相郑畋谓:"如此则自勉以功而受辱也,何以劝立功者?"

《朱宣传》。　增朱全忠攻宣,凡十兴师,四败绩。

《李辅国传》。　增辅国逼徙上皇,高力士叱令为上皇控马之事。

《鱼朝恩传》。　增吐番入寇,朝恩欲迁都洛阳,郭子仪疏谏以为不可。　〔又〕增朝恩讥诮宰相,(温)〔相里〕造面折其议。　〔又〕增朝恩为其子请进官,左右已以紫衣进。　〔又〕增元载密谋擒缚朝恩。

《田令孜传》。　增令孜导僖宗荒乐、赏赐,及强夺商旅财货之事。令孜讨王重荣,战败,逼帝幸兴元,以致朱玫立嗣襄王煴为帝,皆令孜召祸也。帝幸蜀后,令孜激黄帽军乱,孟昭图上疏谏,令孜矫诏贬而害之。〔又〕增中人曹知悫与破贼有功,因大言帝还时当在大散关阅群臣,可归者归之。令孜恐其图己,密令王行瑜杀之。此等《旧书》皆无之,但云令孜从幸梁州,求为监军以去而已。按此等事皆令孜之酿祸肆恶,不叙于《令孜传》而谁传耶?

《黄巢传》。　增王仙芝为宋威败于沂州,仙芝亡去。威因奏仙芝已死,散遣诸道兵。已而仙芝复出,诸道兵始休又征,于是皆怨。　又增刺史裴渥为贼求官,王仙芝、黄巢皆诣渥饮。适诏至,拜仙芝左神策军押衙,仙芝喜,巢以官不及己,询曰:"君独得官,此五千众安归乎?"因击仙芝。仙芝惮众怒,亦不受官,分其众各路剽掠。　又增贼将朱温为王重荣所败,遂降于重荣。

以上七十一传,《新书》所增事迹、章疏,皆有关于时事政术者。

【校】

①《崔光远传》。增玄宗出奔,光远为京兆尹,伪遣子东见禄山。时禄山已令张休为京兆尹,及得光远投顺,即命休还洛　《校证》:《旧唐书·崔光远传》(卷一

一一)亦载此事,非《新唐书·光远传》(卷一四一)所增者。

②《王起传》。增武宗即位,起为山陵使。枢密刘弘逸、薛〔季〕稜欲因山陵兵谋废立,起密奏,乃皆伏诛 《校证》:此为《旧唐书·王起传》(卷一六四)之文,非《新唐书》所增者。

新书增旧书琐言碎事

《窦建德传》。　增建德微时,盗夜劫其家,建德杀三人,余不敢进,请其尸,建德曰:"可投绳取之。"盗投绳,建德乃自縻,使盗曳出,又杀数人。

《李靖传》。　增太宗手书二则,一曰兵事节度皆付公,吾不中制;一曰有昼夜视公疾大老妪遣来,吾欲知公起居状。后权德舆见之,流涕曰:"君臣之际,一至此耶!"

《杜正伦传》。　增正伦初欲与城南诸杜叙同族,不许。相传城南杜固有壮气,正伦既执政,奏凿杜固以通水利。既凿,川流如血,自是南杜不振。

《太子承乾传》。　增承乾学蕃人设穹庐,自作可汗死,令其下奔马哭之。誓有天下后,委身思摩作一设。又言:"有谏者,辄杀之,杀五百人,岂不定?"

《李杰传》。　增断狱,有妇人与道士控其子不孝,杰究得其实,杀道士。

《许敬宗传》。　增敬宗辨濮阳之帝丘,及济、漯断流,见其博雅。

《张锡传》。　增锡与苏味道俱坐罪系狱,锡日膳丰侈不少贬,味道席地菜食。武后遣人觇之,乃怜味道而恶锡。

《裴炎传》。　增炎〔从〕子伷先以谏武后流瀼州,逃入北庭,致富数千万,能诇朝廷阴事。后遣使杀流人,伷先预知之,与追者格斗。会后又赦流人,遂得免。后官至工部(侍郎)〔尚书〕。

《裴宽传》。　增宽为润州参军,人有馈鹿肉者,不可却,则受而埋之于后圃。为刺史(常说)〔韦诜〕楼上所见,问知其故,遂以女妻之。宽衣碧,瘠而长,人呼为"碧鹳雀"。

《哥舒翰传》。　增潼关之战,贼将崔乾祐用兵,十十伍伍,官兵阨于隘道,遂大败。

《严武传》。　增武八岁时,击死父之宠妾。及节度剑南,最厚杜甫,亦屡欲杀之。李白作《蜀道难》,为甫危之也。

《刘晏传》。　增晏八岁时,玄宗令张说试之,曰:"国瑞也。"

《王(屿)〔玙〕传》。　增汉以来丧葬皆有瘗钱,后世里俗稍以纸寓钱为鬼事。(屿)〔玙〕为祠祭使,乃用之祠庙。

《关播传》。　增李元平筑汝州城,李希烈潜使人应募,遂为内应,缚元平去,以元平本播所荐也。《旧书》以《李元平传》后附《播传》,故此事载《元平传》。《新书》则以此事附《播传》,而不复立《元平传》。

《邵说传》。　增说面奏德宗,自解失身陷贼之处甚详。

《李贺传》。　增每日出游,使童奴背古锦囊,有得即投入。其母探知之,曰:"是儿呕出心肝乃已。"

《韦皋传》。　增皋没后,有议其箭有"定秦"二字,以为蓄异谋者,陆畅为辩云,定秦者匠名也。事乃白。　又增李白为《蜀道难》以斥严武,畅反之为《蜀道易》以美皋。

《田悦传》。　增张伾固守待救,放纸鸢至马燧军,谓三日不救,士且尽为悦食,燧乃进军破悦。

《刘玄佐传》。　增玄佐母数教玄佐尽臣节。见县令白事者甚畏惧,即戒玄佐:"汝父吏于县时,亦当尔。汝可倨受耶?"　又增汴州相国寺佛躯出汗,玄佐大施金帛,人皆效之,输纳无算,玄佐籍之以充军赏。

《卢坦传》。　增杜黄裳谓坦曰:"某家子与恶人游,将破产,盍戒之?"坦曰:"凡官廉者必不积财,积财者皆剥下以致之。如子孙善守,是天富不道之家也。不若听其不道以散人。"

《韦绶传》。　增绶让杨凝为举首。及为学士,德宗尝与韦妃幸其院,值其寝,以妃蜀襸袍覆之。

《胡证传》。　增裴度未显时,饮酒店,为武士所窘。证突入座上豪饮,取铁灯檠,手合其跗,谓诸人曰:"我欲为令,不釂者以此击之。"众叩头请去,度乃得免。

《罗立言传》。　增立言在河阴筑城,所当者多富豪,乃令自筑其处,贫民得免。

《毕诚传》。　增诚三徙镇,不得入朝,乃求丽姝,结宰相令狐绹,绹不受。有太医李玄伯聘之,进于帝,极嬖之。

《崔彦昭传》。 增彦昭与王凝外兄弟也，凝先贵，不礼彦昭。及彦昭为相，其母恐彦昭报怨，敕家人多置履袜，曰："王氏妹将与子偕逐，吾将同行。"彦昭遂不敢报怨。

《黄巢传》。 增巢入杭州，董昌所屯地名八百里。贼问老妪，答曰："官兵屯八百里矣。"贼惊遂去。又刘巨容使沙陀五百骑饵贼，弃马而遁。明日，贼乘其马出战，而马识沙陀语，呼之，尽奔还，遂多擒贼。

新书立传独详处

《新书》诸传，较《旧书》多大同小异，不过删其芜词，而补其未备，无有大相径庭者。惟《刘晏》、《李泌》、《陆贽》、《李绛》、《高骈》、《高力士》六传，所增于《旧书》几至倍蓰。盖《刘晏传》则本于陈谏所论晏之功有二害二利也，其论云，晏大指在使民得安耕织，常岁则敛之，凶年则籴之。每州县荒歉有端则先贷之，不使至赈给，赈给少则无所济，多则国用不足，又将重敛矣。灾地所乏者粮，而他产自在，以所产货之于熟地，自免阻饥。《新书》独详载之，以其有益于荒政也。《李泌传》则本于李繁所作《邺侯家传》也，《新书》增肃宗欲以建宁王俶为元帅，泌力请以广平王为之。肃宗欲掘李林甫墓，泌恐上皇不乐，止之。肃宗问破贼期，泌请先倾范阳巢穴，则一劳永逸。收京后，肃宗欲请上皇复位，泌曰："若是则上皇不来，当以群臣疏请上皇归就养。"上皇果至。德宗征吐蕃兵讨朱泚，许以安西、北庭地，吐蕃战不力。及事平来索地，泌力言不可与。泌又请德宗毋受私献，则方镇可以行法，天下纾矣。又尝对德宗曰："陛下能知卢杞之奸，何至建中之祸？"帝又引桑道茂预请城奉天，以为天命合有此厄，泌论君相造命，不可言命。此皆《旧书》所无而《家传》所载者。惟顺宗在东宫时，因妃萧氏母郜国公主之累，储位甚危，泌百端奏说，上意方解。《旧书》详载之，与《新书》所云帝有废立意，泌再三言立侄不如立子之语相同，此事当可信也。《新书》亦谓繁所作《家传》多不经，掇其近实者著于篇，而以明太子无罪一事为不可诬，则亦知此事之犹可信耳。《陆贽传》则本于《宣公奏议》也，《新书》增贽请以五术省风俗，八计听吏治，三科登俊乂，四赋经财实，六德保罢瘵，五要简官事。又马燧讨贼河北，久不决，请济师。贽疏言国内空虚，不宜务远遗近，请先事李希烈，徐图田悦等。此在泾师未变之前，已而果验。又劝德宗开诚纳谏等疏。又谏帝欲官献瓜果者一疏。《李绛传》则本于蒋偕所撰《遗事》七篇也，《新书》增其论敬大臣远小人一疏，论纳谏一疏。又魏博田季安死，军中请以其子怀谏袭，绛请迟之。已而军中果立田弘正，以六州归命，绛请速与节钺，并大犒赏，以奖其忠义。按绛论事万余言，其甥夏侯孜以授蒋偕，蒋偕撰次七篇以传。《高骈传》则本于郭廷海《广陵妖乱志》也，《新书》增骈先复安南，为监军李维周匿其功不奏，幸骈所遣使王惠赞间道得达。又移帅蜀，南诏方攻雅州，闻骈名，即遁去。骈裁减军士衣食，兵乱，骈匿圄中免。既而诛乱者，婴孺皆斩。旋移淮南为都统，讨黄巢。遣张潾败巢，巢惧乞降，骈信之。时所征各镇之师皆至淮南，骈欲专己功，奏尽遣散归。巢知之，即告绝，骈怒，又遣潾往讨，潾败死。又叙毕师铎、秦彦、杨行密、孙儒之乱甚详。《高力士传》则本之《巫山记》也，《新书》增玄宗欲以天下事付李林甫，力士极言威柄不可下移。及立太子时，李林甫以武惠妃方宠，故属意其子寿王，力士劝帝推长而立，由是肃宗储位遂定。时杨国忠主用兵云南，丧师数十万，莫敢奏者，力士密奏之。后力士贬巫州，柳芳为编其遗事。亦可见景文采辑之勤矣。至唐末诸臣各传，俱比《旧书》详数倍，则《旧书》本太略耳。

新书删旧书处

《新书》事增于《旧书》，非特于《旧书》各传内增事迹，并有《旧书》无传而《新书》增传者。如穆宗宣懿韦后、武宗王贤妃、宣宗元昭晁后，《旧书》有目无传，《新书》补传之。懿宗恭献王后并无其目，《新书》亦为补传。可见搜考之博也。然于《旧书》事迹反有删之者。《长孙无忌传》，帝自制《威凤赋》赐无忌。《李百药传》，有《封建论》一篇。《豆彦威传》，议仆射上事仪注宜遵《开元礼》，受册官与百僚答拜，不得坐受。《刘沔传》，沔尝战，伤重卧草中，月黑不知归路，梦有人以双烛引之，遂起，果有光前导。自后破敌危难时，常有此光。及罢镇，光遂息，沔亦寻卒。《李德裕传》，有自著《穷愁志》及《论冥数》一篇。《舒元舆传》，有谏祀九宫贵神，不宜称臣署御名。此皆《旧书》所有而《新书》删之，以其无大关系也。

《李嗣业传》，《旧书》记其新店之战，郭子仪已为贼兵所包，嗣业引回纥兵冲之，转败为胜之功甚详。《新书》删之，以其香积寺之战功已冠军也。《王武俊传》，《旧书》李宝臣与朱滔破田承嗣，代宗使中贵马承倩劳之。宝臣赠绢少，为承倩所诟，宝臣惭，武俊遂劝宝臣劫滔兵反，与承嗣合。《新书》删之，以此事已见于（武俊）〔李宝臣〕传也。《刘怦传》，《旧书》怦本朱滔部将，先劝滔勿反，及滔举兵败归，疑怦有异志，不敢入。怦乃具卒伍郊迎二十里，入之，人以为忠于所事。《新书》删之，以此事已见于（怦）〔朱滔〕传也。《吕元膺传》，《旧书》元膺为东都留守，李师道遣门察、訾嘉珍至东都，结僧圆静，纠约山棚民为变。《新书》亦删之，以此事已见《李师道传》也。《韦谞传》，《旧书》杨国忠、贵妃既死于马嵬，玄宗将发，从驾军士犹怀去就，陈玄礼不能制。适益州贡春彩十万至，帝召六军散之，令各自择便。军士乃俯伏流涕曰："死生从陛下。"按此事应入《玄礼传》，与谞何涉？《新书》于《谞传》删之，亦见其去取得当也。《张茂宗传》，德宗以公主字茂宗，茂宗丁母忧，诏起复成礼。谏官蒋乂疏言非军中不宜墨缞从事。《旧书》载其疏于《茂宗传》。《新书》删之，改入《乂传》，亦见其移置得宜也。

《浑瑊传》，《旧书》记平凉之盟瑊为吐蕃所劫，单骑脱归之事甚详。《新书》但云为尚结赞所劫，副使以下皆陷，惟瑊得免。《陆贽传》，《旧书》谓贽恶窦参，参之死，贽有力焉。《新书》删此数语，转于《参传》载贽救免之疏。似为瑊、贽讳者，以二人皆名臣也。《李义府传》，《旧书》御史王〔方〕奏其年少时以貌美为刘洎、马周所嬖。此正见义府之无耻。《魏少游传》，《旧书》少游观察江西，有京吏贾明观恃鱼朝恩势肆恶，事败，元载受之赂，判往江西效力，少游以载故优容之。及路嗣恭代少游，到日即杖杀明观，人以是贤路而丑魏。此正见少游附势之无品。《裴延龄传》，《旧书》载陆贽劾延龄一疏甚详。此正见延龄之奸，贽之正。而《新书》皆不载，亦似为之讳者。然义府、延龄等人本卑劣，何必为之掩饰也？

至如《田悦传》，朱滔方围悦之贝州，田绪杀悦，即以兵与王武俊、李抱真大破滔于泾城。此事有关于三镇离合之故，而《新书》删之。《王处存传》，黄巢据长安，处存以兵五千，白缣为号，夜入京，贼惊遁去。而京师少年亦仿其白号，劫掠坊市。贼觇知，复入京，召两市丁壮七八万杀之。此事见巢祸之惨，《新书》亦删之。此皆不当删而删者。而尤甚者，戴胄义仓为千古积贮之良法，《旧书·胄传》载其疏甚详，而《新书》删之。《张弘靖传》，《旧书》刘总以幽镇归朝，欲尽革河朔承袭之弊，请以己镇分为三道，仍籍军中宿将送于朝，欲朝廷官之，使幽、蓟之人知慕朝廷官爵。及疏上，而宰臣崔植、杜元颖不知远计，时已命张弘靖节度幽、蓟，但欲崇重弘靖，以总所镇全畀之，其将校在京者悉令随归。故弘靖至镇，不数日复乱，自是再失河朔。此事大有关系，而《新书》亦删之。此则景文之率意裁汰，不及酌其轻重也。

廿二史札记卷十八

新书改旧书文义处

《河间王孝恭传》。　《旧书》孝恭破降萧铣,高祖大悦,使画工图其貌而视之。按孝恭乃高祖从子,岂不相识,而欲图其貌乎?《新书》则云诏图破铣之状以进。

《长孙顺德传》。　《旧书》顺德坐事免,发疾,太宗鄙之曰:"顺德无慷慨之节,多儿女之情。今有疾,何足问也?"语殊无来历。《新书》谓顺德因丧女感疾,帝谓其无刚气,以儿女牵爱。

《许敬宗传》。　《旧书》太宗伐高丽,皇太子定州监国,敬宗与高士廉共知机要。岑文本卒于行所,令敬宗检校中书侍郎。太宗破高丽于驻跸山,敬宗立马于御前,受旨草诏书。是敬宗忽随太子在定州,忽随太宗草诏,语殊不明。《新书》改文本卒,驿召敬宗至行所。

《韦陟传》。　《旧书》陟卒,太常谥为"忠孝",颜真卿驳之曰:"忠则以身许国,见危致命。孝则晨昏色养,取乐庭闱。不合二行,殊难以成忠孝。"《新书》改真卿云:"许国养亲不两立,不当合二行为谥。"

《元载传》。　《旧书》载父景昇任员外官,居岐州,载母携载适景昇,冒姓元氏。语不可解。然则载本何姓耶?《新书》云父昇本姓景,为曹王妃元氏主田租,请于妃,冒为元氏。

《崔光远传》。　《旧书》郭子仪与贼战汲郡,光远以千人渡河援之。及光远在魏州,使李处崟拒贼,子仪怒不救,处崟遂败。此事殊不明晰,光远曾救子仪,子仪何以反怒而不救光远耶?《新书》谓子仪战汲郡,光远仅以千人援之,战不甚力,故魏州之战,子仪怒而不救。

《唐俭传》。　《旧书》俭劝高祖起兵,高祖曰:"天下已乱,言私则图存,言公则拯溺,吾将思。"《新书》改云:"丧乱方剡,私当图存,公欲拯溺者,吾当为公思之。"是竟以公指俭矣。

《王雄诞传》。　雄诞本杜伏威之将,其擒李子通,降汪华及闻人遂安，皆伏威降唐后，为唐宣力也。《旧书》先叙明高祖诏伏威使雄诞讨之，故下文战功俱是为唐尽力。《新书》不先叙明，则此等攻讨全是为伏威矣。雄诞造遂安垒，谕以国家威灵。所谓国家者，唐耶？伏威耶？

魏徵对太宗忠臣良臣之论。　《旧书》云："良臣身获美名，君受显号，子孙传世，福禄无疆。忠臣身受诛夷，君陷大恶，家国并丧，空有其名。"《新书》改云："良臣身荷美名，君都显号，子孙传承，流祚无疆。忠臣〔己〕婴〔祸〕诛，君陷昏恶，丧国夷家，只取空名。"不过窜改数字，无他意义。

傅奕请除释教疏。　《旧书》有云齐朝章仇子他上表，言僧尼寺塔糜损国家，为诸僧附会宰相，对朝谗毁，诸尼依托妃主，潜行谤讟，遂死西市。言因谏佛事为僧尼倾陷也，语已不甚明。《新书》改云章仇子他言僧尼塔庙，外见毁宰臣，内见嫉妃嫱。尤不可解，并失本意。

《李光弼传》。　《旧书》光弼命荔非元礼出劲卒于羊马城以拒贼。《新书》谓遣元礼战羊马，贼大溃。羊马城去"城"字，但云战羊马，成何语耶？

《卢汝弼传》。　《旧书》太原使府有龙泉亭，汝弼父简求节制时，手书一诗在亭之西壁。汝弼复为亚帅，每亭中宴集，未尝居宾位，但西向俯首而已。《新书》改云太原府子亭，其父简求所署多在，每宴亭中，汝弼未尝居宾位。转不明晰。

甘露之变。　《旧书》本纪书仇士良率兵诛王涯、贾悚、舒元舆、李训、王璠、郭行余、罗立言、李孝本、韩约等十余家。按是时李训见事败即出奔，郑注亦尚在凤翔，非同日被杀也。《新书》先书壬戌，李训谋诛宦官不克，出奔。戊辰，凤翔监军杀郑注。较明。然李训出奔后仍被杀，又不书。又涯等被杀，朝中无宰相，乃以郑覃、李石同中书门下平章事。而《新书》覃、石入相反叙于士良杀朝臣之前，亦误。盖《旧书》以甘露之变系之壬戌，《新书》则系之乙丑，故有此误也。

新书尽删骈体旧文

欧、宋二公不喜骈体，故凡遇诏诰章疏四六行文者，必尽删之。如德宗奉天之诏，山东武夫悍卒无不感涕；讨李怀光之诏，功罪不相掩，亦曲尽事情。而本纪皆不载,并《陆贽传》亦无之。其列传内如李密讨隋帝檄文,祖君彦之词也。徐敬业讨武后檄文,骆宾王之词也;太宗徐贤妃谏伐高丽及兴土木一疏;封常清临死谢表;代宗独孤后崩,帝命常衮为哀册文,情词悽惋,时称绝作。李克用收复京城后,杨复光所上露布,列诸将功伐最详赡。此皆传诵至今者,而各传皆不载,惟徐贤妃疏则节数语存之。至如《旧书·毕构传》有诏历数贪吏之弊,最为切中,诏云:"邑屋之间,囊橐俱竭。或地有椿干梓漆,或家有畜产资财,即被暗通,并从取夺。若有吝惜,即因事以绳。粗杖大枷,动倾性命;怀冤抱痛,无所诉陈。"亦以其四六而删之。夫一代自有一代文体,六朝以来诏疏尚骈丽,皆载入纪传,本国史旧法。今以其骈体而尽删之,遂使有唐一代馆阁台省之文不见于世,究未免偏见也。

惟凌烟阁续图功成一诏,系骈体,独全载于《李晟传》,则以事本严重,非四六之诏不足相称,此正宋子京相题之巧。其他骈体中有新语不忍弃者,则宁代为改削存之。如姜皎当玄宗为临淄王时即倾心拥戴,几得重祸,帝登极,赐之诏云:"否当其(晦)〔悔〕,则灭宗毁族,朕负之必深。泰至其亨,则如山如河,朕酬之未补。"《新书》改云:"否当其(晦)〔悔〕,则必灭乃宗;泰至其亨,则所酬未补。"又王志(谏)〔愔〕论太宽不可为政疏,有云:"人慢吏浊,伪积赃深。若以宽理之,何异命王良御骍,舍衔策于奔蹏;请俞跗攻疾,停药石于肤腠?"《新书》改云:"舍衔策于奔蹏,则王良不能御骍;停药石于肤腠,则俞跗不能攻疾。"语自较胜。又如昭宗为刘季述所废,幽于宫中,反正后,罪状季述之诏,有云:"幽辱之时,要纸笔则恐作诏书,索锥刀则虑为凶器。朕所御之衣,昼服夜浣,嫔嫱公主,衾绸皆阙。镭钱则贯陌不入,缯帛则尺寸难求。"《新书》不载此诏,却即用诏中语叙帝幽辱之状,谓帝衣昼服夜浣,食自窦进,下至纸笔铜(钱)〔铁〕,亦疑作诏书凶器而不与。时方寒,公主嫔御无衾纩,哀闻外廷。此可见子京于四六不欲存,又不忍弃,委曲斡旋之苦心矣。

又《郭虔瓘传》独存骈体一诏,乃玄宗以虔瓘与阿史那献不协,特为和解者。此无甚关系而独存之,则以《旧书·虔瓘传》无此诏,故转补之,以见其采掇之博也。其他如章疏之类,有关政体治道者,或就四六改为散文,或节其要语存之,固未尝概为删汰。此则子京用意之深,不以文词而没其议论耳。

新书好用韩柳文

欧、宋二公皆尚韩、柳古文,故景文于《唐书》列传,凡韩、柳文可入史者,必采撷不遗。《张巡传》则用韩愈文,《段秀实传》则用柳宗元《书逸事状》,《吴元济传》则用韩愈《平淮西碑》文,《张籍传》又载愈答籍一书,《孔戣传》又载愈请勿听致仕一疏,而于《宗元传》载其贻萧俛一书,许孟容一书,《贞符》一篇,《自儆赋》一篇,可见其于韩、柳二公有癖嗜也。又于《刘禹锡传》载其所自作《子刘子〔传〕》一篇,以见其处境之志。《杜牧传》载其《罪言》一篇,以见其经世之才。此皆文人气类相惜,有不期然而然者。

《白居易传》,《旧书》载其《与元稹书》,极叙作诗之功,及得名之处。后移忠州,与稹相遇于夷陵,流连文酒,写《木莲〔荔〕枝图》以寄朝士。晚归东都,作《池上》篇,寄兴樊素、小蛮,及与香山僧如满结香火社等事。《新书》则一切删之,专叙其疏谏吐突承璀不可将兵,献《虞人箴》以儆穆宗好猎,并措置河朔,请令李光颜将兵,裴度镇太原等疏,与《旧书》命意迥别。盖《旧书》专表其诗才之高,襟怀之旷,置之恬淡一流,而《新书》则欲著其立朝丰采议论,以见文人中自有名臣,此又景文深意也。

新书详载章疏

《新书》于《旧书》内奏疏当存者,或骈体,或虽非骈体而芜词过多,则皆节而存之,以文虽芜而言则可采也。其节存者:徐贤妃谏兴师动土木一疏;李大亮谏赈突厥一疏;房玄龄谏伐高丽一疏;褚亮论九庙七庙一疏、谏猎一疏;于志宁谏太子承乾(书)〔疏〕及缓刑等疏;许敬宗荐张玄素、令狐德棻等一疏;刘仁轨奏战士不被恩赏难于用命一疏;高季辅应诏陈时政损益五篇;韦承庆谏太子贤一疏、明堂灾一疏;韦嗣立修学校、止刑杀、禁封户等疏;徐彦伯《枢机论》;薛登选举过滥一疏;韦凑议驳改葬节愍太子一疏;张廷珪谏造大像一疏;杨绾请复古孝廉一疏及公卿大臣核议一疏;郭子仪辞尚书令一疏;《王屿传》内梁镇谏祠祭一疏;《皇甫镈传》内裴度谏其入相一疏;《窦参传》内参既贬,德宗欲杀之,陆贽谏以为杀之太重一疏;《陆贽传》内谏设琼林、大盈库一疏,萧倣谏作佛事一疏。此皆因旧疏繁芜而删存其要语者也。

他如《魏徵传》徵与封德彝在太宗前论大乱之后易为治,及戒土木、论刑赏、君子小人不宜参用、十渐十思等疏;《马周传》论大安宫宜崇奉、太庙宜亲祀、刺史不可世袭、乐工不可赐官、太子宜预教、守令须慎选等疏;《魏元忠传》论文武二途一疏,凡《旧书》所有者仍一字不删。并有《旧书》所无而《新书》补出者。《张九龄传》载其重守令一疏,见当时重内轻外之弊也。《宗楚客传》载其陈符命一疏,以见其求媚也。《张廷珪传》载其谏袭回鹘及买蕃马二疏,以其有关于边备也。《崔涣传》载其劾元载一疏,所以著载之恶、涣之直节也。《李晟传》,收京后李怀光尚据河中,载晟所奏怀光有不可赦者五,见晟之公忠体国也。至如《高郢传》载其谏营章敬寺一疏,《杜佑传》载其省官节用一疏,《程元振传》载柳伉劾元振一疏,亦皆有关国计利害,民生休戚,未尝不一一著于篇。此正宋子京作史之深意,非徒贵简净而一切删汰也。

新旧书互异处

本纪。仪凤(二)〔三〕年,刘审礼与吐蕃战于青海,败绩。 《旧书》书审礼被俘。《新书》云审礼死之。

开元四年,突厥可汗默啜之死。 《旧书》为拔曳固所杀,传首京师。《新书》子将郝灵佺斩默啜。

二十年,败奚、契丹,献俘阙下。 《旧书》信安王祎献俘。《新书》谓忠王浚献俘。是时浚为元帅未行,祎为副元帅,败敌。《新书》以主帅为主,《旧书》则从实也。

天宝十一载,李林甫死。 《旧书》李林甫薨于行在所。《新书》李林甫罢。按是时林甫从驾骊山,死于邸,生前未尝先罢官也。其后削夺官爵,则死后事,乃先书罢,殊无据。

永泰元年,郭英乂之死。 《旧书》剑南节度使郭英乂为兵马使崔旰所杀。《新书》崔旰反,节度使郭英乂奔于灵池,普州刺史韩澄杀之。

成汭之死。 《旧书》汭以舟师援鄂,而雷彦恭乘虚袭陷江陵,军士闻之皆溃,汭投水死。《新书》汭与杨行密战于君山,死之。

哀帝之立。 《旧书》蒋玄晖矫宣遗诏,立辉王柷为皇太子,即位。

《新书》朱全忠已杀昭宗,矫诏立辉王为太子,即位。

列传。邵王重润之死。 《新书》本传,中宗子重润与女弟永泰郡主及主婿武延基,窃议张易之兄弟出入宫禁,后怒,杖杀之。《武延基传》云与重润等窃议,皆得罪,缢死。二传杖与缢稍不符合。《旧书·张易之传》则云重润等窃议二张,后付太子自鞫问,中宗时为太子。太子并缢杀之。《武延基传》又云武后咸令自杀。是二传一以为中宗所缢死,一以为后令自杀,又不符合。盖中宗之杀之,或令自杀,皆迫于武后之威也。《新书》竟书武后杀之,较为直截。

史朝义之死。 《旧书》朝义败投幽州,伪范阳节度李怀仙于莫州擒之,送款来降。《新书》朝义走莫州,欲决死战,田承嗣请身守莫州,劝朝义至幽州,以怀仙之师来战。朝义乃以老母幼子为托,而自往幽州。至范阳,怀仙部将李抱忠不纳,朝义谋走入蕃,怀仙招之,至幽州,缢死。是朝义被擒在幽州,非莫州也。

杨思训之死。 《旧书》谓慕容宝节置妾于别室,邀思训饮,思训责以不宜背妻宠妾。妾怒,密置毒酒中,思训饮尽便死。《新书》则谓宝节邀思训谋乱,思训不敢答,宝节惧其泄,遂毒之死。

裴、马。 《旧书》裴行俭与李敬元同典选,有能名,时称裴、李。《新书》行俭与马载同典选,时称裴、马。按《新唐书·卢从愿传》,谓高宗时吏部称职者裴行俭、马载,至是从愿与李朝隐典选,亦有名,故号前有裴、马,后有卢、李。

王仙芝之死。 《旧书》谓仙芝败宋威,朝廷以王铎代威讨贼,斩仙芝首献阙下。是斩仙芝首者铎也。《新书》谓仙芝攻洪州,宋威往救,败仙芝于黄梅,斩贼五万,获仙芝,传首京师。则斩仙芝者乃威也。

上官仪之死。 《旧书》谓仪为许敬宗诬其与梁王忠通谋,遂赐死。《新书》谓武后既得志,帝为所制,欲废之,召仪使草诏。左右奔告后,后自诉,帝羞缩曰:"仪教我。"由是敬宗诬构之死。

卢奂治广州,有清节。 《旧书》谓开元以来广府清白者惟宋璟、裴伷先、李朝隐及奂四人。《新书》谓朝隐、璟及奂三人。

哥舒翰之死。 《旧书》谓火拔归仁执翰送安禄山,降之,禄山闭翰于苑中,潜杀之。《新书》谓广平王收东京时,安庆绪挟翰渡河而北,及败,乃杀之。

第五琦之为租庸使。　《旧书》贺兰进明令琦入蜀奏事,玄宗即令勾当江淮租庸使。是玄宗所授也。《新书》谓肃宗在彭原,琦为进明来奏事,帝即令勾当江淮租庸使。是肃宗所授官也。

李揆之死。　《旧书》谓揆奉命为入蕃会盟使,行至凤州,卒。《新书》谓揆至蕃,其酋问曰:"闻唐有第一〔人〕李揆,公是耶?"揆恐被留,乃曰:"彼揆岂肯来耶?"归至凤州,卒。是揆入蕃后始卒于归途也。

《韦见素传》。　《旧书》载其为杨国忠所引,在相位无所是非,但署字而已,遂至凶胡犯顺,不措一词。《新书》则谓安禄山请以蕃将代汉将,见素谓难将作矣,明日与国忠入见,极陈反状。是见素未尝无言者。盖其奏禄山必反,亦附合国忠意耳。然《旧书》传论又谓见素直言极谏而君不从,独正犯难而人不咎,时论谓其取容于国忠,不知其时势之不能匡救也。则又与本传异。岂本传乃国史原本,而传论则修史者之平心持论耶?

《吕渭传》,中书省有枯柳,德宗自梁洋回,柳再荣,时以为瑞柳。渭试进士,以之命题。　《旧书》谓上闻而嘉之。《新书》云上闻之不以为(喜)〔善〕。

《姜公辅传》。　《旧书》谓不知何许人。《新书》谓爱州日南人。

《阳惠元传》,惠元为李怀光所袭出奔,怀光遣冉宗追之。　《旧书》谓惠元计穷,父子三人并投井中,冉宗俱出而害之。《新书》谓惠元被发,袒而战死,二子晟、禺匿井中,遇害。

《韩游瓌传》。　《旧书》谓德宗避京师之乱,仓猝出幸奉天,游瓌率兵赴难,自乾陵北向醴泉,拒朱泚。会有人自京来,言泚兵旦夕当至,上遽令追游瓌来奉天。游瓌甫至,泚兵亦至,遂拒战。是游瓌之至,由德宗召之也。《新书》谓游瓌趋醴泉,有诏赴便桥,而途遇泚兵。游瓌欲还护奉天,中使翟文秀曰:"吾兵至奉天,贼兵亦随至,是引贼逼君也。不如壁于此拒之。"游瓌曰:"贼兵多,抗我于此,犹能分兵至奉天。不如先入卫。"遂还奉天,泚兵果至,遂与战。是诏令赴便桥,而游瓌以救驾为急,自赴奉天也。

《刘稹传》。　《旧书》谓稹拒命时,其从父故节度使从谏妻裴氏,召诸将妻入宴,裴泣谓诸将妻:"归各语汝夫,勿忘先相公之拔擢。吾今以子母为托。"诸妇皆泣下,故诸将为稹尽力。后稹伏诛,裴氏亦以此极刑。《新书》则谓从谏妾〔张〕〔韦〕氏，素有憾于裴，诬奏裴语如此，陷之极刑。

《李师道传》。 师道死，《旧书》谓其妻魏氏出家为尼。《新书》谓魏氏没入掖廷。

《王铎传》。 《旧书》谓黄巢之乱，官兵收京城，封铎晋国公，加中书令，以收京诸将功伐，令铎量其高下，承制爵赏。下又云巢出关，时溥请身讨之，乃以溥为都统，罢铎都统之任。是收京时铎正为都统也。《新书》则谓巢战数败，宦官田令孜知贼必破，欲使功归于己，乃构铎，罢为检校司徒。铎功将就，而以谗见夺，然卒因其势，不数月遂平京师。是铎于未收京之前已罢都统矣。按收京露布系宦者杨复光所上，而无铎名，则铎早罢都统矣。《旧书》应误。

《王龟传》。 《旧书》龟观察浙东，江淮盗起，攻郡，为贼所害。是龟被贼杀也。《新书》但云徙浙东观察使，卒，赠工部尚书。则似未被害者。

《元稹传》。 《旧书》谓稹宿敷水驿，与内官刘士元争厅，为士元击伤面。《新书》谓中人仇士良至，稹不让，中人怒，击稹伤面。按白居易救稹疏，亦谓与刘士元争厅，而《新书》云仇士良者，盖士元随士良至而击稹耳。《仇士良传》亦言与稹争厅，则是时士良实亲至敷水驿也。

《李绅传》。 《旧书》谓李锜辟绅为掌书记，绅不就，锜怒将杀之，遁而免。《新书》谓锜胁中使奏留己，召绅作疏，绅阳惧，至不能成一字，下笔辄涂去。锜注白刃，令易纸，终不成。乃召许纵为之，而囚绅狱中。锜败，乃免。

《路岩传》，岩为相，委亲吏边〔诚〕〔咸〕与郭筹相倚为奸。 《旧书》云事败，出为成都尹，改荆南，寻罢之。《新书》谓事败，贬新州，赐死，剔取其喉。先是岩奏赐死者当剔喉以验，至是自及云。

宪宗之弑。 《旧书》谓宦者陈弘庆。《新书》作陈弘志。《旧书》弘庆等弑逆，不言王守澄。《新书》谓守澄与弘志等弑帝。

《杨复光传》。 《旧书》谓复光监军讨贼，遣吴彦弘谕降黄巢，巢即令尚君长等奉表归国。宋威害其功，并兵击贼，巢怒，复作剽。《新书》谓复光谕降王仙芝，仙芝遣尚君长出降，宋威密请诛君长，故仙芝复叛。按是时仙芝为贼首，巢其将校也，复光谕降是仙芝明甚。

《张巡传》。 《旧书》谓蒲州河东人。《新书》谓邓州南阳人。

《郑畋传》。 《旧书》畋镇凤翔，病，乃表荐李昌言，诏可之，召畋赴行在。《新书》黄巢据京城，畋移檄讨之，遣大将李昌言率兵向京。昌言反兵袭畋，畋登城谓曰："吾方入朝，公能为国讨贼则可矣。"乃委军而去。《通鉴》与《新书》同。

《王重荣传》。 《新书》宦官田令孜以重荣不肯归盐池供禁军，使朱玫讨之。重荣率李克用以兵来战于沙苑，禁军大败。《通鉴》同。《旧书》但云沙苑之战，禁军为重荣所败。令孜挟天子幸宝鸡，李克用闻之，乃与重荣入援京师。一似沙苑之战，克用不与其事，及帝出奔后，始起兵勤王者。此或后唐修史时为克用讳耶？

新旧书各有纪传互异处

《旧书》本纪，幽州军乱，逐节度使史元忠，推陈行泰为留后。雄武军使张绛奏行泰不可为帅，请以本镇军讨之，许之，遂诛行泰。诏以绛主留后务，仍赐名仲武。是绛即仲武也。而《新书》则陈行泰杀史元忠，张绛又杀行泰，雄武军使张仲武起兵讨绛，朝廷因命仲武为节度。是绛与仲武判然两人。及考《旧书·张仲武传》，史元忠为行泰所逐，行泰又为绛所逐。适仲武遣吏吴仲舒奉表至京，宰相李德裕问故，仲舒谓行泰、绛皆客将，故人心不附，仲武本旧将，素抱忠义，可为帅。德裕乃奏以仲武为节度使。是《旧书》列传内亦未尝以绛与仲武为一人，而本纪乃谓绛赐名仲武，此纪传互异之显然者。合《新书》列传及《通鉴》核之，此《旧书》之误在纪不在传也。《新书》本纪，杀梁郡公李孝逸。按《新书·孝逸传》，讨徐敬业有功，后为武三思所谮，将置之死。后念其旧功，免死，流儋州。《旧书·孝逸传》亦然。是孝逸未被杀也。此《新书》之误亦在纪而不在传也。

新旧书误处

《严武传》。 《旧书》肃宗收长安，以武为京兆少尹，因史思明阻兵，不之官，优游京师。按长安即京兆也，既收长安，何以不能赴京尹之任？史思明并未据长安，何以因其阻兵，遂不赴任京兆？此必误也。盖是东都少尹耳。是时史朝义尚据东都，如刘晏亦除河南尹，以盗据都城,乃寄治于长水。然则武所除少尹,当是河南也。《新书》则云已拜京兆少尹,坐房琯事贬巴州刺史。然则《旧书》所云以贼阻不之官者误。

《鲁炅传》。 炅守南阳一年,与贼将田承嗣等日夜拒战,力不支,乃率众突围,出投襄阳。《新》《旧》二书皆同,是炅已走襄阳矣。而《虢王巨传》,巨奉命节度河南,诏贬炅为果毅,以来瑱代之。巨奏曰:"若炅能守孤城,功足补过,则何以处之?"玄宗曰:"卿随宜处置。"巨至内乡,贼解围走。巨乃至南阳,宣敕贬炅,削其章服,令随军效力。其暮,以恩命仍令炅复位。据此则炅尚在南阳也。《来瑱传》亦谓炅守南阳,诏以瑱代之,虢王巨奏炅能守南阳,乃诏各复本位。下又云贼攻南阳累月,瑱救之,为贼所败。是炅亦尚未失南阳。数传核对,俱不符合。当是巨至南阳时炅尚守城,贼暂退去,其后又来攻,瑱救之,又为贼所败,炅于是走襄阳耳。

《郭子仪传》。 《新书》代宗即位,子仪惧程元振谗,乃裒肃宗所赐诏敕千余篇上之。按《旧书》子仪表代宗云:"陛下贻臣诏书一千余篇,自灵武、河北、河南臣所经行,蒙赐手诏敕书凡二十卷,昧死上进。"是代宗为广平王,与子仪同收复两京时,军中往来手札也。代宗既即位,故即谓之诏敕。《新书》以为肃宗诏敕,殊误。

《旧书》,兴元元年,李抱真、王武俊破朱滔于京城东南,擒其伪相朱良祐、李俊等,滔遁归幽州。按《朱泚》《朱滔》《武俊》《抱真》《田悦》《田绪》等传,是时泚因泾师之变,僭据京城,其弟滔及武俊、田悦等方连衡抗朝命,泚遣人册滔为皇太弟,使发兵趋洛阳,与己合势。滔率兵而南,悦托词不助兵,滔怒,遂攻其贝州。武俊、抱真以滔强横,难共事,遂合兵袭滔,大败之,朱良祐等被执,滔遁归幽州。是滔至贝州即败去,未尝近京城也。《新书·武俊》等传则谓败滔于经城,《田绪传》又谓与武俊等败滔于泾城。然则《旧书》所云京城东南者盖经城,泾城之讹也,其地当在贝州耳。而《新书》本纪,此战之前又书浑瑊及朱滔战于武(川)亭〔川〕,败之。朱滔自贝州败后即归幽州,而武(川)亭〔川〕,武功地也。滔既未到京西,何得有与瑊战武〔亭〕川之事?据《瑊》《泚》二传,是时德宗在梁洋,瑊为行营副元帅,李晟方围泚于京城,瑊自行在来援。泚遣韩旻、宋归朝、张庭芝等来寇武功,瑊与吐蕃兵败之武〔川〕亭〔川〕，斩首万计。是瑊武〔川〕亭〔川〕所败，乃泚将，而非滔也，而云瑊与滔战武〔川〕亭〔川〕，此又《新书》之误也。或书云与泚战，而讹刻为滔耳。欧书贼将必书贼首名，或以泚所遣将，即书为泚。

新旧书刻本各有脱误处

《旧书·张巡传》，安禄山陷河洛，许远守睢阳，贼将尹子奇攻围经年，巡以雍丘小邑，储备不足，大寇临之必难保，乃引卒诈降，至德二年正月也。玄宗闻而壮之，授主客郎中兼御史中丞。按巡方诈降，何以玄宗闻而壮之？盖巡以雍丘难守，故诈降以出，而并兵于睢阳，与远同守，故帝闻而嘉之耳。《新书》，巡在雍丘，饷路绝，乃拔众保宁陵，至睢阳，与太守许远、城父令姚訚等合兵，遣雷万春、南霁云等战宁陵北，杀贼万人。有诏拜巡主客郎中、河南节度副使，正此事也。而《旧书》云云，此必有行墨脱落之处。

《新书·李光颜传》末忽叙宋威、曾元裕讨王仙芝一事。大将张自勉表请讨贼，诏乘传赴军。威忌自勉，请以隶麾下，欲以事杀之。宰相知其谋，不听，乃以自勉代元裕。按仙芝之乱距李光颜已将百年，与光颜何涉？而系其事于《光颜传》后，此亦必错误也。

廿二史札记卷十九

贞观中直谏者不止魏徵

贞观中直谏者首推魏徵。太宗尝谓徵曰："卿前后谏二百余事,非至诚何能若是?"又谓朝臣曰："人言魏徵举止疏慢,我但觉其妩媚耳。"徵以疾辞位,帝曰："金必锻炼而成器。朕方自比于金,以卿为良匠,岂可去乎?"至今所传十思十渐等疏,皆人所不敢言,而帝悉听纳之,此贞观君臣间,直可追都俞吁咈之盛也。然其时直谏者不止魏徵也。

今按《新》、《旧唐书》各传,薛收谏猎,帝即赐金四十铤以奖之。孙伏伽谏元(师律)〔律师〕罪不当死,帝即赐以兰陵公主园,直百万。或以为太厚,帝曰："朕即位,未有谏者,是以赏之。"温彦博谏长安令杨纂失察,罪不当死,帝即赦之。虞世南谏田猎,谏山陵之制不宜过厚,谏宫体诗不宜作,恐天下从风而靡,谏勿以功高自矜,勿以太平自怠。帝尝曰："群臣皆若世南,天下何忧不理?"马周谏大安宫宜崇奉,宗庙宜亲祀,乐工王长通等不宜赐官,帝购大宅直二百万者赐之。庐江王瑗姬侍侧,王珪曰："陛下知瑗杀其夫而取之以为非,奈何又令侍左右?"帝即出之;谏祖孝孙雅士,不宜令教女乐,帝虽责之,明日悔,语房玄龄令群臣勿因此不言。姚思廉谏幸九成宫,赐帛五十匹。高季辅指陈时政得失,帝赐以钟乳一两,曰："卿以药石之言进,故以药石相报。"戴胄谏修洛阳宫,帝嘉之。张玄素亦谏修洛阳宫,至以为甚于炀帝,帝曰:"卿谓我不如炀帝,何如桀、纣?"对曰:"若此役卒兴,同归于乱耳。"帝叹曰:"我不思量,遂至于此。"命罢役,赐帛二十匹。褚遂良谏宠魏王泰太过,帝纳之;谏告成东岳,即罢封禅。张玄素令史出身,帝问其履历,玄素惭不能对,遂良谓玄素已擢至三品,陛下不宜对群臣穷其门户,帝亦悔之。帝常论山东人物,张行成言天子以四海为家,不宜以东西为限。帝善之,赐马一匹,钱十万,衣一袭。裴仁轨私役门夫,帝欲斩之,李乾祐奏罪不应死,帝即免之。权万纪不能教太子承乾以正,帝欲诛之,柳范曰:"房玄龄尚不能止陛下猎,岂可独罪万纪?"帝大怒,拂衣入,久之,独召范慰谕之。帝好与群臣论难,刘洎力谏,帝诏答曰:"轻物骄人,恐由于此,敬当虚怀改之。"洎又言近来上书人或面加穷诘,恐致阻进言之路,帝曰:"卿言是也,当改之。"此皆见于各传者也。

魏徵尝言:"陛下导之使言,臣所以敢谏;若陛下不受,臣岂敢犯龙鳞?"帝尝宴韦挺、虞世南、姚思廉等,谓曰:"龙有逆鳞,人主亦然。卿等遂能不避触犯,常如此,朕岂虑危亡哉!"是诸臣之敢谏,实由于帝之能受谏也。独是仁善之君则能纳诲,英睿之主每难进言。以太宗之天锡智勇,手定天下,制事决机,动无遗策,宜其俯视一切,臣下无足当意者。乃虚怀翕受,惟恐人之不言,非徒博纳谏之名,实能施之政事,其故何哉?盖亲见炀帝之刚愎猜忌,予智自雄,以致人情瓦解而不知,盗贼蜂起而莫告,国亡身弑,为世大僇。故深知一人之耳目有限,思虑难周,非集思广益难以求治,而饰非拒谏徒自召祸也。炀帝恶谏,曰:"有谏者当时不杀,终不令生于地上。"苏威欲言不敢,因午日献《古文尚书》,炀帝曰:"讪我也。"即除名。萧瑀谏伐辽,即出为郡守。董纯谏幸江都,即赐死。由是人皆钳口,至丧国亡身而不悟。见吴兢疏。此太宗所亲见也。惟见之切,故惧之深,正张廷珪所云多难兴邦,殷忧启圣,皆以事危则志锐,情迫则思深也。

魏徵之谏亦动以隋为戒,谓:"隋帝岂恶天下之治安,不欲社稷之长久哉?特恃其富强,不虑后患,驱天下以从欲,遂以四海之尊,殒于匹夫之手。陛下当鉴彼之失。"又曰:"我之所代,实在有隋。隋氏乱亡之源,圣明所亲见。隋之未乱,自谓必无乱;隋之未亡,自谓必不亡。所以甲兵屡动,徭役不息,至于身戮而犹未悟。今能思其所以乱,则治矣;思其所以亡,则存矣。"马周亦言:"炀帝笑齐、魏之失国,今之视炀帝,犹炀帝之视齐、魏也。"此当时君臣动色相戒,皆由殷鉴不远,警于目而惕于心,故臣以进言为忠,君以听言为急。

其后勋业日隆,治平日久,即太宗已不能无稍厌。魏徵谓贞观之初导人以言,三年后见谏者悦而从之,近一二年勉强受谏而终不平。是可知贞观中年功成志满,已不复能好臣其所受教。然则惧生于有所惩,怠生于无所儆,人主大抵皆然。若后世蒙业之君,运当清泰,外无覆车之戒,而内有转圜之美,岂不比太宗更难哉!

时政记

左、右史起居注之外，有政事及奏对由宰相撰录者，谓之《时政记》。按《旧书》，唐初记注最详备。苏冕言贞观中每日朝退后，太宗与宰臣参议政事，即令起居郎一人执简记录，由是贞观注记政事极详。高宗时许敬宗、李义甫用权，多妄奏事，恐史官书之，遂奏令随仗便出，不得备闻机务。姚璹乃表请仗下所言政要，宰相一人专知撰录，是为《时政记》，每月封送史馆。宰相之撰《时政记》，自此始也。

据《旧书》云璹罢后，其事遂寝。贾耽、齐抗贞元时为相，又修之。耽、抗罢而事又寝。然宪宗尝问李吉甫：“《时政记》记何事？”吉甫曰：“是宰相记天子事，以授史馆之实录也。左史记言，今起居舍人是；右史记事，今起居郎是。永徽中姚璹监修国史，虑造膝之言外间或不得闻，因请随奏对而记于仗下，以授史馆，今《时政记》是也。”上曰：“间有不修，何也？”曰：“面奉德音未及行者，不可书付史官。有谋议出于臣下者，又不可自书付史官故也。”（宪宗纪）《〔李吉甫传〕》。又裴休尝奏言：“宰相知印者撰《时政记》，或多载己言而略他人之言，史官莫得知。请自今宰相各自为记，令付史馆。”从之。《休传》。可见历朝仍皆有《时政记》，未尝废也。

其后又稍变其例。穆宗时，宰臣崔植等奏，请坐日所有君臣献替事宜，应随日撰录，号为《圣政记》，岁终付史馆。则不必每月送史馆，至岁终始送矣。文宗又诏，《时政记》因循日久，废坠日多。自后宰臣奏事及临时处分，委中书门下丞一人随时撰录，每季送馆。则又不必宰相自撰，而令中书门下丞撰录矣。然皆于纪录政事，致其详慎，可为后世法也。

天子不观起居注

左史记言，右史记事，历代皆重其职。唐太宗尝欲观起居注，朱子奢曰：“恐开后世史官之祸。史官全身畏死，悠悠千载，尚有闻乎！”《子奢传》。后至文宗益重其事，每入阁日，左右史执笔立于螭头之下，宰相奏事，得以备录。宰臣既退，上召左右史，更质证所奏是非，故开成政事最详。《张次宗传》。帝尝与宰相议事，适见郑朗执笔螭头下，谓曰：

"向所论事亦记之乎？朕将观之。"朗引朱子奢事对曰："史不隐善讳恶，人主或饰非护失，见之则史官无以自免，即不敢直笔。昔褚遂良亦称史记天子言动，虽非法必书，庶几自饬也。"帝曰："朗可谓善守职者。朕恐平日之言不合治体，庶一见得以改之耳。"朗乃上之。《朗传》。

后帝又欲观魏薹起居注，薹曰："陛下但为善事，勿畏臣不书。"帝曰："我尝取观之。"薹曰："此史官失职也。陛下若一见之，自此执笔者须有回避，后世何以示信乎？"乃止。论者咎朗而是薹。《薹传》。

唐诸帝多饵丹药

古诗云："服食求神仙，多为药所误。"自秦皇、汉武之后，固共知服食金石之误人矣。及唐诸帝，又惑于其说，而以身试之。贞观二十二年，使方士那罗迩〔婆〕娑〔婆寐〕于金飙门造延年之药。《旧书》本纪。高士廉卒，太宗将临其丧，房玄龄以帝饵药石，不宜临丧，抗疏切谏。《士廉传》。是太宗实饵其药也。其后高宗将饵胡僧卢伽阿逸多之药，郝处俊谏曰："先帝令胡僧那罗迩〔婆〕娑〔婆寐〕依其本国旧方合长生药，征求灵草异石，历年而成。先帝服之无效，大渐之际，高医束手。议者归罪于胡僧，将申显戮，恐取笑外夷，遂不果。"《处俊传》。李藩亦谓宪宗曰："文皇帝服胡僧药，遂致暴疾不救。"《宪宗本纪》。是太宗之崩，实由于服丹药也。乃宪宗又惑长生之说，皇甫镈与李道古等遂荐山人柳泌、僧大通，待诏翰林。寻以泌为台州刺史，令其采天台药以合金丹。帝服之，日加燥渴。裴潾上言，金石性酷烈，加以烧炼，则火毒难制。不听。帝燥益甚，数暴怒责左右，以致暴崩。《宪》、《穆》二纪及《裴潾》、《王守澄传》。是又宪宗之以药自误也。

穆宗即位，诏泌、大通付京兆府决杖处死，是固明知金石之不可服矣。乃未几听僧惟贤、道士赵归真之说，亦饵金石。有处士张皋上书切谏，诏求之，皋已去，不可得，寻而上崩。是穆宗又明知之而故蹈之也。敬宗即位，诏惟贤、归真流岭南，是更明知金石之不可服矣。寻有道士刘从政说以长生久视之术，请求异人，冀获异药。帝惑之，乃以从政为光禄卿，号昇玄先生。又遣使往湖南、江南及天台采药。《敬宗本纪》。是敬宗又明知之而故蹈之也。武宗在藩邸，早好道术修摄之事。及即位，又召赵归真等八十一人，于禁中修符箓，炼丹药。《武宗本纪》。

所幸王贤妃私谓左右曰："陛下日服丹，言可不死，然肤泽日消槁，吾甚忧之。"《王贤妃传》。后药发燥甚，喜怒不常。疾既笃，旬日不能言，宰相李德裕请见不得，未几崩。是武宗又为药所误也。宣宗亲见武宗之误，然即位后遣中使至魏州谕韦澳曰："知卿奉道，得何药术？可令来使口奏。"澳附奏曰："方士不可听，金石有毒不宜服。"《澳传》。帝竟饵太医李玄伯所治长年药，病渴且中燥，疽发背而崩。懿宗立杖杀玄伯。《崔慎由》《毕诚》二传。是宣宗又为药所误也。

统计唐代服丹药者六君，穆、敬昏愚，其被惑固无足怪。太、宪、武、宣皆英主，何为甘以身殉之？实由贪生之心太甚，而转以速其死耳。李德裕谏（穆）〔敬〕宗服道士药疏云："高宗朝有刘道合，玄宗朝有孙甑生，皆能以药成黄金，二祖竟不敢服。"《德裕传》。然则二帝可谓知养生矣。

其臣下之饵金石者，如杜伏威好神仙术，饵云母，被毒暴卒。《伏威传》。李道古既荐柳泌，后道古贬循州，终以服药欧血而卒。《道古传》。李抱真好方术，有孙季长者为治丹，云服此当仙去。抱真信之，谓人曰："秦、汉君不遇此，我乃遇之，后升天不复见公等矣。"饵丹至二万丸，不能食且死，道士牛洞玄以猪肪谷漆下之，病少间。季长来曰："将得仙，何自弃也？"乃益服三千丸而卒。《抱真传》。斯真愚而可悯矣。惟武后时，张昌宗兄弟亦曾为之合丹药，萧至忠谓其有功于圣体。则武后之饵之可知，然寿至八十一。岂女体本阴，可服燥烈之药，男体则以火助火，必至水竭而身槁耶？

玄宗五代一堂

肃宗为太子时，生代宗，为嫡皇孙。生之三日，玄宗临澡，嫡孙体弱，负姆嫌陋，更取他宫儿进。玄宗观之不乐，姆叩头言非是。玄宗曰："非尔所知，趣取儿来。"于是见嫡孙，玄宗大喜，向日视之曰："福过其父。"顾力士曰："一日见三天子，乐哉！"《吴皇后传》。此已属盛事。又按《旧书·顺宗纪》，顺宗生于肃宗上元二年，时玄宗尚为太上皇。是玄宗、肃宗、代宗、德宗、顺宗，凡五代共一堂，则不惟一日见三天子，且一堂有五代天子也。

唐有两上元年号

年号重袭,已见《丛考》前编,皆异代之君,不知详考,致有误袭前代年号者。至唐则高宗有上元年号,而肃宗亦以上元纪年。高之与肃,相去不过六七十年,耳目相接,朝臣岂无记忆? 乃以子孙复其祖宗之号,此何谓耶? 元顺帝慕元世祖创业致治,而用其至元纪年,故当时有"重纪至元"之称。衰乱之朝,不知典故,固无论矣。

德宗好为诗

唐诸帝能诗者甚多,如太宗、玄宗、文宗、宣宗,皆有御制流传于后,而尤以德宗为最。《刘太真传》,谓帝文思俊拔,每有御制,辄命朝臣毕和。今按本纪,贞元〔二〕〔四〕年,宴群臣于麟德殿,赋诗一章,令群臣和。四年,赐百寮宴曲江亭,赋《重阳赐宴诗》六韵。六年,又宴曲江亭,赋《中和节赐宴诗》七韵。上巳节又宴,赋《上巳诗》一章。九年正月,朝罢,赋《退朝观仗归营诗》。十年,曲江九日赐宴,又赋诗。十一年,赐宰臣两省供奉官宴曲江,赋诗六韵。十二年,御制《刑政箴》一首。又制《中和乐武曲》,于御殿奏之。是年仲春,赐宴麟德殿,九日赐宴曲江,皆赋诗①。十七年仲春及重阳,赐宴曲江,亦皆赋诗。十八年,九日宴马嶙山池,亦赋诗,皆命群臣属和。此见于本纪者也。

贞元四年九日之宴,帝亲为诗序,令朝官和进。帝亲考其诗,以刘太真、李纾等四人为上,鲍防、于邵等四人为次,张濛、殷亮等二十三人为下,李晟、马燧、李泌三宰相之诗不加优劣。见《太真传》。韦绶在内直,帝作《黄菊歌》,顾左右曰:"不可不示韦绶。"即遣人持往,绶即附和进。《绶传》。又尝制《宸扆》、《台衡》二铭赐马燧。《燧传》。杜希全赴镇天德,献《体要》八章,多所规讽,帝制《君臣箴》赐之。《希全传》。张建封入朝,将还镇,帝赋诗饯之。《建封传》。此皆见于列传者也。

今载其数首。贞元四年曲江赐宴诗曰:"旱衣对庭燎,躬化勤意诚。时此万机暇,适与佳节并。曲池洁寒流,芳菊舒金英。乾坤爽气澄,台殿秋光清。朝野庆年丰,高会多欢声。永怀无荒戒,良士同斯情。"其赐建封诗曰:"牧守寄所重,才贤生为时。宣风自淮甸,授钺膺藩维。入觐展遐恋,临轩慰来思。忠诚在方寸,感激陈清词。报国尔所(当)〔尚〕，恤人予是资。欢宴不尽怀，车马当还期。谷雨将应候，行春犹未迟。勿以千里遥，而云无己知。"

【校】

①十二年……又制《中和乐武曲》，于御殿奏之。是年仲春，赐宴麟德殿，九日赐宴曲江，皆赋诗 《校证》：九日赐宴曲江及赋诗在十三年秋。制《中和乐武曲》、赐宴麟德殿及赋诗八韵皆在十四年春，见《旧书》本纪。

褒贬前代忠奸

式闾表墓，为新朝激扬首务，所以表是非之公，新天下之耳目也。唐武德元年，诏隋高颎、贺若弼、薛道衡、宇文䜣、(黄)〔董〕纯等，并抗节怀忠，陷于极刑，特赠官加谥。贞观元年，诏齐崔季舒、郭遵、封孝琰以极言蒙难，褒叙其子孙。则不惟赠恤死者，且官其后人矣。麟德元年，又诏访周宇文孝伯子孙，授以官。此皆褒忠令典也。贞观(元)〔二〕年，追论隋臣裴虔通手弑炀帝之罪，削爵流驩州。七年，又诏宇文化及及弟智及、司马德戡、裴虔通、孟景、元礼、杨览、唐奉义、牛方裕、元敏、薛良、马举、元武达、李孝本、〔李〕孝(哲)〔质〕、张恺、许弘仁、令狐行达、席德方、李覆等弑炀帝者，其子孙并禁锢，勿得齿叙。此亦足昭瘅恶之公。然乱臣贼子人人得而诛之，化及等已死，锢其子孙是矣；裴虔通尚在，而徒以前代之事，不复正以诛殛，仅配流遐裔，尚不免失刑也。武后圣历(元)〔二〕年，又追贬隋杨素子孙，不许仕京官及侍卫。

谥兼美恶

唐制，三品以上皆得请谥，而其人之贤否不同，则必核其生平以定之，盖犹存古道也。皇甫无逸官于蜀，其母卒于京，无逸奔丧归，在途而死。太常谥曰"孝"，王珪驳之，谓无逸赴官不与母偕，不可称"孝"，乃更谥"良"。萧瑀卒，太常谥曰"肃"，太宗以其多忌，改谥"贞褊"。(裴矩)〔宇文士及〕卒，初谥曰"恭"，刘洎以其侈肆驳之，乃改谥"纵"。封(俭)〔伦〕卒后，奸邪事发，改谥曰"缪"。许敬宗卒，博士袁思古议敬宗弃子荒徼，嫁女蛮落，谥曰"缪"。敬宗孙彦伯请改谥，博士王福畤执不可，诏尚书省更议，以既过能改为恭，乃请谥曰"恭"。《新书》谓更谥"蔡"。

韦巨源卒,太常谥曰"昭",李邕以其附武、韦为相,不当得美谥,虽不听而议者是之。杨炎卒谥"肃愍",孔戣驳之,改谥"平厉"。高璩卒,博士曹邺议其为相时交游丑杂,请谥为"刺",从之。皆见各本传,是俱能存彰瘅之公,不专以美举阿人者。

然其时已多请嘱失实之弊。李虞仲奏言:"古者将葬请谥,今近或二三年,远或数十年方请。人殁已久,采诸传闻不可考信,取诸诔状亦多浮词。请自今凡应得谥者,前葬一月,请考功太常定谥。在京者不得过半期,在外者不得过一期。若不请者,许考功即察行谥之。"《虞仲传》。盖唐犹详慎谥法如此。后世惟赐谥者始得谥,既邀恩赐,自必其人履行无亏,故谥皆有美而无恶也。

唐追赠太子之滥

子帝而追帝其父,礼也。弟而追帝其兄,兄而追帝其弟,已属过当。如玄宗追册中宗子襄王重茂为帝,以重茂本韦后所立,为帝后退封襄王,故薨而仍以帝号还之,尚不失为厚。玄宗又以兄宪让己为太子,得立,宪薨,追赠让皇帝。肃宗以长兄琮早薨,追赠奉天皇帝。代宗以弟倓有功,被谗死,追赠承天皇帝,皆礼之过者,然犹有说以处此。至太子而追崇为帝,必其子即位而追帝。如金世宗太子允恭,以子章宗即位而谥为显宗;元世祖太子珍戩,以子成宗即位而谥裕宗是也。乃唐高宗之太子弘薨而赠孝敬皇帝,则以父而追帝其子,不经之甚矣。

若追赠太子,必其曾为太子,或早薨,或不得其死,则仍复其旧称。如中宗子重润,在高宗时已立为皇太孙,后为武后杖死,神龙初赠懿德太子。宪宗立子宁为太子,薨,赠惠昭太子。文宗立子永为太子,后废死,赠庄恪太子。此父之追赠其子也。太宗立子承乾为太子,后废,薨,不追封。高宗立子忠为太子,后废,死,封燕王。昭宗立子德王裕为太子,后刘季述废昭〔宗〕,立裕为帝,反正后,仍以裕为德王。中宗立子重俊为太子,后起兵诛武三思,败死,睿宗追赠节愍太子。此以叔而赠其侄,亦以其曾为太子也。高祖立子建成为太子,太宗杀之,即位后仍赠隐太子。高宗立子贤为太子,为武后废死,睿宗追赠章怀太子。玄宗立子瑛为太子,以谗死,肃宗仍赠太子。此以弟而赠兄,亦以其曾为太子,还其旧物也。敬宗子普,文宗时薨,赠悼怀太子。懿宗子倚,为刘季述所杀,昭宗赠恭哀太子。此以叔而赠其侄，亦以普、倚本应为太子，特以年幼未得立而还其旧物，尚不失为厚也。

至未为太子而死后追赠者，如玄宗子琬薨，赠靖恭太子；代宗子邈薨，赠昭靖太子；宣宗子汉薨，赠靖怀太子。此则其人本不应为太子，而殁以太子之号荣之，已不免紊于礼。然此犹父之赠其子，于名分尚顺也。若玄宗赠弟申王㧑为惠庄太子，岐王范为惠文太子，薛王业为惠宣太子。此三王者将以为睿宗之太子耶？则睿宗自有太子宪，睿宗在武后时为帝，先立宪，后玄宗平内难，宪让玄宗为太子。继又以玄宗为太子。此三王初未身为太子，则加以大国荣封可矣。太子之称，究属以子继父而言，非同官爵之可加赠也。而以施于未为太子之弟，转似下侪于己子之列，此则苟欲以追崇见其友爱，而不知转失礼甚矣。后穆宗子凑，文宗时以谗死，文宗赠怀懿太子。穆宗已有太子敬宗为帝，凑未为太子也，而文宗以从兄赠之为太子，亦同此失。顾宁人《日知录》内，但举秦文公太子卒，赐谥为㨖公及代宗追谥弟承天皇帝二事，尚未备。

帝号标后谥

以帝号标后谥，乃范蔚宗《后汉书》追书之例，非当日本制也。光武阴后本谥"烈"，以光武谥合之，故曰"光烈"。明帝马后本谥"德"，以明帝谥合之，故曰"明德"。章帝窦后之称"章德"，和帝邓后之称"和熹"，安帝阎后之称"安思"，桓帝窦后之称"桓思"，灵帝何后之称"灵思"，献帝曹后之称"献穆"，皆仿此。其桓帝梁后谥"懿献"二字，不便合帝谥并称，则曰桓帝懿献梁皇后，此可以见范史牵合之书法也。

后世不察，乃遂于皇后定谥时即系以帝号。如唐高祖崩，合帝谥曰太穆神皇后。文德皇后崩，始谥"文德"，及太宗崩，合谥曰文德圣皇后，是反以夫从妇矣。睿宗窦后之谥，太常初谥曰"大昭成"，或援范史例谓宜引"圣真"冠谥，以单言配之，应曰"圣昭"或"睿成"；以双言配之，应曰"大圣昭成"或"圣真昭成"。以睿宗谥玄真大圣大兴孝皇帝故也。谓此后汉"光烈"等谥例，且本朝"太穆"、"文德"故事也。太常驳之曰："蔚宗以帝号标后谥，是史家记事体，妇人非必与夫同也。入庙称后，义系于夫，在庙称太，义系于子。文母生号也，文王谥也，周公岂以夫从妇乎？《后汉书》不可为据。"诏曰："可。"俱见《皇后传》。

《后汉书·皇后纪论》曰："汉世皇后无谥,皆因帝谥以为称。中兴,明帝始建'光烈'之称,其后定以'德'配,故马、窦二后俱称'德'焉。蔡邕始追正'和熹'之谥,其'安思'、'顺烈'以下,皆依而加焉。" 按蔡邕《谥议》曰："汉世母氏无谥,至明帝始建'光烈'之称,自是转因帝号加之以'德',上下优劣,混为一体,殊非礼制。谥法有功安人曰'(同)〔意〕',帝后一体,礼亦宜同。大行皇太后谥宜为'和熹'。"据此则后之有专谥,始于明帝之谥阴后,继成于蔡邕之谥邓后。又按魏道武追谥先世皇后,皆无本谥。《北史·后妃传序》云,皆从帝谥为皇后谥。今按如神元皇后窦氏、桓皇后惟氏、平文皇后王氏之类是也。"神元"、"桓"、"平文"皆帝谥也,其皇后无本谥,故即从帝之谥也。至道武以后,则后自有谥,如道武宣穆皇后刘氏、明元昭哀皇后姚氏是也。"道武"、"明元",帝谥也。"宣穆"、"昭哀",后谥也。其曰"道武宣穆"及"明元昭哀"者,亦史家追书之例,以帝号标后谥也。

皇后哀册尊称

德宗昭德皇后薨,侍郎李纾撰册文曰"大行皇后",帝以为不典,命学士吴通玄为之,又云"咨后王氏",议者亦以为非。宜如贞观中岑文本撰文德皇后谥册,曰"皇后长孙氏"。《旧唐书》。

祔葬变礼

招魂而葬,本起于东汉。光武姊元为邓晨妻,起兵时元被害,后晨封侯,卒,帝追尊姊为公主,招其魂与晨合葬,此招魂葬之始也。唐中宗和思赵皇后,先为武后幽死,莫知瘗所。中宗崩,议者以韦后得罪,不宜祔葬,乃追谥赵为皇后,欲行招魂祔葬之礼。博士彭景直上言,古无招魂之礼,不可备棺椁。宜据《汉书·郊祀志》葬黄帝衣冠于桥山故事,以皇后祎衣于陵所寝宫,招魂置衣于魂舆,以太牢告祭,迁衣于寝宫,覆以夷衾而祔葬焉。从之。睿宗刘后、窦后,亦皆为武后所杀,莫知瘗所,后亦招魂葬之,盖亦仿赵后例也。

然古不墓祭,惟以立主于庙为重。盖魂气归于天,体魄归于地,招魂而葬,是欲以归天之魂使之入地,理难强通。即葬衣冠,而必先招魂于衣冠，然后葬之，是仍欲使魂入地也。既莫知瘗所，似不必复设衬葬之虚礼，但奉主衬庙可耳。按晋东海王越殁于项，其丧枢为石勒所焚。妃裴氏渡江归于元帝，欲招魂葬越，博士傅纯曰："圣人制礼，设冢椁以藏形，事之以凶；（主）〔立〕庙祧以安神，事之以吉。送形而往，迎精而反，此墓庙之大分，形神之异制也。室庙寝庙，祭非一处，所以广求神之道，而独不祭于墓，非神之所处也。"遂诏不许。是晋人已有定议矣。

代宗沈后德宗之母。陷贼，不知存亡，德宗即位，屡求不获。至宪宗时，群臣请仿晋庾蔚之议，寻求三年之后，又俟中寿而服之。乃以是年九月发哀，先令造衬衣一副，择日衬代宗陵。此亦无于礼者之礼也。按《晋书·李胤传》，胤祖敏避公孙度之命，浮海不知所终。胤父信追求积年不获，欲行丧又恐父尚存，有邻人与父同岁者死，乃以是时行丧。后因徐邈劝娶妻，既生子，遂绝房室。此亦一故事。

《南史·沈洙传》，建康令沈孝轨门生牒称，主人父灵枢在周，主人奉使关右，因欲迎丧，久而未返。今月晦即是再期，主人弟息应以是月末除灵，抑或应待主人还除灵。江德藻云，礼久而不葬，惟主丧者不除，其余各终月数而除，此家内有事未得葬者耳。孝轨既在异域，虽迎丧而无还期，诸弟若遂不除，则永绝婚嫁，宜咨沈洙。洙议曰："礼有〔变〕正，有从宜。《礼·小记》之文，礼之正也。但魏氏东关之役失亡尸骨，葬礼无期，议者以为无终身之丧，故制使除服。晋氏丧乱，或死于北庭，无从迎枢，故又申明其制。今孝轨丧还未有定期，在此者应除服。若丧枢得还，别行改葬之礼。"《礼记》云：改葬之礼服缌。不忍无服送至亲也。

谥后于庙

顺宗王皇后崩，太常进谥，公卿欲告天地宗庙，礼院奏曰："按《礼·曾子问》，古者天子称天以诔之，皇后之谥则读于庙。《江都集礼》亦曰谥皇后于庙，又曰皇后无外事，无为于郊也。准礼贱不诔贵，子不爵母，所以必谥于庙者，宜受成于祖也。故天子谥于郊，后妃谥于庙。"从之。

两太后并称

文宗即位时,敬宗母王太后尚在,而文宗自有母萧太后,乃号敬宗母曰宝历太后。又以两太后难于分别,乃诏以宫名别之,宝历太后居义安宫,称义安太后。后武宗即位,文宗母萧太后尚在,徙居积庆殿,乃称积庆太后。

皇太后不祔葬

穆宗久葬,其妃韦氏生武宗,亦已久亡。武宗立,欲以母祔葬于穆宗之光陵。宰臣奏神道安于静,光陵葬已二十年,不可更穿;太后所葬之福陵,亦崇筑已久,不宜徙,请但奉主祔庙穆宗,从之。

又明世宗有三后,孝(源)〔洁〕元配也,继张后被废,继孝烈方氏薨。帝欲先以其神主祔太庙,群臣请设位于皇妣睿皇后之次,后寝藏主则设幄于宪庙皇祖妣之右,以从祔于祖姑之义。帝曰:"安有享从此而主藏彼? 可祧仁宗,而以后主即列于朕之位次。"群臣言后虽宜祔享,但迁及庙次,非臣子所敢言。帝怒,乃祔主于第九室。隆庆中,从群臣议,仍以元配孝(源)〔洁〕后合葬永陵,孝烈主移于弘孝殿。

按明宪宗生母周已尊为皇太后,孝宗时始崩。孝宗问刘健等祔庙礼,健曰:"汉以前一帝一后,祔二后自唐始也,祔三后自宋始也。三后者,一正后,一继后,一生母也。"帝曰:"事须师古。祖宗来一帝一后,今并祔,则坏礼自朕始矣。"遂不祔庙。嘉靖中移祀陵殿,题主曰皇后,不系帝谥,以别嫡庶。自后穆宗母,神宗母,光宗、熹宗、庄烈帝母,咸用此制。

建成元吉之子被诛

谋反者族诛,秦、汉、六朝以来皆用此法。见《崔仁师传》。太宗为秦王时杀建成、元吉,不过兄弟间互相屠害,其时太宗尚未为帝,不可以反论也。乃建成子安陆王承道、河东王承德、武安王承训、汝南王承明、巨鹿王承义,元吉子梁郡王承业、渔阳王承鸾、(晋)〔普〕安王承奖、江夏王承裕、义阳王承度,俱坐诛,除其属籍。是时高祖尚在帝位,而坐视其孙之以反律伏诛,而不能一救,高祖亦危极矣。

没入掖廷

族诛者,既诛其壮丁,而妻妾子妇及子孙之幼者,皆没入掖廷为奴婢。如樊兴、钱九陇,俱以父犯罪配没为皇家隶人。《兴》等传。武后杀唐宗室,壮者皆被戮,幼者皆没入为官奴。《巢王明传》。李师道既诛,其小男没入掖廷。《师道传》。此子孙之幼者也。齐王元吉被诛,其妃没入宫为太宗妃。《巢王明传》。庐江王瑗既诛,其姬入侍太宗。《王珪传》。上官仪及子庭芝既被诛,庭芝妻郑及女婉儿配入掖廷。《仪传》。吴元济之妻沈氏,李师道之妻魏氏,败诛后皆没入。《元济》、《师道传》。师道既诛,宪宗谓宰相曰:"李师古之妻,于师道叔嫂也,虽云逆族,亦宜(等)降〔等〕。李宗奭妻,亦士族也。今俱在掖廷,于法似稍深。"崔群奏:"此圣主仁恻之心也。"于是师古妻裴氏、女宜娘,宗奭妻韦氏及男女,皆释。《群传》。御史李孝本,皇族也,坐李训事诛,其女没入宫,魏謩谏出之。《謩传》。又元载女真一,少为尼,载败没入宫。德宗时始告以载死,号泣投地。则女之出家者亦不免也。《载传》。韩滉过汴,语刘玄佐曰:"宜早见天子,不可使太夫人白首与新妇子孙填宫掖。"《滉传》。盖当时法令如此。然其中亦有生贵子者。

肃宗为太子时,玄宗命高力士选良家子侍之,力士曰:"京兆料择,人得借口,不如掖廷衣冠女。"会有吴令珪坐事死,女没入宫,力士选以进,后生代宗,即章敬皇后也。李锜反,被诛,其妾郑氏没入宫,宪宗幸之,后生宣宗,即孝明皇后也。

按《北史·崔昂传》,律文籍没者,妇人年六十以上免配官。

唐女祸

报应之说,本属渺茫,然亦有不得不信者。唐高祖初为晋阳留守时,宫监裴寂私以宫人入侍。后太宗起兵,使寂以此事胁高祖,谓二郎举义旗,正为寂以宫人侍公,恐事发族诛耳。高祖意乃决。《寂传》。是高祖之举兵,实以女色起也。及太宗杀弟元吉,即以元吉妻为妃。庐江王瑗以反诛,而其姬又入侍左右。是两代开创之君,皆以女色纵欲。孰知贞观之末,武后已在宫中,其后称制命,杀唐子孙几尽,中冓之丑,千载指为笑端。韦后继之,秽声流闻,并为其所通之武三思,榜其丑行于天津桥，以倾陷张柬之等。寻又与安乐公主毒弑中宗。宫闱女祸，至此而极。

及玄宗平内难，开元之治几于家给人足，而一杨贵妃足以败之。虽安、史之变不尽由于女宠，然色荒志怠，惟耽乐之从，是以任用非人而不悟，酿成大祸而不知，以致渔阳鼙鼓，陷没两京，而河朔三镇从此遂失，唐室因以不竞。追原祸始，未尝非色荒之贻害也。然则以女色起者，仍以女色败，所谓君以此始亦以此终者，得不谓非天道好还之昭然可见者哉！

武后之忍

古来无道之君好杀者，有石虎、苻生、齐明帝、北齐文宣帝、金海陵炀王；其英主好杀者，有明太祖。然皆未有如唐武后之忍者也。自其初搤死亲女以诬王皇后，后为昭仪时生女，皇后至，抚弄而去。昭仪潜毙女于衾下，伺帝至，阳欢笑，发衾，女死矣。左右曰皇后适至，昭仪悲啼，帝怒曰："后杀吾女。"后无以自解，寻被废。绝毛里之爱，夺燕昵之私，固已非复人理。及正位后，王后、萧良娣被废，各杖二百，反接投酿甕中，曰"令二妪骨醉"。数日死，犹殊其尸，并窜长孙无忌、褚遂良等至死。又杀上官仪。其出手行事即凶焰绝人，然此犹曰妒者常情，不得不害人以利己也。

称制后欲立威以制天下，开告密之门，纵酷吏周兴、来俊臣、丘神勣等起大狱，指将相俾相连染，一切按以反论，吏争以周内为能，于是诛戮无虚日。大臣则裴炎、刘祎之、邓玄挺、阎温古、张光辅、魏玄同、刘齐贤、王本立、范履冰、裴居道、张行廉、史务滋、傅游艺、岑长倩、格辅元、欧阳通、乐思晦、苏干、李昭德、李元素、孙元亨、石抱忠、刘奇等数十人；大将则程务挺、李光谊、黑齿常之、赵怀节、张虔勖、泉献诚、阿史那元庆等亦数十人；庶僚则周思茂、郝象贤、薛颐、裴承光、弓嗣业、弓嗣明、弓嗣古、郭正一、弓志元、弓彭祖、王令基、崔詧、刘昌从、刘延景、柳明肃、苏践言、白令言、乔知之、阿史那惠、杜儒童、张楚金、元万顷、苗神客、裴望、裴琚、韦方质、刘行实、刘（日）〔行〕瑜、刘行感、（张）〔刘〕虔通、云弘嗣、李安静、裴匪躬、范云仙、薛大信、来同敏、刘顺之、宇文全志、柳璆、阎知微等数十百人，皆骈首就戮，如刲羊豕。甚至丘神勣、来俊臣向为后出死力以害朝臣者，亦杀之。其流徙在外者，又遣万国俊至岭南杀三百余人，又分遣六御史至剑南、黔中等郡尽杀流人，皆惟恐杀人之少。刘光业所杀九百余人，其余少者亦不减五百，虽明祖之诛胡、蓝二党，不是过也。然此犹曰中外官僚，非戚属也。

越王贞、琅琊王冲起兵谋复王室，事败被诛，于是杀韩王元嘉、鲁王灵夔、范阳王霭、黄公𫍲、东莞公融、霍王元轨、江都王绪、舒王元名、汝南王玮、鄱阳公諲、广汉公谧、汶山公蓁、广都王琦、恒山王厥、江王（知）〔元〕祥及其子皎、嗣郑王璥、豫章王亶、蒋王炜、安南郡王颖、鄅国公昭、滕王元婴子六人，纪王慎之子义阳王琮、楚国公（璿）〔叡〕、襄阳公秀、广化公献、建平公钦，曹王明，及诸宗室李直、李敞、李然、李勋、李策、李越、李黯、李元、李英、李志业、李知言、李元贞、巨鹿公晃等数十百人，除其属籍。幼者流岭表，又为六道使所杀。虽萧鸾之杀高、武子孙，完颜亮之杀太祖、太宗子孙，亦不是过也。然此犹曰李氏宗室，非武族也。

武元庆、元爽则后兄也，惟良、怀运则后兄子也。元庆、元爽寻坐事死。后姊之女为高宗所私，封魏国夫人，后私毒之死，又归罪于惟良、怀运，杀之。然此犹曰异母兄侄，本不相睦也。若高宗子，则后之诸子也。后宫所生忠，已立为皇太子，因武后有子弘，甘让储位，改封梁王，乃废流黔州，赐死。泽王上金，后宫杨氏所生，许王素节，萧淑妃所生，武三思讽周兴诬以谋反，缢素节于驿亭，上金闻之亦自缢。上金七子，素节九子，并诛，幼者悉囚雷州。然此犹曰非己所生也。太子弘则后亲子，立为储贰，贤德闻天下。以其请萧淑妃女之幽于掖廷者出嫁，遂恶之，又以其聪睿不便于己，竟鸩之死。弘既死，立其弟贤为太子，亦后亲子也。又以触忌而使人发其阴事，高宗欲薄其罪，后曰："大义灭亲，不可赦。"乃废为庶人，流巴州，后又遣丘神勣逼杀之，并杀其子光顺。仅一子守礼，亦幽于宫中，屡被杖。玄宗时，岐王尝奏其能知雨旸，帝问之，对曰："臣无他，天后时被杖创痕，雨则沉懑，霁则佳故耳。"又中宗子郡王重润，则后孙也，永泰公主，则后女孙也，主婿武延基，则女孙婿也，三人尝私言张易之等出入宫中恐有不利，后闻之，咸令自杀。太平公主夫驸马薛绍，则亲女婿也，亦以私怒杀之。此则因纵欲而杀亲子孙，天理灭矣。然此犹不便于纵欲而害之也。

薛怀义入侍床第，宠冠一时，至命为行军大总管，率十八将军击默啜,以宰相李昭德、苏味道为其长史司马,可谓爱之极矣。后以嫌,即令太平公主伏有力妇人数十,缚而杀之,畚车载其尸还白马寺。斯又情之最笃者,亦割爱而绝其命矣。《新唐书》谓其当忍断,虽甚爱不少隐也。真千古未有之忍人也哉!

按古来太后以纵欲而杀子者,后魏文明冯太后,行不正,有内宠李奕,献文帝因事诛之,冯太后遂害帝。然帝非冯后亲子也。明帝母灵后胡氏,亲生明帝,帝幼登极,太后恣行凶秽。后帝长,母子间起嫌隙,太后乃毒死明帝,后为尔朱荣沉于河。是徒有武后之失德,而无武后之雄才,更不足道也。

武后纳谏知人

武后之淫恶极矣,然其纳谏知人,亦自有不可及者。初称制,刘仁轨上疏以吕后为戒,后即使武承嗣赍敕慰谕之。《仁轨传》。大(石)〔食〕国献狮子,姚璹奏不贵异物,后即诏止其来使。九鼎成,欲以黄金涂之,亦为璹谏而罢。《璹传》。后欲以季冬讲武,有司迁延至孟春,王方庆谏孟春不可习武,即从之。(武)〔方〕庆传》。季秋梨花开,后出以示宰相,皆以为仁及草木,杜景俭独以为阴阳不和所致,后曰真宰相也。《景俭传》。河北民陷契丹者,武懿宗将奏杀之,景俭以为皆迫胁所致,宜原之。王求礼并谓懿宗遇贼退缩,反加罪被胁之民,请斩懿宗以谢河北,后即为赦河北。《景俭》、《王求礼传》。张庭珪谏造大像,即允之,并召见面慰。《庭珪传》。朱敬则请改严刑,从宽政,亦从之。《敬则传》。李峤请雪旧为酷吏破家者,后未听,桓彦范等又上十疏,卒从之。《峤》等传。苏安恒奏请归政太子,后亦不怒。然此犹论列朝政也。

至其所最宠幸而讳之者,宜莫如薛怀义、张易之、张昌宗。然苏良嗣遇怀义于朝,命左右批其颊,怀义诉于后,后第戒其出入北门,毋走南牙触宰相,而未闻罪良嗣也。《良嗣传》。怀义度白丁为僧,御史周矩劾之,后曰:"朕即令赴台。"怀义至,坦腹于床,矩召吏将按之,怀义遽乘马去。矩以闻,后曰:"此道人病风,不可苦问。其所度僧,听卿勘。"矩悉配流之。后矩为怀义所谮免官,亦未闻加以罪也。(矩)〔怀义〕传》。后晚年尤爱张易之、昌宗兄弟。易之诬奏魏元忠欲挟太子为耐久朋,引张说为证,及廷诘说,言元忠无此语。虽贬元忠为高要尉,流说钦州，然未闻致之死也。易之赃贿事发，为御史台所劾，诏桓彦范、袁恕己等鞫之，彦范等奏罪当族。昌宗自陈为后炼丹有功，诏虽释之，然尚以赃贿归罪于其兄昌仪、同休而罢其官，亦未闻罪彦范等也。昌宗引术者占己有天子分，宋璟劾奏请付狱，便穷究。后阳许，而令璟出使幽州，别令崔神庆鞫，免其罪。璟犹执奏昌宗当斩，李邕曰："璟言是。"后虽不听，亦未尝罪璟、邕等也。《昌宗传》。易之引蜀商宋霸子等入宫宴后前，韦安石奏贱类不宜预，顾左右逐出之，后更慰（免）〔勉〕，不闻其罪安石也。《安石传》。然此犹未直陈其淫秽之丑也。

至朱敬则疏谏选美少年，则曰："陛下内宠有薛怀义、张易之、昌宗矣，近又闻尚食柳模自言其子良宾洁白美须眉；长史侯祥云阳道壮伟，堪充宸内供奉。"桓彦范以昌宗为宋璟所劾，后不肯出昌宗付狱，彦范亦奏云："陛下以簪履恩久，不忍加刑。"此皆直揭后之燕昵嬖幸，可羞可耻，敌以下所难堪，而后不惟不罪之，反赐敬则彩百段，曰："非卿不闻此言。"而于璟、彦范亦终保护倚任。夫以怀义、易之等床笫之间，何言不可中伤善类？而后迄不为所动摇，则其能别白人才，主持国是，有大过人者。其视怀义、易之等，不过如面首之类。人主富有四海，妃嫔动至千百，后既身为女主，而所宠幸不过数人，固亦无足深怪，故后初不以为讳，并若不必讳也。

至用人行政之大端，则独握其纲，至老不可挠撼。陆贽谓后收人心，擢才俊，当时称知人之明，累朝赖多士之用。李绛亦言后命官猥多，而开元中名臣多出其选。《旧书》本纪赞谓后不惜官爵，笼豪杰以自助，有一言合辄不次用，不称职亦废诛不少假，务取实才真贤。然则区区帏薄不修，固其末节，而知人善任，权不下移，不可谓非女中英主也。

按魏文明冯后虽毒死献文帝，然能慈爱献文之子孝文帝，迄于成立。孝文虽御极而性谦谨，事皆决于太后。太后多智，猜忍杀戮，赏罚决于俄顷。王叡出入卧内，数年便为宰辅。李冲以才见任，亦由帏幄之宠，锡赉不可胜计。然后性严明，左右有过动加捶楚，寻又待之如初，或更加富贵。故人人怀于利，至死而不思退。太后又外礼人望元丕、游明根等，每至奖美王叡等，辄引丕等参之，以示无私。

改恶人姓名

恶其人而改其姓名，盖本于《左传》所云梼杌、饕餮、浑沌、穷奇之类，然此但加以恶称，非易其氏名，且非朝制也。其改为恶姓恶名者，王莽以单于囊知牙斯不顺命，改匈奴单于为降奴单于，此已开其端。后汉桓帝诛梁冀，恶梁姓，时邓后犹冒梁姓，乃改后姓为薄，此改姓也。吴孙晧杀何定，以其恶似张布，乃改定名为布，此改名也。孙峻、孙琳专权肆恶伏诛，吴主孙休削其宗室属籍，但称故峻、故琳，此另是一法。晋成帝时，南顿王司马宗有罪诛，贬其族为马氏。宋竟陵王刘诞反，伏诛，孝武帝改其姓为留氏，"留"与"刘"同音也。又改晋熙王母谢氏为射氏。齐明帝杀鱼腹侯子响，改其姓为蛸氏。"蛸"与"萧"同音也。梁武帝弟子正德奔魏，寻又亡归，帝改其姓为背氏。豫章王综奔魏，帝恶其悖逆，改其子直为悖氏。武陵王纪起兵，被诛，元帝改其姓为饕餮氏。隋杨玄感反，伏诛，炀帝改其姓为枭氏。唐高宗王皇后、萧良娣为武后所杀，武后改王皇后姓为蟒氏，萧良娣姓为枭氏。武后又杀其侄武惟良、武怀运，皆改姓蝮氏。革命后，琅玡王冲、越王贞起兵复唐，事败被杀，皆改姓虺氏，连坐之韩王元嘉、鲁王灵夔、范阳王霭、黄公谍、东莞公融、常乐公主，亦改为虺氏。契丹首领李尽忠及孙万荣反，后遣兵讨之，改李尽忠为李尽灭，孙万荣为孙万斩。突厥默啜入寇，改其名曰斩啜。又骨咄禄入寇，改其名曰不卒禄。中宗时，成王千里欲诛武三思党宗楚客等，不克被诛，改姓蝮氏。玄宗初，太平公主谋逆，窦怀贞惧罪，投水死，追戮其尸，改姓毒氏。宗室李晋亦与太平之谋，被诛，改姓厉氏。皆乱世不经之陋例也。

朝贺近臣先行礼

朝贺时，近御诸臣须于殿陛侍班，故先于内殿行礼，然后随至正殿，此制盖自唐武宗始。会昌(元)〔二〕年，中书省奏元日御含元殿，百官就列，惟宰相及两省官，皆于未开扇之前立栏槛内，及扇开即侍立于御前，是宰相近臣转不得行礼。请御殿日宰相两省官在香案前侍立，俟扇开即再拜，拜讫升殿侍立，然后百官行礼。从之。本纪

大臣搜检

汉制，大臣剑履上殿者例带木剑，不得有兵刃，盖防微杜渐之意。魏、晋以来遂著令，进见者必先搜检，虽宰相不免焉。唐文宗始命停之，诏曰："任则不疑，疑则不任。乃自魏、晋以来虚仪检索，旧习尚存。朕方推大信，况吾台宰，又何间焉？自后紫宸坐朝，众寮既退，宰臣复进奏事，其监搜宜停。"本纪。可知此诏以前大臣搜检久成故事。君臣一体，何至猜防若此？文宗可谓知政体矣。然如金熙宗时，海陵为相，与十余人带刀入宫，侍卫等见以为常，遂成弑逆，是亦不可过于阔略也。

度　牒

宋时凡赈荒兴役，动请度牒数十百道济用，其价值钞一二百贯至三百贯不等，不知缁流何所利而买之。及观《李德裕传》，而知唐以来度牒之足重也。徐州节度使王智兴奏准在淮、泗置坛，度人为僧，每人纳二(绢)〔缗〕即给牒令回。李德裕时为浙西观察使，奏言江、淮之人闻之，户有三丁者必令一丁往落发，意在规避徭役，影庇赀产。今蒜山渡日过百余人，若不禁止，一年之内即当失却六十万丁矣。据此则一得度牒即可免丁钱，庇家产，因而影射包揽可知，此民所以趋之若骛也。然国家售卖度牒虽可得钱，而实暗亏丁田之赋，则亦何所利哉？

廿二史札记卷二十

唐代宦官之祸

东汉及前明宦官之祸烈矣,然犹窃主权以肆虐天下。至唐,则宦官之权反在人主之上,立君、弑君、废君,有同儿戏,实古来未有之变也。推原祸始,总由于使之掌禁兵,管枢密,所谓倒持太阿而授之以柄。及其势已成,虽有英君察相,亦无如之何矣。身在禁闱,社鼠城狐本易窃弄威福。此即不典兵不承旨,而燕闲深密之地,单词片语偶能移动主意,轩轾事端,天下已靡然趋之。如高力士贵幸时,徼幸者愿一见如天人。肃宗在东宫,亦以兄事之。诸王公主呼为翁,戚里诸家尊曰爹,将相大臣皆由之以进。尝建佛寺道观各一所,钟成宴公卿,一扣者纳礼钱十万,有至二十扣者。李辅国贵幸时,人不敢斥其官,直呼为五郎。李揆当国,以子姓事之。尝矫诏迁上皇于西内,至忧郁以崩。他如鱼朝恩忌郭子仪功高,谮罢其兵柄。程元振谮来瑱赐死,李光弼遂不敢入朝。又谮裴冕罢相,贬施州,以致方镇解体,吐蕃入寇。代宗仓黄出奔,征诸道兵,无一至者。此犹是未掌兵权,未管枢要以前事也。按代宗欲除辅国,而惮其握兵,是代宗时宦官已典兵。然代宗由广平王为元帅,即位后犹有帅府之名,令辅国为元帅行军司马。程元振继之,朝恩亦为观军容使,俱系暂时管摄,未常常主兵柄。

自德宗惩泾师之变,禁军仓卒不及征集,还京后不欲以武臣典禁兵,乃以神策、天威等军,置护军中尉、中护军等官,以内官窦文场、霍仙鸣等主之,于是禁军全归宦寺。其后又有枢密之职,凡承受诏旨,出纳王命,多委之,于是机务之重,又为所参预。按《李吉甫传》,宪宗初,有中书小吏滑涣,与枢密使刘光琦昵,颇窃权。又《裴〔洎〕〔垍〕传》,李绛承旨翰林,有中人梁守谦掌密命。是枢密之职,盖始于德宗之末宪宗之初。又《严遵美传》,枢密使无厅事,惟三楹舍藏书而已。其后遂有堂状贴黄,决事与宰相等。是二者皆极要重之地,有一已足揽权树威,挟制中外,况二者尽为其所操乎?

其始犹假宠窃灵,挟主势以制下。其后积重难返,居肘腋之地,为腹心之患,即人主废置亦在掌握中。

《僖宗纪赞》谓自穆宗以来八世,而为宦官所立者七君。今按本纪,宪宗时太子宁薨,中尉吐突承璀欲立(丰)〔澧〕王恽,而恽母贱不当立,乃立遂王宥为皇太子。宪宗崩,宦官陈弘志杀承璀及恽,以皇太子即位,是为穆宗。《旧书·王守澄传》,宪宗崩,守澄与马进潭、梁守谦等册立穆宗。盖皆与陈弘志同谋者。是穆宗之立,由陈弘志等之力也。然穆宗犹是宪宗时已立为皇太子,而弘志等翊戴之,尚非擅立。敬宗夜猎还宫,与中官刘克明、田务成、许文端,军将苏佐明、王嘉宪、石定宽等二十八人饮。帝醉,入室更衣,殿上烛忽灭,刘克明等同害帝,苏佐明等矫制立绛王。枢密使王守澄、中尉梁守谦率禁军讨贼,诛绛王,迎江王即位,是为文宗。是文宗之立,由王守澄等之力也。然此犹敬宗未有太子,故讨贼立君亦尚出于正。至文宗在时,已立敬宗子成美为皇太子矣,及大渐,宰相李珏、枢密使刘弘逸等又奉密旨,以成美监国。乃中尉仇士良、鱼弘志矫诏废成美,立颍王瀍为皇太弟,即位,是为武宗。是武宗之立,由仇士良等之力也。此则废先帝所立之太子而擅易之,其恶更非陈弘志、王守澄等比矣。武宗崩,中尉马元贽立光王怡为皇太叔,即位,是为宣宗。时武宗未有太子。是宣宗之立,由马元贽之力也。宣宗疾大渐,以夔王滋属枢密使王归长、马公(孺)〔儒〕等,而中尉王宗实及丌元实矫诏立郓王为皇太子,即位,是为懿宗。是懿宗之立,由王宗实等之力也。懿宗大渐,中尉刘行深、韩文约立普王为皇太子,即位,是为僖宗。是僖宗之立,由刘行深等之力也。僖宗大渐,群臣以吉王保最贤且长,欲立之。观军容使杨复恭率兵迎寿王为皇太弟,即位,是为昭宗。是昭宗之立,由杨复恭之力也。统计此六七代中,援立之权尽归宦寺,宰相亦不得与知。

且不特此也。宪、敬二帝至为陈弘志、刘克明等所弒,昭宗又为刘季述所幽,近侍之凶悖,至斯而极。其间非无贤哲之主有志整饬,如宪宗无所宠假,吕(全)如〔全〕擅取樟材治第,送狱自杀,郭旻醉触夜禁,即杖杀之,凶焰稍戢,然其后竟遭弒害。文宗欲倚李训、郑注诛宦官,甘露之变,反为仇士良等肆逆,横杀朝士,横尸阙下,帝亦惴惴不保,仅而获免。宣宗始稍黜其权,初延英奏事,帝与宰相可否,枢密使在旁得与闻。及出，或矫上旨，有所改易。帝始令延英召对，两中尉先降，枢密使候于殿西，俟宰相奏事毕，案前受事，稍防矫诈之弊。至懿、僖又如故矣。文宗尝以周赧、汉献受制强臣，而己受制家奴，谓不如赧、献，对周墀泣下。学士崔慎由夜直，忽仇士良召至秘殿，令草诏更立嗣君，慎由以死拒之。士良引至小殿见帝，士良等历数帝过，帝俯首而已。刘季述锢昭帝于少阳院，亦以杖画地，责帝曰："某日某事，尔不从我，罪一也。"至数十不止。杨复恭之反也，既令其养子守信为神策军使，又令守贞、守忠及侄守亮为节度使，以树内外之援。与守亮书曰："承天门乃隋家旧业，儿但积粟训兵，不必进奉。吾于荆榛中立寿王，既得位，乃废定策国老，有如此负心门生天子！"此可见下凌上替之极也。

卒之朝廷纲纪为所败裂，国势日弱，方镇日强，宦寺虽握兵，转不得不结外藩为助。于是韩全诲等劫天子迁凤翔倚李茂贞，致朱全忠攻围逾年，力穷势迫，帝与茂贞乃杀全诲等四人，韦处廷等二十二人，以求和，又杀小使李继彝等十人。城门既开，又杀中官七十余人，全忠又令京兆诛党与百余。既还京师，遂尽杀第五可范以下八百余人，哀号之声闻于路。诸道监军亦即所在赐死。盖不减东汉末之诛宦官，至有无须而误死者。唐室宦官之局至此始结，而国亦亡矣。宋景文谓灼木攻蠹，蠹尽而木亦焚也。而抑知其始实由于假之以权，掌禁兵，管枢要，遂致积重难返，以至此极也哉！

中官出使及监军之弊

中官出使及监军，累朝皆有之，然其害亦莫有如唐之甚者，小则索贿赂，大则酿祸端。今就《新》、《旧唐书》按之。《高力士传》，是时中人出使，或修功德，市鸟兽，使还所获，动巨万计。京师甲第名园、良田美产，占者什六七。此犹不过借禁近之势以黩财也。安禄山将反，杨国忠等力言于帝前，帝使宦官辅璆琳觇之，得厚赂，归言禄山不反，于是禄山益得征缮称兵矣。封常清在东都，战败奔陕，劝高仙芝退守潼关。中人边令诚奏其败退状，而二大将同日受戮矣。仆固怀恩负气诉冤，代宗使中人骆奉先谕之，奉先不受宴，窃马驰归，而怀恩以疑惧而决反矣。李宝臣方奉命讨田承嗣有功，代宗使中人马承倩劳之。宝臣赠绢少，承倩诟而掷于途，宝臣顾左右有惭色，于是转与承嗣连衡拒命矣。

德宗晚年姑息藩镇，每帅守物故，必先遣中使往觇军情。其副贰有物望者，辄厚赂使之保奏，德宗因而授之。由是节度使之除拜亦出其口矣。武宗讨泽潞时，太原将杨弁激众叛，武宗使中人马元贯往谕，得其贿归，言太原有十五里明光甲，不可讨，赖李德裕折之，始语塞。是转为叛者胁授旄节矣。此中官出使，徒纵其纳贿，而无益于国事，且反以酿祸者也。

又有中使监军之弊。自开元、天宝间讨吐蕃诸国，已有宦者监大将之军。至鱼朝恩为观军容使，邙山之战，李光弼欲据险而阵，朝恩令阵于平地，遂致大败。《光弼传》。据裴度、韦皋、李德裕等所奏，大概监军者先取锐兵自卫，懦者出战，战胜则先报捷，偶衄则凌挫百端，侵挠军政，将帅不得专主。每督战，辄建旗自表，小不胜则卷旗去，大军往往随之奔北。故刘辟之叛，杜黄裳请不用监军，专委高崇文讨之。然白居易疏谓韩全义讨淮西，贾〔国〕良〔国〕监之，高崇文讨蜀，刘贞亮监之，是黄裳虽奏，而监军仍未撤也。《居易传》。裴度讨吴元济，始奏去监军，主将得专兵柄，法令既一，战皆有功，遂平淮、蔡。《度传》。其后会昌中讨刘稹，李德裕亦奏监军不得干军事，每兵百人听以一人为卫，由是号令精整，遂平泽潞。《德裕传》。观此则中使监军有害无利，昭然可见。此犹是临战时用以监察，尚有说也。其寻常无事时，各藩镇亦必有中使监军。如陆长源死，监军俱文珍密召宋州刺史刘全谅入汴，以靖其乱。《长源传》。王承宗死，诸将请王承元主留务，承元曰："天子使中贵人监军，当与议。"监军以众意赞之，承元乃受。《承元传》。是亦未尝无靖难解纷之益，然其中贤者百不一，而恃势生事之徒踵相接也。

在河朔诸镇者，既不能制其叛乱，徒为之请封请袭；而在中州各镇者，则肆暴作威，或侵挠事权，或诬构罪戾。姚南仲帅郑滑，为监军薛盈珍诬奏，有裨将曹文洽不平，杀其奏事者而自刎，以明南仲之枉。南仲入朝，德宗曰："盈珍扰军政邪？"南仲曰："如盈珍者在有之，虽羊、杜复生，不能治军理人也。"《南仲传》。洪州监军诬奏刺史李位谋逆，追赴京，付仗内讯，赖薛存诚力请付外，始得白。《存诚传》。杨於陵帅岭南，为监军许遂振诬奏，宪宗即令贬於陵官，赖裴垍谏，始改吏部侍郎。《垍传》。此牵掣藩臣之弊也。监军王定远有德于节度使李说，军政皆专决，将吏悉自补授。以田宏代彭令茵，令茵不伏，定远即斩之，埋尸马粪中，家人请尸不得。说奏之，定远抽刀刺说，说走而免。《说传》。刘承偕监泽潞军，侮节度使刘悟，三军愤噪，欲杀承偕，悟救而免。穆宗问裴度何以处之，度奏惟有斩承偕耳。《度传》。此激变军士之弊也。严绶在太原，军政一出监军李辅光，绶但拱手而已。后入朝，适赐食廊下，有中使马江朝来赐樱桃，绶在镇时曾识江朝，至是不觉屈膝。《绶传》。可见监军之积威肆横，非一朝一夕之故，其所由来者渐矣。因记宦官掌兵承旨之祸，而并及出使、监军二事，亦前代得失之林也。

唐宦官多闽广人

唐时诸道进阉儿，号"私白"，闽、岭最多。如高力士本高州冯盎之后，岭南讨击使李千里进之。后吐突承璀及杨复光皆闽人，时号闽为"中官区薮"。咸通中杜宣猷为闽中观察使，每岁时遣吏致祭其先，时号为"敕使墓户"。(宣猷)《〔新唐书·吐突承璀〕传》。

唐节度使之祸

唐之官制，莫不善于节度使。其始察刺史善恶者有都督，后以其权重，改置十道按察使。开元中或加采访、观察、处置、黜陟等号，此文官之统州郡者也。其武臣掌兵，有事出征，则设大总管，无事时镇守边要者，曰大都督。自高宗永徽以后，都督带使持节者，谓之节度使，然犹未以名官。景云二年，以贺拔延嗣为凉州都督、河西节度使。节度使之官由此始。然犹第统兵，而州郡自有按察等使司其殿最。至开元中，朔方、陇右、河东、河西诸镇皆置节度使，每以数州为一镇，节度使即统此数州，州刺史尽为其所属。故节度使多有兼按察使、安抚使、支度使者。既有其土地，又有其人民，又有其甲兵，又有其财赋，于是方镇之势日强。

安禄山以节度使起兵，几覆天下。及安、史既平，武夫战将以功起行阵为侯王者，皆除节度使。大者连州十数，小者犹兼三四，所属文武官悉自置署，未尝请命于朝，力大势盛，遂成尾大不掉之势。或父死子握其兵而不肯代，或取舍由于士卒，往往自择将吏，号为留后，以邀命于朝。天子力不能制，则含羞忍耻，因而抚之。姑息愈甚，方镇愈骄。其始为朝廷患者，只河朔三镇，其后淄青、淮蔡无不据地倔强。甚至同华逼近京邑，而周智光以之反；泽潞亦连畿甸，而卢从史、刘稹等以之叛。迨至末年，天下尽分裂于方镇，而朱全忠遂以梁兵移唐祚矣。推原祸始，皆由于节度使掌兵民之权故也。

自宋以文臣知州事，历代因之，遂无复弱干强枝之患。宋太祖及赵普之计虑深矣。而议者徒谓宋之弱由此，是但知御侮力薄，不足以自强，而不知消患于未萌。苟非外有强敌，内有流寇，则民得安耕牧，不至常罹兵革之苦。其隐然之功，何可轻议也？

方镇兵出境即仰度支供馈

诸方镇各擅土地，赋税足以养军，乃朝廷用之讨叛，则一出本境，即须朝廷给以衣粮，此国力所以困于用兵也。讨王廷凑时，诸镇兵十五万，才出境即仰度支，乃置南北供军院。由度支转运，往往多为贼所截，不得至院。《廷凑传》。讨李同捷时，诸军在野，朝廷特置供军粮料使，日费寖多。诸帅每有小捷，辄张其数以邀赏，实欲困朝廷而缓贼也。缯帛征马赐之无算。《同捷传》。刘总出军讨王承宗，取其武强县，遂持两端，以利朝廷赏赐。（承宗）〔刘总〕传。其实心为国者惟李郦，以淮南兵二（千）〔万〕讨李师道，粮饷未尝仰给于有司。《郦传》。王智兴之讨李同捷，亦自备五月粮。《智兴传》。朝廷皆特褒之。

伐叛讨逆，国家固不可惜费，而如唐之骄藩镇，则国力为之敝，而贼势亦益以张。故讨李师道时，魏博田弘正请自黎阳渡河，裴度以为不可，曰："黎阳渡河，既离本界，便至滑州，徒仰度支供馈，不如且在河北养威，俟霜降后于扬刘渡河，即可直抵郓州贼境也。"《度传》。讨刘稹时，李德裕亦奏言："向来朝廷伐叛，兵才出界，便费度支供饷，故逗挠以困国力。或密与贼通，取一县一栅以为胜捷，所以师出无功。今当令王元逵、何弘敬只取州，勿取县。"未几果平贼。《德裕传》。此亦伐谋之术也。

方镇骄兵

秦、汉、六朝以来，有叛将无叛兵。至唐中叶以后，则方镇兵变比比而是。盖藩帅既不守臣节，毋怪乎其下从而效之，逐帅杀帅视为常事。为之帅者，既虑其变而为肘腋之患，又欲结其心以为爪牙之助，遂不敢制以威令，而徒恃厚其恩施，此骄兵之所以益横也。今就《新》、《旧书》各传观之。

《刘玄佐传》，汴军自李忠臣以来士卒骄甚，至玄佐益厚赏赐，故百姓重困。其后杀大帅，肆抄劫，皆狃于利而然也。《李质传》，汴军牙兵二千人，皆日给酒食，物力为之屈。《郗士美传》，泽潞自卢从史以来，日具三百人膳，以食牙兵。《王式传》，徐州自王智兴召募凶豪之卒二千，号银刀、雕旗、门枪、挟马等军，后渐骄，节度使姑息不暇。田牟镇徐州，与之杂坐，酒酣抚背，时把板为之唱歌。其徒日费万计，每有宾宴，必先饫以酒食，祁寒暑雨，厄酒盈前，然犹喧噪，动谋逐帅。温璋来为节度，士卒素闻其严，皆忧疑。璋开诚抚谕，终不释，给以酒食，未尝沥口，不期月遂逐璋。适王式以义成、忠武军破浙东贼仇甫而归，上即以式来镇徐，徐卒颇惧。居三日，式劳两镇兵使还，既擐甲执兵，即令围骄卒，尽杀之，凡三千余人，由是凶徒尽殄。又《温造传》，兴元军杀节度使李绛，诏造为节度使，途遇征蜀兵回，造谕以自从。至则大宴，问兴元军杀绛状，即令征蜀兵尽杀之，凡八百余人。以百级祭绛，三十级祭死事官，余投之汉江。盖骄之极，至于肆无忌惮，则亦不得不草薙而禽狝之矣。

然主帅有能以正自持，亦有不恃杀戮而能靖之者。李质为汴军兵马使，以日给二千人食为多费。会新帅韩充将至，质曰："若俟韩公至，顿去二千人食，人情必怨。"乃停日膳而迎充。郗士美以泽潞日给牙兵三百人食为非法，曰："兵卫，牙职也，安得广费？"遂罢之。而二军亦未有敢鼓噪者，此又在乎主将之足以服人也。

盗杀宰相有二事

唐代盗杀宰相有二事：一元和十年，盗杀武元衡，刺裴度，伤而免；一开成三年，盗射伤李石，以马逸得脱。按元和中，朝廷讨吴元济，而王承宗请赦之，使人白事中书，颇不恭，元衡叱去。未几，元衡早朝，出靖安里第，夜漏未尽，贼乘暗呼曰："灭烛。"射元衡中肩，又击其左股，徒御格斗不胜，皆骇走，遂害元衡，批颅骨持去。逻司传噪盗杀宰相，连十余里，达朝堂，未知主名。少顷马逸归，乃审知。《元衡传》。裴度出通化里，盗三以剑击度，初断靴带，次中背，才绝单衣，复微伤其首，度堕马,会度带毡帽,故疮不至深。贼又挥刃追度,度从人王义持贼连呼甚急,贼断义手而逸。度已堕沟中,贼谓度已死,乃舍去。《度传》。是日宪宗骇悼,罢朝哀恸,诏金吾府县大索。或传言曰:"无搜贼,穷必乱。"又投书于道曰:"毋急我,我先杀汝。"许孟容言于帝曰:"国相横尸路隅,而盗不获,为朝廷辱。"帝乃下诏,能得贼者,赏钱千万,授五品官,积钱东、西市以募告者。于是神策将王士则、王士平等捕得张〔宴〕〔晏〕等十八人,言为承宗所遣者,皆斩之。《元衡传》。时王承宗、李师道皆遣人在京窃发,断陵庙之戟,焚刍稿之积。未几,东都防御使吕元膺执李师道留邸贼门察、訾嘉珍,自言始谋杀元衡者,会〔宴〕〔晏〕先发,故籍以告师道而窃其赏。帝令密诛之。《元〔膺〕〔衡〕传》。而《李师道传》则谓察、嘉珍即害元衡者。后田弘正诛李师道,阅其簿书,果有赏杀元衡之款。《张弘靖传》。此元和中事也。

文宗遭甘露之变,宰相王涯等皆为宦官仇士良所杀,遂以李石为相。石持正立朝不少贬,朝廷赖之。石居亲仁里,将曙入朝。盗发于尚父郭子仪宅,引弓追及,矢才及肤,马逸而回。盗已伏坊门,断石马尾,石竟以马逸得还私第。上闻骇愕。是日京师大恐,常参官入朝者九人而已。已而知仇士良遣人所为也,帝亦知之,而无可如何,石遂乞罢相去。此开成中事也。而开成之贼终不得。盖元和系藩镇遣人窃发,故神策将士得捕诛之;开成则宦者所为,而神策军即宦官所掌,故不能得贼也。

六等定罪三日除服之论

安禄山之变,唐臣贵如宰相陈希烈,亲如驸马张垍,皆甘心从贼,靦颜为之臣,此即处以极刑,岂得为过?乃广平王收东京后,希烈等数百人押赴长安,崔器定仪注,陷贼官皆露头跣足,抚膺顿首于含元殿前,令扈从官视之,并概请诛死。李岘争之,谓非维新之典,伪官内或陛下亲戚,或勋旧子孙,概处极法,恐乖仁恕。况残寇未平,尚多陷贼者,若尽行诛,是益坚其从贼之心。乃议六等定罪。《器》、《岘》等传。《旧书》谓岘此奏全活无算,《新书》亦谓因此衣冠更生,贼亦不能使人归怨天子,皆岘力也。是皆以器为过当,岘为持平。按是时萧华自贼中归,奏云仕贼官有为安庆绪驱至河北者,闻广平王宣恩命释放,皆相顾悔恨,及闻崔器议刑太重,众心又摇。《器传》。李勉亦奏肃宗曰:"元恶未除,点污者众,皆欲澡心归化,若尽杀之,是驱天下以资凶盗也。"由是全活者众。盖当日时势,或有不得不从轻典者,然一时权宜,用以离携贼党则可,若竟以岘所奏为正论,则非也。堂堂大一统之朝,食禄受官,一旦贼至,即甘心从贼,此而不诛,国法安在?乃当时无不是李岘而非崔器,何也?

又如代宗崩,遗诏吏民三日释服。常衮以为吏者府史之类,固当与庶民同例,至朝臣则宜以二十七日为准。崔祐甫谓吏即指官僚而言,百官皆当三日除服。夫大行甫殡,遏密方深,虽有遗诏,臣子何忍遽行即吉?常衮之议,自是正论,而当时又无不是祐甫而非常衮者。盖自六朝以来,君臣之大义不明,其视贪生利己背国忘君已为常事。有唐虽统一区宇已百余年,而见闻习尚犹未尽改,颜常山、卢中丞、张睢阳辈激于义愤者,不一一数也。至宋以后,始知以忠义为重,虽力所不及者,犹勉以赴之,岂非正学昌明之效哉?

间架除陌宫市五坊小使之病民

德宗初用杨炎为相,定两税之法,天下受其利。初唐制租庸调法,自开元以来不为版籍,丁口转死,田亩换易,贫富升降,悉非向时,而户部岁以空文上之。又戍边者蠲其租庸,六岁免归。玄宗事夷狄,戍者多死,边将讳不以闻,故贯籍不除。王锁为户口使,以其籍存而丁不在,是隐课不出,乃按旧籍,积三十年责其租庸,民遂大困。至德后天下兵起,科敛凡数百名,废者不削,重者不去,百姓旬输月送,无有休息,吏因为奸。富人丁多者,以宦学释老得免,贫人无所托则丁存,故课免于上而赋增于下,天下尽荡为浮人,乡居地著者百不四五。杨炎乃请为两税法,凡百之费,先度其数而赋于民,秋夏两入之。其租庸杂徭悉省而丁额不废,其田亩之税,以大历十四年为准而均收之。天下果便之。《炎传》。是帝颇能用人理财,稍纾民患矣。乃后因用兵河南、北,月费百余万缗,听卢杞、赵赞等计,令商贾本钱过千万者,贷其余以济军,军罢取偿于官。乃令京兆暴责大搜,疑占列不尽则笞掠之,人自经者相望,然仅得八十万。又质库及储粟者,四贷其一,亦仅至二百万,而市已皆闭肆。

于是设间架除陌之令。屋二架为间,上者二千,中千,下五百。吏执筹入室计之,隐不尽者,二架即抵罪,告者以钱五万赏之。其公私贸易,旧法率千钱算二十,乃请加至五十。主侩注所售入其算,其自相市者令自言,有隐不尽,率千钱没二万,告者以万钱赏之。由是主侩得操其权,告讦纷起,上所入不得半,而恨诽之声满天下。及泾师乱,呼于市曰:"不夺尔商人傀质矣!不税尔间架除陌矣!"于是帝奔奉天,长安失守。李晟收京,始归宫阙。是亦可稍鉴前车,以求民莫,乃又用裴延龄、李实等,横征百出。延龄诡言左藏干隐二千万,请置别库为羡余,以充天子私费。乃大搜市廛,夺所入进献,以实其言。逮捕匠徒,迫胁就功。号曰"敕索",弗酬其直;名曰"和雇",弗与之庸。《延龄传》。李实为京兆尹,暴敛苛索,民不聊生。优人成辅端戏作(诽)〔俳〕语曰:"秦地(山河)〔城市〕二百年,何期如此贱田园?一顷麦苗五石米,三间堂屋二千钱。"谓民皆卖田屋以输赋也。实奏劾以贱工谤国,杀之。《实传》。此朝官之以掊克为事也。

又听宦官主宫市,置数十百人阅物廛左,谓之"白望",无诏文验核,但称宫市,则莫敢谁何。大率与直,十不偿一。又邀阍阓所奉及脚直,至有重荷趋肆而徒返者。有民卖一驴薪,宦人以数尺帛易之,又取它费,且驱驴入官。民愿纳薪辞帛而去,不许,民恚曰:"惟有死耳!"遂击宦者。有司执之以闻,帝黜宦者,赐民帛十匹,然宫市不废也。谏臣交章论,皆不纳。京兆吴凑奏:"宫中所须,责臣可办,不必差宫使。"亦不报。会张建封入朝言之,始稍戢。《建封》、《凑传》。

且不特此也,又听宦官纵五坊小使肆毒于外。每岁秋,按鹰犬于畿甸,所至邀索供馈。小不如意,至张罗网于民家门及井,不令出入汲井水,曰:"惊我供奉鸟雀。"又群聚于酒食家,肆饮啖,将去,留蛇一箧,诫之曰:"吾以此蛇供鸟雀,可善饲之,无使饥渴。"主人重赂之,乃肯携蛇去。《裴度传》。鄠县令崔发闻门外喧斗声,吏白五坊小使击百姓,发命吏捕。时已曛黑,天子闻之怒,收发系狱。御楼之日,因发鸡竿下,有内官五十余人持杖殴发,破面折齿,诏囚皆释,而发不放。李渤具疏极论之。《渤传》。德宗非甚暗,乃纵其下虐民至此[①]。盖由于天资好利,而喜昵小人,其流毒遂至于此也。

① 德宗非甚暗，乃纵其下虐民至此　《校证》：所举鄠县令崔发为内官所殴，李渤具疏论之，乃敬宗时事，與德宗无干。

豪　宴

大历二年，郭子仪入朝，代宗诏赐软脚局，宰臣元载、王缙、仆射裴冕、第五琦、黎幹等，各出钱三十万，宴于子仪之第。时田神功亦朝觐在京，并请置宴。于是鱼朝恩及子仪、神功等更迭治具，公卿大臣列于席者百人，一宴费至十万贯。《子仪传》。亦可见是时将相之侈也。

名父之子多败德

房、杜为唐一代名臣，而玄龄子遗爱，如晦子荷，皆以谋反诛。上官仪赞高宗废武后，事不成被诛，而其孙女婉儿没入宫，附武后为所宠，又助韦后为逆。狄仁杰子景晖官魏州，以贪暴为民所恶，并毁仁杰生祠。宋璟直声震天下，而其子浑等流荡无行，为物议所薄。李泌为贤相，而其子繁乃党于裴延龄。阳城劾延龄，属繁书疏稿，繁即默识以告延龄，使得先奏。此皆名父之子而败德坠其家声，不可解也。

惟李义府附武后，而其子湛乃与张柬之等诛张易之兄弟，可谓能干蛊者。李世勣将死，谓其弟弼曰："我见房玄龄、杜如晦、高季辅辛苦作得门户，亦望垂裕后昆，并遭痴儿破家荡尽。我子如有操行不伦者，急即打杀，然后奏闻。"其望子保家之心可谓切矣。然世勣附武后以固位保门户，而其子敬业起兵讨武后，被族，虽不能保家，亦可谓能雪先人之耻者。

李勣子孙

李勣子孙，《旧书》本传谓勣子敬业，起兵讨武后，既败死，坐夷族，而其子孙有逃入吐蕃者。贞元中，有蕃将徐舍人掠延州，谓僧延素曰："我本英公五代孙也。遭武后之变，吾祖举义不成，子孙流落，如此三世矣。虽代居职任，而思本之心未尝忘。"是世勣子孙无复有在中国者。然《卫次公传》，次公为兵部侍郎，故英公李勣、大理卿徐有功之孙，皆有累不得调。次公曰："子之祖勣在王室，宁限常格乎？"即优补之。是勣之后人仍有仕于唐者。

安禄山执送京师之事

《张九龄传》，范阳节度张守珪，以裨将安禄山讨奚、契丹败衄，执送京师，请行朝典。九龄判云："穰苴出军，必诛庄贾；孙武教战，亦斩宫嫔。守珪军令若行，禄山不宜免死。"上特舍之。九龄奏禄山面有反相，请因罪诛之。上曰："卿勿以王夷甫知石勒故事，误害忠良。"遂放归。是禄山以罪送京实有其事。然考《张守珪传》，并无此事。《新》、《旧书》皆同。《禄山传》亦但云禄山败当斩，禄山呼曰："公不欲灭两蕃耶？奈何杀壮士！"守珪遂宥之。后以其捉生多获，拔为裨将，并养之为子。《新》、《旧书》亦同。是亦无执送京师之事也。

是时大将生杀在手，欲杀则杀，既不杀而宥之，何又送京请行朝典？疑此乃传闻之讹，非实事也。然禄山反后，玄宗在蜀，思九龄之先见，下诏褒赠，诏词有云"先觉合于蓍策"，即指此事也。又刘禹锡贬逐在外，以"逐臣不得与善地"之例系九龄为相时所奏，故追怨之，谓："曲江能识胡雏有反相，足为名臣，然迄无后，岂非建言禁锢逐臣之报耶？"是禄山送京当斩被赦，又系当时共见共闻之实事矣。

睢阳殉节尚有姚訚

睢阳之难，张巡、许远固千古共知，其次则南霁云、雷万春尚在人口，而不知殉难者尚有姚訚也。訚本姚崇之从孙，与巡、远同守。据《旧书》本纪云，尹子奇陷睢，害张巡、姚訚、许远，是訚尚叙在远之上。《新书》本纪亦云，安庆绪陷睢阳，太守许远、张巡，郓州刺史姚訚，左金吾卫将军南霁云，皆死之。是本纪皆有訚也。即《新》、《旧书·巡传》内，亦称与訚同被执见杀，《远传》内又称与訚同守经年，《巡》、《远传》后又皆有《訚传》。未死之前，诏拜巡御史中丞，远侍御史，訚吏部郎中；既死之后，诏赠巡扬州大都督，远荆州大都督，訚潞州大都督。是三人者同守城，同殉难，同加官，同赠恤，无一不同。而今但传巡、远二人，訚则莫有举其姓氏者，岂所谓幸不幸耶！按巡、远并传本始于韩愈，而《新书·巡》、《远传》末谓睢阳人至今祠享，号"双庙"云，则称巡、远为"双忠"而不及訚者，自唐已然。或守城之功稍逊故耶？然既同死于守城，而身后名迥异，未免向隅，故特表而出之。

按巡遣南、雷二将败贼宁陵时，尚有别将二十五人：石承平、李辞、陆元（镇）〔锽〕、朱珪、宋若虚、杨振威、耿庆〔礼〕、马日升、张维清、廉坦、张重、孙景赳、赵连城、王森、乔绍俊、张恭默、祝忠、李嘉隐、翟良辅、孙廷皎、冯颜，见《新书·巡传》。余四人失其名。后皆死巡之难。则巡死时同被戮之三十六人中，石承平等亦皆在内。今既尚有姓名在《巡传》，则巡、远庙内应增祀阎在正位，又增祀石承平等在从祀班也。

唐初三礼汉书文选之学

六朝人最重三《礼》之学，唐初犹然。张士衡从刘轨思授《毛诗》、《周礼》，又从熊安生、刘焯受《礼记》，皆精究大义。当时受其业者推贾公彦。《士衡传》。公彦撰《周礼义疏》五十卷，《仪礼义疏》四十卷。公彦子大隐，亦传其业。又有李玄植，从公彦授《礼》学，撰《三礼音义》，行于世。《公彦传》。王恭精三《礼》，别为义证，甚精博。盖文懿、文达皆当世大儒，每讲必遍举先儒义而畅恭所说。《孔颖达传》。王玄感尝撰《礼记绳愆》，徐坚、刘知幾等深叹赏之。《玄感传》。王方庆尤精三《礼》，学者有所咨质，必究其微，门人次为《杂礼答问》。《方庆传》。他如褚无量、韦迢、高仲舒、唐休璟、苏安恒皆精三《礼》，见各本传。

今诸儒论著见于《新》、《旧书》者，如王方庆、张齐贤论每月皆告朔之说。《旧·方庆传》，《新·齐贤传》。王玄感三年之丧以二十七月，张柬之以二十五月，一本郑康成说，一本王肃说也。《旧·柬之传》，《新·玄感传》。史玄灿议禘祫三年五年之别。《韦绍传》。朱子奢议七庙九庙之制①。《子奢传》。韦万石、沈伯仪、元万顷、范履冰等议郊丘明堂之配。《沈伯仪传》。皆各有据依，不同剿说。其据以论列时政者，如卢履冰、元行冲论父在为母三年服之非，彭景直论陵庙日祭之非，康子元驳许敬宗先燔柴而后祭之非，黎幹驳归崇敬请以景皇帝配天地之非，唐绍、蒋钦绪、褚无量驳祝钦明皇后助祭郊天之非，陈贞符论隐、章怀、懿德、节愍四太子庙四时祭享之非，皆见各本传。李淳风辨太微之神不可为天，见《萧德言传》。韦述议堂姨舅不宜服，见《韦绍传》。无不援引该博，证辨确切，可为千百世之准。其后元行冲奉诏用魏徵《类礼》列于经，与诸儒作疏，成五十篇。将立之学官，为张说所阻，行冲又著论辨之。大历中，尚有仲子陵、袁彝、韦彤、韦茝以《礼》名其家学。此可见唐人之究心三《礼》，考古义以断时政，务为有用之学，而非徒以炫博也。

次则《汉书》之学，亦唐初人所竞尚。自隋时萧该精《汉书》，尝撰《汉书音义》，为当时所贵。《该传》。包恺亦精《汉书》。世之为《汉书》学者，以萧、包二家为宗。《恺传》。刘臻精于两《汉书》，人称为"《汉》圣"。《臻传》。又有张冲撰《汉书音义》十二卷，于仲文撰《汉书刊繁》三十卷，是《汉书》之学隋人已究心，及唐而益以考究为业。颜师古为太子承乾注《汉书》，解释详明，承乾表上之，太宗命编之秘阁。时人谓杜征南、颜秘书为左丘明、班孟坚忠臣。其叔游秦先撰《汉书决疑》，师古多取其义。此颜注《汉书》，至今奉为准的者也。《师古传》。房玄龄以其文繁难省，又令敬播撮其要成四十卷。当时《汉书》之学大行。又有刘伯庄撰《汉书音义》二十卷。秦景通与弟昞皆精《汉书》，号大秦君、小秦君，当时治《汉书》者非其指授，以为无法。又有刘纳言亦以《汉书》名家。《敬播传》。姚思廉少受《汉书》学于其父察。《思廉传》。思廉之孙班，以察所撰《汉书训纂》，多为后之注《汉书》者隐其姓氏，攘为己说，班乃撰《汉书绍训》四十卷，以发明其家学。《姚璹传》。又顾胤撰《汉书古今集》二十卷。《胤传》。李善撰《汉书辨惑》三十卷。《善传》。王方庆尝就任希古受《史记》、《汉书》，希古迁官，方庆仍随之卒业。《方庆传》。他如郝处俊好读《汉书》，能暗诵。《处俊传》。裴炎亦好《左氏传》、《汉书》。《炎传》。此又唐人之究心《汉书》，各禀承旧说，不敢以意为穿凿者也。

至梁昭明太子《文选》之学，亦自萧该撰《音义》始。入唐则曹宪撰《文选音义》，最为世所重，江、淮间为《选》学者悉本之。又有许淹、李善、公孙罗相继以《文选》教授，由是其学大行。淹、罗各撰《文选音义》行世。善撰《文选注解》六十卷，表上之，赐绢一百二十四。至今言《文选》者，以善本为定。杜甫诗亦有"熟精《文选》理"之句，盖此固词学之祖也。

【校】

① 朱子奢议七庙九庙之制　《校证》：按《新唐书·朱子奢传》（卷一九八），子奢主七庙之说，无九庙之文。

唐古文不始于韩柳

《新书·文(苑)〔艺〕传序》：唐兴百余年，诸儒争自名家。大历、贞元间美才辈出，擩哜道真，涵泳圣涯，于是韩愈倡之，柳宗元、李翱、皇甫湜等和之，唐之文完然为一代法，此其极也。是宋景文谓唐之古文由韩愈倡始，其实不然。按《旧书·韩愈传》，大历、贞元间，文(字)〔士〕多尚古学，效杨雄、董仲舒之述作，独孤及、梁肃最称渊奥。愈从其徒游，锐意钻仰，欲自振于一代。举进士，投文公卿间，故相郑余庆为之延誉，由是知名。是愈之先早有以古文名家者。今独孤及文集尚行于世，已变骈体为散文，其胜处有先秦、西汉之遗风，但未自开生面耳。又如陆宣公奏议，虽亦不脱骈偶之习，而指切事情，纤微毕到，其气又浑灏流转，行乎其所不得不行，此岂可以骈偶少之？此皆在愈之前，固已有早开风气者矣。

唐前后米价贵贱之数

贞观时斗米三钱。《魏徵传》。玄宗东封泰山之岁，东郡米斗十钱，青、齐米斗五钱。本纪。自安、史之乱，兵役不息，田土荒芜，兼有摊户之弊。如李渤疏所言，渭南县长源乡本有四百户，今才百户；阌乡县本有三千户，今才千户。由于均摊逃户，十家之内五家逃亡，即令未逃之五家均摊其税，如石投井，不到底不止。《渤传》。是以逃亡愈多，耕种愈少。代宗永泰元年，京师米斗一千四百，本纪。畿甸按穗以供宫厨。《刘晏传》。至麦熟后，市有醉人，已诧为祥瑞。较贞观、开元时几至数十百倍。读史者于此可以观世变也。

至如攻战之地，城围粮绝，尤有不可以常理论者。鲁炅守南阳，贼将武令珣、田承嗣等攻之累月，米斗至四五十千，有价无米，一鼠值四百。《炅传》。安庆绪被围于相州，斗米钱七万。《庆绪传》。黄巢据长安，百姓遁入山砦，累年废耕耘，贼坐守空城，谷价涌贵，斗米三十千。官军皆执山砦民卖于贼为食，一人直数十万。《巢传》。杨行密围扬州，城中草根、木实、皮囊、革带俱尽，外军掠人来卖，人五十千。张雄有军粮，相约交市，金一斤、通犀带一条，得米五升。《高骈传》。

长安地气

地气之盛衰，久则必变。唐开元、天宝间，地气自西北转东北之大变局也。秦中自古为帝王州，周、秦、西汉递都之，苻秦、姚秦、西魏、后周相间割据。隋文帝迁都于龙首山下，距故城仅二十余里，仍秦地也，自是混一天下，成大一统。唐因之，至开元、天宝而长安之盛极矣。盛极必衰，理固然也。

是时地气将自西趋东北，故突生安、史以兆其端。自后河朔三镇名虽属唐，仅同化外羁縻，不复能臂指相使。盖东北之气将兴，西方之气已不能包举而收摄之也。东北之气始兴而未盛，故虽不为西所制，尚不能制西；西之气渐衰而未竭，故虽不能制东北，尚不为东北所制。而无如气已日薄一日，帝居遂不能安。于是玄宗避禄山有成都之行，代宗避吐蕃有陕州之行，德宗避泾师有奉天、梁、洋之行。地之甌窳不安，知气之消耗渐散。迨僖宗走成都，走兴元，走凤翔；昭宗走莎城，走华州，又被劫于凤翔，被迁于洛，而长安自此夷为郡县矣。

当长安夷为郡县之时，契丹安巴坚已起于辽，此正地气自西趋东北之真消息。特以气虽东北趋而尚未尽结，故仅有幽、蓟，而不能统一中原。而气之东北趋者，则有洛阳、汴梁为之迤逦潜引，如堪舆家所谓过峡者。至一二百年而东北之气积而益固，于是金源遂有天下之半，元、明遂有天下之全。至我朝不惟有天下之全，且又扩西北塞外数万里，皆控制于东北，此王气全结于东北之明证也。而抑知转移关键，乃在开元、天宝时哉！今就《唐书》所载开、宝以后长安景象日渐衰耗之处撮而叙之，可以验地气之变也。

唐人诗所咏长安都会之繁盛，宫阙之壮丽，以及韦曲莺花，曲江亭馆，广运潭之奇珤异锦，华清宫之香车宝马，至天宝而极矣。安禄山兵陷长安，宫殿未损。收京时战于香积寺，贼将张通儒守长安，闻败即遁，未暇焚剿，惟太庙久为贼所焚，故肃宗入京，作九庙神主，告享于长乐殿。都会之雄丽如故也。代宗时吐蕃所燔，惟衢衕庐舍，而宫殿仍旧。朱泚之乱，李晟收京时，诸将请先拔外城，然后北清宫阙。晟曰："若收坊市，地隘人器，非计也。贼兵皆在苑中，自苑击之，贼走不暇，则宫阙保安。"乃自光泰门入，泚果遁去。

远方居人至有越宿始知者,则并坊市亦无恙矣。故晟表有云:"钟簴不惊,庙貌如故。"盖地运尚有百余年,故不至一旦尽扫也。

黄巢之乱,九衢三内宫室尚宛然。自诸道勤王兵破贼后,入城争货相攻,纵火焚掠,市肆十去六七,大内惟含元殿独存,此外惟西内、南内及光启宫而已。僖宗在蜀,诏京兆尹王徽修复,徽稍稍完聚。及奉表请帝还,其表有云:"初议修崇,未全壮丽。"则非复旧时景象可知也。及昭宗时,因王重荣、李克用沙苑之战,田令孜劫帝出奔,焚坊市,并火宫城,仅存昭阳、蓬莱二宫。还京后坐席未暖,又因李茂贞之逼奔华州①。岐军入京,宫室廛闾,鞠为灰烬。自中和以来,王徽葺构之功,至是又扫地而尽,于是长安王气衰歇无余矣。见《李晟》、《王徽》、《田令孜》及《黄巢》等传。

【校】

① 及昭宗时,因王重荣、李克用沙苑之战,田令孜劫帝出奔……还京后坐席未暖,又因李茂贞之逼奔华州 《校证》:沙苑之战在僖宗光启元年,田令孜劫帝出奔亦僖宗时事,出奔华州者方为昭宗。乾宁二年,李克用与李茂贞等混战于长安,昭宗先逃避南山,次年转至华州。此文以僖宗之事混入昭宗时期,殊为谬误。

黄巢　李自成

流贼有适相肖者。黄巢初从王仙芝为盗,仙芝被戮,巢始为盗魁。李自成亦先从高迎祥为盗,迎祥被擒,自成始为盗魁。相似一也。巢以草贼起事,陷京师,据宫阙,僭号改元。自成亦以草贼起事,陷京师,据宫阙,僭号改元。相似二也。巢未入京以前,其锋不可当,入京僭位后,逆运已满,未几遂一败涂地。自成自襄、陕向京,凶威亦无敌,入京僭位后,逆运亦满,未几亦一败涂地。相似三也。巢因民谣有"逢儒则肉师必覆"之语,遂戒军中不得害儒者,所俘民称儒者,辄舍之。至福州,杀人如麻,过校书郎董朴家,令曰:"此儒者。"乃灭火弗焚。自成所用牛金星,乃举人不第者,每肆毒于进士官,而戒军中勿害举人。至河南,贼将误杀一县令,或告曰:"此举人也。"群骇而去。其相似四也。巢入长安,令唐官三品以上并停,四品以下俱复旧任。自成入京,亦令三品以上并停,四品以下仍旧。其相似五也。岂贼中有人知巢之故事而仿之耶？

又巢败奔狼虎谷，为林言所斩，事见《唐书》及《通鉴》。而小说家谓巢实未死，后为僧于嵩、洛间，自题其像有"铁衣著尽著僧衣"之句。自成窜九宫山，为村民击死，事见《明史》。而论者谓其部兵尚有数十万，何至毙于村民之手？遂亦有传其为僧于武当者。此二贼先后事迹，何适相肖也？

廿二史札记卷二十一

薛居正五代史

宋太祖开宝六年四月诏修《梁》、《唐》、《晋》、《汉》、《周书》，其曰《五代史》者，乃后人总括之名也。七年闰十月书成，凡一百五十卷，目录二卷。监修者为司空、同中书门下平章事薛居正，同修者为卢多逊、扈蒙、张澹、李昉、刘兼、李穆、李九龄。见《宋史》及晁公武《读书志》、《玉海》所引《中兴书目》。皆本各朝实录为稿本。此官修之史也。其后欧阳修私撰《五代史记》七十五卷，藏于家。修没后，熙宁五年诏求其书刊行。见《宋史》。于是薛、欧二史并行于世。至金章宗泰和七年，诏止用欧《史》，于是薛《史》渐湮。惟前明《永乐大典》多载其遗文，然已割裂淆乱，非薛《史》篇第之旧。

恭逢我皇上开《四库》馆，命诸臣就《永乐大典》中甄录排纂，其缺逸者则采宋人书中之征引薛《史》者补之。于是薛《史》复为完书，仍得列于正史，遂成二十三史之数。今覆而按之，虽文笔迥不逮欧《史》，然事实较详。盖欧《史》专重书法，薛《史》专重叙事，本不可相无。以四五百年久晦之书一旦复出，俾考古者得参互核订，所以嘉惠后学，诚非浅鲜也。

薛史全采各朝实录

五代虽乱离，而各朝俱有实录。梁贞明中，诏李琪、张衮、郤殷象、冯锡嘉修《太祖实录》，共成三十卷。寻以事多漏略，又诏敬翔补缉，翔乃别成三十卷，名曰《大梁编遗录》，与《实录》并行。见薛《史·李琪》及《敬翔传》。此《梁祖实录》，贞明中所成也。其庶人《友珪》及《末帝实录》则周时补修，说见后。后唐明宗天成四年，诏卢质、何瓒、韩彦晖纂修武皇以上及《庄宗实录》。瓒奏张昭即张昭远，后单名昭，《宋史》有传。有史才，尝私撰《同光实录》，又欲撰《三祖志》，并藏唐昭宗赐武皇制诏九十余，请以昭为修撰,并其所撰送史馆,从之。昭以懿、献及武皇不践帝位,乃为《纪年录》二十卷,《庄宗实录》三十卷,上之。见薛《史·唐纪》及《五代会要》、《宋史·张昭传》。此唐武皇以上载纪及《庄宗实录》,乃天成中所成也。薛《史·李愚传》,明宗时愚监修国史,与诸儒修《创业功臣传》三十卷。又《李之仪集》记赵凤修《庄宗实录》,不载何挺劾刘昫疏,昫德之。是《实录》并有诸臣列传,不特朝廷政事也。清泰二年,命史官修《明宗实录》。次年,监修国史姚颛,史官张昭、李祥、吴承范等修成三十卷,上之。见薛《史·唐纪》及《吴承范传》、《宋史·张昭传》。此《明宗实录》,清泰中所成也。其《闵帝》、《废帝实录》则周广顺中补修,说见后。

晋在汉前,而《晋祖实录》反成在后。后周广顺元年七月,史官贾纬等以所撰《晋高祖实录》三十卷、《少帝实录》二十卷,上之。此晋二帝《实录》皆周广顺中所成也。汉乾祐二年二月,诏左谏议大夫贾纬等修《高祖实录》。是年十月,监修国史苏逢吉、史官贾纬等修成二十卷,上之。见《汉纪》。此《汉祖实录》乾祐中所成也。其《隐帝实录》,亦周显德中补修,说见后。周显德三年,诏兵部尚书张昭纂修《太祖实录》。五年,昭等修成二十卷,上之。六年,世宗崩,王溥请修《世宗实录》,以扈蒙、张澹、王格、董淳为纂修官。见《周纪》及《宋史·王溥传》。此《周太祖实录》皆显德中所成,而《世宗实录》亦是时所修也。

其梁庶人友珪及末帝等《实录》,亦皆周代所修。显德三年,诏张昭补修梁末帝及唐清泰帝两朝《实录》。昭奏本朝太祖历试之事在汉隐帝时,请先修《隐帝实录》,以全太祖之事。又梁末帝之上有郢王友珪弑逆,数月未有纪录,请仿《宋书》元凶劭之例,书为元凶友珪。唐清泰帝前尚有闵帝,在位四月,亦未有编纪,并请修《闵帝实录》。其清泰帝请书为废帝,从之。见《周纪》及《五代会要》、《宋史·张昭传》。此梁庶人友珪及末帝,唐闵帝、废帝,汉隐帝《实录》,皆周显德中所补修也。可见五代诸帝本各有实录,薛居正即本之以成书,故一年之内即能告成。今按其纪载,不惟可见其采取实录之迹,而各朝实录之书法,亦并可概见焉。

薛史书法回护处

《梁太祖纪》,朱瑄、朱瑾救汴后,帝即朱温。以其有力于己,厚礼而归之。瑄、瑾以帝军士勇悍，悬金帛诱之，军士利其赀，赴之者众，帝乃移檄让之。瑾等来使不逊，乃命朱珍侵曹伐濮。 按《通鉴考异》及《五代史补》，朱温常患兵力不足，敬翔说令麾下士诈为叛逃，即奏于唐帝，并告四邻，以追叛为名，可以拓地广众。温大喜，从之。是兖、郓本无诱兵之事，特温托词以为兵端也。而薛《史》云云，是真谓瑄、瑾以诱兵启衅矣。欧《史》则直书宣、欧《史》"瑄"作"宣"。瑾助汴，已破秦宗权，东归。王朱温时已封王。移檄兖、郓，诬其诱汴亡卒，乃发兵攻之。

天祐元年七月，帝发东都，至河中。八月壬寅，昭宗遇弑于大内，遗制以辉王柷为嗣。十月，帝至洛阳，临于梓宫，祗见于嗣君。 按《李彦威》、即朱友恭。《氏叔琮》等传，温既迁唐昭宗于洛，阴遣敬翔至洛，令彦威、叔琮行弑。以龙武兵夜入叩宫奏事，夫人裴正一开门，问奏事何得以兵入，牙官史太杀之，直趋椒兰殿。昭宗方醉，起走，太持剑逐而弑之。是昭宗之被弑，实温使彦威等行事也。而薛《史》云温在河中，昭宗遇弑于大内，一若昭宗之弑无与于温者。下又云温至洛，临于梓宫，祗见于嗣君，一似能曲尽臣节者。欧《史》则直书温遣朱友恭、氏叔琮、蒋玄晖等行弑，昭宗崩。

二年十一月，天子唐昭宣帝。命帝即朱温。为相国，总百揆，以宣武等二十一道为魏国，进封帝为魏王，兼备九锡之命。帝让相国、魏王、九锡。 按《孔循传》，唐哀帝即昭宣帝。封温魏王，备九锡，拒不受。蒋玄晖、柳灿驰谓温曰："自古革易之际，必先建国、备九锡，然后禅位。"温曰："我不由九锡作天子可乎？"是温急于篡国，非让殊礼也。而薛《史》云云，则似温真能辞让矣。欧《史》则云温怒不受。 是岁唐昭宣帝卜祀天于南郊，温怒，以为蒋玄晖等欲延唐祚，昭宣帝惧，遂改卜郊。薛《史》不书。 又是岁温遣人告蒋玄晖私侍何太后，遂杀玄晖，弑太后。薛《史》亦不书。 昭宣帝禅位后，梁封为济阴王。开平二年正月，弑之。薛《史》亦不书。 乾化二年，温为其子友珪所弑。薛《史》亦不书，但书友珪葬太祖于伊阙，号宣陵。

《唐明宗纪》，帝奉庄宗命讨赵在礼，至邺城，夜有军士张破败等鼓噪逼营，曰："城中兵何罪？直畏死耳。今已与城中约，欲主上帝河南，令公帝河北。"帝力拒之，乱兵益摆甲露刃，环帝左右。安重诲、霍彦威蹑帝足，请诡许之。因为乱兵拥入城，夕乃得出。帝欲归藩，上章图再举。重海等谓元行钦已弃甲而去,_{行钦亦以兵攻邺,闻兵变,别拔营去。}不知其所奏如何,正当赴阙自陈,以杜谗口。帝从之。至相州,获官马二千匹。元行钦已以蜚语入奏。及至汴,有姚彦温来投,谓主上已惑行钦之言,事势已离,不可再合。帝曰:"卿自不忠,言何悖也?"庄宗寻为郭从谦所弑,帝急入洛。时魏王继岌征蜀未还,帝谓朱守殷曰:"公善巡抚,以待魏王。吾奉大行梓宫礼毕,即归藩矣。"而群臣上笺劝进,至再三,请监国,帝始从之。据此则明宗遇军变后,率兵向京师,并无反心,只欲自诉。迨庄宗被弑,犹欲俟其子继岌至而奉之,可谓纯臣矣。然考当日情事,有不尽然者。明宗性本淳实,兵变之初,固不肯因以为利;即兵变后,欲归藩待罪,欲上章申理,亦属实情。然是时惟有只身归朝,庶明心迹,而明宗武夫,岂能知此?方外怵于元行钦之奏其反,内惑于石敬(塘)〔瑭〕、安重海等之劝其反,势当骑虎难下之时,不得不为挺鹿走险之计。则当其率兵而南,固已变计决反,非真欲面诉于庄宗之前也。天下岂有欲自诉不反,而转举兵向阙者?本纪所云赴阙自陈,可不辨而知其饰说也。且是时甫一举足,反形已露,康义诚曰:"今从众则有归,守节则将死。"明宗纳其言。《义诚传》。非决计反,则何以纳其言也?郑琮在营中,安重海欲征四方兵,琮历数诸道屯兵之数,附口传檄,相次而至。《琮传》。王晏球率兵戍瓦桥关,明宗招之,即以兵来会。《晏球传》。非决计反,则何以征诸道兵也?至相州,即掠官马以益军矣;至河上,则劫上供船绢帛以犒军矣。既先以三百骑付敬(塘)〔瑭〕,使速入汴;《石晋传》。又养子从珂自横水率兵,与王建立倍道驰至,由是军声大振。《废帝传》。其抗逆之迹,已不待言。而本纪犹谓其入汴入洛,犹怀退让。盖当时实录,例有隐讳,修史者但照本抄录,不复改订耳。欧《史》则书军变后嗣源入于魏,与在礼合。以其兵南,遣石敬(塘)〔瑭〕将三百骑为先锋。嗣源至巨鹿,掠马三千以益军。是明著其反逆之迹,可谓直笔。而其先本无欲反之意,则于《石晋纪》及《霍彦威传》内见之。是又不没其初念,以见其仓卒被逼,不同于郭威之自澶州入也。

《汉隐帝纪》,帝密诏李洪义诛王殷,又诏郭崇诛郭威、王峻。而洪义不敢发,反以诏示威,威即召王峻、郭崇及诸将校至,曰:"君等当奉行诏书,断予首以报天子。"崇等曰:"此必李业等所诬构。事可陈论,何须自弃？"于是争劝威入朝，乃率众南行。《周太祖纪》亦云帝郭威。途次又谓将校曰："吾此来万不得已，然以臣拒君，宁论曲直？汝等不如奉行前诏，我以一死谢天子，实无所恨。"是郭威本志似尚能守臣节者。　按《魏仁浦传》，郭威得洪义所示密诏，即召仁浦于卧内，仁浦教威倒用留守印，更为诏书，令威诛诸将校，以激怒之。将校皆愤然效用，遂举兵渡河。是威方更诏书以欺众，讵肯以天子诛己之诏出示诸将，使奉诏杀己乎？本纪所云，诬饰显然。欧《史》帝纪，则直书郭威反。

《周太祖纪》，汉隐帝遣慕容彦超拒郭威于刘子坡，王师败。威谓宋延渥曰："尔国亲，可速往卫主上。"明日，望见帝旗在高坡之上，谓隐帝在其下，即免胄而前。左右劝止之，威曰："吾君在此，又何忧焉？"及至，则隐帝已去矣。　按刘子坡之战，隐帝亲在阵中，威果欲自诉，何不于是时释甲趋谒？乃方遣何福进、王彦超、李筠等大合骑以乘之。既败王师，岂有明日又欲束身见主之理？且明日清晨，隐帝已为郭允明所弑，又安得有旌旗在高坡之上？其为饰说，亦不待辨也。

隐帝既崩，郭威遣人迎湘阴公赟来即位。已而威至澶州，兵变入京。王峻闻赟已至宋州，虑左右变生，遣郭崇以七百骑往卫之。　按《十国春秋》，崇至宋州，赟召见于楼上，判官董裔说赟曰："崇瞻视举措，必有异谋，不如杀之。"赟犹豫不决，崇遂幽赟于外馆。是峻之遣崇，本欲害赟于途也，而本纪反云卫之，尤属矛盾。欧《史》则直书王峻遣郭崇以七百骑逆赟于宋州，杀之。

薛史失检处

唐庄宗之被弑也，弟存霸自河中奔太原，存渥亦自洛与刘后奔太原。薛《史·符彦超传》，谓存霸至太原，与吕、郑二内官谋杀留守张宪及其部将符彦超。彦超觉之，部下大噪，宪出奔，军士杀存霸及吕、郑。而《张宪传》则谓存渥奔太原，左右见其马已断饰，必战败而逃者，因欲杀吕、郑，系存渥以观变。宪不可，而彦超已诛吕、郑，军士大乱。是一事也，《彦超传》则以为存霸，《宪传》则以为存渥，殊属两歧。按存渥出奔，行至风谷，为部下所杀，惟存霸剪发为僧，求彦超庇护，而军士杀之。是与吕、郑同被杀者乃存霸，非存渥也。欧《史》则《宪》、《彦超》二传皆书存霸。

又南唐刘仁赡死守寿州，薛《史》则列在《周书》，盖以其有降表至，周世宗加以官秩，既没，又赠恤极隆，故列之于周臣也。然仁赡固守无二志，其子崇谏劝之降，即斩以徇。及病甚不知人事，副使孙羽诈为仁赡书以降，且舁至周营。世宗嘉其忠于所事，加爵进官，诏出而仁赡已卒，是仁赡实未尝降也。薛《史·周纪》既书刘仁赡上表乞降，令其子崇让请罪，《仁赡传》亦云仁赡病急，翻然纳款。末又云先斩其子崇谏，其后出降，乃欲保其后嗣，抑有由焉。是真谓仁赡之初抗节，而终改节矣。若非欧《史》辨明，岂不受诬千载耶？

符彦饶斩白奉进之兵，奉进来责，彦饶麾下兵噪而杀奉进。已而军将马万等作乱，缚彦饶送京，诬其通范延光谋反，晋祖遂使人杀之于途。薛《史》竟称彦饶通延光反，伏诛。欧《史》则直书其事，谓以反诛非其罪也。可见薛《史》全据各朝实录，而不复参考事之真伪，此欧《史》之所以作也。

薛史亦有直笔

薛《史》虽多回护处，然是非亦有不废公道者。列传诸臣多与居正同仕前朝，否则其子孙亦有与居正同官于宋者。赵延寿子廷赞，仕宋为庐、延等州节度使，而《延寿传》不讳其背晋附辽，求为辽太子之事。崔协子颂，仕宋为谏议大夫，而《协传》直书任圜讦其没字碑。符存审子彦卿，仕宋封魏王，而《存审传》不讳其少时犯罪将就戮，以善歌得妓者救免之事。王继弘子永昌，仕宋为内诸司使，而《继弘传》载其曾为高唐英将，唐英待之甚厚，后竟杀唐英自为留后，曰："吾侪小人，若不因利乘便，何以得志？"尹晖子勋，仕宋为防御使，而《晖传》不讳其反戈推戴唐废帝之事，传赞并谓因倒戈而杖钺，岂义士之所为？赵在礼孙廷勋，仕宋历岳、蜀二州刺史，而《在礼传》载其在宋州贪暴，及移镇，民相贺曰："拔去眼中钉矣。"在礼闻之，怒，又乞留宋一年，每户征钱一千，号"拔钉钱"。后契丹入汴，索在礼货财，在礼不胜愤，以衣带就马枥自缢死。安审琦三子，皆仕宋为显官，而审琦妾通于隶人，遂与之通谋杀死审琦之事，传中亦不讳。此足见其直笔，不以同官而稍有瞻徇也。

他如高汉筠子贞文,仕宋为开封尹,而《汉筠传》历叙其洁己爱民,则以汉筠本良二千石也。高行周子怀德,仕宋为驸马都尉,而《行周传》叙其历官政绩,则以行周本能以慎重自处者也。此薛《史》之终不可没也。

薛欧二史体例不同

薛《史·梁祖纪》开首即以帝称之,欧《史》则先称朱温,赐名后称全忠,封王后称王,僭位后始称帝。盖薛则仿《宋》、《齐》、《梁》、《陈书》之例,欧则仿《史记》之例也。薛《史》于各国僭大号者立僭伪传,其不僭号而自传子孙者,立世袭传,欧则概列为世家,亦仿《史记》也。薛《史》凡除官自宰相至于刺史皆书于本纪,几同腐烂朝报,欧《史》则但书除拜宰相及枢密使,其余不书,以省繁冗也。

五代革易频仍,惟梁、唐创业各三十余年,故其臣有始终在一朝者,其他未有不历仕数朝。薛《史》则以死于某朝者,即入于某朝传内。如张全义、朱友谦、袁象先等事迹多在梁朝,而编入《唐书》;杨思权佐唐废帝篡位,而编入《晋书》;冯道历唐、晋、汉、周,皆为相,而编入《周书》。欧《史》则以专仕一朝者系于某朝,其历仕数朝者则另为杂传,以叙其历宦之迹。此又创例之最得者。

欧史不专据薛史旧本

欧《史》虽多据薛《史》旧本,然采证极博,不专恃薛本也。宋初薛《史》虽成,而各朝实录具在,观《通鉴考异》尚引《梁太祖》、《唐庄宗实录》,则欧公时尚在可知也。欧《史·郭崇韬传赞》云“余读《梁宣底》”,则实录之外又有《宣底》等故籍,皆不遗也。刘昫之《旧唐书》修成亦未久,其所援据底本,方借以修《新唐书》,凡唐末交涉五代之事,又足资考订。至宋初诸臣记五代事者尤多。按《宋史》,范质尝述朱梁至周,为《通(鉴)〔录〕》六十五卷;《质传》。王溥亦采朱梁至周,为《五代会要》,共三十卷;《溥传》。王子融集五代事,为《唐余录》六十卷;《子融传》。路振采五代九国君臣事迹,作世家、列传;《振传》。郑向以五代乱亡,史多缺漏,著《开皇纪》三十卷。《向传》。此外又有孙光宪《北梦琐言》,陶岳《五代史补》,王禹偁《五代史阙文》,刘恕《十国(春秋)〔纪年〕》,龚颖《运历图》,见于《宋·艺文志》及晁公武《读书志》者,皆在欧公之前,足资考订。其出自各国之书,如钱俨之《吴越备史》、《备史遗事》,汤悦之《江南录》,徐铉之《吴录》,王保衡之《晋阳见闻要录》,又皆流布。而徐无党注中所引证之《唐摭言》、《唐新纂》、《九国志》、《五代春秋》、《鉴戒录》、《纪年录》、《三楚新编》、《纪年通谱》、《闽中实录》等书,又皆欧所参用者。盖薛《史》第据各朝实录,故成之易,而记载或有沿袭失实之处。欧《史》博采群言,旁参互证,则真伪见而是非得其真,故所书事实,所纪月日,多有与旧史不合者。卷帙虽不及薛《史》之半,而订正之功倍之,文直事核,所以称良史也。

欧史书法谨严

不阅《旧唐书》,不知《新唐书》之综核也。不阅薛《史》,不知欧《史》之简严也。欧《史》不惟文笔洁净,直追《史记》,而以《春秋》书法,寓褒贬于纪传之中,则虽《史记》亦不及也。其用兵之名有四:两相攻曰攻,如《梁纪》孙儒攻杨行密于扬州是也。以大加小曰伐,如《梁纪》遣刘知俊伐岐是也。有罪曰讨,如《唐纪》命李嗣源讨赵在礼是也。天子自往曰征,如《周纪》东征慕容彦超是也。攻战得地之名有二:易得曰取,如张全义取河阳是也。难得曰克,如庞师古克徐州是也。以身归曰降,如冯霸杀潞将李克恭来降是也。以地归曰附,如刘知俊叛附于岐是也。立后得其正者,曰以某妃某夫人为皇后,如《唐明宗纪》立淑妃曹氏为皇后是也。立不以正者,曰以某氏为皇后,如《唐庄宗纪》立刘氏为皇后是也。凡此皆先立一例,而各以事从之,褒贬自见。

其他书法亦各有用意之处。如《梁纪》书弑济阴王,王即唐昭宣帝也,不曰昭宣帝而曰济阴王者,逊位后梁所封之王,书之以著其实,又书弑以著梁罪也。襄州军乱,杀其刺史王班,不书王班死之,而以被杀为文者,智不足以卫身而被杀,不可以死节予之也。杀王师范,不曰伏诛而曰杀者,有罪当杀曰伏诛,不当杀则以两相杀为文也。郢王友珪反,反与叛不同,叛者背此附彼,反则自下谋上,恶逆更大也。反不书日者,反非一朝一夕,难得其日也。梁太祖、唐庄宗皆被弑,故不书葬。唐明宗考终,宜书葬矣,以贼子从珂所葬,故亦不书也。《梁纪》,天雄军乱,节度使贺德伦叛附于晋,乱首系张彦而书德伦者,责在贵者也;

而德伦究不可加以首恶，而可责以不死，故书叛附于晋也。唐灭梁，敬翔自杀，翔因梁亡而自杀，可谓忠矣；不书死之而但书自杀，以梁祖之恶皆翔所为，故不以死节予之也。

除官非宰相、枢密使不书，说见前。而《唐纪》书教坊使陈俊为景州刺史，内园栽接使储德源为宪州刺史者，著其授官之太滥也。《明宗纪》先书皇帝即位于枢前，继书魏王继岌薨，见其即位时君之子尚在，则其反不待辨而自明也。又书郭从谦为景州刺史，既而杀之，从谦弑庄宗，乃不讨而反官之，见明宗之无君也。其罪本宜诛，乃不书伏诛而书杀者，明宗亦同罪，不得行诛，故以两相杀为文也。秦王从荣以兵入兴圣宫，不克，伏诛。从荣本明宗子，以明宗病，恐不得立，以兵自助，故不书反，而擅以兵入宫，其罪当诛，故书死伏诛也。《汉纪》，隐帝崩即书汉亡。隐帝被杀后尚有李太后临朝，及迎湘阴公赟嗣位之事，汉犹未亡也，而即书汉亡，见太后临朝等事，皆周所假托，非汉尚有统也。《周太祖纪》书汉人来讨，周祖篡汉得位，崇之于周义所当讨，故书讨也。《世宗纪》书帝如潞州攻汉，不曰伐而曰攻者，曲在周也。此可见欧《史》本纪书法，一字不苟也。

其列传亦有折衷至当者。死节分明，如王彦章、裴约、刘仁赡既列之《死节传》矣，尚有宋令询、李遐、张彦卿、郑昭业等皆一意矢节，以死殉国，而传无之，则以其事迹不完，不能立传故也。然于本纪特书死之以表其忠，固不在传之有无矣。张宪留守太原，庄宗被弑后皇弟存霸来奔。或劝宪拘存霸以俟朝命，张昭又劝其奉表明宗，宪皆涕泣拒之。已而存霸为符彦超军士所杀，宪出奔沂州。薛《史》书宪坐弃城赐死，欧独明其不然，然以其不死于太原，故亦不入于《死事传》，但书宪出奔沂州见杀而已。药彦稠、王思同皆以兵讨潞王从珂，为从珂所执而死，乃思同入《死事传》，而彦稠不入，则以思同词义不屈，系甘心殉国者，彦稠第被执见杀，不可竟以死节予之也。于此可见欧《史》之斟酌至当矣。

欧史传赞不苟作

欧《史》纪传各赞，皆有深意。于《张承业传》，则极论宦官之祸，而推明郭崇韬之死由于宦官之谮，使崇韬不死，其所将征蜀之兵皆在麾下，明宗能取庄宗之天下而代之哉？追原祸本，归狱貔琱，可谓深切著明矣。唐六臣张文蔚等押传国宝逊位于梁，此事与朋党何涉？而传赞忽谓此时君子尽去，小人满朝，故其视亡国易朝恬不知怪，而所以使君子尽去者，皆朋党之说中之也。盖宋仁宗时朝右党论大兴，正人皆不安其位，故借以发端，警切时事，不觉其大声疾呼也。至《晋出帝纪赞》，深明以侄为子而没其本生父为非，谓出帝本高祖兄敬儒之子，当时以为为高祖子则得立，为敬儒子则不得立，于是深讳其所生而绝之以欺天下，以为真高祖子也。《礼》曰："为人后者，为其父母服。"自古虽出继为人后，未有绝其本生而不称父母者。"余书曰追封皇伯敬儒为宋王者，以见其绝天性，臣其父而爵之也"。于《晋家人传赞》又反复申明之。则以当时濮议纷呶，朝臣皆以英宗当考仁宗，而以本生濮王为伯，欧公与韩琦等独非之，故因是以深斥其非礼也。可见欧《史》无一字苟作。

欧史失检处

欧《史》亦有失检处。唐昭宗之被弑也，《李彦威传》则云梁祖遣敬翔至洛，与彦威等谋弑之；《李振传》又云梁祖遣振至洛，与彦威等谋弑之。此必有一误。《梁本纪》书朱友谦叛，杀同州节度使程全晖；而（全晖）《〔朱友谦〕传》则云全晖奔京师。是纪传两不符合。薛《史》则纪传皆称奔京师，当不误也。《罗绍威传》，魏博自田承嗣始有牙军，岁久益骄，至绍威时已二百年。按承嗣至绍威实止百五十年，欧《史》所云亦行文之误。《郑遨传》，遨与李振善，方振贵显，遨不一顾，振得罪南窜，遨徒步千里往视之。按振仕梁为枢密使，并无远谪之事，及唐灭梁，振即被诛，又未尝贬窜也，而《遨传》何以云耶？唐庄宗被弑后，其弟存霸奔太原，据（符彦超）《〔张宪〕传》则云彦超欲留之，军士大噪，遂杀之；（张宪）《〔符彦超〕传》又云宪欲纳之，彦超不从，存霸乃见杀。亦不画一。且欧《史》例以历仕数朝者入杂传，专仕一朝者入某朝传。氏叔琮、李彦威、李振、韦震皆只仕梁一朝，何以不入梁传而入杂传？元行钦先事刘守光，继降唐，何以反不入杂传而列于《唐臣传》？此不免自乱其例也。

至如宋太祖奋迹，全在周朝建立战功，勋望由此大著。薛《史》于

《周纪》一一叙之。如高平之战，则书今上先犯其锋；清流关之战，书今上破淮贼万五千人，擒皇甫晖、姚凤；六合之战，书今上大破江南军于六合；楚州之役，书今上在城北亲冒矢石，登城拔之；迎銮江口之捷，书今上率战棹直抵南岸，焚栅而还。此皆宋太祖历试之迹也。欧《史》一概不书，但云周师击败之而已，岂以宋祖仕周为讳耶？然宋祖由周臣为军士拥立，固不能讳，亦不必讳也。居正在太祖时修史，必进御览，并不隐讳，欧《史》修于仁宗时，乃转讳之耶？盖第欲取其行文之简净耳。

一产三男入史

一产三男、四男入史，自《旧唐书》始。《高宗纪》，嘉州辛道让妻一产四男，高苑县吴文威妻魏氏一产四男。《哀帝纪》，颍州汝阴县彭文妻一产三男。欧阳《五代史》仿之，亦载于本纪。如同光二年，军将赵晖妻一产三男是也。或以为瑞而记之，不知此乃记异耳。徐无党注云，此因变异而书，重人事故谨之。后世以此为善祥，故于乱世书之，以见其不然也。今按唐高宗后，即有武氏之祸；哀帝正当失国时，尚有此事。又《宋史》哲宗绍圣四年，宣州民妻一产四男；元符二年，河中猗氏县民妻一产四男。徽宗重和元年，黄岩民妻一产四男，未几即有金人之祸。可知一产三男、四男，皆是变异，非吉祥也。

五代诸帝多由军士拥立

宋太祖由陈桥兵变，遂登帝位，查初白诗云："千秋疑案陈桥驿，一著黄袍便罢兵。"盖以为世所稀有之异事也。不知五代诸帝多由军士拥立，相沿为故事，至宋祖已第四帝矣。宋祖之前有周太祖郭威，郭威之前有唐废帝王从珂，从珂之前有唐明宗李嗣源，如一辙也。

赵在礼为军士皇甫晖等所逼，据邺城叛，庄宗遣嗣源讨之。方下令攻城，军吏张破败忽纵火噪呼，嗣源叱之，对曰："城中之人何罪？但思归不得耳。今宜与城中合势，请天子帝河南，令公帝河北。"嗣源涕泣谕之，乱兵呼曰："令公不欲，则他人有之。我辈狼虎，岂识尊卑？"安重诲、霍彦威等劝嗣源许之，乃拥嗣源入城，与在礼合。率兵而南，遂得为帝。见《霍彦威》等传。此唐明宗之由军士拥立也。

潞王从珂为凤翔节度使,因朝命移镇,心怀疑惧,遂据城拒命。愍帝命王思同等讨之,张虔钊会诸镇兵皆集,杨思权攻城西,尹晖攻城东。从珂登城呼外兵曰:“吾从先帝二十年,大小数百战,士卒固尝从我矣。今先帝新弃天下,我实何罪而见伐乎?”因恸哭,外兵闻者皆哀之。思权呼其众曰:“潞王真吾主也。”即拥军士入城。晖闻之,亦解甲降。从珂由是率众而东,遂得为帝。见《王思同》、《杨思权》等传。此废帝之由军士拥立也。

郭威以汉隐帝欲诛己,遂起兵犯阙。隐帝遇弑,威请太后临朝,又迎立湘阴公。会契丹兵入滑州,威率兵北伐。至澶州,军校何福进等与军士大呼,越屋而入,请威为天子,或有裂黄旗以加其身者,山呼震地,拥威南还,遂得为帝。见《汉》、《周》各本纪。此周祖之由军士拥立也。

尚有拥立而未成者。石敬(塘)〔瑭〕为河东节度使时,因出猎,军中忽有拥之呼万岁者。敬(塘)〔瑭〕惶惑不知所为,段希尧劝其斩倡乱者李晖等三十余人,乃止。《希尧传》。敬(塘)〔瑭〕为帝后,命杨光远讨范延光,至滑州,军士推光远为主,光远曰:“天子岂汝等贩弄之物?”乃止。《光远传》。符彦饶率兵戍瓦桥关,裨将张谏等迎彦饶为帅,彦饶伪许之,约明日以军礼见于南衙,遂伏甲尽杀乱者。《彦饶传》。郭威自澶州入京,有步军校因醉扬言:“昨澶州马军扶策,今我步军亦欲扶策。”威闻,急擒其人斩之,令步军皆纳甲仗,始不为乱。《周》本纪。此皆拥立未成,故其事未甚著,然亦可见是时军士策立天子,竟习以为常。推原其始,盖由唐中叶以后,河朔诸镇各自分据,每一节度使卒,朝廷必遣中使往察军情所欲立者,即授以旄节。见《新》、《旧唐书·藩镇传》。至五代其风益甚。由是军士擅废立之权,往往害一帅立一帅,有同儿戏。

今就唐末及五代计之。黄巢之乱,武宁节度使支详遣时溥率兵赴难,兵大呼反,逐支详,推溥为留后。《溥传》。青州王敬武卒,三军推其子师范为留后。《师范传》。义武王处存卒,军中推其子郜为留后。李克用之起也,康君立等推为大同军防御使。朱瑄本郓州指挥使,军中推为本州留后。天雄军乱,囚其节度使乐彦贞,并杀其子从训,聚而呼曰:“孰愿为节度使者?”罗弘信出应之,牙军遂推为留后。《弘信传》。夏州李思谏卒,军中立其子彝昌为留后。赵在礼之被逼而反也,军士皇甫晖因戍兵思归,劫军将杨仁晸为帅,仁晸不从,晖杀之。又推一小校,小校不从,亦杀之。乃携二首诣在礼,曰:"不从者视此。"在礼不得已从之,遂为其帅。如此类者,不一而足。计诸镇由朝命除拜者十之五六,由军中推戴者十之三四。

藩镇既由兵士拥立,其势遂及于帝王,亦风会所必至也。乃其所以好为拥立者亦自有故。拥立藩镇,则主帅德之畏之,旬犒月宴,若奉骄子,虽有犯法,亦不敢问,如魏博牙兵是也。说见后。拥立天子,则将校皆得超迁,军士又得赏赐、剽掠。如明宗之立,赵在礼即授沧州节度使,皇甫晖亦擢陈州刺史。杨思权叛降废帝于凤翔时,先谓废帝曰:"望殿下定京师后,与臣一镇,勿置在防御、团练之列。"乃怀中出一纸,废帝即书可邠宁节度使,后果与尹晖皆授节镇。同时立功之相里金、王建立亦擢节度使。周祖即位,亦以佐命之王峻为枢密使,郭崇为节度使。此将校之所以利于拥立也。至军士之得重赏,恣劫夺,更无纪极。明宗之入洛也,京师大乱,焚剽不息。明宗亟命止焚掠,百官皆敝衣来见。本纪。废帝之反,愍帝遣兵讨之,幸左藏库,赏军人各绢二十匹,钱五千。军士负物扬言于路曰:"到凤翔,更请一分。"《康义诚传》。王师既降,废帝许以事成重赏,军士皆过望。及入立,有司献库籍甚少,废帝大怒。自诸镇至刺史皆进钱帛助赏,犹不足,乃率民财佐用,囚系满狱,又借民屋课五月。《卢质》《李专美》等传。诸军犹不满欲,相与谣曰:"去却生菩萨,扶起一条铁。"本纪。先是帝在凤翔,许入洛后人各赏百缗。至是以禁军在凤翔降者杨思权等,各赏马二、驼一、钱七十缗,军士二十缗,在京者十缗。《通鉴》。周太祖初至滑州时,王峻谕军士曰:"我得公处分,俟入京许尔等旬日剽掠。"众皆踊跃。本纪。及至汴,自迎春门入,诸军大掠,烟火四发。明日,王峻、郭崇曰:"若不禁止,比夜化为空城矣。"由是命诸将斩其尤甚者,晡时乃定。本纪。而前滑州节度使白再荣已为乱军所害,侍郎张允坠屋死。《隐帝纪》。安叔千家赀已掠尽,军士犹意其有所藏,箠掠不已,伤重归于洛阳。《叔千传》。时有赵童子者,善射,愤军士剽掠,乃大呼曰:"太尉志除君侧之恶,鼠辈敢尔,乃贼也。"持弓矢,据巷口,来犯者辄杀,由是保全者数十家。后周祖闻民间有"赵氏当有天下"之谣,疑此童子,遂使人诬告,杀之。《五代史补》。又赵凤见居民无不剽之室,亦独守里门,军不敢犯。《凤传》。是周祖犯阙时,居民得免劫夺者,惟此二赵之里[①],其他自公卿以下无不被害也。此军士之利于拥立也。

王政不纲，权反在下，下凌上替，祸乱相寻。藩镇既蔑视朝廷，军士亦胁制主帅，古来僭乱之极，未有如五代者，开辟以来一大劫运也。

【校】

① 周祖犯阙时，居民得免劫夺者，惟此二赵之里 《校证》："二赵"即上文所称之赵童子与赵凤。薛《史·赵凤传》（卷一二九）云："幼读书，举童子。"可知赵童子即赵凤，故《通鉴》（卷二八九）即以赵童子之言为赵凤所说。此文分为二人，甚误。

廿二史札记卷二十二

五代枢密使之权最重

唐中叶以后始有枢密院,乃宦官在内廷出纳诏旨之地。昭宗末年,朱温大诛唐宦官,始以心腹蒋玄晖为唐枢密使。此枢密移于朝士之始。温篡位改为崇政院,敬翔、李振为使。凡承上之旨皆宣之宰相,宰相有非见时而事当上决者,则因崇政使以闻,得旨则复宣而出之。然是时止参谋议于中,尚未专行事于外。至后唐复枢密使之名,郭崇韬、安重海等为使,枢密之任重于宰相,宰相自此失职。见欧《史·郭崇韬传赞》。

今按唐庄宗时崇韬为使,明宗时安重海为使,晋高祖时桑维翰为使,汉隐帝时郭威为使。当崇韬为使时,宰相豆卢革以下皆倾附之,以崇韬父讳弘,遂奏改弘文馆为崇文馆。重海为使时,过御史台门,殿直马延误冲其前导,重海即台门斩延而后奏。是时四方奏事,皆先白重海然后闻。重海与任圜不协,则因朱守殷反,即诬圜通谋而先杀之。忌潞王从珂,则嗾其部将杨彦温逐出之。明宗遣药彦(俦)〔稠〕致讨,命生致彦温,欲亲讯其由,而彦稠希重海旨,即杀彦温以灭口。宰相冯道等亦希重海意,数言从珂失守宜坐罪,明宗不听而止。郭威为使时,率兵平三叛归,西京留守、同中书门下平章事王守恩,官已使相,肩舆出迎,威怒之,即以头子命白文珂代之。守恩方在客次待见,而吏已驰报新留守视事于府矣,守恩遂罢。可见当时枢密之权等于人主,不待诏敕而可以易置大臣。其后出镇魏州,史弘肇又令带枢密使以往,苏逢吉力争之不得。于是权势益重,遂至称兵犯阙,莫不响应也。

五代姑息藩镇

唐自失河北后,河朔三镇朝命不行,已同化外羁縻。至末季,天子益弱,诸侯益强,朝廷尤以姑息为事,卒至尾大不掉,区宇分裂,鼎祚遹移。梁祖以枭桀之资,驱策群下,动以诛戮从事。如氏叔琮、朱友恭、王重师、朱珍、邓季筠、胡规、黄文静、李谠、李重胤、范居实等,皆披坚执锐,为开国功臣,一有疑忌,辄斩艾随之,固未尝稍事含忍也。及末帝即位,渐不能制其下。杨师厚在魏博,朝廷常有隐忧,而不敢过问。师厚死,乃私贺于宫中。华温琪为定昌节度使,夺人妻,为其夫所告。帝下诏曰:"若便行峻典,谓予不念功勋;若全废旧章,谓予不念黎庶。为人君者,不亦难乎?"乃召温琪入为金吾大将军。此可以见其曲事调停,略无威断矣。庄宗登极,历年未久。明宗尝因诸侯邸吏骄恣,杖遣示惩,可谓能整饬纪纲者。自唐末诸藩之邸吏在京者,每御史上事,皆至客次通名,劳以茶酒,而不相见。至是卢文纪为中丞,邸吏入见,文纪据床端笏,台吏通名,赞拜而出,皆愧怒。明宗闻之,问赵凤邸吏何官,曰:"知县、发递、知后之流也。"明宗曰:"然则吏卒耳,安得慢吾法官?"皆杖而遣之。见《文纪传》。然姑息之弊实起于是时。高季兴擅窃夔州,帝遣西方邺讨之,以霖潦班师。李彝超据夏州不受代,帝遣安从进讨之,以刍粮不继班师。安重诲虑孟知祥据蜀,遣李严往监军,知祥即斩严以叛。《严传》。董璋与知祥分据两川,攻陷遂、阆二州,帝遣石敬(塘)〔瑭〕讨之,又以馈饷不给引还。帝遣人往谕璋改过,璋不听。《璋传》。知祥抗命既久,范延光奏曰:"陛下若不屈意招抚,彼亦无由自新。"帝曰:"知祥吾故人也,抚之何屈意之有?"乃以诏赐知祥,知祥始上表谢。《明宗纪》及《知祥传》。是明宗之于强藩已多所包容,不能制驭矣。

至石晋尤甚,几有冠履倒置之势。杨光远奉命讨范延光,兵柄在手,以为晋祖畏己,辄干预朝政,或抗有所奏,晋祖亦曲意从之。《光远传》。张彦泽为节度使,所为不法,从事张式谏,不听,出奔。彦泽使人面奏,谓彦泽不得张式,恐致不测。晋祖亦不得已与之。《彦泽传》。朝廷之尊,反为臣下所胁制,然此犹事之小者也。安重荣在镇州,以晋祖厚事契丹,数加非笑,谓诎中国以事外蕃。上表欲兴兵攻契丹,并执契丹使者,驰书各镇,谓契丹贪傲无餍,将与之决战。帝谕止之,不从。重荣谓帝无如之何,遂与襄州安从进谋反。《重荣传》。从进在襄州,南方贡输道襄者,辄留之。帝欲徙之青州,使人告以虚青州以待,从进曰:"移青州在汉江南,即赴任。"帝亦优容之。《从进传》。威令不行,武夫悍将桀傲至此,固由于兵力不足以相制,然周世宗登极后,诸镇咸慑息受驱策,则又不系乎兵力之强弱,而制驭天下自有道矣。

五代藩郡皆用武人

五代诸镇节度使,未有不用勋臣武将者。遍检薛、欧二《史》,文臣为节度使者,惟冯道暂镇同州,桑维翰暂镇相州及泰宁而已。兜鍪积功,恃勋骄恣,酷刑暴敛,荼毒生民,固已比比皆是。乃至不隶藩镇之州郡,自朝廷除刺史者,亦多以武人为之。欧《史·郭延鲁传》,谓刺史皆以军功拜,论者谓天下多事,民力困敝之时,不宜以刺史任武夫,恃功纵下,为害不细。薛《史·安重荣传》,亦云自梁、唐以来,郡牧多以勋授,不明治道,例为左右群小所惑,卖官鬻狱,割剥烝民。诚有慨乎其言之也。故虽以唐明宗之留心吏治,惩贪奖廉,吏有犯赃辄置之死,曰:"贪吏者,民之蠹也。"邓州陶玘、亳州李邺,皆以赃污论死。又尝下诏褒廉吏石敬(塘)〔瑭〕、安从阮、张万进、孙岳等,以风厉天下。然出身军伍,本不知抚循,风气已成,沦胥莫挽。《相里金传》云是时诸州刺史皆用武人,多以部曲主场务,渔蠹公私,以利自入。金为沂州刺史,独禁部曲,不与民事,厚加给养,使主家务而已。此亦非有循绩可纪,而当时已以金为治行之最,则民之罹于涂炭可知也。自宋太祖易以文臣牧民,而后天下渐得苏息。历代因之,皆享国久长,民不思乱。岂非设官立法之善,有以出水火而登之衽席哉?

五代藩帅劫财之习

五代之乱,朝廷威令不行,藩帅劫财之风甚于盗贼,强夺枉杀,无复人理。李匡俦为晋军所败,遁沧州,随行辎重妓妾奴仆甚众,沧帅卢彦威杀之于景州,尽取其赀。(晋纪)〔《旧五代史·唐书·武皇纪》〕。张筠代康怀英为永平节度使,怀英死,筠即掠其家赀。有侯莫陈威者,尝与温韬发唐诸陵,多得珍宝,筠又杀威而取之。筠弟铦守京兆,值魏王继岌灭蜀归,而明宗兵起,铦即断咸阳桥,继岌不得还,自缢死,遂悉取其行橐。先是王衍自蜀入京,庄宗遣宦者向延嗣杀之于途,延嗣尽得衍赀。至是明宗即位,诛宦者,延嗣亡命,铦又尽得其赀。由是筠、铦兄弟皆拥赀巨万。《筠传》。马全节败南唐将(史)〔李〕承裕,擒以献阙下,承裕曰:"吾掠城中所得百万,将军取之矣。吾见天子,必诉而后就刑。"全节惧,遂杀之。《全节传》。高允权为延州令,其妻刘景岩孙女也。景岩家于延,良田甲第甚富,允权心利之,乃诬景岩反而杀之。《允权传》。李金全讨安州,至则乱首王晖已伏诛,金全闻其党武彦和等为乱时劫赉无算,乃又杀而夺之。《金全传》。张彦泽降契丹,奉德光命先入京,乃纵军大掠,又缢死桑维翰,悉取其赀。《彦泽传》。成德节度使董温其为契丹所掳,其牙将秘琼杀其家而取其赀。琼为齐州防御使,道出于魏,范延光伏兵杀之,以戍卒误杀闻。后延光叛而又降,挈其帑归河阳,杨光远使子承勋推之堕水死,尽取其赀。《延光传》。杨光远后亦叛而复降,其故吏悉取其宝货、名姬、善马,献李守贞。(光远)《〔李守贞〕传》。欧《史》谓琼杀温其取其赀,延光杀琼而取之,延光又以赀为光远所杀,而光远亦不能(有)〔免〕也。可见天道报施,虽乱世亦不爽。

且多财为害,乱世尤易召祸。白再荣在镇州,劫夺从契丹之官吏,镇人谓之白麻答。及归京师,遇周祖兵入,军士至其家,悉取其财。已而前启曰:"我辈尝事公,一旦无礼至此,何面目见公乎?"乃斩之而去。《再荣传》。则以人事言之,非分取财,更杀身之道也。

五代幕僚之祸

五代之初,各方镇犹重掌书记之官。盖群雄割据,各务争胜,虽书檄往来亦耻居人下。觇国者并于此观其国之能得士与否,一时遂各延致名士,以光幕府。如李袭吉为李克用书记,克用讨王行瑜而不得入觐,袭吉为作表云:"穴禽有羽,听舜乐以犹来;天路无梯,望尧云而不到。"昭宗大叹赏之。又为克用修好于朱温,中有句云:"毒手尊拳,交相于暮夜;金戈铁马,蹂践于明时。"温谓敬翔曰:"李公斗绝一隅,乃得此名士。若吾之智算,得袭吉之笔才,虎傅翼矣。"由是袭吉之名大著。是时梁有敬翔,燕有马郁,华州有李巨川,荆南有郑准,凤翔有王超,钱塘有罗隐,魏博有李山甫,皆有文称。《袭吉传》。其后冯道由书记入相,桑维翰由书记为枢密使,固华要之极选也。然藩镇皆武夫,恃权任气,又往往凌蔑文人,或至非理戕害。郑准为荆南成汭书记,以语不合解职去,汭怒,潜使人杀之于途。《五代史补》。是时诸侯方重书记已肆虐如此,此外副使、判官之类,更何论矣。

今见于薛、欧二《史》者,西方邺为节度使,所为非法,判官谭善达

数谏之。邺怒，诬以事，下狱死。《邺传》。襄州节度使刘训以私忿族副
使胡（裴）〔装〕，诬以欲谋乱也，人士冤之。《训传》。房知温为节度使，多
纵其左右排辱宾僚。《知温传》。高行珪为节度使，性贪鄙，副使范延策
谏之，乃诬奏延策谋叛，并其子杀之。《行珪传》。高行周镇邺城，其副
使张鹏一言不合，为行周所奏，诏即处斩。《行周传》。王继弘镇相州，
杀判官张易，以讹言闻。是时藩郡凡奏刑杀，皆顺其命，故当时从事鲜
宾客之礼，重足（一）〔累〕迹事之，犹不能免祸。《汉隐帝纪》。而尤惨者，
张彦泽镇彰义，为政苛暴，掌书记张式谏之。彦泽怒，引弓射之，式走
而免，遂出奔。彦泽使二十骑追之，曰："不来，即取其头来。"式至邠
州，节度使李周为奏留之，诏流式商州。彦泽奏以必得式为期，晋祖不
得已与之。彦泽乃剖心决口，断手足而斩之。《彦泽传》。此幕僚之祸
最酷者也。

惟史匡翰镇义成，好读书，接下以礼。幕客有关彻者，使酒，怒目
谓匡翰曰："近闻张彦泽脔张式，未闻史匡翰斩关彻，恐天下谈者未有
比类。"匡翰不怒，引满自罚而慰之，时称其宽厚。由是观之，士之生于
是时者，絷手绊足，动触罗网，不知何以全生也。

五代盐曲之禁

五代横征无艺，洪容斋《随笔》记朱温以夷门一镇，力征而得天下，
士虽苦战，民则乐输。末帝与唐庄宗对垒于河上，民虽困于辇运，亦未
至流亡，由赋敛轻而田园可恋故也。及唐庄宗任吏人孔谦为三司使，
峻法以剥下，厚敛以奉上，于是赋敛日重，而历代因之。今即据盐曲二
事，可见其大概也。

凡盐铛户应纳盐利，每斗折纳白米一斗五升，晋初始令折钱收纳。
灶户所纳如此，盐价之贵可知也。海盐界分每年收钱一（千）〔十〕七万
贯，以区区数十州之地而收价如此，其价更可知也。每城坊官自卖盐，
乡村则按户配食，依田税输钱。其私贩之禁，十斤以上即处死。刮硷
煎盐者，不论斤两，皆死。凡告者，十斤以上赏钱二十千，五十斤以上
三十千，百斤以上五十千，其法令之严可知也。晋高祖知盐贵之病民，
乃诏计户征税，每户自一千至二百文，分五等，听商人贩盐，民自买食，
一时颇以为便。出帝时又令诸州郡税盐，过税斤七钱，住税斤十钱，盖

已按户征盐钱,不便改法,乃又加征商税,使利归于官也。汉乾祐中,青盐一石,抽税一千文、盐一斗,是又加重于出帝时矣。周广顺中,始诏青盐一石,抽八百文、盐一斗;白盐一石,抽五百文、盐五升。然盐价既因抽税增贵,而按户所征之盐税又不放免,是一盐而二税,民益苦之。此盐法之大概也。

其酒曲之禁,孔循曾以曲法杀一家于洛阳。私曲五斤以上皆死。明宗乃诏乡村人户,于秋田苗上每亩纳钱五文,听民自造曲酿酒,其城坊亦听自造而榷其税。长兴中,又减五文为三文,寻仍诏官自造曲,减旧价之半卖民酿酒。汉乾祐中,私曲之禁,不论斤两皆死。周广顺中,仍改为五斤以上。然五斤私曲即处极刑,亦可见法令之酷矣。此曲法之大概也。以上俱见薛《史》及《五代会要》。

即此二事峻法专利,民已不堪命,况赋役繁重,横征百出,加以藩镇之私敛,如赵在礼之"拔钉钱",每户一千,刘铢之加派秋苗,每亩率钱三千,夏苗亩二千。民之生于是时者,可胜慨哉!

五代滥刑

五代乱世,本无刑章,视人命如草芥,动以族诛为事。梁祖以旧怨,使人族王师范于洛。师范设席与宗族饮,谓使者曰:"死者人所不免,然恐少长失序,下愧先人。"酒半,命少长以次就戮。《师范传》。唐庄宗既灭梁,诏梁臣赵岩等并族于市,除妻儿骨肉外,其疏属仆隶并释。《庄宗纪》。又命夏鲁奇族诛朱友谦于河中,友谦妻张氏率其家属二百余口见鲁奇,曰:"请别骨肉,无致他人横死。"《友谦传》。汴州控鹤指挥使张谏谋叛,既伏诛,又集其党三千人,并族之,并诛滑州长剑等军士数百人,夷其族。《明宗纪》。汉三司使王章被杀,有女适张贻肃,病已逾年,扶病就戮。《章传》。是族诛之法,凡罪人之父兄妻妾子孙并女之出嫁者,无一得免。非法之刑,于兹极矣,而尤莫如汉代之滥。史弘肇为将,麾下稍忤意即挝杀之。故汉祖起义之初,弘肇统兵先行,所过秋毫无犯,两京帖然,未尝非其严刑之效。隐帝时李守贞等反,京师多流言。弘肇督兵巡察,罪无大小皆死,有白昼仰观天者,亦腰斩于市。凡民抵罪,弘肇但以三指示吏,吏即腰斩。又为断舌决口、斮筋折足之刑。于是无赖之辈望风逃匿,路有遗物人不敢取,亦未尝非靖乱之法。

然不问罪之轻重，理之是非，但云有犯，即处极刑，枉滥之家莫敢上诉，军吏因之为奸，嫁祸胁人，不可胜数。故相李崧之弟屿，有仆葛延遇干没屿赀，屿责之，延遇遂告崧、屿通李守贞谋反，坐是族诛。何福进有玉枕，遣奴卖之江南，奴隐其价，福进笞之，奴即诬告福进通吴。弘肇辄治，福进弃市，帐下分取其妻子而籍其家财。于是前资故将之家，姑息僮奴，无复主仆之分。《弘肇传》。此京师之滥刑也。苏逢吉为相，以天下多盗，自草诏，凡盗所居，本家及邻保皆族诛。或谓盗无族诛法，况邻保乎？乃但去"族"字。由是郓州捕贼使者张令柔，杀平阴县十七村人皆尽。卫州刺史叶仁鲁帅兵捕盗，有村民十数方逐盗入山，仁鲁并疑其为盗，断其脚筋，宛转号呼而死。《逢吉传》。刘铢立法深峻，左右有忤意，即令人倒曳而出数百步，体无完肤。每杖人双杖对下，谓之"合欢杖"。或杖人如其岁数，谓之"随年杖"。《铢传》。此又藩郡之滥刑也。毒痛四海，殃及万方，刘氏父子二帝，享国不及四年，杨、史、苏、刘诸人，亦皆被横祸，无一善终者。此固天道之报施昭然，而民之生于是时，不知如何措手足也。

五代诸侯贡奉多用鞍马器械

用兵之世，武备是亟，故五代藩镇贡献，多以鞍马器械为先。《梁纪》，开平二年，大明节，内外臣僚各以奇货良马上寿。清明宴，以鞍辔马及金银器为献者，殆千万。午日，献者巨万，马三千蹄。已又诏诸道进献，不得以金宝装饰戈甲剑戟，至于鞍勒，亦不用涂金及雕刻龙凤[①]。可见是时贡献，专以戎备为重也。欧《史》云，自唐庄宗以来，方镇进献之事稍作。至于晋，而添都助国之物动以千计。其来朝奉使，买宴赎罪，无不出于贡献云。

今按庄宗甫灭梁，河南尹张全义即进暖殿物，后遂宠冠群臣，命刘皇后拜之为父。自是贡献赀财之风大起。明宗南郊，诏两川进助郊礼物五十万，则并有明下诏征者矣。(明宗纪)《〔董璋传〕》。(开)〔天〕成中，任圜奏故事贡献虽以进马为名，却将绫绢金银折充马价，今乞从之。《五代会要》。则并明令折价矣。晋天福三年，诸镇皆进物以助国。及高祖崩，节度使景延广、李守贞、郭谨等皆进钱粟，助作山陵。《晋纪》。盖后唐以后,又无不用财物也,然进戎备之例亦未停止。周太祖诏诸州不得以器械进贡。先是诸道州府各有作院课造军器,逐季搬送入京,既留上供钱帛应用,又于部内广配土产物,民甚苦之。除上供军器外,节度使、刺史又多私造,以进贡为名,悉取之于民,至是始罢之。《周本纪》。贡献专以(戒)〔戎〕器马匹,似亦适于时用,而非无名,乃其害已如此,何况唐、晋之竭民财以充进奉也。

　　按是时又有以进献而免祸得官者。袁象先在梁时镇宋州,积赀千万。入唐,挛其赀赂将相,奉宫闱,遂有宠。其卒也,长子正辞当唐废帝时,进其父钱五万缗,领衢州刺史。晋祖时,又献五万缗,求为真刺史,乃拜雄州。雄州在灵武西,正辞不欲行,复献数万缗,乃得免。出帝时,又献三万缗,帝欲与内郡,未授而卒。《象先传》。李嗣昭镇昭义,妻杨氏善积财,嗣昭夹城之围,多赖以济。嗣昭殁,子继韬谋反,遇赦入朝。杨氏以银数十万随之行,厚赂皇后及伶人宦官,遂得解。庄宗转宠继韬。又一子继忠,家于晋阳,赀尚巨万。晋祖起兵时贷以充用,既入立,甚德之,以继忠为沂、棣、单三州刺史。杨氏平生积财,嗣昭父子三人皆赖之。《嗣昭传》。房知温历诸镇节度,积赀巨万。其卒也,子彦儒献其父钱三万缗,绢布三万匹,金百两,银千两,遂拜沂州刺史。《知温传》。欧《史》所谓功臣大将死,子孙率以家财求刺史,物多者得大州善地,盖是时风气如此。

【校】

　　①《梁纪》,开平二年,大明节,内外臣僚各以奇货良马上寿。清明宴,以鞍辔马及金银器为献者,殆千万。午日,献者巨万,马三千蹄。已又诏诸道进献,不得以金宝装饰戈甲剑戟,至于鞍勒,亦不用涂金及雕刻龙凤 《校证》:大明节奉献在开平二年十月,清明宴奉献在四年二月,午日奉献在四年五月,诏诸道进献事在二年六月。今皆叙在开平二年,更以诏诸道事列在最后,甚为混乱。

魏博牙兵凡两次诛戮

　　魏博六州号天雄军,自田承嗣盗据后,召募牙兵,皆丰给厚赐。年代既久,父子相袭,姻党胶固,变易主帅如儿戏。自田氏后百五十年,主帅废置出于其手,如史宪诚、何全皞、韩君雄、乐彦祯,皆其所立,小不如意,则举族被诛。唐天德元年,乐彦祯为牙兵所因,彦祯子从训乞兵于梁以攻之,彦祯遂被杀,从训亦战死,牙兵因立罗弘信。弘信虽为主帅,而兵愈骄横。迨其子绍威嗣袭,心益惧,欲尽诛之,而畏其强,不敢发,乃遣亲吏臧延范密告梁祖。会梁女之适罗氏者死,梁祖乃遣马嗣勋以千人入魏,声言助葬,实兵仗于橐中,肩橐而入。夜半与绍威亲军攻牙兵,尽杀之,死者七千余人,婴孺亦不留。此魏兵第一次诛戮也。

其后梁祖令杨师厚屯魏州,梁祖崩,师厚逐节度使罗周翰_{绍威子袭位者}。而据其地,梁主友珪即命为天雄军节度使。师厚复置银枪效节军,皆选骁锐,恣豢养,复故时牙兵之态,又将为梁患。会师厚死,赵岩与邵赞为末帝画策,分相、魏为两镇。以相、澶、卫为昭德军,张筠为节度使;魏、博、贝仍为天雄军,贺德伦为节度使。分魏兵之半入昭德,德伦促之就道,亲戚相诀别。效节军将张彦曰:“朝廷以我军府强盛,设法残破之。”乃与众执德伦,置之楼上。末帝遣使宣谕,彦不听,使者再往,彦裂诏书于地曰:“梁主听人穿鼻。”遂逼德伦降于唐。庄宗时方为晋王,梁由是失河北。德伦既降,阴遣人诉彦于庄宗,庄宗斩彦而后入,即以魏军自卫,号帐前银枪军。自是与梁战河上,数有功。胡柳之役,逐梁兵下土山,皆其力也。许灭梁而重赏,及梁亡,虽数赐予,犹怀怨望。庄宗令杨仁晸率之戍瓦桥关,同光四年代归,又有诏令驻贝州。军士以贝、魏相去一舍而不得归,咸怨。皇甫晖因倡乱,杀杨仁晸等,而逼赵在礼为帅,入魏州。庄宗遣李嗣源讨之,会军变,与魏军合,嗣源犯阙,庄宗遂至弑亡,皆此军肇祸也。明宗_{即嗣源}。既即位,在礼惧祸,求解去。明宗乃遣房知温率魏效节九指挥使戍卢台,不给兵甲,惟长竿系帜以束队伍。明年,遣乌震往代知温。戍军夹水东西为两寨,震至,与知温会东寨。效节军为变,知温亟乘马出,乱军击杀震,执瞥留知温。知温绐以马兵皆在西,今独步军,何能为也?即登舟渡入西寨,以骑兵尽杀乱者。明宗诏悉诛其家属于魏州,凡三千余家,驱至漳河上杀之,漳水为之变色。魏之骄兵至是而尽,此第二次诛戮也。_见《梁》、《唐》各本纪及《罗绍威》、《符道昭》、《马嗣勋》、《杨师厚》、《贺德伦》、《赵在礼》、《皇甫晖》、《乌震》、《房知温》等传。

一军中有五帝

唐庄宗为晋王时,与梁军拒于河上垂十年。时李嗣源明宗。为大将,庄宗与之谋取郓州,嗣源请独当之,乃以骑五千袭取郓。梁军破德胜南栅,庄宗悉军救之,嗣源为先锋,击破梁军。《明宗纪》。是明宗在军中也。嗣源子从珂,废帝。尝从战于河上,屡立战功,庄宗呼其小字曰:"阿三不独与我同年,其敢战亦类我。"德胜之战,从珂以十数骑杂梁军,奔入梁垒,斧其眺楼,嗣源以铁骑三千乘之,梁军大败。胡柳之战,又从庄宗夺土山,军势复振。《废帝纪》。是废帝亦在军中也。

是时嗣源婿石敬(塘)〔瑭〕,晋高祖。常在嗣源帐下,号左射军。梁将刘鄩急攻清平,庄宗驰救,为鄩所围。敬(塘)〔瑭〕以十数骑横槊驰取之,庄宗拊其背而壮之。又从庄宗击败梁将戴思远于德胜渡。又从战胡卢套,肩护嗣源而退;从战杨村寨,解嗣源之危;从取郓,以五十骑突入东门。《晋纪》。是晋祖亦在军中也。而刘知远汉高祖。时方为敬(塘)〔瑭〕裨校,德胜对栅时,敬(塘)〔瑭〕为梁人所袭,马甲断,知远辍骑以授之,自跨断甲者,殿而归。《汉纪》。是汉祖亦在军中也。计是时唐庄宗、明宗、废帝、晋高祖、汉高祖皆在行间,一军共有五帝,此古来未有之奇也。

五代诸帝皆无后

梁祖朱温子郴王友裕,早卒。郢王友珪,以弑逆被诛。养子博王友文,为友珪矫杀。均王友贞嗣位,是为末帝,唐兵入,自杀于建国楼。康王友孜,末帝时先以谋反诛。贺王友雍、福王友璋、建王友徽,欧《史》谓此三人不知所终,薛《史》亦不载其卒,而王禹偁《五代史阙文》谓唐庄宗入,尽诛朱氏,则友璋等皆被杀也。《通鉴》则谓唐师将至,末帝疑兄弟乘危谋乱,尽杀之。是梁祖后无子孙也。

唐武皇李克用有子落落及廷鸾,洹水、晋州二战,皆为梁所擒杀,见于《梁本纪》,而薛《史·宗室传》、欧《史·家人传》俱不载。其见于二史者,长子庄宗存勖,为郭从谦所弑。睦王存义,以郭崇韬婿,先为庄宗所杀。永王存霸、申王存渥,国变后俱逃太原,为军士所杀。通王存确、雅王存纪,为霍彦威所杀。惟邕王存美、薛王存礼,薛《史》谓皆不知所终，《通鉴》则谓存美以病风偏枯，得免，居于晋阳。是武皇后仅存一废疾之子也。庄宗子魏王继岌，闻庄宗之变，自缢死。继潼、继嵩、继蟾、继峣，薛《史》谓并不知所终，惟《清异录》谓唐福庆公主下降孟知祥，庄宗诸子削发为僧，间道走蜀，知祥以公主之侄，厚待之，则庄宗子有延于蜀者。明宗长子从审，庄宗改为继璟，为元行钦所杀。次秦王从荣，以率兵入宫，为安从益所杀。宋王从厚即位，是为愍帝，失国后以鸩死。从璨，先以戏登御榻，为安重诲陷死。许王从益，废居于洛。契丹主北归，萧翰令知南朝军国事，汉祖入洛，赐死。愍帝有子重哲，见《明宗纪》，而薛、欧二《史》皆无传，盖亦不知所终。是明宗后无子孙也。废帝长子重吉，为愍帝所杀。次雍王重美，同废帝自焚死。是废帝后无子孙也。

晋高祖子剡王重胤、本高祖弟，养为子。虢王重英，皆高祖起兵时，为唐废帝所诛。楚王重信、寿王重（义）〔乂〕，皆为张从宾所杀。齐王重贵嗣位，本高祖兄敬儒子。是为出帝，后降契丹北迁。夔王重进、陈王重杲，早卒。少子重睿，从出帝北迁。重信有二子，及出帝子延宝、延煦，皆随北迁，不知所终。是晋帝后亦无子孙在中国也。

汉祖长子魏王承训，先卒。次承祐嗣位，是为隐帝，为郭允明所弑。次陈王承勋，以废疾不得立，广顺初卒。是汉祖后无子孙也。

周祖起兵于邺，汉以兵围其京邸，子青哥、意哥，皆被诛。是周祖后无子孙也。世宗以养子嗣位，其子宜哥、喜哥、三哥先在京邸，同为汉所诛。次恭帝，逊位于宋。次熙谨，宋乾德二年卒。次熙让、熙诲，不知所终。而恭帝逊位后，又十四年而殂。周子孙封崇义公，历宋三百余年世袭不替，比于诸帝独幸矣。

周祖四娶皆再醮妇

周祖初为军校，会唐庄宗崩，明宗出其宫人，各归家。有柴氏者，庄宗嫔也。住逆旅，有一丈夫过，氏问逆旅此何人，曰郭雀儿也。氏识其非常人，遂以所携赀半与父母，留其半嫁周祖，资其进身。见《东都事略》。而薛、欧二《史》皆不载其出自唐宫。即世宗之姑也。后殁，周祖即位，追谥为圣穆皇后。有杨氏者，已嫁石光辅，光辅卒，周祖之柴夫人适弃世，遂聘之。氏初不肯，使其弟廷璋见周祖。廷璋归，为言周祖姿貌异常,不可拒,乃嫁之。后卒,追册为淑妃。周祖又娶张氏。张氏亦先嫁武从谏之子而寡,适周祖之杨夫人殁,乃纳为继室。周祖起兵于邺,张氏与儿女俱在京邸,为汉所诛,后追册为贵妃。周祖既为帝,有董氏者,旧与杨夫人为乡亲,杨常誉其贤。已嫁刘进超,适釐居,周祖忆杨之言,又娶焉,是为德妃。统计前后四娶,皆再醮妇,亦不可解也。

宠待功臣改赐乡里名号

《新唐书》,朱滔将叛,刘怦谏之,曰"司徒兄弟恩遇极矣,今昌平有太尉乡司徒里,不朽业也"云云。是唐时宠待功臣,本有赐乡里名号之例,按《刘子玄传》,好著述,封居巢子。兄弟六人俱有才名,人号其乡曰高阳,里曰居巢。然则改乡里名号,本民间所荣奖之举,而朝廷因之。及唐末而益滥。唐昭宗以朱温有功,封沛郡王,诏改其乡锦衣里为沛王里。梁开平中,钱镠奏改其所居临安县之广义乡为衣锦乡。俱见《梁纪》。此皆出于特恩也。唐长兴元年,诏群臣职位带平章事、侍中、中书令者,并与改乡里名号,则并著为成例矣。《后唐纪》。晋天福三年,诏带使相、节度使者,自杨光远以下七人,并改乡里名号。又诏宰臣赵莹、桑维翰、李崧,亦改乡里名号。荆南节度使高从诲,本贯汴州浚仪县王畿乡表节坊,诏改为拥旌乡浴凤里。《晋纪》。

冯道《长乐老传》,自叙因官贵,敕以其所生来苏乡改为元辅乡,朝汉里改为孝行里。后于河南置宅,又敕其所居三州乡改为上相乡,灵台里改为中台里。及官益进,又改上相乡为太尉乡,中台里为侍中里。此随官而屡改也。天福四年,中书奏以太原潜龙庄改为庆长宫,使相乡改为龙飞乡,都尉里改为神光里。使相、都尉名号,盖皆未即位前所赐,至是又改焉。观冯道之随官改乡名,则帝王潜邸自亦宜改称矣。

张全义 冯道

张全义媚事朱温,甚至妻妾子女为其所乱,不以为愧。及唐灭梁,又贿赂唐庄宗、刘后、伶人、宦官等,以保禄位。冯道历事四姓十君,视丧君亡国未尝屑意,方自称长乐老,叙己所得阶勋官爵以为荣。二人皆可谓不知人间有羞耻事者矣。然当时万口同声,皆以二人为名臣,为元老。晋天福中,全义子继祚同张从宾等谋反,当族诛。李涛上言全义有再造洛邑之功，乞免其族。《通鉴》。诏"继祚显从叛乱，难贷刑章。乃眷先臣，实有遗德，遽兹乏祀，深所轸怀。所有祖父坟墓祠堂，可交付其骨肉"。《晋纪》。此全义之宥及后嗣也。耶律德光入汴，责刘继勋为晋出帝谋绝两国之好，继勋诿之冯道，德光曰："此老子不是好闹人，毋相引。"《继勋传》。郭忠恕亦谓道曰："公累朝大臣，诚信著于天下，四方谈士，无贤不肖，皆以为长者。"《五代(会要)〔史补〕》。道死年七十三，论者至谓与孔子同寿。本传。此道之望重一世也。

以朝秦暮楚之人，而皆得此美誉，至身后尚系追思，外番亦知敬信，其故何哉？盖五代之乱，民命倒悬，而二人独能以救时拯物为念。除本传所载不必再述外，其见于他书及别传者：全义事朱梁以免兵革，招复流亡，使得仰父俯子。每出行，见新麦新茧，辄喜。民窃言王不好声伎，惟见好蚕麦则笑耳。《洛阳缙绅旧闻记》。杨凝式《赠全义》诗曰："洛阳风景实堪哀，昔日曾为瓦子堆。不是我公重葺理，至今犹是一堆灰。"《五代诗话》。观此亦可见其劳来安集之功也。冯道在唐明宗时以年岁频稔，劝帝居安思危，以春雨过多，劝帝广敷恩宥。《唐纪》。对耶律德光则言："此时百姓，佛出救不得，惟皇帝救得。"论者谓一言而免中国之人夷灭。《通鉴》。在汉祖时牛皮禁甚严，匿者死。有二十余人当坐，道力争，得免。《洛阳缙绅旧闻记》。且秦王从荣败时，其僚属俱应坐罪，道独以任赞、王居敏等素以正直为从荣所恶，力言出之。《唐纪》。史圭以铨事与道不协，道反荐圭为刑部侍郎。《圭传》。韩恽性谨厚，道为相，尝左右之。《恽传》。是道之为人，亦实能以救济为心，公正处事，非貌为长厚者。

统核二人之素行，则其德望为遐迩所倾服，固亦有由。至于历事数姓，有玷臣节，则五代之仕宦者皆习见以为固然，无足怪。《郑韬〔光〕传》谓自襁褓迄悬车，凡事十一君，越七十载，无官谤，无私过，士无贤不肖皆颂之。以历事十一君之人，而尚谓无官谤，可见当时风气，绝无有以更事数姓为非者，宜全义及道之訾议不及也。

五代人多以彦为名

彦本美名，故人多以之为名，然未有如五代时之多者。唐末本有宰相徐彦若，左拾遗徐彦枢，供奉官史彦琼，宦官支彦勋，魏博凡言州镇者,皆其节度使。乐彦祯,东川顾彦朗及弟彦晖、彦瑶①。其著于梁者,铁枪王彦章,人所共知也。然同时统兵大将又有谢彦章。此外则沧州卢廷彦,同州寇彦卿,鄜州李彦容,静胜军李彦韬,本名温昭图。宣义军霍彦威。又沧州卢彦威,左龙武统军李彦威,即朱友恭。都指挥使杨彦洪,蔡州刺史王彦温,大将李彦柔,左天武使刘彦圭,左仆射押牙王彦洪,杨刘守将安彦之,幽州骑将高彦章,蔡州军校张彦珂,雷满之子彦恭、彦雄、彦威。

唐、晋间有中书焦彦宾,供奉官刘彦瑶,宦官马彦珪,伶官史彦琼,右监门卫上将军王彦璘,兵马都监夏彦朗,皇城使李彦绅,宫苑使史彦容,游奕将李彦晖,龙骧指挥使姚彦温,马步军使马彦超,枢密李虔徽之客边彦温②,步军指挥使药彦稠,户部尚书韩彦晖,薛《史》作"晖",欧《史》作"恽"。河中安彦威,义成李彦舜,安国杨彦(珣)〔询〕,彰义张彦泽,昭顺姚彦章,镇州副使李彦珂,兴元副使符彦琳,郓州刺史白彦球,天平军副使李彦赟,河阳行军司马李彦珣,灵州将王彦忠,(西)〔东〕川董璋有将李彦钊,安重荣有将赵彦之,杜重威之子名彦超③。

晋、汉间有泰宁慕容彦超,保大军张彦超,徐州王彦超,同州张彦赟,知安阳州符彦伦,丹州指挥使高彦珣,如京使甄彦琦,监军杨彦朗、何彦超,先锋指挥使史彦超,步军指挥使宋彦筠,河东行军司马张彦威,沂州刺史房彦儒,汾州刺史武彦弘,庆州刺史郭彦钦,登州刺史郭彦威,镇州副使李彦琦,元从都押牙苏彦存,后宫都押牙李彦弼,虔州刺史常彦卿,(徐州)〔金州〕守御使康彦环,西京判官时彦澄,保宁军都头刘彦章,安州军校武彦和,彰义张万进之子名彦球,同州指挥使成殷之子名彦璋。汉、周间有符彦图、彦超、彦卿、彦饶、彦能,皆符存审之子。又尚辇奉御金彦英,本高丽人。监军李彦从,内客省使李彦颙,左卫上将军扈彦珂,金吾卫上将军张彦成,水部员外郎韩彦卿,镇州副使赵彦铎。此皆见于薛、欧二《史》者。

此外则刘守光有将史彦璋,杨行密有寿州将王彦威、军使彭彦章。南唐有寿州大将刘彦贞,楚州将张彦卿,袁州刺史(袁)〔彭〕彦章,徐知训有行酒吏刁彦能。南汉有大将伍彦(俦)〔柔〕,指挥使暨彦赟,宦者许彦(贞)〔真〕。北汉有辽州刺史傅廷彦,石州刺史安彦进。蜀有先锋使尚彦晖,招讨使高彦俦,副使吕彦珂,使价赵彦韬,客将王彦球、袁彦超。闽有学士廖彦若。楚马殷有左相姚彦章，大将（姚）〔秦〕彦晖、刘彦（韬）〔瑫〕，朗州帅雷彦恭、彦雄，虔州将李彦图。甚而辽有郸州刺史王彦徽，寰州刺史赵彦辛，武州刺史王彦符，牙校许彦钦。党项亦有拓跋彦昭，威州有拓跋彦超。回鹘有首领杨彦询。南宁蛮有酋长莫彦（珠）〔殊〕。亦见薛、欧二《史》。

至宋初犹然。陈桥兵变有军校罗彦瓌、王彦昇。后有龙捷指挥使赵彦徽，武信军节度使崔彦进，步军指挥使靳彦朗，晋阳巡检穆彦璋。伐北汉时有防御使张彦进，伐南汉时有部将冉彦衮，伐蜀时有部将高彦容、折彦赟。又杜太后之兄子彦超、彦珪、彦遵、彦钧、彦彬。太宗时尚有供奉官陈彦询，崇化副使阎彦进，征并州时有尚食使石彦赟，征契丹时有沙州观察使杜彦圭。此又见于《宋史》者。

统计五代至宋时，名彦章者七人，彦超者十一人，彦威者七人，彦卿者七人，彦进者四人，彦温、彦韬者各三人。竞相仿效，各以彦为名，亦一时风尚也。

【校】

① 东川顾彦朗及弟彦晖、彦瑶　《校证》：顾彦瑶之名见欧《史·王建世家》（卷六三），为顾彦晖之将，非其弟。

② 枢密李虔徽之客边彦温　《校证》：边彦温为诬告安重诲之告密人，为李行德、张俭所引用，见薛《史·唐明宗本纪》（卷四一），时李虔徽为枢密承旨，与之无关系。

③ 杜重威之子名彦超　《校证》：杜重威三子名弘璋、弘璨、弘璲，《重威传》（欧《史》卷五二）中记载分明。而欧《史·慕容彦超传》（卷五三）言彦超与高行周率兵讨杜重威，"行周有女嫁重威子，彦超扬言行周以女故惜贼，城而不攻"。赵氏以"彦超"二字连上句读，遂致大误。

廿二史札记卷二十三

宋辽金三史

元顺帝时命托克托旧史名脱脱。等修《辽》、《宋》、《金》三史,自至正三年三月开局,至正五年十月告成。以如许卷帙,成之不及三年,其时日较明初修《元史》更为迫促。然三史实皆有旧本,非至托克托等始修也。各朝本有各朝旧史,元世祖时又已编纂成书,至托克托等已属第二三次修辑,故易于告成耳。

《辽史》在辽时已有耶律俨本,在金时又有陈大任本。说见《辽史》条内。此《辽史》旧本也。金亡后,累朝实录在顺天张万户家,后据以修史。见《金史》条内。此《金史》旧本也。宋亡后,董文炳在临安主留事,曰:"国可灭,史不可灭。"遂以宋史馆诸记注尽归于元都,贮国史院。见《元史·董文炳传》。此《宋史》旧本也。元世祖中统二年,王鹗请修《辽》、《金》二史,诏左丞相耶律铸、平章政事王文统监修,寻又诏史天泽亦监修。其金朝卫绍王记注已亡失,则王鹗采当时诏令及杨云翼等所记足成之。亦见《金史》条内。及宋亡,又命史臣通修三史。事见《元史·托克托传》。此元世祖时纂修三史之本也。故至正中阿鲁图、托克托等《进辽史表》云:"耶律俨语多避忌,陈大任词乏精详。世祖皇帝敕词臣撰次三史,首及于《辽》。"《进金史表》云:"张柔归金史于先,王鹗采金事于后。"《进宋史表》云:"世祖皇帝拔宋臣而列政途,载宋史而归秘府。既编戡定之勋,寻奉纂修之旨。"可见元世祖时三史俱已修订。而《元史·托克托传》并谓延祐、天历间又屡诏修之,则不惟修之于世祖时,而世祖后又频有修辑矣。

盖宋、金虽各有国史,然其末年正当国亡时,岂复尚有记载?是必元朝命史官采掇。而史官以耳目所接,睹记较亲,故金、宋亡国时纪传更觉详悉。大概金宣宗以前,宋度宗以前之史,皆金、宋旧史也。金哀宗及宋德祐、景炎、祥兴之史,则元代中统、至元及延祐、天历所辑也。

其所以未有成书者,《托克托传》云以义例未定,或欲以宋为世纪,辽、金为载记;或以辽立国在宋先,欲以辽、金为《北史》,宋太祖至靖康为《宋史》,建炎以后为《南宋史》,各持论不决故耳。至顺帝时,诏宋、辽、金各为一史。于是据以编排,而纪、传、表、志本已完备,故不三年遂竣事。人但知至正中修三史,而不知至正以前已早有成绪也。

宋辽金三史重修

《宋史》繁芜,《辽》、《金》二史又多缺略,昔人多有欲重修者。元末,周以立因三史体例未当,欲重修而未能。明正统中,其〔曾〕孙叙思继先志,乃请于朝,诏许自撰,诠次数年,未及成而卒。《明史·周叙传》。嘉靖中廷议更修《宋史》,以严嵩为礼部尚书兼翰林学士,董其事,《严嵩传》。然亦未有成书也。其修成者,惟柯维骐合三史为一史,以宋为主,而辽、金附之,并列二王于本纪,褒贬去取,义例颇严,阅二十年始成,名曰《宋史新编》。《维骐传》。又祥符王维俭,字损仲,尝苦《宋史》芜秽,手自删定为一书。《维俭传》。是二人者皆尝修成矣。然维骐本未及梓行,维俭之书,据《列朝诗序》谓损仲家图籍已沉于汴梁之水,其本稿吴兴潘昭度曾钞得副本。而《曹学佺传》谓潘曾纮巡抚南赣,得维俭所修《宋史》,邀晋江曾异撰、新建徐世溥更定,未成而罢。则此副本虽未遭汴水之厄,亦终归散失也。今时代愈远,宋、金书籍可资考订者流传益少,虽有志纂辑,亦无从下手矣。

宋史事最详

唐、宋、金三朝,史官记载,其职颇重。五代李毂奏言,起居注创于累朝,时政记兴于近代,然后采其事实,编作史书。薛《史》(毂传)〔周世宗本纪〕。宋汪藻亦疏云:书榻前议论之词,则有时政记;录柱下见闻之实,则有起居注。类而次之,谓之日历;修而成之,谓之实录。《宋史·藻传》。此近代国史底本之大概也。

自唐文宗每召大臣论事,必命起居郎、起居舍人执笔立于殿阶螭头之下,以纪政事。见李毂及宋庠蒙疏。后唐明宗因史馆赵熙等奏,亦令以诏书及处分公事,令端明殿学士韩昭(允)〔裔〕录送史馆。其内廷之事,诏书奏对不到中书者,令枢密院直学士李专美录送史馆[①]。见薛《史

·唐本纪》。晋天福中宰臣赵莹,周显德中宰臣李榖,皆援例奏请行之。薛《史》。故实录之前皆有日历。宋初因扈蒙奏请,凡发自宸衷可书简策者,并委宰臣及参知政事每月轮抄,以备史臣撰集,乃诏卢多逊典其事。《宋史·扈蒙传》。自是宋代史事较为详慎,有一帝必有一帝日历,日历之外又有实录,实录之外又有正史,足见其记载之备也。

今按《宋史》本纪,太平兴国三年,命修《太祖实录》。史官为李昉、扈蒙、李穆、郭贽、宋白等,沈伦为监修,共成五十卷。见《伦》、《昉》等传。又诏军国政要,令参知政事李昉等录送史馆。真宗初,命钱若水等修《太宗实录》,若水奏杨亿与其事,凡八十卷,亿独修五十六卷。寻又诏吕端、钱若水重修《太祖实录》。仁宗诏吕夷简、夏竦修先朝国史,王曾为提举,天圣八年书成,夷简上之。英宗命韩琦修《仁宗实录》,神宗熙宁二年修成,琦上之。是年,神宗命学士吕公著修《英宗实录》,修成后曾公亮上之。十年,又诏修仁宗、英宗史。

惟《神宗实录》凡数次改修。哲宗元祐元年,命吕大防等纂修,以司马光家藏记事为本,六年修成,七年又修神宗史。此第一次所修也。绍圣元年,章惇用事,请重修神宗史。蔡卞亦言,先帝盛德大业,实录所记多疑似不根,乞重刊定。乃诏以蔡卞为修撰。卞专取王安石日录,遂尽改元祐所修,贬原修官吕大防、范祖禹、赵彦若、黄庭坚等。三年书成,惇上之。此第二次所修也。徽宗时,又诏修神、哲二朝实录及二朝史,皆蔡京、蔡卞司其事。钦宗初,已命改修宣仁后谤史,未及成。迨高宗时,隆祐太后为帝言宣仁后之贤古今未有,因奸臣诬谤,建炎初虽下诏辨明,而史录未经删定,恐无以慰在天之灵。帝悚然,即谕朱胜非曰:"神、哲两朝史多失实,宜召范冲刊定。"冲乃为《考异》一书,明示去取,旧文以墨书,删去者以黄书,新修者以朱书,世号"朱墨史"。《哲宗实录》又别为一书,名《辨诬录》。《徐勣传》,神宗正史,五载未成。勣谓元祐、绍圣史臣好恶不同,一主司马光,一主王安石,故议论纷然。蔡崇礼亦疏言,《神宗实录》墨本,元祐所修,已成书。朱本出蔡卞手,多所附会。《哲宗实录》则蔡京提举编修,变乱是非,难以为据。冲既修成,赵鼎上之。此第三次所修也。

《徽宗实录》则绍兴八年始修,十一年书成,秦桧上之。其后又有龚茂良所修。《钦宗实录》则隆兴中蒋芾等所修。而高宗和议成,先命史馆编修《靖康建炎忠义录》。后又有魏杞等所上神、哲、徽三朝正史,陈俊卿、虞允文等上神、哲、徽、钦四朝会要,赵雄等上神、哲、徽、钦四朝国史志,王淮等上神、哲、徽、钦四朝列传,则皆孝、光两朝所续成也。《高宗实录》直至淳熙十五年始修,时高宗已崩故也。宁宗庆元三年书成,京镗等上之。嘉泰二年,陈自强等又上《高宗实录》及正史。然高宗时自有日历。绍兴二十六年,以秦桧所修日历未当,诏重修之。孝宗隆兴元年,诏修《太上皇帝圣政纪》,二年书成,命进德寿宫。时高宗为太上皇。其孝、光、宁三朝实录,皆成于理宗时。然光宗受禅,即诏修《寿皇圣政》《日历》,绍熙元年书成,进于重华宫。时孝宗为太上皇。宁宗受禅,亦诏修《太上皇圣政》《日历》,庆元三年书成,进于寿康宫。时光宗为太上皇。其后又有李心传所修高、孝、光、宁四朝国史,史嵩之所上中兴四朝国史,谢方叔所上中兴四朝志传,亦皆理宗时成书也。《理宗实录》成于度宗咸淳四年,贾似道上之。度宗亦有时政记七十八册。此可见宋朝重史事之大概也。

其士大夫所著,尚有不胜数者。高宗时,汪藻尝编元符庚辰至建炎己酉三十年事迹,綦崇礼曾奏取其书入史馆。孝宗时,李焘著《续通鉴长编》,自建隆至治平一百八十卷,后又续成六百八十七卷。洪迈入史馆,修四朝帝纪,又修一祖八宗一百七十八年为一书。理宗端平二年,又诏太学生陈均编《宋长编纲目》。淳祐十一年,又诏龙图阁学士楼昉所著《中兴小传》百篇、《宋十朝纲目》并《掇要》二书,付史馆誊写。又王偁有《东都事略》。李丙有《丁未录》。徐梦莘有《三朝北盟会编》,自政和七年海上之盟,讫绍兴三十一年完颜亮之毙,上下四十五年,共(三)〔二〕百五十卷。此皆收入史馆,以资纂订者。其他名臣传、言行录、家传遗事之类未上史馆者,汗牛充栋,更无论矣。故宋一代史事本极详备,而是非善恶回护讳饰处亦坐此。

【校】

① 后唐明宗因史馆赵熙等奏,亦令以诏书及处分公事,令端明殿学士韩昭(允)〔裔〕录送史馆。其内廷之事,诏书奏对不到中书者,令枢密院直学士李专美录送史馆 《校证》:薛《史·唐明宗本纪》(卷三八),天成二年八月:"史馆修撰赵熙上言:'应内中公事及诏书奏对,应不到中书者,请委内臣一人抄录,月终送史

馆。'诏差枢密直学士录送。"又《末帝纪》(卷四六),清泰元年:"史馆奏:'凡书诏及处分公事,臣下奏议,望令近臣录付当馆。'诏端明殿学士韩昭裔、枢密直学士李专美录送。"本篇混合二事为一。

宋史多国史原本

宋代国史,国亡时皆入于元。元人修史时,大概只就宋旧本稍为排次,今其迹有可推见者。《道学传序》云,旧史以邵雍列于《隐逸》,未当,今置于《张载传》后。《方技传序》云,旧史有《老释》、《符瑞》二志及《方技传》,今去二志,独存《方技》。《外国传序》云,前宋史有《女直传》,今既作《金史》,义当削之。《夏国传赞》云,今史所载谥号、庙号、陵名,兼采《夏国枢要》等书,其与旧史有抵忤者,则阙疑以俟。此可见元人就宋旧史另为编订之迹也。

然有另为编订而反失当者。如《张宪传》开首即云"飞爱将也",盖旧史《宪传》本附于《岳飞传》之后,故从飞叙入。今宪另为一卷,不附飞后,则此语殊无来历。又《牛皋传》后总叙岳飞之功,谓飞命皋及王贵、董先、杨再兴等经略东西京、汝、颍、陈、蔡诸郡,又遣梁兴渡河,纠合忠义社,取河东、北州县。未几,李宝捷于曹州,董先捷于颍昌,刘政捷于中牟,张宪复淮宁府,王贵部将杨遇复南城军。梁兴会太行忠义破金人于垣曲及沁水,金张太保、李太保等以其众降,又取怀、卫二州,金人大扰。未几,岳飞还朝,下狱死,世以为恨云。按此乃总叙飞功,非叙皋功也,而在《皋传》末,可见旧史亦以《皋传》附《飞传》之后,故《皋传》末又累叙飞功,而结之以下狱死。今《皋传》亦另为一卷,不附于飞,而《皋传》末总叙飞功之处,却未移在《飞传》后,遂觉《皋传》反多此赘词。此徒以意为割裂,而未及订正之失也。

叶梦得既入《文苑传》,则其著述如《石林燕语》、《避暑录话》之类自应叙入,乃通篇但述吏绩,无一语涉文字。此必旧史本在列传,元人排次时以其素有文名,遂将原传拨入《文苑》,又未增其能文之处也。其有不全据旧史而另纂增入者。如《唐恪传》后谓当时蔡京、王黼用事,援引者多,如余深、薛昂、吴敏、王安中、赵野等,国史皆逸其事,今附著于此。是《余深》等五传旧史所本无也。《康保裔传》,保裔战殁,来援者惟张凝、李重贵。后重贵仕至郑州防御使,改左领军大将军致仕;凝加殿前都虞候,卒赠彰德军节度使。盖旧史凝与重贵二人不另立传,故附于《保裔传》也。又《王翊传》后附文州守刘锐、通判赵汝嚞相誓死守,被围旬有五日,汲道绝,兵民水不入口者半月,至吮妻子血。城垂陷,汝嚞犹提刀入阵,中十六矢,被执死。锐先杀其妻,父子三人登文王台自刎死。此亦旧史锐与汝嚞不另立传,故附见《翊传》也。今张凝、李重贵各有专传,刘锐、赵汝嚞两人合为一传,可见此四人传亦旧史所本无,而元人增之者也。既增此四人传,则《康保裔》、《王翊传》内附书之处应删节以免繁复,乃仍旧文而不删,此又元人未及审订之失也。

其有全用旧史而是非刺谬处,则于传赞内著论以别之。如《谢深甫传》,通首叙述居然一代名臣,无可訾议。而编次时则入于《胡纮》、《陈自强》卷内。传赞谓其当韩侂胄严禁伪学,善类为之一空,深甫秉政与之同时,且尝劾陈傅良、赵汝愚等,显与正士为难。是传则君子,而赞则小人矣。《赵雄传》谓孝宗意向张栻,雄与虞允文沮抑之。传赞则谓雄与允文协谋用兵,与张栻持论相同,而以旧史沮抑张栻之说为诬。是传则小人,而赞则君子矣。可见各传皆宋旧史原本,修史时悉仍其旧,特于赞内另别其是非。此又见修史者虽不及改正,而尚存褒贬之公也。

第此等增传及辨正之处,其为世祖时抑系顺帝时,则无从推考。大约《王翊传》附见刘锐、赵汝嚞,此世祖时所修也。锐、汝嚞之另立传,则顺帝时所修也。又如《陈宜中传》记其往占城而不返,《马廷鸾传》记其国亡后七年而始殁,此亦必顺帝时所修。若世祖时,则宜中、廷鸾存殁尚未知,何由预书耶?

宋史各传回护处

元修《宋史》,度宗以前多本之宋朝国史,而宋国史又多据各家事状碑铭编缀成篇,故是非有不可尽信者。大奸大恶如章惇、吕惠卿、蔡确、蔡京、秦桧等固不能讳饰,其余则有过必深讳之,即事迹散见于他人传者,而本传亦不载。有功必详著之,即功绩未必果出于是人,而苟有相涉者,亦必曲为牵合。此非作史者意存忠厚,欲详著其善于本传,错见其恶于他传,以为善善长而恶恶短也。盖宋人之家传、表志、行状以及言行录、笔谈、遗事之类，流传于世者甚多，皆子弟门生所以标榜其父师者，自必扬其善而讳其恶，遇有功处辄迁就以分其美，有罪则隐约其词以避之。宋时修国史者即据以立传，元人修史又不暇参互考证而悉仍其旧，毋怪乎是非失当也。昔吴缜作《新唐书纠谬》，不旁采他书，即《新唐书》中自为抵牾者，抉摘以资辨证。今亦仿此例，摘出数十条于后，观者可以览焉。

李纲。　靖康围城之事，姚平仲欲劫营，以士卒不得速战为言。李纲主其议，令城外兵俱听平仲节度，遂及于败。《姚平仲传》。据此则劫营之计，李纲实与其谋。而《纲传》则谓平仲密奏斫营，夜半中使传旨使纲策应，似纲初不知者。盖因平仲之败，以见失策不在纲。此事本载纲所著《靖康传信录》，史馆即据以立传也。

吕好问。　靖康之变，朝臣多污张邦昌伪命。高宗以邓肃在围城中目击其事，令肃陈奏。肃请分三等定罪。以待制而为伪朝执政者置一等，乃王时雍、徐秉哲、吴开、吕好问、莫俦、李回，共六人。见《邓肃传》。是好问罪在一等，其欲为伪朝佐命可知也。乃《好问传》不载其从逆之事，反备书谏阻张邦昌毋干大位，及趣邦昌遣使迎高宗等事。

韩世忠。　世忠固一代名将，然少年时意气用事，亦多有可议者。王明清《避乱录》，杭妓吕小小以罪系狱，会钱塘守邀世忠饭，世忠为言而出之，连饮巨觥，携妓以去。又明清《挥麈录》①，王渊有妓周氏，为赵叔近所得。陈通之乱，叔近招降之，渊遣张俊、韩世忠讨通，并斩叔近，以妓归渊。渊以赐俊，俊不敢受，乃予世忠。按此二事皆出于明清所记，或因其以京口娼梁氏为妻，遂附会之。吕小小事不见他书，周氏事见《宋史·赵叔近传》，但言以周归渊，不言归世忠也，则明清所记或近于诬。至于《宋史》各传，世忠屯镇江，刘光世屯建康，以私忿欲交兵，常同劾其骄狠无忌惮。见《常同传》。是时光世部将王德擅杀世忠部将，会诏移屯，世忠遂遣兵袭其后，并夺建康守府廨。见《赵鼎》及《季陵传》。移屯时，光世惧世忠扼其路，乃趋白鹭，世忠果遣人袭之。见《刘光世传》。张浚以世忠所部逼逐谏臣坠水死，因劾奏，夺其观察使。见《张浚传》。滕康亦劾世忠夺御器械，逼死谏臣，乃止罚金，何以惩后。见《滕康传》。世忠又饮于内侍李质之家，刃伤弓匠。见《魏矼传》。此皆世忠少年粗豪之过，亦不必讳，而《世忠传》不载。

张浚。　浚一生不主和议,以复仇雪耻为志,固属正人。然李纲入相时,宋齐愈以附逆伏诛,浚为御史,劾纲以私意杀侍从,且论其买马招军之罪。见《高宗纪》及《纲传》。浚又尝荐秦桧可任大事。见《赵鼎传》。陈东伏阙上书,已被诛,浚又奏胡珵笔削东书,以布衣挟进退大臣之权,遂追勒编置。盖浚乃黄潜善客,珵则李纲客也。见戴植《鼠璞》。浚又尝与岳飞论吕祉、王德、郦琼兵事不合,飞因解兵奔丧归。浚奏其意在并兵,以去要君,遂命张宗元权其军事。见《高宗纪》。汪伯彦既贬,浚以伯彦旧尝引己,遂与秦桧援郊祀恩起伯彦知宣州。见《汪伯彦传》。今《浚传》皆不载。惟杀曲端一事略见传中,而又谓端部将张忠彦降金,故下端于狱,似非枉杀者。

叶梦得。　梦得初为蔡京客,京倚为腹心,尝为京立元祐党籍,分三等定罪。后知应天府,以京党落职。见《毛注》、《强渊明》、《胡安国》等传。建炎元年梦得知杭州,军校陈通作乱,梦得被执。见《高宗纪》。今《梦得传》不载。

胡安国。　安国本秦桧所荐用,吕颐浩引朱胜非以倾秦桧,胡安国即劾胜非不当复用。安国求去,桧三疏留之。颐浩欲去桧,席益曰:"胡安国在讲筵,宜先去之。"盖安国力言桧之贤于张浚也。见《秦桧传》。今《安国传》不载。

刘一止。　一止,秦桧党也。桧置修政局,或有言局当废者,一止与林待聘力言不可废。见《秦桧传》。今《一止传》不载。

何铸。　铸尝与罗汝楫劾岳飞。见《罗汝楫传》。又尝为秦桧劾王居正为赵鼎之党,遂夺职奉祠。见《王居正传》。又劾张九成党赵鼎。见《张九成传》。又劾廖刚与陈渊等为朋比。见《廖刚传》。今《何铸传》皆不载,反云治岳飞狱力辨其冤,谓"不当无故杀一大将",似能主持公道者。

李显忠。　宿州之败,因破宿州时,显忠欲私其金帛,不以犒军,与邵宏渊忿争,遂致师溃。见《胡铨传》。今《显忠传》乃谓宏渊欲发仓库犒军,显忠不可,只以现钱充赏,士皆不悦,遂致溃。一似显忠之慎重仓库,并无私意者。然论罪时显忠之谪独重,则其激变非无因也。《孝宗纪》亦云显忠战于宿州,宏渊不援,显忠失利,诸将以显忠、宏渊二将不协,遂大溃。是亦为显忠讳。

岳珂。 珂守当涂,制置茶盐,自诡兴利,横敛百出,商旅不行,国计反诎于初。又置贪刻吏,开告讦之门,以罔民而没其财。民李士贤有稻二千石,囚之半载。见《徐(庆)〔庹〕卿传》。袁甫劾珂贪黩无检,总饷二十年,焚林竭泽。见《袁甫传》。今《珂传》俱不载。

史弥远。 韩侂胄用兵,将危及社稷。杨皇后本与侂胄有隙,使荣王曦入奏,宁宗不答。后乃使其弟杨次山阴结史弥远、钱象祖等谋之。侂胄方早朝,弥远使中军统制夏震率兵拥至玉津园,击杀之,弥远等方以其事入奏。帝犹不信,既知其已死,乃下诏罢其官,然后再下诏诛之。见《杨皇后传》。是时弥远欲诛侂胄,皇后皇子从中主之,弥远以告象祖、李璧,谓有御笔行事。象祖欲奏审,璧恐迟则事泄,弥远乃使震殴杀之。见《韩侂胄》及《李璧传》。合数传参观,是当日先诛侂胄,后奏帝,帝始降旨罢其官,再加诛也。而《弥远传》则谓兵端既开,人皆畏侂胄不敢言,弥远力陈危迫之势,皇子询即荣王曦。入奏,乃罢侂胄。既而台谏给舍交章论侂胄,乃就诛,召弥远对(咸)〔延〕和殿。似乎先奏请得旨而后行诛者,此固讳其擅杀之迹。而《宁宗本纪》亦书开禧三年十一月甲戌,诏韩侂胄轻启兵端,可罢平章事。乙亥,礼部侍郎史弥远以密命,令殿前统制夏震诛侂胄于玉津园,一如《弥远传》所叙。此盖实录书法本如是,不欲以大臣擅杀,见朝廷之威柄下移也。则《弥远传》讳其擅杀一节,犹似有说。至其拥立理宗一事,则隐讳更甚。宁宗自皇子询薨后,即养宗室子贵和为皇子,赐名竑。弥远买美人善琴者纳之,使伺皇子动静,竑嬖之。一日,指舆地图曰:"此琼、崖州,他日当置弥远于此。"又尝书几曰:"弥远当决配八千里。"美人以告弥远,乃阴谋立沂王子贵诚,使郑清之傅之。宁宗崩,弥远在禁中,宣贵诚至枢前,举哀毕,然后召竑,封为济王,出居湖州。见《济王竑传》。夫以先帝预立之储君,擅敢废罢,而所立者并非先帝所识之人,虽以唐宦官之"定策国老,门生天子",尚不至如此之恣横,则弥远之罪上通于天,无可讳饰者。乃《宁宗本纪》并不著其废立之罪,但云"帝崩,史弥远传遗诏,立侄贵诚为皇子,更名昀,即皇帝位。封皇子竑为济阳王,出居湖州",一似仓猝之际宁宗别有遗命,而弥远奉行者。盖其时弥远正柄政,史馆实录皆所监修,故书法本是如此。而《弥远传》则后人所修,应无所忌,乃亦只以"宁宗崩,拥立理宗"七字了此公案,而此等奸谋逆节绝无一语载入。益可见宋旧史皆本各家表志、行状据以立传,而元人修史又悉仍其旧,略无订正也。

贾涉。 李全既降于宋,与金兵战。涉为制置使,以朝命许杀太子者赏节度使,杀驸马者赏观察使。全以所得金牌上于涉,谓杀四驸马所得者,涉遂奏授观察使,其实四驸马不死也。季先死,全欲并将其军,诡称其军有三千虚籍,覆之可省费,涉遂付以兵。将遣人覆实,全忽报昨闻邳州有警,已遣七千人往赴矣,遂不得覆。全往山东,涉劝农出郊,暮归,全军在楚州者遮道不得入。涉使人语全妻杨氏,杨氏挥之退,涉始入城。见《李全传》。今《贾涉传》皆不载,反谓李全得玉玺以献朝廷,赏以节度使,涉叹曰:"朝廷但知官爵可以得其心,岂知骄则至于不可劝耶?"是并能驾驭群盗矣。此传亦必其子似道当国日史馆所立,而元人因之不改者也。

郑清之、赵范、赵葵。 端平初,宋遣将孟珙与蒙古兵共灭金。其时宋与蒙古本敦邻好,并无嫌隙,忽焉兴师入洛,规复中原,兵端遂由此起。据《贾似道传》,灭金时,珙与蒙古约以陈、蔡为界。师未还,赵范谋发兵据殽、函,复中原地,元兵击败之。是开衅者范实为祸首也。然是时朝命已令范知开封府东京留守,其弟葵知应天府南京留守,全子才知河南府西京留守,则庙堂已有主此谋者。据《王万传》,郑清之当国,谋乘虚取河、洛。又《真德秀传》,郑清之挑敌,兵民死者数十万,中外大耗。是此事实赵范兄弟任之于外,郑清之主之于内也。乃《赵范传》不载其主谋用兵事,反云灭金后范言于理宗曰:"宣和海上之盟,厥初甚美,迄以取祸,不可不鉴。"《赵葵传》亦载其所奏云:"国家兵力未赡,姑从和议,俟根本既壮,恢复中原。"[2]据此则二人又似能审度时势,不肯轻举生事者。《郑清之传》亦不载其主谋开边事,反载理宗因边警甚惧,清之密疏谓"陛下忧悔太过,恐累刚大之志",则并似能持危定倾,补救于事后者矣。盖皆因兵端既起之后,国家之祸日深,作家传者各自讳其始谋之失,国史因之故也。至如《李宗勉传》谓端平中出师汴、洛,宗勉言不可;《崔与之传》谓朝廷取三京,与之顿足浩叹;《乔行简传》谓收复三京,行简忧事力之不继;《赵汝谈传》谓朝议出师,汝谈力言不可。及三京收复,汝谈有忧色,未几洛师果败。此又因用兵后祸败相寻,作传者各为著其先见之明也。

【校】

　　①《挥麈录》　"麈"原作"麈"，据寿考堂本改。

　　②《赵范传》不载其主谋用兵事，反云灭金后范言于理宗曰："宣和海上之盟，厥初甚美，迄以取祸，不可不鉴。"《赵葵传》亦载其所奏云："国家兵力未赡，姑从和议，俟根本既壮，恢复中原。"《校证》：所引赵范、赵葵之语皆见《宋史·理宗纪》（卷四一），二人传（卷四一七）中无其事。

宋史①各传附会处

　　《李继隆传》。　徐河之捷，辽将裕悦官名。旧史作于越。率骑八万来战，继隆与尹继伦列陈以待。敌众方食，继伦出不意击走之。　按《继伦传》，是时继伦领兵巡路，辽裕悦耶律休格旧史名休哥。数万骑遇之，不顾而南，继伦曰："是蔑视我也。彼捷则将驱我北去，不捷亦且泄怒于我矣。"乃衔枚夜蹑其后，天未明至徐河。休格方会食将战，继伦从阵后出其不意突击之，休格大败走。是继伦之突击，并未与继隆同列陈也，而《继隆传》云与继伦列阵以待，此不过欲著继隆之同功耳。

　　《余靖传》。　狄青破侬智高后，即班师。靖留广西，遣人入特磨道，获智高母子弟三人，献阙下。　按《萧注传》，智高走大理，其母与二弟寓特磨道，注侦得之，悉擒送阙下。是获智高母子者乃注之功，余靖特以镇广西为其长官耳。而《靖传》则以此功全属之于靖，并略不及萧注。

　　《李纲传》。　徽宗以金兵日逼，命皇太子为开封牧。纲谓吴敏曰："建牧岂非欲委以留守乎？然非传以位号不可。"敏曰："监国可乎？"纲以肃宗灵武建号不出于明皇，使后世惜之为对。明日，敏遂以禅位事进说，并谓李纲亦有此议。是传位之议本起于纲也。　按《敏传》，徽宗将内禅，蔡攸探知上意，引敏入对，遂并荐纲入见。则内禅之意本出于徽宗。《蔡攸传》，帝欲内禅，亲书传位东宫字，授李邦彦。邦彦不敢承，以付攸。攸属其客吴敏，遂定议。又《李熙靖传》，道君皇帝曰："外人以内禅为吴敏功，不知乃自吾意。不然，言者且灭族矣。"合数传观之，是内禅本出于徽宗，而《纲传》所云或非实事也。或纲议适与帝合，遂赞决耶？

　　按张端义《贵耳录》，徽宗闻金人破燕，即命当直学士黄中令草诏罪己,并传位太子。明日诏出,渊圣登极。又记徽宗语,谓诏中处分,蔡攸尽道不是,只传位一事,要做他功劳。此亦见内禅出自帝意之一证。

《李纲传》 出为湖广宣抚使,荆湖江、湘之间盗贼不可胜计,多者至数万人,纲悉荡平之。又《张浚传》,浚至潭州,杨么贼众二十余万相继来降,湖寇尽平。 按是时长沙有刘忠拥众数万,韩世忠诛之。曹成蹯湖湘道、贺等州,岳飞平之。杨么又飞所击斩者也。今悉归功于纲与浚,而诸将之攻讨略不及焉。虽纲为宣抚,浚为督视,诸将之功即其功,然竟抹煞诸将,全以荡平诸贼为纲与浚之功。且《纲传》则功属纲,并不及浚;《浚传》则功属浚,又不及纲。

《岳飞传》 军中得乌珠旧史名兀术。谍者,飞佯认为己所遣之谍,作蜡书,约豫同诛乌珠,刲其股纳之,令致豫。谍者归,以书示乌珠,乌珠大惊,驰白其主,遂废豫。又《张浚传》,郦琼叛奔刘豫,浚亟遣蜡书贻琼,金人果疑豫,寻废之。 按刘豫先赂金元帅达兰,旧史名挞(辣)〔懒〕。得立为帝。后出师侵宋辄败,屡请金兵为援,金领三省事宗磐曰:"先帝立豫者,欲豫开疆保境,我得按兵息民也。今豫进不能取,退不能守,兵连祸结,从之则豫收其利,而我受其弊,奈何许之?"于是始有废豫意。会豫又请兵,金乃令达兰、乌珠伪称南侵,至汴,宣诏废之。是豫之废因其进不能取,且屡请兵也。今乃以归功于张浚、岳飞之两封蜡书,真所谓牵连附会者也。《王伦传》,绍兴七年,伦使金,至睢阳,刘豫欲索观国书,伦力拒之。至涿州,见达兰,具言豫邀索国书无状,且谓豫忍背本,他日安保不背大国。是年冬,豫遂废。是又以废豫归功于伦之奉使矣。

《李显忠传》 金主亮南侵,将济江,王权自和州遁归。诏以显忠代权,命虞允文趣显忠交军,于是有采石之捷。显忠遣万人渡江,尽复淮西州郡,亮切责诸将,诸将弑之。 按《虞允文传》,允文奉命往趣显忠赴权军。允文至采石,权已去,显忠未来,我师三五星散,解鞍坐道旁。允文念坐待显忠则误国事,遂招诸将,勉以忠义,诸将皆死战,得大捷。明日又败敌于扬林口,显忠始至。是采石之捷,无与于显忠也。而《显忠传》谓因趣显忠交军,故有此捷,遂若功出于显忠者。亮因采石之败,即趋瓜洲,克日渡江,未渡而被弑,亦非关显忠之复淮西而责诸将也。且是时海陵去采石即至瓜洲,其间时日有几,显忠岂能尽复淮西？当是海陵被弑后，乘金兵之退而复之耳。乃必谓海陵因显忠复淮西切责诸将遂被弑，此又曲说也。

《贾涉传》。　李全取海州及密、潍，收登、莱二州，又结青州张林，以滨、棣、淄、济、沂等州来降，自是恩、博、景、德至邢、洺十余州相继请降。涉传檄中原，以地来归及反戈自效者，朝廷爵土无所吝。　按是时金国衰乱，盗贼各分据，李全乘此北行，金元帅张林据青、莒、密、登、莱、潍、淄、滨、棣、宁海、济南等州，全往招之，遂来降。其表云："举七十城之全齐，归三百年之旧主。"是时实李全功也，而系之《涉传》，竟似涉发踪指示者。

【校】

　① 宋史　原无，据本集目录补。

廿二史札记卷二十四

宋史数人共事传各专功

贝州王则之乱，讨平之者明镐、文彦博也。而《郑骧传》则云王则反，讨平之，竟似骧一人之功矣。又《杨燧传》谓燧攻贝州，穴城以入，贼平，功第一。《刘阗传》又谓阗从攻贝州，穿地道，阗先入，众始从，遂登陴，引绳度师。迟明，师毕入，贝州平，功第一。则即穴城一事，又各擅第一功矣。夏竦卒，赐谥"文正"，司马光、刘敞俱驳之。《光传》曰：光谓谥之美者莫如"文正"，竦何人足以当之？乃改谥"文庄"，略不及敞之同议，则似光一人所驳矣。《敞传》又曰：敞疏三上，乃改谥"文庄"，亦略不及光，又似敞一人所改矣。

孝宗崩，光宗以疾不能过宫成服，赵汝愚拥立宁宗一事，据《汝愚》及《赵彦逾传》，是时宰相留正去位，中外汹汹。汝愚谋立嘉王，即宁宗。欲倚殿帅郭杲为用，以告彦逾。彦逾尝有德于杲，遂承命以汝愚谋告杲，杲乃领兵卫宁宗即位。是此谋本出汝愚，而彦逾共成之。厥后汝愚因此拥立之功为侂胄所忌，得祸最烈，正以此也。而《叶适传》则谓是时赵汝愚计无所出，适责知阁门事蔡必胜不得坐视，蔡乃与宣赞舍人傅昌朝、知内侍省关礼、知阁门事韩侂胄三人定议。适亟白汝愚，汝愚乃遣侂胄、关礼以内禅事奏太皇太后，明日因禫祭，遂立嘉王即位。则此谋又系叶适与蔡必胜等定议后以告汝愚者矣。按《绍熙行礼记》又谓是时汝愚计无所出，宗室彦逾责以同姓之卿不得坐视，汝愚曰："奈何事急，向承天门叫几声，自割杀耳。"彦逾曰："无益也。"乃为画计请于太皇太后，以嘉王即位，而尊光宗为太上皇帝，使侂胄共成其事。据此则首谋又属彦逾。然《宋史·彦逾传》不载其首谋画策，或《绍熙行礼记》所云非当日实事。

宋史各传错谬处

《袁彦传》有刘仁赡降之语，《张保续传》亦有刘仁赡率将卒出降之语。薛居正《五代史》，周显德四年，世宗亲征寿州，刘仁赡上表乞降。是薛《史》原有此语。然薛《史》仅抄实录，而未及详考事实，至欧《史》则已辨明仁赡之不降，实副使孙羽以仁赡病笃，诈为其书以降者，所以特列仁赡于《死节传》。今《宋史·袁彦》等传尚云然，岂元人修史时并欧《史》亦不检对耶？《韩世忠传》，世忠屯焦山，谓乌珠旧史名兀术。至，必登金山龙王庙观虚实，乃令百人伏庙中，百人伏岸侧。果有五骑闯入，庙兵喜，先鼓而出，仅得二人，逸其三，中有绛袍玉带既坠而驰者，访之即乌珠也。按金山在水中，岂能骑而入，又骑而逃？此必误也。《舆地记胜》谓伏兵北固山龙王庙，此较近理。乃作传者于此等处亦不订正。

《曹友闻传》，元兵攻武休关，败都统李显忠军，遂入兴元。按显忠系绍兴中归宋，卒于乾道中，距友闻与蒙古兵战时已六七十年，安得尚统军耶？或另有一李显忠，然史又不分析言之。《陈宜中传》，遣张全合尹玉、麻士龙援常州，玉、士龙皆战死，全不发一矢奔还。文天祥请诛之，宜中释不问。《文天祥传》亦谓朱华、尹玉等战五牧，败兵渡水，挽全军舟，全军斩其指，皆溺死，全不发一矢走归。是张全并未战也。而《尹玉传》乃云淮将张全、广将朱华大战于五牧，则全又在力战之内矣。功罪混淆，莫此为甚。

又刘师勇与姚訔守常州数月，城陷，师勇拔栅战且行。其弟马堕堑，跃不能出，师勇举手与诀而去。是师勇守常，至城破始去也。事见《张世杰传》及《元史·伯颜传》并《郑所南集》。而《王安节传》则谓师勇复常州后即赴平江，使安节在常拒守，又似师勇未尝与常州之难者。此又一史中自相矛盾之处也。《吕蒙正传赞》谓国朝三次入相者惟赵普、吕蒙正。然蒙正之后又有张士逊、吕夷简、文彦博，皆三次入相，蔡京并四次入相，《蒙正传赞》所云亦未深考。

宋史列传又有遗漏者

一代之臣甚多，自非大奸大忠，原不能悉载，然有必宜载而反遗漏者。俞文豹《清夜录》，靖康之变，上皇将赴金军，中书舍人姜尧臣极谏不可往，番使以骨朵击之死。曹勋《北狩录》，（四）〔二〕太子求王婉容为黏罕子妇，婉容自刎死。此二事忠节凛然，史传所必宜载者，而列传皆无之。

彭义斌自山东起义，随李全来归，即与赵范、赵葵破金兵，义斌独击至下湾渡，掩金人于淮。见《贾涉传》。后因李全乱楚州，制置使许国走死，义斌斩全使大骂，誓必报此仇。会全攻恩州，义斌即出战，败之。全求制置使徐晞稷书，与义斌连和，义斌致书赵善湘曰："不诛全，恢复不成。但能遣兵扼淮断其南路，必可灭贼。贼平之后，义斌战河北，盱眙诸将战河南，神州可复也。"见《李全传》。赵范亦谓善湘曰："义斌蹙全，如山压卵。然必请而后讨者，知尊朝廷也。"见《赵范传》。全贻书制置司，诬义斌叛。朝廷虽知义斌之功，惮全，未欲行赏。义斌俟朝命不至，拓地而北，进攻东平。严实潜求救于蒙古将博罗罕，而与义斌连和。义斌亦欲借实取河朔，而后图之，遂以兄礼事实，不夺其兵，而留青崖峒所掠实之家属不还。进攻真定，降金将武仙，众至数十万。既下真定，道西山而北，博罗罕兵始至，义斌分兵与实，阳助而阴伺之。实危急，即赴博罗罕军，与之合，与义斌战于内黄之五马山。义斌兵败被执，史天泽说之降，义斌厉声曰："我大宋臣也，肯为他人属耶？"遂死之。见《元史·严实》等传。后朝廷讨李全诏有云：彭义斌以忠拓境，大展皇略，已加赠典追封。见《李全传》。是义斌之忠义勋绩，比赵立、李宝、魏胜等更有过之，则《宋史》何得无传？乃仅散见于《李全》等传，而不另立专传，岂非阙漏耶？

又吴缜作《新唐书纠谬》，至今尚传其书，而《宋史》无传。刘克庄诗集、文集，为宋末一大家，今亦无传。此皆史家之疏也。

宋史排次失当处

《宋史》又有不必立传者。欧公《五代史》不立《韩通传》，为本朝讳也，《宋史》补之，而以李筠、李重进并列为"周三臣"，是矣。他如张从恩、扈彦珂、薛怀让、药元福皆五代时人。从恩入宋，改封许国公，其入《宋史》可也；彦珂、怀让、元福当宋初即病殁，赵〔昂〕〔晁〕、李谷、窦贞固、李涛、赵上交、张锡、张铸、边归谠、刘涛等并未官于宋，则传之何为？或以《五代史》无传，不得不于《宋史》存之。然李谷、李涛在五代尚有事迹可纪，其余本不足书，乃一概入之列传，仍不过叙其历官，如今仕途之履历而已，此亦成何史策？宋臣中《宣缯》、《别之杰》、《邹应龙》、《金渊》、《张磻》、《饶虎臣》、《戴庆〔炯〕〔柯〕》等传，亦但叙履历，绝无一言一事,则传之何为?

其他编次之失,更有当改定者。张宪、牛皋、杨再兴皆岳飞部将,旧史本附《飞传》后,元人修史另编为卷。_{说已见前。}刘子羽、胡世将与吴玠兄弟在蜀同功共事,应与玠、璘相次,今亦各为卷。此犹曰官有文武之别也。解元、成闵皆韩世忠部将,宜附世忠后;郭浩、杨政皆吴氏部将,用兵与吴氏相终始,宜附玠、璘后。今皆另编为卷,盖亦元人改旧史而排次耳。王友直、李宝皆自北起义来归,既同列一卷。李显忠亦自鄜延起事,间关数国,冒死南投,功名尤著。魏胜起兵涟水,据海州以归,与宝共事。此数人者应汇列为一卷,以显忠为首,胜、宝、友直次之,而今皆各为卷。秦桧擅国十九年,凡居政府者莫不以微忤斥去,惟王次翁始终为桧所怜,则次翁应附《桧传》后。陈自强之附韩侂胄,与次翁之附秦桧一也,则自强亦应附侂胄后。乃皆编入列传,不著奸党,何也?权邦彦徽、钦时人,卒于高宗绍兴三年,乃厕于宁宗诸臣之列;汪若海、张运、柳约亦皆钦、高时人,而厕于理宗诸臣之列;林勋、刘才邵等皆高、孝时人,并厕于德祐末造李庭芝诸人之列,不几颠倒时代乎?

《南唐世家》既立《韩熙载传》矣,刘仁赡、皇甫晖、姚凤皆完节于南唐者,何以不为立传以附于熙载后?南唐徐铉、北汉杨业后仕于宋,既入之宋臣传矣,南唐之周惟简、西蜀之欧阳迥亦皆仕宋,历官多年,何以又不入宋臣传,而仍附《南唐》、《西蜀世家》之后乎?此皆自乱其例者。想见元人修史草率从事,徒以意为排次,不复详细审订也。

史家一人两传

史传人物太多,修之者非一人,不暇彼此审订,遂有一人而重出者。如顾宁人指出《元史》列传中第八卷之速不台,即第九卷之雪不台;十八卷之完者都,即二十卷之完者拔都;三十七卷之石抹也先,即三十九卷之石抹阿辛。皆是一人两传,可见修史者之草率从事。然蒙古以国语为名,译作汉字但取其音之同,而字不必画一,致有此误,犹有说也。若《旧唐书》列传之七十二既有杨朝晟,九十四又有杨朝晟;五十一既有王求礼,一百三十七又有王求礼;《宋史》列传之一百十六既有李熙靖,二百十二又有李熙靖,考其事迹实系一人,并非偶同姓名者。是修史之草率，更甚于明修《元史》时。

至如《辽史》有三耶律托卜嘉，旧史名耶律挞不也。一在列传第二十六，一在第二十九，一在第四十一。又有两萧罕嘉努，旧史名萧韩家奴。一在列传第二十六，一在第三十三。又有两萧塔喇噶，旧史名萧塔剌葛。一在列传第十五，一在第二十。《金史》又有两达兰，旧史名挞懒。一在列传第十，又名古云，旧史名毂英。一在第十五。又有四罗索，旧史名娄室。一在列传第十；其三在五十七，同为一传，当时已以大娄室、中娄室、小娄室别之。又有两额尔克，旧史名讹可。亦同为一传，当时亦有草火讹可、板子讹可之别。此则名虽同而人各别。盖辽、金、元皆以国语为名，诸人国语之名本同故耳。至如《金史》之碎不觯，即《元史》之速不台；即元将之围汴京，掳金妃后及宗族北去者。《宋史》之兀良哈觯，即《元史》之兀良合台。即征交趾，由粤西北归者。此又修史时各据所译汉字入传，不暇彼此订正也。

监板宋史脱误处

余家所有《宋史》二本，系前明南北监板各一，其中误字落句，不一而足。如《尤袤传》，高宗崩，灵驾将发引，忽议配享。洪迈请用吕颐浩、韩世忠、赵鼎、张浚。袤言祖宗典故，既祔然后议配享，今忽定于灵驾发引之前，不加详议，恐无以服勋臣子孙之心。乃诏更议，后卒用四人者。时杨万里亦谓张浚当配食，争之不从，补外。袤转礼部侍郎云云。按万里所著《诚斋挥麈录》，谓洪景卢以浚杀曲端一事辍其配享，是迈乃辍浚者，今传反云迈请用浚。又按《杨万里传》，高宗崩，洪迈不俟集议配享，独以吕颐浩等姓名上，万里疏诋之，力言张浚当与。是迈本未以浚入配享，《尤袤传》所云张浚，当是张俊之误也。配享兼用文武，迈既请用吕颐浩、赵鼎两文臣，则武臣必是韩世忠、张俊耳。

又《曹勋传》，绍兴二十九年，勋副王伦为称谢使至金，金主将侵淮，勋与伦归，言和好无他。按伦自建炎元年即为通问使至金，绍兴二年粘罕使伦归报。七年再使金回，八年又往，偕张通古来。九年再充使，奉迎梓宫太后，被拘河间。十四年金人欲官之，不从，乃缢死。是伦之死在绍兴十四年，安得二十九年尚有与曹勋同使之事？及阅《王纶传》，二十八年，金将渝盟，边报沓至。二十九年，朝论欲遣泛使觇之,纶请行,曹勋副之。至金,馆礼甚隆。归言邻国恭顺,皆陛下威德所致。然是时金已谋犯江,特以善意绐纶耳。据此始知勋所副者乃王纶,非王伦也。又《张邵传》,邵初使金,遇秦桧于潍州,及归,上书言桧忠节。后其弟祁下狱,将株连邵,会桧死,得免。此数语上下不贯,邵既有德于桧,桧自党护之,桧死则不能免株连矣,乃反云桧死得免。此必有脱落字句处,皆刊刻时校雠不精之故也,当别求善本改之。

赵良嗣不应入奸臣传

马植,燕人,以取燕策干童贯,入奏,徽宗宠之,赐姓名李良嗣,又赐以国姓。图燕之议由此起,斯固召祸首谋,然良嗣但建此策,听不听则在乎庙堂之持议也。及良嗣奉使由海道至金,与金太祖约,金取中京大定府,宋取燕(中)〔京〕析津府,自是凡数往返。会金太祖殂,金人欲变元约,但予以燕京及蓟、景、檀、顺、涿、易六州,良嗣言:"元约山后山前十七州,今如此,信义安在?"金人不从。良嗣又奉使往,曰:"本朝徇大国多矣,岂平、滦一事不能相从耶?"金又不从。俟良嗣又至,以答书稿示良嗣曰:"燕京系我朝兵力攻下,其租税当输我朝。"良嗣曰:"租随地出,岂有予地而不予租税者?"金人曰:"燕租六百万,今只取一百万。不然,还我涿、易。"良嗣曰:"我朝自以兵下涿、易,今乃云尔,岂无曲直耶?"是良嗣衔命往来,能以口舌抗强邻。以上皆见《续通鉴纲目》。故《宋史》本传亦谓往返六七,颇能缓颊尽心,与金争议。使无收纳张觉之事,金人亦难遽起兵端,而中华疆土复归版图,良嗣方且当入《功臣传》中。乃张觉之叛金来降,主国计者贪近利而昧远计,辄轻为招纳。良嗣方苦口争之,以为失欢强邻,后不可悔。而举朝醉梦,卒不听从,果致金兵得以借口,不惟新得之地尽失之,并至銮舆北狩,神州陆沉。此则王黼辈之贪功喜事,谋国不臧,于良嗣无与也。乃事后追论祸始,坐以重辟,已不免失刑。修史者又入之《奸臣传》中,与蔡京等同列,殊非平情之论也。

王　伦

王伦使金,间关百死,(绪)〔遂〕成和议。世徒以胡铨疏斥其狷邪小人,市井无赖,张焘疏斥其虚诞,许忻疏斥其卖国,遂众口一词,以为非善类,甚至史传亦有"家贫无行,数犯法,幸免"之语。不知此特出于一时儒生不主和议者之诋諆,而论世者则当谅其心,记其功,而悯其节也。

伦本王旦弟勖之后,初非市侩里魁。其奉使在建炎元年,是时金人方掳二帝北去,凶焰正炽,谁敢身入虎口? 伦独慷慨请行,其胆勇已绝出流辈。及至金,被留。久之,尼玛哈旧名粘罕。使乌陵思谋至,伦即以和议动之,欲使其还两宫,归故地。尼玛哈虽不答,然和议实肇端于此,即洪皓之以"畏天、保天"语悟室,犹在后也。已而尼玛哈有许和意。绍兴二年,先遣伦归。次年即遣李永寿、王翊来,值刘豫内犯,议遂中格。七年,徽宗、郑后讣至,复遣伦充使奉迎,并乞河南、陕西地。是冬,豫既废,伦入见金主,金遂以乌陵思谋、石庆偕伦来议。八年,再使金,金即遣张通古等来,许归梓宫、母后及河南、陕西地。九年,伦充使再往,金竟以河南、陕西地先付之。设使金不渝盟,则存殁俱归,境土得复,伦之功岂南渡文武诸臣所可及哉? 只以金人自悔失策,旋毁前议,伦遂被拘于河间。其后和议再成,遂不得身预其事。

然创议于敌势方张之时,与收功于两国将平之日,其难易既不同,且伦之议和,则请帝后疆土全归,而未议及岁币。迨秦桧主和,则寸土不归,反岁输银绢二十五万两匹,徒得一母后二旅柩而已,其难易更不可以道里计。而况李永寿等之来,赖伦以云中旧识,稍损其骄倨。张通古等之来,又赖伦委曲调护,使秦桧就馆受书,以免屈万乘之尊。是其周旋于事势难处之会,即朱弁、洪皓辈有不能及者。盖弁、皓仅完臣节,伦则兼济国事,其所任为独难。故皓归亦极言伦以身徇国,弃之不取,缓急何以使人? 实深服其心力俱殚也。及被拘六年,金人欲用为平、滦三路都转运使。其时两国和议久成,化仇为好,即受金官职,亦非反颜事仇,况家本莘县,乡土已属于金,于私计亦甚便。乃力拒不受,甘被其缢死。《金史》谓伦已受官,又辞,乃缢死。《宋史》则谓不受官而被害。按伦如果受官,岂复抗辞? 是必未受官也。是不惟谋国之忠,历百艰而不顾,而殉国之烈,甘一死而不挠,视弁、皓等得归故国,身受宠荣者,其身世尤不幸,志节尤可悲也。而区区身后之名,又以"市井无赖"数语传为口实,至今耳食者几视为幸功掸阖之人,此不可不急为别白也。

宋初降王子弟布满中外

角力而灭其国，角材而臣其人，未有不猜防疑忌而至于杀戮者，独宋初不然。周保权被擒，授千牛卫上将军，葺京城旧邸院居之。湖南。高继冲纳土，但令王仁赡知军府事，而仍令继冲镇其地。迨继冲入朝，改授武宁军节度使、徐宿观察使，镇彭门，凡十年。其叔高保衡历知宿、怀、同、汝四州及光化军。其臣孙光宪亦官黄州刺史，梁延嗣亦官复州防御使。荆南。刘鋹战败被擒，仍封恩赦侯，赐第居京师，进封彭城郡公。南汉。李煜城破始降，封违命侯，居京师，后封陇西郡公。其子弟多授大将军、卫将军等官。从善为通许监军；从诲历知随、复、成三州；季操历知淮阳、涟水二军，蔡、舒二州；仲寓官郢州刺史十余年。其臣徐铉等皆官于京师，更无论也。南唐。孟昶既降，赐第京师，封秦国公，寻卒。子元喆历知贝、定二州，又为镇州兵马钤辖，移滑州，以病求小州，乃移滁州而卒。元珏历官宋、曹、兖、郓都巡检，出知滑州。其臣伊审徵官静难军节度使，移镇延安。赵彦韬授兴州刺史，移（沣）〔澧〕州。毋守素历知赵州、容州，兼本管诸州水陆转运使。西蜀。陈洪进纳土后，封杞国公，赐第居京师。子文显仍知泉州，移知青、齐、庐三州；文颢历知房、康、同、耀、徐、衡六州；文颐历知海、濮、潍、沂、黄五州；文项历知登、舒二州。漳泉。钱俶纳土后，封淮海国王，赐礼贤宅，居京师，后出为武胜军节度使，改封南阳国王。子惟濬屡加诸镇节度使，常居京师；惟治知真定军府，兼兵马都部署；惟济历知绛、潞二州，又为永州团练使，改成德军；惟演仕至同中书门下平章事，出判许州。俶弟俨判和州，昊历知宋、寿、泗、宿四州。其臣僚孙承祐知大名府，改知滑州，沈承礼知密州。吴越。刘继元降，封彭城郡公，赐京城甲第一区，授保康军节度使。其臣李恽历知广、许、孟三州，马峰分司西京。北汉。统计诸降王及诸降臣无一不保全者。

此等僭伪窃据之徒，归降本非素志，况新造之邦民志未定，国势易摇，岂能一无顾虑？乃其主皆赐第京师，居肘腋之地，其子弟臣僚又皆分职州郡，掌兵民之权。而庙堂之上不闻操切猜防，入仕新朝者亦帖然各效其勤，无反侧不靖之意。于此见宋太祖、太宗并包天下之大度，震服一世之神威，非诈力从事者所可及也。后之论者，往往谓宋开国之初即失于弱,岂知不恃诈力以为强者,其强更甚也哉!

宋诸帝御集皆建阁藏贮

宋诸帝御集各建阁藏贮,自真宗始。真宗晚年,以所著诗文示丁谓等曰:"朕听览之下,以翰墨自娱,虽不足垂范,亦平生游心于此也。"谓等请镂板宣布,共七百二十二卷,并作天章阁贮之。自后诸帝御集皆仿此例,而阁名各不相袭。英宗建宝文阁,藏仁宗御集,神宗以英宗御书亦附于内。哲宗建显谟阁,藏神宗御集。元祐二年,已诏苏辙、刘攽等编次神宗御集,四年上之。先藏宝文阁,元符元年另建显谟阁贮之。徽宗建徽猷阁,藏哲宗御集。高宗建敷文阁,藏徽宗御集。孝宗建焕章阁,藏高宗御集。宁宗建华文阁,藏孝宗御集;又建宝谟阁,藏光宗御集。理宗建宝章阁,藏宁宗御集。度宗建显文阁,藏理宗御集。每帝各建一阁,虽颇繁费,然亦足昭敬谨,且见诸帝文治之盛也。又每阁皆置学士、直学士、待制等官,俾专职掌。以上皆见本纪。如神宗以章衡为宝文阁待制,谓之曰"卿为仁宗朝魁甲,宝文藏御集之处,未始除人,今以处卿"是也。见《衡传》。

录名臣后

真宗录唐白居易后利用为河南府教授,元稹七世孙为台州司马,裴度孙坦为郑州助教。又录唐长孙无忌、段秀实等孙,皆教官。仁宗录唐狄仁杰、张九龄、郭子仪、颜真卿后,神宗录唐魏徵、狄仁杰、段秀实后,皆见本纪。按《旧唐书·段秀实传》,自贞元后,凡赦书褒忠,必以秀实为首。又贞元六年赦书,授颜真卿一子五品官。文宗时,又以真卿曾孙弘式为同州参军。《五代史·刘遂清传》,唐朝浑、郭、颜、段之后,每一赦出,以一子出身,率为常制。是唐及五代时已有此制,宋盖仿而行之也。

宋皇后所生太子皆不吉

真宗由皇太子登极,其母则李贤妃也。仁宗由皇太子登极,其母则李宸妃也。神宗之为皇太子,其母本高皇后,然生帝时尚在英宗潜邸,未为后也。哲宗由皇太子登极,其母朱德妃,亦非后也。惟钦宗生时,其母王氏已册为后,故钦宗以嫡长为皇太子,后即位,竟北迁于金。南渡后,光宗母系郭皇后,宁宗母系李皇后,然诞育时亦皆在潜邸,未为后也。惟度宗后全氏,正位中宫后生德祐帝,咸淳三年立全后,七年生帝㬎。甫登极即国亡。统计有宋一代,皇后正位后所生太子,只靖康、德祐二帝,而二帝皆为失国之君,此理之不可解者。

又有已立为太子而不得继统者。太宗之昭成太子元禧,真宗之悼献太子祐,哲宗之献愍太子茂,犹皆死后追赠,未尝及身为储君也。其生而立为太子者,钦宗嫡子谌,朱后所生。生时虽尚未为后,然正妃也,故谌为嫡皇孙,当时已称祖宗以来所未有。钦宗登极后立为皇太子,后竟随北去。高宗之元懿太子旉,潘贤妃所生,苗、刘之变,为所拥立,改元明受。高宗复辟后立为皇太子,未几殇。孝宗之庄文太子愭,郭后所生嫡长子,乾道元年立为皇太子,年二十四薨。宁宗之景献太子询,本宗室子,开禧初立为皇太子,年二十九薨。再育宗室子贵和为皇子,赐名竑,虽未加太子之号,然已居储贰,继体攸属。后为史弥远擅废,降封镇王,不得其死。是不惟正后所生太子不吉,即非正后所生而册为太子者,亦不皆吉也。

宋初考古之学

考古之学,至南宋最精博,如郑樵、李焘、王应麟、马贵与等是也。然宋初制诰之臣,已多博雅。乾德三年,范质等三相俱罢,将独相赵普,而无宰相书敕,帝以问陶毂。毂曰:"古来宰相未尝虚位,惟唐文宗甘露之变数日无相,左仆射令狐楚奉行。今尚书亦南省官,可以书敕。"窦仪曰:"非承平令典也。皇弟开封尹同平章事,即宰相也,可书敕。"从之。仪之论固是,然古来偶有朝无宰相之故事,毂独能记之。又普独相后,太祖欲置之副而难其名称,问毂下宰相一等有何官。毂曰:"唐有参知机务、参知政事。"遂以薛居正、吕余庆为参知政事。仓猝一问即能援引故事,可见熟于典故,腹笥中无不有也。太祖改年号乾德,以为古所未有。后于宫中得"乾德(钱)〔镜〕",以问窦仪,仪对以伪蜀曾有此号。询知果自蜀中来者,始叹曰:"宰相须用读书人。"太宗时,皇子元杰封吴王,行扬州、润州大都督府长史。张洎谓:"六朝皇子封王,以郡为国,置傅相内史等,佐王为治,或王子不之国,则内史行郡事。唐改为长史,凡亲王授大都督不之镇,而朝命大臣临郡者,即有长史之号,谓亲王之上佐也。如段文昌出镇扬州,云淮南节度副大使知节度事兼扬州大都督府长史;李载义出镇幽州,云卢龙军副大使知节度事兼幽州大都督府长史是也。今王既为大都督,又为长史,则是王自为上佐矣。"即此数条,可见诸臣于朝章国典,无不究心有素,仓猝间即有据依,足资朝廷制作之讨论也。

又钱俶薨,谥"忠懿",张洎为覆状,有"受宠若惊,居亢无悔"语,张佖驳之,谓"亢龙无悔",非臣子所宜言。洎对状曰:"《易》之九三,王弼注云:处下体之极,居上体之下,因时而惕,故愈于上九之亢。《正义》云:九三,居下体之极,是人臣之体,其能免亢龙之咎者,以慎守免祸也。是人臣能免亢极之祸也。《汉书·梁商传赞》云:地居亢满,而能以谨厚自终。杨植作《许由碑》云:锱铢九有,亢极一夫。杜鸿渐《让元帅表》云:禄位亢极,过逾涯量。卢杞作《郭子仪碑》云:居亢无悔,其心益降。张说作《祁国公碑》云:一无目牛之全,一无亢龙之悔。皆就人臣而言也。"乃诏洎援引故实,历历有据,罚佖一月俸。以一"亢"字而援引典故辩博如此,其学可知。神宗有殿名宣光,哲宗问林希古有此名否,希对曰:"此石勒殿名也。"乃更名显承。此又诸臣熟于经史之学,原原本本,非以口给也。

自朝章国故之不讲,则有如蔡京误以唐太宗为宋太宗,而废尚书令者矣。徽宗诏,尚书令太宗曾为之,今不须复置。说者谓宋太宗未尝为尚书令,惟唐太宗曾为之。今误以唐太宗为宋太宗,乃蔡京当国,不学无术之故也。见《京传》。自经义史学之不讲,则有如章惇谓北郊祀地只可谓之社,而欲废北郊大礼者矣。惇以北郊止可谓之社,黄履曰:"天子祭天地皆称郊,故《诗序》云郊祀天地。若社,则土神也。岂有祭大祇亦谓之社乎?"北郊之议遂定。见《黄履传》。然则北宋文学之臣稽典故,援经史,俱确有据依,岂后代所可及哉?

宋初严惩赃吏

宋以忠厚开国,凡罪罚悉从轻减,独于治赃吏最严。盖宋祖亲见五代时贪吏恣横,民不聊生,故御极以后用重法治之,所以塞浊乱之源也。按本纪,太祖建隆二年,大名府主簿郭颛坐赃弃市。乾德三年,员外郎李岳、陈偃,殿直成德钧,皆坐赃弃市。蔡河纲官王训等以糠土杂军粮,磔于市①。太子中舍王治坐受赃杀人,弃市。开宝三年,将军石延祚坐监仓与吏为奸赃,弃市。四年,将军桑进兴、洗马王元吉、侍御史张穆、左拾遗张恂,皆坐赃弃市。刘祺赃轻,杖流海岛②。六年,中允郭思齐、观察判官崔绚、录事参军马德(林)〔休〕,俱坐赃弃市③。此太祖时法令也。

太宗太平兴国三年,泗州录事参军徐璧坐监仓受贿出虚券,弃市。侍御史赵承嗣隐官钱,弃市。又诏诸职官以赃论罪,虽遇赦不得叙,永为定制。中书令史李知古坐受赃改法,杖杀之。詹事丞徐选坐赃,杖杀之。御史张白以官钱籴卖,弃市。汴河主粮吏夺漕军粮,断其腕,徇河干三日,斩之。是太宗法令犹未弛。然寇准谓:"祖吉、王淮皆侮法受赃。吉赃少乃伏诛,淮以参政王沔之弟,盗主守财至千万,止杖,岂非不平耶?"则是时已有舣法曲纵者。至真宗时,弃市之法不复见,惟杖流海岛。如员外郎盛梁受赃,流崖州。著作郎高清以赃杖脊,配沙门岛。盖比国初已弛纵矣。《仁宗本纪》,则并杖流之例亦不复见。《苏颂传》,知金州张仲宣坐枉法赃应死,法官援李希辅例,杖脊黥配海岛。颂奏仲宣赃少应减,神宗曰:"免杖而黥之可乎?"颂引刑不上大夫为对,遂免黥,永为定制。自是宋代命官犯赃抵死者,例不加刑。当时论者谓颂一言而除黥刺,以为仁人之言其利溥。见《颂传》。益可见姑息成风,反以庇奸养贪为善政,其于不肖官吏之非法横取,盖已不甚深求。继以青苗、免役之掊克,花石纲之攘夺,遂致民怨沸腾,盗贼竞起。宋江等三十六人横行河朔,官军万人不敢捕。方腊之乱,凡得官吏,必恣行杀戮,断截肢体,探取肺肝,或熬以鼎油,或射以劲矢,备极惨毒,以泄其愤。陈遘疏所谓贪污嗜利之人,倚法侵牟,不知纪极,怨痛结于民心,故至此也。见《陈遘》及《方腊传》。

南渡后,高宗虽有诏按察官岁上所发摘赃吏姓名,以为殿最,然本纪未见治罪之人。惟孝宗时上元县李允升犯赃,贷死,杖脊刺面,配惠州牢城,籍其赀。失察上司俱降黜。广东提刑石敦义犯赃,刺面,配柳州,籍其家。知潮州曾造犯赃,贷死,南雄编管,籍其家。参知政事钱良臣以失举赃吏,夺三官。是时法令虽比国初稍轻,而从积玩之后有此整饬,风气亦为之一变。真德秀所谓乾道、淳熙间,有位于朝者,以馈赂及门为耻,受任于外者,以苞苴入都为耻,皆孝宗之遗烈也。理宗虽亦诏监司以半岁将劾去赃吏之数来上,视多寡为殿最,守臣助监司所不及,则以一岁为殿最,_{见本纪}。是亦颇能留意综核者。然是时汤煮疏言:"苞苴有昔所未有之物,故民罹昔所未有之害;苞苴有不可胜穷之费,故民有不可胜穷之忧。"_{见《煮传》④}。则知庙堂之诏已为具文,而官吏之朘削如故也。贾似道亦疏言:"裕财之道,莫急于去赃吏。艺祖杖杀朝堂,孝宗真决刺面,今当仿而行之。"_{见(似道传)〔理宗纪〕}。以似道之狂谬,尚知赃吏之不可不重惩,而追思艺祖、孝宗之遗法。然则是二帝者,可谓知所务者哉!

【校】

① 乾德三年,员外郎……陈偃……坐赃弃市。蔡河纲官王训等以糠土杂军粮,磔于市 《校证》:陈偃事在乾德五年九月,本纪作"陈郾"。王训事在建隆三年八月。皆非乾德三年。

② 四年……侍御史张穆、左拾遗张恂,皆坐赃弃市。刘祺赃轻,杖流海岛 《校证》:二张事在开宝五年三月及七月,刘祺事在七年十二月,非开宝四年。

③ 六年,中允郭思齐、观察判官崔绚、录事参军马德(林)〔休〕,俱坐赃弃市 《校证》:郭事在开宝九年八月,崔、马二人之事同在八年六月,皆非开宝六年。

④ 是时汤煮疏言……见《煮传》 《校证》:"汤煮"应作"蒋重珍"。《宋史·蒋重珍传》在《汤璹传》后(卷四一一),赵氏既误蒋疏为汤疏,又误写"璹"为"煮",遂成此大误。

廿二史札记卷二十五

宋封王之制

宋初臣下少封王者。石守信卒,封(武)威〔武〕郡王;王审琦卒,封琅琊郡王;高怀德卒,封渤海郡王;王景生封太原郡王,卒封岐王。此皆前代功臣,位本崇重,一旦倾心兴朝,宣力藩镇,故荣之以茅土也。其佐命功臣,惟赵普卒封真定郡王,曹彬卒封济阳郡王而已。普后加封韩王。至徽宗时,追封王安石舒王,蔡确汝南郡王,封爵始滥。时宰相何执中卒,封清源郡王;郑居中卒,封华原郡王。甚至奄人童贯,亦生封广阳郡王,名器猥亵,莫此为甚。

南渡后武臣封王者,韩世忠生封咸安郡王,后追封蕲王;张俊生封清河郡王,后追封循王;杨存中生封同安郡王,后追封和王;吴璘生封新安郡王,后追封信王。其死后追封者,吴玠涪王,岳飞鄂王,宁宗时封。刘光世安(成)〔城〕郡王,孝宗时封。又加封鄜王。文臣封王者,秦桧生封建康郡王,后追封申王;史浩追封会稽郡王,又加(卫)〔越〕王;韩侂胄生封平原郡王;史弥远生封会稽郡王,死又追封(越)〔卫〕王;郑清之亦追封魏郡王。诸武臣多战功,疏封尚有说,文臣以权宠得之,亦太猥亵矣。

此外则后族有封王者,其始皆子孙尊崇母后之族。如(太祖)〔真宗〕追封杜太后弟审进为京兆郡王,真宗追封母李太后父英常山郡王,仁宗追封真宗潘后父美郑王,郭后弟守文谯王是也。章献明肃刘后父通,追封魏王,则以后垂帘故。李宸妃弟用和,封陇西郡王,亦以仁宗生母故。惟仁宗张贵妃追册温成皇后。父尧封,封清河郡王,此为人主自封后族之始。仁宗慈圣光献曹后,乃曹彬女孙,神宗时追封其曾祖芸魏王,祖彬韩王,父玘吴王,后弟佾亦封济阳郡王,则并及四代矣。英宗宣仁圣烈高后,神宗追封其父继勋康王,兄遵甫楚王,高宗又追封后弟士逊、士林,侄公纪、公绘皆为王。神宗钦圣向后弟宗回永阳郡王,宗良永嘉郡王,皆徽宗时封。哲宗孟后父彦弼咸宁郡王,弟忠厚信安郡王,则高宗时封。徽宗王后、郑后无封。韦贤妃为高宗生母,高宗封其弟渊平乐郡王。钦宗朱后父伯材恩平郡王,则钦宗所封也。高宗吴后父近吴王,弟益太宁郡王,盖新兴郡王,孝宗郭后父瑊荣王,弟师(瑀)〔禹〕永宁郡王,皆子为帝后所封。光宗李后三代皆封王,则光宗时封。宁宗杨后弟次山永阳郡王,其二子谷、石亦皆封王,亦宁宗时封。理宗谢后三代皆王,则度宗时封。

宋待周后之厚

宋太祖为军士拥戴,既登极,迁周恭帝及符太后于西宫,易其帝号曰郑王,太后曰周太后。作周六庙于西京,遣官迁其神主,命周宗正郭玘以时祭享,又遣工部侍郎艾颖拜嵩陵、太祖。庆陵。世宗。建隆三年,郑王出居房州。开宝六年,郑王始殂,距禅位已十四年矣。宋祖素服发哀,辍朝十日,谥曰恭帝,命还葬庆陵之侧,陵曰顺陵。仁宗嘉祐四年,诏取柴氏谱系,于诸房中推最长一人,岁时奉周祀。寻录周世宗从孙柴元亨为三班奉职。先是加恩郭氏,至是又恩及柴氏。又诏周世宗后每郊祀录其子孙一人。至和四年,遂封柴咏为崇义公①,给田十顷,奉周室祀,并给西京周庙祭享器服。神宗又录周世宗从曾孙思恭等为三班奉职。熙宁四年,崇义公柴咏致仕,子若讷袭封。徽宗诏柴氏后已封崇义公,再官恭帝后为宣教郎,监周陵庙,世为三恪。南渡后,高宗又令柴叔(夜)〔夏〕袭封崇义公。理宗又诏周世宗八世孙承务郎柴彦颖袭封崇义公。此皆见于本纪及《续通鉴长编者》。盖柴氏之赏延直与宋相终始,其待亡国之后可谓厚矣。

【校】

① 仁宗嘉祐四年,诏取柴氏谱系,于诸房中推最长一人,岁时奉周祀。寻录周世宗从孙柴元亨为三班奉职……至和四年,遂封柴咏为崇义公 《校证》:封柴咏为崇义公事即承嘉祐四年之诏而来,诏在四月,封在八月,见《宋史·礼志》(卷一一九)。录柴元亨事在天圣四年九月,见《仁宗本纪》(卷九),早于嘉祐四年达三十二年之久,不能以"寻"字承叙。又至和止有二年,且在嘉祐之前。此条叙事,谬误殊甚。

宋郊祀之费

宋制每三岁一亲郊，大小各官皆得荫子。赵思诚疏言寒士在部，须待数年之阙，今亲祠之岁，任子约四千人，十年之后须万二千员，则寒士有三十年不得选者。是郊祀恩荫已极冗滥。此外又有赏赉，计每次缗钱五百余万，大半以金银绫绢绅䌷平其直给之。景德郊祀至七百余万，东封又八百余万，祀汾上又（百）〔增〕二十万。丁调为三司使，著《景德会计录》，自后历代郊祀常以为准。仁宗享明堂，并增至一千二百万。后以西夏用兵，国计日绌，乃诏裁减郊祀所赐银绢，旧三四千者减一千，一千者减三百，百减二十，特著为令。然宝元元年，会计京师所入金帛一千九百五十万，而出者二千一百八十五万，是岁以郊祀故，出入之数视常岁过多云，则亦未为大减也。俱见《食货志》。神宗时，司马光曾疏请听百官辞南郊赏赉，不许。

人主敬天，精意以享，何贵于恩泽之多，乃浮费如此？是人主昭事之典，反为百官幸恩之端，真属无谓。且岁一亲郊，古今大礼，今反以浮费之多，不得不改为三岁一举。是又因百官之沾被，成人主之怠弛，尤不可之大者也。按范镇疏云：赋役繁重，转运使又于常赋外进羡钱以助南郊，无名敛率不可胜数。然则南郊之费，大概出于外僚科敛所进之羡余。是又因百官之滥恩，而朘万民之财力，立制抑何谬耶？

宋制禄之厚

《宋史·职官志》载俸禄之制：京朝官宰相、枢密使，月三百千，春冬服各绫二十匹，绢三十匹，绵百两。参知政事、枢密副使，月二百千，绫十匹，绢三十匹，绵五十两。其下以是为差。节度使，月四百千。节度、观察留后，三百千。观察，二百千。绫绢随品分给。其下亦以是为差。凡俸钱并支一分见钱，二分折支，此正俸也。其禄粟，则宰相、枢密使月一百石，三公、三少一百五十石，权三司使七十石。其下以是为差。节度使一百五十石，观察、防御使一百石。其下以是为差。凡一石给六斗，米麦各半。熙宁中，又诏县令、录事等官，三石者增至四石，两石者增至三石，此亦正俸也。俸钱禄米之外，又有职钱。御史大夫、六曹尚书六十千，翰林学士五十千。其下以是为差。职钱惟给京朝官，外任者不给,因别有公用钱也。元丰官制行,俸钱稍有增减。其在京官司供给之数皆并为职钱,如大夫为郎官者,既请大夫俸,又给郎官职钱,视国初之数已优。至崇宁间蔡京当国,复增供给食料等钱,如京仆射俸外又请司空俸,视元丰禄制更倍增矣。

俸钱、职钱之外,又有元随傔人衣粮。在京任宰相、枢密使,在外任使相至刺史,皆有随身,余止傔人。宰相、枢密使各七十人,参知政事至尚书左右丞各五十人,节度使百人,留后及观察使五十人。其下以是为差。衣粮之外,又有傔人餐钱。中书、枢密及正刺史以上,傔人皆有衣粮,余止给餐钱。朝官自二十千至五千凡七等,京官自十五千至三千凡八等,诸司使副等官九等。此外又有茶酒厨料之给,薪蒿炭盐诸物之给,饲马刍粟之给,米面羊口之给。其官于外者,别有公用钱。自节度使兼使相以下二万贯至七千贯凡四等,节度使自万贯至三千贯凡四等,观察、防团以下以是为差。公用钱之外,又有职田之制。两京大藩府四十顷,次藩镇三十五顷,防团以下各按品级为差。选人使臣无职田者,别有茶汤钱。建炎南渡,以兵兴,宰执请俸钱禄米权支三分之一。开禧用兵,朝臣亦请损半支给。皆一时权宜,后仍复旧制。此宋一代制禄之大略也。其待士大夫可谓厚矣。

惟其给赐优裕,故入仕者不复以身家为虑,各自勉其治行。观于真、仁、英诸朝,名臣辈出,吏治循良,及有事之秋,犹多慷慨报国。绍兴之支撑半壁,德祐之毕命疆(场)〔塲〕,历代以来捐躯殉国者,惟宋末独多,虽无救于败亡,要不可谓非养士之报也。然给赐过优,究于国计易耗。恩逮于百官者,惟恐其不足;财取于万民者,不留其有余。此宋制之不可为法者也。

宋祠禄之制

宋制设祠禄之官,以佚老优贤,自真宗置玉清昭应宫使,以王旦为之。后旦以病致仕,乃命以太尉领玉清昭应宫使,给宰相半俸,祠禄自此始也。在京有玉清昭应宫、景灵宫、会灵观、祥源观等,以宰相执政充使,王曾以次相为会灵观使,曹利用以枢密使领景灵宫,班在曾上。后曾进昭文馆大学士,为玉清昭应宫使,乃班利用上。见(王曾)《〔曹利用〕传》。充使者俸钱,玉清昭应宫月百千,景灵宫七十千,祥源观五十千。见《职官志》。丞郎学士充副使,庶僚充判官、都监、提举、提点等,各食其禄。

初设时员数甚少,后以优礼大臣之老而罢职者,日渐增多。熙宁中,王安石欲以此处异议者,遂著令宫观毋限员数,以三十月为一任。又诏杭州洞霄宫、亳州明道宫、华州云台观、建州武夷观、台州崇道观、成都玉局观、建昌军仙都观、江州太平观、洪州玉隆观、五岳庙,并依嵩山崇福宫、舒州仙灵观置管干、提举等名,以此食禄,仍听从便居住。又诏除宫观者毋过两任,其兼用执政恩例者毋过三任。绍兴以来,士大夫之从驾南来者,未有阙以处之,乃许承务郎以上权差宫观一次,月得供给,各依资序降二等支。不限员数。后以陈乞者多,又定令稍复祖宗条法之旧,一任以定法,再任以示恩,绍熙五年庆寿赦令,宫观岳庙已满不应再陈者,今因庆寿恩,年八十以上者,特许更陈一次。京官二年,选人三年,皆于优厚之中寓限制之意。见《职官志》。

宋恩荫之滥

荫子固朝廷惠下之典,然未有如宋代之滥者。文臣自太师及开府仪同三司,可荫子若孙及期亲、大功以下亲并异姓亲及门客。太子太师至保和殿大学士,荫至异姓亲,无门客。中大夫至中散大夫,荫至小功以下亲,无异姓亲。武臣亦以是为差。凡遇南郊大礼及诞圣节,俱有荫补。宰相执政,荫本宗、异姓及门客、医人各一人。太子太师至谏议大夫,荫本宗一人。寺长贰、监〔长贰〕以下至左右司谏,荫子或孙一人。余以是为差。此外又有致仕荫补。曾任宰执及见任三少使相者,荫三人。曾任三少及侍御史者,荫一人。余以是为差。此外又有遗表荫补。曾任宰相及现任三少使相,荫五人。曾任执政官至大中大夫以上,荫一人。诸卫上将军,四人。观察使,三人。余以是为差。由斯以观,一人入仕,则子孙亲族俱可得官,大者并可及于门客、医士,可谓滥矣。俱见《职官志》。然此犹属定例,非出于特恩也。

天圣中,诏五代时三品以上告身存者,子孙听用荫,则并及于前代矣。明道中,录故宰臣及员外郎以上致仕者,子孙授官有差,则并及于故臣矣。甚至新天子即位,监司郡守遣亲属入贺,亦得授官,见《司马旦传》。则更出于常荫之外矣。曹彬卒,官其亲族门客亲校(二)十余人;李继隆卒,官其子,又录其门下二十余人;雷有终卒,官其子〔及亲族门客〕八人,此以功臣加荫者也。李沆卒,录其子宗简为大理评事,（婿）〔甥〕苏昂、〔妻〕兄之子朱涛,并同进士出身;王旦卒,录其子弟侄、外孙、门客、常从授官者〔十〕数（十）人,诸子服除,又各进一官;向敏中卒,子婿并迁官,又官亲校数人;王钦若卒,录其亲属及所亲信二十余人,此以优眷加荫者也。郭遵战殁,官其四子,并女之为尼者亦赐紫袍;任福战殁,官其子及从子凡六人;（石）〔王〕珪战殁,官其三子;徐禧战殁,官其家〔二〕十（二）人,此又以死事而优恤者也。

　　范仲淹疏请乾元节恩泽,须在职满三年者始得荫子,则仲淹未奏以前,甫莅任即得荫矣。阎日新疏言群臣子弟以荫得官,往往未离童龀即受俸,望自今二十以上始给。《职官志》,凡荫,嫡子孙不限年,诸子孙须年过十五,弟侄须过二十。此盖续定之制。龚茂良亦疏言庆寿礼行,若自一命以上覃转,不知月添给俸几何。是甫荫即给俸矣。朱胜非疏述宣和中谏官之论曰:"尚从竹马之行,已造荷囊之列。"则甫荫得服章服矣。熙宁初诏齐、密等十八州及庆、渭等四州,并从中书选授,毋以恩例奏补,则他州通判皆可以荫官奏补矣。金安节疏言致仕遗表恩泽不宜奏异姓亲,使得高赀为市,则恩荫并听其鬻卖矣。以上俱见各本传。

　　其间虽有稍为限制者,神宗诏诸臣年七十以上直除致仕者,不得推恩子孙。见《职官志》。又诏任子自一岁一人者改为三岁一人,自三岁一人者改为六岁一人。孝宗诏七十不请致仕者,遇郊不得荫补。又诏终身任宫观人毋得奏子。此虽略为撙节,然所减损究亦有限。朝廷待臣下固宜优恤,乃至如此猥滥,非惟开幸进之门,亦徒耗无穷之经费。竭民力以养冗员,岂国家长计哉?

宋恩赏之厚

　　宋制,禄赐之外,又时有恩赏。李沆病,赐银五千两;王旦、冯拯、王钦若之卒,皆赐银五千两。此以宰执大臣也。雷有终平蜀有功,特给廉镇公用钱岁二千贯,既殁,宿负千万,官为偿之。此以功臣也。戴兴为定国军节度使,赐银万两,岁加给钱千万;王汉忠出知襄州,常俸外增岁给钱二百万。此以藩镇大臣也。若李符为三司使,赐银三千两;李沆、宋湜、王化基初入为右补阙,即各赐钱（三）百万,湜知制诰,又赐银五百两、钱五十万;杨徽之迁侍御史,赐钱三十万;魏廷式为转运使,赐钱五十万;宋(搏)〔抟〕为国子博士,赐钱三十万。班仅庶僚,非有殊绩,亦被横赐。甚至魏震因温州进瑞木,作赋以献,遂赐银二千两,毋亦太滥矣!仁宗崩,遗赐大臣各直百余万。司马光率同列上言,国有大忧,中外窘乏,不宜用乾兴故事。若遗赐不可辞,宜许侍从进金钱助山陵费。不许。此可见宋代恩赏之大概也。

南渡后,吴玠卒,赐钱三十万。蜀将郭浩、杨政各赐田五十顷。魏胜战死,赐银千两,绢千匹,宅一区,田百顷。吴璘卒,高宗已为太上皇,赐银千两。盖南宋幅员狭而赋税少,匪颁亦稍减矣。

宋冗官冗费

宋开国时设官分职,尚有定数。其后荐辟之广,恩荫之滥,杂流之猥,祠禄之多,日增月益,遂至不可纪极。真宗咸平四年,有司言减天下冗吏十九万五千余人。所减者如此,未减者可知也。王禹偁言:臣籍济州,先时止有一刺史,一司户,未尝废事。自后有团练推官一人,又增置通判、副使、判(局)〔官〕、推官,而监酒榷税又增四人,曹官之外又益司理。一州如此,天下可知。见《禹偁传》。杨亿疏言:员外加置无有限数,今员外郎至三百余人,郎中亦百数。自余太常国子博士等又不下数百人,率为常参。不知职业之所守,只以恩泽而序迁。见《职官志》。宋祁疏言:朝廷有三冗,天下官无定员,一冗也。州县不广于前而官倍于旧。请立限员以为定法,其门荫、流外、贡举等科,俟阙官时计员补吏。又曰:使相节度为费最多。节相之建,或当边镇,或临师屯,公用之钱,所以劳众享宾也。今大臣罢黜,率叨恩除,坐糜邦用,莫此为甚。请自今非边要无师屯者,不得兼节度;已带节度者,不得留近藩及京师。见《祁传》。范坦亦言:户部岁入有限。今节度使至八十余员,留后至刺史又数千人,自非军功得之,宜减其半俸。见《坦传》。按《向经传》,方镇有公使钱,例私以自奉,去则尽入其余。大臣罢退,多优以节度空名,待制以下亦或带留后、刺史等衔,其应得之分例亦与现任者同,故祁、坦皆欲减之。此又冗官之上更加冗费也。

徽宗时(卢)〔虞〕策疏言:皇祐所入三千九百万,而费才三之一;治平四千四百万,而费五之一;熙宁五千六十万,而费尽之。今诸道随月所需,汲汲然不能终日矣。此犹北宋全盛之时已如此,南渡以后幅员既少,而耗费更多。廖刚疏言:刘晏以一千二百万贯供中原之兵而有余,今以三千六百万贯供川、陕一军而不足。川、陕兵数六万八千四百四十九人,内官员万一千七员,兵士所给钱比官员不及十分之一,则冗员在官不在兵。见《刚传》[1]。此军官之冗费也。汪应辰疏言:班直转官三日,而堂吏食钱万缗。工匠洗器仅给百余千,而堂吏食钱六百千。塑显仁神御半年,功未及半,而堂吏食钱已支三万,银绢六百两匹。见《应辰传》。此堂吏之冗费也。举此类推,国力何以支乎?

【校】

① 廖刚疏言……见《刚传》 《校证》:"廖刚"为"李迨"之误。《宋史》廖、李二人之传同在卷三七四,而《刚传》在前,因以致误。

南宋取民无艺

宋初国用虽滥,然主皆恭俭,吏治亦淳,尚无甚病民之事。自王安石行青苗等法而民始受害,时又有免役钱,有常平积剩钱,有无额上供钱,见《蔡幼学传》。然犹为富国强兵起见也。至徽宗时,蔡京当国,专以"《丰》亨《豫》大"之说蛊惑上心,动引《周官》"惟王不会"为词,遂至取民无艺。是时赋税之外,有御前钱物,朝廷钱物,户部钱物,哀敛各不相知,肆行催索。又有大礼进奉银绢,有赡学(粜)〔粜〕本钱。亦见《蔡幼学传》。宇文粹中疏言:朝廷支用,一切取给于民。陕西上户多弃产而居京师,河东富人多弃产而入川、蜀,是西北之受害可知。甚至花石纲之扰,运一石民间用三十万缗,而东南又大困。

南渡后因军需繁急,取民益无纪极。有所谓经制钱者,本宣和末陈亨伯为经制使,创杂征之法,因以为名。建炎中高宗在扬州,四方贡赋不至,吕颐浩、叶梦得言亨伯常设此制,宜仿行之,以济缓急。于是课添酒钱,卖糟钱,典卖田宅增牙税钱,官员请给头子钱,楼店务增三分房钱,令各路宪臣领之,通判掌之。绍兴五年,孟庾提点财用,又请以总制司为名,因经制之额,增析为总制钱。州县所收头子钱,贯收二十三文,以十文作经制上供,以十三文充本路用。他杂税亦一切仿此。其征收常平钱物,旧法贯收头子钱五文,亦增作二十三文,除五文依旧法外,余悉入总制。乾道中,又诏诸路出纳,贯添收十三文充经总制钱。自是每千收五十六文矣。此二项通谓之经总制钱。又有所谓月桩钱者。绍兴二年，韩世忠军驻建康，吕颐浩等议，令江东漕臣每月桩发大军钱十万缗供亿。漕司不量州军之力，一例均科，于是州县横征，江东、西之害尤甚。又有所谓板帐钱者。输米则收耗利，交钱帛则多收糜费，幸富人之犯法而重其罚，恣胥吏之受赃而课其入，索盗赃则不偿失主，检财产则不及卑幼，亡僧绝户不俟核实而入官，逃产废田不为消除而抑纳。有司固知其非法，而以板帐钱太重，不能不横征也。淳熙五年，湖北漕臣言绍兴九年诏财赋十分为率，留一分以充上供，自十三年始每年增二分。鄂州元额钱一万九千五百七十余缗，今增至十二万九千余缗；岳州旧额五千八百余缗，今增至四万二千一百余缗。民力凋瘵，实无从出。此在孝宗有道之时，已极朘削之害也。以上皆见《食货志》。

此外又有和买折帛钱。先是咸平中马元方建言：方春预支钱与民济其乏，至夏秋令输绢于官。是先支钱而后输绢，民本便之。其后则钱盐分给，又其后则直取于民。林大中疏言：今又不收其绢，令纳折帛钱，于是以两缣折一缣之直。见《大中传》。是南渡后之折帛，比青苗法更虐矣。赵开总四川财赋，尽征榷之利，至大变酒法，曲与酿具官悉自置，听酿户以米赴官自酿，斛输钱三千，头子钱二十二。其酿之多寡不限以数，惟钱是视。时张浚驻兵兴元，期得士死力以图克复，旬犒月赏，费用不赀，尽取办于开。开于食货，算无遗策，供亿常有余，而遗法讫为蜀中百年之害。见《开传》。

至贾似道创议买公田，平江、江阴、安吉、嘉兴、常州、镇江六郡，共买田三百五十余万亩，令民以私家之租为输官之额。见《似道传》。于是民力既竭，国亦随亡。统观南宋之取民，盖不减于唐之旬输月送，民之生于是时者，不知何以为生也。

宋军律之弛

五代自石敬(塘)〔瑭〕姑息太过，军律久弛，丧师蹙地，一切不问。周世宗鉴其失，高平之战，斩先逃之樊爱能、何徽及将校七十余人。于是骄将惰兵无不知惧，所以南取江淮，北定三关，所至必胜也。

宋太祖以忠厚开国，未尝戮一大将，然正当兴王之运，所至成功，固无事诛杀。乃太宗、真宗以后，遂相沿为固然，不复有驭将纪律。如太宗雍熙（四）〔三〕年，刘廷让与契丹战于君子馆，廷让先约李继隆为援。及战而继隆不发一兵，退保乐寿，致廷让一军尽没，廷让仅以数骑脱归。是继隆之罪必宜以军法从事，而太宗反下诏自悔，而释继隆不问。真宗咸平三年，契丹入寇，宋将傅潜拥步骑八万不敢战，闭城自守。部将范廷召求战，不得已，分兵八千与之，仍许出师为援。廷召又乞援于康保裔，保裔援之，力尽而死，而潜之援兵不至。帝仅流潜于房州。是时钱若水谓潜既不能制胜，朝廷又不能用法，力请斩之，不听。仁宗时夏人寇塞门砦，砦中兵才千人，赵振在延安，有众八千。砦被围已五月，告急者数至，振仅遣百人往，砦遂陷，砦主高延德、监押王继元皆没于贼。庞籍奏劾振，乃仅贬白州团练使。俱见各本传。

兵凶战危，非重赏诱于前，严诛迫于后，谁肯奋死决胜？乃继隆等拥重兵，坐视裨将之覆军丧命而不顾，军政如此，尚何以使人？此宋之所以不竞也。

宋科场处分之轻

唐时有通榜例。陆贽知贡举，以崔元翰、梁肃文艺冠时，凡肃、元翰所荐，皆取之。《唐书·贽传》。如崔群以梁肃荐为公辅器，贽遂取中是也。《群传》。韩愈负文名，遇举子之有才者辄为延誉，并言于知贡举之人，往往得售，故士争趋之。《文献通考》。然通榜必视其才，时尚无糊名之例，见名甄拔，果当其才，人亦服其公而无异议。其以徇私得中者，唐钱徽知贡举，段文昌嘱以杨浑之，李绅亦托以周汉宾，及榜发皆不中选，而取中有李宗闵之婿苏巢，杨汝士之弟殷士，文昌遂奏徽取士不公。穆宗命王起、白居易重试，内出题目《孤竹管赋》、《鸟散余花落诗》，举子多不知出处，被黜者孔温业、赵存约等十人，遂贬徽江州刺史，李宗闵剑州刺史，杨汝士开江令。《旧唐书·钱徽传》。是唐时科场之处分本轻。

至五代时，郑珏举进士数不中，张全义为之属有司，乃及第。见欧《史·珏传》。桑维翰应举，亦张全义言于有司得第。《洛阳缙绅旧闻记》。崔棁将知贡举，有举子孔英者素有丑行，宰相桑维翰谓棁曰："孔英来矣。"棁不喻其意，反疑维翰嘱之，乃考英及第。见薛《史·棁传》。此以势利舞弊者。后唐清泰中,卢导知贡举,将锁院,刘涛荐薛居正必至台辅,导取之,后果为相。《宋史·(薛居正)〔刘涛〕传》。李度工诗,有"醉轻浮世事,老重故乡人"之句,枢密使王朴录其句荐之知贡举申文炳,遂擢度第三人。《宋史·李度传》。此亦通榜之余风,虽非以势利起见,然知其人而取之,究亦弊也。聂屿与赵都同赴举,都纳赂于郑珏,报明日当登第,屿闻不捷,乃大诟来人以恐之,珏惧,俾俱成名。薛《史·(珏)〔聂屿〕传》。是竟以贿赂得第矣。五代乱世,此等作奸舞弊之事习以为常,固无足怪。其有稍示惩罚者,同光三年,礼部侍郎裴皞知贡举,所取新及第进士符蒙正等干物议,特诏翰林学士卢质覆试,王澈改第一,桑维翰第二,符蒙正第三,成僚第四,既无黜落,裴皞免议。周广顺中,赵上交知贡举,有新进士李观不当策名,物议喧然。中书门下以观所试诗赋失韵,遂黜之,并谪上交官,由侍郎降詹事。见《上交传》。显德中,刘涛考试不精,(杨朴)〔王朴〕劾之,世宗命翰林学士李昉覆试,黜者七人,涛坐降谪。见《涛传》。又刘温叟考进士,得十六人,有潜之者,帝怒,黜十二人,温叟左迁。见《温叟传》。是五代时虽有科场处分,不过降秩。宋初因之。开宝中,李昉知贡举,贡士徐士廉击登闻鼓,诉昉用情,帝怒,特命覆试,多黜落者,昉责授太常卿。见本纪及《昉传》。真宗时,三司使刘师道以弟几道举进士,嘱考官陈尧咨。时已糊名考校,乃于卷中为识号,遂擢第。已而事泄,诏几道落籍,永不预举,师道责忠武军行军司马,尧咨责单州团练使。此五代及宋科场处分大概也。

惟王钦若知贡举,有任懿者托素识钦若之僧惠秦,赂以白金二百五十两。会钦若已入院,僧嘱其门客达于钦若妻李,李遣奴祁睿入院,书懿名于其臂及白金之数以告钦若,遂得中。后事泄,钦若反委罪于同知举官洪湛,湛遂远贬。见《钦若》及《湛传》。以有赃贿,故处分较重。然纳贿舞弊仅至窜谪,科场之例亦太弛纵矣。

定罪归刑部

宋太祖尝谓宰相曰:"五代诸侯跋扈,有枉法杀人者,朝廷置而不问。人命至重,姑息藩镇,当如是耶!自今诸州决大辟,录案奏闻,付刑部覆视。"遂著为令。此建隆三年所定也。见本纪。

自有此制,天下重狱皆须候部覆核,宜无有擅杀者矣。然李及知秦州,有禁卒白昼攫妇人金钗于市,吏执以来。及方观书,诘问得实,即命斩之,观书如故。见《及传》。张咏知益州,有小吏以罪械其颈,吏惫曰:"非斩某,枷不得脱。"咏即命斩之。见《咏传》。范正辞奉诏料州兵送京,有王兴者惮行,以刃伤其足,正辞斩之。兴妻诣登闻鼓院上诉,太宗以正辞有威断,特擢之。见《正辞传》。王济知(睦)〔杭〕州,有狂僧突入州廨出妖言,济与转运使陈尧佐按实,斩之。见《济传》。吕公弼知成都,营卒犯法,扞不受杖,曰:"宁以剑死。"公弼曰:"杖者国法,剑汝自请。"乃杖而斩之。见《公弼传》。文彦博知益州,方宴击球,闻外喧甚,乃卒长杖一卒不伏。呼人问状,令引出与杖,又不受,复呼人斩之,竟球乃归。见《彦博传》。舒亶为临海尉,有民詈逐后母,至亶前,命杀之,不服,亶起手斩之,投劾去。见《亶传》。定罪既归刑部,乃尚有擅杀如数公者。

按郑毅疏谓,军法便宜止行于所辖军伍,其余当奏朝廷。然则军政原有便宜行法之条。如张咏在益州,正当王均、李顺等叛乱之后,固宜用重典以儆凶顽。其余亦皆军士之玩法者,故不妨概以便宜处之欤?舒亶以小吏而擅杀逆子,虽不悖于律,而事非军政,官非宪府,生杀专之,亦可见宋政之太弛也。

宋辽金夏交际仪

《金史》有《交聘表》,凡与宋、夏、高丽和战庆吊之事,开卷了如。然宋之与为邻者比金较多,则《宋史》益宜有《交聘表》,乃反无之,此修史者之疏也。

大概两国交际,每重在仪节之间。澶渊之盟,宋为兄,辽为弟,故辽使常稍屈。《宋史·程琳传》,契丹遣萧蕴、杜防来,蕴出坐位图示琳曰:"中国使者坐殿上高位,今我位乃下,请升之。"琳曰:"此真宗所定,不可易也。"乃已。然则真宗初定和议时,宋使至辽燕享之礼,较尊于辽使之至宋矣。然辽人亦往往故自尊大,不肯稍屈。程师孟使辽,至涿州,契丹来迓者正席南面,涿州官西向,而设宋使席东向。师孟不肯就坐,叱傧者易之,乃与迓者东西相向。见《师孟传》。吴奎使契丹归,遇契丹使于途。契丹以金冠为重,纱冠次之,旧时两使相见,必重轻适均。至是契丹使服纱冠,奎乃小杀其仪以见。见《奎传》。沈立使契丹,适其国行册礼,欲令从其国服,否则见于门。立曰:"北使来南,未尝令其变服,况门见耶?"乃止。见《立传》。哲宗崩,辽使来吊祭,胡宗炎迓境上,使者不易服,宗炎以礼折之,须其听命,乃相见。见《宗炎传》。辽(道)〔兴〕宗遣使以己像来求(徽)〔仁〕宗画像,未报而(道)〔兴〕宗殂。(天祚帝)〔辽道宗〕立,复以为请,宋使张(昇)〔昪〕往,欲先得其新主像,乃谕之曰:"昔文成弟为兄屈,尚先致敬,况今伯父耶?"(天祚帝)〔辽道宗〕乃以己像先来。见(昇)《〔昪〕传》。此宋、辽兄弟之国使命往来故事也。

至宋与金交际之仪,则前后不同。据《金史》,使张通古至江南,宋主欲南面,使通古北面,通古不肯,索马欲北归。宋主乃设东西位,使者东面,宋主西面,受书诏拜起皆如仪。见《金史·张通古传》。然《宋史》本纪,通古至,帝以方居谅闇,难行吉礼,命秦桧摄冢宰,受书以进。又《桧传》及《王伦》、《李弥逊》、《勾龙如渊》等传皆言金使来,朝议汹汹,桧迫于公议,属王伦力言于通古等,听桧就馆受书,以省吏朝服导引,纳其书禁中。自是当日实事。而《通古传》所云拜诏如仪者,或通古归自诩之词也。至宋孝宗与金世宗重定和议,则改奉表为国书,称臣为侄,凡报聘皆用敌国礼。《孝宗纪》。然金使至宋,宋主尚有起立受书之仪。金完颜仲初为报问使,仲奏请与宋主相见仪,世宗曰:"宋主起立接书,则授之。"及至宋,如礼。《金史·完颜仲传》。孝宗尝欲改受书仪,遣范成大至金陈奏,世宗不允。后金遣完颜璋贺宋正旦,宋使人就馆取书而去,璋还,杖一百〔五十〕,除名。金遣梁肃来诘问,宋仍以书谢。见《金史·完颜璋传》。次年刘仲海来贺正旦,宋仍欲变接书仪,仲海不可,乃仍用旧仪。按此事《宋史》有错误处。《孝宗纪》云,璋来贺正旦,以议受书仪不合,诏俟改日,别以太上皇旨,姑听仍旧。是璋初未尝失礼也。而《金史·璋传》以使事失礼,归杖黜,则在宋亏礼之处自是实事。《宋史》所云以太上皇诏姑仍旧礼者,盖次年刘仲海贺正旦之事,误记于璋至之日耳。已而金使乌林答天锡来贺会庆节,要孝宗降榻问金主起居,帝不许,天锡跪不起。宰相虞允文请帝还内,令使者明日随班上寿。见《宋史·孝宗纪》及《允文传》。盖又因宋就璋馆取书之事,故欲宋加礼,以为报复,而孝宗遽起入内,亦一时机变也。又金黄久约为贺宋生日副使,适宋馆伴正使病,欲以馆伴副使代正使行事,久约曰:"倘副使亦病,则将以都辖、掌仪等行礼乎?"竟令正使独前行,己与馆伴副使联骑。见《金史·黄久约传》。盖两国交际仪节有关国体,故各不肯自屈耳。至两国使臣朝贺时,则皆有山呼舞蹈之礼。金海陵爱宋使山呼声,使神卫军习之。见《金史·蔡松年传》。是宋使至金山呼也。金张峸使宋,以世宗大行在殡,受赐不舞蹈。见《金史·张峸传》。是金使至宋,非国丧亦舞蹈也。又两国彼此有避讳之法。金海陵立太子光英,宋改光化军为通化军,光州为蒋州。金章宗以完颜匡为贺宋正旦使,命权易名弼,以避宋讳。见《金》本纪。此又彼此避讳故事也。

至西夏之于宋,初李继迁、德明父子本臣属于宋,自元昊自立为帝,不复称臣,后议和,但称"男邦泥定国兀卒"。兀卒者,译言吾祖也。宋以词不顺,未之许。后再定和议,宋册为夏国主,约称臣奉正朔,改所赐敕书为诏而不名,使至其国用宾客礼。然使至常馆于宥州,不令至兴、灵,而元昊自帝其国中自若也。《宋史·杨告传》,告为西夏旌节官告使,元昊专席自尊,告徙坐宾位,元昊不能屈。此盖初册封时之事。其于辽、金二朝亦称臣,而交际之仪稍异。金世宗问张汝弼曰:"夏、高丽皆称臣,我使者至高丽,与王抗礼,夏王则立受使者拜,何也?"左丞完颜襄曰:"辽、夏本甥舅国,夏以辽公主故,受使者拜。本朝与夏约,遵用辽礼故耳。"汝弼曰:"行之已数十年,不可改也。"世宗从之。见《金史·张汝弼传》。此可见西夏之于辽、金,虽称臣而受其使拜,与宋所定与使臣宾主相见之礼不同矣。及金哀宗时,重与夏国议和,则夏并不复称臣,但以兄事金,各用本国年号,遣使来聘,奉书称弟而已。见《金哀宗本纪》。

刘豫受金册为齐帝时,金宗翰等议,既为藩辅奉表称臣,则朝廷诏至当避正殿与使者抗礼。金太宗诏曰:"既为邻国之君,又为大朝之子,惟使者始至躬问起居,及归时有奏则起立,余并行帝礼。"此又刘豫为子皇帝之仪注也。

廿二史札记卷二十六

岁　币

宋真宗与辽圣宗澶渊之盟,定岁币之数银十万两,绢二十万匹。仁宗时,辽兴宗以求地为兵端,再与定盟,加岁币银绢各十万两匹。夏主元昊既纳款,赐岁币银绢茶彩共二十五万五千。南渡后,高宗与金熙宗和议成,岁币银绢二十五万两匹。孝宗再与金世宗议和,改为银绢二十万两匹。开禧用兵既败,宁宗再与金章宗议和,增为银绢三十万两匹。至金哀宗时,宋停其岁币,后数年金亡。元太宗曾遣王檝来征岁币银绢二十万两匹,宋不与。

按宋之于金,岁币外,每金使至,又有馈赠大使金二百两,银二千两,副使半之,币帛称是。此例庙堂之上亦知之,故路伯达使宋回,上所得金银以助边费。见《金史·路伯达传》。梁肃使宋回,以所得礼物多,至推排物力时,自增六十贯。《金史·梁肃传》。金使至夏国者,夏国馈赠视诏书几道为多寡。完颜纲为赐夏主生辰使,章宗特命赍三诏以厚之。《金史·完颜纲传》。《金史·路伯达传赞》曰:受岁币,礼也;使者至燕享,亦礼也。纳其贿可乎? 乃习以为常,莫有知其非者。出则云酬劳效,归则云增物力,上下惟利是视,此何理耶?

和　议

义理之说与时势之论往往不能相符,则有不可全执义理者。盖义理必参之以时势,乃为真义理也。宋遭金人之害,掳二帝,陷中原,为臣子者固当日夜以复仇雪耻为念,此义理之说也。然以屡败积弱之余,当百战方张之寇,风鹤方惊,盗贼满野,金兵南下,航海犹惧其追,幸而饱掠北归,不复南牧,诸将得以剿抚寇贼,措设军府,江、淮以南,粗可自立。而欲乘此偏安甫定之时,即长驱北指,使强敌畏威,还土疆而归帝后,虽三尺童子知其不能也。故秦桧未登用之先,有识者固早已计及于和。洪皓以"乐天、畏天"语悟室,犹第使臣在金国之言也。绍兴五年,将遣使至金通问二帝,胡寅言国家与金世仇,无通使之理。张浚谓使事兵家机权,日后终归于和,未可遽绝。是浚未尝不有意于和也。陈与义云:和议成,岂不贤于用兵? 不成则用兵必不免。是与义亦未尝不有意于和也。高宗谓赵鼎曰:"今梓宫、太后、渊圣皆在彼,若不与和,则无可还之理。"此正高宗利害切己,量度时势,有不得不出于此者。厥后半壁粗安,母后得返,不可谓非和之效也。

自胡铨一疏,以屈己求和为大辱,其议论既恺切动人,其文字又愤激作气,天下之谈义理者遂群相附和,万口一词,牢不可破矣。然试令铨身任国事,能必成恢复之功乎? 不能也。即专任韩、岳诸人,能必成恢复之功乎? 亦未必能也。故知身在局外者易为空言,身在局中者难措实事。秦桧谓:"诸君争取大名以去,如桧但欲了国家事耳。"斯言也,正不能以人而废言也。其后隆兴又议恢复矣。吕本中言:大抵献言之人,与朝廷利害绝不相关,言不酬,事不济,则脱身去耳。朝廷之事,谁任其咎? 汤思退亦云:此皆利害不切于己,大言误国以邀美名。宗社大计,岂同戏剧? 斯二人者,虽亦踵桧之故智,然不可谓非切中时势之言也。

统宋一代论之,燕云十六州沦于契丹,太祖、太宗久欲取之,自高梁河、岐沟关两败之后,兵连祸结,边境之民烂焉。澶渊盟,而后两国享无事之福者且百年。元昊跳梁,虽韩、范名臣不能制,亦终以岁币饵之,而中国始安枕。当北宋强盛时已如此,况南渡乎! 且南渡之初非不战也。富平一败,丧师数十万,并陕西地尽失之,卒归于和而后已。及金亮渝盟,兵叛身弑,此时宜可乘机进取,乃宿州一溃,又弃唐、邓、海、泗,而卒归于和。其后开禧用兵,更至增岁币,函送韩侂胄之首,而后再定和议。此和与战,利害之较然者也。及与蒙古共灭金,两国方敦邻好,使早定和议,坚守信誓,当不至起衅召侮。乃忽思用武,收复三京,兵端遂开。然元太宗犹使王檝来议岁币,其时蒙古尚未有意于混一,可以财帛饵也。而举朝泄泄,付之不理,致蜀地先失,鄂亦被兵。元世祖以皇弟统兵在鄂,贾似道已密遣宋京求和,世祖遂撤兵去。似道归,又以援鄂为己功,深讳议和,不复践凤约。世祖犹遣郝经来修好,更锢之真州,不答一书,不遣一使,于是遂至亡国。

是宋之为国,始终以和议而存,不和议而亡。盖其兵力本弱,而所值辽、金、元三朝,皆当勃兴之运,天之所兴,固非人力可争,以和保邦,犹不失为图全之善策。而耳食者徒以和议为辱,妄肆诋諆,真所谓知义理而不知时势,听其言则是,而究其实则不可行者也。

按宋南渡后,亦未尝无可乘之机。其一在金废刘豫,以地予宋,而乌珠旧史名兀朮。又兴兵来取之时。宋则刘锜有顺昌之捷,韩世忠围淮阳,有泇口镇、潭城、千秋湖之捷,且曰:"兵势最重处,臣请当之。"岳飞有郾城之捷、颍昌之捷,已进军至朱仙镇,遣将经略京东西、汝、颍、陈、蔡诸郡,且曰:"直捣黄龙府,与诸君痛饮耳!"吴璘在蜀,亦有石壁砦、百通坊、剡家湾、腊家城之捷。使乘此势,策励诸将进兵,河以北虽不可知,而陕西、河南地未必不可得。乃当时君相方急于求成,遽令班师,遂成画淮之局,此一失也。

其一在金亮瓜洲被弑之后,军溃而归,中原鼎沸,南有魏胜、李宝之起义,北有移剌窝斡之叛乱,金世宗虽贤,登极未久,国势易摇。宋则孝宗为君,张浚为相,皆锐意恢复者。使有韩、岳诸人,以训练之兵,讨离携之众,自当大有克捷。而诸宿将已无在者,仅一刘锜老病垂死,吴璘亦暮气不振,所恃李显忠、邵宏渊辈,望轻才薄,才得灵、虹,至宿州辄大溃,于是三京终不可复,此又一失也。统前后观之,前则有将帅而无君相,后则有君相而无将帅,此固天意所以分南北也。明丘濬曾有宋南渡后不得和之论,为世儒所讪笑。今此论毋乃嘘其烬乎?然通观古今者,必见及此也。

西夏番盐

《郑文宝传》,诸羌少树艺,但用池盐与边民交易谷麦。后馈运为李继迁所钞,文宝乃建议请禁番盐入边,令商人贩安邑、解县两池盐,以给陕西民食,则戎人困而继迁可不战而屈。诏从之。乃设禁,有私市者抵死。行之数月,犯者益众,戎人乏食,屡入寇掠,而商人贩解盐者多出唐、邓、襄、汝间,得善价,关、陇民转至无盐以食。太宗知其事,遣钱若水视之,遂弛其禁。此宋初听番盐入边故事也。

其后因元昊强肆,则又禁番盐以困之。《孙甫传》,元昊称臣,乞岁卖青盐十万石。甫疏言:自德明时已乞放行青盐,先帝以其乱法不听。及再请,乃追其弟入质而许之。盖盐乃中国之利,西戎之盐味胜解池,既开其禁,则流于民间,无所堤防。梁鼎亦疏云:议者多谓边民旧食西夏青盐,其价甚贱,及禁青盐以困贼,令商贾入粟运解盐于边,其价与番盐不相远,故番盐不能售。今若令解盐与内地同价,则民必冒禁复市青盐,乃资盗粮也。是二说者皆以禁断番盐为边界要策。

按《夏国传》,元昊既纳款,宋许置榷场于保安军及高平砦,第不通青盐。是宋自西夏用兵后,不复许番盐入境也。然当中外分界之时,固不可不严其禁,若中外一统之世,则又不妨听其入边。在番人既可借以资生,而边民又得免于食贵,亦良法也。所虑番盐与中国盐价贵贱太悬,则日久不能无弊耳。

宋宰相屡改官名

宋承唐制,以同平章事为真宰相之任。初无定员,上相为昭文馆大学士,监修国史,其次为集贤殿大学士。或置三相,则昭文、集贤及监修国史各除,国初范质为昭文学士,王溥监修国史,魏仁浦集贤学士是也。其三师、太师、太傅、太保。三公,太尉、司徒、司空。则为宰相加官。神宗新官制置侍中、中书令,而尚书令不设,即以尚书令之贰左右仆射为宰相。左仆射兼门下侍郎,以行侍中之职;右仆射兼中书侍郎,以行中书令之职。政和中,改左右仆射为太宰少宰,仍兼两省侍郎。靖康复改为左右仆射。建炎三年,吕颐浩请左右仆射并加同中书门下平章事,门下中书二侍郎改为参知政事,废尚书左右丞。从之。乾道八年,诏尚书左右仆射可依汉制改为左右丞相,删去侍郎、中书令、尚书令之职,以丞相充。此宋代宰臣先后名称不同之故事也。恐阅史者易于淆惑,故录出之。

平章事之称本始于唐。按《旧唐书》,高宗永淳元年,以郭待举、岑长倩、郭正一、魏玄同为同中书门下同承受进止平章事。上谓崔知温曰:"待举等历任尚浅,且令预闻政事,未即与卿等同名称。"自是外司四品已下知政事者,遂以平章为名。是平章事本非真相也,其后遂以平章事为宰相之职。宋因之,有时特置平章军国重事,或称同平章军国重事,则以处老成硕德,如文彦博、吕公著是也。开禧元年,韩侂胄为丞相,乃又加平章军国事之名。说者谓省"重"字则所预者广,去"同"字则所任者专。时陈自强为右丞相,请以侂胄序班丞相之上,于是平章军国事乃又超越丞相矣。其后贾似道亦为之。德祐中,王爚进平章军国重事,陈宜中为左丞相,留梦炎为右丞相。是又于两相之上特设此官。盖沿侂胄、似道之班位,而又稍变其制也。

宋末平章在丞相之上,元则丞相在平章之上。元制,中书省左右丞相皆蒙古人为之,不以授汉人。汉人惟为平章政事,亦称宰执,如王文统、许衡是也。此又平章在丞相下之明证也。

宋节度使

节度使本唐藩镇官名,宋初犹存此官,然无所职掌,专以待勋贤故老及宰相罢政者。或宰相、枢密使出判大府,亦系此衔,谓之使相。元丰新官制,始改为开府仪同三司。其后仍复此官,如文彦博以太师充护国军山南西道节度使致仕是也。至徽宗时,则宰相在朝者亦兼此官,如左仆射蔡京兼安远军节度使是也。南渡以后,则功臣为大帅者为之,并有兼两镇三镇者,如韩世忠兼镇南、武安、宁国节度使,张俊兼静江、宁武、静海节度使是也。

继世为相

再世为相,汉推韦、平,唐推苏、李,已属仅事。宋则有三世为相者。吕蒙正相太宗,其侄夷简相仁宗,夷简子公著,哲宗时亦为相。传赞谓"世家之盛,古所未有"。南宋则史浩相孝宗,其子弥远相宁宗、理宗,浩孙嵩之,弥远之侄。理宗时亦为相。其再世为相者,韩琦历相仁、英、神三帝,其子忠彦,徽宗时亦为相。按琦固名相,忠彦亦不失父风。史氏则弥远擅废立,为无君;嵩之谋起复,为无父。家门虽盛,而名节有亏。若吕氏奕世勋猷,辉映史册,可谓极盛矣。而公著于重圭袭组之后,不以门阀自高,益能守正不挠,为时名相,尤不可及也。

三人相

《宋史·吕蒙正传赞》谓国朝三次入相者惟赵普及蒙正。然蒙正

后又有王钦若、张士逊、吕夷简、文彦博、陈康伯,亦皆三次入相,蔡京并至四次入相,《宋史》所云尚未深考也。今录于左:

赵普。乾德(三)〔二〕年,为门下侍郎平章事,后出为河阳三城节度使。太平兴国(初)〔中〕,再入相,拜司徒兼侍郎。八年,出为武胜军节度使。(雍熙三)〔端拱元〕年,再入相,拜太保兼侍中。

吕蒙正。(太平兴国中)〔端拱元年〕,拜中书侍郎兼户部尚书平章事,淳化初,罢为吏部尚书。四年,又以本官入相。至道中,出判河南府。真宗咸平四年,又以本官同平章事。

王钦若。大中祥符中,检校太傅同中书门下平章事,以与马知节争论罢。寻又拜左仆射兼中书侍郎同平章事,寻出判杭州。仁宗初,复拜司空门下侍郎同平章事。

张士逊。仁宗初,由礼部尚书同中书门下平章事,后出知江宁。明道初,再入相,进中书侍郎,寻出为山南东道节度使。宝元初,又入为门下侍郎,封郢国公。

吕夷简。由尚书拜中书同平章事,后出判陈州。未几复相,封申国公,再出判许州。未几又以右仆射入相,进位司空。

文彦博。平贝州归,拜同中书门下平章事,为唐介劾罢,出知许州。至和二年,又以吏部尚书入相。久之出判河南,以太师致仕。元祐初,召平章军国重事,六日一朝。

陈康伯。绍兴三十一年,拜尚书右仆射,出判信州。隆兴初,又拜尚书左仆射同中书平章事,出知建康府。淳熙九年,拜右丞相。时孝宗以仆射名不正,改为丞相。

四次入相

蔡京。崇宁二年,以右仆射入相,寻免为开府仪同三司。大观元年,又拜左仆射,三年罢,出居杭州。政和二年,召还,再相,三日一至都堂。宣和二年,令致仕。六年,再起,领三省。凡四当国。

两次入相

张齐贤。淳化(三)〔二〕年,由吏部侍郎同中书门下平章事,后出知河南府。真宗初,又拜兵部尚书同中书门下平章事。

李昉。太平兴国中,拜平章事加中书侍郎,寻罢。淳化二年,复拜中书侍郎平章事。

向敏中。 咸平四年，以兵部侍郎同平章事，寻出知永兴军。大中祥符五年，又拜同平章事，加中书侍郎，进右仆射兼门下侍郎。

陈尧叟。 大中祥符初，以户部尚书检校太尉同平章事，寻罢，领群牧使。明年，又检校太尉同平章事。

陈执中。 先拜同中书门下平章事，降给事中。皇祐中，又以吏部尚书拜同平章事。

冯拯。 先拜右仆射兼中书侍郎同平章事，出为武胜军节度使。又以吏部尚书检校太傅同中书门下平章事，进右仆射。

贾昌朝。 庆历中，以工部侍郎拜同中书门下平章事，出判大名府。嘉祐元年，又兼侍中，以同中书门下平章事为枢密使。

李迪。 真宗时，拜吏部侍郎同中书门下平章事，罢知郓州。仁宗时，又拜同中书门下平章事。

王曾。 仁宗初，拜中书侍郎同中书门下平章事，出知青州。景祐二年，由枢密使再拜右仆射兼门下侍郎平章事。

富弼。 至和二年，拜同中书门下平章事。英宗时，以足疾辞，出判扬州。熙宁二年，以左仆射门下侍郎同平章事。

范纯仁。 元祐三年，拜右仆射兼中书侍郎，出知颍昌，召还，复拜右仆射入相。

赵鼎。 先拜尚书右仆射同中书门下平章事，寻出知绍兴府。绍兴七年，又拜尚书右仆射同中书门下平章事。

张浚。 绍兴五年，除尚书右仆射同中书门下平章事，都督江、淮军马，以吕祉事罢。孝宗初，又拜尚书右仆射同中书门下平章事，都督如故。凡两为节相。

朱胜非。 建炎三年，拜尚书右仆射，寻出知洪州。绍兴二年，又入相。

吕颐浩。 建炎四年，守尚书右仆射，改同中书门下平章事，出为江东安抚使。绍兴元年，又拜少保同中书门下平章事。

秦桧。 自金归，绍兴元年拜右仆射同中书门下平章事，二年罢。八年，又拜右仆射同中书门下平章事。

汤思退。 绍兴二十七年，拜尚书右仆射，寻罢。隆兴六年，又拜左仆射。

史浩。 隆兴元年，拜尚书右仆射，寻奉祠。淳熙五年，又为右丞相。时孝宗改仆射为丞相。

梁克家。 乾道八年，拜右丞相，后出知建康。淳熙九年，再拜右丞相，封仪国公。

郑清之。端平初，为右丞相，寻乞罢。〔淳祐〕七年，又拜太傅右丞相。

吴潜。淳祐十一年，拜右丞相，十五年，出判庆元①。寻又拜特进左丞相。

程元凤。宝祐中，拜右丞相，出判福州。度宗初，又拜少傅右丞相。

陈宜中。德祐元年，拜特进右丞相，被劾竟去，召之入朝，仍为右丞相，元兵入，宵遁。益王立于福州，又以为左丞相。

文天祥。德祐初，拜右丞相，使元军，脱归。益王立，仍拜右丞相。

【校】

① 吴潜。淳祐……十五年，出判庆元 《校证》：应作"十二年罢职，四年后出判庆元"。淳祐止有十二年，无十五年，吴潜亦非罢相后即出判庆元。

王安石之得君

王安石以新法害天下，引用奸邪，更张法令，驯至靖康之难。人皆咎安石为祸首，而不知实根柢于神宗之有雄心也。帝自命大有为之才，尝欲克复燕云，恢张先烈。当其为颍王时，已与韩维论功名。见《维传》。及即位，富弼因奏对，即曰："愿陛下二十年不谈兵。"盖已窥见意旨矣。见《弼传》。帝又与王安礼论汉文帝，恨其才不能立法更制。见《安礼传》。苏颂使契丹归，帝问以山川人情，颂曰："彼讲和日久，未有他意。若汉武久勤征讨，匈奴终不服，至宣帝时，呼韩邪单于稽首称藩。唐中叶以后，河湟陷于吐蕃，宪宗欲复之而不能，至宣宗时，乃以三关七州来归。盖外国之叛服不常，不系乎中国之盛衰也。"颂意盖有所讽云。见《颂传》。初艺祖尝欲积缣帛二百万以取幽、蓟，别储于景福殿。后神宗题此库云："五季失图，猃狁孔炽。艺祖造邦，思有惩艾。爰设内府，基以募士。曾孙保之，敢忘厥志。"又诗曰："每虑夕惕心，妄意遵遗业。顾予不武姿，何日成戎捷？"见《食货志》。是帝久有取燕云之志。后帝与大臣定议，将遂举兵，朝慈圣光献太后白其事，太后曰："吉凶悔吝生乎动，得之不过南面受贺而已。万一不谐，生灵所系，可胜言哉！苟可取，则太祖、太宗已取之，何待今日？"见《慈圣光献曹后传》。观此数传，则帝意在用武开边，复中国旧地，以成盖世之功，而环顾朝臣，皆习故守常，莫有能任其事者。

安石一出，悉斥为流俗，别思创建非常，突过前代。帝遂适如所愿,不觉如鱼得水,如胶投漆,而倾心纳之。欲用兵必先聚财,于是青苗、免役之法行;欲聚财必先用人,于是吕惠卿、章惇之徒进。虽举朝争之,甚至内而慈圣光献太后,外而韩琦、富弼诸老臣,俱以安石为不可用,而帝持之愈力,护之愈坚。故当时有谓帝与介甫如出一人者。史臣亦谓神宗以好大喜功之资,王安石出而与之遇,宜其流毒不能止。然则非安石之误帝,实帝一念急功名之心自误也。厥后兵不敢用于北,而稍试于西。灵武之役,丧师覆将,涂炭百万,帝中夜得报,起环榻行,彻旦不寐。见《宣仁高后传》。盖至是始知非常之事之不可幸成也,已晚矣。善乎韩维之论曰:"圣人功名,因事而见,不可先有功名心。"此真深识治道之论也哉!

青苗钱不始于王安石

王安石以青苗钱祸天下,人皆知之,然青苗钱之名,不自安石始也。《宋史》,赵瞻对神宗云:青苗法,唐行之于季世。范镇亦言:唐季之制不足法。按《通鉴》,唐代宗(永泰)〔广德〕二年秋七月,税青苗钱以给百官俸。此青苗之始也。《旧唐书》,乾元以来用兵,百官缺俸,乃议于天下地亩青苗上量配税钱,命御史府差官征之,以充百官俸料。永泰二年,侍御韦光裔为使,得钱四百九十万贯。其冬,诏减青苗地头钱,三分取一,遂为常制。每岁特设使者,如崔涣兼税地青苗使,刘晏兼诸道青苗使,杜佑充江、淮青苗使是也。《食货志》,大历元年,天下青苗钱共四百九十万缗,每亩税三十文。(永泰)〔大历〕八年,诏天下青苗地头钱每亩一例十五文,德宗又增三文,以给犷骑。《通鉴集览》谓,青苗钱者,不及待秋敛,当苗方青即征之也。是唐所谓青苗钱,并与宋制不同。宋制尚有钱贷民而加征其息,唐直计亩加税耳。按唐时长安、万年二县,有官置本钱,配纳各户,收其息以供杂费。宋之青苗钱,正唐杂税钱之法耳。

宋之青苗钱,则始于长吏之自为之,本以利民。《宋史·李参传》,参为陕西转运使,部多戍兵,苦食少。参令民自度麦粟之赢余,先贷以钱,俟麦粟熟输之官,号青苗钱。经数年,廪有羡粮。此安石青苗钱之所本也。在参行之,固为善政,然仁宗天圣五年,已特诏罢之,当亦以行之久则弊生耳。至安石,则初知鄞县时,贷谷与民,立息以偿,俾新陈相易，民甚便之。安石操履廉洁，亲施之于一县，民自有利而无害。及登朝柄用，以此事已效于一县，遂欲行之天下。然犹未敢遽行，使苏辙议之，辙历陈其弊，乃不复言。会河北转运使王广廉奏乞度牒为本钱，于陕西漕司私行青苗法，即本李参之术。春散秋敛，与安石意合，于是决然行之。见《苏辙传》。世但知宋之青苗法始于安石，而不知李参先私行于下，广廉又奏请于上也。然使听贤吏自行于一州一路，非惟安石能利民，而李参已先有成绩，即广廉亦未必遂至病民也。至著为功令，则干进者以多借为能，而不顾民之愿否，不肖者又借以行其头会箕敛之术，所以民但受其害而不见其利。天下事固有一人行之能为利，天下行之则又为害者。况青苗钱虽曰不得过加二之息，而一岁凡两放两收，则其息已加四。有司又约中熟为价，令民偿必以钱，则所定之价又必逾于市价，而民之偿息且十加五六。则并非安石之初法矣，此所以病民也。

即如常平社仓，何尝非古人善政？然沿及后世，常平春借秋还，出则克扣，入则浮收，徒供不肖官吏之渔利。社仓听民自为经理，宜更无弊矣。然州县虑司其事者之干没，必岁签殷户承充，于是有得钱卖放之弊。又必岁遣小官稽核，于是有需索馈送之弊。古来未尝无良法，一经不肖官吏辄百弊丛生，所谓有治人无治法也。《孟子》谓："有仁心而无仁政，则民不被其泽。"岂知有仁政而无仁心，非惟不被其泽，且转受其害也哉！

车盖亭诗

哲宗即位，蔡确播浮言，谓由己拥护。既失势，遂怨望，至安陆，尝游车盖亭，赋诗十章，内有用郝甑山事。甑山者，唐郝处俊封甑山公，高宗欲逊位武后，处俊谏而止。确引之以比宣仁后，兼有"沧海扬尘"等语，尤悖逆。知汉阳军吴处厚得其诗，笺释上之，于是左右谏议张焘、范祖禹，左右司谏王岩叟、吴安诗，右正言刘安世，连劾之，遂贬英州别驾，新州安置。宣仁后曰："帝以子继父，有何间言？而确自谓有定策功，妄煽事端，规为异时炫惑地。吾不忍明言，姑托讪上为名逐之耳。"此正后之深识远虑。

若论确设心之奸险，措词之凶悖，虽诛戮尚不足蔽辜，仅从远窜，已属宽典。乃当时万口同声以为太过,即号为正人君子者,亦出死力救之。谓圣朝务宜宽厚,力言于宣仁后帘前,并言于哲宗者,范纯仁及王存也。谓注释诗语近于捃摭,不可以开告讦之风者,盛陶也。谓以诗罪确非所以厚风俗者,李常也。谓恐启罗织之渐,上疏论列,及闻确谪命,又封还除目者,彭汝砺也。谓薄确之罪,则于皇帝孝治为不足;若深罪确,则于太皇太后仁政为小累。皇帝宜敕置狱逮治,太皇太后出手诏赦之,则仁孝两全者,苏轼也。甚而范祖禹先既劾确,及闻新州之命,又谓自乾兴以来,不窜逐大臣已六十余年,一旦行之,恐人情不安。又甚而邵康节局外评论,亦谓确不足惜,然为宰相当以宰相处之,而以范纯仁为知国体。可见是时朝野内外,无不以谪确为过当。此则有宋待士太厚之故,纵有罪恶,止从黜谪,绝少岭海之行,久已习见,以为当然。一旦有此远谪,便群相惊怪,不论其得罪之深,反以为用刑之滥。政令纵弛,人无畏惧,实由于此,宋之所以不竞也。

同文馆之狱

神宗不豫时,邢恕与蔡确密谋援立,诱宣仁后侄公绘曰:"延安幼冲,_{即哲宗。}雍、曹皆贤王也。"公绘惊,趋出。恕计不行,反扬言太后属意雍王,使首相王珪知之。确乃约珪同入问疾,阳以语勾致珪,使开封府蔡京伏剑士于外,俟珪语小异即诛之。既而珪言上自有子,恕计无所施。而语稍闻于宣仁后,遂黜恕出知随州。恕与确则又扬言太后有废立意,给司马光子康手书,谓其父光曾语范祖禹曰:"方今主少国疑,宣训事尤可虑。"宣训者,北齐娄太后宫名。娄太后尝废孙济南王,而立少子演,以比宣仁后欲废哲宗而立雍王也。司马光为天下所信服,故欲以此语为出自光,又恐人疑非光言,故必给其子康手书,而后可使人信。其设心可谓黠矣。会确贬新州,恕亦远谪,事不果行。

绍圣初,章惇、蔡卞当国,欲甘心元祐诸贤,引恕入为御史中丞。于是恕追理前说,并怵高遵裕之子士京,追讼其父在日知王珪谋立雍王以实其言,总欲以此为题,陷害诸正人,并诬宣仁后,以见己与确有拥护哲宗之功也。先是刘挚、吕大防为相时,文潞公之子及甫居丧,恐服除不得京官,抵书邢恕曰:"改月遂除,入朝之命未可必。司马昭之心,路人所知也。济之以粉昆,必欲以藐躬为甘心之地,可为寒心。"其谓司马昭者,本指吕大防。粉昆者,世以驸马都尉为粉侯,时韩忠彦执政,其弟嘉彦尚主,故以忠彦为粉昆也。至是恕以此书示蔡确之子渭,《刘挚传》谓蔡渭,《邢恕传》谓蔡懋,皆确子也。使上其书,讼当时宰相刘挚、吕大防等陷其父确,谋危宗社,引此书为证。惇、卞遂欲因是诬挚及梁焘、王岩叟等,以为有废立意,置狱于同文馆,用蔡京、安惇杂治之。及甫乃变词,托其亡父尝说司马昭指刘挚,粉谓王岩叟面白如粉,昆谓梁焘字况之,况犹兄也。将锻成废立之事以杀挚等,并以悖逆坐司马光、吕公著,甚至欲追废宣仁后。会无实据,及甫但云疑其事势如此,而向太后及太妃等亦力言宣仁后之诬于哲宗,乃止。章惇又疏言司马光、刘挚、梁焘、吕大防等变神宗成法,惧陛下一日新政,必有欺君之诛,乃密为倾摇之计。帝曰:"元祐诸臣果如是乎?"惇、京曰:"诚有是心,但反形未具耳。"帝乃锢挚、焘等子孙。见《刘挚》、《邢恕》、《蔡确》、《章惇》、《安惇》等传。

呜呼!固一己之权位,而欲以悖逆诬正人,以图一网打尽,甚至诬及母后,奸人之处心设计,真可畏哉!

秦桧文字之祸

秦桧赞成和议,自以为功,惟恐人议己,遂起文字之狱,以倾陷善类。因而附势干进之徒,承望风旨,但有一言一字稍涉忌讳者,无不争先告讦,于是流毒遍天下。

今见于《高宗本纪》者,茶陵县丞王庭珪作诗送胡铨,坐谤讪停官,辰州编管。曹咏言李孟坚诵其父光所撰私史,语涉谤讪,诏送大理寺。狱成,光遇赦永不检举,孟坚除名,峡州编管。《光传》则谓陆升〔之〕讦孟坚以私撰国史。胡寅、程瑀、潘良贵、张焘等八人缘坐黜降有差,胡寅责果州团练副使,新州安置。又诏大理寺鞫太常主簿吴元美谤诗狱。右迪功郎安诚坐文字谤讪,惠州编管。副尉刘允中坐指斥谤讪,弃市。叶三省、王远通书赵鼎、王庶,三省落职,筠州居住,远除名,高州编管。黄岩县令杨炜诽谤除名,万安军编管。知台州萧振落职,池州居住。大府丞范彦辉谤讪除名,荆门军编管。从政郎杨炬坐其弟煜尝上书诽谤,邕州编管。知建康府王循友以桧捃摭,命大理寺鞫之,贷死,(循)〔藤〕州安置。王(超)〔趯〕以交通李光下狱,除名,辰州编管。故学士程瑀、知饶州洪兴祖、转运使魏安行以《论语讲解》被猜，兴祖昭州，安行钦州，俱编管，瑀子孙并论罪。通判沈长卿、县尉芮烨作诗讥讪，除名，长卿化州，烨武冈军，俱编管。知泉州宗室令衿坐交结罪人，汀州安置。又命大理寺鞫张〔析〕〔祁〕附丽胡寅狱。此皆本纪所书也。

其散见于各传者，胡铨先以上书诋和议，谪监广州盐〔仓〕。罗汝楫劾其横议，除名，编管新州。守臣张棣又讦其与客唱酬怨谤，再移吉阳军。李光以忤和议，谪藤州，守臣言其作诗风刺，再移琼海。吕愿中又告光与铨作诗讥讪，乃又移昌化军。赵鼎窜潮州，又移吉阳军。桧令本军月具存亡申省，鼎知桧必杀己，遂不食而死。张浚窜连州，又徙永州。盖此数人者名愈高，桧忌之愈甚，故不惟使之身受窜谪，屡濒于死，而凡与之交际者，亦必被祸不少贷。王庭珪既以作诗赠铨得祸，而铨先谪广州时，朝士陈刚中以启事为贺，谪知安远军。又有宜兴吴师古镂铨疏以传，流袁州。通判方畴亦以通书于铨，除名，永州编管。此以铨而连及者也。叶三省、王远、王〔超〕〔趯〕既以通书赵鼎、李光得祸。吴元美之下狱也，以家有潜光亭、商隐堂，为人首告。谓亭号潜光，有心于党李；堂名商隐，无意于事秦。所谓党李者，亦指光也。此因鼎、光而连及者也。江西运判张常先注前帅张宗元与张浚书上之，连逮数十家，将诬以不轨。此因浚而连及者也。桧尝书铨、鼎、光、浚等姓名于一德格天阁，必欲杀之。赵汾之狱，其父鼎已死，桧令大理寺鞫之，欲汾自诬与铨、光、浚等谋大逆，所连及一时名士至五十三人，会桧死，始得免。设桧不死，则肆害更未有已也。

他如程瑀等之以《论语》得罪，则以瑀尝为《论语说》，至"弋不射宿"，谓孔子不欲阴中人，洪兴祖序之，魏安行锓之，故皆及祸。赵令〔衿〕〔衿〕之得罪也，则因观桧《家庙记》，口诵"君子之泽，五世而斩"，为桧侄婿汪召锡所告，故安置汀州，后再牵入赵汾狱，几死。又胡舜陟以非笑朝政，下狱死。黄龟年以论桧贬。太学生张伯麟题壁曰："夫差，而忘越之杀而父乎！"杖脊刺配吉阳军。闽、浙大水，白〔谔〕〔锷〕有"燮理乖谬"语，刺配万安军。高登亦以考试策问闽、浙大水之由，郡守以达，桧坐以事，编管容州。进士黄友龙坐谤讪，黥配岭南。内侍裴咏坐指斥，编管邕州。径山僧清言以谤讪被黥。何兑诵其师马伸在靖康围城中乞存赵氏书，桧以为分己功，编管英州。郑坦、贾子展以会中有嘲谴讲和之语，坦窜容州，子展窜德庆。此则不必与铨等相涉，第语言文字稍触其忌，即横遭诬害，更不可数计矣。桧又疏禁野史，许人首告，并禁民间结集经社。其至司马伋自言《涑水记闻》非其曾祖光所著，李光家亦举光藏书万卷悉焚之，其威焰之酷，真可畏哉！

秦桧史弥远之揽权

蔡京、章惇之奸恶，犹第谐臣媚子伎俩，长君逢君，窃弄威福，人主能用之，亦尚能罢之。若秦桧、史弥远之柄国，则诛赏予夺悉其所主持，人主反束手于上，不能稍有可否，几如曹操之于汉献帝矣。姑不必一一实指其事，但观《宋史》各列传可见也。

《李浩传》，自秦桧用事，塞言路，及上总揽威权，浩与王十朋等始相继言事。《王纶传》，绍兴二十六年，高宗躬亲政事，收揽威柄，召诸贤于散地。甚至虞允文疏谓"秦桧盗权十有八年，桧死权归陛下"，此语直奏于高宗之前，则桧未死以前，高宗不能有权可知也。《洪咨夔传》，史弥远死，帝始亲政。《崔与之传》，端平初，帝始亲政。《郑清之传》，端平元年，上既亲总庶政，赫然独断。《真德秀传》，弥远卒，上亲政。《魏了翁传》，弥远卒，上亲庶政。则弥远未死以前，理宗不能有权可知也。统观古今来权臣当国，未有如二人之专者。

然桧十八九年威福由己，名入《奸臣传》，至今唾骂未已。弥远相宁宗十七年，相理宗又九年，其握权既久于桧；桧仅杀岳飞，窜赵鼎等，弥远则擅废宁宗所建皇子而别立嗣君，其无君之罪更甚于桧。乃及身既少诟詈，死后又不列奸邪，则以桧仇视正人，剪除异己，为众怨所丛，而弥远则肆毒于善类者较轻，遂无訾之者。然则弥远之黠，岂不更胜于桧哉！至如贾似道专国，威权震主，至度宗为之下拜，其权更甚于桧与弥远。斯则亡国之运，主既昏庸，臣亦狂谬，实无大奸大恶之才，固无足论矣。

宋南渡诸将皆北人

宋南渡诸将，立功虽在江南，而其人皆北人也。张俊，凤翔府成纪人。韩世忠、张宗颜，皆延安人。岳飞，汤阴人。刘光世，保安军人。刘锜，德顺军人。吴玠、吴璘、郭浩，皆德顺军陇干人。杨存中，代州崞县人。王德，通远军熟羊砦人。王彦，上党人。杨政，原州临泾人。牛皋，汝州鲁山人。曲端，镇戎人。成闵，邢州人。解元，保安军德清砦人。王渊，熙（河）〔州〕人。赵密，太原清河人。李宝，河北人。魏胜，宿迁人。王友直，博州高平人。李显忠，绥德军青涧人。统计诸名将，无一非出自山、陕者。是南宋之偏安，犹是北宋之余力也。

其他不甚著名而守城抗节者，亦多系北人。如守建宁死者杨震，代州崞人。守隆德府死者张确，邠州宜禄人。守震武死者朱昭，府谷人。守代州死者史抗，济源。守永兴死者郭忠孝，河南人。其后德祐国亡时，能战之将尤推张世杰，世杰亦范阳人，从张柔戍杞有罪奔宋者。

端平入洛之师

宋理宗端平元年，金哀宗天兴三年，元太宗六年。与蒙古共灭金时，蒙古乏粮，宋助以三十万石。张柔中矢，宋孟珙力救出之。两国方敦邻好，初无嫌隙。宋果欲复三京八陵，宜先令孟珙等即在军前定议。乃计不出此。兵退之后，郑清之、赵范、赵葵等忽欲乘虚复中原，以致兵连祸结，当时议者皆归咎入洛之师。赵范奏赵葵、全子才轻遣偏师复西京，赵楷、刘子隆参赞失计，师退无律，致后阵败覆。又言杨义之败，皆由徐敏子、范用吉急于赴援，致不能支。此即所谓入洛之师也。

今以《宋》、《金》二史考之，则宋师先入汴，而入洛犹在后也。是年正月灭金，三月即遣朱扬祖、林拓诣洛阳谒陵寝。此不过遣官省视，未即为召衅之端。然《宋史·孟珙传》，是时淮阃刻日进师，蒙古闻宋来争河南，已设哨至孟津，并增戍潼关。谒陵使谍知此信，疑畏不前，珙曰："淮师诉汴，非旬余不达。吾以轻骑疾驰，不十日可竣事。"乃与二使昼夜兼行，至陵下成礼而归。此虽未知何月日，然陵使未到而宋兵已发可知也。又《金史·崔立传》，天兴二年正月，哀宗走归德，立在汴，以汴降蒙古。立恃势恣横，李伯渊、李琦、李贱奴等恶之。明年正月，金亡。六月，伯渊等闻近境有宋兵，阳与立谋备御，偕立巡城，遂杀之。是六月中宋兵已至汴也。其后赵范守襄阳，与伯渊等酣狎，以致襄阳失守。可见伯渊杀崔立后，即投入宋军。宋军于是年六月到汴，无可疑者。《宋史·赵葵传》亦谓是时盛暑行师。《续通鉴纲目》谓全子才既至汴,赵葵自滁州以淮兵五万来会,谓子才曰:"本谋据关守河,今抵汴已半月,不急攻洛阳、潼关,何待耶?"乃檄范用吉等率兵西上,徐敏子为监军。到洛阳,寂然无应者。至晚,有残民三百余家登城投降。是宋师先入汴再入洛之明证。到洛之次日,所赍粮已尽,而蒙古兵已到,宋兵遂败而归。

此事《宋》、《金》二史纪传俱不明析,惟《续通鉴纲目》较详。再证之《元史·刘亨安传》,岁甲午平蔡,既而宋师二十万攻汴,将趋洛,元帅塔察儿使亨安拒之,宋师奔溃。此又可了然于当日宋师先汴而后洛也。而《宋史》纪传但谓入洛之师起衅,则以宋兵之败在洛而不在汴耳。

宋史缺传

《宋史》各列传自理宗以后,大概又详于文臣而略于武臣,不特缺漏彭义斌诸人也。王坚守合州最有功,其见于《理宗本纪》者,诏叙坚合州功,与官两转。及合州围解,又诏擢坚宁远节度使,驻兴元,兼知合州,封清水县伯。其见于各传者,《张珏传》谓珏与坚协力拒元兵,攻九月不能下。《王安节传》谓安节坚之子也,其父守合州有功,为贾似道所忌,移知和州,郁郁以死。及安节守常州,城破被执,元人问其姓名,曰:"我节度使王坚子也。"遂遇害。此见于《宋史》者也。其见于《元史》者,《宪宗纪》,帝攻合州,遣宋降人晋国宝招谕坚,坚不应,国宝去,坚又追还,杀之。帝悉率诸军战城下,攻一字城,攻镇西门,攻东新门,攻奇胜门,攻护国门,皆不克。汪田哥又选兵登其外城,坚率众来拒,遇雨,元兵梯折,后军不克进,乃止。《赵阿哥潘传》亦谓宪宗驻钓鱼山,守将王坚夜来斫营,阿哥潘拒却之。《汪德臣传》,王坚负险,五月不下,德臣至城下呼曰:"王坚,我来活汝一城军民,宜速降!"语未既,〔几〕为飞矢所中。此见于《元史》者也。是坚之守合州,几不减张巡之守睢阳,乃竟无专传。

王佐守利州,父子皆死难。《理宗纪》谓佐坚守孤垒,元使降将南永忠来说降,佐骂之,永忠流涕而去。《王翊》、《张珏传》亦俱谓元兵拔长宁,佐父子俱死。《元史·宪宗纪》,帝围长宁,守将王佐及裨将徐昕等出战,败之。帝又督军力战于望喜门,破其城,王佐死焉。又诛佐之子及徐昕等四十余人。是王佐之守长宁，亦必宜有专传，而《宋史》无之。

《元史·伯颜传》，伯颜自鄂顺流下，斩郢将赵文义、范兴。师至沙洋，遣人持黄榜及文义首入城招降，守将王虎臣、王大用焚榜斩使，有私谋出降者，虎臣杀之。伯颜又命吕文焕来招，亦不应，遂攻破其城，擒虎臣、大用，杀之。是王虎臣、王大用皆力守孤城，抗节不屈，《宋史》皆无传，并不附见其姓名于他传中。又尹玉、麻士龙，皆文天祥所遣救常州者，玉战死五牧，士龙战死虞桥，见《德祐纪》及《元史·伯颜传》。乃《宋史》玉有传而士龙无传，并不附姓名于《玉传》中，亦皆缺事也。

张世杰　李庭芝　姜才

元兵下江南，张世杰以水师碇焦山下，力战而败，宋自是不复能军。柯维骐谓世杰何不据镇江、瓜洲，以扼敌冲。及观《元史》，而后知其势不然也。是年宋德祐元年，元至元十二年。贾似道兵败后，伯颜直趋建康。其时镇江府马军总管石祖忠先以城降，行枢密院使阿塔海即来驻京口，立木栅以护民居，又分兵屯瓜洲，以绝扬州之援。《阿塔海传》。阿尣别奉命攻扬州，亦以兵先驻瓜洲。宋淮东制置使尽焚瓜洲城中庐舍，徙其民而去，阿尣创楼橹以守之。《阿尣传》。于是瓜洲有阿尣，镇江有阿塔海，世杰无地可据，不得不泊焦山以决死战也。

至李庭芝、姜才守扬州，宋亡后犹能支撑半年，则亦有故。其时临安虽亡，而扬州所属之高邮、宝应、通、泰、真州尚俱拒守，故可借其粮援。观《宋史·文天祥传》，天祥由镇江脱走，至真州，苗再成得制置司檄擒天祥，乃托辞遣之出。又《元史·阿尣传》，真州冯都统来袭瓜洲，阿尣遣阿塔赤败之。是真州尚为扬守也。又《阿尣》及《苦彻传》，宝应馈粮扬州，姜才率军士迎粮，苦彻夺其马并粮橐二万。是高、宝亦尚为扬守也。《博罗欢传》，宋亡后，淮东诸城尚坚守，博罗欢自西小河入漕河，断通、泰援兵。《怯怯里传》亦同。是通、泰亦尚为扬守也。其时蒙古兵两大营，一驻扬州北之湾头，一驻扬州南之扬子桥，固已扼其要害。然文天祥《指南录》，蒙古南北两营，每日早晚必会哨，哨既过，仍有村民贸贩者往来。故天祥等得乞贩者之余糁羹以救饥，而逃至通州入海。《宋史·姜才传》亦云，才每出兵运粮高邮、真州以给兵。马家渡与元将史弼彻夜苦战,亦为护粮也。可见扬城南北虽有敌兵围守,而资粮尚可入城,故阿术曰:"宋已亡,独庭芝未下,以外援尚多也。"乃又栅扬州北之丁村,以扼高、宝之馈,留屯新城,邵伯埭。以断泰州。《阿术传》。于是庭芝等大困,走入泰州,城陷,遂为所执。论古者不参观于《宋》、《元》二史,无由得当日情事也。

又《姜才传》,德祐帝北迁至瓜洲,才以兵四万直捣瓜洲,欲夺驾,战三时,众拥帝北去。按帝既北行,应过扬州城下,何以姜才不于城下截之?此亦即在《才传》可意揣也。是时元筑长围,自扬子桥竟瓜洲,东北跨湾头至横塘,西北至丁村,务欲以久困之。是扬城北皆有长围防护。盖瓜洲战后,元兵即拥帝从围墙外北去,故无从邀夺也。

夏　贵

宋夏贵于国亡后降元,故《宋史》不立传,然究是宋末劳臣,观于《元史》纪传可见也。中统元年,夏贵军于淮南新城,元将隋世昌乘战舰抵城下,战退宋兵。《隋世昌传》。二年,元将张庭瑞筑城于蜀之虎啸山,夏贵以师数万围之。城当炮皆穿,护以木栅,栅又坏,乃依大树张牛马皮以拒炮。贵以城中人饮于涧,外绝其水。庭瑞取人畜粪溺沸煮,泻土中以泄臭,人饮数合,唇皆疮裂。坚守逾月,伺宋兵少懈,奋出击之。《张庭瑞传》。元将焦德裕来援,夜薄贵营,令士卒人持三炬,贵惊走。《焦德裕传》。三年,李璮反于济南,宋夏贵乘虚袭取蕲(州)〔县〕、宿州等城,本纪。万户李义战死。贵又攻邳州,守将李杲哥出降。贵去,杲哥入城,诡言有保城功,已而事露,伏诛。本纪。贵焚庐舍去,杲哥之弟复与贵以兵三万来援,元将郭侃败之。《郭侃传》。时夏贵已陷亳、滕、徐、宿、邳、沧、滨七州,及利津等四县,张弘略遏之于涡口,贵始去,乃尽复所失地。《张弘略传》。四年,宋夏贵以兵侵蜀中虎啸山寨,元将赵匣剌往御,走之。《赵匣剌传》。

至元(元)〔二〕年,元将刘元礼为潼川路汉军元帅,宋夏贵率军五万来犯,诸将以众寡不敌,有惧色,元礼持长刀大呼突阵,遂退贵兵。《刘元礼传》。(二)〔元〕年,宋夏贵欲攻虎啸山,诏以石抹(纯)〔纠〕扎〔刺〕一军戍之。本纪。六年,攻宋襄阳,宋夏贵率兵五万,馈粮三千艘,自武昌来援。时汉水暴涨,贵乘夜潜上,元将赵璧发伏兵,夺其五舟。明旦,阿尤追贵骑兵,璧以舟师追贵水兵,合战于(龙)〔虎〕尾洲,贵败去。《赵璧传》。贵又泊鹿门山西岸,相持七日,元将李庭与水军万户解汝楫击之,斩其将王玘、元胜。《李庭传》。七年,元将史权驻荆子口,宋夏贵以船万艘载壮士欲薄江面,权破之。既而转粮于随,贵又扼前路,权又破之。《史权传》。九年,元筑正阳两城,宋夏贵帅舟师十万来攻,元将董文炳登城御之。一夕贵去复来,飞矢贯文炳左臂著胁,拔矢授左右,〔发〕四十余矢,矢尽力亦困,遂闷绝。明日水入外郛,文炳移营避水,贵乘之,压军而阵,文炳创甚,以其子士选代战,贵败去。《董文炳传》。十一年,宋夏贵以舟师十万围正阳,决淮水灌城,城几陷。元将塔出突围入城,复出与战,遂解正阳之围。《塔出传》。刘整又追败之于大人洲,《刘整传》。孟义亦夺舟数艘。《孟义传》。夏贵知亳无备,引兵袭亳,元将贾文备破之。《贾文备传》。是年伯颜大军已自郢东下,至汉口,夏贵以战船万艘分据诸隘。伯颜乃开坝,由沙芜口入江,夏贵迎战于阳逻洑。元将谒只里奋勇冲贵军,获战舰百,贵东走。本纪及《伯颜》、《李庭》、《谒只里》等传。十二年,伯颜大兵自鄂东下,至丁家洲,贵与贾似道以舟师横亘于江,伯颜以大炮击之,宋兵阵动,似道走扬州,贵走庐州。本纪及《伯颜》等传。贵又欲由太湖入卫临安,元将李庭、薛塔剌海截战于岭溪口,败之。《李庭》、《薛(剌)塔剌海传》。高闹儿又败夏贵于焦湖。《高闹儿传》。

由是观之,贵崎岖戎马,东奔西走,补救于末造者几二十年,固宋末一劳臣。使其能保危疆,支撑半壁,固当与南渡韩、岳诸公比烈。即不然而以身殉国,亦当与边居谊、李芾、李庭芝等同以忠义传。乃自岭溪口、焦湖之败,伯颜、阿尤大兵分驻建康、镇江,贵欲入卫而无由,遂不能守其初志。伯颜遣人往攻,即致书曰:"杀人一万,自损三千,愿勿费国力攻此边城,若行在归降,边城焉往?"《洪君祥传》。明年正月宋亡,二月,贵遂以淮西入献。其意以为国亡始降,犹胜于刘整、昝万寿、吕文焕、范文虎等之先行投拜。然《宋史》既因其降元而不为立传,《元史》又以其在元朝无绩可纪,亦不立传,徒使数十年劳悴付之子虚。计其时年已大耋,即苟活亦只数年,故殁后有人吊之曰:"享年八十三,何不七十九?呜呼夏相公,万代名不朽。"宋稗史。真可惜也。

按贵降后入觐上都，授参知政事。至元十五年，授江淮行中书省左丞，以江南盗贼窃发，命贵招抚。十七年，贵请老，从之，诏官其子孙。未几卒。俱见《元史》各传。

宋四六多用本朝事

刘克庄诗多用本朝事，说见《丛考》。然不特诗也，其所撰四六，亦多以本朝事作典故。《贺谢司谏启》云："既寝了翁之谏疏，孰敢撄老蔡之锋？使行献可之弹文，世岂受金陵之祸？"质肃论灯笼锦，或讥后遂无文；道乡谏瑶华宫，有云事不止此。《贺刘察院启》云："永叔责高司谏，犹在馆中；了翁忤〔章〕雷州，方为博士。宁作夷陵之役，不登绍圣之舟。"《贺李制置启》云："寇莱公之镇北门，契丹服其望重；范文正之理西夏，元昊惧而胆寒。"《贺傅侍郎挂冠启》云："永叔避关弓之害，〔祁〕公惩一网之危。"《上王师侍启》云："中年勇退，有君实、晦叔之风；晚节后雕，负元城、了翁之望。"其《授秘撰谢丞相启》云："词臣援綦叔厚，请暴扬老桧之奸；言者疑曾子开，有忿嫉新州之意。温公除吏，莫荣子骏京东之行；文正怜才，不夺大年阳翟之志。"《除云台观谢丞相启》云："愧非韩驹、徐俯之伦，将有陆游、米芾之拟。"《除宗簿谢丞相启》云："范、欧与庆历之文治，莫引用于圣俞；马、吕致元祐之诸贤，独见遗于无己。"是克庄四六亦多以时事为典故。

然此体实不自克庄始，南渡以来已多有人为之者。李刘《贺虞大参帅蜀启》云："小范有胸中百万兵，西贼闻之胆惊破；维弼上河朔十三策，北边皆其手抚摩。"《贺董司谏启》云："尚欲作石守道纪德之诵，幸勿还李师中落韵之诗。"《贺卫参政除江西帅启》云："夷狄之问寇公，儿童之诵君实。"《谢曾舍人启》云："说《战场文》，人方迷于五色；读《刑赏论》，公放出于一头。"《上史丞相启》云："昔在服中，欲上范文正之书而无路；今来阙下，愿作石徂徕之颂而难言。"《上卫参帅启》云："夷狄问潞公之年，幸其未老；儿童诵君实之字，持此安归。"周必大《贺汪参政启》云："〔盗灭〕甘〔陵〕，彦博入登于宰席；使来西夏，仲淹归赞于枢庭。"杨万里《回韩安抚启》云："颍滨上太尉之书，永叔记武康之节。"熊克《贺汤丞相启》云："考本朝宰府之故事，若先正沂公之选为。天圣初来，既践昭文首台之位；景祐再入，乃屈集贤次辅之居。"王十朋

《除馆职谢启》云："魏国公奋自甲科,犹荐而后召;苏内相擢由制举,亦试而后除。"洪适《贺王宪启》云："东坡六君子之游,庆历三谏官之列。"此皆在刘克庄前,而已用本朝事者也。

其与克庄同时,及在克庄后者,亦多用此体。王迈《上留经略启》〔云〕:"惟元城之在宋,问业有徒;与了翁之居淮,及门者众。"《上应经略启》云:"笔下无一点尘埃,富大苏之文采;胸中有百万兵甲,负小范之经纶。"《贺曾宪启》云:"余庆历、元祐之典刑,有玉局、宛丘之标致。"《贺李仓曹启》云:"舞彩袖于春舆,遂蔡端明便亲之志;鸣木铎于石鼓,寻朱紫阳讲道之盟。"《贺郑枢密》云:"昔中书未有寇忠愍,若得为辞;今吾国已相司马公,岂容生事?"李廷忠《贺娄同知启》云:"辽人相戒慎勿开边隙,为司马之秉钧衡;澶渊一举足以定房盟,本寇公之筹帷幄。"方岳《贺李制置启》云:"维弼画河朔十三策,小范有胸中百万兵。"《谢李尚书启》云:"介为时论所喧,雅见推于永叔;轼陷深文之久,独受荐于景仁。"洪咨夔《到运使任谢政府启》云:"念司马公用鲜于,以福齐、鲁之区;而王文正命薛奎,以宽江、淮之力。"《贺郑丞相启》云:"庆历之进杜正献,尽革弊端;元祐之相司马公,力正伦纪。"《贺蔡侍郎陞侍读启》云:"若昔邢昺在咸平之间,与吾坡仙处元祐之始。"《贺李参政启》云:"独乐园之自逸,难淹君实之留;天章阁之一开,即俟郑公之用。"林鉴《贺曾参政启》云:"措置西事莫如此庙堂,固已契吕申公之精识;戒饬疆吏勿更开边隙,行当踵司马相之清名。"真德秀《宣召入院谢表》云:"修除翰苑,在环滁出守之年;轼侍禁庭,亦赤壁归来之后。"方蒙《贺徐枢密启》云:"文、富人望,行大播于雄麻;韩、吕世家,定增光于汗竹。"《谢王丞相启》云:"狂若仲淹,真负晏公之荐;戆如苏轼,几贻安道之危。"《致福建安抚李尚书启》云:"晦叔虽介甫所厚,安可属以私?淳夫受温公之知,岂不言其过?"《回泉守赵侍郎启》云:"善神谁护于熙宁,怪鬼已暗于庆历。"姚勉《谢应判县送酒启》云:"诚斋作汝饮吾谦之诗,美过于味;东坡谓我眠君去之语,若未为贤。"《回胡主簿启》云:"昔明道先生之在鄂县,以德化人;至紫阳夫子之仕同安,以学造士。"文天祥《贺江左相启》云:"潞公平章军国,司马实位昭文。正(献)〔献〕议论庙堂,微仲尝(伸)〔升〕左辖。"《贺马右相启》云:"简淡独周于事物,晦叔所以有立于潞国、司马之间;忠恕不离于须臾,尧夫所以无愧于正献、微仲之际。"《谢江枢密启》云:"称彦博于都堂,幸借郇公之誉;荐仲淹于馆职,敢忘元献之(公)〔知〕?"《致章签书启》云:"永叔之参兵柄,在魏国位平章之时;尧夫之赞枢庭,当潞公重判事之日。""传江西宗派之图,敢云入社;诵徂徕圣德之句,请继作歌。"《致胡(丞相)〔都丞〕启》云:"试韩、范之规模,溯赵、张之事业。"是亦皆以本朝人用本朝事者。

盖宋朝国史记载本散布于民间,如李焘作《通鉴长编》,徐梦莘作《北盟会编》之类,若非得国史原本,凭何撰述? 可知日历、实录,士大夫家有其书也。他如名臣录、笔谈、遗事、家传、文集,又随时刊布,人皆得知本朝故事,故便于引用耳。

廿二史札记卷二十七

辽 史

《辽史》太简略，盖契丹之俗，记载本少。太宗会同（元）〔四〕年，虽诏有司编始祖奇善旧名奇首。可汗事迹，然《辽史》所载，仅记其生于都庵山，徙于潢河之滨而已，盖已荒渺无可稽也。历朝亦有监修国史之官，如刘慎行、邢抱朴、室昉、刘晟、马保忠、耶律隆运、耶律玦、萧罕嘉努、旧名萧韩家奴。耶律阿苏、旧名阿思。王师儒等，皆以此系衔。见各本传。然圣宗诏修日历官毋书细事，道宗并罢史官预闻朝议，俾问宰相书之。惟萧罕嘉努修国史，以圣宗猎秋山，熊鹿伤数十人，直书其事，帝见而命去之，既出又书其事，以为史笔当如是也，其他则隐讳苟简可知矣。其编为史册，至（兴）〔道〕宗时，耶律孟简上言，本朝之兴几二百年，宜有国史以垂后世，乃编《耶律吓噜》、旧名曷鲁。《乌哲》、旧名屋质。《休格》旧名休哥。三传以进，兴宗始命置局编修。其时有耶律古裕、旧名谷欲。耶律庶成及萧罕嘉努实任编纂之事，乃录约尼氏旧作遥辇氏。以来事迹及诸帝实录，共二十卷上之。盖圣宗以前事，皆是时所追述也①。道宗大安元年，史臣进太祖以下七帝实录，则又本耶律古裕等所编而审订之。其时刘辉谓道宗曰："宋欧阳修《五代史》附我朝于四夷，妄加贬訾，臣亦请以赵氏初起时事，详附我朝国史。"据辉所言，则不惟诸帝有实录，且渐有全史矣。至天祚帝乾统三年，又诏耶律俨纂太祖以下诸帝实录，共成七十卷，于是辽世事迹粗备。《辽史》传赞谓其具一代治乱之迹，亦云勤矣。当辽之世，国史惟此本号为完书，金熙宗尝于宫中阅《辽史》，即此本也。

熙宗皇统中，又诏耶律固、伊喇（因）〔固〕、旧名移剌（因）〔固〕。伊喇子敬等旧作移剌子敬。续修《辽史》，而卒业于萧永（琪）〔祺〕，共纪三十卷，志五卷，传四十卷，皇统七年上之。此金时第一次所修也。章宗又命伊喇履提控刊修《辽史》，党怀英、郝俣充刊修官，伊喇益、赵沨等七人为编修官,凡民间辽时碑志及文集,悉送上官。同修者又有贾铉、萧贡、陈大任等。泰和元年,又增三员,有改除者听以书自随。怀英致仕后,诏大任继成之,俱见各本传。此金时第二次所修也。至元修《辽史》时,耶律俨及陈大任二本俱在,《后妃传序》云俨、大任《辽史·后妃传》大同小异,酌取以著于篇。而《历象·闰考》中并注明俨本某年有闰,大任本某年无闰,尤可见其纂修时悉本俨、大任二书也。

【校】

① 兴宗始命置局编修……盖圣宗以前事,皆是时所追述也 《校证》:圣宗以前之事,已有邢抱朴、室昉等于统和九年所撰实录予以记载,非兴宗时所追述。冯家昇《辽史源流考》已指出其误。

辽史二

辽、金二代之兴,皆经祖宗数世开创,始成帝业。《金史》于《太祖本纪》前先立《世纪》以叙其先世,最为明晰。《辽史》则开卷即作《太祖本纪》,而其祖宗递传之处,反附见于本纪赞内,故所叙太简。肃祖、懿祖、玄祖、德祖四代,其妻已立传于《后妃》内,其夫反无专纪而附于赞内,岂不详略两失乎?

且赞中所叙又不甚明了,谓自奇善可汗生都庵山,传至聂呼,旧名雅里。让苏尔威旧名阻午。而不肯自立。聂呼生必塔,旧名毗牒。必塔生海兰,旧名颏领。海兰生努尔苏,旧名耨里思。是为肃祖。肃祖生萨喇达,旧名薩剌德。是为懿祖。懿祖生伊德实,旧名匀德〔实〕。是为玄祖。玄祖生色勒迪,旧名撒剌的。《北庭杂记》又名斡里。是为德祖,即太祖安巴坚旧名阿保机。之父也。世为约尼〔旧作遥辇〕。之额尔奇木,旧作夷离堇。太祖受可汗之禅,遂建国云。《太祖本纪》又谓哈陶津汗旧作痕德堇可汗。殂,群臣奉遗命请立太祖,太祖三让乃许之。按《新唐书》谓契丹王锡里济《旧唐书》及薛居正《五代史》俱作习尔之。死,族人沁丹《唐书》、薛《史》俱作钦德。嗣。尝入寇,为刘仁恭所败,乃以重赂乞盟,故沁丹晚节不竞。而欧阳《五代史》谓约尼以次代,为刘仁恭所攻,八部之人以约尼为不任事,选于众,得安巴坚代之。盖此即《辽史》所谓受可汗之禅者也。钦德、痕德堇、遥辇,皆名字传闻之误。其聂呼让苏尔威而不自立之处，按《耶律吓噜传》，哈陶津汗殁，群臣奉遗命立太祖，太祖曰："吾祖聂呀，尝以不当立而辞位，吾可受乎?"吓噜曰："昔聂呀之辞，以未有遗命也。今先君言犹在耳，君命不可违。"太祖乃即位。据此则所谓聂呀让苏尔威，及太祖受可汗之禅，欧《史》虽不载，要是实事。又吓噜云："自苏尔威后十余世，国衰民困，今正当兴王之运，不可失也。"此亦与《唐书》、欧《史》所谓被刘仁恭所攻，八部之人以约尼为不任事而立安巴坚者略相合。然《辽史》谓群臣奉遗命立安巴坚，欧《史》则谓八部人公议立安巴坚，又属歧互。至《新唐书》谓八部迭相更代，独安巴坚自为一部不肯代，自号为王。欧《史》又谓安巴坚既立后，值中国多故，汉人归之者众，告以中国之主无代立者，安巴坚于是立九年尚不求代。诸部共责诮之，安巴坚曰："吾立九年，所得汉人多矣，欲自为一部以治汉城。"诸部许之。遂率汉人于滦河上筑城种田，而以计诱八部大人来会，尽杀之，然后并八部为一。此与《新唐书》相合，当是安巴坚实事，而《辽史》并无一字及之。盖耶律俨修实录时，为其先世隐讳，陈大任修史亦遂因之，不复勘对《唐书》及欧《史》也。

且《辽史》隐讳之处亦不止此。欧《史》载李克用先约安巴坚共攻梁，已而安巴坚背约，反遣梅老聘梁，奉表称臣，以求封册。克用大恨，临殁，以一矢属庄宗报仇，后果为庄宗击于望都，大败而去。而《辽史》则以克用结好之事为约其共攻刘仁恭，而不言攻梁，以掩其背约之迹。此其讳饰一也。欧《史》德光灭晋后归，殁于（滦）〔栾〕城，契丹人剖其腹，实以盐，载之北归，晋人谓之"帝羓"。《辽史》并不载，但载其自悔之语，谓此行有三失：纵兵掠刍粟，一也；括私财，二也；不遣诸节度归镇，三也。而赞其如秦穆之能悔过。又记其迁晋主母子于黄龙府时，仍以其宫女、宦官、东西班官、医官、控鹤官及庖人、茶酒司等从行，又以晋旧臣赵莹、冯玉、李彦韬等护送，以见其加惠于亡国之处。凡此有善则书，有恶则讳，可见皆耶律俨在辽时所修原本，而陈大任因之者也。而元时修史之草率，并《唐书》、欧《史》亦不复校勘，概可见矣。

《宋史·宋琪传》，琪本幽、蓟人，故知辽事最详。其疏云：契丹自阿保机始强，因攻渤海，死于辽阳。妻述律氏生三子，长东丹，次德光，季曰自在。（太子）德光南侵还，死于途。东丹之子永康代立，起军南侵，被杀于大神淀。德光子述律代立，号曰睡王。

二年,为永康子明记所纂。明记死,幼主代立。明记妻萧氏,番将守兴之女,即今幼主之母也云云。其叙安巴坚以后世次继立之处,俱与《辽史》同,惟名字不合,盖契丹以国语为名,本无正字耳。

辽史立表最善

《辽史》最简略,二百年人物,列传仅百余篇,其脱漏必多矣。然其体例亦有最善者,在乎立表之多,表多则传自可少。如皇子、皇族、外戚之类,有功罪大者,自当另为列传,其余则传之不胜传,若必一一传之,此史之所以繁也。惟列之于表,既著明其世系官位,而功罪亦附书焉,实足省无限笔墨。又如内而各部族,外而各属国,亦列之于表,凡朝贡叛服、征讨胜负之事,皆附书其中,又省却多少外国等传。故《辽史》列传虽少,而一代之事迹亦略备。惟与宋和战交际之事,则书于本纪而不复立表,盖以夏、高丽、女直之类皆入于《属国表》,宋则邻国,不便列入也。然《金史》特立《交聘表》,凡与宋交涉之事,一览了如。《辽史》虽旧无底本,而元人修史时,既于《金史》立此表,独不可于《辽史》亦立此表乎?

且《辽史》与宋交涉之事书于本纪者,前后亦不画一。澶渊既盟之后,凡两国遣使,生辰、正旦以及庆吊等事,不特逐年详书,即使臣姓名亦一一不遗。及兴宗再定和议加增岁币之后,则惟书吊大丧、贺即位之事,其余生辰、正旦等使一概不书,何其前详后略也?若亦立《交聘表》,则此等皆可于表内见之,前既免于繁冗,后亦不至简略矣。而《辽史》无之,此又修史诸人之失也。

辽史疏漏处

《辽史》又有太疏漏者。《东都事略》记辽太宗建国大辽,圣宗即位,改大辽为大契丹,道宗又改大契丹为大辽。改号复号,一朝大事,而《辽史》不书。圣宗统和二十四年,幽皇太妃呼纽旧名胡辇。于怀州,囚夫人伊兰旧名夷懒。于南京,余党皆生瘗之。明年,赐皇太妃死于幽所。按统和十二年,诏皇太妃领西北路乌尔古旧名乌古。及永(熙)〔兴〕宫军,抚定西边,以萧达林旧名挞凛《宋史》名挞览。督其军事。此即皇太妃呼纽也。《达林传》亦称夏人梗边,皇太妃受命总乌尔古部及永

(熙)〔兴〕宫军讨之,凡军行号令,太妃悉委达林。其后萧罕嘉努旧名萧韩家奴。疏,亦言统和间皇太妃出师西域,拓土既远,降附亦多。自后一部或叛,邻部讨之,使同力相制,正得御远之道。则此皇太妃不惟有辟土之大功,且有靖边之长策。其幽死也,又以何事?《后妃传》内当专立一传,乃并无其人,何也?

又圣宗统和四年,纳皇后萧氏,皇太妃进衣物驼马以助会亲颁赐,内外命妇亦进会亲礼物。此后乃圣宗元配也,统和十九年以罪降为(惠)〔贵〕妃。后虽降而其为圣宗原配,终不可没。后系何人之女,以何事得罪?《后妃传》内亦宜有专传,乃但以统和十九年另立之齐天皇后特立一传,而此初娶之后绝无一字及之,何耶?

且既为《辽史》,则本国兴兵之事,不应自称曰辽兵。乃本纪贝州之战云:军校邵珂开城门纳辽兵。戚城之战云:辽军围晋别将于戚城,晋主自将救之,辽军引退。邺都之战云:慕容彦超遇辽军数万,至榆林〔店〕,辽军又至,彦超等力战,辽军乃退。如此类者不一而足,反似他国记载而称契丹为辽军者,此亦修史者之疏也。

辽帝皆有简便徽号

辽帝皆有一二字简便徽号,当时为臣下所称,后世亦即以此别之为某帝,初不称庙谥也。如太祖曰天皇帝,太宗曰嗣圣皇帝,世宗曰天授皇帝,穆帝曰天顺皇帝,景宗曰天赞皇帝,圣宗曰天辅皇帝,道宗曰天祐皇帝,末帝曰天祚皇帝,皆于初即位时,群臣上尊号即有此二字。甚至皇后亦另有徽称。如太祖后曰地皇后,圣宗后曰齐天皇后,道宗后曰懿德皇后是也。其后耶律淳僭位,亦号天锡皇帝。耶律达实旧名大石。亦号天祐皇帝。达实殁,其后塔布布延旧名塔不烟。称制,亦号感天皇后。其女布沙堪旧名普速完。称制,亦号承天太后。此亦一代之制也。

按元制,每帝亦有国语徽称,如太祖曰成吉斯旧作成吉思。皇帝,世祖曰色辰旧作薛禅。皇帝,成宗曰鄂勒哲图旧作完泽笃。皇帝,武宗曰库鲁克旧作曲律。皇帝,仁宗曰布延图旧作普颜笃。皇帝,英宗曰格根旧作格坚。皇帝,文宗曰济雅图旧作札牙笃。皇帝是也。但元制系以国语为尊奉之称,辽制则不用契丹语,而以汉字尊称,故不同耳。

辽后族皆姓萧氏

辽后族皆姓萧氏。《后妃传》引耶律俨所修实录，谓其先本伊苏巴里氏，旧作乙室拔里氏。太祖慕汉高祖，故称刘氏，以伊苏巴里比萧相国，遂为萧氏。又谓太祖舒鲁后旧作述律后。兄子名萧翰，妹复为太宗皇后，故后族皆以萧为姓云。是实录以后族姓萧为太祖所赐，而《国语解》谓其说不合，故陈大任不取。又《外戚表序》云：契丹外戚，其先曰二舒敏氏，旧作二审〔密〕氏。曰巴里，旧作拔里。曰伊苏济勒。旧作乙室己。太祖娶舒鲁氏。大同元年，太宗自汴将归，留外戚小汉为汴州节度使，赐姓名萧翰，由是巴里、舒鲁、伊苏济勒三族皆为萧姓。是赐姓又自太宗始。

按薛居正《五代史·萧翰传》，翰父阿巴有妹，为安巴坚后，翰妹又为德光后。德光入汴，将命翰为宣武军节度使，契丹本无汉名，乃赐姓名萧翰，自是翰族皆姓萧。欧《史》亦谓德光欲留萧翰于汴，使李崧为制姓名曰萧翰，于是始姓萧云。是后族姓萧，实太宗所赐也。既为太宗所赐，何以太祖之高、曾、祖、父四代姒已俱称萧？盖皆后人所追氏也。而诸外戚之姓萧者可类推矣。萧氏于辽最贵，世与宰相之选，统辽一代任国事者，惟耶律与萧二族而已。

辽正后所生太子多不吉

辽太祖三子，皆舒鲁后所生。长名贝，旧名倍。已立为太子，后得东丹国，册为人皇王主之。太祖崩，让位于其弟太宗，德光。身自归东丹，寻浮海适唐，赐姓名李赞华，为唐末帝所害。后以子世宗登极，追谥义宗。太宗崩，世宗贝子，时为永康王。以从子入嗣。世宗崩，穆宗太宗子。以从弟入嗣。穆宗崩，景宗世宗子。又以从子入嗣。皆未先为皇太子也。惟景宗后萧燕燕正位中宫后，始生圣宗。圣宗以冢嫡嗣位，享国四十九年，令名遐福，最称贤主。此为古今来正后所生储君继体者之第一，然未即位以前年尚幼，却未立为皇太子。兴宗圣宗子。则由皇太子嗣位，而其母耨斤，本宫人也。道宗母系仁懿萧后，然道宗生于兴宗藩邸，仁懿尚未为后。道宗宣懿萧后，则既册为后始生子濬，寻立为皇太子，后被伊逊旧名乙辛。所谮，母子皆不得其死。天祚帝系濬为太子时元妃萧氏所生,亦尚未为后也。

辽官世选之例

辽初功臣无世袭,而有世选之例。盖世袭则听其子孙自为承袭,世选则于其子孙内量才授之。兴宗诏世选之官,从各部耆旧择材能者用之是也。其高下亦有等差。《外戚表序》云:后族萧氏,世预北宰相之选。按《辽本纪》,太祖四年,以后兄萧达鲁旧名阿布齐。为北府宰相。后族为相自此始。然《萧塔(喇)〔列〕噶旧名塔剌葛。传》,其祖当安禄山来攻时,战败之,为北府宰相,世预其选。则世选官本契丹旧制,不自辽太祖始也。《萧思温传》,为北府宰相,上命世预其选。《萧和斯旧名护(斯)〔思〕。传》,官北院枢密使,仍命世预宰相选,辞曰:"臣子孙贤否未可知,得一客省使足矣。"又道宗诏北院枢密使耶律伊逊,旧名乙辛。同母兄弟世预北南院枢密使之选,异母兄弟世预额尔奇木旧作夷离堇。之选;太保查剌,世预突吕不部节度使之选;耶律辖哩旧名谐理。征宋有功,世预节度使之选;萧达鲁旧名敌鲁。善医,世预大医选。此可见辽代世选官之制,功大者世选大官,功小者世选小官,褒功而兼量才也。

按辽之世选官,与元时四集赛旧作四怯薛。相同。如穆呼哩旧名木华黎。子孙安图、旧名安童。哈喇哈斯,旧名哈喇哈孙。累世皆为宰相。阿噜旧名阿鲁图。自言我博尔济旧名博尔尤。后裔,岂以丞相为难得耶?是元时丞相多取于四集赛之家,与辽之世选宰相,大略相同也。

辽族多好文学

辽太祖起朔漠,而长子人皇王贝已工诗善画,聚书万卷,起书楼于西宫,又藏书于医巫闾山绝顶。其所作《〔乐〕田园(乐)诗》,为世传诵。画本国人物,如《射骑》、《猎雪骑》、《千鹿图》,皆入宋秘府。其让位于弟德光,反见疑而浮海适唐也,刻诗海上曰:"小山压大山,大山全无力。羞见故乡人,从此投外国。"情词凄惋,言短意长,已深有合于风人之旨矣。平王隆先亦博学能诗,有《阆苑集》行世。其他宗室内亦多以文学著称。如耶律国留善属文,坐罪在狱,赋《寤寐歌》,世竞称之。其弟资忠亦能诗,使高丽被留,有所著,号《西亭集》。耶律庶成善辽、汉文,尤工诗。耶律富鲁旧名蒲鲁。为牌印郎君,应诏赋诗,立成以进。其父庶箴尝寄《戒谕诗》,富鲁答以赋,时称典雅。耶律韩留工诗,重熙中诏进《述怀诗》,帝嘉叹。耶律辰嘉努旧名陈家奴。遇太后生辰,进诗,太后嘉奖。皇太子射鹿,辰嘉努又应诏进诗,帝嘉之,解衣以赐。耶律良,重熙中从猎秋山,进《秋(猎)〔游〕赋》。清宁中,上幸鸭子河,良作《捕鱼赋》。尝请编御制诗文曰《清宁集》,上亦命良诗为《庆会集》,亲制序赐之。耶律孟简六岁能赋《晓天星月诗》,后以太子濬无辜被害,以诗伤之,无意仕进,作《放怀诗》二十首。耶律古裕旧名谷欲。工文章,兴宗命为诗友。此皆宗室之能文者。

又耶律纽斡哩旧名裹履。工画,坐事犯罪,写圣宗御容以献,得减死。后使宋,宋主赐宴,瓶花隔面,未得其真,陛辞仅一视,默写之。及出境,以示饯者,骇其神妙。此又宗室之以画著名者也。

辽燕京

京师本唐范阳节度使治,府曰幽州,军曰卢龙。辽太宗会同元年,晋主石敬(塘)〔瑭〕遣赵莹以幽、蓟、瀛、莫、涿、檀、顺、妫、儒、新、武、云、应、朔、寰、蔚十六州来献,乃诏以幽州为南京。三年三月,至南京,备法驾,入自拱辰门,御元和殿,行入阁礼。又御昭庆殿,宴南京群臣。按石晋才以地来归,太宗驾至,即有拱辰、元和、昭庆等名,则非辽所建之宫殿可知也。是年冬,始诏燕京建凉殿于西南堞。建一凉殿尚特书于本纪,更可知太宗初入时,并未别有改筑。盖幽州自安、史叛乱已称大燕,后历为强藩所据。唐末刘仁恭僭大号于此,必久有宫殿名,辽但仍其旧耳。圣宗统和二十四年,改南京宣教门为元和门,外三门,一为南端,左掖为万春,右掖为千(龄)〔秋〕。开泰元年,又改幽都府为析津府,幽都县为宛平县。太平五年,驻跸南京,幸内果园宴。时值千龄节,燕民以年谷丰熟,车驾适至,争以土物来献。上礼高年,惠鳏寡,赐酺饮。至夕,六街灯火如昼,士庶嬉游,上亦微行观之。盖辽以巡幸为主,有东西南北四楼曰捺钵,又有春水、秋山,岁时游猎,从未有久驻燕京者,是年偶度岁于此,故以为仅事也。

今其基址亦有可约略者。《辽史·地理志》谓城方三十六里,崇三丈，衡广一丈五尺。八门，东曰安东、迎春，南曰开阳、丹凤，西曰显西、清晋，北曰通天、拱辰。大内在西南隅。其所改之元和门及南端、万春、千〔龄〕〔秋〕等门，则大内之门也。悯忠寺有李匡威所立之碑，曰大燕城内东南隅有悯忠寺，是唐藩镇牙城本在悯忠寺之西。《辽志》云大内在西南隅，宋王曾记契丹事，亦云燕京子城就罗郭西南为之，是辽之南京，即唐幽州镇之旧治，确有明证。

金初因之。宋钦宗至金，馆于燕山东南悯忠寺，此寺犹在东南也。海陵始扩东、南二面而大之，详见《金（筑）〔广〕燕京》条内。元世祖又广其西、北而截其东、南，详见《元筑都城》条内。明徐达又截其西、北，成祖建都则又广之于东，详见《明筑都城》条内。盖至是凡数改矣。惟王曾记自卢沟河至幽州六十里，今卢沟桥至京不过三十里，辽、金之燕京尚在西北面，其去卢沟宜近，乃较远于今，何也？盖今卢沟桥乃金章宗时始建，辽时卢沟河尚未有桥，其渡河之处或尚在南，故至幽州六十里耳。

金广燕京

金太祖、太宗有天下，其建都仍在上京，未尝至燕也。熙宗始诏卢彦伦营造燕京宫室。《彦伦传》。海陵欲迁都于燕，天德三年，乃诏广燕城，建宫室，依汴京制度，遣丞相张浩、张通古等调诸路夫匠修筑。有司以图来上，并阴阳五姓所宜，海陵曰："吉凶在德不在地。使桀、纣居之，虽善地何益；尧、舜居之，何以卜为？"本纪。是时张浩举苏保衡分督工役，又景州刺史李石护役皇城。见浩、石各本传。运一木之费至二十万，举一车之力至五百人，宫殿皆饰以黄金五彩，一殿之成以亿万计。见《续通鉴纲目》。贞元元年来都之，以迁都诏中外，改燕京为中都，府曰大兴。以京城隙地赐朝官，寻又征其钱，赐营建夫匠帛。本纪。

今按《蔡珪传》，有两燕王墓，旧在东城外，海陵广京城，墓在城内。相传为燕王及太子丹之葬，珪独考其非是，乃汉刘建及刘嘉之葬也。大定九年，诏改葬于城外。又《刘颐传》，南苑有唐碑，书贞元十年御史大夫刘怦葬。世宗见之曰："苑中不宜有墓。"刘颐家本怦后，诏赐怦钱（二）〔三〕百贯，令颐改葬于城外。据此二传，可见海陵筑城时，于辽故城之东、南二面皆大为增广，故两燕王及刘怦墓旧时皆在城外者，悉围入城中，至大定始迁出也。

元筑燕京

元太（宗）〔祖〕十年已取燕京，然未尝驻跸。世祖即位，尚在开平，中统二年，始命修燕京旧城。盖自金宣宗迁汴后，燕京入于蒙古，宫室为乱兵所焚，火月余不灭，至是已四十余年，班朝出治之所无复存者，故中统元年车驾来燕，只驻近郊。本纪。《王磐传》所谓宫阙未定，凡遇朝贺，臣庶杂至帐殿前，喧扰不能禁也。至元元年，诏改燕京为中都，始建宗庙宫室。《刘秉忠传》。八年，发中都、真定、顺天、河间、平滦民二万八千人筑宫城。又敕修筑之费悉从官给，并免伐木夫役税赋。是年初，建东、西华及左右掖门。十年初，建正殿、寝殿、香阁、周庑两翼室。十一年正月，宫殿告成，帝始御正殿受朝贺，此俱见本纪。时诏旧城居民之迁京城者，以赀高及有官者为先，仍定制以八亩为一分，其或地过八亩及力不能筑室者，皆不得冒据，听他人营筑。此元时迁筑燕京之明据。朱竹垞所谓元建大都在金燕京北之东，大迁民以实之，燕城以废是也。二十年，以侍卫亲军万人修大都城。二十六年，又修宫城，乃立武卫缮理，以留守段天祐兼指挥使治之。大概元之迁筑，先宫城而后及于都城，事皆散见纪传。

今其故址有可以意得者。德胜门外八里土城，本元之健德门，是元之都城北面，在今德胜门外八里也。郭守敬引白浮泉水入都城，汇于积水潭，置闸以运通州之米，世祖还自上都，见积水潭舳舻蔽水，大悦。积水潭即今之西海子，其时粮船可泊于此，知此潭尚未为禁地也。见《守敬传》。永乐初封于燕，因元故宫，即今之西苑，开朝门于前，事见刘侗《帝京景物略》。是元故宫乃在今西苑之西宣武门以内也。

明南北京营建

明祖创造南京，规制雄壮，今四百余年，城郭之崇，街衢之阔，一一可想见缔造之迹。盖尽举前代官民房舍扫除而更张之，而工作皆出于民力。《水东日记》云：洪武门外至中和桥六七里长街，乃富民沈万三家络丝石所砌。以此类推，是物料皆取之民间也。《明史·严震直传》，时方事营造，集天下工匠二十万户于京师，震直请户役一人各书其姓名、术业,按籍更番役之。是工匠悉取之民间也。《朱煦传》,洪武十八年,诏尽逮天下官吏之为民害者赴京师筑城。《叶伯巨传》亦言居官一有蹉跌,苟免诛戮,则必在屯田工筑之科。是工筑并及于官吏也。当开国之初劳民动众,固非得已。

至成祖迁都北京,自可仍元都之旧,乃宫殿多移在元旧城东三四里。盖自徐武宁平燕,废元都,已缩其地为北平府。今德胜门外八里有土城,尚是元健德门故址,可见武宁已割旧都西北一带于城外也。(萧)〔华〕云龙镇北平,建燕邸,改筑北平城。《云龙传》。刘侗《帝京景物略》亦谓徐达命云龙新筑城垣,南北取径直,是城郭已另筑也。《姚广孝传》,成祖初封于燕,其邸即元故宫。《景物略》亦谓燕邸因元故宫,即今之西苑,开朝门于前。永乐登极后,即故宫受朝。至十五年,改建皇城于东,去旧宫里许,悉如金陵之制云云。是宫殿亦另建也。

今以《明史》各列传参考之,当时大工大役,亦不减洪武之创南京矣。自永乐五年,实始营建。九年,谭广以大宁都指挥使董建北京。《广传》。十五年,薛禄以后军都督董北京营造。《禄传》。宦官阮安有巧思,奉命董北京城池宫殿及百司府舍,目量意揣,悉中规制,工部受成而已。《宦官传》。是董役者固不一其人。邝埜以北京执役者巨万,奉命稽省病者。《埜传》。叶宗人为钱唐令,督工匠往营北京。《宗人传》。是工匠亦役及各省也。邹缉疏言:建造北京几二十年,工大费繁,调度甚广。工作之夫,动以百万,终岁供役,不得耕作。工匠小人,又假托威势,逼民移徙,移徙甫定,又令他徙,至有三四徙者。《缉传》。永乐十九年诏云:赖天下臣民殚竭心力,冒寒暑,涉风霜,趋事赴功,勤劳匪懈。《景物略》。是可见当时城池宫阙皆非因元之旧,其扰民肆害有记载所不能尽者。

本朝定鼎,明宫殿已为流贼李自成所毁,《流贼传》。宜乎大有改建。乃初定鼎,仅在武英殿朝贺,后次第修葺,不肯兴大役以病民。直至康熙八年十一月,太和殿、乾清宫始告成,则开国之初,固已仁及天下矣。

朱竹垞《日下旧闻序》云:唐之幽州,其址半在新城即今南城。之西,金展其南,元拓其东、北。徐达定北平,毁故都城,缩而小之,昊天、悯忠、延寿、竹林、仙露诸寺,皆限于城外。及嘉靖筑新城，此数寺又围入城内。梁园以东至于神木厂，亦旧时郊外地也。元之宫殿，当在今安定门北，明初即南城故宫为燕邸，而非因大内之旧云。此可以参证。

金　史

《金史》叙事最详核，文笔亦极老洁，迥出《宋》、《元》二史之上。说者谓多取刘祁《归潜志》、元好问《壬辰杂编》以成书，故称良史。然《好问传》，金亡后，累朝实录在顺天张万户家，好问言于张，欲据以撰述，后为乐夔所沮而止。是好问未尝得实录底本也。今《金史》本纪即本张万户家之实录而成。按《完颜勖》及《宗翰传》，女直初无文字，祖宗时并无纪录。宗翰好访问女直老人，多得先世遗事。太宗天会六年，令勖与耶律迪延掌国史。勖等自始祖以下十帝综为三卷，凡部族既曰某部，又曰某水某乡某村以识别之。至与契丹往来及征战之事，中多诈谋诡计，悉无所隐，故所纪咸得其实云。今按《世纪》，初臣辽而事之，继叛辽而灭之，一切以诈力从事，皆直书不讳，及《锡馨》、旧名石显。《和诺克》、旧名桓赧。《萨克达》、旧名散达。《乌春》、《拉必》、旧名腊醅。《罕都》、旧名欢都。《伊克》旧名冶诃。等传地名、部名、村名，悉了如指掌，应即勖等所修之载在实录者。

皇统八年，勖等又进《太祖实录》二十卷。大定中，修《睿宗实录》成，世宗曰："当时旧人，惟古云旧名斡英。在。"令史官持往就问之，多所更定。见《古云传》。是金代实录本自详慎。卫绍王被弑，记注无存。元初王鹗修《金史》，采当时诏令及金令史窦（详）〔祥〕所记二十余条，杨云翼日录四十（卷）〔条〕，陈老日录（二）〔三〕十（余）条，及女官所记资明夫人授玺事以补之。可见《金史》旧底固已确核，宜纂修诸人之易借手也。然于旧史亦有别择处。如《李石传》，谓旧史载其少贫，贞懿后周之不受。及中年，以冒支仓粟见讥，贪鄙如出两人。史又称其未贵时人有慢之者，及为相，其人见石惶恐，石乃待之弥厚，又与其平日正色斥徒单子温气岸迥殊。是纂修诸臣于旧史亦多参互校订，以求得实，非全恃抄录旧文者。

其宣、哀以后诸将列传，则多本之元、刘二书。盖二人身历南渡，后或游于京，或仕于朝，凡庙谋疆事，一一皆耳闻目见，其笔力老劲，又足卓然成家。修史者本之以成书，故能使当日情事历历如见。然谓其全取元、刘之作，则又不然。如《王若虚传》，崔立以汴城降蒙古，朝臣欲为树碑纪功以属祁，祁属草后，好问又加点窜。此事元、刘二人方且深讳，见好问《外家别业上梁文》及祁《归潜志》。而《若虚传》竟直书之，更可见修史诸人临文不苟，非全事抄撮者也。

又金初灭辽取宋，中间与宋和战不一，末年又为蒙古所灭，故用兵之事较他朝独多。其胜败之迹，若人人铺叙，徒滋繁冗。《金史》则每一大事，即于主其事之一人详叙之，而诸将之同功一体者，可以旁见侧出，故有纲有纪，条理井然。如珠赫店《辽史》作出店河，《金史》作出河店。之战，太祖自将，则书于本纪。获辽主，取宋帝，则详于《宗翰》、《宗望传》。渡江追宋高宗，则详于《宗弼传》。富平之战，则详于《宗弼》及《持嘉晖旧名赤盏晖。传》。和尚原之战，则详于《宗弼》及《古云传》。泾州西原之战，则详于《古云》及《萨里罕旧名撒离喝。传》。正隆用兵，则详于《海陵本纪》及《李通传》。大定中，复取淮、泗，则详于《布萨忠义》、旧名仆散忠义。《赫舍哩志宁传》。旧名纥石烈志宁。泰和中宋兵来侵，则详于《布萨揆》、旧名仆散揆。《宗浩》、《完颜纲传》。兴定中发兵侵宋，则详于《约赫德旧名牙吾塔。传》。巩昌之战，则详于《博索旧名白撒。传》。禹山之战，则详于《伊剌布哈旧名移剌蒲阿。传》。三峰山之战，则详于《完颜哈达旧名合达。传》。汴城括粟之惨，则详于《锡默爱实旧名斜卯爱实。传》。汴城之攻围，则详于《博索》及《完颜纳申》、旧名奴申。《崔立传》。归德之窜，则详于《白华传》。蔡州之亡，则详于《完颜仲德传》。各就当局一二人叙其颠末，而同事诸将自可以类相从，最得史法。

又如辽将和尚、道温二人之忠于辽，宋将徐徽言之忠于宋，则但书其殉节，而死事之详，听其入《辽史》、《宋史》可矣。乃不忍没其临危不屈之烈，特用古人夹叙法，附书道温二人于《宗望传》，徐徽言于《罗索旧名娄室。传》，使诸人千载下犹有生气，而文法亦不至枝蔓，尤见修史者斟酌裁剪之苦心也。

按崔立功德碑一事，《金史·刘祁》、《元好问》二传皆不载。《王若虚传》则谓崔立杀宰相，以汴京降蒙古，其党翟奕欲为作功德碑，以属若虚。若虚谓奕曰："学士代王言，功德碑谓之代王言，可乎?"奕不能夺,乃召太学生为之。此本于好问所作若虚墓志,而传因之。是碑文之作,与祁、好问二人无涉也。而《若虚传》又谓,若虚辞免后,召太学生刘祁、麻革到省,好问时为郎中,谓祁等曰:"众议属二君,其无辞。"祁不得已,为草定,以示好问,好问意未惬,乃自为之。既成,以示若虚,乃共删定数字,然止直叙其事而已。据此则功德碑竟出祁、好问二人之手矣。然郝经有《辨磨甘露碑》诗云:"国贼反城自为功,万段不足仍推崇。勒文颂德召学士,溽南先生付一死。即若虚。林希更不顾名节,兄为起草弟亲刻。省前便磨《甘露碑》,书丹即用丞相血。百年涵养一涂地,父老来看暗流涕。数尊黄封几斛米,卖却家声都不计。盗据中国责金源,吠尧极口无靦颜。作诗为告曹听翁,且莫独罪元遗山。"据此则作文另有人,林希本宋人,盖借以影喻作文者。并非祁、革,而好问改作之诬,更不待辨矣。然经诗末句云"且莫独罪元遗山",则好问于此事究有干涉。经诗谓林希所作极口吠尧,斥金源盗据中国,而《金史》谓好问所改止直叙其事,岂初次原稿专媚崔立,且指斥国家,好问见而愤之,特改其肆逆之语,后人遂以为出祁、好问之手耶?

金史失当处

《金史》体例亦有可议者。本纪之前先列《世纪》,叙世祖以下世次及缔造功业,而本纪后又有《世纪补》,则叙熙宗父宗峻,世宗父宗辅,章宗父允恭,皆以子登极追尊为帝者也。宗峻追谥景宣帝,庙号徽宗。宗辅追谥简肃帝,庙号睿宗。允恭追谥光孝帝,庙号显宗。此等追尊之帝,本宜各为一传,冠于列传之首,如《元史》睿宗、裕宗、显宗、顺宗,《明史》兴宗、睿宗之例,最合体裁。《金史》以太祖以前十一君皆系追谥之帝,已入《世纪》,此三人亦系追谥之帝,不便入列传,故又为《世纪补》附于本纪之后,亦创例之得者也。然海陵篡立,亦追尊其父宗幹为睿明皇帝,庙号德宗,后因海陵废为庶人,遂并其父追尊之帝号亦从削夺,而列于宗本等传。此固当时国史记载如是,及异代修史时,则海陵一十三年御宇,既不能不编作本纪,其追尊之父亦何妨附于《世纪补》,以从画一。况宗幹开国元勋,其功烈迥在宗峻、宗辅上,即世宗登极，亦尝改谥明肃皇帝，后因允恭之奏，始降封辽王。若以其降封遂不入《世纪》，则海陵登极时，亦尝降封宗峻为丰王，乃一升一降，歧互若此。

崔立杀宰相，劫妃后等，以汴京降蒙古，乃不入叛逆臣中，而仍在列传，与完颜奴申同卷。此编次之可议者一也。刘豫为金子皇帝，则属国也。天会十年，豫徙都汴。十二年，金、齐合兵侵宋。皆金国大事，而《金史》一概不书。此记载之可议者二也。张邦昌、刘豫俱受金封册，宇文虚中亦仕金官至特进，《金史》固宜立传。吴曦叛宋降金，已册封为蜀王，其死也，又赠以太师，招魂葬之。虽曦事多在宋，然既已臣金，《金史》亦宜立传，乃邦昌等三人皆有传，而曦独无之。时青虽阴受金官，而身在宋，屡以宋兵攻金。其叔时全，则仕金为同签枢密院事，屡为金侵宋。是宜传全而以青附，乃反传青而以全附，亦属倒置。宗弼用兵，处处与韩常俱。富平之战，宗弼陷重围中，韩常流矢中目，怒拔去，以土塞创，奋呼（博）〔搏〕战，遂解围出宗弼。仙人关之战，宗弼陈于东，韩常陈于西。顺昌之败，韩常以大将亦被鞭责。柘皋之战，王德先败韩常于昭关。《宗弼传》内屡错见其事。又《高（福）昌〔福〕传》，韩常用法严，遣吏送囚于汴，或道亡，监吏惧罪，（乃）〔欲〕尽杀之以灭口。后衍庆宫图画功臣，韩常以骠骑大将军亦得绘像。是韩常固金初一大将，累有战功，《金史》必宜有传，乃竟无之，亦属挂漏。此纂辑之可议者三也。至如诏诰之类，既载于本纪，则不必复载于列传。乃天辅五年使都统杲伐辽，诏书三道，既详于纪，而《杲传》又备载之，不异一字。完颜苏呼旧名素兰。在宣宗前面劾珠格高琪旧名尤虎高琪。之奸恶，既详于《苏呼传》，而《高琪传》又备载之，累幅不尽。此又叙述繁复之可议者也。

又如《辽史》叙本国之兵，不曰我兵而曰辽兵，《金史》宣宗以后叙蒙古兵曰大元兵，曰北兵，曰大兵，而叙本国之兵亦直曰金兵。见《徒单兀典》等传。盖异代修史，不必内本国而外敌国，直书金兵亦自明晰。至《金太祖本纪》，拒辽兵于鸭子河，甲士三千七百，至者才三之一，俄与敌战，大胜。辽人常谓女直兵若满万则不可敌，至是始满万云。上既云三千七百，至者三之一，下即云满万，殊属语病。《卫绍王纪》，大安二年九月，忽书京师戒严，盖因蒙古兵入也。然上文从未见蒙古起兵之事,使阅者茫然不知何处之兵。直至大安三年四月,始书大元太祖来征,一似上年之戒严别有兵祸,而非蒙古者。又《纥石烈牙吾塔传》,今作赫舍哩纳赫德。太昌原战胜,既解庆阳之围,时元使斡骨栾来行省,蒲阿等因此一胜志气骄满,乃谓斡骨栾曰:"我已准备军马,可战斗来。"是此召衅之语乃出自蒲阿也。其下又云:内族垂庆使北还,始知牙吾塔不逊激怒之语。是此语又是牙吾塔所言矣。此又一传中自相歧互。《移剌蒲阿传》,三峰山之战,元兵开钧州路纵金兵走,而以生军夹击之,杨沃衍、樊泽等皆战死于路。《沃衍传》则谓沃衍已入钧州,元使人招之,沃衍不从,乃自缢死。两传亦不符合。

辽金二史各有疏漏处

按《金史》,金太祖自珠赫店之捷,即于次年正月称帝,建国号曰金,年号曰收国,凡二年,又改元天辅。《辽史》珠赫店之败在天庆四年,则金之建国应在天庆五年,乃《辽史》本纪是年并不载金建国之事,直至天庆七年始云是岁女直阿固达旧名阿骨打,即金太祖也。用铁州杨朴策,即皇帝位,改元天辅,国号金。则似金太祖至是年始称尊,而收国两年俱抹煞矣。此《辽史》之疏漏也。

《金史》,太祖初以乌奇迈、旧名吴乞买,即金太宗也。萨哈旧名撒改。等之请,始建国称帝。其改元天辅也,亦以乌奇迈等上大圣皇帝之号而改元,并无杨朴定策之事。《辽史》又载杨朴言自古英雄开国或受禅,必先求大国封册,遂遣使议和以求册封。是杨朴者固金初一策士,而《金史》亦不载此事,并列传亦无杨朴其人。

金史避讳处

辽天祚帝幸混同江,界外生女直酋长在千里内者,以故事皆来朝。适遇头鱼宴,上临轩,命诸酋起舞,独阿固达辞以不能,谕之再三,终不从。上密谕枢密使萧奉先以事诛之,奉先以为粗人,释之。其弟乌奇迈、尼玛哈旧名粘没喝。等尝从猎,能呼鹿刺虎,上喜,辄加官赏。阿固达归,遂称兵,先并旁近部族。女直赵三等拒之,阿固达虏其家属,赵三走诉咸州详衮司,旧作详稳。详衮司数召阿固达不至。一日,阿固达率骑五百突至详衮司,与赵三面折庭下,阿固达不屈,送所司问状,一夕遁去,自是召不复至。此事载《辽史》,而《金史》不书。及天祚帝亲征,下诏有"女直作过,大军剪除"之语。女直主聚众,劙面仰天恸哭,以激励其众,谓:"不若杀我一族,汝等迎降,可转祸为福。"诸军皆曰:"事已至此,惟有战耳。"又天祚帝遣萧实讷呼_{旧名萧习泥烈}等册金主为东怀皇帝,金以册文无兄事之语,不称大金而云东怀,乃"小邦怀其德"之义,遂不受,以书复之。事皆载《辽史》,而《金史》亦不书。

又如宋刘锜顺昌之捷,金葛王乌禄从乌珠_{即兀术。}来攻,亦大败而去。《宋史》本纪及《锜传》载之甚详,葛王即金世宗也,而《世宗本纪》不叙其事。宣宗即位,乃赫舍哩呼沙呼_{旧作纥石烈胡沙虎。}弑卫绍王后,图克坦镒_{旧名徒单镒。}劝其迎立也,_{见《镒》及《胡沙虎传》。}而《绍》、《宣》二纪皆不载。萨里罕_{旧作撒离喝。}被李世辅_{即李显忠。}劫执,将挟以归宋,追兵至,世辅乃与折箭为誓,推下山,而《萨里罕传》不载。_{见《完颜毅英》传。}珠格高琪_{旧作兀虎高琪。}为相,专宠作威,与高汝砺相倚,高琪主机务,汝砺掌利权,附己者用,不附己者斥。_{见《珠格高琪传》。}而《汝砺传》绝不见附和高琪之处,反载其谏阻遣兵护麦及阅田征租榷油等事,皆与高琪异议者,其与高琪意合,只谏阻遣使与宋议和一事而已。传赞稍示贬,谓其循默避事,贪恋不去,士论颇以为讥,然终未著其党附之迹也。至《张邦昌传》,亦但云金立邦昌为大楚皇帝,时二帝已出汴京,邦昌出质始回,康王入归德,邦昌劝进于归德,后以隐事诛之。传中并不见僭位称号之事,一若金册立后即向康王劝进,而康王之杀之不免冤抑者。则并邦昌亦为之回护矣。

金史误处

《辽史》,天祚帝命宰相张琳、李处温与秦晋国王耶律淳守燕,帝遁入夹山,命令不通。奚和勒博,_{《辽史》名回离保。}耶律达实及李处温、左企弓、虞仲文、曹勇义、康公弼等立淳为帝,改元建福。未几淳死,众又立其妻德妃萧氏为皇太后,主军国事,将迎天祚次子秦王定为帝,皇太后称制,改元德兴。是淳年号建福,萧氏年号德兴也。而《金史·左企弓传》乃云辽天祚帝亡保阴山,秦晋国王耶律淳自立于燕,改元德兴,则以其妻之年号为淳之年号矣。又《辽史》,左企弓、曹勇义、虞仲文、康公弼等降金后,过平川,张(毂)〔毂〕_{《辽史》名(毂)〔毂〕,《金史》名觉。}数以十罪，皆缢杀之，而《金史》惟《企弓传》记其为张觉所杀。《仲文传》则云为翰林侍讲学士，卒谥文正；《勇义传》云为三司使，加宣政殿大学士，卒谥文庄；《公弼传》云权乾州节度使，卒谥忠肃。俱不见被害之迹，一似考终于官者。况《企弓传》已叙明降金后，金授企弓守太傅、中书令，仲文枢密使、侍中、秦国公，勇义以旧官守司空，公弼同中书门下平章事、陈国公，此诸人所受金官也。既受金官，则临死时应以金官书之，乃《仲文》等传所云翰林侍讲学士、宣政殿大学士、权乾州节度使之类，仍是仕于辽之官，尤觉两无所据，此《金史》之失也。

金史纪传不相符处

《金史》有纪传不相符处。元光元年用兵侵宋，主兵者完颜讹可也。本纪既书遣元帅讹可节制三路军马伐宋，下又书讹可、时全军大败，讹可当死，面责而释之。《时全传》亦载五月师还，全令军留淮收麦，讹可恐雨至水涨，不得善归，力争之，全不听。是夜暴雨，水大至，为桥以济，遂为宋兵所袭。乃讹可本传绝无与宋交兵一字，亦可见记载之疏矣。《宋·本纪》，嘉定十二年书金帅讹可攻枣阳，《孟宗政传》亦书讹可枣阳败归之事，《金史》本传转不载，何耶？

金史氏名不画一

《金史·纥石烈牙吾塔传》末云"塔"亦作"太"，亦曰"牙忽带"。女直语本无正字也，故流传于宋往往记载互异。至《金史》一朝之书，则纂修者应各传彼此校订，以归画一。乃一撒离喝也，今作斡里雅布。《熙宗纪》作撒离合，《睿宗纪》作撒离喝。《宋史》作撒离曷。一合达蒲阿也，今作哈达布哈。本传作合达蒲阿，《讹可传》又作合打蒲阿。一阿忽带也，《冯璧传》作阿虎带，《讹可传》又作阿禄带，其下又云阿鲁带。一撒合辇也，今作萨哈连。一传中忽作撒合辇，忽作撒曷辇。纥石烈执中，今作赫舍里执中。即胡沙虎也，今作呼沙呼。乃纪传忽而纥石烈执中，忽而胡沙虎，忽而纥石烈胡沙虎。内族承立即庆山奴也，乃本传忽而庆山奴，忽而承立。蒲察琦即仁卿也，乃本传忽而蒲察琦，忽而仁卿。此皆修史时仓猝成书，不暇刊正，故多歧误也。

宋史金人名多与金史不符

《金史》书本国人名已多彼此互异，流传于宋，益多讹误，故《宋史》所记金人名，考之《金史》，相同者不过十之一二，其余竟无一可核对者。如《李若水》、《宗泽》等传之粘罕，今改尼堪。斡离不，今改斡里雅布。《韩世忠传》之挞辣，《金史》作挞懒，今改达兰。《岳飞》等传之兀尤，今作乌珠。《吴玠传》之撒离喝、今作萨里罕。娄宿，今作罗索。《张浚传》之仆散忠义，今作布哈忠义。《吴璘传》之合喜，即《金史》徒单合喜，今作图克坦喀济哈。《汤思退传》之纥石烈志宁，今改赫舍哩志宁。《李宝传》之完颜郑家奴，今作郑家努。《赵方》、《扈再兴传》之高琪、乌古论庆寿、今作乌库哩庆寿。完颜赛不、今作完颜萨布。完颜讹可，今作完颜额尔克。《孟琪传》之移剌瑗，今作伊喇瑗。尚二史名字相同。然挞辣《金史》作挞懒，娄宿《金史》作娄室，其字已不画一。此外尚有可以意会者，如兀尤为韩世忠扼于黄天荡，《世忠传》谓挞辣在潍州，遣孛堇太一来援，《金史·宗弼传》则谓遣移剌古今作伊喇古。来援，盖即一人也。《毕再遇传》有纥石烈都统，按《金史》，是时统兵者为纥石烈志宁，则都统乃志宁也，而《宋史》但记其姓。

其他如悟室、见《洪皓》及《韩世忠传》。聂儿孛堇、牙合孛堇、讹里也、《世忠传》。拓跋耶乌、乌陵思谋、讫查粘罕、索孛堇、龙虎大王、盖天大王、夏金吾、《岳飞传》。没立、乌鲁折合、《吴玠传》。胡盏、习不祝、完颜悉列、耶律九斤、《吴璘传》。室撚、《秦桧传》。耶律温、《王德传》。蒙恬镇国、五斤太师、《魏胜传》。万户撒八、《杨再兴传》。完颜蒲辣都、千户尼庞古、《毕再遇传》。阿海、完颜小驴、合答、奇哥、《赵方传》。从义、纳挞达、《扈再兴传》。巴土鲁、《张威传》。温端、兀陵达等，《孟琪传》。考之《金史》绝无其人，即按其事以求其人，亦无一相合者。《宋史》，李显忠之取灵壁也，阴结金统军萧琦为内应，已而琦背约来拒，显忠屡败之，遂复灵壁。而虹县未下，显忠又使人说金贵戚大周仁及蒲察徒穆来降，遂复虹县。又进克宿州，金帅孛撒率十万众来战，显忠败走。按《金史·纥石烈志宁传》，是时窝斡叛党括里、扎八逃入宋，显忠用其谋攻取灵壁，而无所谓萧琦者。虹县叛降之将，则都统奚挞不也，又非周仁、徒穆。惟《张子盖传》有招降金将萧鹧巴及耶律造哩之语，鹧巴或扎八之讹，而《显忠传》又无鹘巴其人。《孝宗本纪》，萧琦、萧鹘巴系两人。至所谓金帅孛撒者，盖即仆散之讹。然是时仆散忠义驻汴梁，未尝统兵来，统兵者乃志宁也，《宋史》称孛撒又异。总之金人名本无正字，但以音相呼，流传邻国，益至以讹传讹，故二史各记所记，两不符合。惟《扈再兴传》之"从义"，有可以意揣者。当时金遣使至各行省措置兵事者，曰宣差，曰从宜。"从义"盖"从宜"之讹，乃出使之官号，而非人名也。

《宋史·邢恕传》，恕之子倞，馆伴金使赵伦。是时肃王使金未回，朝议亦欲留金使以相当，伦惧留，乃谓倞曰："金有余睹者，本辽大臣（隆）〔降〕金，今尚领契丹精锐，而心贰于金，可结以图金。"倞以闻，帝遂赐余睹诏书，纳伦衣领中，厚赉遣还。伦归，献其书，金主怒，遂再发兵灭宋。是诡词诱宋结余睹，归而献其书者，赵伦也。而《金史·萧仲恭传》则此乃仲恭所为，并无所谓赵伦者。岂仲恭使宋时改易姓名耶？伦亲在宋，宋人记其姓名，又非传闻可比。乃一事也，而二史姓名互异，更不可解也。

宋金二史不符处

宋、金二国交涉之事，二史本纪所载，事之大者大概相同，其小者多不符合。如天会六年，宋建炎二年。金徙宋二帝于韩州，《金纪》在十月，《宋纪》在八月。七年，拔离速袭宋主于扬州，《金纪》在五月，《宋纪》在二月。按是年三月，帝已在杭，遭苗、刘之变，则避兵渡江，当是二月。八年，立刘豫为子皇帝，《金纪》在九月，《宋纪》在七月。天眷二年，宋绍兴九年。拘王伦于河间，《金纪》在九月，《宋纪》在十月。皇统元年，宋绍兴十一年。宋和议成，兀尤画淮水中流为界，《金纪》在九月，《宋纪》在十一月。皇统（三）〔二〕年，遣朱弁、洪皓等南归，《金纪》在八月，《宋纪》在次年六月。如此类者不一，盖或得之传闻，或据起事之日，或据讫事之日，故有先后不同也。又如钦宗之北迁，《金纪》谓天会四年十一月，宋主出居青城。十二月，宋主桓降，是日归于汴城。《宋纪》但书帝如青城，又书帝至自青城，而奉表乞降之事则不书。皇统二年，《金纪》，使刘筈以衮冕圭册册宋康王为帝，《宋纪》但书金使刘筈等九人入见，藏金国书于内侍省，而不及册立之事。盖皆为本朝讳，国史书法固如是也。

惟天眷三年，金再用兵取（江）〔河〕南，《金纪》但书五月兀术趋汴，撒离合趋陕，是月河南平，六月陕西平。按是年宋刘锜有顺昌之捷，岳飞有复蔡州、颍昌、淮宁等州及郾城、朱仙镇之捷，韩世忠有淮阳、泇口、潭城之捷，张俊有永城、亳州之捷，王德有宿州之捷，吴璘有扶风、石壁砦之捷，王彦有青谿岭之捷，田晟有泾州之捷，战争方始，何得云河、陕尽平？而《金纪》一概不书。盖当金兵初入，东京留守孟庾即以城降，其余州郡亦望风而靡，或降或走，兀术即奏河、陕尽平。其后韩、岳、张、刘、吴之交兵则在六月以后，虽各有克捷，未几诸将奉诏班师，所得州郡复为金有，故《金纪》一概不书，而于是年十二月，总书宗弼奏宋将岳飞、韩世忠、张俊等率兵渡江一语以括之也。皇统元年，《金纪》书四月，宗弼请伐江南。九月，宗弼渡淮，以书让宋，宋复书乞罢兵，宗弼以便宜画淮水中流为界。按《宋史》，是年正月，金人陷庐州。二月，王德败金人于含山，杨沂中、刘锜等败金人于柘皋。三月，金兵退至濠州，王德等遇伏败还。是用兵在二三月，至四月则金兵已还矣。《金纪》所云四月宗弼请伐江南，九月宗弼渡淮，则记载之误。

其后正隆南侵，大定议和及泰和交兵之事，《宋》、《金》二史大概相符。惟兴定以后，两史本纪各有详略不同。兴定元年，宋嘉定十年。《金纪》但书用兵淮南之事，而不及入蜀之师。二年，亦多详于淮南，而入蜀师只书皂郊堡一事。三年，《金纪》亦但书淮南之役，而陕西进兵兴、洋则不书。《宋纪》又专详兴、洋之战，而淮南交兵则总叙于春夏之交。至元光元年，《金纪》书淮南之战甚详，而《宋纪》并无一字。正大二年，《金纪》书光州之战；三年，《金纪》书寿州之战，而《宋纪》亦并无一字。《金史》最简而转详，《宋史》最详而反略，此不可解也。

宗弼渡江宋金二史互异

宗弼渡江追宋高宗，据本传，宗弼自和州渡江，既降江宁，即由江宁取广德路至杭州，初未尝由镇江过兵也。而《宋史·韩世忠传》，是时世忠由镇江退保江阴，不知何故。及阅《赤盏晖今作持嘉晖。传》，晖从渡淮为先锋，遇重敌于苏州、秀州，皆败之，遂至杭州。则知是时金兵下江南，本非一路。盖宗弼自和州渡，晖等自瓜洲渡。《世忠传》亦谓兀术分道渡江，诸屯皆散，故世忠退保江阴也。

至黄天荡之战，《宋》、《金》二史亦颇互异。《宋史·世忠传》谓，兀术自杭北归，至镇江，世忠已屯焦山，兀术不得渡。挞辣在潍州，遣孛堇太一来援，孛堇军江北，兀术军江南，世忠与二酋相持于黄天荡四十八日。有献谋于兀术者曰："凿土渠接江口，则在世忠上流。"乃一夕凿渠三十里。次日无风，我军帆弱不得动，金人以小舟纵火，得绝江而去。是金军凿渠出江，即在黄天荡渡江北去也。《金史·宗弼传》则谓，宗弼自杭还军镇江，韩世忠以舟师扼江口，宗弼遂自镇江沂流西上，宗弼循南岸，世忠循北岸。将至黄天荡，宗弼因老鹳河故道开三十里，通秦淮，乃得至江宁。会移剌古盖即《世忠传》所云孛堇太一。来援，宗弼发江宁，将渡江而北。宗弼渡自东，移剌古渡自西，世忠分舟师绝江流上下，将左右掩击之。宗弼军以火箭射其五䌷舟皆焚，遂败世忠而去。是宗弼既至江宁，又从江宁出江，而后败世忠，则其绝江北去当在江宁府城之北，非复黄天荡矣。参观《岳飞传》谓兀术自杭州趋建康，飞设伏于牛头山待之，夜令人黑衣入金军扰之，金兵惊乱。兀术次龙湾，飞又破之。则兀术乃归至建康再渡江而北也。若即从黄天荡北去而不至江宁，则何必凿老鹳河以通秦淮耶？《金纪》，天会八年三月，宗弼及韩世忠战于镇江，不利。四月，又战于江宁，败之，诸军渡江云云。是亦明言两地也。

宋金二史传闻之误

《金史·拔离速今作巴。传》，天会四年，与阇欲、马五袭宋康王于扬州，康王渡江，入于建康。按是时宋高宗闻警即至镇江，往杭州，未尝至建康也。又《奔睹传》，天眷二年，宋将岳飞以兵十万攻东平，奔睹仓猝出御，时桑柘方茂，奔睹多张旗帜于林间为疑兵，飞不敢动，相持数日而去。飞又以十万众围邳州，守将告急。奔睹语使者城西南有堑深丈余，急窒之，飞果从此穴地入，以有备而止。按是年金方以河南地与宋，并无交战之事。即次年兀术再取河南，宋诸将拒之，飞在京西，复蔡、颍、淮宁等州，未尝至东平、邳州也。

《宋·高宗纪》及《刘锜传》，绍兴三十一年，金主亮南侵，遣兵趋扬州，刘锜使员琦拒于皂角林，大败之，斩其统军高景山。按《金史·乌延蒲辖奴传》，大定二年，蒲辖奴与延安尹高景山领兵，与宋兵战于庆阳。又《世宗纪》，大定四年十二月，尚书省奏都统高景山取商州，亦见《徒单合喜传》。是大定四年高景山尚著战功，何得于三年之前已被杀？金宣宗兴定中南侵，统兵者为完颜赛不，据《宋史·赵方传》谓，擒赛不妻弟王丑汉，金人遂诛赛不。按《金史·赛不传》，赛不自侵宋归，屡用兵于河北、河东及京兆，直至哀宗天兴二年，行省徐州遭郭野驴之乱，自经死。距兴定用兵已十余年，且无被诛之事也。又《宋史·孟珙传》，珙与元兵同破蔡州，降其丞相乌古论栲栳。按《金史》，栲栳即乌古论镐也。今作乌库哩镐。蔡城破被执，以招息州不下，乃杀之，是镐未尝降也。

以上各条，两史参校，始见其歧互，盖皆传闻之误。

宋金用兵须参观二史

两国交兵，国史所载大抵各夸胜而讳败，故纪传多不可尽信。宋南渡，自绍兴七八年后与金交兵，互有胜负。如《宋史·李显忠传》，显忠既克宿州，金孛撒步骑十万来攻，显忠亲战于城南，孛撒大败。明日复益兵至，显忠又战百余合，杀其左翼都统及千户、百户，斩首五千。是夜统制周宏等遁，金人乘虚复来攻城，显忠斩首二千余，积尸与羊马墙平。城东北角敌兵二十余人已上城，显忠取军所执斧斫之，敌始退。会邵宏渊不肯助战，显忠不能孤立，乃退军。是显忠军虽退而未尝败也。而《金史·赫舍哩志宁传》，志宁来复宿州，先令诸军多张旗帜于州西为疑兵，自以大军驻东南。世辅即李显忠。果先出兵州西，步骑数万背城而阵，外以行马捍之，别出兵向东门攻志宁，为蒲查所败。志宁使夹谷清臣撤毁行马，短兵接战，世辅兵乱，诸将乘之，追杀至城下。是夕世辅欲斩败将，其统制常吉惧而来奔，尽得其虚实。明日乃再战，世辅大败，遂乘夜脱走。是志宁之战又屡胜，而未尝一败也。又如《金史·乌古论庆寿》、《赫舍哩约赫德》旧作纥石烈牙吾塔。等传，叙其南侵淮、泗之功，并无一败衄。而《宋史·赵方》、《扈再兴》、《孟宗政》、《赵葵》等传，叙其破金兵之功，亦无一败衄。又《金史·武仙传》，宋孟珙来袭仙于顺阳，仙仓猝率百余人出拒，珙不敢前，俄而军稍集，遂大败珙。而《宋史·孟珙传》，仙屯顺阳，为宋军所挠，乃退屯马蹬，珙破其九砦，降其众七万，仙易服遁，而并无为仙所败之事。《仙传》，蔡州破后，将士皆散，仙渡河北走，为泽州戍兵所杀，亦不言为珙所败而遁走。是各史纪载互异，若徒据一史，必不能得其真也。

惟此国自述其败，而后见彼国之真胜；否则别见于他传者，其胜败亦差得实；又或此国叙战胜之难，亦可见彼国拒战之力。如宋张浚富平之败，五路丧师，固人所共知。然《金史·宗弼传》，是役也，宗弼陷重围中，韩常流矢中左目，自拔矢，以土塞创，更战，乃拔宗弼出。又《娄室传》，富平之战，宗弼左翼军已却，娄室以右翼兵力战，势复振，遂败张浚兵。是浚此战先胜而后败也。《宋史·张浚传》谓刘锜先力战败金兵，而《锜传》转不载。宋吴玠和尚原之战，据《金史·宗弼传》，宗弼攻和尚原，抵险不可进，乃退军。遇伏兵起，且战且走，行三十里，将至平地，宋军阵于山口，宗弼大败，将士多战没。是吴玠之胜乃真胜也。又如金天眷三年，宋绍兴十年。宗弼再取河南，《金纪》但书五月河南平，六月陕西平。《宗弼传》亦不书战败之事。然是年六月以后，宋刘锜有顺昌之捷，岳飞有郾城、朱仙镇之捷，韩世忠有淮阳之捷，张俊有永城、亳州之捷，王德有宿州之捷，《金史》皆不书。或疑《宋史》各传特自为夸大之词，而非实事。然《金史·宗弼传》谓是时宋将岳飞、韩世忠等分据河南州郡，复出兵涉河东岚、石、保德之境，以相牵制。又《阿鲁（颖）〔补〕传》谓宋将岳飞等乘间袭取许、颖、陈三州，旁郡皆响应。则《宋史·岳飞传》所云克复京西州郡，并遣梁兴会太行忠义及两河豪杰，累战皆捷者，必非虚语。又《宋史》，仇悆奏高宗，谓我军已习战，非昔时比，故刘锜能以少击众，敌大挫衄。宋汝为上丞相书，亦谓承平日久，人不知兵。今诸将人人知奋，故顺昌孤垒，力挫敌锋，使之狼狈逃遁。《仇悆》、《宋汝为》二传。又仇悆奏高宗，谓去夏诸将各举兵，金人奔命败北之不暇，兀术深以为虑，故为先发制人之计。此绍兴十一年所奏。是刘锜顺昌之捷，及诸将战胜之绩，皆是实事。

又如金大定三年，宋隆兴元年。金人攻复宋将吴璘所取商、虢等一十六州，吴璘之败固属显然。然《金史·徒单合喜传》，是时吴璘在陕、蜀，据散关、和尚原、神叉口、玉女潭、大虫岭、宝鸡县，兵十余万，陷河州镇戎军。合喜令赤盏胡速鲁改守德顺，吴璘以二十万众围之，合喜使诸将来援，璘自将大军蔽冈阜而出，乌也及蒲离黑等并力与战，日已暮乃解。已而璘又来犯，据德顺，陷巩州、临洮等，合喜遣将连战，璘又恃其众不去,分兵守秦州。合喜乃军于德顺、镇戎之间,断其饷道,璘始引去。是璘虽退师,而其先与金人力战之处,可因《合喜传》而见也。又《金史·尤虎高琪传》,泰和五年,吴曦奉表以蜀地来降,章宗命高琪往册为蜀王。已而宋将安丙诛曦,遣李孝义《宋史》作李好义。率兵攻秦州,先以万人围皂郊堡,高琪御之。宋兵列阵山谷,以武车为左右翼,伏弩其下。战既合,宋兵佯却,高琪见有伏,乃退整军,而宋兵又来,凡五战,宋兵益坚,不可以得志。琪分骑为二,出者战则止者俟,止者出则战者还,还者复出,如此数次,孝义始解围去。是宋兵之悉力拒战,又因《高琪传》而见也。至如纥石烈牙吾塔今作赫舍哩约赫德。侵宋,本传叙其功几于横行无敌。然《冯璧传》谓牙吾塔所至,宋人皆坚壁不战,绝无所资,故无功而归。又《纥石烈胡失门传》,牙吾塔不奉行省节制,辄进兵,宋人坚壁不出,野无所掠,军士疲乏,饿死相望,直前至江而复。是牙吾塔之侵宋,观于《冯璧》、《胡失门》二传,始知本传所侈功绩多属铺张。故阅史必参观各传,彼此校核,始得其真也。

廿二史札记卷二十八

辽金之祖皆能先知

《史记》称黄帝生而神灵,弱而能言,盖开天立极之君,天亶聪明,自有不可思议者。即后世草昧开创之主,亦必有异禀,与神为谋。如北齐文宣帝虽淫酗颠昏,而呓语谵言,辄预知来事,已属神奇。见《北齐文宣预知》条内。至如辽太祖、金世祖二君,纪传所载,尤可征也。

《辽·本纪》,太祖生三月能行,晬而能言,知未然事,自谓左右若有神人翼卫。时伯父当国,有疑辄咨之。既即位,征讨无不如意,遂成帝业。天赞三年,忽下诏云:"自我国之经营,为群方之父母,升降有期,去来在我。三年之后,岁在丙戌,时值初秋,必有归处。然未终两事,岂负亲诚? 日月非遥,戒严是速。"诏下,闻者皆惊惧,莫识其意。是年大举征托欢、旧作吐浑。党项、准布旧作阻卜。等部,明年尽取西南诸国,乃诏曰:"所谓两事者,一事已毕,惟渤海世仇未雪。"乃又大举兵亲征。天显元年,拔扶余城,攻辉罕,旧作忽汗。降其王大谞谔,以其地为东丹国,封皇太子为人皇王以主之,此又毕一事也。是年秋太祖崩,所谓"丙戌秋必有归处"者,至是亦验云。

又《金·世纪》,世祖尝能以梦占候战阵之胜负。如与博诺旧作盃乃。战,世祖曰:"予尝有异梦,今不可亲战,若左军有力战者,则大功成矣。"会其弟颇拉淑旧作颇剌淑。力战,果大胜。及疾作,妻纳喇氏旧作拏懒氏。哭不止,世祖曰:"汝勿哭,汝惟后我一年耳。"颇拉淑请后事,曰:"汝惟后我二年耳。"颇拉淑出谓人曰:"吾兄至此,亦不与我好言。"及明年,纳喇氏卒。又明年,颇拉淑卒。临卒时叹曰:"我兄真多智哉!"初寝疾时,子阿固达以事如辽,世祖戒之曰:"汝速了此事,五月未半而归,则我犹及见汝也。"阿固达果前殁一日至,世祖喜甚,抱而抚之,谓弟穆宗英格。曰:"乌雅舒旧名乌雅束。柔善,惟此子足了契丹事。"后果灭辽称帝云。又世祖讨乌春归,纥石(函)〔烈〕部长阿海迎谒,世祖谓之曰："乌春背恩叛我，我故诛之。吾大数亦将终。我死，汝等当竭力辅我子弟，若乱心一生，则灭亡如乌春矣。"后其子阿疏果叛而致亡灭。是二君者，岂非所谓夙慧性成，鬼神相契，有不可以常理论者耶？

金制追谥帝后之滥

有天下者追尊其祖，唐、宋旧制皆四代，惟后魏追尊至二十八代，最为亵滥。金之追谥，亦无限制。金之先本甚微，始祖函普始居完颜部。第四世绥赫旧名绥可。始定居阿勒喀水，旧作安出虎水。有室庐之制。第五世舒噜旧名石鲁。始官特里衮。旧作惕隐。第六世乌古鼐旧名乌古乃。始为女直节度使。皆辽所授。辽以县令为刺史，刺史为节度使，故节度与唐同名而实异。第七世和哩布旧名劾里钵。及弟颇拉淑、弟英格，旧名盈哥。英格又传和哩布长子乌雅舒，皆相继袭节度使。至乌雅舒传其弟阿固达，始建号称帝。盖至是已八世十二君矣。乃天会十五年，熙宗一一追尊谥，函普曰始祖景元皇帝，妣曰明懿皇后。始祖子乌噜曰德帝，妣曰思皇后。德帝子巴哈旧名跋海。曰安帝，妣曰节皇后。安帝子绥赫曰献祖，妣曰恭靖皇后。献祖子舒噜曰昭祖，妣曰威顺皇后。昭祖子乌古鼐曰景祖，妣曰昭肃皇后。景祖子和哩布曰世祖，妣曰简翼皇后。世祖弟颇拉淑曰肃宗，妣曰靖宣皇后。肃宗弟英格曰穆宗，妣曰贞惠皇后。穆宗从子乌雅舒曰康宗，妣曰敬僖皇后。凡此皆及身未为帝者，而追谥尊称至十一君，可谓滥矣。熙宗又定始祖、景祖、太祖、太宗四庙皆百世不祧，事俱见本纪。

按《松漠纪闻》，金九代祖名堪布，号始祖。八代祖名额噜。七代祖名雅哈。六代祖名苏赫。五代祖名舒噜。高祖太师名呼兰。曾祖名哈里。曾叔祖太师名富勒敏。曾季祖太师名(措)〔杨〕格。伯祖太(祖)〔师〕名乌噜斯。诸名皆与《金史》不同。盖当时国语本无汉字，惟以音相传故也。

金初父子兄弟同志

金初风气淳实，祖父一言，子孙终身奉之弗敢违。女直俗生子，长即异居。景祖九子，元配唐古氏旧作唐括氏。生和卓，旧名劾者。次和哩布，次噶顺，旧名劾孙。次颇拉淑，次英格。及当异居，景祖曰："和卓柔和,可治家事。和哩布有智勇,何事不成?噶顺亦柔善人耳。"乃命和卓与和哩布同居,噶顺与颇拉淑同居。其后景祖卒,世祖和哩布继之。世祖卒,肃宗颇拉淑继之。肃宗卒,穆宗英格继之。兄弟间自相传袭,毫无争端。《萨哈传》所谓景祖既有成命,故世祖越和卓袭节度使,和卓无异言。世祖越噶顺而传肃宗,噶顺亦无异言。皆景祖志也。世祖临殁,呼穆宗谓曰:"长子乌雅舒柔善,若办契丹事,阿固达能之。"穆宗后遂以位传乌雅舒,以及于太祖。兄弟间行之自如,无所勉强。太祖既有天下,又以位传其弟乌奇迈,是为太宗。及太宗,本无立熙宗意,名亶,太祖长子宗峻之子。宗翰等以熙宗乃太祖嫡孙,当立,与宗幹、希尹等定议入奏,太宗以义不可夺,亦遂授熙宗为安班贝勒旧作谙班勃极烈。金最尊官也,诸帝皆由此继大统。而继体焉。可见开国之初,家庭间同心协力,皆以大门户启土宇为念,绝无自私自利之心。此其所以奋起一方,遂有天下也。

熙宗即位,亦敬礼诸叔。未几,宗磐、宗隽、达兰旧名挞懒。等相继以谋反诛。帝亦酗酒,以疑忌杀其弟常胜、札拉。旧名查剌。海陵又手弑帝而夺其位,遂杀太宗子孙七十余人,宗翰、宗弼子孙三十余人,舍音旧名斜也。子孙百余人,诸内族又五十余人,草薙株连,几无噍类。其去世祖、肃宗之世曾未三四十年,而骨肉变为仇雠,萧墙之内横尸喋血。祖宗淳笃之风一旦澌灭,而国脉亦几斩绝。幸世宗登极,以太祖子孙无几,曲为保全。从弟京谋逆当诛,犹贷其死。临御三十年,绝少诛夷宗族之事。章宗时,又以郑王永蹈、镐王永中之乱,遂疑忌宗室,凡亲王皆置之傅及府尉官,名为其属,实以监之。驯至宣、哀之世,镐厉王子孙禁锢已四十余年,卫绍王子孙亦禁锢二十余年,至大中始释,而国已亡矣。自古家门之兴,未有不由于父子兄弟同心协力,以大其基业。及其衰也,私心小见,疑妒攘夺,恩谊绝而门祚亦随之。家国一理,应若鼓桴,此可为炯鉴也。

按《晋书》载记,秃发(利鹿)〔乌〕孤临死,谓群下曰:"方难未静,宜立长君。"遂传其弟利鹿孤嗣位。利鹿孤将死,亦曰:"内外多虞,国机务广,其令傉檀嗣业,以成先王之志。"傉檀有才略,其父尝谓诸子曰:"非汝等所及也。"是以诸兄不授子而欲传于傉檀云。此可见小部落之兴,亦由于家庭之和壹,非偶然者。

金代文物远胜辽元

金初未有文字，而开国以后典章诰命皆彬彬可观。《文艺传序》云：金用武得国，无异于辽，而一代制作，能自列于唐、宋之间，有非辽所及者，以文不以武也。盖自太祖起事，即谓诏令宜选善属文者为之，令所在访求博学雄文之士，敦遣赴阙。本纪。又以女直无字，令希尹仿汉人楷字，因契丹字形，合本国语，制女直字，颁行之。《希尹传》。是太祖已留心于文事。及破辽，获契丹、汉人，通汉语，于是诸王子皆学之。勖少时即好学问，国人呼为秀才，能以契丹字为诗文，凡游宴辄作诗以见意。《勖传》。宗翰能以两月尽通契丹大小字。《宗翰传》。宗雄从猎为流矢所伤，养疾两月，习契丹大小字通之。《宗雄传》。按勖为都统，宗翰、宗雄为元帅，时尚未灭辽，而已好学如是。盖王气所钟，生皆异禀，故文艺之末，不学以能。

熙宗谒孔子庙，追悔少年游侠，自是读《尚书》、《论语》、《五代史》及《辽史》，或夜以继日。海陵尝使画工密图杭州湖山，亲题诗其上，有"立马吴山第一峰"之句。皆本纪。其中秋待月赋《鹊桥仙》词，尤奇横可喜。见《桯史》。又尝令郑子聃、杨伯仁、张汝霖等与进士杂试，亲阅卷，子聃第一。《子聃传》。是并能较文艺之工拙。计熙宗登极时年仅二十余，海陵当宗弼行省时，已在其军前，则其习为诗文，尚在用兵开国时也。辽王宗幹延张用直教子，海陵与其兄充皆从之学，事在天眷之前。世宗尝自撰本曲，道祖宗创业之艰难，幸上京时，为宗室父老歌之。其在燕京，亦尝修赏牡丹故事，晋王允猷赋诗，和者十五人。显宗在储位，尤好文学，与诸儒讲论，乙夜忘倦，今所传赐右相石琚生日诗，可略见一斑。迨章宗以诗文著称，密国公璹以书画传世，则濡染已深，固无足异矣。惟帝王宗亲，性皆与文事相浃，是以朝野习尚遂成风会。金源一代文物，上掩辽而下轶元，非偶然也。

金一人二名

金未灭辽以前，其名皆本其国语，及入中原，通汉文义，遂又用汉字制名。如太祖本名阿固达，而又名旻也。太宗本名乌奇迈，而又名晟也。熙宗本名哈喇，旧作合刺。而又名亶也。海陵本名都古噜讷，旧名迪古乃。而又名亮也。世宗本名乌禄，而又名雍也。章宗本名玛达格，旧名麻达葛。而又名璟也。宣宗本名乌达布，旧名吾睹。而又名珣也。哀宗本名宁嘉苏，旧名宁甲速。而又名守绪也。此帝王之二名也。

他如乌页旧名乌也。之名勖也，舍音旧名斜也。之名杲也，萨哈旧名撒改。之名思敬也，尼堪旧名粘没喝，又名粘罕。之名宗翰也，斡里雅布之名宗望也，额尔衮旧名讹鲁观。之名宗峻也，鄂尔多旧名讹里朵。之名宗辅也，斡布旧名斡本。之名宗干也，乌珠旧名兀术。之名宗弼也，摩罗欢旧名谋良虎。之名宗雄也，阿里布旧名阿鲁补。之名宗敏也，托卜嘉旧名塔不也。之名宗亨也。此皇族之一人二名也。

又如布萨忠义之本名乌者也，赫舍哩志宁之本名撒曷辇也，赫舍哩良弼之本名罗索也，旧名娄室。唐括安礼之本名(斡)〔斡〕鲁古也，伊喇愃旧名移剌愃。之本名移敌列也，富察世杰之本名阿散也，赫舍哩执中之本名呼沙呼也，旧名胡沙虎。阿勒根彦忠之本名窊合山也。此又庶姓之一人二名也。盖国语之名便于彼此相呼，汉名则用之诏令章奏，亦各有所当也。

其避讳之法，则专避汉名，而国语之名不避。盖国语本有音而无正字也。章宗避睿宗宗尧。讳，凡太祖诸子以"宗"字排行者，皆加山为"崇"。民间宗姓者，悉改姬氏。又谓孙即康曰："宗改崇字，其下尚有本字全体，应将'示'字依《兰亭帖》写作'未'字。"即康奏曰："唐太宗世民，偏傍之犯，如葉字作茟，泯字作泒，正是如此。"乃拟熙宗庙讳亶字从面、从且，世宗庙讳雍字从系，自此不胜曲避矣。

金记注官最得职

《金·本纪》所载世宗嘉谟懿训最详，较《贞观政要》更多数倍，推其故，盖当时记注官之得其职也。大定中，伊剌杰言每屏人奏事，虽史官亦不得与闻，无由纪录。世宗以问石琚，琚曰："古者天子置史官于左右，言动必书，所以儆人君有所畏也。"上曰："朕观《贞观政要》，太宗与臣下议论，始议如何，后竟如何，此正史臣在侧记而书之耳。"于是朝奏屏人议事者，记注官独不避，自此始。本纪。黄久约为谏官侍朝。故事宰相奏事，则近臣退避，久约将趋出，世宗止之，自是谏臣不避以为常。《久约传》。则不惟记注官不避，即谏臣亦不避矣。载笔者在旁，则天子惟恐失言，而所言皆出于正。记注官听睹切近，据实书之，宜其所记之详且密也。

章宗时，完颜守贞修起居注，与同官张晖奏言："唐中书门下入阁，谏官随之，欲其与闻政事，有所开说。又起居郎、起居舍人，每帝视朝则左右对立。有命则临阶俯听，退而书之，以为起居注。今臣等回避，并香阁陈言文字亦不令臣等侍立，则凡有圣训及议政事，臣等无缘得知，何所记录？"上从之。又补阙杨庭秀言，乞令及第左右官一人应入史事者编次日历。上是其言，仍令送著作局润色付之。《守贞》及〔庭秀传〕《〔章宗纪〕》。故《章宗本纪》所载帝训亦多，皆记注官之得其职故也。

大定中乱民独多

金代九君，世宗最贤。大定七年，大兴府曾奏狱空，赏钱三百贯，以为宴乐之费，其政简刑清可知也。然二十余年中谋反者偏多。大定六年，泰州民和卓旧名合住。谋反，伏诛。九年，契丹爱实喇旧名外失剌。等，冀州张和等，俱以谋反伏诛。十一年，归德府民臧安儿谋反，伏诛。十二年，北京曹（资）〔贵〕等，西北路纳哈塔齐锡旧名纳合七斤。等，鄜州民李方等，同州民屈立等，冀州民王琼等，俱以谋反伏诛。十（四）〔三〕年，大名府僧李智究等谋反，伏诛。十八年，献州人殷小二谋反，伏诛。十九年，密州民许通等，济南民刘溪忠等，俱以谋反伏诛。二十年，布沙堪旧名蒲速椀。群牧所罗和旧名老忽。谋反，伏诛。二十一年，辽州民（宋）〔朱〕忠等乱言，伏诛。二十三年，潞州民陈圆乱言，伏诛。大名府猛安人马和尚谋反，伏诛。此皆载于本纪者。有道之世偏多乱民，何也？岂世宗综核吏治，凡有奸宄，有司俱不敢隐，故奏谳独多耶？抑有司争欲以发摘邀功，遂以轻作重，以见其勤于吏事耶？

金考察官吏

《金史·循吏传序》云：太宗既有中原，分置守令，熙宗始遣使廉察之。按天眷（二）〔三〕年，命温都思忠等廉问诸路，得廉吏杜遵晦等百二十四人，各进一阶；贪吏张轸等二十一人，皆罢之。本纪。又命秉德廉察河东路，太原尹图克坦恭旧名徒单恭。与九县令皆罢去，惟杨邦基以廉为河东第一，召为礼部郎中。《邦基传》。又宗贤为永定军节度使，秉德访察至其地,士民持盆水与镜前拜曰:"我使君廉明类此。"秉德器之,遂超迁两阶。《宗贤传》。此皆熙宗时初设此制,上下皆以吏治为重,故举劾足以示劝惩也。

世宗即位,凡数岁辄一遣使黜陟之,故大定间官吏奉法。如伊喇道旧名移剌道。出使,廉能官景州刺史耶律补进一阶,单州刺史石抹(所)〔靳〕家奴等各进两阶;贪污官浚州防御使蒲速越等免死,杖一百五十,除名,同知睢州事乌古孙阿里补杖一百,削四阶。《移剌道传》。后以廉问使者或以爱憎为升降,又欲立提刑司以伺察之,未及行。章宗即位,乃置九路提刑司核之。《宗雄传》。寻又以言者谓提刑司黜陟非便,乃改设按察使。其所举劾,又差官核察之,于是权削望轻,官吏无所畏惮。贾铉奏差监察时即别遣官偕往,更不核察,从之。乃诏监察御史分按诸路者,女直人以汉人偕往,汉人以女直人偕往。此金代考核官吏之大概也。

盖创设之始,上下奉法,甄别必公,及其久则弊渐生。如元季亦尝遣使,而情贿转甚,民间谣曰:"官吏黑漆皮灯笼,奉使来时添一重。"《辍耕录》。此弊之所必有者也。然吏治狃于故常之时,或偶一行之,遣公正大臣分路考察,未尝无补云。

金推排物力之制

《周官》以岁时定民之众寡,辨物之多少,入其数于小司徒。三年则天下大比。本良法也。金制亦分按民之贫富而籍之,以应科差,谓之推排物力,亦谓之通检。大定四年,梁肃奉使通检东平、大名两路物力,他使者多以苛刻增损为能,肃所检独称平允,朝廷敕诸路以肃为法。《肃传》。大定十四年,又诏议推排法。朝臣谓宜止验现在产业,富察通言必须通检各穆昆旧作谋克。人户物力多寡,则贫富自分,贫富分则版籍自定。如有缓急,验籍科差,则富者不得隐,贫者不重困矣。《通传》。章宗时,屡遣使与各路按察司官推排民户物力,大率每十年一次。尝谕推排使贾益谦曰:"如有新强及销乏户,虽集众推唱,然销乏者勿销不尽。如一户元物力三百贯,今蠲减二百五十贯,或尚有不能者。新强者勿添尽,如一户应添三百贯,而只添二百贯之类。卿等当尽心,百姓应当赋役,十年之间,利害非细也。"《益谦传》。是朝廷于推排物力,未尝不意存轻减。然高汝砺疏云:"推排止凭一时小民之语以为增减,有司惟务速定,不复推究其实。由是豪强者扶同而幸免,贫弱者抑屈而无诉,难望物力均矣。"《汝砺传》。张万公亦言,适足长告讦之风,增猾吏之弊。《万公传》。张弘信通检山东,专以多得物力为功,督责苛急。宗室永元面斥之曰:"朝廷以差调不均,立通检法,乃妄加农民田产,笞击有至死者。市肆贾贩贸易有盈亏,田园屋宇利入有多寡,故官子孙至与商贾同应上役,岂立法本意哉?"《永元传》。是通检之法,虽欲均徭役,而实滋抑勒告讦贿诈之弊也。

　　按金代推排之法,与宋吕惠卿所创手实法正相似。手实法使民各以田亩、屋宅、赀货、畜产随价自占,凡居钱五当息钱一,隐匿者许告,有实则以三分之一充赏。于是民家尺椽寸土检括无遗,民不聊生。邓绾极论其害,谓民间养生之具,今欲尽令疏实,则家有告讦之忧,人怀隐匿之虑。且民之生计赢缩不时,或春有之而夏已荡析,或秋贮之而冬已散亡,公家簿书何由拘录?徒使嚣讼者趋赏报怨,畏法者守死忍困而已。故神宗于王、吕所创新法不改,而独此手实之法特诏罢之。以宋暂行即罢之敝政,而金代数十年行之不变,故虽以世宗之求治,而无救于民病也。按《宋史·吕公绰传》,官籍民产第赋役轻重,至不敢多畜牛,以致田畴芜秽,公绰特奏之,由是牛不入籍。是仁宗时已有按产定役之法。然宋制但以之定役,而金制则令之出钱,又自有别。

明安穆昆散处中原　明安旧作猛安,穆昆旧作谋克。

　　金初本俗,管军民者有穆昆,百夫长也;有明安,千夫长也。穆昆之副曰富勒珲,旧作蒲里衍。正军之奴仆曰阿里喜,无事则课其所属耕牧,用兵则率之以出征。及得中原后,虑中原士民怀贰,始创屯田军。凡女直、奚、契丹之人,皆自本部徙居中州,与百姓杂处,计户授田,使自耕种,春秋给衣,若遇出兵,始给钱米。凡屯田之所,自燕南至淮、陇之北皆有之,筑垒于村落间,如山东路有把(古)鲁〔古〕明安,中都路有胡土霭哥蛮明安,山东西路有盆买必剌明安是也。正隆初,又起上京诸明安于中都等处安置。《纳合椿年传》。大定中,又摘徙山东明安八穆昆于河北东路之酬(幹)〔斡〕、青狗两明安旧地。初入中原时,所受田多散处州县,世宗不欲其与民杂处,完颜思敬与图克坦克宁议令明安、穆昆之众自为保聚,其土田与民田犬牙相入者互易之,遂为永制。《思敬传》。然诸明安、穆昆恃其世袭,多不法,或请同流官考转,宗宪以为太祖皇帝定天下,誓封功臣世袭此职,今不可改,其有不职者,当择其子弟中贤者代之。遂著为令。《宗宪传》。章宗时,又诏明安、穆昆既不隶提刑司,宜令监察御史察其臧否。

按开国时移明安、穆昆于中原,给地使之屯种,本欲赡其身家,无事则耕,有事则战,意至深也。而诸军户不能屯种,往往赁民代耕而收其租,甚至伐桑枣以为薪,且私卖其田,日益贫乏。太祖时以三百户为一穆昆,十穆昆为一明安;至宣宗时则三十人为一穆昆,五穆昆为一明安;哀宗时又二十五人为一穆昆,四穆昆为一明安。盖末年益耗减矣。

金元俱有汉人南人之名

金、元取中原后,俱有汉人、南人之别。金则以先取辽地人为汉人,继取宋河南、山东人为南人。元则以先取金地人为汉人,继取南宋人为南人。《金史·完颜勖传》,女直无文字,及破辽获契丹汉人,始通契丹汉字,此以辽地为汉人也。《贺扬庭传》,世宗谓扬庭曰:"南人矿直敢为,汉人性奸,临事多避。异时南人不习诗赋,故中第者少,近年河南、山东人中第者多,殆胜汉人。"此以河南、山东人为南人也。《元史·百官志序》,诸官职皆以蒙古人为之长,而汉人、南人贰焉。文宗诏各道廉访司官用蒙古二人,畏兀、河西、回回、汉人、南人各一人。是汉人、南人亦各分名目。《程钜夫传》,世祖命钜夫为御史中丞,台臣言钜夫南人,不宜用。帝曰:"汝未用南人,何以知南人不可用?自今省部台院必参用南人。"按钜夫由南宋人入附,故称南人。此以南宋人为南人也。

宋金齐交割地界守土官随地为属

宋、金、齐分画地界,前后不同,守土官亦随地为所仕之朝。如张孝纯以宋臣降金,金使之相刘豫,豫废,仍为金行台丞相。郦琼、李成、孔彦舟、徐文皆自宋降豫,豫废,皆仕金,琼为博州防御使,成为安武军节度使,彦舟为郑州防御使,文为南京都虞候是也。豫本金所册立,豫官即金官,豫废仍仕于金,固无足怪。

至金以河南、陕西地与宋,后仍取之,其时守土官吏并不迁改,地在金则官属金,地入宋则官属宋,及再入金,则官又属金。如郑建充先为金知延安军事,齐国建,累迁刺史。齐废,以地与宋,为宋环庆路经略安抚使。金再取陕西,仍以为经略安抚使,知庆州。张中孚仕宋知镇戎军,以原州叛降于金,为泾原路安抚使。齐国建,即属齐,为陕西诸路节度使。金以陕西与宋,又仕宋官开府仪同三司。后金人来索,又归金,为行台兵部尚书。李上达为金东平府司户,齐国建,为豫吏部员外郎。齐废,以地与宋,上达随地入宋。金再取河南,上达又入金,为同知大名尹。如此类者不一而足,一似边外番部之类,换朝而不换官。

盖金以地归宋时,宋高宗本未易置官吏,并虑新复州县官吏怀不自安,降诏开谕,又命检详刘豫伪官,换给告身,未几金又取旧地,故其官亦随地归金也。然亦可见是时仕宦之传遽矣。亦有宋所补放,而随地归金者。《宋史·柳约传》,金人归侵疆,约出知蔡州,既而金渝盟,传檄河南,守臣皆以城降,独约遣使武昌,得报而返。是约之外多降金也。

衍庆宫图画功臣

图画功臣,汉有云台,唐有凌烟阁,宋有景灵宫、显谟阁、昭勋崇德阁。金世宗思国初创业之艰难,亦尝图诸功臣于衍庆宫。《金史·实实 旧名习〔失〕〔室〕。传》所载凡二十一人:辽王舍音、金源郡王萨哈、辽王宗幹、秦王宗翰、宋王宗望、梁王宗弼、金源郡王希卜苏、旧名习不失。金源郡王斡鲁、金源郡王希尹、金源郡王罗索、旧名娄室。楚王宗雄、鲁王栋摩、旧名阇母。金源郡王尼楚赫、旧名银术可。隋国公鄂兰哈玛尔、旧名阿离合懑。金源郡王完颜忠、豫国公普嘉努、旧名蒲家奴。金源郡王萨尔罕、旧名撒离喝。充国公刘彦宗、特进乌楞古、旧名斡鲁古。齐国公韩企先并特进实实,皆功臣最著者也。《阿里布传》旧名阿离补。又载代国公罕都、旧名欢都。金源郡王实图美、旧名石土门。徐国公珲楚、旧名浑黜。郑国公们图珲、旧名谩都诃。濮国公实古讷、旧名石古乃。济国公芬彻、旧名蒲查。韩国公锡默阿里、旧名斜卯阿里。元帅左监军巴尔斯、旧名拔离速、鲁国公富察实嘉努、旧名蒲察石家奴。光禄大夫蒙克、旧名蒙适。隋国公和尼、旧名活女。特进托克索、旧名突合速。齐国公博勒和、旧名婆卢火。仪同三司乌雅富埒珲、旧名蒲卢浑。仪同三司阿里布、旧名阿鲁补。镇国上将军乌凌阿托云、旧名乌林答泰欲。太（司）〔师〕领三省事勖、太傅大臬、大兴尹持嘉晖、旧名赤盏晖。金吾卫上将军马武、旧名马五。骠骑卫上将军韩常、谭国公阿里布，共二十二人。此又多景祖、世祖开国时立功最著者也。大定十五年，又图赫舍哩志宁、赫舍哩良弼。泰和元年，续图石琚。此一朝策勋典故也。

金用兵先后强弱不同

金之初起，天下莫强焉。盖王气所钟，人皆鸷悍，完颜氏父子兄弟，代以战斗为事，每出兵必躬当矢石为士卒先，故能以少击众，十余年间灭辽取宋，横行无敌。观郦琼之论宗弼曰：“江南诸帅，出兵必身居数百里外，谓之持重。召军旅，易裨校，则遣一介之士持空文谕之，谓之调发。今元帅亲临督战，矢石交集，而指麾三军，意气自若，将士视之，孰敢爱其死乎？”《琼传》。宋吴璘亦谓金人用兵更进迭退，忍耐坚久，令酷而下必死，所以能制胜。《宋史·璘传》。饶风岭之战，金人重铠仰攻，一人先登则二人拥后，先者既死后者代攻。《吴玠》、《刘子羽传》。观此可以知当日兵力之雄悍矣。正隆用兵，去国初未远，故大定之初，尚能攻击江、淮，取成于宋。

迨南北通好四五十年，朝廷将相既不知兵，而猛安、谋克之移入中原者，初则习于晏安，继则困于饥乏。至泰和之末，与宋交兵，虽尚能扰淮、楚，捣环、庆，然此乃宋韩侂胄之孟浪生事，易于摧败，而非金人之不可敌也。及蒙古兵一起，金兵遇之，每战辄败，去燕迁汴，弃河北于不问。二十余年间，惟完颜陈和尚（太）〔大〕昌原、倒回谷二战差强人意，其余则望风奔溃，与辽天祚、宋靖康时之奔降，如出一辙。当时刘炳疏言：“承平日久，人不知兵。将帅非才，既无靖难之谋，又无效死之节，外托持重之名，内为自安之计，择骁果以自卫，委疲懦以出战，阵势稍动，望尘先奔。”可想见是时兵力之积弱矣。兴定南侵，虽据《完颜赛不》、《讹可》、《乌古论庆寿》、《纥石烈牙吾塔》等传屡侈战功，然《宋史·赵方》、《孟宗政》、《扈再兴》等传亦言屡败金兵，则《赛不》等传所云克捷者,盖亦非实事也。《完颜合达传赞》谓南渡用兵克捷之功,史不绝书,而地不加辟,杀伤相当,君子疑之。盖已见国史侈功之不足信。至如唐州之役,丧师七百,主将讹论今作额林。匿之,而以捷闻,为御史纳兰所劾。宣宗但奖御史敢言,而讹论置不问,此尤掩败为胜之明据也。由是相习成风,肆为欺饰。如正大四年,蒙古入商、虢,移剌蒲阿今作伊喇布哈。遇其游骑,获一人辄以捷闻。《蒲阿传》。八年,禹山之战,蒙古兵稍却,合达辄以大捷奏。诸相置酒省中,左丞李蹊且喜且泣曰:"非今日之捷,生灵之祸可胜言哉!"盖以为实然也。是时民间避兵者方欲保险自守,因此奏遂晏然不动。不二三日蒙古兵猝至,悉被杀,皆为捷书所误云。《合达传》。是不惟遇敌辄败,而并讳败报捷,习以为常。

统前后观之,其始也以数千人取天下而有余,其后以天下之兵支一方而不足。然则承平之世,安不忘危,搜练军实,振作士气,岂非国家急务哉? 按禹山之战,据《元史·拖雷传》,是日大雾迷道,为金人所袭,杀伤相当。是合达之奏捷,亦尚非全虚也。

金初汉人宰相

《韩企先传》,金太祖定燕京,始用汉官宰相,赏左企弓等,置中书省、枢密院于广宁府,而朝廷宰相自用女直官号。传赞谓仿辽代南、北面官僚制度。太宗初年,无所更改。及张敦固伏诛,移中书省、枢密院于平州。蔡靖以燕山降,又移置于燕。凡汉地选授官职,调发租税,皆承制行之。自时立爱、刘彦宗、韩企先官为宰相,其职皆如此,故规为施设,不见于朝廷之上,惟治官政,庀民事,内供京师,外给转饷而已。后斜也、宗幹当国,劝太宗改女直旧制,从汉官制度。天会四年,始置尚书省以下诸司府寺。十二年,以企先为尚书右丞,汉人为真相自此始。按元遗山作《张万公碑》云:金制自尚书令而下,有左右丞相为宰相,尚书左右丞为执政官。凡内族外戚及国人有战功者为之,其次则黄馘人,又次则参用汉进士,不过以示公道而已,无相权也。

金俗重马

金初以战争开国,故最重马。景祖方为部长时,有黄马,服乘如意。景祖没，辽贵人争欲得之，世祖曰："难未息也，马不可与人。"遂割其两耳，谓之秃耳马，辽人乃弗取。《阿疏传赞》。时兵力尚微，桓赧、散达方强，欲得盈哥之大赤马及辞不失之紫骝马，世祖亦不许，遂战败之。《桓赧》《散达传》。康宗薨，太祖即位，辽使阿息保来吊。阿息保径至殡所，阅赗马欲取之，太祖大怒，将杀之，宗雄谏而止。《世纪》。阿离合懑将死，太祖往问疾，问以国家事，对曰："马者，甲兵之用。今四方未平，而国俗多以良马殉葬，当禁止之。"《阿离合懑传》。观此可见金源氏之重马也。军旅之事全恃马力，此固有国家者所当留意耳。

金以坏和议而亡

宋南渡后，至绍兴七八年间，盗贼尽平，韩、岳诸将兵力亦渐强盛，可以有克复中原之势，故时有以和议为非者，然卒以和议而得偏安。其后正隆南侵，开禧北伐，亦皆以议和罢兵息事。迨贾似道讳和主战而国亡矣。盖事势当危急之时，不得不谨畏睦邻，图存于亡，若犹仗虚憍之气，必误国事也。

金宣宗当蒙古兵围燕京时，遣完颜承晖等往军前行成，已解围矣。后以迁汴之举，致蒙古借口，再起兵端，残破河北，蹂躏关、陕。至哀宗即位，群臣言可因国丧遣人报哀，副以遗留物，因而与之讲解。哀宗下省院议，而当国者有仰而不能俯之势，谓朝廷先遣使，则于国体有亏，遂止。《合达传》。正大六年，蒙古兵围庆阳，哀宗命陕省犒以羊酒，为缓师计，北中亦遣唐庆来议和，先遣小使斡骨栾至行省。时适有〔太〕〔大〕昌原之捷，移剌蒲阿等志气骄满，谓使者曰："我已准备军马，可来决战。"斡骨栾归，以其语奏，蒙古主遂怒不可解，统大兵入陕。《牙吾塔传》。

是时金兵不复南侵，宋人亦有继好之意。正大八年，行省忽以札付下襄阳制置司，约同御北兵，且索军饷。札付者，上行下之檄也，于是宋制置使陈该遂怒辱使者，而宋之和好又绝。蒙古围汴，哀宗遣曹王讹可出质乞和，已退兵矣，而飞虎军申福、蔡元又擅杀北使唐庆等，于是蒙古之和议又绝而不可解矣。此皆不度时势，徒恃虚气以速灭亡也。金之先以和误人，而其后转以不和自误，亦岂非一代得失之林哉？

九公十郡王

宣宗畏蒙古兵之逼，南迁于汴，河朔残民往往自相团结，各保一方。朝议择其中有威望者，假以事权，能复一道，即授以本道观察使，能捍州郡，即授以兵佐，于是封建之议起。兴定四年，封沧海经略使王福为沧海公，河间路招抚使移剌众家奴为河间公，真定经略使武仙为恒山公，中都东路经略使张甫为高阳公，中都西路经略使靖安民为易水公，辽州从宜郭文振为晋阳公，平阳招抚使胡天作为平阳公，昭义军节度使完颜开为上党公，山东安抚使燕宁为东莒公，是为九公府。其中武仙最富强，张开次之，余皆各保一方。其后日渐摧败，如郭文振徙卫州，至不能军，但寓于卫。张开不能守潞州，闲居南京，部曲离散，名为旧公，实与匹夫无异。此九人外，又有史咏亦为平阳公，乃胡天作死后，咏继之而封者。传赞谓他书所载有沧海公张进、河间公移剌中哥、易水公张进、晋阳公郭栋，此盖正大间续封，如史咏之继胡天作者。《金史》惟王福等九人有传，余皆无之。

其后又有十郡王之封。见《国用安传》。十郡王者，李〔明〕德（明）、封仙、张瑀、张（左）〔友〕、卓翼、康琮、杜政、吴歪头、王德全、刘安国也。九公各有传，十郡王无传，惟德全、安国、封仙、杜政略见《国用安传》中。盖此十郡王本哀宗发空名宣敕，听用安于同盟中有功者赐之，是又用安部曲，非朝命所封，无大功绩可纪，故无传也。

金末赐姓之例

赐姓本始于汉初，《北史·（李）〔鲍〕宏传》所谓项伯不同项羽，汉高赐姓刘氏，秦（贞）〔真〕父能死难，魏武赐姓曹氏是也。其后罕有行之者。惟西魏宇文泰当国时，因魏初统国三十六，大姓九十九，已多绝灭，乃以诸将功高者为三十六国后，其次为九十九姓后，赐姓之广自此始。如杨忠赐姓普六茹氏，赵贵赐姓乙弗氏，寇和赐姓若引氏，耿豪赐姓和稽氏，辛威赐姓普屯氏，樊深赐姓万纽于氏，周摇赐姓车非氏，李楷赐姓独孤氏，郭衍赐姓〔叱〕罗氏；侯（瑱）〔植〕魏赐姓侯伏氏，周又赐姓贺屯氏是也。静帝时诏各复本姓。其有倚为腹心者，则赐以皇族之姓。如薛端、薛善及叱罗协，皆赐姓宇文氏是也。故周武帝命（李）〔鲍〕宏修

《皇室谱》,分为《帝〔系〕〔绪〕》、《疏属》及《赐姓》三篇。隋因之,如杨义臣本姓尉迟,文帝因其父战死,乃赐姓杨,编之属籍。唐初亦用其制,如罗艺、高开道、杜伏威、胡大恩,皆赐姓李氏是也。唐末赐姓更多,如李克用、李茂贞、李顺节等,皆附于皇族,或借其用,或畏其逼,不得已也。

金末亦多有赐姓者。财力既殚,爵赏又滥,不足以系人心,故设此以劝功。然其制亦不同,有赐本国大姓者,如东永昌赐姓温都氏,旧作温敦。包世显、包长寿、包疙疸赐姓乌库哩氏,旧作乌古论。多隆乌旧名睹令〔狐〕〔孤〕。赐姓哈萨喇氏,旧作禾速嘉。何定赐姓必喇氏,旧作必兰。马福德、马柏寿赐姓瓜尔嘉氏,旧作夹谷。杨沃衍赐姓乌凌阿氏,旧作乌林答。〔张〕资禄赐姓女奚烈氏,李辛赐姓温撒氏是也。其功多或力大可恃以为援者,则竟赐以皇族之姓,如郭仲元、郭阿怜、李霆、梁佐、李咬住、国用安、张甫,皆赐姓完颜氏是也。其附入属籍之处又有差等,以千人败敌三千者赐及缌麻以上,败二千人者赐及大功以上,败千人者赐止其家。

通惠河不始于郭守敬

京师至通州闸河,本元时郭守敬所开。《守敬传》,大都运粮河不用一亩泉旧源,别引北山白浮泉水,西折而南,经瓮山泊,自西水门入城,环汇于积水潭,复东折而南,出南水门,合入旧运粮河。每十里置一闸,比至通州,凡为闸七,置斗门互为提阏,以过舟止水。元世祖命速行之,丞相以下皆亲操畚锸。工既成,帝还自上都,过积水潭,见舳舻蔽水,大悦,赐名曰通惠河。此元所创,至今为永利者也。

然此河不自守敬始。《金史·韩玉传》,泰和中,玉建言开通州潞水漕渠,船运至都。工既成,玉升两阶。是此河实自玉始。《守敬传》所云不用一亩泉者,盖玉所开河本用一亩泉为源,而守敬乃用白浮泉耳。守敬建闸,往往得旧时砖石故址,当即玉遗迹也。盖燕都自金宣宗迁汴后,迨元世祖至元十一年始来都之,其间荒废者已四五十年,旧时河道久已湮没。守敬得其遗址而开浚之,遂独擅其名耳。

海陵荒淫

海陵荒淫,最为丑秽。身为帝王,采取美艳,何求不得?乃专于宗族亲戚中恣为奸乱,甚至杀其父杀其夫而纳之,此千古所未有也。《金史》所载,除一后三妃外,诸嬖幸有名字者已二十余人。凡宗室被杀者,皆纳其妇女。曹王宗敏妻阿兰,旧名阿懒。海陵叔母也;宗磐子阿固岱旧名阿虎迭。妻阿里库,旧名阿里虎。从嫂也;其女重节,则从侄女也;宗本子萨尔拉旧名莎鲁剌。妻,宗固子呼喇勒旧名胡里剌。妻,和色哩旧名胡失来。妻,秉德弟嘉里旧名〔纠〕里。妻,皆从嫂也;寿宁县主实库,旧名什古。宗望女也,静乐县主布拉旧名蒲剌。及锡纳,旧名习捻。宗弼女也,实古尔,旧名师(古)〔姑〕儿。宗隽女也,皆从姊妹;混同郡君苏呼和卓旧名莎里古真。及其妹伊都,旧名余都。宗本女也,皆再从姊妹;鼐喇古,旧名奈(忽)剌〔忽〕。皇太后表兄张定安妻也,富尔和卓,旧名蒲鲁(古)〔胡〕只。丽妃妹也,海陵皆私之。其纳之宫中者,则封为妃嫔,在外则分属于诸妃位下出入。鼐喇古出入元妃位,富尔和卓出入丽妃位,苏呼和卓、伊都出入贵妃位,实库、重节出入昭妃位,布拉、实古尔出入淑妃位。

锡纳夫素赫,旧名稍喝。苏呼和卓夫苏色,旧名撒速。皆为近侍。每值宿,海陵谓之曰:"尔妻年少,遇尔值宿,不可令宿于家。"每召入,海陵亲候廊下,立久则坐于侍婢高实古旧名高师姑。膝上。高实古曰:"天子何劳苦如是?"海陵曰:"我固以天子为易得耳。此等期会,乃难得也。"苏呼和卓在外淫佚,海陵责之曰:"尔爱娱乐,有丰富伟岸如我者乎?"然亦不之罪也。此外如沈璋妻为太子光英保母,及耶律彻妻侯氏,皆以入宫侍皇后而奸之者也。节度使乌达旧名乌古带。之妻定格旧名定哥。与海陵有私,海陵即位,使定格杀其夫而纳之者也。秘书监文之妻实格,旧名石哥。海陵使文出之而纳于宫中者也。萧拱妻色特尔旧名择特懒。之妹曰密呼,旧名弥勒。海陵使拱迎之于汴,既入宫,非处女,遂以疑杀拱,而以拱妻妻文,既又以密呼之命召拱妻入宫而乱之者也。亦有先宠幸而后杀之者。阿里库既入,海陵又私其女重节,阿里库责重节,遂缢杀阿里库。又萧唐古特旧名堂古带。妻札巴,旧名察八。既入宫,封昭媛。时唐古特为护卫,札巴使侍女遗以杂佩,海陵遂手刃札巴以徇于宫。

每幸妇人，则教坊奏乐，撤帷帐，或妃嫔列坐，率意乱之，以为笑乐。幸室女不得遂，则使元妃以手左右之。女使辟拉旧名辟懒。有娠，欲幸之，则以麝香水揉腹而堕其胎。甚至徒单皇太后侍婢高福娘，亦与淫乱，使伺太后动静，福娘增饰语言，遂成弑逆之祸。此皆载在《后妃传》后者。

海陵之恶固不足道，然著其大者可矣。此等中冓之丑亦琐琐书之，毋乃秽史乎？按本纪，世宗尝曰："海陵以近习掌记注，故当时行事实录不载，当访求书之。"又《贾益谦传》，当时禁近能暴海陵蛰恶者辄得美迁，故史官修实录不免附会云。然则《金史》所载，皆世宗时编订者也。

海陵兼齐文宣隋炀帝之恶

海陵在位，盖兼齐文宣、隋炀帝之恶而更过之。《北齐书》称文宣狂暴，尝奸其嫂文襄后，凡高氏妇女，无亲疏皆与之乱，或以赐左右。彭城王浟母尔朱氏，其父神武之庶妻也，欲烝之，不从，则手刃之。皇后李氏之妹嫁元昂，帝数幸之，欲纳为昭仪，则以鸣镝射杀昂。斯固已灭绝伦理，然以海陵视之，奚啻十倍？隋炀帝弑父杀兄弟，海陵则弑君弑母，杀伯叔兄弟及宗室数百人，炀帝犹不若是之惨也。然以其权谲刚厉之资，智足以饰非，威足以驭下，其时国运方强，使仅守其故业，虽淫恣乱伦，或尚不至陨踣。正如齐显祖强记威断，群下不敢为非，所谓主昏于上，政清于下者。乃又大举伐宋，空其国以争人之国，与隋炀之征高丽如出一辙，此所以土崩瓦解，自速灭亡也。

《隋书》记炀帝征高丽，总征天下兵皆会涿郡。又发江、淮水手一万，弩手三万，岭南排镩手三万，河南、淮南、江南造戎车五万两，送高阳载衣甲。又发江、淮民夫及船，运黎阳及洛口仓米至涿。其陆路夫役往来者亦常数十万人，昼夜不绝，死者相枕，臭秽盈路。东莱海口造船，官吏督役，日夜立水中，腰以下皆生蛆，死者十三四。耕稼失时，民不聊生，于是天下大乱，帝亦被害于扬州。而海陵之伐宋也，尽起诸路招讨司及明安、穆昆军，年二十以上、五十以下，虽亲老丁多亦不得留侍。所造军器皆赋于民，箭翎一尺至千钱，村落间往往椎生牛以供筋革，至于鸟鹊狗彘无不被累。籍民马，在东者给西军，在西者给东军，死者不绝于道。所至刍粟无给，有司以为请，海陵曰："民间储蓄尚多，今禾稼满野，可就牧田中。"共调马五十六万匹，官七品者准留一匹，其上以是为差。富民有调至五六十匹者，仍令养饲以俟。由是盗贼并起，大者连城邑，小者保山泽，或以十数骑张旗帜而行，官军莫敢近。海陵又恶闻盗贼，言者辄罪之。将士自军中亡归者，相属于道。东海张旺、徐元等反于南，契丹伊喇斡罕旧名移剌窝斡。等反于北。曷苏馆明安福寿，东京穆昆金住等，始授甲于大名，即举部亡归，公言于路曰："我辈往东京立新天子矣。"海陵自将三十二总管兵至瓜洲，为其下所弑，与隋炀之被害亦如出一辙。

自古大兵大役，未有不民怨沸腾、丧国亡身者。海陵既竭天下之力先筑燕京，次营汴京，工役甫毕，又兴此大众。以极无道之主，行此大肆虐之事，岂有不自速其毙者？《金史》一一书之，所以垂戒千载也。

按石虎起河桥于灵昌津，采石为之，石无大小，辄随流去，用工五百余万而不成。又发雍、洛、秦、并州十六万人，城长安未央宫。性好猎，体重不能跨鞍，造猎车千乘，辕长三丈，高一丈八尺，（置）〔置〕高一丈七尺，格兽车四十乘，立三级行楼于其上。自灵昌津南至荥阳，东极阳都，使御史监察其中禽兽，有犯者以大辟论。御史因之作威，有美女、好牛马者，求之不得，便诬以犯兽，死者百余家。又发诸州二十六万人修洛阳宫。发百姓牛二万头配朔州。增置女官二十四等，东宫十二等，诸侯王九等，发百姓女年二十以下、十三以上三万人以充之，郡县乘此夺人妇女九千余人。其子石宣又私令采亦及万，缢死者三千余人。又发近郡男女十六万，车十万乘，运土筑华林苑及长墙于邺北。命子宣出猎建天子旌旗，戎卒十八万，出金明门。石虎升凌霄观望之，笑曰："我家父子如是，自非天崩地陷，夫复何忧？"宣校猎既遍，又令石韬出猎，亦如之。后宣杀韬，虎又杀宣，极惨酷。其子石世、石冲、石遵、石鉴等皆不得其死。冉闵乘乱诛诸羯，于是赵人悉入城，羯人悉出城。闵下令赵人斩一羯，文官进位三等，武职悉拜牙门。一日之中斩首数万，羯人无贵贱男女少长皆死，凡二十余万，亦有高鼻多须而滥死者。虎十三子，五人为冉闵所杀，八人皆自相残害。《晋书》载记。此又隋炀帝、金海陵以前之最无道者也。

金中叶以后宰相不与兵事

金初创业皆兄弟子侄，出则领兵，入则议国事，为相者多兼元帅。其时枢密院虽主兵柄，而节制仍属尚书省。《白华传》。如宗翰为固伦贝勒旧作国论勃极烈。兼都元帅，拜太保、尚书令，领三省事。汴京初置行台，宗弼领行台尚书省、都元帅，诏诸州郡军旅之事决于帅府，民讼钱谷尚书省治之，宗弼兼统其事。后入朝为太师，领三省事、都元帅如故。可见兵事皆宰相参决也。及明昌以后，则兵事惟枢密院主之，而尚书省初不与闻。盖是时蒙古勃兴，北鄙骚动，惟恐漏泄传播，故惟令枢密主之。其后遂为枢密院之专职，而宰相皆不得预。贞祐四年，陈规疏言："宰相大臣，社稷生灵所系。近诏军旅之事专委枢密，而尚书省坐视利害，泛然不问，以为责不在己也。伏望战守大计，须省院同议。"杨云翼亦奏："尚书出政之地，今军旅大事宰相不得与闻，欲使利病两不相蔽得乎？"时军事院官独任专见，往往败事，言者多以为将相权不当分。《白华传》。天兴元年，始并枢密院归尚书省，以宰相兼院官，而国旋亡矣。按宋制，边事兵事亦枢密院专主，富弼奏请令宰相兼枢密，乃从之，见《弼传》。

悯忠寺故事

京师宣武门外法源寺最宏敞，本唐悯忠寺也。朱竹垞谓此寺典故，有辽时闻宋真宗讣，建道场于此，及金大定间策试女直进士于此二事。按道场建醮事具《辽史》。金策试女直进士，系大定十三年始以策论试女直进士于悯忠寺。寺有双塔，进士入院之夜半，闻东塔有音乐声西入宫，试官侍御史完颜蒲捏等曰："文路初开，而有此兆，得贤之征也。"中选者图克坦镒旧名徒单镒。等二十七人，后多为显官。此载在《金史·选举志》。

今又得数事。《辽史》，兴宗〔重熙〕十一年，遇景宗宣献后忌辰，帝与皇太后素服饭僧于悯忠寺。宋王曾记契丹事云：燕京有悯忠寺，本唐太宗为征辽阵亡将士所造，宋使至，辽遣馆伴导以游观。又《北狩录》，宋徽宗至燕山，馆于大延寿寺，钦宗馆于悯忠寺。又《金史》，胡沙虎反,召完颜纲至,囚于悯忠寺,明日杀之。《宋史》,谢枋得至燕,寓悯忠寺,见壁间《曹娥碑》,泣曰:"小女子犹尔,吾岂不汝若哉?"遂不食而死。此皆悯忠寺故事也。

日行千里

额尔古讷旧名讹古乃。善驰驿,日能行千里。天会八年,从宗翰在燕,闻余睹反,宗翰令驰驿往探。额尔古讷黎明走天德,及至,日未曛也。本传。

避孔圣讳

《金史》,明昌中,诏周公、孔子名俱令回避。又诏有司,如进士名有犯孔子讳者,避之,著为令。此近代避圣讳之始也。

金末种人被害之惨

一代敝政,有不尽载于正史,而散见于他书者。金制,以种人设明安、穆昆旧名猛安、谋克。分领之,使散处中原。世宗虑种人为民害,乃令明安、穆昆自为保聚,其土地与民犬牙相入者互易之,使种人与汉民各有界址,意至深远也。其后蒙古兵起,种人往战辄败。承安中,主兵者谓种人所给田少,不足豢身家,故无斗志,请括民田之冒税者给之。于是武夫悍卒倚国威以为重,有耕之数世者亦以冒占夺之。及宣宗贞祐间南渡,盗贼群起,向之恃势夺田者,人视之为血仇骨怨,一顾盼之顷,皆死于锋镝之下,虽赤子亦不免。事见元遗山所作张万公碑文。又完颜怀德碑亦云:民间仇拨地之怨,睚眦种人,期必杀而后已。寻踪捕影,不三二日屠戮净尽,甚至掘坟墓,弃骸骨。惟怀德令临淄有惠政,民不忍杀,得全其生。可见种人之安插河北诸郡者,尽歼于贞祐时。盖由种人与平民杂处,初则种人倚势虐平民,后则平民报怨杀种人,此亦一代得失之林也。然《金史》绝不载此事,仅于《张万公传》中略见之,则知《金史》之缺漏多矣。

又金末金军之弊,见刘祁《归潜志》。金制,每有征伐,辄下令金军,民家有数丁者,尽拣取无遗。贞祐初,有任子为监当者,正赴吏部选,亦金监官军。其人诉于宰相仆散七斤,七斤怒,命左右以弓矢射之,已而上知其不可,乃止。元光末,备黄河,修潼关,又下令金军。祈之父刘元规曾官户部郎中,家居在籍,又监察御史刘从益亦家居,俱选为千户①。既立部曲,当以次相钤束,后亦罢之。此可见衰世一切苟且之法也。

【校】

① 祈之父刘元规曾官户部郎中,家居在籍,又监察御史刘从益亦家居,俱选为千户 《校证》:刘祁之父为刘从益,与刘元规为同姓而非同宗。此文大误。

廿二史札记卷二十九

元　史

　　元起朔漠，本无文字，开国以后，又无有如金之完颜宗翰等能访求先朝事迹，是以记载寥寥。本纪赞所谓太祖奇勋伟绩甚多，惜当时史官不备，失于记述也。直至世祖中统三年，始诏王鹗集廷臣商议史事，鹗请以先朝事付史馆。《鹗传》。至元十年，又敕翰林院采集累朝事迹，以备纂辑。其后撒里蛮等进累朝实录，帝曰："太宗事则然，睿宗少有可易者，定宗固日不暇给，宪宗事独不能记忆耶？尚当询之故老。"又成宗时，兀都带等进《太宗》、《宪宗》、《世祖实录》，帝曰："忽都鲁迷失非昭睿顺圣皇后所生，何为亦称公主？顺圣太后崩时，裕宗已还自军中，所记月日亦先后差误。"本纪。此可见事后追述之舛漏也。其时内廷记载，又有所谓《脱必赤颜》者，仁宗（常）〔尝〕命译出，名曰《圣武开天记》。其后虞集总裁《辽》、《金》、《宋》三史，因累朝故事有未备者，请以国书《脱卜赤颜》即《脱必赤颜》。所修太祖以来事迹付出参订。或谓《脱卜赤颜》非可令外人传者，遂止。是此本并未尝传出矣。今按《金史·世纪》叙先世至盈一卷，而《元史》叙孛端叉儿以下十世不过千余字，可见国史院已无可征。世祖以来，始有实录。至元二年，敕儒士编修国史。五年，以和礼霍孙等充翰林待制，兼起居注，以记政事。灭宋后，诏作《平金》、《平宋录》及诸国臣服传，命耶律铸监修。成宗即位，诏完泽监修《世祖实录》。（元贞）〔大德〕七年，国史院进《太祖》、《太宗》、《定宗》、《睿宗》、《宪宗》五朝实录。武宗时，诏国史院纂修《顺宗》、《成宗实录》。仁宗时，纂修《武宗实录》及累朝后妃、功臣传，俾百工各上事迹。英宗时，诏修《仁宗实录》及后妃、功臣传。泰定帝诏修《英宗》、《显宗实录》。文宗时，又诏修《英宗实录》，并具书倒剌沙款伏状。顺帝时，诏修累朝实录及后妃、功臣传。以上皆见本纪。

　　明初得元十三朝实录，即据以修辑，此《元史》底本也。然是时徐一夔致书王祎曰："史莫过于日历及起居注。元朝不置日历，不设起居注，独中书置时政科，遣一文学掾掌之，以事付史馆。及易一朝，则国史院即据以修实录而已。"《元史·奸臣传序》亦云：旧史往往详于记善，略于惩恶，盖史官有所忌讳而不敢直书故也。是元之实录已不足为信史，修《元史》者即据以成书，毋怪乎不协公论。史成后即有朱右作《拾遗》，解缙作《正误》，而缙致董伦书并有"《元史》舛误，承命改修"之语，则明祖亦已知《元史》之未善，而有改修之命。今《拾遗》、《正误》及缙所改修者皆不传，殊可惜也。

然《元史》大概亦尚完整，则以旧时纂修实录者，多有熟于掌故之人。如董文用修国史，于祖宗功德，近戚将相家世勋伐，皆记忆贯串，史馆有所考究，悉应之无遗。《文用传》。又拜住监修国史，将进《仁宗实录》，先一日诣院听读。首卷书大德十一年事，不书哈剌哈孙定策功，但书越王秃剌擒阿忽台事，拜住曰："无左丞相，虽百越王何益？"立命书之。《拜住传》。可见实录亦自矜慎。其执笔撰述者又多老于文学，如姚燧为一代宗工，当时子孙欲叙述先德者，必得燧文始可传信，不得者每以为耻。《燧传》。袁桷在词林，凡勋臣碑铭多出其手。《桷传》。欧阳玄擅古文，凡王公大臣墓隧之碑，得玄文以为荣，片言只字，人皆宝重。《玄传》。而皆与纂修实录之列。《世祖实录》，李之绍、马绍、李谦、姚燧、张九思、张昇所修。《裕宗实录》，张九思所修。《成宗实录》，元明善、程钜夫、邓文原所修。《顺宗实录》，元明善所修。《武宗实录》，元明善、苏天爵所修。《仁宗实录》，元明善、廉惠山海牙、曹元用所修。《英宗实录》，曹元用、马祖常、廉惠山海牙所修。《泰定帝实录》，成遵、王结、张起岩、欧阳玄所修。《明宗实录》，成遵、谢端所修。《文宗实录》，王结、张起岩、欧阳玄、苏天爵、成遵所修。《宁宗实录》，谢端所修。累朝后妃、功臣传，张起岩、杨宗瑞、揭傒斯、吕思诚、贡师泰、周伯琦等所修。以上俱见各本传。明初修史诸臣即抄撮成书，故诸列传尚多老笔而无酿词。其《天文》、《五行》诸志，则有郭守敬所创简仪、仰仪诸说；《职官》、《兵》、《刑》诸志，又有虞集等所修《经世大典》；《水利》、《河渠》诸志，则有郭守敬成法及欧阳玄《河防记》以为据依，故一朝制度，亦颇详赡。顺帝一朝虽无实录，而事皆明初修史诸人所目击，睹记较切，故《伯颜》、《太平》、《脱脱》、《哈麻》、《孛罗》、《察罕》、《扩廓》等传，功罪更为分明。末造殉节诸人，则又有张翥所集《忠义录》以资记载。故一部全史数月成书，亦尚首尾完具，不得概以疏略议之也。惟中叶以后，大都详于文人而略于种人，则以文人各有传志之类存于世，而种人无之，故无从搜括耳。

按明洪武二年,得元十三朝实录,命修《元史》,宋濂、王祎为总裁,二月开局,八月成书。而顺帝一朝史犹未备,乃命儒士往北采遗事。明年二月重开史局,六月书成。今按《元史》列传三十一、二卷,已载元末死事诸臣《泰不华》、《余阙》等传矣,乃三十三卷以后,又以开国时《耶律楚材》、《刘秉忠》、《史天倪》、《张柔》、《张弘范》等传编入,几于前后倒置。盖三十二卷以前系初次进呈,三十三卷以后则第二次进呈者,诸臣以太祖威严,恐干烦渎,遂不敢请将前后两书重加编订耳。

时日迫促,舛漏自多。如孟珙《蒙达备录》谓先有蒙古斯国雄于北边,后绝衰灭。《辽史》有磨古斯国,盖即珙所称蒙古斯,磨、蒙声相近也。又《辽史》有阻卜酋长磨古斯来侵,则磨古斯乃阻卜酋长之名。成吉思起事,慕蒙为雄国,乃改称大蒙古国。此为建国号之由,而本纪并不载。又顾宁人指出,《元史》列传第八之速不台,即第九之雪不台;第十八之完者都,即二十卷之完者拔都;〔第〕三十〔七〕之石抹也先,即三十九〔卷〕之石抹阿辛。益可见修史诸臣但据各家志录家传之类,随得随抄,不复彼此互对,则当日之草率致误可知矣。至贾良伯《死节记》谓余阙妻蒋氏从死,而《元史·阙传》作耶(律)卜氏,据张毅所记,耶(律)卜氏乃阙之妾,则《元史》竟以其妾当其妻。又《翦胜野闻》谓,元江浙行省左丞周伯琦被张士诚留于平江数年,士诚败,明太祖以伯琦身为大臣,而仕于张氏,遂诛之。今《元史·伯琦传》则谓士诚既灭,伯琦归鄱阳,卒。又与野史互异。此则未可据野史以驳正史者。盖一代修史时,凡(神)〔稗〕官丛说无不搜集,其所弃而不取者,必其无所据依。今反拾其所弃者以驳正史之讹,多见其不知量也。濂等修史必进呈御览,如果周伯琦为明祖所杀,岂敢讳之以为善终哉?阅《元史》者,不得概以舛误疑之也。

金元二史不符处

《金史》,蒙古使唐庆至汴,飞虎军申福、蔡元擅杀之。是唐庆之死由军士擅杀,如宋独松关守将张濡之杀廉希贤也。《元史》则谓太宗命庆往谕金主黜帝号称臣,金主不听,庆以语侵之,金君臣遂谋害庆,夜半令人入馆杀之。则庆之死，又是金主所使矣。按是时哀宗方以曹王讹可出质求退兵，岂复敢杀使招衅？此必元人借口以为兵端也。《元史·李〔宗〕〔守〕贤传》，攻河南，其渠魁强元帅者以众出奔，〔宗〕〔守〕贤追及降之。按《金史》，洛阳既破，强伸复立军府，与元兵力战，此即所谓强元帅也。然伸力战被擒后，北兵语之曰："汝能一屈膝，即贷汝命。"伸不从。持使北向，伸仍拗头南向受刃，事见《忠义传》[①]。是其殉节最烈，而《元史》谓"追及降之"，实属曲笔。

又《元史·石抹阿辛传》，阿辛〔子〕将黑军长驱捣汴州，入自仁和门，收图籍，振旅而归。按《金史·完颜赛不》等传，汴京之围，哀宗以讹可出质，蒙古主即还，使碎不觯即速不台。等围守，未尝攻破汴城。塔察儿与金人战南薰门，亦未尝破门而入。直至哀宗出走，明年崔立以汴城降，蒙古兵始入，其先未尝有攻破城门之事也。《阿辛传》亦误。又《元史·塔察儿传》，与金合达战三峰山，败之。明年壬辰三月，太宗班师，命偕速不台传又作唆伯台。围汴。按《金史·合达》、《蒲阿》二传及《元史·睿宗图类旧名拖雷。传》，三峰山之战在壬辰正月，今叙于壬辰之前，作辛卯冬之事，《塔察儿传》亦误。《金本纪》，蔡州破，哀宗传位于宗室承麟，自缢于幽兰堂，承麟为乱兵所杀。《宋史》亦同。《元本纪》则谓获承麟，杀之。所谓乱兵者，盖即蒙古兵也。

【校】

① 按《金史》，洛阳既破，强伸复立军府，与元兵力战……事见《忠义传》 《校证》：《金史》强伸有专传，在卷一一一，非《忠义传》。

宋元二史不符处

《元史》本纪，至元十三年，淮西制置使夏贵以淮西诸郡降，惟镇巢军复叛。贵遣使招之，守将洪福杀其使，贵亲至城下，福始降，阿尤斩之。按《宋史》洪福附《姜才传》后，福本夏贵家僮，积功为镇巢军统制，贵招之降，不听。元兵攻城，贵亲往语福欲单骑入城，福信之，门发而伏兵起，遂执福。福大骂贵不忠，以身南向受戮。是福之殉节凛凛有生气，而《元史》谓其降而又斩，实属曲笔。

又本纪，至元十四年，攻重庆，都统赵安以城降。制置使张珏走涪,元帅张德润以舟师邀之,珏遂降。按《宋史·珏传》,重庆陷,珏乘小舟走涪,中道斧其舟欲自沉,舟人夺斧掷江中,珏又欲赴水死,家人挽持不得死。为铁木儿追及,执送京。至西安,其友谓之曰:"公尽忠一世,今纵得不死,欲何为哉?"珏乃解弓弦自经死。是珏亦未尝降也,而《元史》竟书曰降,亦属曲笔。按《元史》本纪,梅应春本宋重庆制置使,为张珏所杀。至是应春子国宾诣阙诉冤,诏以珏付国宾,使复父仇。珏时在京兆,闻之自经死。此另是一说,然亦可见珏之未降也。如已降则已为元臣,梅国宾敢请得而甘心乎? 按《宋史·张珏传》,珏遣赵安破泸州神臂门,执梅应春杀之。盖本宋将降元守泸州而为珏所杀者。

金史当参观元史

《金史》虽简净,然亦有不明(析)〔晰〕处。其叙蒙古兵,或曰大元兵,或曰北兵,或曰大兵,其将帅则曰北帅,或曰大帅,或曰北大帅,皆不著何人。盖元人修《金史》,不便屡以本朝祖宗及将相行文,故多檃括其词,然亦有不可通者。如《讹可传》云:初大兵期以明年正月,合南北军攻汴梁,故自将攻河中。所云大兵者,谓蒙古兵也,所云自将者,指何人耶? 及观《元史》,始知即太宗自将也。其自南而北来会者,则睿宗图类也。太宗弟。旧名拖雷,后追谥睿宗。是时图类先入蜀,由宋武休关绕出唐、邓以趋汴,而太宗在北攻破河中,从白坡渡河会之,故有禹山、三峰山等战。《金史》亦不著拖雷名。既胜,遂趋汴。金哀宗以曹王讹可出质,太宗及图类北归,留大将速不台、塔察儿等围守。《金史》围汴之将但有碎不觯,而塔察儿等俱不著。是冬哀宗出走,明年正月至归德,旋有蒲察官奴斫营之捷。《金史·官奴传》谓官奴伪与蒙古将忒木觯相约,欲劫帝出降,因知其大将在王家寺,乃乘夜斫营,北军大溃,溺死者三千人。所谓大将者,亦不著氏名,以《元史·槊直腯鲁华传》证之,则大将乃撒吉思卜华也。撒吉思卜华追金主于归德,驻营城北,左右皆水,金将官奴来斫营,腹背受敌,一军皆没。《史天泽传》亦云撒吉思卜华背水而营,天泽谓非驻兵之地,撒吉思卜华不听,果全军皆没。是《金史》不明(析)〔晰〕处,必参观于《元史》也。

元史自相歧互处

《史天泽传》,谓太宗三峰山战胜后即北还,留睿宗图类。总兵围汴。按《塔察儿传》，太宗围汴，金主以曹王讹可出质，太宗与睿宗还河北。《睿宗传》亦云太宗北还，住夏于官山。五月，太宗不豫，图类祷于天地，太宗疾愈，图类从之北还。是图类与太宗同北归，未尝留围汴京也。《天泽传》误。

《郑鼎传》，鼎从宪宗征大理，由六盘山起行，山路险恶，尝负宪宗以行。既至大理，擒其主，遂平之。按本纪，宪宗二年，命皇弟呼必赉即世祖，旧名忽必烈。征大理，三年平之，四年还朝。是征大理者世祖，而非宪宗亲行也。八年，宪宗自将伐宋，由西蜀入。九年，崩于钓鱼山。是宪宗亲征者蜀地，而非大理也，《鼎传》何以云从宪宗征大理耶？按《鼎传》宪宗征大理在庚戌岁，是时尚未登极，而世祖征大理在壬子、癸丑、甲寅三年。岂世祖未征之前，宪宗先已征之，即位后又命世祖往征耶？然《宪宗本纪》所叙未即位之前，如征钦察，征俄罗斯旧名（幹）〔斡〕罗思。等战功甚多，如果征大理擒其主，岂不叙及？乃《宪纪》并无一字，而《定宗纪》后庚戌之岁，亦无遣莽赉叩即宪宗，旧名蒙哥。征大理之事，则《鼎传》所云或是从世祖征大理，而以为宪宗者误。

《薛塔剌海传》，宪宗八年，从世祖攻钓鱼山苦竹崖。明年，宪宗崩于钓鱼山。按宪宗亲攻钓鱼山时，世祖以皇弟别将兵攻鄂，未尝在钓鱼山也。《薛塔剌海传》误。

《按塔哈传》，旧名阿塔海。宋殿帅张彦与都统刘师勇袭吕城，按塔哈、辉图旧名怀都。击之，斩彦。按《辉图传》，谓殿帅张彦、安抚刘师勇攻吕城，辉图与战，擒张殿帅。《呼喇珠旧名忽剌出。传》亦谓张殿帅攻吕城，呼喇珠与辉图生擒之。《宋史》张彦被擒后，元人令其至常州城下招降。是张彦未尝被杀也，《按塔哈传》误。

《托欢旧名脱欢。传》，进兵苏州，与宋军战，擒柳奉使。按《伯颜今名巴延。传》，既克常州，师至无锡，宋将作监柳岳奉其国书乞班师，请修岁币。是岳本奉使来也。且兵至平江，都统王邦杰、通判王矩之即以城降，并无交战之事。《托欢传》误。

《董文炳传》，宋将张世杰焦山战败走入海，文炳舟小不能入海，乃还。按世杰战败奔据圌山，后由海道追二王于浙东，事见《世杰》及《刘国杰》等传，非由焦山即入海也。文炳战胜，率舟师由江阴沿海趋澉浦、华亭，亦未因舟小而罢行。《董文炳传》误。

《唆都传》，至元十二年，建康降，唆都为建康安抚使，攻平江、嘉兴，皆下之，帅舟师会伯颜于皋亭山。按《伯颜传》，是时兵分三道，阿剌罕由广德进。董文炳以舟师沿海进。伯颜为中道，由镇江进，先屠常州，以次下平江、嘉兴，方至杭州。今乃云唆都先攻下平江、嘉兴，再以舟师会伯颜于皋亭山，亦误。

又《唆都传》，至元二十三年，征交趾，唆都力战，死之。而《亦(里)〔黑〕迷失传》云：从阿尔哈雅、旧名阿里海牙。唆都征占城，战失利，唆都死焉。则唆都又似死于占城者。考之《占城传》，二十一年三月，唆都已自占城领兵回，则其死在交趾无疑。《亦(里)〔黑〕迷失传》误。

《囊加歹传》，伯颜大军至建康，帝召囊加歹赴阙面陈形势，遣还谕旨于伯颜，谓北边未靖，勿轻入敌境，而大军已入平江矣。按《伯颜传》，军至建康，有诏时方暑，且缓进兵。伯颜以机不可失，亲赴阙面陈。八月还军，十一月进兵，屠常州。十二月次平江，都统王邦杰等出降，乃遣囊加歹同宋使柳岳至临安谕降。是伯颜赴阙面奏，已定进兵之计，南还即率兵直进。囊加歹久在军中，何得至平江时，尚有旨遣之来止兵耶？《囊加歹传》误。

又《图类传》，图类攻金，欲假道于宋，由蜀渡汉江，绕出唐、邓以趋汴。先遣搠不罕使宋，宋人杀之，图类怒，乃分兵攻宋诸城堡，长驱入汉中，陷阆州，过南郑，遂由金入房，乘骑浮渡汉水而北。是图类之经宋境，由力战而入也。而《按竺迩传》，图类由山南入金境，按竺迩为先锋，趣散关，宋人已烧绝栈道。宋制置使桂如渊守兴元，按竺迩假道于如渊曰："宋、金世仇，今欲假道南郑，由唐、邓以灭金，岂独吾之利？亦宋之利也。"如渊度我兵压境，势不徒还，遂遣人导我师由武休关东抵邓州而去。是蒙古假道，宋即使人导之，未尝战也，二传殊不相合。今按《金史》内族《〔完颜〕讹可传》，元兵谋取宋武休关，先破凤翔，图类分兵入散关，屠洋州，开生山，截焦崖，出武休东南，遂围兴元。分军而西，西军由别路入沔州，开鱼鳖山，作筏渡嘉陵江，趋葭萌，至西水县而还。东军屯兴元、洋州之间，遂趋饶峰，宋人弃关不守，大兵乃得入。据此则图类兵原分两路，其力战于沔州等处者，西军也；其过关径入不事争斗者，东军也。两传各记所记，所以不同欤？

元史列传详记月日

以事系日，以日系月，以月系年，此本纪体也。至列传，则往往视其事之大小繁简以为详略，不必拘拘于时日之细。惟《元史》则不然。中统以前，未有年号，则以甲乙纪岁。如《张荣传》，乙未，金亡；戊戌，授怀远将军之类是也。中统以后，则以年号纪岁。如《〔来〕阿八赤传》，至元十八年，开运河；二十一年，调征东招讨使；二十二年，授征东宣慰使之类是也。他如《阿剌罕传》、《土土哈传》、《苫彻（八）〔拔〕都（鲁）〔儿〕传》、《〔李〕忽兰吉传》、《贾塔剌浑传》、《也蒲〔甘〕卜（绀）传》、《赵阿哥潘传》、《纯只海传》、《塔不已（而）〔儿〕传》、《直脱（而）〔儿〕传》、《忽剌（赤）〔出〕传》、《达理麻达识传》、《耶律铸传》、《畅师文传》、《张炤传》，莫不皆然。

并有以月记者。如《张荣传》，癸卯三月，升辅国大将军；甲辰二月，领蒙古、汉军；戊申九月，拒宋师于均州。《阿塔海传》，至元九年五月，霖雨，宋夏贵乘淮涨来争正阳；十二年十二月，师次建康之类是也。

更有以日记者。如《伯颜即巴延。传》叙至元十一年取鄂州之事，十月戊午，斩郢将赵文义，擒范兴；甲子，次沙洋；乙丑，遣官招降守将王虎臣等，不应，遂攻获之；丙寅，次新城；丁（丑）〔卯〕，吕文焕至城下招降，中飞矢奔还；戊辰，黄顺降；己巳，任宁降；十一月丙戌，次复州；乙未，次蔡店；丁酉，往汉口观形势；十二月丙（戌）〔午〕，次汉口；辛亥，自汉口开坝入沦河；壬子，战舰毕至；癸丑，遣人招阳逻堡，不应；乙卯，遣阿里海牙攻之，潜令阿尤从上流渡江；丙辰，阿尤遣人报捷；丁巳，登武矶山；己未，次鄂州；庚申，张晏然等降是也。叙十三年取临安降宋主之事，正月己巳，次嘉兴；癸酉，宋以宰臣陈宜中书来；乙亥，宜中又遣使来；辛巳，军至崇德；壬午，次长安镇；癸未，进军临平，甲申，次皋亭山；乙酉，至临安，闻二王南走，遣兵邀之；丙戌，禁军士毋入城；丁亥，遣人慰谕谢太后；戊子，文天祥等来见；己丑，驻湖州市；庚寅，观潮于浙江；辛卯，张弘范等以宋降表至；二月丁酉，遣人徇未下州郡；辛丑，宋主率百官拜表降是也。又《燕铁木儿传》叙其拒战上都兵之事，亦以日记。此虽近于记功簿籍，如李孟所谓誊写吏牍者，_{李孟见揭傒斯所撰《功臣传》，曰："是方可名史笔，他人直誊写吏牍耳。"}然记事详赡，使后世有所考，究属史裁之正，固不必以文笔驰骋见长也。

《元史》又有不以甲乙记日，而但以一二数记者。如《日本传》，至元十八年，征日本，六月，入海；七月，至平壶岛；八月一日，风破舟；五日，文虎等择舟之坚好者遁归，弃士卒十余万于山下；七日，日本人来，尽杀之，不杀者虏为奴。《占城传》，至元二十年，征占城，正月十五日，夜发舟；十七日，整兵进；十九日，国主遣使来降；二十日，兵至大洲；二十一日，入其城；二十(二)〔三〕日，国主伪归款而遁。以及《爪哇》等传皆然。此虽非古法，亦较直捷。此篇人名俱照旧史，缘《四库书》新改本不易借观也。

元史回护处

《元史》亦多回护处，非明初修史诸人为之著其善而讳其恶也，盖元时所纂《功臣》等传本已如此，而修史者遂抄录成篇耳。如《阿尔哈雅传》，旧名《阿里海牙》。历叙其戡定湖广之功，而占降民为私户及征占城失利等事，则概不叙入。其破潭州也，则曰诸将请屠之，阿尔哈雅以数百万生灵，若杀之，非主上谕以曹彬不妄杀人之意，乃止。及其破静江，则曰阿尔哈雅以静江民易叛，不重刑之，广西诸州不服，乃悉坑之。是不屠既见其好生之德，坑之又见其止杀之威，真所谓曲为之说者。又崔彧奏阿尔哈雅掌兵民之权，子孙姻党分列权要，官吏出其门者十七八，其威权不在阿哈玛特旧名阿合马。下，宜罢职，《阿尔哈雅传》亦不载。《博果密传》，旧名不忽木。土土哈求钦察之为人奴者增其军，而多取良民，中书金省王遇改正之，土土哈遂诬奏，遇几得罪，赖博果密救之。而《土土哈传》但云钦察之自叛所来归者，及散处安西郡王部下者，俱令土土哈统之，而不言扰及平民之事。张柔从攻金蔡州，中流矢，宋将孟珙救之，挟柔以出，事见《宋史·孟珙传》，而《柔传》不载。严实自请攻卫州，与金伊喇富阿旧名移剌蒲阿。遇于南门，适合达自北奄至，实兵败，竟为所执。史天倪率壮士伏于延津，截其归路，实乃得脱归。事见《史天倪传》，而《严实传》竟不载。

泰定帝既崩，文宗以雅克特穆尔旧名燕铁木儿。之力，入京即位，仿武宗、仁宗故事，遣使迎兄明宗于漠北来继大统，明宗遂称帝于途，而立文宗为皇太子。皇太子出迎明宗于翁果察图旧名王察尔。之地，越三日明宗崩。此固文宗及雅克特穆尔之弑逆也。《续纲目》引胡粹中曰："闻之故老，雅克特穆尔奉上玺绶，而明宗左右不为礼，雅克特穆尔怒且惧。既而帝暴崩，雅克特穆尔闻哭声，奔入帐中，取宝玺，(挂)〔扶〕文宗上马南驰。"此盖当时实事。乃《明宗》、《文宗本纪》仅书"暴崩"二字，并不著被害之迹。并称皇太子入哭尽哀，雅克特穆尔以皇后命，奉皇帝宝授皇太子登极，竟似授受得其正者。直至《雅克特穆尔传》，宁宗崩后，皇太后召明宗长子托欢特穆尔即顺帝，旧名妥欢帖穆尔。于广西，雅克特穆尔以明宗之崩，实与逆谋，恐帝追理前事，故迟留数月不立，于是明宗被害之实，至此始一见。全部《元史》只此一二语，此外纪传并无有错见其事者。顺帝至元六年，追废文宗庙主之诏谓，文宗躬迓之际，与伊鲁布哈、旧名月鲁不花。阿哩雅、旧名也里牙。呼栋阿、旧名明里董阿。谋为不轨，使我皇考饮恨上宾。是虽著明宗被害之迹，又不以坐雅克特穆尔之罪，非本传中"实与谋逆"一语，雅克特穆尔不且漏网乎？《北魏书》体例，凡弑逆之事，虽本纪只书"暴崩"二字，而散见于各传者必详，兹何以讳之太深乎？

许有壬因诏罢科举，力争以为不当罢，不听。明日宣诏，特令有壬为班首以折之，侍御史普化谓有壬曰："参政可谓过河拆桥矣。"有壬以为大耻。此事详于《彻里帖木儿传》，而《有壬传》不载。《苏天爵传》，后至元二年，朝廷庶务多所更张，天子图治之意甚切，天爵知无不言。按顺帝在位，惟耽乐之从，何曾有求治之意？亦谰语也。凡此盖皆旧史原文，所谓详于纪善，略于惩恶者。

惟《叶李传》，叙其立朝建白，居然一代正人，而传末特载李淦劾其党附桑哥一疏，谓人皆知桑哥用小人之罪，而不知叶李荐用桑哥之罪。此则善恶两不相掩，所谓存是非之公者。又《舒穆鲁宜孙传》，旧名石抹宜孙。以儒学副提举刘基为经历，又辟胡深、叶琛、章溢参其军谋。按宋濂等修史时，刘基等方同在朝，而其先仕于元之处，直书不讳，此亦为直笔。

又金与蒙古拒战二十余年，惟完颜陈和尚(太)〔大〕昌原、倒回谷诸战以大捷著，其余则每战辄败。哀宗正大八年，蒙古拖雷入饶风关，渡汉江而北，金完颜合达与移剌蒲阿御之于邓州之禹山。《金史·合达传》谓北兵小却，二相合达、蒲阿。辄以大捷告，其实虚张捷报，并非实事云。然据《蒲阿传》叙此事，谓战三交，北兵少退，向蒲阿后突之，为蒲察定住所却。北兵又拥高英军，军动，合达欲斩英，英复督兵力战，北兵却。又拥樊泽军，合达斩一千夫长，军殊死斗，乃却之，北兵即回阵南向来路。是此战亦实有却敌之功，不得谓全虚也。《元史·拖雷传》亦谓十二月及金人战禹山，祥北以诱之。祥北者，盖即《金史》所谓北兵小却也。《拖雷传》又云攻邓州不下，遂引而北，别以三千骑命扎剌率之为殿。大雾迷失道，为金人所袭，杀伤相当，拖雷以扎剌失律罢之。是蒙古军亦未尝无败衄之处，而《金史》反谓合达等虚张捷报，此则元人修《金史》为本朝回护也。及明修《元史》，则记载具在，是以据实书之耳。

元史附传有得失

《按竺迩传》，先世居云中，父黜公为金群牧使，驱马归太祖，终其官。按竺迩幼孤，育于外祖尤要甲家，讹言为赵，因姓赵氏。是既详其家世矣，则其孙《赵世延传》可不必再叙，乃又云曾祖黜公为金群牧使，太祖得其所牧马，黜公死之。是黜公之死系殉节，又与《按竺迩传》异。按竺迩幼育于外大父尤要甲，讹为赵家，因氏为赵焉。盖祖孙二人本各有一传，修史者并收之，而不及删其复处也。《月乃合传》，其曾祖仕金为马步军指挥，以官为氏，因姓马氏。其传末云曾孙祖常博学能文，乡、会试皆举首，由翰林拜监察御史，直言忤上官去。数年，起为翰林待制，迁御史中丞。卒，谥文贞。是祖常全传已附于其祖传内，乃马祖常又另有传，则《月乃合传》后此段文字即应删却，而又仍之。又《直脱儿传》，既详载其从子忽剌出，而忽剌出又有传。《杭忽思传》，既详载其子阿塔出矣，而阿塔出又有传。床兀儿封句容郡王，《武宗纪》既以此事系于至大（三）〔二〕年，《仁宗纪》延祐三年又载此事。可见修史者之不暇彼此订正也。

惟《兀良合台传》，详载其子阿术从征云南、交趾等功，而阿术又另有传，则专叙其灭宋勋绩。一则代父立功，一则为国出力，固不嫌其两传也。又《察罕帖木儿传》后附其子《扩廓帖木儿传》，扩廓在《明史》入《群雄》中，而其人究为元季一大关系之人，不得因其应入《明史》遂不为立传,而系察罕之子,又不必另立一传。故以其元季事迹附传于父之后,而他日与明争战之事则不书,此最为位置得宜也。

元史补见夏金宋殉节诸臣

夏、金、宋皆灭于蒙古。夏无史。《金》、《宋》二史皆有《忠义传》,载末造抗节死事之臣,然以《元史》核对,尚有未备者。今为摘出,观者可以览焉。

《李恒传》,元太祖攻西夏,有守兀纳剌城者,夏主之子也,城陷不屈死。李恒即其孙。

《郭宝玉传》,从攻西夏,斩夏将佐里①。

《穆呼哩传》,旧名木华黎。石天应擒送金骁将张铁枪至,穆呼哩欲降之,张厉声曰:"我受金朝恩二十余年,事至此,有死而已。"穆呼哩义之。诸将怒其不屈,竟杀之。《史枢传》,铁枪者名资禄。

《黑马传》,金武仙据真定,黑马从字鲁讨之。金将忽察虎以兵来援,为黑马所杀。

《德海传》,攻金郑州,杀金将左崇。

《按竺迩传》,金亡后,金将郭斌尚保金、兰、定、会四州,按竺迩围之,食尽城陷,兵入城,斌手剑驱妻子聚一室焚之,已而自投火中。有女奴自火中抱儿出,授人曰:"将军止此一儿,幸哀而收之。"言毕复赴火死。

《史天倪传》,金完颜合达陷于蒙古,遂降之。已而与监军王守约连谋,越海归金,天倪来追,杀守约。

《张荣传》,荣攻金沛县,将唆蛾(侯)〔夜〕来搞营,荣追杀之。

《赵宏伟传》,(金)〔宋〕亡,有总管王昌、张云又起兵,宏伟夜袭云,斩其首。

《纽璘传》,宋将蒲择之来攻成都,纽璘败之于灵泉山,擒宋将韩(师)勇,斩之。亦见《石抹按只传》。

(宪宗)《〔世祖〕本纪》,帝攻蜀苦竹隘,守将杨立出战,兵败被杀。先渡马湖,获宋将张实,实遁。既克苦竹隘,获实,支解之。进攻鹅顶堡,守将王佐死之,并诛佐子及徐昕等四十余人。张德润攻拔礼义城,杀宋宣抚使张资。

《杨大渊》、《杨文安》二传记擒杀宋将尤多。《大渊传》，攻礼义城，获总管黄文才、路钤高坦之。攻通(州)〔川〕，获统制白继源。战巴渠，获知军范燮、统制魏兴、路分黄迪、节干陈子润。后谍知宋总统祁昌由间道运粮来，乃率兵袭之，擒祁昌。

《杨文安传》，得汉城之战，擒宋将陈亮。攻开、达，擒统制张刚、总管伏林、方富。攻金(川)〔州〕，擒路钤赵贵等。略开州，获统制陈德、副将刘安仁。掠达州，擒其将蒲德、范伸、王德、解明、周德新、王迁、王仁、袁宜、何世贤、杨普、时仲、陈俊、(满)〔蒲〕桂、王顺、王道、张俊、杨桂、蔡云龙、李佺、李德、孙聪、张顺、李贵、雍德、吴金、王元、阎国宝、张应庚、秦兴祖、谭友孙、叶胜、郑桂、庄俊、严贵、窦世忠、赵兴、孙德、柳荣、赵威、赵章、韩明、王庆。攻梁山，擒部辖景福。攻小江口，擒总管李皋、花茂实。〔略施州，擒〕薛忠。攻绍庆，擒守将鲜龙。以上诸被擒者，其生死尚无明文。至如文安之攻夺金州，杀其将梁富。袭开州，宋将庞彦海投崖死。宋兵来救，又杀其将张德。攻梁山，杀守将王智。攻万州，杀守将何威。又万州守将上官夔，拒守甚力，文安谕降不听。逾月，拔其外城，夔犹不屈。文安尽锐攻城，破之，夔巷战而死。宋六郡镇抚使马堃，守咸淳，文安与之同乡，谕降不从，乃力攻斩关入，堃巷战死。此十数将则皆显然尽力战守被杀者。《宋史》无传。以上皆蜀将。

《按竺迩传》，攻文州，守将刘禄，数月不下。谍知城中无井，乃夺其汲道，攻陷其城，禄死之。按《宋史·忠义传》有文州守刘锐，当即是此人，传闻而误其名耳。

《张庭瑞传》，宋兵围虎啸山，庭瑞出击，杀其统制栾俊、雍贵、胡世雄等。

《伯颜传》，元兵自郢顺流而下，郢将赵文义、范兴来追，伯颜手杀文义，又擒兴杀之。至沙洋，以文义首招降王虎臣、王大用，不应，攻获之，并杀二将。又破阳逻堡，斩其将王达。既克临安，以独松关张濡杀奉使廉希贤，斩之。

《李恒传》，攻阳逻堡，宋夏贵遣其子松来拒，恒射杀松。

《阿塔赤传》，宋冯都统自真州率兵二千、船百艘，来袭瓜洲，为阿塔赤所败，冯都统赴水死。

《阿剌罕传》，追袭宋嗣秀王赵与檡，斩其步帅观察使(高)〔李〕世达,生擒与柽,斩之。《宋史》与柽有传,余缺。

《阿里海牙传》,破琼州,执安抚使赵与珞、冉安国、黄之纪,皆裂杀之。《宋史》与珞有传,余缺。

《唆都传》,攻兴化,获宋将陈瓒,支解之。

《怀都传》,攻樊城,斩宋将韩拨发、蔡路钤。不著其名。

《昂吉儿传》,文天祥起兵,舒民张德兴应之,昂吉儿讨杀德兴。又赵孟溁亦同起兵,兵败被杀。

《乌古孙泽传》,文天祥开府南剑,守臣张清同起事,泽八战,杀清。

《赵宏伟传》,天祥使罗开礼、叶良臣谋复临江,宏伟斩良臣,俘开礼。

《高兴传》,取婺州,擒宋将章焴,斩之。

《朱国宝传》,宋亡,惟辰、沅、靖州未下,宋将李信、李发据险固守,国宝击擒之。张世杰挟二王入广,南恩、新州人何华、张翼起兵兴复,国宝击杀二将。

《世祖纪》,至元十五年,秃满答儿等攻克泸州,斩宋将王世昌、李都统。东川副元帅张德润攻涪州,斩宋将王明及其子忠训、总辖韩文广、张遇春。又湖南制置(使)张烈良、提刑刘应龙与周隆、贺十二起兵,行省调兵往讨,周隆、贺十二被杀,烈良等逃入蛮洞,元兵袭之,二人皆战死。

【校】

①《郭宝玉传》,从攻西夏,斩夏将佐里　《校证》:据《元史》本传(卷一四九),佐里为西征中亚时所斩之将,与西夏无关。

元人译诏旨雅俗不同

《忙哥撒儿传》,宪宗以其生前多所杀,及卒,人多腾谤言,特降诏于其子。今载传中,乃全用《尚书》体,竟与宇文周诏书相似。此当时翻译者之有意润色,以为典册高文也。及泰定帝登极一诏,则所译全是俗语,无异村妇里老之言,而《元史》亦遂不加改润。或有意存之,以见当时政体之陋耶?

元史人名不画一

《宋史》兀良合䚉,《元史》本纪作兀良合带,本传作兀良合台,《阿海传》又作兀良合歹。《金史》完颜合达,《元史·雪不台传》作合鞑鞑,《郭德海传》作哈达,《李冶传》又作合答。《金史》移剌蒲阿,《元史·塔思传》作蒲瓦,《德海传》又作蒲兀。《金史》完颜讹可,获贼辄以火烧之,人呼为草火讹可,《元史·塔思传》作完颜火燎。《金史》白撒,《元史·郭侃传》作伯撒。《金史》完颜承晖,《元史》本纪作完颜福兴,以承晖本名福兴也。《耶律楚材》及《石抹明安传》又作复兴。此以《金》、《宋》二史核对而不相符者也。

修《元史》时,《宋》、《辽》、《金》三史已行世,竟不一互订,已见草率,而《元史》中又自有歧互者。速不台已作雪不台,分为两传,而《按扎儿传》又作唆伯台。帝师八思巴有本传,而本纪及《阿尼哥传》作八合(思)〔斯〕八,《萨理传》又作八哈思巴。和礼霍孙有本传,而《刘正传》作火鲁霍孙,《昂吉儿传》又作和鲁火孙。塔察儿有本传,而《苫彻传》作塔塔儿。肖乃台有本传,而《史天泽传》作笑乃䚉,《王玉传》又作笑乃带。宗王拔都罕见本纪,而《忙哥撒儿传》作八都罕。一班珠尼河也,见本纪。《雪不台传》作班朱泥河,《速哥传》又作班尤居河,《麦里传》又作班真河,《耶律阿海传》又作辨屯河。一笃列河也,见《雪不台传》。《速不台传》又作秃剌河。又拔都者,勇士之称,即今所谓巴图鲁也,而《史天泽》、《赵阿哥潘传》作拔都,《拜延传》作八都鲁,《苫彻》及《阿尤鲁传》作拔都儿,《刘国杰传》又作霸都。又罗鬼女子蛇节反,见《刘国杰传》,而《杨赛因不花传》又作折节。虽蒙古语本无正字,亦何至一书之中歧互若此?盖当时各家碑志之类各译汉字入文,为国史院所收录,明初修史时,即据其成文编入,不复彼此互订以归画一。亦可见其草率从事也。

蒙古官名

《金史》有《国语解》一卷,译出女真语,令人易解。《元史》无之。且金官制纯用汉名,元则有仍其本俗之名者,益难识别。今就纪传所载可以注释者列之。

达鲁花赤。掌印办事之长官。不论职之文武大小,或路或府或州县,皆设此官。太祖时授扎八儿黄河以北、铁门以南天下都达鲁花赤,木华黎以谷里夹打为元帅达鲁花赤,又帖木儿补化为巩昌都总帅达鲁花赤。世祖以别的因为屯田府达鲁花赤,俺木海为随路炮手达鲁花赤。多蒙古人为之,汉人亦有官此者。刘好礼为永(熙路)〔兴府〕达鲁花赤,张炤为镇江路达鲁花赤,张君佐为黄州达鲁花赤,(张)〔赵〕贲亨为处州达鲁花赤。　探马赤。军名,谓兵之矫捷者。太祖命木华黎伐金,分探马赤为五部,各置将一人。见《阔阔不花传》。　扎鲁忽赤。本纪,太祖开创之初置此官,位在百司三公上,犹汉之大将军也。亦名断事官,得专生杀,故最尊,见《忙哥撒儿》及《布鲁海牙传》。亦作扎鲁火赤,见《亦力撒合》及《唐仁祖传》。宗人府又有也可撒鲁火赤,见《朵尔直班传》。又布智儿为大都行天下也可扎鲁忽赤。亦作扎鲁花赤,见《昔班传》。　火儿赤。佩櫜鞬侍左右者,见《塔察儿》及《彻里传》。又《察罕传》谓掌服御事者。《阿剌罕传》作火而赤。　宝儿赤。者燕不花在英宗时为进酒宝儿赤,见本传。而《阿剌罕传》作博而赤,《阔里吉思传》作博儿赤。　必阇赤。知书通文义者,见《立智理威传》。　赛典赤。贵族也,见《赡思丁传》。　默尔杰。善射之尤者,见《忙哥撒儿传》。　秃鲁花。太祖立质子军,号秃鲁花,见《拜延传》。　哈剌赤。世祖以(哈)班〔都〕察善挏马乳,色清味美,因目其属曰哈剌赤。后其子土土哈请以所统哈剌赤屯田畿内,遂成军名。又塔海当世祖时充哈剌赤。　奥鲁赤。察罕为奥鲁千户奥鲁赤,见本传。　合必赤。军名。完者拔都领丞相伯颜帐前合必赤军。　扎剌儿台。《脱脱传》,世祖曰:"扎剌儿台如脱脱者无几。"盖亦贵族如怯薛之类。　速古儿赤。掌服御事者,见《亦力撒合传》,博罗普化为宿卫速古儿赤。又野仙入宿卫,掌速古儿赤。　舍儿别赤。《伯都传》,金枢密院事,领舍儿别赤。盖亦军名。　温都赤。《斡罗思传》,其孙直宿卫为温都赤。　怯里马赤。见《星吉传》,其祖、父世事太祖、宪宗、世祖为此官。　昔宝赤。亦军名。《阿沙不花传》,以千户帅昔宝赤军从征乃颜,又请以帷台岭隙地为昔宝赤牧地[①]。　玉典赤。盖执役之贱者。许有壬言:"今玉典赤、太医、控鹤皆入流品,何独于举子吝之?"口儿吉之父由玉典赤改为千户,领阿速军,见《彻里帖木儿传》。又见《百官志》,系中书省掾吏。　贵赤。世祖诏民之荡析离居及僧道漏籍不当差徭者万余人充贵赤,见《明安传》。　怯里马赤。中书省掾属,见《百官志》。

【校】

① 请以帷台岭隙地为昔宝赤牧地　《校证》:《元史·阿沙不花传》(卷一三六)称:"请诏有司作室岭中,徙民百户居之,割境内昔宝赤牧地,使耕种以自养。从之。"是其地原有昔宝赤牧地,因移民百户而划出一部分牧地以为耕地。此文称请为牧地,正与原意相反。

金义宗

金主守绪在蔡州,城破自缢,群臣哭临毕,即谥曰哀宗。是日金亡,并未别加谥号。而《元史·雪不台传》,大兵攻汴,金义宗走卫州,又走归德,走蔡州。又《槊直腯鲁华传》,金义宗在汴,势力穷蹙,出奔。(槊)〔撒〕吉思(鲁)〔卜〕华追蹑之,遂据卫州。金义宗自黄陵冈谋复卫,不克,义宗奔归德。又《阔阔不花传》,攻寿州,以书喻城中,城中人感其意,以彩舆舁金公主送款。公主者,义宗之姑也云云。是金哀宗又有义宗之谥矣。考《宋史》亦无此说,岂金亡后元初追赠耶?

元建国号始用文义

三代以下建国号者,多以国邑旧名。王莽建号曰新,亦以初封新都侯故也。公孙述建号成家,亦以据成都起事也。賨人李雄建号大成,盖亦袭述旧称也。金太祖始取义于金之坚固,遂不以国邑而以金为号,按《金志》,太祖以国产金,且有金水源,故称大金。然犹未用文义也。金末宣抚蒲鲜万奴据辽东僭称天王,国号大真,始有以文义为号者。元太祖本无国号,但称蒙古,如辽之称契丹也。世祖至元八年,因刘秉忠奏,始建国号曰大元,取"大哉乾元"之义。国号取文义自此始。其诏有曰,"诞膺景命,必有美名。唐之为言荡也,虞之为言乐也。驯至禹兴而汤造,互名夏大以殷中。世降以还,事殊非古。称秦称汉者,著从初起之地名;曰隋曰唐者,即因所封之爵邑。是皆徇百姓见闻之狃习,要一时经制之权宜。今特建国号曰大元,取《易经》'乾元'之义"云。命世之君创制显庸,必有以新一代之耳目,而不肯因袭前代,此其一端也。然如唐之为荡,虞之为乐,则五帝以来原以文义建号,其说见《尚书》传注及《史记正义》。

元诸帝多由大臣拥立

元世祖立皇太子珍戬，旧名真金。诏曰："太祖皇帝遗训，嫡子中有能继统者，豫选定之，是用立太宗为帝。自后因不显立冢嫡，遂启争端。今以尔为皇太子，特赐册命。"是太宗以嫡子嗣服，本太祖有命。故太祖崩后，太宗虽统兵在万里外，而母弟图类旧名拖雷。监国几及一年，俟太宗归即位，宗亲将相皆无异言。及太宗崩，皇后尼玛察氏旧名乃马真氏。称制，立己子库裕克旧名贵由。为帝，是为定宗。定宗崩，无君者且三年，大臣乌兰哈达旧名兀良合台。等定议，立太宗从子莽赉扣旧名蒙哥。为帝，是为宪宗。是宪宗之立，由乌兰哈达等之力也。本纪，诸王巴图穆格等议立莽赉扣，定宗后遣人来言曰："昔太宗欲以皇孙实勒们为嗣，诸王百官皆与闻之。今欲议他属，置实勒们何地？"穆格曰："太宗崩，尼玛察皇后立定宗，已违太宗命矣，今尚谁咎？"乌兰哈达曰："巴图之言是也。莽赉扣聪明睿智，宜为君。"议遂定。又《孟克萨喇传》，先是太宗在帐殿，莽赉扣侍侧，太宗抚之曰："是可为君。"又一日，以牸按豹，皇孙实勒们曰："犊将安养？"太宗以为有仁心，亦曰："是可为君。"至是诸王议立宪宗，或以实勒们为言，孟克萨喇曰："汝言诚是。然先皇后立定宗时，何以不言？今诸王等亦遵先帝遗言也。"由是宪宗之位遂定。按巴图穆格旧名拔都木哥，实勒们旧名失烈门，孟克萨喇旧名忙哥撒儿。此已启大臣拥立之端。世祖有鉴于此，故预立珍戬为皇太子。

其后珍戬早薨，未及即位。世祖崩后，成宗珍戬子特穆尔，旧史名铁木耳。方抚军北边，以长幼而论，则母兄晋王噶玛拉旧名甘麻剌。当立，而伊实特穆尔旧名玉昔帖木儿。以成宗在军时，世祖曾以皇太子旧玺付之，遂告晋王曰："昔储闱之玺既有所归，王为宗盟长，奚俟而不言？"晋王乃曰："皇帝践阼，愿北面事之。"于是成宗遂即位。是成宗之立，由伊实特穆尔之力也。成宗崩，太子德寿先卒，丞相阿固岱旧名阿忽台。等欲奉皇后称制，以诸王阿南达旧名阿难答。辅之。丞相哈剌哈斯旧名哈剌哈孙。则以武宗、仁宗皆珍戬之孙，理宜继统。而武宗方抚军北边，仁宗亦在怀州，乃先迎仁宗入京，诛阿固岱等，而趣武宗入即位。是武宗、仁宗之相继御极，皆哈剌哈斯之力也。仁宗既为帝，立子英宗为皇太子，故英宗继立之际，朝臣亦无异言。迨英宗为特克实旧名铁失。所弑，特克实即遣使迎泰定帝入即位。是泰定帝之立，由特克实之力也。泰定帝崩于上都，丞相都尔苏旧名倒剌沙。立其皇太子喇实晋巴旧名阿速吉八。为皇帝，固亦父子相传之正理，而枢密使雅克特穆尔旧名燕铁木儿。私念武宗旧恩，欲立其子明宗、文宗。时明宗远在沙漠，文宗亦在江陵，乃先迎文宗入即位。其时上都诸王方举兵入讨，雅克特穆尔力战胜之，而文宗之立遂定。及明宗归，雅克特穆尔又害之于途，文宗旋复为帝。是文宗之立，由雅克特穆尔之力也。厥后文宗、宁宗相继崩，皇后布达实哩旧名卜答失里。已遣人迎明宗长子托欢特穆尔即顺帝。入京，欲付以位，而雅克特穆尔不愿，遂不得立。迨雅克特穆尔死，始立焉。倘不死，则顺帝之立不立，尚未可知也。是则宪宗、成宗、武宗、仁宗、泰定帝、明宗、文宗皆大臣所立，此有元一代之大事也。

按太祖崩后，无君者凡一年；定宗崩后，无君者且三年；成宗崩后，武宗、仁宗皆在远方，亦年余始得立。凡此新旧绝续之际，未尝无疏属庶孽如额呼布格、旧名阿里不哥。阿南达等从旁窥伺，然一二大臣定议，卒归于应立之人。盖开国之初风气淳古，宗亲将帅推戴，咸出于至公，故无悖常乱纪之事。迨特克实之弑立，雅克特穆尔之废立，则全是权臣肆意妄行，大柄在手，莫敢谁何，遂任意易置，此可为后世鉴也。昔唐代宦官权重，故穆宗以后立君多由宦寺；元则大臣权重，故立君多由权臣。《元史·宦官传序》谓太祖选贵臣子弟给事左右，故宦官不能窃权。此固一代良法，而岂知大臣权力过甚，又足为乱阶，其祸较宦官更烈哉！

元宫中称皇后者不一

《西峰(谈)〔淡〕话》谓历朝止一后，元时始有三宫之制。正后必鸿吉哩氏，旧作弘吉剌氏。太祖时以其佐命功多，约世世为婚姻，犹辽代之于萧氏也。其余两宫则采之他族，亦曰二宫皇后、三宫皇后。明朝仿之，虽不并称皇后，而选一后必立三宫，异日虽或别立皇贵妃，而初选之东、西二宫，其尊如故云。

按元代每朝称皇后者实不止三宫，有至七八人数十人者。今据《元史·后妃表》，太祖朝称皇后者共二十三人，曰布尔特格勒津，旧名(索)〔孛〕儿台旭真。曰和拉衮，旧名忽鲁浑。曰果勒济雅坦，旧名阔里桀坦。曰托果斯，旧名脱忽思。曰特默伦，旧名帖木伦。曰额琳沁巴勒，旧名亦怜真八剌。曰巴延呼图克，旧名不颜浑秃。此七位为大鄂尔多。旧作斡耳朵,言大行帐所在也。辽制,天子所居置宫卫,崩则徒后妃宫帐以奉陵寝,曰斡鲁朵。元之斡耳朵,盖即辽之遗制也。曰呼兰,旧名忽兰。曰哈勒巴津,旧名哈儿八真。曰伊实琳沁,旧名亦乞剌真。曰托欢彻尔,旧名脱忽茶儿。此四位为第二鄂尔多。曰伊苏,旧名也速。曰和拉哈剌,旧名忽(都)〔鲁〕哈喇。曰阿齐兰,旧名阿失伦。曰图勒古尔,旧名秃儿哈剌。曰彻尔,旧名察儿。曰阿实克默色,旧名阿昔迷失。曰鄂勒哲呼图克,旧名完者忽都。此七位为第三鄂尔多。曰伊苏肯,旧名也速干。曰珲塔噶,旧名忽答罕。曰哈达,旧名哈答。曰鄂勒哲和斯,旧名斡者忽思。曰雅尔,旧名燕里。此五位为第四鄂尔多。金宣宗请和,以卫绍王公主归于太祖,是为公主皇后。见《金史》。此又一后也。

太宗朝称皇后者,有巴喇噶沁皇后,旧名孛剌合真。昂辉二皇后,旧名昂灰。克勒奇库塔纳三皇后,旧名乞里吉(思)〔忽〕帖尼。又有塔纳奇纳六皇后。旧名秃纳奇纳。定宗皇后惟乌拉海额实旧名斡兀立海迷失。一人。宪宗朝称皇后者五人,曰呼尔察,旧名火里差。曰呼图克,旧名忽台。曰约索尔,旧名也速儿。曰楚巴,旧名出卑。曰莽赉呼图克。旧名明里忽都鲁。世祖朝称皇后者八人,曰图古哩克大皇后,旧名帖古伦。为大鄂尔多。次曰彻伯尔,旧名察必。曰诺尔布,旧名南必。为第二鄂尔多。曰塔喇海,旧名塔(剌)海。曰诺木欢,旧名奴罕。为第三鄂尔多。曰巴延乌真,旧名伯要兀真。曰库库伦,旧名阔阔伦。为第四鄂尔多。又有苏哈达实皇后,旧名速哥答(恩)〔里〕。后常世守世祖之鄂尔多者。成宗朝称皇后者,曰布尔罕,旧名卜鲁罕。曰克勒奇库塔纳。旧名乞里吉忽帖尼。其元妃实里达嚩,旧名失怜答里。以早薨故不称后,至大中始追谥。武宗朝称皇后者三人,曰珍格,旧名真哥。曰苏喀实哩,旧名速哥失里。曰鄂勒哲。旧名完者歹。其明宗母伊奇哩氏,旧作亦乞烈氏。文宗母唐古氏,旧作唐兀氏。本皆妃子,不称后,后因子为帝,始追谥。仁宗朝称皇后者二人,曰阿南达实哩,曰达尔玛实哩。旧名答里麻失里。英宗朝称皇后者三人,曰苏喀巴拉,旧名速哥八剌。曰雅本呼图克鲁,旧名牙八忽都鲁。曰多尔济巴勒,旧名朵儿只班。泰定帝朝称皇后者十人,曰巴拜哈斯,旧名八不罕。曰额琳沁巴勒,旧名亦怜真八剌。曰呼喇,旧名忽剌。曰伊苏,旧名也速。曰萨都巴拉,旧名撒答八剌。曰布延库哩页额实,旧名卜颜怯里迷失。曰实喇特穆尔,旧名失(里)〔烈〕帖木儿。曰塔纳,旧名铁你。曰巴

罕，旧名必罕。曰苏喀达喇。旧名速哥答里。明宗朝称皇后者七人，曰温
绰欢，旧名按出罕。曰伊埒实克，旧名月鲁沙。曰布颜呼图，旧名不颜忽都。
曰班布尔实，旧名八不沙。曰伊苏，旧名野苏。曰托果斯，旧名脱忽思。文
宗朝皇后惟布达实哩旧名卜答失里。一人。宁宗皇后惟塔哩雅图默色。
旧名答里也忒迷失。顺帝朝称皇后者曰喇特纳实哩，旧名〔答〕纳（答）失里。
曰巴延呼图克，旧名伯颜忽都。曰鄂勒哲呼图克。旧名完者忽都，高丽人，
奇氏。可见元代每帝皇后本无定数，西峰所云三宫之制，犹未为
得实也。

　　然细考《元史》及《经世大典》诸书，则并称皇后中，嫡庶仍自有别。
如太祖之布尔特格勒津则称大皇后，太宗之巴喇噶沁则称正宫皇后，
世祖之图古哩克亦称大皇后。顺帝之巴（颜）〔延〕呼图克皇后死，奇皇
后见其衣服敝陋，笑曰："正宫皇后何至服御如此？"又至正二十五年，
诏立次皇后奇氏为皇后，改奇氏为肃良合氏。又《别的因传》，幼从祖
母康里氏在三皇后宫。是同称皇后，又有正宫及大皇后、次皇后、三皇
后之分也。正宫皇后必有册宝，其余则无，《元史》表、志、《后妃传》
可证。

元帝子称太子者不一

　　古来储君始称太子，元制则帝子多以太子称，不必继体也。《元
史·宗室世系表》，太祖六子，长卓沁太子，旧名尤赤。次察罕台太子，旧
名察罕。次太宗皇帝，次图类，旧名拖雷，即睿宗也。次五乌拉齐，旧名兀鲁
赤。无嗣，次六科尔戬太子。旧名阔烈坚。太宗七子，长定宗，次库腾太
子，旧名阔端。次库春太子，旧名阔出。其余俱称大王。定宗三子，惟诺
果旧名脑忽。称太子，余称大王。世祖立珍戬旧名真金。为皇太子，余俱
称王。泰定帝四子，皇太子阿尔济雅巴旧名阿里吉八。之外，又有锡锡
太子，旧名小薛。允丹藏布太子。旧名允丹藏卜。文宗三子，皇太子喇特
纳达喇之外，旧名阿剌忒〔纳〕答剌。余为雅克特古斯太子，旧名燕帖古思。
太平讷太子。更以诸传考之，《艾穆传》，从四太子南伐，谓图类也。
《按扎儿传》，帝率皇弟四太子征潞州，亦谓图类也。《高诺尔传》，旧名
高闹儿。从库春太子旧名阔出。出征，其子元长又从太子托欢旧名脱欢。
征交趾。《苏克传》，旧名速哥。其子长罕、玉吕〔忽都〕从兀鲁赤太子出

征。《〔小云石〕脱忽怜传》,从噶玛拉太子旧名甘麻剌。征海都。诸所谓太子者,皆非储君也。可见是时皇子通称太子。更以表传参证之,大概国初时,正宫皇后所生,虽非冢嫡亦称太子,其余则称王。中叶以后,则非正宫所生亦称太子,而命为继体者则称皇太子。

元帝后皆不讳名

元代帝后生前皆无徽称,臣下得直呼其名,盖国俗淳朴,无中国繁文也。莽赉扣殂于蜀,旧名蒙哥。郝经上世祖书,谓蒙哥罕无故进兵于蜀,今已崩逝,大王宜迎蒙哥罕灵舆,收皇帝玺。蒙哥即宪宗也,其时尚未有谥号,故臣下皆以名呼。《曹元用传》,累朝皇后既崩者未有谥号,犹各以名呼之。元用言后为天下母,岂可名呼?又《逯鲁曾传》,时以武宗皇后珍格旧名真哥。无子,欲以明宗母、文宗母配享,鲁曾曰:"珍格皇后在武宗朝已膺玉册,安得不为立主配食?"是臣下称皇后亦呼其名也。又世祖太子珍戬,旧名真金。顺帝忽都皇后生子亦名珍戬,尤觉太无忌讳。按北俗本无讳名之例。辽兴宗时,萧罕嘉努疏言太祖之考夷离堇,至今犹以名呼,于是始追尊玄、德二祖。盖北俗淳朴,本不讳名也。

元封子弟驸马于各部

元太祖、太宗征讨诸国,得一地即封子弟一人镇之,亦有封及驸马者。如太祖子卓沁尤赤。分封西北,其地极远,去京师数万里,驿骑急行二百余日方至。又赐按陈以可木儿、温都儿等地,赐火忽以哈老温等地。宪宗之立,诸王来会者,西方有伯尔克、托噶特穆尔、脱哈帖木儿等,旧作别儿哥、脱哈帖木儿。东方有伊克、托欢、伊逊克、阿齐台、塔齐尔、伯勒格台等,旧作也古、脱忽、亦孙哥、按只带、塔察儿、别里古带。皆太祖、太宗子孙分封于外者也。宪宗又分迁诸王于各部,如格丹旧名合丹。分于巴实伯里,旧名别石八里。蒗里旧名默埒。分于雅尔达实河,旧作叶儿的实河。海都分于哈里雅尔,旧作海押立。伯尔克旧名别儿哥。分于库尔哲,旧作曲儿只。托克托旧名脱脱。分于额密埒。旧作密立。此皆见于《元史》者。而《明史·外国传》又记哈密则威武王纳忽里封地也,西宁则驸马章古封地也,哈梅里则诸王纳失里封地也,撒马儿罕则驸马帖木儿封地也,别失八里则诸王合丹封地也,盖其宗亲已遍于朔漠矣。

及取中原后，诸王之分封于外者，又各予以内地分邑，如汉、唐食邑之制。所收之赋曰五户丝，每五户出丝一斤，以供其俸。先是太祖欲以诸州民户分赐诸王贵戚，耶律楚材以为不便，乃命各位下止设达鲁噶齐，旧作达鲁花赤，谓掌印官也。而朝廷置官吏收其租税以给之。其后世祖平宋后，亦仿此例以给诸王。如安远王分邑隶建宁者七县，隶汀州者三县，听其自置达鲁噶齐是也。成宗赐晋王也孙铁木儿南郑县六万五千户，世祖诸王子也先铁木儿诏安县，脱欢之子不答失里宁德县，忽都鲁之子南安县，爱牙赤之子光泽县，各一万三千六百有四户。又赐湘宁王迭里哥儿湘乡县六万五千户。而诸王分地则以流官为达鲁噶齐，各位所置者为副。海都封于哈里雅尔，而内地亦有食邑，海都叛后不复给。海都死，其子察八儿穷蹙来降，世祖先有旨，诸王皆太祖子孙，其分地应得之五户丝藏之，俟彼来降赐之，至是仍以赐察八儿。元之待宗亲可谓厚矣。《明史》谓元太祖平西域，封子弟为王，元亡，各自割据，不相统属。然其子孙散布于西北者甚多，故中原虽失，而塞外苗裔仍不绝。此一代封建之制，所以为后嗣计者至深远也。

元代叛王

元封诸王于西北，固收宗支蕃衍之效，然多有据地叛乱者。其见于本纪者，世祖时诸王乃颜反，帝自将讨擒之。已而其党哈丹秃鲁又叛，再出师败之。而诸王中有海都者尤强盛，屡称兵内犯。诏以安童佐皇子北平王那〔不〕〔木罕〕镇北边，诸王昔里吉劫北平王，拘安童，胁宗王以叛。帝命伯颜讨之，虽败其兵，而海都仍逸去，故常命皇子镇北边以备之。成宗及晋王、武宗为皇子时，皆守边十余年，未尝帖服也。

此外见于各列传者，《土土哈传》，有叛王脱脱木、失烈吉及铁哥，皆为土土哈所败。又擒叛王哈儿鲁，诛叛王兀塔海。又败叛王火鲁哈孙于兀鲁灰之地。夜渡贵烈河，败叛王哈丹。又《阿沙不花传》，有叛王纳牙等，为阿沙不花所败。《伯颜传》，有诸王明里铁木儿从海都叛，伯颜以书喻之，明里铁木儿感泣来归。《阿尤传》，有叛王昔剌木，为阿尤所败。《阿剌罕传》，有世祖母弟阿里不哥构兵。《塔出传》，有叛王曲迭儿，为塔出所败。《暗伯传》，有叛王哈鲁，为暗伯所擒。《昔班传》，有火和大王叛，为昔班所败。《玉哇失传》，有诸王和林及失剌等叛。《麦里传》，有诸王霍忽叛，掠河西，麦里击败之。《忽林（出）〔失〕传》，有叛王斡罗斯等，为忽林（出）〔失〕所败。《失剌拔都儿传》，有叛王脱脱，为失剌拔都儿所擒。《洪重喜传》，有叛王八剌哈赤，为重喜所败。《刘国杰传》，有诸王脱脱木反，国杰袭败之。《孔元传》，有叛王失里木等，元出兵败之于兀速洋。《刘哈剌八都鲁传》，有叛王昔里吉及脱忽，皆战败被擒。盖即劫北平王者。《汪惟正传》，有叛王土鲁，叛据六盘山，为惟正所擒。《忙哥撒儿》传，有叛王察哈台，为忙哥撒儿所诛。《铁哥传》，有叛王塔不台。《月赤察〔儿〕传》，有叛王灭里铁木儿，屯于金山，武宗为皇子镇北边时，出其不意以师压之，灭里乃降。成宗元贞二年，犹有诸王都哇、彻彻秃潜师袭火儿哈秃之地，又叛王秃麦、斡鲁思等犯边。直至（元贞）〔大德〕九年，海都子察八儿及都哇、明里帖木儿等相聚谋曰："昔我太祖艰难以成帝业，我子孙乃自相残杀，是隳祖宗之业也。今镇边者皆吾世祖之孙，吾与谁争哉？不若遣使请命罢兵，通一家之好。"乃遣使来，帝许之，于是诸王皆罢兵入朝。《床兀儿传》。诸王入朝大宴时，脱脱即席陈西北诸王始终离合之迹，去逆效顺之义，听者倾服。《脱脱传》。此元一代分封诸王得失之林也。

《王思廉传》，帝亲征乃颜时，思廉谓段贞曰："诸王反，由地大故也。汉晁错削地之议，实为良图。"贞以闻，帝嘉之。其时博罗欢亦谓太祖分封诸王，其地与户以二十分为率，忙兀、兀鲁、扎剌儿、弘吉（利）〔剌〕、亦其列思五部共得十一，乃颜独得其九，故最强。然则众建而分其势，又析圭分土时所当早计欤！

各朝国书

后魏太武帝造新书千余，诏曰："在昔帝轩辕，创制造物，乃命仓颉因鸟兽之迹以立文字。自兹以降，随时改作，故篆隶草楷并行于世。然经历久远，传习多失其真，非所以示轨则于来世也。今制定文字，世所用者，颁下远近，永为楷式。"天兴四年，又集博士儒生，比众经文字，义类相从，凡四万余字，号曰《众文经》。是皆因书籍文字传写讹谬，特为刊正以昭画一，使天下通行，而非另创一体，以便其国俗所用也。自辽太祖始造契丹字，而夏、金、元以来遂仿之，各有国书。今摘叙于后。

《辽史》，神册五年春，始制契丹大字。按陶宗仪《书史会要》云：辽太祖用汉人教，以隶书之半增损之，制契丹字数千，以代刻木。又《永乐大典》引《纪异录》云：渤海既平，乃制契丹大字三千余言。则制字应在天显元年也。

赵元昊自制蕃书，命野利仁荣演绎之，成十二卷，字形体方整，类八分，而书颇重复，教国人纪事用蕃书。又绎《孝经》、《尔雅》、《四言杂字》为蕃语。

《完颜希尹传》，女直初无文字，及获契丹、汉人，始通契丹、汉字。金主遂命古绅旧史名谷神。依仿汉人楷字，因契丹字制度，合本国语，制女直字行之。后又制女直小字，谓古绅所制为大字云。《缔达传》，是时女直字设学校，命讹离剌等教之。其后纳合椿年、纥石烈良弼皆由此致相位，而温〔迪〕罕缔达最号精深。

《元史》，世祖始命西僧帕克斯巴旧史名八（巴）思〔巴〕。制蒙古新字，诏曰："我国家肇基朔方，制用文字，皆取汉楷及辉和字，以达本朝之言。考诸辽、金及遐方诸国，例各有字。今命国师帕克斯巴创蒙古新字，颁行诸路，译写一切文字，期于顺言达事而已。"号帕克斯巴为大宝法王。其字凡千余，大要以谐声为主。世祖以国师西番人，言语不通，命迦鲁纳答思从国师习其法及言与字，期年皆通，以畏吾字译西天西番经论。此盖未制蒙古字以前，犹借用畏吾字也。

廿二史札记卷三十

元初用兵多有天助

元太宗时使皇子蒙哥今名莽赉扣,即宪宗。征钦察,其酋八赤蛮逃于海岛,蒙哥亟进师,适大风刮海水去,甚浅可渡。蒙哥喜曰:"此天开道也。"进擒八赤蛮,囚之。八赤蛮曰:"水回期且至,宜早还。"蒙哥即班师,而水已至,后军有浮渡者。见《宪宗纪》。太宗又使弟拖雷入宋武休关,渡汉江而北,至禹山。金完颜合达等拒战,北兵袭之,金恒山公武仙一军殊死斗,北骑退走。追奔之际,忽大雾四塞,合达命收军,顷之雾散乃前,则前有一大涧,阔数里,非此雾则北兵人马满中矣。《金史·完颜合达传》。宪宗即位之八年二月,伐宋,师次于河,适河冰合,以土覆之遂渡。《宪宗纪》。世祖时遣伯颜今名巴延。伐宋,军至钱塘江,观潮,遂驻沙岸。杭人方以为潮至当尽溺,乃潮不至者(二)〔三〕日。《伯颜传》。可见兴王之运,山川效灵也。

元世祖嗜利黩武

元世祖混一天下,定官制,立纪纲,兼能听刘秉忠、姚枢、许衡等之言,留意治道,固属开国英主。然其嗜利黩武之心,则根于天性,终其身未尝稍变,《元史》纪传所载可见也。中统三年,即以财赋之任委阿合马,兴铁冶,增盐税,小有成效,拜平章中书政事。又立制国用司,以阿合马领使事。已复罢制国用司,立尚书省,以阿合马平章尚书省事。奏括天下户口,下至药材榷茶,亦纤屑不遗,其所设施,专以掊克敛财为事。史天泽、安童等争之,崔斌等劾之,皆不能胜。以理算陷江淮行省平章阿里伯、右丞燕铁木儿于死。有秦长卿者欲发其奸,反为所噬,毙于狱。擢用私人,不由部选。以其子忽辛及抹速忽分据财赋重地,并援引奸党郝祯、耿仁等骤升同列,阴与交通,专事蒙蔽。逋赋不蠲,征敛愈急,内通货贿,外示刑威,天下之人无不思食其肉。有益都千户王著,发义愤击杀之,阿合马之奸始上闻。虽命剖棺戮尸,而流毒海内已二十年矣。阿合马既死,又用卢世荣,亦以增多岁入为能,盐铁、榷酤、商税、田课,凡可以罔利者,益务搜括。奏用阿合马之党,皆列要职。凡肆恶二年,御史大夫玉速帖木儿尽发其奸,始诏诛之。未几又用桑哥,再立尚书省,改行中书〔省〕为行尚书省,六部为尚书六部。恃其得君,尝拳殴参政杨〔居〕宽、郭佑及台吏王良弼,皆诬奏至死。遂以丞相领尚书兼统制使,以沙不丁为江淮左丞,乌马儿为参政。奏遣忻都、阿散等十二人理算六省钱谷,天下骚然。佞谀者方为之请立碑记功。桑哥又奏笞监察御史四人,自后御史入省,部掾令史皆与抗礼,台纲尽废。铨调内外官,宣敕亦付尚书,由是以刑爵为贩卖。自至元二十四年至二十八年,为也先帖木儿所劾,始伏诛。统计帝在位三十余年,几与此三人者相为终始,此其嗜利贪得,牢固而不可破也。

自高丽臣服,即招谕日本,日本不通,先平耽罗。继而有事于南宋,攻襄樊,攻涪、渝,以至下江、淮,降宋主,追二王于闽、广,先后凡十余年。甫讫事,又议征日本。命阿塔海、范文虎、忻都、洪茶丘等,率兵十万出海,飓风破舟,文虎等择舟之坚好者先归,尽弃其兵于山岛。日本兵来,凡蒙古、高丽人尽杀,谓新附军为唐人,不杀而奴之。其得脱归,仅于(阇)〔闾〕等三人。帝大怒,欲再征日本,遣王积翁先往招谕,为舟人杀于途,始终不得要领乃止。而其时又兴安南之役,占城之役,缅国之役,爪哇之役。安南凡三征,其国王陈日烜父子终逃匿不获,最后师还,几为所邀截,从间道始得归。缅国凡两征,亦丧师七千,仅取其成。其征占城也,舟为风涛所碎者十之七八,至岸者攻克其木城,而国主已逃,官军深入,亦为所截,力战得归。其征爪哇也,初至战屡捷,为所绐,遣使入谕,其国主杀使而逃,亦不得其要领,遂旋师。统计中统、至元三十余年,无岁不用兵。当其初,视宋为敌国,恐不能必克,尚有慎重之意,遣使议和。及既平宋,遂视战胜攻取为常事,几欲尽天所覆悉主悉臣,以称雄于千古。甫定域中,即规海外。初以骄兵图胜,继以愤兵致败,犹不觉悟,思再奋天威,迄崩而后止。此其好大喜功,穷兵黩武,至老而不悔者也。

由是二者观之,内用聚敛之臣,视民财如土苴;外兴无名之师,戕民命如草芥。以常理而论,有一于此,即足以丧国亡身。乃是时虽民不聊生,反者数十百起,而终能以次平定。盖兴王之运,所谓气盛而物之小大毕浮,故恣其所为而不至倾覆。始知三代以下,国之兴亡全系天命,非必有道者得天下,无道者失天下也。

按元自太祖起兵,灭国四十,降西夏,取金中都,又攻西域,至东印度国遇角端始还。太宗继之,灭金侵宋,西征钦察,去中国三万余里。迨宪宗,又命世祖征大理,兀良合台征交趾。至世祖时,用兵已四十余年。世祖即位,又攻讨三十余年。自古用兵,未有如是久者。

元诸帝多不习汉文

元起朔方,本有语无字,太祖以来,但借用畏吾字以通文檄。世祖始用西僧八思巴造蒙古字,然于汉文则未习也。《元史》本纪,至元二十三年,翰林承旨撒里蛮言,国史院纂修太祖、累朝实录,请先以畏吾字翻译进读,再付纂定。元贞二年,兀都带等进所译《太宗》、《宪宗》、《世祖实录》,是皆以国书进呈也。其散见于他传者,世祖问徐世隆以尧、舜、禹、汤为君之道,世隆取书传以对,帝喜曰:“汝为朕直解进读。”书成,令翰林承旨安藏译写以进。曹元用奉旨译唐《贞观政要》为国语。元明善奉武宗诏,节《尚书》经文译其关于政事者,乃举文陞同译,每进一篇,帝必称善。虞集在经筵,取经史中有益于治道者,用国语、汉文两进读,译润之际,务为明白,数日乃成一篇。马祖常亦译《皇图大训》以进。_{皆见各本传。}是凡进呈文字必皆译以国书,可知诸帝皆不习汉文也。惟裕宗为太子时,早从姚枢、窦默受《孝经》。及长,则侍经幄者如王恂、白栋、李谦、宋道等,皆长在东宫备谘访。中庶子伯必以其子阿八赤入见,太子谕令入学,伯必即令入蒙古学。逾年再见,问所读何书,以蒙古书对,太子曰:“我命汝学汉人文字耳。”此可见裕宗之留心学问,然未即位薨。以后如仁宗,最能亲儒重道,然有人进《大学衍义》者,命詹事王约等节而译之,则其于汉文,盖亦不甚深贯。

至朝廷大臣,亦多用蒙古勋旧,罕有留意儒学者。世祖时,尚书留梦炎等奏江淮行省无一人通文墨者,乃以崔彧为江淮行省左丞。《彧传》。李元礼谏太后不当幸五台,帝大怒,令丞相完泽、不忽木等鞫问。不忽木以国语译而读之,完泽曰:“吾意亦如此。”是不惟帝王不习汉文，即大臣中习汉文者亦少也。如小云石海牙、字尤鲁翀、(嶪嶪)〔嶸嶸〕、萨都剌等，固当为翘楚矣。

元初郊庙不亲祀

元太祖以来无郊庙亲祀之礼，惟割牲奠马湩，以蒙古巫祝致词而已。世祖始设神主于中书省，用乐遣官致祭，已，从中书省迁神主于圣安寺。中统四年，始诏建太庙于燕京，迁神主奉之，而规制未备。至元十四年，太庙成。然成宗初，有司造世祖、皇后玉册成，请纳诸各室。帝曰："亲享之礼，祖宗未尝举行。其以册来，朕躬祝之。"本纪。是成宗以前无此礼也。武宗至大元年，以受尊号，始躬谢太庙，而时享尚未亲祀。至大二年，尚书省及太常奏，南郊之礼已行而未备，北郊之礼尚未举行，今年冬至祀天南郊，请以太祖配，明年夏至祀地，请以世祖配。从之。本纪。然考是年，初未有亲郊之事也。迨至大三年冬，始有事于南郊，尊太祖配天。

英宗至治元年，丞相拜珠旧名拜住。奏，自至元十四年始建太庙于大都，至今四十年来未尝亲享。帝悦曰："朕能行之。"乃敕有司定仪制。是冬始有事于太庙，帝服通天冠，绛纱袍，出崇天门，行事至仁宗太室，即流涕，左右感动。诏曰："一岁惟四祀，使人代之，实所未安，岁必亲祀，以终朕身。"见本纪及《拜珠传》。此亲祀太庙之始也，而南郊仍未亲享。泰定帝时，赵师鲁疏请亲祀郊庙，帝曰："朕遵世祖旧制，其命大臣代之。"是不惟南郊不亲享，即太庙亦仍不亲祭矣。本纪及《师鲁传》。文宗至顺元年，始服大裘衮冕，亲祀天于南郊。顺帝至元五年，亲裸太室。至正元年，又服衮冕祭太庙，至宁宗室，问曰："朕宁宗兄也，当拜否？"太常博士刘闻对曰："春秋鲁闵公为君时，僖公尚为臣，僖公即位，未闻不拜。"帝乃拜。是月亦亲祀上帝于南郊。本纪。统有元一代，亲祀太庙，亲享上帝，惟武宗、英宗、文宗、顺帝四君而已。

元制百官皆蒙古人为之长

元世祖定制，总政务者曰中书省，秉兵柄者曰枢密院，司黜陟者曰御史台。其次，在内者有寺，有监，有卫，有府；在外者有行省，行台，宣慰司使，廉访使。其牧民者曰路，曰府，曰州，曰县。官有常职，位有常员，其长皆以蒙古人为之，而汉人、南人贰焉。《元史·百官志序》。故一代之制，未有汉人、南人为正官者。

中书省为政本之地，太祖、太宗时，以契丹人耶律楚材为中书令，弘州人杨惟中继之，楚材子铸亦为左丞相。元制尚右。此在未定制以前。至世祖时，惟史天泽以元勋宿望，为中书右丞相。仁宗时，欲以回回人哈散为相，哈散以故事丞相必用蒙古勋旧，故力辞，帝乃以伯答沙为右丞相，哈散为左丞相。太平本姓贺，名惟一，顺帝欲以为御史大夫。故事台端非国姓不授，惟一固辞，帝乃改其姓名曰太平，后仕至中书省左丞相。终元之世，非蒙古而为丞相者，止此三人。哈散尚系回回人，其汉人止史天泽、贺惟一耳。

丞相之下有平章政事，有左右丞，先有右丞二员而无左，后以崔彧言始设左丞，故汉人亦得居之。如赵世延本雍古族，延祐元年，省臣奏参政用儒者，世延其人也。帝曰："世延雍古氏，非汉人，其署宜居右。"可见汉人不得居右。有参知政事，则汉人亦得为之。如王文统、李孟俱为平章，许衡、姚枢、张文谦俱为左丞。其时亦称宰执。如王文统为平章，窦默曰"此人心术不正，不可为宰相"是也。成宗欲以宦者李邦宁为行省平章，辞曰："臣奄腐余生，何堪当宰辅之任？"然中叶后，汉人为之者亦少。《顺帝纪》，至正十(三)〔二〕年，始诏南人有才学者，依世祖旧制，中书省、枢密院、御史台皆用之。是时江、淮兵起，故以是收拾人心，然亦可见久不用南人，至是始特下诏也。《韩元善传》，顺帝时丞相托克托奏事内庭，以事关兵机，而元善及参知政事韩镛皆汉人，使退避勿与俱。则虽参用汉人，而机密仍不得与也。《郑鼎传》，鼎子制宜为枢密院判官，车驾幸上都，旧制枢府官从行，岁留一人司本院事，汉人不得与，至是以属制宜，制宜力辞。帝曰："汝岂汉人比耶？"竟留之。可见枢密属僚掌权之处，汉人亦不得与也。御史大夫非国姓不授，既见《太平传》，而世祖初命程钜夫为御史中丞，台臣言钜夫南人，不宜用。帝曰："汝未用南人，何以知南人不可用？自今省部台院必参用南人。"《钜夫传》。可见未下诏以前，御史中丞之职，汉人亦不得居也。

中书省分设于外者曰行省，初本不设丞相，后以和林等处多勋戚，行省官轻不足以镇之，乃设丞相，而他处行省遂皆设焉。《董文用传》，行省长官素贵，同列莫敢仰视，跪地禀白如小吏。文用至则坐堂上，侃侃与论。可见行省中蒙古人之为长官者，虽同列不敢与讲钧礼也。

《成宗本纪》，各道廉访司必择蒙古人为使，或缺，则以色目世臣子孙为之，其次始参以色目及汉人。《文宗本纪》，诏御史台凡各道廉访司官用蒙古二人，畏兀、河西、回回、汉人、南人各一人。是汉人、南人厕于廉访司者，仅五之一也。其各路达噜噶齐旧名达鲁花赤。亦以蒙古人为之。至元二年，诏以蒙古人充各路达噜噶齐，汉人充总管，回回人为同知，永为定制。其诸王驸马分地，并令自用达噜噶齐。仁宗始命以流官为之，而诸王驸马所用者为副，未几仍复旧制。文宗诏诸王封邑所用达噜噶齐，择本部识治体者为之，或有冒滥，罪及王相。然亦未闻有以汉人为之者。此有元一代，中外百官偏重国姓之制也。

元初州县官多世袭[①]

元太祖、太宗用兵沙漠，得一地即封一人，使之世守。其以所属来降者，亦即官其人，使之世袭。及取中原，亦以此法行之，故官多世袭。如石天禄为征行千户，既卒，子兴祖袭千户。刘敏为郎中，年老，宪宗命其子世亨袭其职。谭澄父资〔荣〕为元帅，因病举弟资用自代，资用卒，澄又袭职。綦公直老，以其子蒙古台旧名忙古台。袭万户。赵黑梓以门功袭元帅职。段直以所属乡社来降，命为潞州长官，世袭。洪茶丘为高丽军民总管，其子万(小)袭职，仍佩其父虎符是也。

然此法可行于朔漠，而中原则必用流官。故世祖时廉希宪疏言，国家自开创以来，凡纳土及始命之臣，皆令世守，至今将六十年，子孙皆奴视其部下，郡邑长吏皆其僮仆，此前古所无。宋子贞亦疏言，州县官相传以世，非法赋敛，民不堪命。姚枢亦疏言，今当慎铨选，则不专世爵而人才出。于是始议行迁转法。至元二年，遂罢州县官世袭。四年，又罢世侯，置牧守。先是(祁)〔邢〕州、河南、陕西，乃世祖为皇太弟时所封地，因姚枢等言，置安抚、经略、宣抚三司，选人以居职，始有吏治，固已行之有效，故至是因希宪等言，遂改世袭旧制也。

又元初百官皆无俸禄。《陈祐传》，中统时，百官未给俸，多贪暴，祐独能以清慎称。至是姚枢又疏奏当班爵禄，则赃秽塞而公道开。宋子贞亦疏请给俸禄，定职田。乃从之。后崔彧又奏，乞将诸路大小各官有俸者量增，无俸者特给。于是各官皆有俸入及职田之收。此又百官给禄之始也。

① 题中"官"字原缺,据本集目录补。

元州县官多在外铨选

至元二年,始罢州县官世袭,遣宋子贞、耶律铸至山东迁调所部官。《子贞传》。及平宋后,诏两广、福建五品以下官,从行省就便铨注。寻又诏云南省所辖州县官,依福建、两广例,省台委官铨选,以名姓闻,随给授宣敕。此各行省自选之制也。立法之始,省选公明,量才授职,多得其人。故李稷谓下县尹多从吏部铨注,或非其才,宜并归省选。《李稷传》。盖是时中简之缺仍归部选,而繁剧者听外省迁调,故部选转不如省选之量能而授也。

其后以省选多弊,乃有遣使监选之例。成宗初,命中书省遣使监云南、四川、海北、海南、广西、两江、广东、福建六品以下选。文宗时,敕中书省、御史台遣使至江浙、江西、湖广、四川、云南诸行省,迁调三品以下官,则并及于三品大员矣。顺帝时,中书省臣言江南因盗贼阻隔,所在缺官,宜遣人与各行省及行台官,以广东、广西、海北、海南三品以下通行迁调,五品以下先行照会之任,福建等处亦依此例。从之。则并邻省通融迁调,亦委之监选者矣。

元代专用交钞

交钞之起,本南宋绍兴初造此以召募商旅,为沿边籴买之计,较铜钱易赍,民颇便之。稍有滞碍,仍用现钱,尚存子母相权之意。《元史·刘宣传》。金章宗时,亦以交钞与钱并行,而有司以出钞为利,收钞为讳,谓之老钞,至以万贯易一饼,民力困而国用亦穷。《耶律楚材传》。此钞之极弊也。按金章宗始用钞。宣宗先用贞祐宝券,未几积轻,又制贞祐通宝,凡一贯当贞祐宝券千贯。哀宗时,更造兴定宝泉,每一贯当通宝四百贯。元太宗八年,始造交钞。世祖中统元年,又造中统元宝交钞。据《食货志》,其法以丝为本,每银五十两易丝钞一千两,诸物之直并从丝例钞之文。以十计者,曰十文,二十文,三十文,五十文。以百计者,曰一百文,二百文,三百文。以贯计者,曰一贯文,二贯文。每二贯准白银一两。行之既久,物重钞轻。至元二十四年,乃改造至元钞,自二贯至五文,凡十一等,与中统钞通行,每一贯抵中统钞五贯。武宗时,又造至大银钞,后废不行。终元之世,常用中统、至元二钞。每年印造之数,自数十万至数百万不等,亦见《食货志》。

钞虽以钱为文,而元代实未尝铸钱也。武宗时曾行钱法,立泉货监领之。仁宗以鼓铸弗给,仍废。故有元一代专用钞,其所以能行用者,各路立平准行用库,贸易金银,平准钞法。每银一两入库,其价至元钞二贯,出库二贯五分。金一两入库二十贯,出库二十贯五百文。是民之有金银者,可赴库换钞;有钞者,亦可赴库换金银也。又立回易库,凡钞之昏烂者,许就库倒换新钞,增工墨费每贯三分。换存之昏钞,则解部焚烧。隶行省者,行省委官监烧之。是钞之敝坏者,可赴库易新钞也。至元四年,世祖诏诸路民间包银听以钞输纳,惟丝料入本色,非产丝之地亦以钞输。中书省臣又奏流通钞法,凡赏赐宜多给币帛,课程宜多收钞。制曰可。是丁钱田赋皆可以钞纳也,此所以通行天下也。然钞虚而物实,虚者积轻,势所必然,故赵孟𫖯言始造钞时,以银为本,虚实相权。今二十余年,轻重相去已数十倍,故改中统为至元,二十年后,至元必复如中统矣。

今就《元史》各传参核之,卢世荣以钞虚闭回易库,钞有出无入,民间昏钞遂不可行。其后监烧昏钞者欲取能名,率以应烧昏钞指为伪钞,使管库官吏诬服。见《许有壬》、《韩若愚传》。由是回易库不敢以新钞易昏钞,《张养浩传》,民持昏钞赴库倒换者,易十与五,累日不可得。而民间所存昏钞又不能纳赋税,易货物,于是遂成废纸矣。且板纸印造,尤易滋伪。铅山多造伪钞者,有豪民吴友文为之魁,远至江淮、燕蓟,莫不行使,遂致大富。是利权且归于奸民矣。《林兴祖传》。又奸民以伪钞钩结党与,胁人财物,官吏听其谋,株连者数千百家。《黄溍传》。是刑罚亦由此日繁矣。古者以米绢为民生所须,谓之二实,银钱与二物相权,谓之二虚。银钱已谓之虚,乃又欲以纸钞代之,虚中之虚,其能行之无弊哉?

然有元之代,民间究以何市易?按至元中,江淮颁行钞法,废宋铜钱,后又敕拘历代钱,余铜听民自用。然《胡长孺传》,台州岁饥,宣慰司脱欢〔察〕敛富民钱一百五十万备赈。是朝廷虽禁钱,而民间自用钱也。《卢世荣传》,立平准库,禁民间以金银私相买卖。世祖诏,金银乃民间通用之物,今后听民从便交易。是朝廷原未禁金银也。既造交钞,欲其流通,则赋税不得不收钞,而民间自用金银,则实者常在下,而虚者常在上,于国计亦何补哉?明太祖亦造宝钞,虑其不行,禁民间不得以金银铜钱交易,犯者罪至死,首告者即以所告之物赏之,而钞仍不行。永乐中,又诏计户口食盐纳税,课程赃罚等物悉输钞,笞杖等罪输钞纳赎,市肆门摊收钞,果园及舟车等税纳钞,皆欲以重钞,而钞卒不行。则又为阻滞钞法之罪,至全家发边远充军。正统元年,黄福奏洪武间银一两当钞三五贯,今一两当钞千余贯①。

　　按《宋史·蒋偕传》,朝廷募民入粟于边,增直给券,俾赴京师射取钱货,谓之交钞。是北宋已有交子之法。而范镇疏言,商人输粟河北,取偿京师,而榷货不即与钞,久而鬻之,十才六七。则是时已有留难之弊。高宗南渡后,置行在交子务,印交子钱引给诸路,令公私同见钱行用,已而日益贱。隆兴二年,陈良祐疏言其弊,请发内帑以舒民病。孝宗乃出白金收换交子,亦名会子。并收铜板勿印造。未几,户部又请造五百万,自后岁有加增。黄畴若疏言,民所得会子,折阅日甚。州县科配,民皆闭门牢避。行旅持券,终日不得一钱。时因钞法,告讦繁兴。真德秀疏言,或一夫坐罪,而并籍兄弟之财;或亏陌四钱,而没入千万之(货)〔赀〕。至于科富室之钱,视产高下,分配民藏楮,鬻田宅以受券,虽大家不得免。是南宋交子之弊,亦不减于金也。

【校】

① 千余贯　寿考堂本作“十余贯”。

金元二朝待宋后厚薄不同

《金史》,宗翰等破汴京,宋徽、钦二帝出降,金太宗即诏废二帝为庶人。宗翰以二帝及后妃太子四百七十余人及宗族三千余人北去。既至上京,令二帝以素服见太庙,封徽宗昏德公,钦宗重昏侯,迁之于韩州,给田十五顷,俾耕以自食。未几,又迁鹘里改路。赵氏疏族亦多徙上京。徽宗薨后,金熙宗皇统元年,始改封天水郡王,钦宗封天水郡公。钦宗又奏乞本品俸,乃诏赒济之。寻又给天水郡王子侄婿及天水郡公子俸。是皇统以前，俸亦不给也。海陵篡立，又杀赵氏子男百三十余人。世宗始以一品礼葬钦宗于巩洛之原，又葬天水郡王被害子孙于河南祖墓，其亲族在中都被害者葬于城北，咸平被害者葬于本处。梁肃奏天水郡公本族已无在者，其余皆远族，可罢其养济。按二帝徙韩州，嗣濮王仲理等尚在燕京，金人计口给食，死者甚多，此即所谓远族也。是二帝之子孙近族，皆已被杀无遗也。昏庸失国，寄命仇邦，其僇辱固由自取，然金之待之亦太过矣。

元世祖之平宋也，按塔哈旧史名阿塔海。等入宋宫宣诏，至免系颈牵羊之礼。太后全氏泣谓帝曰："荷天子活汝，当谢恩。"宋主拜毕，母子皆肩舆出宫，太皇太后谢氏以疾留，至病愈始北行。宋主至上都，授开府仪同三司、大司徒，封瀛国公。此《元史》本纪所载也。而《说郛》及汪元量所记，宋主至通州，世祖命赐大宴十日，小宴十日，然后赴上都。又全太后及宫嫔等在大都，日支羊肉一千六百斤，他物称是。《宋遗民录》又载，瀛国公稍长，世祖妻以公主。世祖夜梦金龙绕殿柱，明日瀛国来朝，正立所梦柱下，世祖阴欲除之。公主以告，瀛国惧，遂乞从释，号合尊大师，而学佛于土蕃。此已见世祖之宽厚。然犹曰野史所载，未可尽信也。

《元史·后妃传》，宋全太后至京，不习风土，世祖后为奏请回江南，帝曰："尔妇人无远虑，若使南还，或浮言一动，即废其家，非所以爱之也。爱之特加存恤可耳。"后乃益厚待之。是帝之所以保护者更深矣。至元十九年，有中山狂人自称宋主，有众千人，欲取文丞相。又有薛保住播匿名书，言某日烧蓑城苇，率两翼兵为乱。帝疑之，然仅迁瀛国及宋宗室于上都，而未尝加害也。谢太后薨，以其赀产隶中宫，可见未薨以前，犹未收其赀产也。至元二十八年，宣政院臣言，宋全太后、瀛国公母子已为僧尼，有地三百六十顷，乞免征其租。张珪亦奏，亡宋旧业，勿征赋役。从之。是全后母子私产，听其永为世业也。文宗市故宋全太后田为大承天护圣寺永业，又市故瀛国公田为大龙翔集庆寺永业，御史台言不必予直，帝不许。可见全后母子田产常留给其子孙，至是始收之，而犹必给以价，不强夺也。顺帝时，始因脱脱之请，以瀛国公子和尚赵完普田产赐枢密使僧格失里。旧史名桑哥失里。文宗已市全后母子田，而完普尚别有田产，至是始夺之。至正十二年，御史言群盗多引亡宋为口实，宜以和尚赵完普及亲族徙沙州，从之。是虽夺其田产，而犹终保全之也。至元二十（三）〔二〕年，西川又有赵和尚，自称福王子广王，作乱，伏诛，亦未尝罪及宋宗室也。至于宋之亲族，亦待以优礼。福王与芮随宋主来归，授金紫光禄大夫、检校大司徒、平原郡公，仍诏与芮家赀之在江南者，辇至京给之。旋以与芮子孟桂袭封平原郡公。赵与票在鄂州降，伯颜荐于世祖，以幅巾深衣入见，帝即赐翰林待制，赐钞万贯，岁给其妻子衣粮。与票既老，成宗犹官其子孟实以终养。是不惟待瀛国公有终始，即待宋之宗室亦多存恤也。

报应之说固属渺茫，然宋太祖削平诸国，未尝杀一降王。其后以天下授太宗，约兄弟相传，仍及于其子，太宗乃背之而自传其子孙。厥后汴京之亡，遭金人之虐者，多太宗子孙也。高宗南渡，以太祖之后为嗣。及临安之亡，则独免屠戮之惨，冥冥中似有司其契者。金之待宋既酷，其后蒙古兴而金亦迁汴。崔立之变，劫后妃宗族降元，宫车三十七两促赴青城，宗族男女又五百余口，在道艰苦，更甚于徽、钦之时。《崔立传》。金自海陵篡后，杀太宗及宗翰、宗弼等子孙已无噍类，其随宣宗入汴者，惟太祖、世宗子孙，又遭此播迁。元太宗诏除完颜一族外，余皆赦免。则不赦者完颜氏也。然则金源后裔，存者有几？而元顺帝逊归沙漠后，子孙犹雄长于边外数百年。君子观于此，不能不信天道之有征也。

元时选秀女之制

《后汉书·皇后纪序》云，汉法，常因八月算人，遣中大夫与掖廷丞及相工，于洛阳乡中阅视良家童女，年十三以上二十以下，姿色端丽合相法者，载入后宫，择视可否，乃用登御。晋武帝博选良家女充后宫，使杨后拣选，名家盛族之女，多败衣瘁貌以避此选。胡贵嫔名芳，初入选，号泣，左右止之曰："陛下闻声。"芳曰："死且不畏，何畏陛下？"是选女之制，汉、晋常有之。

《辍耕录》载，后至元丁丑，民间讹言采秀女，一时童男女婚嫁殆尽。此虽是讹言，然必非无因。盖元初本有此制。《耶律楚材传》，太宗时，托欢旧名脱欢。请选天下室女，楚材止之，帝怒，楚材曰："向择美女二十八人，足备使令。今复选，恐扰民。"乃止。《耶律楚材传》。世祖时，耶律铸言，有司以采室女乘时害民，请令大郡岁取三人，小郡二人，择其可者，厚赐其父母，否则遣还。从之。《耶律铸传》。后又以御史中丞崔彧言，并罢各路选室女。《辍耕录》所记后至元，则顺帝时事也。或世祖虽罢，而累朝尚间行之耳。

元时并有选高丽女之例。文宗以宫中高丽女不颜帖你赐丞相雅克特穆尔，旧名燕铁木儿。高丽王请割国中田以为资奁。顺帝次皇后奇氏完者忽都，本高丽女，选入宫有宠，遂进为后。而其时选择未已，台臣言国初高丽首先效顺，而近年屡遣使往选媵妾，使生女不举，女长不嫁，乞禁止。从之。明永乐中，高丽犹有贡女之例，成祖有妃权氏，即高丽人也，后封贤妃。

元代以江南田赐臣下

江苏田粮之重，《明史·周忱传》谓，明祖平张士诚，尽籍其功臣子弟庄田入官，又恶富民豪并，亦没入其田，皆谓之官田，按其租簿征之。故苏赋比他处独重，官田粮至二百六十万石，民田粮仅十五万石。今检《宋》、《元》二史，究其由来，大概明祖所籍伪吴勋戚之田，即元代所赐臣下之田；而元代之赐田，即南宋之入官田、内府庄田及贾似道创议所买之公田也。《宋史》，朱勔败，籍其家，田至三十万亩。建炎元年，籍蔡京、王黼等庄以为官田。开禧三年，诛韩侂胄，置安边所，黄畴若奏以其万亩庄等田并及其他权幸没入之田皆隶焉，共收米七十二万一千七百斛，钱一百三十一万五千缗。后理宗又诏华亭奉宸庄亦助边费。景定四年，陈尧道、曹孝庆等倡议买公田，贾似道主之，平江、江阴、安吉、〔嘉兴〕、常州、镇江六郡，共买田三百五十余万亩。德祐元年，又以阎贵妃集庆寺田，贾贵妃演福寺田，皆入安边所。

元之有天下也，此等田皆别领于官。其赏赐臣下，则有如世祖赐郑温常州田三十顷，叶李平江田四顷。又以王积翁使日本，被害于途，赐其子都中平江田八千亩。武宗赐琱阿不剌平江田一千五百顷。仁宗赐丑驴答剌罕平江田百顷。英宗赐拜珠平江田万亩。文宗赐雅克特穆尔平江官地五百顷。又以故平章黑驴平江田三百顷赐西安王阿剌忒纳失里。又赐大龙翔集庆寺平江田五百顷。又赐鲁国大长公主平江等处官田三百顷。雅克特穆尔又奏松江淀山湖田五百顷，当入官粮七千七百石,臣愿增为万石入官,令人佃种,以所得余米赡臣弟萨敦。旧名撒敦。顺帝以完者铁木儿苏州田二百顷赐郯王彻彻秃。又赐公主不答昔你平江田五十顷。此皆见于《元史》本纪及各本传者。使本非官田,而欲夺民产以赐,元政虽不纲,亦未必至此。可见皆宋末官田,平宋后仍入于官,故得任意赏赐。观文宗所赐雅克特穆尔者曰平江官地,赐鲁国大长公主者曰平江官田,益知田已在官也。元时又籍宋后妃田以供太后,曰江淮财赋都总管府。又籍朱清、张瑄等田以供中宫,曰江浙财赋府。又籍朱国珍、管明等田以赐丞相托克托,曰稻田提领所。又有拨赐庄,领宋亲王及新籍明庆、妙行二寺田,并白云宗僧田,皆不隶州县。此又元时所增官田也。

及张士诚据吴,其平章、太尉等皆负贩小人,以殖产为务,凡元朝官田,自必尽取而占为庄田。明祖破平江后,遂尽籍之。又以姑苏民为士诚守,凡诸豪族之田亦籍之,并及富民沈万三等,皆以其租簿为粮额。其后又有拨赐公侯驸马庄田因事故还官者,又按其租簿征之。是以官田益多,而粮亦益重也。

然则江南之田,自宋末至元、明以来,出重赋非一朝一夕矣。明祖时已知粮额太重,洪武七年诏减苏、松、嘉、湖极重田租之半。十三年,又特诏减十之二。建文二年诏:"苏、松官田,悉准私税,用惩一时,岂可为定则? 今悉与减免,亩毋过一斗。"然虽有此诏,永乐登极,仍革除之,又遵太祖遗法也。宣德五年,又诏每亩纳粮斗至四斗者减十之二,四斗一升至一石者减十之三。正统元年,又诏四斗一升以上者减作二斗七升,二斗一升以上者减作二斗,一斗一升至二升者减作一斗。本朝又屡有恩减,每亩自七八升至一二斗而止。按《元史》雅克特穆尔所奏五百顷田应入官粮七千七百石,则当时官粮正额每亩亦只一斗五升,其以所得余米赡萨敦,则官赋外之私租也。以今粮额较之,与元时一斗五升之正额约略相同,而此外无横征之赋。民之生于今者,何其幸也!

按《元史》,张珪疏言,累朝以官田手赐诸王、公主、驸马及百官、宦者、寺观之属,其受田之家,各任土著奸吏为庄官,巧名多取。又且驱迫邮传,征求供应,折辱州县,闭偿逋负,至仓之日,变卖以归,官司交愤,农民远窜。今请田租令民输之有司,有司输之省部,省部输之大都,以分给诸受田者。帝不从。可见元时赐田之害,民不堪命矣。

色目人随便居住

塔喇齐旧名塔里赤。本康里人,其父从太祖南征,至洛阳得白乐天故址,遂家焉。沙全世居沙漠,其父从太祖平金,戍河南,遂家于柳泉。彻尔旧名彻里。本燕只吉台氏,曾祖太赤从太祖定中原,封徐、邳二州,因家于徐。察罕西域人,其父官河东副总管,因居河中猗氏县,后徙解州。脱里海牙世居别失八里,其祖八剌(赤)〔尤〕始徙真定。抄思奈曼旧名乃蛮。部人,后家于大名。虎都铁木禄本合鲁氏,后家于南阳。襄加歹乃蛮人,仁宗以其家河南,授河南行省平章事。察罕特穆尔旧名察罕帖木儿。系出北庭,其先随元军收河南,遂家颍州之沈丘。其父阿鲁温、其甥库库特穆尔,即《明史》扩廓铁木儿。犹仍其本俗名。(哈)台〔哈〕布哈旧名泰不华。本伯牙吾〔台〕氏,父仕台州录事,遂家台州。余阙本唐兀氏,父官庐州,遂家于庐。皆见各本传。

又有与汉人为姻者。成宗时,御史台言行省官久任,与所隶编氓联姻害政,诏互迁之。本纪。南昌富民伍真父娶诸王女为妻,充本位下郡总管,见《虞集传》。巴延布哈德济旧名伯颜不花的斤。之母鲜于氏,乃太常典簿鲜于侁之女也,见《忠义传》。又蒙古、色目人居外省者,即可在外省乡试,如台哈布哈中江浙乡试第一,伊噜布哈旧名月鲁不花。试江浙乡闱右榜第一是也。

元汉人多作蒙古名

元时汉人多有作蒙古名者。如贾塔尔珲旧名贾塔剌浑。本冀州人,张巴图旧名张拔都。本平昌人,刘哈喇布哈旧名刘哈喇不花。本江西人,杨朵尔济旧名杨朵儿只。及迈里古思皆宁夏人。崔彧弘州人,而小字拜帖木儿,贾塔尔珲之孙又名六十一,高寅子名塔失不花,皆习蒙古俗也。

盖元初本有赐名之例,张荣以造舟济师,太祖赐名兀速赤。刘敏,太祖赐名玉出干。其子世亨,宪宗赐名塔塔儿〔台〕;次子世济,又赐名散祝台。石天麟,太宗赐名蒙古台。邸顺,太宗赐名察纳合儿,其弟常亦赐名金那合儿。睿宗时，亦以大兴人贾实喇_{旧名贾昔剌}。多须而黄，遂赐今名，其后实喇孙亦名虎林赤，盖以蒙古名世其家矣。世祖赐名尤多。刘思敬赐名哈八儿都。播州土官杨汉英，赐名杨赛音布哈。_{旧名杨赛因不花}。王实喇_{旧名王昔剌}。保定人，赐名实喇巴图。_{旧作昔剌拔都}。张惠新繁人，赐名兀鲁忽讷特。许宸曲沃人，赐名忽鲁火孙。燕公楠赐名囊家特。_{旧作囊加带}。并有一赐再赐者。刘哈喇巴图尔_{旧名刘哈剌八都鲁}。本河东人，初赐名哈剌斡脱赤，后以功又赐名察罕斡脱赤，最后又赐今名。自有赐名之例，汉人皆以蒙古名为荣，故虽非赐者，亦多仿之。

且元制本听汉人学蒙古语。本纪，至元九年，和礼霍孙奏，蒙古字设国子学，而汉官子弟未有学者，及官府文移犹用畏吾字。诏自今凡诏令皆用蒙古字，仍遣百官子弟入学。又《赵璧传》，帝命蒙古生十人从璧受儒书。又敕璧习国语，译《大学衍义》，时从马上奏之。本传。至元二十（七）〔九〕年，河南、福建省臣奏请诏书用汉字，帝命以蒙古语诏河南，汉语诏福建。本纪。又《程钜夫传》，时诏令皆用蒙古字，帝遣钜夫求贤于江浙，独用汉字书诏。可见是时诏令多用蒙古语，若非民间多通习，岂可以此诏之也？至元六年，以帝师帕克斯巴_{旧名八思巴}。所创蒙古新字，凡降诏皆用之，而各以其国字副之。《纪事本末》。《秦起宗传》，会立蒙古学，起宗学之辄成。顺帝至元中，禁汉人、南人勿学蒙古、畏吾字书，本纪。许有壬力争止之。《有壬传》。此尤是汉人通习国语之明证。惟其通习，故汉人多有以蒙古语为名者，亦一时风会使然也。

金则国族人多有汉名，元则汉人多有蒙古名，两代习尚各不同。盖金自太祖开国，其与辽往复书词，即募有才学者为之，已重汉文，至熙宗以后，无有不通汉文者。熙宗尝读《尚书》，及夜观《辽史》，自悔少时失学。海陵才思雄横，章宗词藻绵丽，至今犹传播人口。有元一代诸君，惟知以蒙古文字为重，直欲令天下臣民皆习蒙古语，通蒙古文，然后便于奏对，故人多学之。既学之，则即以为名耳。

元初诸将多掠人为私户

元初起兵朔漠，专以畜牧为业，故诸将多掠人户为奴，课以游牧之事,其本俗然也。及取中原,亦以掠人为事,并有欲空中原之地以为牧场者。耶律楚材当国时,将相大臣有所驱获,往往寄留诸郡,楚材因括户口,并令为民,匿占者死。立法未尝不严,然诸将恃功牟利,迄不衰止,而尤莫甚于阿尔哈雅旧名阿里海(涯)〔牙〕。豪占之多。《张雄飞传》,阿尔哈雅行省荆湖,以降民三千八百户没入为家奴,自置吏治之,岁收其租赋,有司莫敢问。雄飞为宣抚司,奏之,乃诏还籍为民。《世祖本纪》,至元十七年,诏核阿尔哈雅等所俘三万二千余人,并赦为民。十九年,御史台又言阿尔哈雅占降民为奴,而以为征讨所得。有旨降民还之有司,征讨所得,籍其数赐臣下。宋子贞又以阿尔哈雅所庇逃民千人清出屯田。可见其所占之户以千万计。盖自破襄樊后,巴延领大兵趋杭州,留阿尔哈雅平湖广之未附者。兵权在握,乘势营私,故恣行俘掠,且庇逃民,占降民,无不据为己有,遂至如此之多也。

他如《宋子贞传》,东平将校占民为部曲户,谓之脚寨,擅其赋役几四百所。子贞言于严实,乃罢归州县。《张德辉传》,兵后孱民依庇豪右,岁久掩为家奴。德辉为河南宣抚使,悉遣为民。《雷膺传》,江南新附,诸将往往强籍新民为奴隶。雷膺为湖北提刑按察使,出令还为民者数千。《王利用传》,都元帅塔尔海抑巫山民数百口为奴,利用为提刑按察,出之。《袁裕传》,南京总管刘克兴掠良民为奴,裕出之为民。此皆散见于各传者也。兵火之余,遍地涂炭,民之生于是时者,何以为生耶?

元杖罪以七为断

元时笞杖之罪,多以七为数。至元中,史弼征爪哇,坐失亡多,杖一十七。成宗时,台臣奏大都路总管沙的盗支官钱,计五千三百缗,准律杖一百七,不叙。文宗初,以缙山民引王禅为乡导,诛其为首者,余皆杖一百七,籍其家,妻子分赐守关将士。又以阿乞剌等拒命,杖一百七,流远方。囊嘉特以妄言惑众,杖一百七,禁锢之[1]。也先捏兵兴时,俘掠子女货财,杖一百七。累朝旧邸饔人,有诏汰去,私留者,怯薛官与其长杖五十七,犯者与典给散者皆杖七十七。中书平章速速专肆贪淫,两经杖断一百七。彻里帖木儿坐出怨言,杖一百七。宦者拜住侍皇太子疹疾,饮食不时,以酥拭其眼鼻,杖一百七。撒里不花巫蛊案内,当死者杖一百七。御史大夫脱脱告病,未奉旨辄去职,杖六十七。御史台言,官吏令家人受财,罪止杖四十七,缘此犯法者愈多。

又《王克敬传》,吏部有履历当升吏故抑之者,为其有过,克敬曰:"法笞四十七以上不升,今不至是,何得不升?"盖其时五刑之目,自七下至五十七,谓之笞刑;自六十七至一百七,谓之杖刑,见《刑法志》。又按至元(三)〔二〕十九年令省台定赃罪十三等,枉法者五,自一贯至十贯笞四十七起,至百贯以上笞一百七止;不枉法者八,自一贯至二十贯笞四十七起,至三百贯以上笞一百七止。元制,笞杖以七为计,每十减为七也。

【校】

① 囊嘉特以妄言惑众,杖一百七,禁锢之　囊嘉特即囊加台。《校证》:《元史·文宗纪》(卷三二),天历元年十一月,四川行省平章囊加台称兵烧绝栈道,乌蒙路教授杜岩肖劝其罢兵入朝,"囊加台以其妄言惑众,杖一百七,禁锢之"。引述之文略去"其"字,遂使杖人者成为被杖者。

元季风雅相尚

元季士大夫好以文墨相尚,每岁必联诗社,四方名士毕集,宴赏穷日夜,诗胜者辄有厚赠。饶介为淮南行省参政,豪于诗,自号醉樵。尝大集诸名士,赋《醉樵歌》,张简诗第一,赠黄金一饼;高启次之,得白金三斤;杨基又次之,犹赠白金一镒。见《明史·文苑传》。然此犹仕宦者之提唱也。贯酸斋工诗文,所至士大夫从之若云,得其片言尺牍如获拱璧。《元史·小云石海涯传》。浦江吴氏结月泉社,聘谢皋羽为考官,《春日田园杂兴》题,取罗公福为首。见《怀麓堂诗话》。松江吕璜溪尝走金帛,聘四方能诗之士,请杨铁崖为主考,第其甲乙,厚有赠遗,一时文人毕至,倾动三吴。见《四友斋丛说》。又顾仲瑛玉山草堂,杨廉夫、柯九思、倪元镇、张伯雨、于彦成诸人尝寓其家,流连觞咏,声光映蔽江表。见《元诗选》。此皆林下之人,扬风扢雅,而声气所届,希风附响者如恐不及。其他以名园别墅、书画古玩相尚者,更不一而足。如倪元镇之清閟阁,杨竹西之不碍云山楼,花木竹石,图书彝鼎,擅名江南,至今犹有艳称之者。

独怪有元之世文学甚轻,当时有"九儒十丐"之谣,科举亦屡兴屡废,宜乎风雅之事弃如弁髦,乃搢绅之徒风流相尚如此。盖自南宋遗民故老,相与唱叹于荒江寂寞之滨,流风余韵久而弗替,遂成风会,固不系乎朝廷令甲之轻重也欤!

元末殉难者多进士

元代不重儒术,延祐中始设科取士,顺帝时又停二科始复。其时所谓进士者,已属积轻之势矣,然末年仗节死义者,乃多在进士出身之人。如余阙元统元年进士,守安庆,死陈友谅之难。台哈布哈至顺元年进士,死方国珍之难。李齐元统元年进士,为高邮守,死张士诚之难。李黼泰定四年进士,守九江,死于贼。郭嘉泰定三年进士,守上都,死于贼。王士元泰定四年进士,知潛州,死于贼。赵琏至治元年进士,守泰州,张士诚既降复叛,遂被害。孙㧑至正二年进士,讨张士诚,战死。周镗泰定四年进士,归浏阳,遇贼被杀。聂炳元统元年进士,守荆门,与贼俞君正战死。刘耕孙至顺元年进士,守宁国,与贼琐南班战死。绰罗旧名丑闾。元统元年进士,守安陆,与贼曾法兴战死。彭庭坚至正四年进士,镇建宁,部下岳焕反,被害。布延布哈旧名普颜不花。至正五年进士,守益都,明兵至,不屈死。伊噜布哈旧名月鲁不花。元统元年进士,浮海北归,遇倭船,不屈死。穆尔古苏旧名迈里古思。至正十四年进士,官绍兴,欲讨方国珍,为拜住哥杀死。皆见《元史》各本传。诸人可谓不负科名者哉,而国家设科取士亦不徒矣!

一母生数帝

前代有一母生数帝者,《陔余丛考》所载尚未备,今更详录于此。晋庾后生成帝、康帝。章太妃生哀帝、废帝。陈后生安帝、恭帝。北齐娄后生文襄、文宣、孝昭、武成,一追谥之帝,三及身为帝。唐武后生中宗、睿宗。宋杜太后生太祖、太宗。《辽史》,太祖后述律氏生长子背,旧史名倍。封东丹国,为人皇王,后追谥义宗;次子德光,即皇帝位,是为太宗;幼子鲁呼,旧名李胡。后亦追谥章肃皇帝。是一母生三帝,一及身为帝,二追尊之帝也。《金史》,景祖后唐古氏旧作唐括氏。生和哩布,是为世祖;颇拉淑,是为肃宗;英格,是为穆宗。此犹是追尊之帝。而世祖后纳懒氏,旧作拏懒氏。生乌雅舒,是为康宗;阿固达,是为太祖;

乌奇迈,是为太宗。乌雅舒犹是追尊之帝,太祖、太宗则创业之君,及身有天下。是一母生三帝,一追尊之帝,二创业之帝也。

又检《元史》,此事尤多。太祖第四子图类旧名拖雷。之妃唆鲁〔禾〕帖尼后追谥庄圣皇后。生二子,长莽赉扣,旧名蒙哥。是为宪宗;次呼必赉,旧名忽必烈。是为世祖。又世祖太子珍戬旧名真金,后追谥裕宗。之第二子达尔玛巴拉,旧名达剌麻八剌。其妃答吉后追谥元圣皇后。生二子,长曰哈尚,旧名海山。是为武宗;次阿裕尔巴里巴特剌,旧名爱育黎拔力八达。是为仁宗。是皆一母生二帝也。他如太祖光献后生乌格台,旧名窝阔台。是为太宗;又生图类,虽未为帝,后以子莽赉扣登极,追尊曰睿宗。是亦一母生二帝。又珍戬之妃鸿吉哩氏生特穆尔,旧名铁木儿。是为成宗;而其长子噶玛拉旧名甘麻剌。虽未为帝,后以子伊苏特穆尔旧名也孙铁木儿。入继大统,是为泰定帝,追尊噶玛拉为显宗;又次子达尔玛巴拉亦未为帝,后以子武宗、仁宗登极,亦追尊达尔玛巴拉为顺宗。是鸿吉哩氏生三子,及身为帝者一,死后谥帝者二,且一母生三帝矣。至如明宗、文宗,虽皆武宗子,而明宗母伊奇哩氏,旧作亦乞烈氏。文宗母唐古氏,旧作唐兀氏。实不同母。宁宗、顺帝,虽皆明宗子,而宁宗母班布尔实,旧名八不沙。顺帝母玛勒岱,旧名迈来的。亦不同母。

金元二代立皇太子皆不吉

金初制度未立,其袭位也,多兄弟叔侄互相传袭。太宗、熙宗亦以安班贝勒旧名谙班勃极烈。嗣位。安班贝勒者,最尊官也。然太宗以弟继兄,熙宗以从孙继叔祖,皆未尝立为皇太子也。熙宗始立子济安为皇太子,未几薨。海陵立子光英为皇太子,海陵被弑,光英亦遇害。世宗先立允恭为皇太子,未即位薨。世(祖)〔宗〕曰:"朕子虽多,皇后止有太子一人。"乃立其子璟为皇太孙。卫绍王立子从恪为皇太子,绍王被弑,从恪亦禁锢二十余年,汴京之变,崔立立为梁王,降元,被杀于青城。宣宗立子守忠为皇太子,三年薨。后又立子守绪为皇太子,是为哀宗,竟亡国。统计金源所立皇太子,竟无一享国者。

元自太祖以下皆未立皇太子,至世祖始立珍戬为皇太子,未即位薨。仁宗立英宗为皇太子,即位后,被弑于南坡。泰定帝立子喇实晋巴旧名阿速吉八。为皇太子,甫登极即败废。文宗立子喇特讷达喇旧名阿剌忒讷答剌。为皇太子,未几薨。顺帝立爱裕实哩达喇旧名爱猷识里达腊。为皇太子,未即位国亡。有元一代所立皇太子,亦无一享国者。皆事之不可解者也。惟元武宗立弟仁宗为皇太子,明宗立弟文宗为皇太子,后俱为帝。以弟称子,转得享国,尤属异闻。

弟为皇太子叔母为太皇太后

武宗立弟仁宗为皇太子,明宗立弟文宗为皇太子,盖以皇太子为继体储君之名号,不论辈行也。然以弟称子,名之不正,莫此为甚。顺帝以从母文宗后布达实哩,旧名卜答失里。援立之恩,极欲尊奉,先尊为皇太后,继又尊为太皇太后。以叔母而奉以祖母之称,尤可笑也。当时许有壬力谏,不听。后又追究明宗被害之故,迁怒于后,安置东安州以死。始则尊之以非礼,后则坐之以非罪,衰朝荒主,颠倒妄行,固无足责矣。

庚申帝

世传元顺帝为宋德祐帝之子。其见于记载者,程克勤《宋遗民录》,谓德祐帝降元,封瀛国公。稍长,世祖妻以公主。世祖夜梦金龙绕殿柱,明日瀛国来朝,正立所梦柱处,世祖阴欲除之。公主以告,瀛国惧,遂乞从释,号合尊大师。权衡《庚申帝大事记》,谓瀛公降后,为僧白塔寺中。后徙甘州,有赵王怜之,赠以回回女。延祐七年四月十六日夜,生男。明宗周王和世(竦)〔㻋〕。适过其地,见寺上有龙文五采,访知其故,因求为子,并载其母归。袁忠彻《符台外集》,谓瀛国学佛于土番,娶迈来的为妻,《元史》作迈来迪。有娠,适明宗逃于漠北,与瀛国善,索迈来的为妻,遂生顺帝。《西湖志余》,谓虞集在文宗时草诏,有曰明宗在北之时,自谓非其子。及顺帝立,捕集赴大都,以皮绳缚腰,以马尾缝眼。既至,集以文宗亲改诏稿呈上,遂得释。时有人作十七字诗嘲集曰:"自谓非其子,如今作天子,传语老蛮子,请死。"《庚申外史》,谓顺帝时尚书高保哥奏:"文宗在时,谓陛下非明宗子。"帝大怒,究当时作诏者,欲杀虞集、马祖常二人。二人呈上文宗御笔,托克托旧史名脱脱。在旁曰:"彼负天下名,后世只谓陛下杀此秀才。"乃舍之。余应撰《合尊大师诗》云:"皇宋第十六飞龙,元朝降封瀛国公。元君诏君尚公主,时蒙赐宴明光宫。酒酣舒指爬金柱,化为龙爪惊天容。侍臣献谋将见除,公主夜泣沾酥胸。幸脱虎口走方外,易名合尊沙漠中。是时明宗在沙漠,缔交合尊情颇浓。合尊之妻夜生子,明宗隔帐闻笙镛。乞归行营养为嗣,皇考崩时年甫童。文宗降诏移南海,五年仍归居九重。至今儿孙主沙漠,吁嗟宋德何其隆?”以上皆野史所载,未必可尽信。然《元史》本纪文宗至顺元年,以顺帝乳母夫言明宗在日,素谓长子非己子,命翰林书其事于史馆。明年,复诏奎章阁学士虞集作诏播告中外。顺帝登极,以此事彻去文宗庙主,诏曰:“文宗私图传子,乃构邪言,谓朕非明宗子,俾出居遐陬。”《虞集传》亦见此事。是顺帝之非明宗子,当时已播人口。故文宗崩后,皇后布达实哩旧史名卜答失里。宁立明宗次子宁宗,而不立顺帝,迨宁宗殀而顺帝始立,则《遗民录》等书所载,未必无因也。

按至元十三年,瀛国公降,年六岁。至元二十五年,瀛国学佛于土番,年十八岁。延祐七年,顺帝生之岁,瀛国公年五十。计其年岁,亦不悬殊。作史者纵不便确指其故,而于明宗后《迈来的传》,何妨略见其由瀛国公归于明宗之源委,所谓疑以传疑也,乃并不书。岂以其不经耶? 然《南史》梁武帝纳东昏妃,七月生豫章王综,亦未尝不书也。

守节绝域

《元史》,伊勒默色旧名月里麻思。使宋,被囚于长沙飞虎寨,三十六年而死。石天麟使于海都,亦被留二十八年乃归。俱见各本传。

郝经　昔班帖木儿

奇闻骇见之事流传已久,在古未必真,而后人仿之,竟有实有其事者。苏武雁书,事本乌有,特常惠教汉使者谓天子射上林,得武系帛书于雁足,使匈奴不得匿武耳。而元时郝经使宋,被拘于真州,日久买一雁,题帛书系其足放去。汴中民射雁金明池,得之,以进世祖。其诗云:“霜落风高恣所如,归期回首是春初。上林天子援弓缴,穷海累臣有帛书。”后题“至元五年九月一日放〔雁〕,获者弗杀。国信大使郝经书于真州忠勇军营新馆”。后经竟得归国,卒于途。是苏武雁书之事虚,而郝经雁书之事实也。

程婴、公孙杵臼存赵氏孤之事,本《史记》采无稽之谈以新听闻,未必实有其事也。而元顺帝时,有昔班帖木儿者,在赵王位下,其妻尝保育赵王。后部落灭里(灭)叛,欲杀赵王。昔班帖木儿与妻谋,以己子观音奴服王服居宫内,夜半夫妻二人卫赵王遁去。贼至,遂杀观音奴,而赵王得免。事闻,授昔班帖木儿同知河东宣慰司,其妻刺八哈敦云中郡夫人,观音奴亦赠同知大同路事,仍旌其门。是婴、杵臼存赵氏孤之事犹虚,而昔班帖木儿夫妻存赵王之事实也。《元史》各有传。郝经事人犹或知之,昔班帖木儿事则鲜知者,故摘书于此。按《宋史》,侯延广在襁褓时,遭王景崇之难。乳母刘氏以己子代延广死,刘氏行丐,抱延广至京师,还其祖侯益。此又与婴、杵臼之事相类,而出于一妇人,尤为甚难。

元初用两国状元

王鹗本金正大元年第一甲第一名进士,仕至尚书左右司郎中。金亡,将被杀,元将张柔闻其名,救之,馆于家。后荐于世祖,擢翰林学士承旨,制诰典章,皆所裁定。宋留梦炎本淳祐四年第一甲第一名进士,咸淳中知潭州,兼湖南安抚使。德祐元年,官右丞相,兼枢密使,又为江东西、湖南北宣抚大使。国亡,遁去。入元,亦为翰林学士承旨。是两国状元,俱为元所用也。

纵　　囚

纵囚事已见《陔余丛考》,今又得数事。《后汉书·戴封传》,封为西华令,有囚四百余人当刑,封哀之,皆遣归家,与克期日,皆无违者[1]。《三国志·贾逵传》,曹操征蜀,先遣逵至斜谷观形势。道逢水衡载囚数十车,逵以军事急,辄究重者一人,余皆放之。此则竟行纵遣,不复治罪者。《晋书·范广传》,广为堂邑令,刘荣坐劾当死,家有老母,广听归省,荣如期而返。县堂失火,荣脱械救火,毕,还自著械。又《乔智明传》,智明为隆虑令,部人张兑为父报仇,母老而身无子,智明悯之,令其妻入狱,并阴纵之。或劝之逃,兑曰:"有君如此,何忍累之?"《宋史·戚纶传》,纶知太和县,每岁时必与狱囚约,放归祀其先,皆如期返。《元史》本纪,世祖至元十年,诏天下狱囚除杀人者待报,其余一切疏放,限八月内至大都者赦之。至期,凡赦死罪二十二人。亦见《王(盘)〔磐〕传》。陈天祥知寿昌府,冬至日放囚还家,约三日来归狱,囚如期至,乃白宣慰司尽纵之。《陈天祥传》。

【校】

①《后汉书·戴封传》,封为西华令,有囚四百余人当刑,封哀之,皆遣归家,与克期日,皆无违者 据《陔余丛考》卷一九《纵囚不始于唐太宗》条载此事,称"戴封为中山相";《后汉书》卷八一《戴封传》亦记此事为封"迁中山相"时所行,则"西华令"当作"中山相"。

元封乳母及其夫

乳母之贵,无有过于元魏者。盖魏制,子为皇太子,其母必先赐死,故登极后,反以乳母为保太后,其崇奉与皇太后无二也。唐哀帝封奶婆杨氏号昭仪,王氏郡夫人。中书奏:"乳母古无封夫人及内职之例。汉顺帝以乳母宋氏为山阳君,安帝以乳母王氏为野王君,当时朝议已非之。今宜赐杨氏号安圣君,王氏号福圣君,第二王氏号康圣君。"是唐制乳母之封尚有限制。

元代则不惟乳母封夫人,并其夫亦得封。世祖封皇子燕王乳母赵氏为幽国夫人,其夫巩德禄封德育公。成宗封乳母杨氏为赵国安翼夫人。武宗封乳母夫寿国公杨燕家奴开府仪同三司。仁宗封乳母夫杨德荣为云国公。英宗封乳母忽秃台定襄郡夫人,其夫阿来定襄郡王,谥忠愍。以上皆见本纪。文宗封乳母夫为营郡王。见《虞集传》。哈吗尔旧名哈麻。母为宁宗乳母,故其父图噜旧名秃鲁。封冀国公,加太尉。见《哈麻传》。

安南王居汉阳

至元二十(八)〔二〕年,征安南,其王陈日烜遁。日烜弟陈益稷率其本宗与妻子来降,诏封为安南国王,赐符印,居于汉阳。二十七年入觐,遂遥授湖广行省平章政事。仁宗初,益稷又入朝,谓:"臣自世祖时来归,赐汉阳田五百顷,俾终余年。今臣年垂七十,而有司拘臣田,就食无所。"帝亟命还其田。天历二年卒,文宗赐谥忠懿。

老爷 同寅 臬司

世呼官长曰老爷,称同僚曰同寅,按察使曰臬司,其来已久,然不见于记载。惟《元史·董抟霄传》,抟霄营于南皮,毛贵兵猝至,问抟霄曰:"汝为谁?"答曰:"我董老爷也。"遂被杀。此"老爷"之见于正史者也。

宋元祐中,除吕公著右仆射,制词云:"被遇先帝,尝入赞于枢庭;暨予冲人,遂同寅于政路。"南宋庆元中,余端礼除右丞相,制词云:"迄予嗣历之初,尤借同寅之助。"是"同寅"者乃君臣同敬云尔,非以称同官也。及黄震《谢黄提举启》,有云:"托故老以旁询,赖同寅而再茸。"又《宋史·赵希怿传》,韩侂胄败后,同寅有坐侂胄党者,诸司莫敢举,希怿独举之。此则以"同寅"属同官,南宋时已有此称。《元史·商挺传》,帝谓挺曰:"卿在关中有治效,而毁言日至,岂同寅中有阻卿者耶?"又《拜降传》,同寅有贪秽者,拜降抗章劾之。此"同寅"之见于正史者也。

《宋史·李韶传》,韶父文饶为司理参军,尝曰:"吾司臬多阴德,后当有兴者。"《孙子秀传》,提点浙西刑狱,兼知常州,子秀以兼郡则行部非便,得请专司臬事。是刑官称司臬,亦起于南宋。又《元史·伊克台伊尔丹传》,旧名奕赫抵雅尔丁。为建康道廉访使,始视事,有狱具陈庭下,皆前官创制者,蹩然曰:"凡逮至臬司,皆命官及有出身之吏,何用此也?"此"臬司"之见于正史者也。《元史·朵儿只传》,朵儿只年少为学士,同寅如郭贯等诸老,皆器重之。

牛腹疗重伤

布扎尔旧名布智儿。从征回回,身中数矢,闷绝。太祖命剖一牛,纳布扎尔于腹,浸热血中,移时遂苏。郭宝玉从讨契丹遗族,胸中流矢,太祖命剖牛腹纳其中,少顷乃苏。李庭攻沙洋新城,中炮坠城下,矢又贯胸,气垂绝,巴延命剖水牛腹,纳其中,乃活。俱见各本传。谢睦欢从攻西京,被三矢,仆城下。太宗命人拔其矢,剖牛肠,裸而纳诸牛腹中,良久乃苏。见《谢仲温传》。此蒙古治重伤法,盖借生气以续命也。

忍　痛

《北史》，魏长生子彦坠马折臂，肘上骨起寸余，乃开肉锯骨，流血数升，言笑自若。欧《五代史》，苌从简中流矢，镞入骨，工无良药，欲凿其骨出之。从简便令凿之，工迟疑不忍下，从简趣之，左右皆若不胜其苦，而从简自若。《元史》，张荣为流矢贯眦，拔之不出，令人以足抵额而拔出之，神色自若。赵实喇旧名赵匣剌。与宋兵战，镞入右肩不出。主将取死囚刲其肩，视骨节，知浅深可出，即为凿其创，拔镞出之，实喇神色不动。俱见各本传。

牛皮船

《元史》，石抹按只攻宋叙州，江不得渡，乃聚军中牛皮作浑脱及皮船乘之，夺其渡口。又宋兵屯万州，汪世显从上流鼓革舟袭破之。俱见各本传。

弥勒佛谣言

顺帝至正十一年，韩山童倡言天下大乱，弥勒佛下生。江、淮愚民多信之，果寇贼蜂起，遂至国亡。然此谣不自至正中起也。顺帝至元三年，汝宁献所获棒胡，有弥勒佛小旗、紫金印、量天尺。而泰定帝时，又先有息州民赵丑斯、郭菩萨等倡妖言，谓弥勒佛当有天下。有司以闻，命河南行省鞫治之。是弥勒佛之谣已久播民间矣。盖乱之初起，不拔其根株，遂至蔓延而不可救，皆法令玩弛之所致也。

贾鲁治河无久计①

至正四年，河决白茅堤及金堤，被淹者几遍山东全省，浸淫及于河间，为患者凡七八年。会脱脱为相，专任贾鲁治之。十一年四月，诏发民夫十五万，军二万，以是月起工，十一月告成，河复故道。其劳绩具见欧阳玄所著《河平碑》。凡疏、浚、塞之方，及用土、用石、用铁、用草、用木、用杙、用绳之法，至今治河者犹莫不遵用，其心力之专精可谓至矣。然贾鲁后四百余年以来，河之为患又百出而不穷，则以鲁但救之于既溃决之后，而未溃决之前，如何使之常由地中行，不至溃决，则未计及也。

河之所以溃决者，以其挟沙而行，易于停积，以致河身日高，海口日塞，惟恃两边堤岸为之障束。一遇盛涨，两堤之间不能容受，则必冲破而泛滥不可制。今欲使河身不高，海口不塞，则莫如开南北两河，互相更换。一则寻古来曹、濮、开、滑、大名、东平北流故道，合漳、沁之水入会通河，由清沧出海。一则就现在南河大加疏浚，别开新路出海。是谓南北两河。然非两河并用，亦非两役并兴也。两河并用，则河流弱而沙益易停，欲河之通转速河之塞。两役并兴，则骚及数省，延及数年，欲河之治而转或启民之乱。所谓开两河者，虽有两河，而行走仍只用一河，每五十年一换。如行北河将五十年，则预浚南河，届期驱黄水而南之，其北河入口之处亟为堵闭，不使一滴入北。及行南河将五十年，亦预浚北河，届期驱黄水而北之，其南河入口之处亦亟堵闭，不使一滴入南。如此更番替代，使汹涌之水常有深通之河便其行走，则自无溃决之患。即河工官员兵役亦可不设，芦秸土方埽木之费亦可不用，但令督抚就近照管，自保无虞。此虽千古未有之创论，实万世无患之长策也。舍此不图，而徒岁岁修防，年年堵筑，正如头痛医头，脚痛医脚，病终不去。无论遇有溃决，所费不赀，即一二年偶获安流，而岁修仍不下数十万，以五十年计算，正不知几千百万。与其以如许金钱空掷于横流，何如为此经久无患之计乎？

或谓地势北高南下，既已南徙，必难挽使北流。此不然也。中国地之高下在东西，不在南北。如果北高南下，则自神禹导河以来，何以数千年不南徙，直至宋始徙乎？岂南方之地从前本高，至宋而忽下乎？迩年河决，受害之地多在北而不在南，则非北高南下可知也。宋之南徙，盖亦因北河淤高，不得不别寻出路耳。今南河亦淤高矣，高则仍使北流，是亦穷变通久之会也。又或谓挽使北流，将不利于漕运。此亦非也。漕运所资黄水者，只洪泽下流，由杨家庄上至宿迁草坝数十里耳。现在黄河以北之运河，本有南旺分注七分之水以资浮送，不借黄水倒灌也。而洪泽之水，至杨家庄则仍如故，果移黄水北去，南旺之水自可直下杨家庄，与洪泽之水相接，粮艘仍可通行。此南路之无碍于漕运也。临清以北之会通河，本属运道，增入黄水，或虑其不能容，则于滨、棣、清沧一带寻九河故道,多分支流,使易于出海,则河流迅驶,粮艘益得遄行。此北路之无碍漕运也。区区之见,颇自谓有一得之愚,或取其言而行之,当有一劳永逸之利耳。

【校】

① 题中"无久计"三字,据本集目录补。

廿二史札记卷三十一

明　史

近代诸史,自欧阳公《五代史》外,《辽史》简略,《宋史》繁芜,《元史》草率,惟《金史》行文雅洁,叙事简括,稍为可观,然未有如《明史》之完善者。盖自康熙十七年用博学宏词诸臣分纂《明史》,叶方蔼、张玉书总裁其事,继又以汤斌、徐乾学、王鸿绪、陈廷敬、张英先后为总裁官,而诸纂修皆博学能文,论古有识。后玉书任志书,廷敬任本纪,鸿绪任列传。至五十三年,鸿绪传稿成,表上之,而本纪、志、表尚未就,鸿绪又加纂辑,雍正元年再表上。世宗宪皇帝命张廷玉等为总裁,即鸿绪本选词臣再加订正,乾隆初始进呈。盖阅六十年而后讫事,古来修史未有如此之日久而功深者也。惟其修于康熙时,去前朝未远,见闻尚接,故事迹原委多得其真,非同《后汉书》之修于宋,《晋书》之修于唐,徒据旧人记载而整齐其文也。又经数十年参考订正,或增或删,或离或合,故事益详而文益简。且是非久而后定,执笔者无所徇隐于其间,益可征信,非如元末之修《宋》、《辽》、《金》三史,明初之修《元史》,时日迫促,不暇致详,而潦草完事也。

他不具论。自魏收、李延寿以子孙附其祖父,遂代人作家谱,一传中有数十百年事,阅一传即须检数朝之史,宋子京以为简要,其实转滋瞀惑。《明史》立传,则各随时代之先后。除徐达、常遇春等子孙即附本传,此仿《史记》、《汉书》之例,以叙功臣世次。杨洪、李成梁等子孙亦附本传,则以其家世为将,此又是一例。至祖父子孙各有大事可记者,如张玉、张辅父子也,而一著功于靖难,一著功于征交,则各自为传。以及周瑄、周经、耿裕、耿九畴、杨廷和、杨慎、瞿景淳、瞿式耜、刘显、刘綎等,莫不皆然。其无大事可记者,始以父附子,以子附父。如何文渊,先叙于其子《何乔新传》首;刘仁宅,先叙于其子《刘大夏传》首。此以父附子也。《林瀚传》后,附其子廷机及孙子濂;《许进传》后,附其子诰、赞、论等。此以子附父也。否则如杨肇基及子御蕃各有战功,则御蕃可附《肇基传》矣,而以其功在登、莱,则宁附于同事之《徐从治传》而不附《肇基传》。其他又有稍变通者,徐寿辉僭号称帝,应列《群雄传》,而以其不久为陈友谅所杀,则并入《友谅传》,而寿辉不另传。姚广孝非武臣,而以其为永乐功臣之首,则与张玉、朱能等同卷。黄福、陈洽等皆文臣,柳升、王通等皆武臣,而以其同事安南,则文武同卷。秦良玉本女土司,而以其曾官总兵,有战功,则与诸将同卷。李孜省、陶仲文各擅技术,应入《方技传》,而以其借此邀宠,则另入《佞幸传》。此皆排次之得当者也。

自《宋史》数人共事者必各立一传,而传中又不彼此互见,一若各为一事者,非惟卷帙益繁,亦且翻阅易眩。《明史》则数十人共一事者,举一人立传,而同事者即各附一小传于此人传后。即同事者另有专传,而此一事不复详叙,但云语在某人传中。如孙承宗有传,而柳河之役,则云语在《马世龙传》中。祖宽有传,而平登州之事,则云语在《朱大典传》是也。否则传一人而兼叙同事者,如《陈奇瑜传》云与卢象昇同破贼乌林关等处,《象昇传》亦云与奇瑜同破贼乌林关等处是也。甚至熊廷弼、王化贞,一主战,一主守,意见不同也,而事相涉,则化贞不另传,而并入《廷弼传》内。袁崇焕、毛文龙,一经略,一岛帅,官职不同也,而事相涉,则文龙不另传,而并入《崇焕传》内。此又编纂之得当也。

而其尤简而括者,莫如附传之例。如《扩廓传》附蔡子英等,《陈友定传》附靳义等,《方孝(儒)〔孺〕传》附卢原质等,以其皆抗节也。《柳升传》附崔聚等,以其皆征安南同事也。《李孜省传》附邓常恩等,以其皆以技术宠幸也。至末造殉难者附传尤多。如《朱大典传》附王道焜等数十人,《张肯堂传》附吴钟峦等数十人,而《史可法传》既附文臣同死扬州之难者数十人,若再附武臣则篇幅太冗,乃以诸武臣尽附于《刘肇基传》。以及《忠义》、《文苑》等,莫不皆然。又《孝义传》既按其尤异者各为立传,而其他曾经旌表者数十百人,则一一见其氏名于传序内。又如正德中谏南巡,罚跪午门杖谪者一百四十余人,嘉靖中伏阙争大礼者亦一百四五十人,皆一一载其姓名。盖人各一传则不胜传,而概删之则尽归泯灭。惟此法不至卷帙浩繁,而诸人名姓仍得见于正史,此正修史者之苦心也。又《高倬(后)〔传〕》附书南都殉难者张捷、杨维垣、黄端伯、刘成治、吴嘉允、龚廷祥六人，而所附小传但有端伯以下四人，捷、维垣独缺，则以此二人本阉党，其事已见各列传中，不屑为之附传。此则附传中又自有区别，益以见修史之斟酌不苟也。

至诸臣有关于国之兴替，事之功罪，则轻重务得其平。如李东阳、徐阶、高拱、张居正、沈一贯、方从哲、熊廷弼、袁崇焕、陈奇瑜、熊文灿、杨嗣昌等，功罪互见，枉幸并呈，几于无一字虚设。虽篇幅稍多，而非此不足以尽其曲折，执笔者不知几经审订而后成篇。此《明史》一书实为近代诸史所不及，非细心默观，不知其精审也。

明史立传多存大体

《明史》立传多存大体，不参校他书，不知修史者斟酌之苦心也。如《龙兴慈记》，徐达病疽，帝赐以蒸鹅，疽最忌鹅，达流涕食之，遂卒。是达几不得其死，此固传闻无稽之谈。然解缙疏有刘基、徐达见忌之语，《缙传》。李仕鲁疏亦谓徐达、刘基之见猜，几等于萧何、韩信[①]。《仕鲁传》。此二疏系奏帝御览，必系当日实情，则帝于达、基二人疑忌可知也。今《明史·达》、《基》二传，则帝始终恩礼，毫无纤芥，盖就大段言之，而平时偶有嫌猜之处，固可略而不论。且其时功臣多不保全，如达、基之令终已属仅事，故不复稍著微词也。又如《草木子》载宋讷以元臣降，为国子祭酒，极意严刻以称上意，监生自缢者月不乏人，死必验视乃敛，其酷甚于周兴、来俊臣云。而《明史·讷传》绝不及之，但谓其次子复祖为司业，诫诸生守讷规，违者罪至死而已。又如张辅之死，据《庚己编》谓辅从英宗北征，土木之难逃归，与家人诀，而缢死于先墓。今辅本传则但谓从英宗北征，死土木之难，绝不及逃归自缢之事。盖讷以严重立教，最有师法；辅四朝勋德，白首无间言，故各著其所优，而小疵在所略也。

又如杨廷和之入阁，《双（岐）〔溪〕杂记》谓由刘瑾之力，而本传绝不及，并言廷和忤瑾，瑾摘《会典》小误，夺其俸二级。是廷和不惟不附瑾，且与瑾忤矣。于谦之死，以石亨、曹吉祥诬以谋立襄王世子，故被杀。《谦传》但谓曹、石之诬，而事之真伪，传中不暇缕析，则于《襄王瞻墡传》见之。谓英宗复辟后，于皇太后阁内见襄国金符，乃土木陷后，欲召襄王而不果，其符遂留阁中。然后知非谦等当景帝不豫时取符也,则谦之冤自不辨而白矣。熹宗懿安张后,国变时生死传闻未确,故本朝定鼎但为崇祯帝及周后发丧成礼,而张后独缺,盖其时有传张后未死者,时南昌推官史夏隆云:国变时后出宫,为李贼麾下刘旗鼓所得。刘本旧弁,事后无失礼。及我朝兵至,谓后不可失了朱家体面,后遂缢死。本朝实录,顺治五年间,有天津女子自称张后,聚众扰畿辅。又陈玉璂作《宦者高永寿传》,张后与周后同日缢死。后有熹宗妃任氏出宫,为少年所得,年余,费其赀且尽,任氏怒,自称"我张后也,胡为至此",闻者不敢隐,遂送官。永寿独识之,然亦不敢明正其伪。故恤典不及。至修史时,则本纪据陈玉璂所传,大书国变时张后缢死宫中,而《流贼传》亦称李严保护懿安皇后令自尽,使贤后不遭传闻之诬蔑,尤见书法之不苟矣。

又胡世宁从剿江西贼王浩八等,招降东乡贼为新兵,已而复叛,事见《陈金传》,而《世宁传》不载。徐阶当国,为讲学会,张岳疏诋之,谓讲学以富贵功名鼓动士大夫谈虚论寂,事见《岳传》,而《阶传》不载。陇川用兵,邓子龙不能驭军,因饷稍缓,大噪作乱,鼓行至永昌、大理,过会城,巡抚萧彦调土、汉兵夹击之,乱始定,事见《彦传》,而《子龙传》不载。盖为名臣立传,其人偶有失误,不妨散见于他人传中,而本传不复琐屑叙入。此又善善欲长之微意,不欲以小疵累全体也。

【校】

① 李仕鲁疏亦谓徐达、刘基之见猜,几等于萧何、韩信 《校证》:此为陈汶辉之疏,而载于《明史·李仕鲁传》(卷一三九)中。

大礼之议

孝宗崩,子武宗立。武宗崩,无子,而孝宗弟兴献王有子,伦序当立,大学士杨廷和以遗诏迎立之,是为世宗。世宗即位,诏议追崇所生。廷和检汉定陶王、宋濮王故事,授尚书毛澄曰:"是可为据。"澄大会文武百官,议请帝称孝宗曰皇考,改称兴献王为皇叔父兴献大王,妃为皇叔母兴献王妃,自称侄皇帝。议三上三却。进士张璁独疏谓宜别立圣考庙于京师,圣母则母以子贵,尊与父同。帝大喜,于是连驳礼官议。廷臣不得已,请尊孝宗为皇考,兴献王为本生皇考兴献帝,兴国太妃为本生皇太后。已而桂萼疏上,谓宜称孝宗曰皇伯考,兴献帝为皇考,别立庙大内,正兴国太后之礼,定称圣母。张璁又疏继之,并谓宜去本生之称。帝是之，而廷臣伏阙哭争。帝大怒，杖谪者数十人。于是席书等议，孝宗皇伯也，宜称皇伯考。昭圣皇太后伯母也，宜称皇伯母。兴献帝父也，宜称皇考。章圣皇太后母也，宜称圣母。武宗仍称皇兄。庄肃皇后宜称皇嫂。乃诏告天下，尊称遂定。

今按诸臣之疏固各有说，谓宜考孝宗者，杨廷和、毛澄、汪俊及满朝诸臣也。廷和疏曰："《礼》谓所后者为父，而以所生者为伯叔父母，此古今不易之典也。"毛澄疏曰："汉成帝立定陶王为皇太子，立楚孝王孙景为定陶王，奉共王后。共王者，皇太子本生父也，师丹以为恩义备至。宋濮安懿王之子入继仁宗，是为英宗，司马光谓濮王宜尊以高官大爵，称皇伯而不名。乃立濮王园庙，以宗朴为濮国公，奉濮王祀。"程颐之言曰："为人后者谓所后为父母，而谓所生为伯叔父母，此人之大伦也。然所生之义至尊，宜别立殊称曰皇伯叔父某国大王，则正统明而所生亦尊矣。"此考孝宗之说，援引汉哀帝、宋英宗二案为据，举朝宗之者也。

张璁、桂萼等则谓："哀帝、英宗由成帝、仁宗预立为嗣，养之宫中，其为人后之义甚明。今武宗无嗣，大臣以陛下伦序当立而迎立之，与预养在宫中者不同。是陛下乃继统，非继嗣也。统与嗣非必父死子继也，汉文帝则以弟继，宣帝则以兄孙继，何必夺此父子之情，建彼父子之号也？"已而璁、萼又疏言："今日之礼不在皇与不皇，惟在考与不考。"而方献夫、席书等亦宗其说，疏言："为人后者，父尝立之为子，子尝事之为父也。今孝宗本有武宗矣，未尝以陛下为子也，陛下于孝宗未尝为子也。且武宗君天下十六年，今不忍孝宗之无后，独忍武宗之无后？陛下生于孝宗崩后二年，乃不继武宗之大统，超越十有六年上考孝宗，天伦大义固已乖舛矣。"此考兴献帝之说，璁、萼、献夫、书等之所执也。

究而论之，廷和等援引汉哀、宋英二案，固本先儒成说。然世宗之立，与汉哀、宋英二君预立为储君者不同，第以伦序当立，奉祖训兄终弟及之文入继大统。若谓继统必继嗣，则宜称武宗为父矣。以武宗从兄不可称父，遂欲抹煞武宗一代，而使之考未尝为父之孝宗，其理本窒碍而不通。故璁论一出，杨一清即谓此论不可易也。《明史》于《毛澄》等列传既详其援引古义之疏，《张璁》等传又详载其继统非继嗣之疏，使阅者各见其是,自有折衷。而于《澄》等传赞谓诸臣徒见先儒成说可据,而忘乎世宗之与汉哀、宋英不同,争之愈力,失之愈深,真属平允至当之论,可为万世法矣。

李福达之狱

李福达之狱,翻案改坐,大小官黜革问罪者至四十余人,为嘉靖年间一大事。御史马录巡按山西,以白莲教妖人张寅为弘治间谋反之李福达,坐以大辟。武定侯郭勋以书来为寅嘱免,录遂并以劾勋。已奉旨福达父子处死,又诘责勋。勋已伏罪矣,而言者以勋由议大礼得幸,共恶之,遂群起攻勋,欲正其党逆之罪。勋乃力图反噬,以议礼犯众怒为言。帝心动,特命张璁、桂萼、方献夫署三法司覆讯。三人故与勋同以大礼得幸为朝臣所嫉者,遂尽反其狱,谓寅非福达,特诸臣欲借此以陷勋重罪。于是触帝怒,而尽逐诸臣。此张、桂等之恃宠窃权,庇奸报怨,罪不容诛者也。

然是时寅、福达名姓不同,亦有致疑于马录之有意文致者。李(翊)〔诩〕《戒庵漫笔》载项乔之论曰:寅以白莲教惑人,自有本罪,而录指为李福达云云。是固谓寅非福达矣。《法传录》亦云:福达五台人,寅徐沟人,张为县中著姓,谱牒甚明,马录悉诋为伪,一笔抹去。是亦谓寅非福达矣。惟《从信录》及《林居漫录》则实指为寅即福达。王穉登《竹墅席上谈》亦记福达脱罪后游于江南,苏州寓玄妙观,常州寓杨七郎家,松江寓朱恩尚书家,所试奇术甚众,而惜其自投法网,改名张寅,几得重祸。则以为寅即福达。诸说纷纷如此,作史者宜何从?

今试平心论之,张寅被薛良首告指为李福达,此事在郭勋未嘱之先,马录即据以定谳,非逆知有勋之来嘱,而预坐福达以谋反重罪也。则寅之为福达,不待辩也。及勋嘱书至,录据以劾勋,公侯大臣为妖人游说,其挟权挠政,固已罪无可逭,原不必论福达之真伪也。迨张、桂欲借此为勋报复,则不得不反此狱,而以寅非福达为词,谓朝臣欲陷勋而故坐寅以谋反重罪,然后勋之罪益重,以此激帝怒。于是公案尽翻,至颁刻《钦明大狱录》以示天下,而寅非福达遂成铁案矣。修史者于此中推透当日情事,故于《马录传》既叙明福达之改名张寅,而于传末又言寅、福达姓名错误,人亦疑之。迨其孙李同复以妖术事发,跟究由来,而福达之狱益信。又于《唐枢传》载其全疏,确指寅即福达之处,历历有据,而此狱更无疑义。于是马录诸臣之枉,张、桂等之诬,皆了然共见,可见修史时之斟酌苦心也。

袁崇焕之死

袁崇焕之死,今日固共知其冤,而在当时,不惟崇祯帝恨其引我朝兵胁和,时帝怒甚,欲族诛崇焕,以何如宠申救,免死者三百余口,见《如宠传》。即举朝之臣及京城内外,无不訾其卖国者。杨士(聪)〔聪〕平心而论,亦但言其罪不至此,而不知其所以得祸之由。其所撰《玉堂荟记》云:己巳之变,当时士马物力足以相当,袁崇焕初至一战,人心甫定。而袁于大珰少所结好,毁言日至,竟罹极刑。乃京师小民亦群以为奸臣卖国,至有啖其肉者,其蜚语皆出自内阉云。可见是时引敌胁和之说已万口一词,士(聪)〔聪〕虽略知谤言之出自中涓,然究未知中涓何以有此说也。直至我朝修史时,参校《太宗实录》,始知此事乃我朝设间,谓崇焕密有成约,令所获宦官杨姓者知之,阴纵使去。杨监奔还大内,告于帝,帝深信不疑,遂磔崇焕于市。于是《崇焕传》内有所据依,直书其事,而崇焕之冤始白。使修史时不加详考,则卖国之说久已并为一谈,谁复能辨其诬者?于此可见《明史》立传之详慎,是非功罪铢黍不淆,真可传信千古也。

周延儒之入奸臣传

周延儒不过一庸相耳,以之入《奸臣传》,未免稍过。其始入阁,未见有败检事,特以不由廷推而得,故谤议纷然。其再出也,蠲逋赋,起废籍,撤中使,罢内操,救黄道周,颇多可称,故王鸿绪《明史传稿》在《列传》中。而今列之《奸臣》者,崇祯十六年,我大清兵深入畿内,延儒出视师,身驻通州,不敢一战,坐待我兵之蹂躏而归。一时物议沸腾,谓延儒得贿纵敌。锦衣骆养性、司礼监王德化密以上闻,总兵唐通又尝面奏,于是朝野内外万口同声,无不欲食其肉,民间至演为卖国传奇,遂传遍天下。故数十年中,延儒受人唾骂,较他相为尤甚。诸臣修史,尚是延儒诟詈未息之时,自不得不列之《奸臣》。究之传中所载,不过信用吴昌时,致其招权纳贿,及与吴甡相轧而已。无论严嵩之险恶,温体仁之阴贼,非延儒所能及;即嗜进无耻之万安,倾陷善类之张璁,尚觉罪浮于延儒。而延儒乃列入《奸臣》,此非以甚延儒之恶,转为延儒增其身分也。

纵敌之说本属无稽。杨士(聰)〔聪〕之论曰:纵敌者,必我能为敌所畏,方肯以贿免。当北兵深入,所过如破竹,虽礼拜求其去尚不可得。及其出塞也,大书边墙曰:“文武官员免送。”当时兵力为敌所侮笑如此,而反加以得贿纵敌之名,是何高视延儒,轻视敌兵也?此论载《玉堂荟记》,可谓得当日情事,而纵敌之说,可不辩自明矣。或云延儒因边警,先敛赀遣家人送归,中途为人耳目,家人姑大言以欺众,谓北兵所贻。人以其出自家人之语,遂以为实云。亦见《玉堂荟记》。

按《雷缜祚传》,延儒招权纳贿,凡起废、清狱、蠲租,皆自居为功。考选台谏,尽收门下,求总兵、巡抚者,必先贿其幕客董廷献。又《吴甡传》,延儒再相,冯铨力为多,延儒欲起之,惧众议,乃引甡入阁,将共为铨地。延儒又欲起奄党张捷为都御史,乃为甡所扼。又傅朝(佐)〔佑〕劾延儒引用袁弘勋、张道濬为腹心,摈钱象坤、刘宗周于草莽。倾陷正士,加之极刑,曰上意不测也。攘窃明旨,播诸朝右,曰吾意固然也。削言官以立威,挫直臣以怵众,往时纠其恶者尽遭斥逐,而亲知乡曲遍列要津。此等事皆延儒之奸,既入《奸臣传》,而传中却又不载。盖王鸿绪《传稿》本不列延儒于《奸臣》中,后来修史者始改编,然但列之《奸臣》卷,而传仍未改,故传中不见其奸邪之迹也。

刘基廖永忠等传

《太祖本纪》,元至正二十一年八月,帝自率舟师征陈友谅。戊戌,克安庆。壬寅,次湖口,败友谅于九江,克其城,友谅奔武昌。《友谅传》亦云:友谅陷安庆,太祖自将征之,复安庆,长驱至江州,友谅战败,奔武昌。《廖永忠传》亦云:从伐友谅,至安庆,破其水寨,遂克安庆。从攻江州,造桥于船尾,倒行其船,桥傅于城,遂克之。是皆叙明先克安庆,乘胜克江州,走友谅也。而《刘基传》则云:基赞太祖出师攻安庆,自旦及暮不下,基请径趋江州,捣友谅巢穴,遂悉军西上。友谅出不意,帅妻子奔武昌。是又未克安庆,径捣江州矣,与本纪及《友谅》诸传不合。按《赵德胜传》，从太祖西征，破安庆水寨，乘风溯小孤山，距九江五里，友谅始知，仓皇遁去，遂克江州。《仇成传》云，廖永忠、张志雄破其水寨，成以陆兵乘之，遂克安庆。盖戊戌但克安庆水寨，即径趋九江，仍留成等攻安庆，迫克江州，而安庆亦已克复。作史者不便琐屑分别，故以克安庆即系于戊戌耳。

又《张玉传》，靖难兵攻东昌，与盛庸遇，成祖被围数重，力战得出。玉不知成祖所在，突入阵中，力战而死。是玉死时，成祖已溃围出也。而《朱能传》云：盛庸围成祖数重，张玉战死，能帅周长等力战，拔成祖出。则似玉死时，成祖尚在围中，赖朱能救免矣。或玉战死后，成祖又被围，而能救出之，乃两事耶？《方孝（儒）〔孺〕传》谓，成祖起兵，姚广孝以孝（儒）〔孺〕为托，曰："城下之日，彼必不降，幸勿杀之。"是广孝未尝从帝军同至南都也。而《卓敬传》则云：帝登极，敬被执下狱，帝欲活之。广孝与敬有隙，谓建文若从敬言，岂有今日？遂杀之。则似帝入都时，广孝已在侧矣。按《广孝传》，靖难兵起，并未从行，及帝登极后，广孝南来，出振长洲，为其姊及友诟詈之事。当是帝既即位，广孝后至，敬尚在狱中，而一言杀之也。又《周忱传》，土木之变，议者欲焚通州粮，绝寇资。忱适议事在京，谓不如令京军自往取，则立尽，何至遂付煨烬？是此议本创自忱也。而《于谦传》又云：谦奏郕王，通州积粮，令官军自诣关支，以赢米为之直，毋弃以资敌。则又似出于谦之策。盖忱先有此议，谦以为然，故奏行之耳。又《王骥传》，贵州苗蜂起，围平越等城，时骥征麓川回，即命率师解围。骥顿兵辰、沅不进，御史黄镐困守平越半载，募人自间道奏于朝，命总督军务侯璡大破贼，尽解诸城围。是解围者，璡也。《镐传》则云：保定伯梁珤合川、湖兵救之，围始解。则解围又属梁珤矣。《璡传》则云：璡进讨时，副总兵田礼已解平越围。是解围实田礼也。盖是时璡总督军务，珤为将军，皆统帅。《骥》、《镐》等传但叙解围之功，则以总统为主；《璡传》实叙解围之人，则不可没田礼，故于《璡传》见之也。天启中，汪文言初下锦衣狱，镇抚刘侨止坐文言，不令牵引群臣，故少株连。据《魏大中传》，谓黄尊素语侨，勿因此起衣冠之祸，侨听之，狱词遂无所引。而《魏忠贤传》则谓，侨受宰相叶向高教，止坐文言。盖向高与尊素各有此议，使侨知之也。

惟《洪钟传》，四川贼廖麻子与其党曹甫掠营山、蓬州，钟招抚之，曹甫听命,麻子忿甫背己,乃杀之。是甫为廖麻子所杀也。而《林俊传》则云:击泸州贼曹甫,指挥李荫以元日破其四营,遂擒甫。则甫系李荫擒获,非廖麻子杀之也。此不免歧误。又祖大寿一人,凡两次降于我朝。据《孙承宗》、《何可纲》等传,崇祯四年,大寿筑城大凌河,为我朝兵所围,粮尽力屈,大寿与诸将欲降,可纲不从,大寿杀可纲,遂出降。是大寿于是时已降矣。其后大寿仍为明守锦州,至崇祯十四年,为我朝兵所困,总督洪承畴率八大将救之,大寿尚传语云,当逼以车营,勿轻战。承畴进兵大败,被围于松山。明年二月,城破,承畴降。三月,大寿以锦州降。事见《丘民仰》、《杨国柱》、《曹变蛟》等传。是大寿先于崇祯四年已降,后仍为明守锦州,至十五年再降也。而其先降后仍复反正固守锦州之故,则无明文。惟《丘禾嘉传》谓,四年大凌之役,大寿生降,请伪逃入锦,诱降其城。禾嘉在锦闻炮声,谓大寿已溃围出也,遣兵迎之。大寿入锦,未得间。禾嘉寻知其纳款状,乃密奏于朝,而帝于大寿欲羁縻之,弗罪也。只此一语,略见其仍守锦州之故,然究不明晰,他传又不错见其事。

又《张国维传》,崇祯十年,以安庆、池州、太平三府别设一巡抚,以史可法任之。而《可法传》则巡抚安庆、庐州、太平、池州四府,及河南之光州、光山、固始、罗田,湖广之蕲州、广济、黄梅,江西之德化、湖口诸县。是安抚所辖较《国维传》稍广。盖《国维传》不过谓添设巡抚,原不必详叙其他地耳。惟《陈奇瑜传》先已叙明遣(刘)〔卢〕明善击斩金翅鹏,及剿永宁之后,又云分兵击斩金翅鹏,一传中似重复。而《杨嗣昌传》则又云:嗣昌出督师,金翅鹏等来降。按嗣昌督师在奇瑜之后,或贼中号金翅鹏者有数人,如高迎祥称闯王,李自成亦称闯王也。

乔允升刘之凤二传

《乔允升传》,崇祯帝在位十七年,刑部易尚书十七人。薛贞以奄党抵死。苏茂相半载而罢。王在晋未任,改兵部去。允升坐逸囚遣戍。韩继思坐议狱除名。胡应台独得善去。冯英被劾遣戍。郑三俊坐议狱逮系。刘之凤坐议狱论绞,瘐死狱中。甄淑坐纳贿,下诏狱,改系刑部,瘐死。李觉斯坐议狱削籍。刘泽(源)〔深〕卒于位。郑三俊再为尚书,改吏部去。范景义木任,改工部。徐石麒坐议狱,落职闲住。

胡应台再召，不赴。继其后者张（炘）〔忻〕，贼陷京师，与其子庶吉士（士）端并降云。而《刘之凤传》末亦有此一段文字，并一字不改。此二传一在第二百五十四卷，一在第二百五十六卷，相隔只两卷，不及订正。盖卷帙繁多，纂修诸臣不暇彼此参订故也。

廿二史札记卷三十二

明祖行事多仿汉高

明祖以布衣起事，与汉高同，故幕下士多以汉高事陈说于前，明祖亦遂有一汉高在胸中，而行事多仿之。初起兵时，问李善长平天下之策，善长曰："汉高起布衣，豁达大度，知人善任，五年遂成帝业。公濠产，距沛不远，法汉高所为，天下不足定也。"《李善长传》。《孔克仁传》亦谓帝尝以汉高自期，谓克仁曰："秦政暴虐，汉高以宽大驭群雄，遂有天下。今群雄蜂起，皆不知修明法度，此其所以无成也。"是帝一起事即以汉高为法。

今观其初定都金陵，方四出征伐，而已建都城宫阙极壮丽，即萧何造未央宫之例也。何治官殿极壮丽，帝怒，以为天下新定，何重劳吾民？何曰："天下方未定，故可因以就宫室。"帝悦，乃徙居之。徙江南富人十四万户于中都，即汉初徙齐、楚大族昭氏、屈氏、景氏、怀氏、田氏以实关中之例也。娄敬请徙齐、楚诸大族以实关中，汉高从之，徙者十余万户。分封子弟于各省以建屏藩，即汉初分王子弟，以弟交王楚，从弟贾王荆，从子濞王吴，子肥王齐，如意王赵，文帝王代之例也。诏天下富民年八十以上赐爵里士，九十以上赐爵社士，即汉初赐民爵七大夫以上之例也。甚至胡、蓝之狱，诛戮功臣，亦仿菹醢韩、彭之例，此则学之而过甚者矣。

明祖文义

明祖以游丐起事，目不知书，然其后文学明达，博通古今，所传御制集虽不无词臣润色，然英伟之气自不可掩。至如凤阳《皇陵碑》，粗枝大叶，通篇用韵，必非臣下代言也。此固其聪明天亶，然亦勤于学问所致。下金华后，聘刘基、宋濂在军中，朝夕讨论，固人所共知。而其初取滁州，范常谒见，即留置幕下，有疑辄问。至正十三年事。渡江取太平，即召陶安参幕府。十五年。克集庆，即辟夏煜、孙炎、杨宪等十余人。取镇江，闻秦从龙宿学，即令从子文正、甥李文忠以金币聘致，常书漆简，问答甚密。又以从龙荐，聘陈遇侍帷幄，呼为先生而不名。十六年事。取婺州，即辟范祖幹、叶仪、吴沉、许幹、叶瓚玉、胡翰、汪仲山、李公常、戴良等十(三)〔二〕人，会食省中，分直讲经史。十七年事。计其时距起兵才数年，已留意文事如此，故文义已早通贯。

其见于诸臣传者，如范常在幕下，帝晏闲，辄命儒臣列坐赋诗，常每先成，帝笑曰："老范诗质朴，似其为人也。"见《明史》各本传。初下徽州，朱允升请留御书，即亲书"梅花初月楼"赐之。《双槐岁抄》。与陶安论学术，赐之门帖曰："国朝谋略无双士，翰苑文章第一家。"《安传》。征陈友谅，过长沙王吴芮祠，见胡闰所题诗，大爱之。《闰传》。鄱阳战胜，与夏煜等草檄赋诗。《煜传》。宋濂不能饮，帝强醉之，御制《楚词》以赐。又以良马赐濂，亲制《白马歌》。《濂传》。此皆未称帝以前事也。其后亲为文赐臣下者，毛骐、安然、陶安之卒，皆亲为文祭之。桂彦良迁晋王傅，亲为文赐之。宋讷读书，火燎其衣及胁，亲为文戒之。张九韶致仕，亲为文饯之。俱见各本传。

帝尝言文章宜明白显易，通道术，达时务。《詹同传》。阅曾鲁文，大悦曰："阅陶凯文已起人意，鲁又如此，文运其昌乎！"《鲁传》。以刘三吾主会试，疑其有弊，亲撰策问复试。《三吾传》。是帝之能为散文也。帝尝作诗，命三吾和韵，赐以朝鲜玳瑁笔。《三吾传》。李质赈饥山东，帝亲作诗饯之。《质传》。以旧韵出江左，命乐韶凤参考中原正音订之，名《洪武正韵》。《韶凤传》。解缙疏言："《韵府》出自元末阴氏，本无足采，陛下以其便于检阅，故好之。"《缙传》。帝尝出御制诗，桂彦良朗诵，殿陛皆惊。《彦良传》。是帝之亲风雅也。帝建大本堂，征名儒教太子于其中。帝往讲论，置酒欢宴，自作《时雪赋》。徐达初封信国公，帝亲制诰文云："从予起兵于濠上，先存捧日之心；来兹定鼎于江南，遂作擎天之柱。"末云："太公韬略，当弘一统之规；邓禹功名，特(立)〔列〕诸侯之上。"《稗史汇编》。刘仲质改华盖殿学士，帝亲制诰文。《仲质传》。封十王时，帝亲草册文，召唐之淳润色之。《蓟胜野闻》。是帝之兼习骈体也。帝尝问太子汉七国反事，太子曰："曲在七国。"帝曰："此讲官偏说耳。景帝为太子时，以博局杀吴王世子。及为帝，又听晁错之说黜削诸侯，此七国所由反也。"论内官则曰："古之宦竖，不过司昏晨而已。

自汉邓太后以女主临朝，以阉人为常侍等官，自是权倾人主。"阅内藏则以汉灵帝西苑，唐德宗琼林、大盈库为戒。谕翰林张信等以论思为职，则引唐陆贽、崔群、李绛等为训。谕戴德彝等亦然。教官吴从权不知民事，则谕以胡瑗教诸生皆兼时务。见本纪及各传。命刘基子璟为阁门使，谕之曰："考宋制，阁门使即仪礼司，欲汝以宣达为职也。"《基传》。是帝之熟于史事也。宋濂侍左右，尝召讲《春秋左氏传》。《濂传》。陈南宾进讲《洪范》九畴，后御注《洪范》多采其说。《南宾传》。又尝观蔡氏《书传》，象纬运行，与朱子(书)〔诗〕传相悖，征诸儒订正之。《钱宰传》。则帝并留意经学矣。

古来帝王深通文义者，代不数人。况帝自幼未尝读书，长于戎马间，又未暇从事占毕，乃勤于学业，遂能贯通如此，固命世雄才之一端哉！

明初文字之祸

明祖通文义固属天纵，然其初学问未深，往往以文字疑误杀人，亦已不少。《朝野异闻录》，三司卫所进表笺，皆令教官为之。当时以嫌疑见法者：浙江府学教授林元亮，为海门卫作《谢增俸表》，以表内"作则垂宪"诛。北平府学训导赵伯宁，为都司作《万寿表》，以"垂子孙而作则"诛。福州府学训导林伯璟，为按察使撰《贺冬表》，以"仪则天下"诛。桂林府学训导蒋质，为布、按作《正旦贺表》，以"建中作则"诛。常州府学训导蒋镇，为本府作《正旦贺表》，以"睿性生知"诛。澧州学正孟清，为本府作《贺冬表》，以"圣德作则"诛。陈州学训导周冕，为本州作《万寿表》，以"寿域千秋"诛。怀庆府学训导吕睿，为本府作《谢赐马表》，以"遥瞻帝扉"诛。祥符县学教谕贾翥，为本县作《正旦贺表》，以"取法象魏"诛。亳州训导林云，为本府作《谢东宫赐宴笺》，以"式君父以班爵禄"诛。尉氏县教谕许元，为本府作《万寿贺表》，以"体乾法坤，藻饰太平"诛。德安府学训导吴宪，为本府作《贺立太孙表》，以"永绍亿年，天下有道，望拜青门"诛。盖"则"音嫌于"贼"也，"生知"嫌于"僧"也，"帝扉"嫌于"帝非"也，"法坤"嫌于"发髡"也，"有道"嫌于"有盗"也，"藻饰太平"嫌于"早失太平"也。

《闲中今古录》又载杭州教授徐一夔，贺表有"光天之下，天生圣人,为世作则"等语,帝览之大怒,曰:"生者僧也,以我尝为僧也。光则薙发也。则字音近贼也。"遂斩之。礼臣大惧,因请降表式,帝乃自为文播天下。又僧来复谢恩诗,有"殊域"及"自惭无德颂陶唐"之句,帝曰:"汝用殊字,是谓我歹朱也。又言无德颂陶唐,是谓我无德,虽欲以陶唐颂我而不能也。"遂斩之。

按是时文字之祸起于一言。时帝意右文,诸勋臣不平,上语之曰:"世乱用武,世治宜文,非偏也。"诸臣曰:"但文人善讥讪,如张九四厚礼文儒,及请撰名,则曰士诚。"上曰:"此名亦美。"曰:"《孟子》有'士诚小人也'之句,彼安知之?"上由此览天下章奏,动生疑忌,而文字之祸起云。

明初文人多不仕

明初文人多有不欲仕者。丁野鹤、戴良之不仕[①],以不忘故国也。他如杨维桢,以纂礼乐书征至京师,留百余日,乞骸骨去,宋濂送之诗,所谓"白衣宣至白衣还"也。胡翰应修《元史》之聘,书成,受赉归。赵壎、陈基亦修《元史》,不受官,赐金归。张昱征至,以老不仕。陶宗仪被荐不赴。王逢以文学征,其子掖为通事司,叩头以父年高乞免,乃命吏部符止之。盖是时明祖惩元季纵弛,一切用重典,故人多不乐仕进。解缙疏云:"陛下无几时不变之法,无一日无过之人。出吏部者无贤否之分,入刑部者无枉直之判。"练子宁疏云:"陛下以区区小过,纵无穷之诛,何以为治?"叶伯(臣)〔巨〕疏云:"取士之始,网罗无遗。一有蹉跌,苟免诛戮,则必在屯田、筑城之科,不少顾惜。"此可见当时用法之严也。

武臣被戮者固不具论,即文人学士,一授官职,亦罕有善终者。宋濂以儒者侍帷闼十余年,重以皇太子师傅,尚不免茂州之行,何况疏逖素无恩眷者!如苏伯衡两被征,皆辞疾,寻为处州教授,坐表笺误死。郭奎参朱文正军事;张孟兼修史成,仕至佥事;傅恕修史毕,授博野令,后俱坐事死。高启为户部侍郎,已放归,以魏观上梁文腰斩。张羽为太常丞,投江死。徐贲仕布政,下狱死。孙蕡仕经历,王蒙知泰安州,皆坐党死。其不死者,张宣修史成,受官,谪驿丞。杨基仕按察,谪输作。乌斯道授石龙令,谪役定远。此皆在《文苑传》中。当时以文学授官,而卒不免于祸,宜维桢等之不敢受职也。

【校】

〔一〕 丁野鹤、戴良之不仕 校证:丁野鹤为丁耀亢之别号,明末清初人。此处应作丁鹤年,其行事与戴良相近,《明史·文苑传》后附有《丁鹤年传》。

胡蓝之狱

汉高诛戮功臣,固属残忍,然其所必去者,亦止韩、彭。至栾布,则因其反而诛之。卢绾、韩王信,亦以谋反有端而后征讨。其余萧、曹、绛、灌等方且倚为心膂,欲以托孤寄命,未尝概加猜忌也。独至明祖,借诸功臣以取天下,及天下既定,即尽举取天下之人而尽杀之,其残忍实千古所未有。盖雄猜好杀本其天性。如胡大海方宣力浙东,其子在都犯酒禁,即手刃之,曰:"宁使大海叛我,不可使我法不行。"赵仲中守安庆,陈友谅陷其城,仲中走还,常遇春请原之,帝曰:"法不行,无以惩后。"遂诛之。可见其刚决之性矣。又汉光武、唐太宗定天下时方年少,计身老则诸功臣已皆衰殁。宋太祖年虽长,而恃有弟可以驭诸臣,故皆务保全。至明祖则起事虽早,而天下大定则年已六十余,懿文太子又柔仁,懿文死,孙更孱弱,遂不得不为身后之虑。是以两兴大狱,一网打尽,此可以推见其心迹也。

胡惟庸之死在洪武十三年,同诛者不过陈宁、涂节数人。至胡党之狱则在二十三年,距惟庸死时已十余年。岂有逆首已死,同谋之人至十余年始败露者?此不过借惟庸为题,使狱词牵连诸人,为草薙禽狝之计耳。胡党既诛,犹以为未尽,则二十六年又兴蓝党之狱,于是诸功臣宿将始尽。惟庸死时,反状犹未露。洪武十九年,林贤狱成,谓惟庸曾遣之入海通倭,其事始著。二十一年,征沙漠,获惟庸昔所遣往故元通书之封绩。二十三年,发讯,逆谋乃大著云,见《李善长传》。蓝玉恃功粗暴,二十六年,锦衣卫蒋瓛告玉反,下吏讯,狱词云玉同曹震等谋变,将伺帝出耕藉时举事,乃族诛,见《蓝玉传》。

今按坐胡党而死者,李善长、陆仲亨、唐胜宗、费聚、赵庸、郑遇春、黄彬、陆聚、金朝兴、叶昇、毛(骧)〔骧〕、李伯昇、丁玉、邓愈之子镇及宋濂之孙慎。濂亦安置茂州。身已故而追坐爵除者,顾时,其子敬坐死。杨璟、吴祯、薛显、郭兴、陈德、王志、俞通源、梅思祖、朱亮祖、华云龙。其子中坐死。坐蓝党而死者,傅友德、曹震、张翼、朱寿、何荣、詹徽、傅友文、察罕、纳哈出之子。张温、陈桓、曹兴、黄辂、汤泉、马俊、王诚、聂纬、王铭、许亮、谢熊、汪信、萧用、杨春、张政、祝哲、陶文、（茹）〔茆〕鼎等。身已故而追坐爵除者，桑世杰、其子敬坐死。孙兴祖、其子恪坐死。何（荣）〔真〕、其子荣、贵、（安）〔宏〕皆坐死。韩政、其子勋坐死。濮英、其子玙坐死。曹良臣、其子泰坐死。此皆见于列传者。胡狱有《昭示奸党录》，族诛至三万余人；蓝狱有《逆臣录》，族诛至万五千余人。今二录不可考，而《胡》、《蓝》二传备载其数。

　　此外又有非二党而别以事诛者。廖永忠功最大，以僭用龙凤诸不法事赐死。汪广洋虽不入胡党，帝追念其在江西曲庇朱文正，在中书不发杨宪奸，遂赐死。周德兴年最高，以其子乱宫，并德兴赐死。王弼已还乡，又召人，赐死。胡美因女为贵妃，偕子婿乱宫，并美赐死。李新、谢成别以事诛死。文臣以事诛者，又有茹太素，以抗直不屈死。李仕鲁，以谏帝惑僧言，命武士摔死于阶下。王朴、张衡，俱以言事死。孔克仁、陶凯、朱同，俱坐事死。于是文臣亦多冤死。帝亦太忍矣哉！

　　《明史》于诸臣传，惟蓝玉略见其粗暴取祸之由。他如冯胜、傅友德等，但叙其战功，而末即结之以赐死，明见其死之不以罪。李善长佐明祖起兵，位至上相封公，年七十有七，全家诛戮。传中既附著其锻炼之爱书，又载王国用为之辨雪一疏，以深著其冤。汤和亦被猜而竟得良死，则传末谓当时公侯坐奸党无得免者，和独享寿考以功名终，而深为之幸。皆以见明祖之猜忌好杀，可知立传之用意也。

涂节汪广洋之死

　　《胡惟庸传》，惟庸与陈宁、涂节谋起事，洪武十三年正月，涂节上变，告惟庸，帝大怒，命廷臣讯惟庸，词连宁、节。廷臣言节本预谋，见事不成始上变，不可不诛，乃诛惟庸、宁，并及节。是节本与惟庸同谋逆者也。然《汪广洋传》，洪武十二年十二月，中丞涂节言刘基为惟庸毒死，是节于未告变之前已劾惟庸，则非素与惟庸同谋者矣。盖惟庸恨其告变，而反诬以陷之耳。

　　又《广洋传》，帝问惟庸毒刘基事，广洋对曰无有，帝怒其朋欺，贬广南。又追怒其在江西曲庇文正，在中书不发杨宪奸，乃赐敕诛之。是广洋之死，以朱文正、杨宪二事也。而《惟庸传》则云占城贡使至，惟庸、广洋不以闻，中官出见之，入奏。帝怒责惟庸、广洋，未几赐广洋死。是广洋又因匿贡使而死矣。二传殊不画一。匿贡使之事,惟庸、广洋同罪,不应独罪广洋,则广洋之死,究以文正、杨宪二案也。

明祖晚年去严刑

明祖惩元季纵弛,特用重典驭下,稍有触犯,刀锯随之。时京官每旦入朝,必与妻子诀,及暮无事,则相庆以为又活一日。见《草木子》。法令如此,故人皆重足而立,不敢纵肆,盖亦整顿一代之作用也。然其令李善长、刘基等定律,则又斟酌轻重,务求至当。洪武十八年,诏天下罪囚刑部、都察院详议,大理寺覆谳,然后奏决。二十年,焚锦衣卫刑具,以系囚付刑部。二十八年,又诏曰:"朕起兵惩创奸顽,或法外用刑,本非常典。后嗣止循律典,不许用黥、刺、剕、劓、阉割之刑。臣下敢以请者,寘重典。"又尝与懿文太子出郊,亲指道旁荆楚,谓太子曰:"古人用此为朴刑,以其能去风,虽伤不杀人。古人用心仁厚如此,儿当念之。"是帝未尝不慎重刑狱。盖初以重典为整顿之术,继以忠厚立久远之规,固帝之深识远虑也。

明祖多养异姓为子

养异姓为子始于唐之宦官,其后朱全忠、李克用、李茂贞、王建等亦用以创国。盖群雄角立,时部下多易于去就,惟抚之为家人父子,则有名分以相维,恩谊以相浃,久之亦遂成骨肉之亲。以之守边御敌,较诸将帅尤可信也。明祖初起,以匹夫举事,除一侄朱文正。一甥李文忠。外,更无期功强近之亲,故亦多养异姓子,幼而抚之,长即命偕诸将分守,往往得其力。《何文辉传》云,周舍守镇江,道舍守宁国,马儿守婺州,柴舍、真童守处州,金刚奴守衢州,皆义子也。按周舍即沐英,少孤,从母避兵,母又死,太祖与高后怜之,抚为子,军中亦呼沐舍,后以功复姓。道舍即何文辉,太祖初下滁州得之,年十四,抚为子。马儿即徐司马,扬州人,年九岁,无所依,太祖养为子,后立功,亦复姓。柴舍即朱文刚,与耿再成同守处州。苗帅之乱,文刚欲聚兵杀贼,不及而死。金刚奴无考。又有朱文逊,史不传其小字,亦以养子死太平之难。又《平安传》,安亦太祖养子,少骁勇,力举数百斤。《沐英传》又言太祖养子凡二十余人,今皆无考。

明初徙民之令

明祖初定鼎，尝迁苏、松、杭、嘉、湖民之无田者往耕临濠，官给牛种，免赋三年。成祖亦徙太原、平阳、泽、潞、辽、沁丁多田少及无田之家，以实北平。用闲民耕旷土，固善政也。然明祖又尝徙江南富民十四万户于中都，又命户部籍浙江等九省及应天十八府富民万四千三百余户，以次召见，徙其家于京师，谓之富户。成祖因之，亦徙直隶、浙江民二万户于京师，充仓脚夫。又徙应天、浙江富民三千户，充北京宛、大二县厢长，附籍京师，仍应本籍徭役。日久贫乏逃亡，辄选其本籍殷户补之。俱见《食货志》。谓明祖初意本效汉时徙民实关中之制，其后遂为厉阶云。按黄润玉以父在徙中，请以身代。官少之，对曰："父去日益老，儿去日益壮。"乃使之。旋举顺天乡试。

明分封宗藩之制

明祖初定天下，分封诸子于各省各府，盖仿汉、晋、六朝及有元之制而参酌之，外以壮藩卫，而实无事权。其有才者，如燕、晋诸王，或统兵以镇边塞，然不为例。其分封内地者，不过设三护卫，不至有尾大不掉之患，其用意亦深远也。然其后日久而弊日甚。一在以王府之尊而居于外郡，则势力足以病民；一在支庶蕃衍皆仰给县官，不使之出仕及别营生理，以至宗藩既困，而国力亦不支。考唐初亦封诸王于外，迨武后废杀诸王后，开元以来诸王皆居京师，而支庶得自奋于功名。如宗室为宰相者至有十余人。其出仕于外，如嗣虢王巨、嗣吴王祗，当国家寇乱时，俱能守郡掌兵，为国宣力。此法之最善者也。

今观明制，藩王之体统极尊。以极尊之体统处于外郡，则有如谷王橞夺民田，侵公税，杀无罪人，藏匿亡命，长史虞廷纲谏，则诬以罪而磔之。又如伊王世子典楧，多持官吏短长，不如旨，必构之使去。至御史行部不敢入城，楧要而笞之。官吏往来率纡道疾过，犹使人追入，责以不朝，朝者亦辱以非礼。宫墙坏，奏请修筑，则夺附近民居以广其宫。索郎中陈大壮屋，不肯，则使数十人从大壮卧起，夺其饮食，大壮遂饥死。阅河南府城女子，选七百余人，留尤丽者九十余人，勒其家以金赎。宸濠未反时，亦强夺民间田宅子女，养群盗闵廿四、凌十一等，劫财江湖间,有司不敢问。甚至楚宗华越讦楚王华奎之案,以巡抚赵可怀庇华奎,楚宗人遂击死可怀。此其恣横无忌,肆害官民,皆由以藩王之尊居于外郡,莫敢抗拒故也。

而国家之所以防闲宗藩者,则又禁例太密。盖自成祖以燕邸起兵得位,继以高煦、宸镭、宸濠先后谋不轨,遂设为厉禁,所以箝制之者无不至。《明史·诸王传赞》,谓出城省墓亦须奏请,二王俱不得相见。今按襄王瞻墡,自长沙徙封,过安陆,见其弟梁王瞻垍,流连不忍去,临别痛哭,谓此生不得复见矣。此二王不相见之制也。天顺中,瞻墡奉旨入朝,英宗以其尊属,特命岁时得与诸子出城游猎。可见非特旨则不得出城也。弘治中,周太后思见其次子崇王见泽,特召之。倪岳奏自宣德以来,除襄王一人朝外,无亲王朝见之事,乃不果召。万历中,郑贵妃不欲其子福王之国,以留过李太后寿节为词,太后曰:"吾潞王亦可以寿节来乎?"潞王李太后次子,神宗亲弟。此可见一受封,即入朝亦不得也。甚至土木之变,韩王子冲烁勤王赴京,亦以敕止之。寇入河套,冲烁愿率子婿击贼,亦不许。崇祯中,京师戒严,唐王聿键倡义勤王,反被诏切责,削为庶人,锢之凤阳。是虽赴国家之急亦不得也。

而法之尤不善者,在乎支庶日蕃,徒仰岁禄,而别无出仕及谋生之路,宗支既多穷迫,而国力亦以坐困。《明史》表序谓亲王或可自存,郡王至中尉空乏尤甚。盖亲王岁禄既多,洪武九年,初定亲王岁五万石,钞二万五千贯,绢布盐茶马草各有支给。二十八年,更定亲王禄犹万石,郡王只二千石,镇国将军以下以二百石、一百石递减。其护卫军及仪卫司人役并乐户之类俸饷皆支于官,楚王孟烷请纳还两护卫,以省国力。是护卫饷给自官也。德王祐榕以仪卫司缺额,勾令丁补之,巡抚邵锡檄补充者勿给饷。是仪卫司本给饷也。郡王有事用鼓吹,与亲王别城居者,假鼓吹于有司,与亲王同城者,假乐户于长史司。是亲王独有乐户也。是亲王之分例本属丰厚。且初封时,岁禄外又有草场滩地之赐。如英宗子见潾就藩德州,请齐、汉二庶人所遗东昌、衮州闲田,及白云、景阳、广平三湖地,宪宗悉与之。神宗子潞王就封,请得景藩故籍田产,多至四万顷。福王之国,亦援例以请,而版籍已定,尺寸皆夺之民间,不得已减半,中州田不足,则取山东、湖广田益之。又奏乞张居正入官田,及江都至太平沿江荻州,四川盐井、榷茶银。又请淮盐千三百引，设店洛阳售卖，至为禁食河东盐以听鬻卖。此亲王富厚之大概也。盖亲王初封爵出藩皆帝王爱子，故岁禄外有此别给。其后嫡子孙袭亲王爵者即世其产，是以富厚如此。

至亲王之支子孙封为郡王及镇国、奉国将军、中尉者，不能分此私产，惟恃岁禄为衣食，而生齿日繁，国力不给。嘉靖中，御史林润言："天下财赋岁供京师米四百万石，而各藩禄米至八百五十三万石，即无灾伤蠲免，亦不足供禄米之半。年复一年，将何以支？"此可见国家养给各藩之竭蹶也。于是议者有减岁禄，限宫媵，限支子之请。《明史·诸王世表序》谓，支属承祧者，亲王无旁推之恩；群从继世者，郡封绝再袭之例。以及名婚不时有明禁，本折互支无常期。嘉靖四十四年，乃定郡王、将军七分折钞，中尉以下六分折钞，郡、县主仪宾等八分折钞，而宗藩之贫困极矣。此皆由宗藩支庶仰食于官，不使之出仕，又不许其别营生计，以致坐敝如此。靳学颜疏所谓唐、宋宗亲或通名仕版，或散处民间。我朝分封列爵，不农不仕，吸民膏髓是也。《程绍传》，宗室为盗窟穴，绍列上其状，则更入不肖。嘉靖中，宗室祐楬请除宗人禄，听其以四民业自为生，贤者应科目试，不许。直至万历中，宗室戴埨请宗室皆得儒服就试，中式者视其才器，中外职兼用，始允行之。按《陈子壮传》，崇祯帝下诏，援祖训郡王子孙文武堪任用者，得考验授职。是祖训原有宗藩出仕之例。

其后崇祯中，中部知县名新堞者，守城死流贼之难。云南通判寿鉎，当孙可望兵至，知不免，乃张盖往见之，行三揖礼，曰："谢将军不杀不掠之恩。"可望欲降之，不从，遂遇害。巩昌通判廷璋，署秦州，城陷，为贼所执，使之跪，叱曰："我天朝宗姓也，今日惟求一死。"贼遂杀之。《宗室诸王传》。又宝丰知县朱由械、密县知县朱敏汀，亦皆以宗贡生出仕，死流贼之难。《武大烈传》。此皆万历以后许宗人应试得官者也。向使早如唐制，宗人各有进身之路，则平时既无坐食廪禄之费，一旦有事，或亦有如虢王、吴王之为国立功，未尝不可收藩维之助。乃直至末造，始开入仕之途，而已无及矣。岂非立法之最不善者哉！《何如宠传》，宗藩婚嫁命名例请于朝，贫者为部所稽，万历末至崇祯中积千数，有白首不能完家室，骨朽而尚未命名者。如宠为礼部尚书，特为奏请，贫宗得嫁娶者六百余人。

明官俸最薄

明初百官之俸皆取给于江南官田，其后令还田给禄。洪武十三年，已定文武官禄米俸钞之数。二十五年，更定官禄，正一品月俸米八十七石，从一品至正三递减十三石，从三品二十六石，正四品二十四石，从四品二十一石，正五品十六石，从五品十四石，正六品十石，从六品八石，正七品至从九递减五斗，至五石而止。自后为永制。洪武时官全给米，间以钱钞，兼给钱一千、钞一贯，抵一石。其时钞尚贵。官高者支米十之四五，卑者支米十之七八，九品以下全支米。后折钞者每米一石给钞十贯。时钞已贱，故十贯抵一石。又凡折色俸，上半年给钞，下半年给苏木胡椒。《孔友谅传》，疏言大小官自折钞外，月米不过二石。此宣德中事也。又《李贤传》，正统以前，北京漕运少，各官月支米一石。李贤疏言降人居京师者，实支十七石五斗，指挥使月俸三十五石者，实支仅一石。是一降人当京官十七员半矣。成化七年，户部钞少，乃以布估给，布一匹当钞二百贯。是时钞一贯仅值钱二三文，而米一石折钞十贯，是一石米仅值二三十钱也。布一匹亦仅值二三百钱，而折米二十石，是一石米仅值十四五钱也。《明史·食货志》谓自古官俸之薄，未有若此者。顾宁人谓其弊在于以钞折米，又以布折钞，以致如此。

其后又定有折银之例。成祖迁都北京，以漕运不便，百官俸米皆令赴南京关支，惟英国公张辅以功大，许北京支领。其百官俸米，领票后卖与商人赴领，每十石止值银一二两。周忱以江南正苦粮重，建议量折银，每石银四钱，以充百官俸，折银之例始此。凡官俸有二，曰本色，曰折色。其本色又有三，曰月米，曰折绢米，曰折银米。月米不问官大小，皆一石。折绢者，绢一匹当银六钱。折银者，银六钱五分当米一石。比从前以布折钞之例稍优矣。其折色亦有二，曰本色钞，曰绢布折钞。本色钞，二十贯折米一石。绢布折钞，绢一匹折米二十石，布一匹折米十石。一品者本色仅十之三，递增至从九品，本色乃十之七。此有明一代官俸之大略也。按《李长庚传》，据《会典》，国初金花银解南京，供武俸，正统初始改解内库，除武俸外皆御用。是武官俸早已给银。

明宫殿凡数次被灾

永乐五年，始建北京宫殿。八年，北征还，即受朝于奉天殿。是奉天殿先成。十八年,各宫殿皆落成,诏改京师为南京,北京为京师。十九年四月,奉天、华盖、谨身三殿灾。二十年,乾清宫亦毁。自后未尝营葺,故仁宗即位,将还南京,诏改北京诸司悉称行在。直至正统四年,始修建北京宫殿。六年十一月,乾清、坤宁二宫及三殿俱告成,乃定都北京,诏文武诸司不得称行在。正德九年正月,乾清宫灾,遣使采木于湖广,因工作大,加天下赋一百万。十六年十一月,乾清宫始造成。嘉靖三十六年,三殿又灾。四十一年九月,三殿告成,改奉天曰皇极,华盖曰中极,谨身曰建极。万历二十四年,乾清、坤宁两宫灾。二十五年,皇极、中极、建极三殿灾。三十年,重建乾清、坤宁二宫。三十二年三月,乾清宫成。天启六年九月,皇极殿成。七年八月,中极、建极殿成。崇祯十七年四月二十九日,宫殿又为流贼李自成所毁。统计明代北京三殿两宫,各四次被灾。本纪及《杨廷和》、《乔宇》、《沈一贯》、《陈于陛》、《张位》等传。

明正后所生太子

　　明诸帝惟成祖、景帝、世宗、庄烈帝由藩邸入继大统,未尝身为皇太子。世宗晚年以忌讳未立储,光宗甫登极即病,亦未立储,其余则无有不立太子者。太祖立马后长子为皇太子,未即位薨,是为懿文太子。又立太子妃吕氏所生子为皇太孙,是为建文帝。靖难兵至,崩于火。建文登极时,亦立查后长子文奎为皇太子,兵至不知所终。此正后、正妃所生太子,皆不吉也。仁宗母系仁孝徐后,宣宗母系诚孝张后,此则正后所生太子获享国者,然二帝生时在藩邸,母尚未立后。英宗由太子即位,则本宫人子而孙后养为己子者也。宪宗由太子即位,其母则周贵妃也。孝宗由太子即位,其母则李淑妃也。惟孝宗登极后,册妃张氏为皇后,弘治四年生武宗,立为皇太子,此乃既为后后所生之太子,为有明一代盛事。世宗以后,穆宗母则杜康妃也。神宗由太子即位,其母则李贵妃也。光宗由太子即位,其母则王恭妃也。熹宗母则王选侍也。庄烈帝母则刘贤妃也。至庄烈帝登极,册周妃为后,明年生慈烺,立为皇太子。此亦既为后后所生之太子,武宗后仅此而已。

　　统计有明一代,正位中宫后所生储贰,惟武宗及慈烺二人。然武宗虽为帝,而盘游无度,几乱天下,身后又无子;慈烺遇国变,不知所终。是正后所生太子，更不吉也。他如景帝立子见济为皇太子，杭妃所生。宪宗先立祐极为皇太子，柏妃所生。世宗先立载壑为皇太子，王贵妃所生。皆早薨。此则虽非正后所生，亦皆不吉矣。立嫡建储，古今令典，乃时会迁流，有不可以常理论者。明代诸臣，呶呶以争国本为第一大事，其亦未博观于历代继述兴亡之故也哉！

明宫人殉葬之制

《明史·后妃传》，太祖崩，宫人多从死者，建文、永乐时相继优恤，如张凤、李衡、赵福、张璧、汪宾诸家，皆世袭锦衣卫千百户，人谓之太祖朝天女户。历成祖、仁、宣二宗皆然。其见于《后妃传》者，宣宗崩，嫔何氏、赵氏、吴氏、焦氏、曹氏、徐氏、袁氏、诸氏、李氏、何氏皆从死，正统元年皆追加赠谥，册文曰："兹委身而蹈义，随龙驭以上宾，宜荐徽称，用彰节行。"此可见当时宫嫔殉葬之例也。景帝以郕王薨，犹用其制，至英宗遗诏始罢之。按《周王有燉传》，有燉死，英宗赐有燔书曰："王在日尝奏身后务从俭约。妃、夫人以下不必从死，年少有父母者遣归"云云。帝之除殉葬，盖本于有燉之奏也。然有燉死，妃巩氏，夫人施氏、欧氏、陈氏、张氏、韩氏、李氏皆死殉，诏谥妃贞烈，夫人贞顺，盖帝赐书未到已先死矣。又可见当时宫人殉葬，各王府皆然，不特朝廷也。《否泰录》载英宗临崩，召宪庙谓之曰："用人殉葬，吾不忍也。此事宜自我止，后世勿复为。"遂为定制。

明代选秀女之制

《明史》载明祖之制，凡天子亲王之后妃宫嫔，慎选良家女为之，进者弗受，故妃后多采之民间。国初惟成祖仁孝皇后为徐中山女，其时法制未定也。明祖初为懿文太子册常遇春女为妃，未薨，又册吕本女为太子妃。又初为秦王楝纳王保保妹为妃，继又以邓愈女为妃。皆前代故事所无。嗣后则多出民间，故每新君登极，有选秀女之谣。《明种类抄》，成化中，命妇入朝，尚书施纯妻甚端丽，皇太后谛视久之，顾左右曰："曩选妃时，何不及此人？"又《涌幢小品》，宪宗选妃江南，嘉兴姚善女在选中，发不盈尺，过吴江二十里，一夕发顿长八尺，故其地遂名八尺。后入宫，生皇第九子寿王，册封端懿安妃。又《四友斋丛说》，武宗南巡至扬州，知府蒋瑶力拒嬖幸江彬等。彬传旨要选秀女,瑶曰:"止知府有三女,民间并无。"彬遂语塞。又赵尔沂《刘大姑传》,大姑京师人,光庙在青宫时,诏选元妃,大姑与郭后及后女弟同入选,郭后选中,后女弟及大姑赐金币还。凡落选女子,贵家争聘致为重,后女弟遂为成山伯夫人。大姑独不肯嫁,贵戚纳聘悉却之,谓母曰:"被选后,与今元妃同卧起三月,外间何等子,乃议婚耶!"遂守贞以殁。此皆前明选秀女故事也。于慎行《笔麈》云,此事祖宗自有深意。汉宣帝许后起微时,故为后从官舆服甚俭。及霍后立,赏赐动以千万计。且不特此也,来自民间,则习见闾阎生计,可以佐人君节俭之治。若必出于勋旧,则勋而兼戚,戚而兼勋,王氏祸汉,贾氏祸晋,可为前鉴。本朝选驸马亦然,非但不由勋旧,并不由仕宦,其意深远矣云云。

今按明代选秀女之制,亦非通行天下,大概多在京师附近之处。初两京并重,故妃后尚有南人。如宣宗胡后,济宁人;孙后,邹平人;吴妃,丹徒人;郭嫔,凤阳人。英宗钱后,海州人。宪宗王后,武宗夏后,皆上元人。世宗方后,江宁人是也。然地近则易采选,故英宗周妃,昌平人。景帝汪后及宪宗吴后,皆顺天人。世宗杜妃,<small>穆宗生母。</small>大兴人。穆宗李后,昌平人;陈后,通州人;李妃,<small>神宗生母。</small>漷县人。神宗王后,余姚人,而生于京师;郑贵妃,大兴人。光宗郭后,顺天人;王妃,<small>熹宗生母。</small>顺天人;刘妃,<small>庄烈帝生母。</small>海州人,而籍宛平。庄烈帝周后,苏州人,而家于大兴。盖有明中叶以后,选妃多在京师,不及远方,恐滋扰也。《陈子龙传》,福王立于南都,中使四出,凡有女之家,黄纸贴额,即持之去,闾里骚然,子龙上疏力谏。可见选秀女之骚扰也。

廿二史札记卷三十三

明初吏治

《明史·魏观》等《传赞》云，太祖起闾右，稔墨吏为民害，尝以极刑处之。然每旌举贤良以示劝，不专任法也。尝遣行人赍敕赐平阳令张础，建阳令郭伯泰，旌其治行。又或因士民之请留良吏，辄进秩留任。并有坐事被逮，部民列善状上闻，亦复其官，且转加超擢者。既擢矣，而其人改节易操，则又重法绳之，所以激劝者甚至。故一时吏治多可纪，今《循吏传》可考也。天下府、州、县官来朝，帝谕之曰："天下初定，百姓财力俱困。如初飞之鸟，不可拔其羽；新植之木，不可摇其根。在安养生息之而已。惟廉者能约己而利人，尔等当深念之。"又尝谕户部："国家赋税已定，搏节用度，自有余饶。使民得尽力农桑，自然家给人足，何事聚敛也？"沿及成祖、仁、宣、英、景、宪、孝诸帝，亦皆加意吏治，其有政绩卓著，往往特敕奖之，如成祖之于史诚祖，仁宗之于刘纲是也。诸良吏秩满当迁，或罣误罢黜，亦多因部民之请，俾进秩视事，往往至二三十年不易。其有因而作奸者，如永宁税课使刘迪，结耆老请留；汉中同知王聚，求属吏保奏，则又斥遣随之。皆宣宗时事。阅数年，辄遣大臣分往各直省考察官吏，严其黜陟。而紧望之地，则特诏大臣各举所知以为守令。如宣德中，先择京官九人为郡守，继择二十五人为郡守；正统中，择京官十一人为郡守，后多为良吏，为名臣。

盖朝廷既以吏治为重，中外大臣亦无不留意人才。仁宗诏各举所知，郎中况钟以张宗琏荐，帝问杨士奇，士奇曰："宗琏实贤臣，与王直将举之，不意为钟所先耳。"其后况钟之出守，则蹇义、胡濙所荐也。翟溥〔福〕则魏源所荐也。李湘则胡濙所荐也。李信圭之知蕲州，则〔张〕〔章〕敞所荐，后守处州，则金濂所荐也。吉水令钱(一)本〔忠〕罢官，郡人胡广在朝力保之，遂复职。杨荣当国时，其家人犯法，邑令鲁穆严惩之，荣反以为贤而荐于朝。其时朝臣之汲引如此。在外大吏亦多持心公正。如叶宗人为钱塘令,人呼为"一叶清"。其死也,按察使周新哭之。田铎知蓬州,巡按御史过其境,无一讼者,知其下无冤民,遂荐之,擢广东佥事。此又外省举劾之大概也。且是时吏部考察之权最重,蹇义、王直、马文升先后长部事,尤以奖廉黜贪为要。史称蹇义慎择守令,考察明恕。而王直察举天下廉吏,以范衷为第一。翟溥〔福〕秩满到部,以年老乞休,侍郎赵新旧尝为其上司,曰:"此江西第一贤守也。"遂不听其去。句容令徐九思为巡抚所劾,吏部尚书熊浃知其贤,特留之。此又吏部之能择人而任也。以上俱见各本传。

一时风气如此,故为守令者无不洁己爱民,耻干清议。《循吏传序》云:洪武以来,吏治澄清者百余年。当英宗、武宗之际,内外多故,而民心无土崩之虞,由吏鲜贪残故也。嘉、隆以后,吏部考察之法徒为具文,而人皆不自顾惜。抚按之权太重,举劾惟贿是视,而人皆贪墨以奉上司,于是吏治日媮,民生日蹙,而国亦遂以亡矣。后人徒见中叶以来,官方隳裂,吏治窳敝,动谓衰朝秕政,而岂知其先崇尚循良,小廉大法,几有两汉之遗风,且驾唐、宋而上哉!今就《明史》各列传及《循良传》关于劝惩者,条摘于左。

因部民乞留而留任且加擢者

《汉书·循吏传赞》,宣帝以太守吏民之本,数变易则下不安,民知其将久,不可欺罔,乃服从其教化。故二千石有治理,辄以玺书勉励,增秩赐金,或爵关内侯,公卿缺则选用之。故汉世良吏,于斯为盛。是古来重吏治者,多以久任为效。明太祖亦尝仿之。兴化丞周舟,已擢吏部主事,民乞留,乃遣还。丹徒令胡梦通、丞郭伯高,金坛丞李思进,归安丞高彬,曹县簿刘郁,衡山簿纪惟正,皆坐事当逮,民诣阙言多善政,帝并复其官,惟正并擢参议。永州守余彦诚,齐东令郑敏等十人坐事下狱,耆民列政绩以闻,皆复官,并赐耆民道里费,县令沈昌、周荣等四人并擢郡守。此太祖时事也。

洪、宣、正统间,秩满奏留者又有邵阳令孙浩,长清令薛慎,吴桥令吴原,博野令陈哲,泰安令畅宣,砀山令刘伯吉,会宁令郭完,贵溪令徐士宗,常熟令郭南,平山令张璟,藁城令徐荣,安福令何澄,桐乡令田玉。以上皆《循吏传》。况钟守苏州,丁母忧,郡民诣阙乞留,诏起复。秩满当迁,部民二万余人乞留,巡按奏闻,诏进三品,仍视府事。陈本深守吉安,满秩当迁,亦因部民请,进三品秩视事。后闻衙前民家嫁女鼓乐声,笑曰:"此我来时乳下儿也,今且嫁,我尚留此乎?"乃请老去,凡在吉安十六年。罗以礼守西安,丁忧去,代者不称职,部民追思,乞于朝,诏起复视事。岁满,亦进秩留任。莫愚守常州,秩满亦进秩留任。陈敏知茂州,累加秩至右参政,仍视州事,在州二十余年,秩既高,诸监司郡守反在其下。项忠为陕西按察使,九载满,当入都,军民乞留,诏还任。张瑄为广东左布政使,考满,军民乞留,巡抚陈濂奏闻,乃仍故任。于谦抚河南、山西,左迁大理寺少卿,两省吏民千余人乞留,英宗命仍抚两省。以上见各本传。陈复知杭州,遭丧,部民乞留,诏起复。见《耿九畴传》。

其后有乞留不允者。郭琎为吏部尚书,虑其中有妄者,请覆实,从之,自是遂为例。《琎传》。郭登守衢州,坐累征,耆老数百人伏阙乞留,不听。吴讷巡按贵州,将代还,部民诣阙乞留,诏不许。亦见各本传。宣宗因刘迪、王聚之邀吏民保留,自后部民乞留者,率下所司核实。盖久则弊生,不得不随时变法也。

特简廷臣出守

唐玄宗开元十三年,帝自选诸司长官有声望者十一人为刺史,命宰相诸王饯之,御书十韵诗以赐。此特简廷臣出守故事也。明宣德五年五月,择廷臣九人为知府,赵豫松江,况钟苏州,罗以礼西安,莫愚常州,邵旻武昌,马仪杭州,陈本深吉安,陈鼎建昌,何文渊温州,皆赐敕乘传行。皆见《循吏传》及本传。是年十一月,又择廷臣二十五人为知府,李骥河南,王莹肇庆,徐鉴琼州,许敬轩汀州,郑恪宁波,王昇抚州。英宗正统元年,亦择廷臣十一人为知府,王源潮州,李湘怀庆,翟溥〔福〕南康。皆见《循吏传》,余无考。

遣大臣考察官吏

明初以十五布政使分治天下。永乐初,遣给事中、御史分行天下,有司奸贪者逮治。其后又遣塞义等二十六人巡行天下,按抚军民,还朝不为例。《熊概传赞》。寻又遣郭敦以礼部侍郎偕给事中陶衍巡抚顺天。_{时未有巡抚官,此系特敕考察官吏。}吾绅以刑部侍郎奉敕考察两广、福建方面官,有故人官参政者,黜之。《吾绅传》。正统初,又分遣大臣考察天下方面官,刘辰往四川、云、贵,悉奏罢其不职者。《刘辰传》。徐琦奉命与工部侍郎郑辰考察南畿官吏,黜不法者三十人。《徐琦传》。段民为左参政,奉命与巡按考州县吏廉墨以闻。《段民传》。景泰中,亦遣大臣行天下,黜陟有司。礼部侍郎邹干至山西,黜布政使以下五十余人,巡抚朱鉴请召干还,干并劾鉴。《朱鉴传》。时已设巡抚,又遣大臣考察,重吏治也。

按遣大臣考察官吏,本汉、唐故事。《后汉书·周举传》,时以吏治多弊,诏遣八使巡行风俗,选素有威名者周举、杜乔、周栩、冯羡、栾巴、张纲、郭遵、刘班,并守光禄大夫,分行天下。其刺史二千石有赃罪者,驿马上之;墨绶以下,便即收举;清忠宜表异者,以状上。于是劾奏贪猾,表荐公清,天下号为"八俊"。唐太宗亦遣大理孙伏伽等二十二人巡察四方,黜陟官吏,帝自临决,牧守以贤能进擢者二十人,死罪七人,流以下及黜免者数百人。已又频遣使考察。玄宗亦命尚书席豫等分道黜陟。金源亦有此制。熙宗时,遣使廉问吏治得失。《宗雄传》。世宗即位,凡数岁一遣使,故大定之间吏皆奉法,百姓滋殖,号为小康。_{已见《金史》条内。}刘球所谓考察久不举行,故吏多贪虐,民不聊生。盖承平日久,吏治玩弛,遣大臣严考核以黜陟之,固亦整饬吏治之一法也。

然亦视乎所遣之人何如。如元顺帝时亦尝遣使巡行,官吏有罪者四品以〔下〕〔上〕停职申请,五品以下就处决,民间一切利害听举行。如成导奉使山东、淮北,擢廉吏九人,黜贪懦者二十一人。苏天爵奉使京畿,纠劾者九百四十余人,当时有包、韩之誉。_{见《元史》各本传。}固亦皆能奏劾。然据陶宗仪《辍耕录》,当时奉使者多挟势取贿,民间谣曰:"官吏黑漆皮灯笼,奉使来时添一重。"又永乐中邹缉上言,贪官污吏遍布内外,朝廷每遣一人,即是其人养活之计,有司承奉惟恐不及。是以使者所至,有司公行贿赂。其后梁廷栋亦言,巡按御史之弊,盘查访缉,馈遗谢荐,有司所出,多者二三万金。国家多一巡方,天下加派百万。是则察弊适以滋弊,又在乎简用之得人矣。

重惩贪吏

洪武十八年,诏尽逮天下官吏之为民害者,赴京师筑城。《孝义传·朱煦传》内。帝初即位,惩元政弛纵,用法太严,奉行者重足而立。《周祯传》。官吏有罪笞以上,悉谪凤阳屯田,至万余人。《韩宜可传》。又按《草木子》,记明祖严于吏治,凡守令贪酷者,许民赴京陈诉。赃至六十两以上者,枭首示众,仍剥皮实草。府、州、县、卫之左特立一庙,以祀土地,为剥皮之场,名曰"皮场庙"。官府公座旁各悬一剥皮实草之袋,使之触目警心。后海瑞疏亦举太祖剥皮囊,及洪武中所定枉法赃八十贯论绞之律,以规切时政,见《瑞传》。法令森严,百职厘举,祖训所谓"革前元姑息之政,治旧俗污染之徒"也。

按元世祖籍阿合马家,有人皮一张,后诛阿合马之子阿散,亦剥其皮。是元代已有此非法之刑。

明大臣久任者

永乐以后数十年中,大臣多有久于其位者。杨士奇在内阁四十三年,虽其始不过为学士,然已预机务,后加至公、孤,始终在枢地,不出内阁一步,古来所未有也。同时直内阁者,金幼孜三十年,杨荣三十七年,杨溥二十二年。六卿中,蹇义为吏部尚书三十四年,夏原吉为户部尚书二十九年,胡濙为礼部尚书三十二年。耆艾满朝,老成接迹,盖劫运之后,必有一番太和元气,周浃宇宙,诸臣适当其隆,故福履康强,身名俱泰。当时朝廷之上,优老养贤固可想见,而诸臣庞眉白首,辉映朝列,中外翕然,称名臣无异词,其必有以孚众望者矣。若专宠利而窃威权,如万安为相十九年,刘吉为相十八年,已丛物议;至严嵩为相二十一年,遂入《奸臣传》,为千载唾骂。则三杨、蹇、夏诸人,宿德重望,始终无玷,固不可及也。

按三杨同时在内阁者,又有黄淮、胡广,皆十六年。其后李东阳十八年,徐阶十七年。而蹇、夏后又有吕震为礼部尚书十九年,马文升历各部尚书二十二年,王直、王翱为吏部尚书各十五年,亦皆久于其位,名实相称。至明之末造,揆席如传舍,台省如践更。崇祯帝十七年中,易相五十余人,刑部尚书十七人,《乔允升传》。兵部尚书十四人，《张凤翼传》。总督被诛者七人。《郑崇俭传》。盖国运将倾，时事孔棘，人材薄劣，动辄罹殃，固亦时势之无可如何者矣。

大臣荐举

《吏治》条内所载，况钟、翟溥〔福〕等出守皆由大臣荐。然洪、宣、正统间，大臣所荐不特外吏也。如顾佐以杨士奇、杨荣荐，由通政司擢都御史。陈勉以士奇荐，由副使擢副都御史。高毅以士奇荐，由侍讲进工部侍郎，入内阁。曹鼐亦以杨荣、杨士奇荐，由侍讲入内阁。王来以士奇荐，由巡按擢左参政。彭勖以士奇荐，由教职擢御史，督学南畿。孙鼎以杨溥荐，亦由教职擢御史，督学南畿。金纯以蹇义荐，由庶僚擢刑部侍郎。陈寿以夏原吉荐，由参政擢工部侍郎。郭敦以胡濙荐，由副使擢礼部侍郎。刘球以胡濙荐，由主事改翰林侍讲。周瑄以王直荐，由郎中擢刑部侍郎。杨信民以王直荐，由刑科擢左参议，后又以于谦荐，巡抚广东。罗绮以于谦、金濂荐，由谪戍复大理右寺丞。罗通以于谦、陈循荐，由河泊所官擢兵部员外郎。李贤谪官参政，以王翱奏贤可大用，遂留为吏部侍郎，复尚书，入内阁如故。崔恭以李贤、王翱荐，由巡抚进吏部侍郎。李绍亦以贤、翱荐，由学士擢礼部侍郎。王越以李贤荐，由按察使擢巡抚大同。罗璟方谪官，以王恕荐，擢福建提学。秦纮以王恕荐，由布政使擢副都御史，总督漕运。余子俊以林聪荐，由知府擢陕西参政。韩雍被劾，方待吏议，会广西瑶肆乱，王竑曰："雍才气无双，平贼非雍不可。"乃擢都御史，督兵两广。以上见各本传。史又称李贤为相，所荐引年富、轩𬇙、耿九畴、王竑、李秉、程信、姚夔、崔恭、李绍等，皆为名臣。

盖洪、宣以来，大臣荐士之风如此。其时荐贤者，皆采人望，核才品，而后上闻。苏州一郡逋粮八百万石，孝宗思得才力重臣往厘之，杨荣荐周忱，遂以工部侍郎巡抚江南，果兴利除弊，为名臣。杨士奇初不识陈继，夏原吉治水苏、松，得其文，归示士奇，士奇才之，即荐为博士，改翰林。而于谦之为河南、山西巡抚也，三杨在政府，皆重谦所奏，请无不允。谦每议事至京，空橐以入，诸权贵不能无望，及三杨卒，谦遂左迁大理少卿。可见三杨等之荐人，皆出于至公，非如后世市恩植党之为也。

其时人主亦倾心信用。如永乐中,择耆儒侍皇太孙,杨士奇、蹇义荐仪智,太子嫌其老,士奇谓智明理守正,帝闻即用之。虞谦降谪,杨士奇力白其诬,言谦历事三朝,得大臣体,宣宗即令复职。宣宗尝论朝士贪纵,士奇曰无踰刘观,帝问谁可代者,士奇以顾佐对,即以为左都御史。年富为人所中伤,英宗知其先由杨溥荐,遂不听。君臣之相信如此,宜乎正人端士布列中外,成当日大法小廉之治也。盖一人之耳目有限,若虑大臣荐引易开党援门户之渐,而必以己所识拔者用之,恐十不得一二。但能择老成耆硕十数人,置之丞弼之任,使各举所知,则合众贤之耳目,为一人之耳目,自可各当其用,所谓明目达聪也。

明内阁首辅之权最重

明祖革丞相官,以翰林春坊详看诸司章奏,兼司平驳。虽设有殿阁大学士,官仅五品,特以备顾问而已,于政事无与也。永乐中,始命解缙、胡广等入文渊阁,预机务,然皆编检讲读之官,不置官属,不得专制诸司。终永乐之世,未尝改秩。迨洪、宣间,三杨在内阁久,所兼官屡加至师、傅,于是官阶益尊,虽无相之名,而已有钧衡之重。

然同在内阁中,亦有差等,大事皆首辅主持,次揆以下不敢与较。宣德、正统间,天下建言章奏,皆三杨主之。及陈循、曹鼐等入阁,士奇、荣相继殁,礼部援故事请旨,帝以杨溥老,始命循等预议。《循传》。可见寻常入阁者,不得辄与裁决也。嗣后首辅之与次辅,虽同在禁地,而权势迥然不侔。夏言为首揆,严嵩至不敢与分席,欲置酒邀欢,多不许。既许,至前一日又辞,则所征红羊栈鹿之类已付之乌有。一日,许赴其宴,薄暮始至,三勺一汤,宾主不交一言而去。《玉堂丛语》。故嵩衔之次骨。及嵩为首揆,徐阶所以事之者,亦如嵩之事言。因吴中有倭寇,即佯为避倭之计,买宅豫章,与嵩子世蕃结姻,并与江右士大夫讲乡曲之谊,凡可以结欢求免者,无不为也。《笔麈》。其后亦倾嵩而代之。至张居正当国,次辅吕调阳恂恂如属吏。居正以母丧三日不出阁,吏封章奏就第票拟,调阳坐阁,候票至乃出。《笔麈》。及居正归葬,大事必驰驿江陵听处分。《明史》本传。此更礼绝班行,几与贾似道休沐葛岭,吏抱文书就第呈署无异矣。韩爌为首辅,魏广微入阁,欲分其权。而故事阁中秉笔惟首辅一人,广微乃嘱魏忠贤,传旨谕爌同寅协恭,而责广微毋伴食,由是广微分票拟之权。此可见明代首辅次辅之别也。

按明代首辅权虽重,而司礼监之权又在首辅上。王振窃柄时,票拟尚在内阁,然涂棐疏言,英宗时批答,多参以中官,内阁或不与。则已有不尽出内阁者。至刘瑾,则专揽益甚。刘健疏云:近者旨从中下,略不与闻,有所拟议,竟从改易。是正德初已有此弊。其后凡有章奏,瑾皆持归私第,与妹婿孙聪、华亭大猾张文冕相参决,词率鄙冗,焦芳为润色之,李东阳俯首而已。《瑾传》。瑾败后,东阳疏言,内阁与瑾职掌相关,凡调旨撰敕,或被改再三,或径自窜改,或持归私室,假手他人。臣虽委曲匡持,而因循隐忍,所损已多。《东阳传》。此固东阳自为掩饰之词。然刘(菡)〔菶〕疏亦云:近日批答章奏,阁臣不得与闻。可见当时实事也。

自瑾以后,司礼监遂专掌机密,凡进御章奏及降敕批疏,无有不经其出纳者。神宗不豫,召阁臣沈一贯入,谕矿税事可与江南织造、江西窑器并停,其内监皆撤回,建言诸臣系狱者皆复官。一贯出,中使捧谕至,一如帝言。明日帝瘳,悔之,中使二十辈至阁,取前谕,仍缴进。《一贯传》。可见帝降旨,即有司礼监在旁写出事目,然后付阁臣缮拟,故其地尤为要近。至魏忠贤时,王体乾为司礼,避忠贤,退处其下。凡章奏入,体乾与秉笔李永贞先摘絜要,以白忠贤议行。《宦官传》。许誉卿劾忠贤疏谓,内阁政本重地,而票拟大权拱手授之内廷。其后杨涟劾忠贤,忠贤矫旨叙己功百余言,大学士叶向高骇曰:“此非奄人所能,必有代草者。”探之,则徐大化也。《向高传》。可见是时诏敕悉出司礼,并不借内阁润色矣。《文震孟传》,大臣入阁,例当投刺司礼大奄,兼致仪状。是司礼之尊,久已习为故事,虽首辅亦仰其鼻息也。究而论之,总由于人主不亲政事,故事权下移。长君在御,尚以票拟归内阁,至荒主童昏,则地近者权益专,而阁臣亦听命矣。

明翰林中书舍人不由吏部

明大学士本无属员,杨士奇等加官既尊,始设中书舍人,取能书者为之，不由吏部铨选。霍韬疏谓，自三杨等植党专权，笼翰林为属官，中书为门吏，故翰林迁擢不由吏部。而中书内直既久，有进秩至尚书者。潘辰等或加太常卿，或加至翰林学士、礼部尚书。按《明史·选举志》，中书舍人原有两途，由进士选者，得迁科道部曹；其两殿两房舍人，则不必由部选，自甲科监生及儒士布衣能书者，皆得为之。如吕原子甍以荫补国子生，选为中书舍人。赵荣亦以能书，由布衣授中书舍人，后迁太常卿，仍供事内阁。叶向高为首辅，用已革监生汪文言为中书舍人。此则大学士自行选用之成例也。又我朝顺治十一年，大学士范文程请以詹事、翰林等官升补俱归吏部，又可见明制翰、詹等官升降亦由内阁。

明吏部权重

明初六部属中书省，权轻，多仰丞相意旨。洪武十三年，中书省革，部权乃专，而铨部尤要。其后制度屡创，令入觐官各举所知，自浮山李信始。朝觐官各造事迹，图画土地民人，自昆山余熂始。仿《唐六典》，自王府以下诸司各编集所职为书，曰《诸司职掌》，定吏役，考满给由为首领官；选监生为州县官，兼除教职，自泰兴翟善始。三年一入朝，考核等第，自沂水杜泽始。此洪武中铨政大略也。《明史·陈修传》。

然虽有此等规制，而量能授职，核功过以定黜陟，则惟吏部主之。永乐中，郭琎为吏部尚书，请自布政使至知府，听京官三品以上荐举。既又请御史、知县皆听京官五品以上荐举。论者谓其畏怯不敢任事，转启夤缘之渐。《琎传》。是琎以前布政等官皆吏部选用也。宣德中，两京六部官缺，帝命廷臣推方面官堪内任者，郑辰以蹇义荐，得南京工部尚书。《辰传》。是未有此旨以前，六部堂官亦吏部推用也。天顺中，罢廷臣荐举方面大吏，专属吏部。《李贤传》，故事，方面官敕三品京官保举，贤患其营竞，请令吏部每缺举二人，请帝简用，并推之例始此。时王直为尚书，委任郎曹，抑奔竞，凡巡方御史归，即令具所属贤否以备选。《直传》。崔恭为吏部侍郎，置劝惩簿，有所闻皆识之，尚书王翱甚倚之。《恭传》。成化中，选郎黄孔昭留心延访人材，以册书之，除官以才高下配地繁简，由是铨叙平允。尚书尹旻欲推其乡人为巡抚，孔昭不可，其人暮夜来屈膝，孔昭益鄙之。旻谓其人曰："黄君不离铨选，汝不能得也。"《孔昭传》。可见巡抚等官皆吏部所用,公正则选用得人,否则可以高下在心,予夺任意。故严嵩当国,吏、兵二部选郎,各持簿任嵩填发,时称文选郎万寀为文管家,武选职方郎(祁)〔方〕祥为武管家。于慎行《笔麈》。至万历中,孙丕扬长吏部,不得已用掣签法以谢诸贿嘱者,一时称为至公。《丕扬传》。亦以吏部注授官职可以上下其手,故设此法以防弊也。赵南星长吏部,搜举遗佚,布列庶位,高攀龙等皆其所推用。山西巡抚缺人,郭尚文求之,南星薄其人,独推谢应祥。可见其时虽有会推之例,然亦皆吏部主之。周延儒谓会推名虽公,主持者止一二人,余皆不敢言。《温体仁传》。熊开元疏亦云:督抚官缺,明日廷推,今日传单,其人姓名不列,至期吏部出诸袖中,诸臣唯唯而已。《开元传》。

合而观之,可见有明一代用人之权悉由吏部,吏部得人则所用皆正人。如王恕为吏部尚书,所引荐耿裕、彭韶、何乔新、周(维)〔经〕、李敏、张悦、倪岳、刘大夏、戴珊、章懋等,皆一时耆硕。弘治二十年,众正盈朝,职业修理,号为极盛者,恕力也。其后天启初年,周嘉谟、张问达、赵南星先后掌吏部,起废籍诸正人,用高攀龙、杨涟、左光斗秉宪、李腾芳、陈于廷佐铨,魏大中、袁化中长科道,郑三俊、李邦华、孙居相、饶伸、王之寀等悉置卿贰。万历废弛之后,赖此数年稍支倾颓。未几易以阉党,而官方不可问矣。此有明一代吏部之大概也。

按王恕之能用正人,亦由司礼监怀恩以恕忠义,劝孝宗用之,故得行其志。天启初,起用邹元标、王德完诸贤,亦由司礼监王安听汪文言之言,是以博采人望,布列庶位。是吏部亦恃宦官之力,其权在吏部上更〔可〕知矣。

扬州同时四知府

靖难师至扬州,江都令张本迎降。成祖以滁、泰二知州房吉、田(唐)〔庆〕成率先归附,命与本并为扬州知府,与现任知府谭友德同莅府事,扬州一时遂有四知府。

永乐中海外诸番来朝

《明史·外国传》,永乐三年,浡呢国王麻那惹〔加〕那率其妃及弟妹子女泛海来朝,王卒于会同馆,葬之安德门外。六年,冯嘉施兰国酋玳瑁、里欲二人俱来朝。九年,满剌加国王拜里迷苏喇率妻子陪臣五百余人来朝。十年,浡呢王子遐旺又偕其母来朝。十五年,苏禄国东王巴都葛八哈喇,西王麻哈喇叱葛喇麻丁,峒王妻叭都葛巴喇卜,俱率其家属头目三百四十余人泛海来朝,东王回至德州卒。是年又有古麻喇朗国王幹喇义亦奔〔敦〕率其妻子陪臣来朝,还至福建卒。十〔七〕〔二〕年,满剌加王〔子〕母幹撒于的儿沙来朝。二十二年,满剌加王西里麻哈喇率妻子来朝。宣德六年,又来朝。盖皆海外小国,贪利而来。是时内监郑和奉命出海访建文踪迹,以重利诱诸番,故相率而来。宣德以后遂无复至者。当时称三保太监下西洋,为永乐朝盛事云。《旧唐书·顺宗纪》,日本国王并妻还番。可见海外番王入朝与妻偕行,是其故俗。

廿二史札记卷三十四

明中叶南北用兵强弱不同

有明中叶,战功固不足言,然南北更有迥异者。大率用兵于南,则易于荡扫,用兵于北,则仅足支御。如山云讨广西蛮,斩首(二)万〔二千〕二百六十。方瑛讨贵州苗,俘斩四万余。陶鲁破广东贼,斩二万一千四百余。其他斩馘以千计者,指不胜屈也。至用兵于北,自宣德以后,瓦剌、俺答、小王子诸寇先后扰边,中国宿重兵以御之,仅仅自保,间有战胜,亦无可纪。如王越红盐池之捷,禽斩三百五十;威宁海之捷,斩首四百三十余;石彪与杨信斩鬼力赤,生擒四十余人,斩五百余。论者俱以为西北战功第一。彪又击斩把秃王,杀一百二十人,追至三山墩,又斩七十二人,以是封定远伯。刘聚等击阿罗出,斩首一百六十;朱永开荒(山)〔川〕败敌,斩一百六级。边人亦以为数十年所未有。此皆当时所谓大捷者,越、彪至以之封侯伯。他如郭登栲栳山之战,则二百余级也。姜奭(昔水铺)〔苦水墩〕之战,则百余级也。姜应熊破套寇,则百四十级也。安国偏头关之战,则八十余级也。甚至仇钺击寇于万全,斩三级。朱晖捣河套,亦斩三级;追寇庆阳,斩十二级。以上俱见各本传。较之黔、粤用兵,何啻千伯之十一,而乃以之入功册,迁官秩。可知北强南弱,风土使然,固非南剿者皆良将,北拒者尽庸将也。

明边省攻剿兵数最多

明边省凡有攻剿,兵数最多,盖皆就近调用民兵、土兵,故饷省而兵易集,非悉用官兵也。考永乐中征安南,用兵八十万。《张辅传》。正统中征麓川,用兵十五万。《王骥传》。(景泰)〔弘治〕中讨都匀苗乜富架,用兵八万。《顾溥传》。成化中韩雍讨大藤峡,先以兵十六万破修仁,荔浦贼巢,《韩雍传》。王越奏起兵搜套,须兵十五万。《王越传》。弘治中闵珪讨永安瑶,用兵六万。(闵珪)《〔欧磐〕传》。正德中思恩府岑濬与田州岑猛相仇杀,总督潘蕃讨之,用兵十万。《潘蕃传》。嘉靖中岑猛谋乱,总督姚镆讨之,用兵八万。《姚镆传》。是时欲征安南,议用兵十(三)〔二〕万(二)〔五〕千余人。《毛伯温传》。元江土舍那鉴乱,巡抚鲍象贤讨之,用兵七万。《鲍象贤传》。吴桂芳令俞大猷讨翁源贼李亚元,用兵十万。殷正茂令大猷讨韦银豹,用兵十四万。《俞大猷传》。曾省吾令刘显讨都掌蛮,用兵十四万。《刘显传》。李锡讨府江瑶,用兵六万;讨古田瑶,用兵十万。《李锡传》。殷正茂讨蓝一清,用兵四万。《张元勋传》。张嵿讨新宁恩平贼,以三万人破贼巢二百余,斩一万四千余,史称岭南用兵,从未有以少胜多如此者。《张嵿传》。可见边地用兵,动以十数万计,若必一一皆官兵,安得如许兵数? 且费亦不訾,则调用民兵、土兵之法,不可废也。

元末已调苗帅杨完者入内地剿寇。明洪钟之剿川贼,调永顺土兵。陈金之剿江西贼,调田州土兵。王守仁之剿大藤峡,张经之御倭,殷正茂之征古田瑶,李化龙之平播州,朱燮元之平奢氏、安氏,无一不兼用土兵。甚至石柱等土兵且调往朝鲜、辽东,万里攻战。当时征调既惯,土兵皆习见以为当然,无敢有后期者。而守仁之剿浰头、桶冈及擒宸濠,则并不用土兵,而专用民兵。承平日久,无复有征调民兵、土兵之事,一旦欲用之,且将骇怪而莫肯应命。是又当于无事时加惠土司,使之勤操练以备调遣。而前明民壮之例,佥其丁者免其粮,见《兵志》。按季肄习以防不虞,其法亦当讲求于平素也。

用兵有御史核奏

明内地用兵,多有巡按御史及监军纪功御史等官从旁核奏,此亦防欺蔽之一法也。如赵辅从韩雍讨大藤峡贼,封武靖伯,留镇广西。已而蛮又入浔州,巡按端弘劾其妄言贼尽,不罪辅无以示戒。《辅传》。左都督刘聚镇陕西,孛罗〔忽〕、满都鲁、癿加思兰等入寇,杀掠数千里,聚与王越反以捷闻。纪功员外郎张谨劾之,谓其报首功百五十级,实止十九级。《聚传》。许宁镇大同,小王子入寇,宁等战败,反以捷闻,巡按程寿震发之。《宁传》。广宁失事,巡抚陈瑶反以捷闻,巡按耿明等劾其欺罔。《明传》。洪钟讨川东贼,不能击,缄良民为功,巡按王纶、纪功御史汪景芳共劾之。纶又奏钟乐饮纵游,致贼自合州渡江陷州县。《钟传》。陈金讨王浩八,听其伪降,得逸去,纪功给事中黎奭劾之。《金传》。亦不剌等入寇甘肃,掠陷堡砦五十三处,巡抚张翼、镇守太监朱彬反冒奏首功,巡按成文发其奸。《文传》。此皆见于各列传者。

用兵固当责成领兵官,勿使人从旁掣其手足。然徒听领兵者奏报,其谁肯自言畏懦,自言败衄?势必粉饰迁就,以掩罪冒功。有巡按等官从旁奏报,则诸将稍知儆畏,不敢避贼玩寇。此不特防欺蔽,亦隐寓伺察催督之法也。

将帅家丁

两军相接,全恃将勇,将勇则兵亦作气随之。然将亦非恃一人之勇也,必有左右心膂之骁悍者协心并力,始气壮而敢进。将既进,则兵亦鼓勇争先,此将帅所贵有家丁亲兵也。前代如韩、岳之背嵬军之类,固有明效。即《明史》所载,如景泰中,杨洪家苍头得官者十六人。成化中,王越多荡跳士为腹心,与寇搏战数有功。嘉靖中,倭寇海上,诏故将何卿、沈希仪率家众赴苏、松军。《卿传》。马永为将,蓄家丁百余,皆西北健儿,骁勇敢战。帝问将于李时,时以永对,且曰:"其家众可用也。"《永传》。马芳蓄健儿,尝令三十人出塞四百里,多所斩获。《芳传》。梁震蓄健儿五百人,镇大同。大同卒骄,连杀巡抚、总兵。及震至,众惮其家众,皆帖然不敢动。震殁后,健儿无所归,诏编之军伍,后将犹得其力。《震传》。万历中,李成梁帅辽东,收四方健儿,给以厚饩,用为军锋,所至有功。健儿中如李平胡、李宁等,后皆至将帅。《成梁传》。辽事急,诏废将蓄家丁者赴军前立功。《赵率教传》。宁远军变,围袁崇焕署,时满桂亦在城中,诸叛卒惮桂家卒勇猛,不敢肆,结队而去。《桂传》。天启末,宁远告警,诏废将侯世禄率家丁赴关听〔调〕。《世禄传》。都司张神武用袁应泰荐,率亲丁二百四十余人驰至广宁。《神武传》。副总兵祁秉忠亦以应泰荐,率私丁守蒲河。《秉忠传》。赵率教收复前屯,亦率家丁三十八人以往。《率教传》。宁远之战,总兵金国凤愤将士恇怯,率亲丁数十出,据北山力战。《国凤传》。崇祯中,总兵侯良柱战死,其子天锡疏请率父旧人自当一队,诏赴杨嗣昌军立功。嗣昌奏天锡所将亲丁二百六十人,皆敢战。《良柱传》。此将帅亲丁之成效也。

承平之世,将领皆雍容裘带,岂复招练壮勇以为家丁?即其所选用亲兵，亦多取韶美便捷者以给使令。一旦临戎，将无左右可倚之士，既缩朒而不敢前；兵无统率向前之将，自畏怯而不敢进，毋怪乎不能立功也！

然蓄养壮丁，岂易有此赍力？惟有选拔兵丁，练以技勇，结以恩信，庶缓急尚有可恃。古名将如韩、岳等既有背嵬军，吴璘亦以迭阵法教士伍。戚继光谓兵不练必不可用，故所至以练兵为急。初官浙江参将，见卫所军不习战，乃请募金华、义乌人三千，教以击刺，短长互用，由是军独精。又因地形制阵法，一切战船、火器、兵械，精求而更置之。平倭后移镇蓟门，又征浙兵三千来训蓟兵。初至，阵于城外，天大雨，自朝至日昃，植立不动，边军大骇，自是始知军令。《继光传》。谭纶在浙亦重练兵，立束伍法，裨将以下，节节相制，分数既明，进止齐一，未久皆成精锐。《纶传》。南京初设振武营，兵部尚书张鏊请以刘显为指挥佥事，专训练。《显传》。显亦为当时名将，所至有功。故知训练有素，则一兵得一兵之用，即不能蓄家丁，尚可借此为爪牙也。谭纶言三万兵，岁需饷五十四万两，则是时每兵岁饷十六两。

景泰帝欲仍立沂王

景泰帝初惑黄（竑）〔珫〕之言，废英宗太子见深为沂王，立己子见济为太子。后太子薨，未尝不欲仍立沂王也。六年七月，有给事中徐正请间，言沂王当迁于所封地，以绝人望，别选王子育之宫中。上皇所居南城，宜增高墙垣，伐去高树，宫门之锁亦宜灌铁，以备非常。帝大骇，叱出之，欲正其罪，虑骇众，遂谪之铁岭卫。是帝固未肯听小人之言也。迨英宗复辟，徐有贞辈诬王文、于谦谋立外藩，帝心事遂不白云。事见《廖庄传》，世罕有论及者，故特表出之。

成化嘉靖中方技授官之滥

宪宗好方技，初即位即以道士孙道玉为真人。其后李孜省以符箓进，官至礼部侍郎，邓常恩、赵玉芝、凌中、顾玒亦皆以方术得幸，官至太常卿。其他杂流加侍郎、通政、太常、太仆、尚宝者，不可胜计。每令中官传旨，一传至百十人，时谓之传奉官，王瑞疏所谓"一日而数十人得官，一堂而数百人寄俸"也。是时孜省尤宠幸，朝臣毁誉多出其口，士大夫遂多附之。又有僧继晓以秘术进，赐号通元翊教广善国师。其后西番僧札巴坚参封万行庄严功德最胜智慧圆明（端）〔能〕仁感应显国光教弘妙大悟法王西天至善金刚普济大智慧佛，其徒札实巴、锁南坚参、（巴）〔端〕竹也失皆为国师。已而札实巴进封法王，班卓儿藏卜封国师，又封领占竹为万行清修真如自在广善普慧弘度妙应掌教翊国正觉大济法王西天圆智大慈悲佛，又封西天佛子札失藏卜、札失坚参、乳奴班丹、锁南坚参、法领占五人为法王，其他授西天佛子、大国师、国师、禅师者，亦不可胜计。服食器用僭拟王者，出则金吾仗呵导，锦衣玉食者几千人。羽流加号真人、高士者亦盈都下。大国师以上金印，真人玉冠、玉带、玉珪、银章。而继晓尤奸黠窃权，所奏请无不允。迨孝宗即位，始尽汰传奉官千百人。又诏礼官议汰诸寺法王至禅师四百三十七人，剌麻僧七百八十九人，华人为禅师及善世、觉义诸僧官（千）一百二十人，道士自真人、高士及正一演法诸道官一百二十三人。可见成化中授官之滥也。孜省下狱死，常恩等遣戍，继晓弃市。

其后嘉靖中，又有方技滥官之秕政。道士邵元节以祷祠有验，封为清微妙济守静修真凝元（演）〔衍〕范志默秉诚致一真人，统辖朝天、显灵、灵济三宫，总领道教，锡金、玉、（印）〔银〕、象牙印各一，班二品，紫衣玉带，以校尉四十人供洒扫。寻又赐"阐教辅国"玉印，进礼部尚书，给一品服。荫其孙启南为太常丞，进少卿，曾孙时雍为太常博士。其徒陈善道亦封清微阐教崇真卫道高士。又有陶仲文以符水治鬼，封神霄保国弘烈宣教振法通真忠孝秉一真人，累进礼部尚书、少保、少傅、少师。明代一人兼三孤者，惟仲文一人而已。寻又封恭诚伯，岁禄千二百石。荫其子世同为太常丞，世恩为尚宝丞，婿吴濬、从孙良辅为太常博士。其他段朝用、龚可佩、蓝道行、王金、胡大顺、蓝田玉、罗万象之属，亦皆以符咒、烧炼、扶鸾之术，竞致荣显。甚至顾可学官浙江参议，亦以炼秋石得幸，超拜工、礼二部尚书。盛端明官副都御史，亦以通晓药术拜工、礼二部尚书。朱隆禧官顺天府丞，亦以长生秘术加礼部侍郎。以上诸官，皆食俸而不治事。则不惟方士借以干进，即士大夫亦以之希荣邀宠矣。皆《佞幸传》。

是嘉靖时之优待方技，较成化更甚。其故何也？盖宪宗徒侈心好异，兼留意房中秘术，故所昵多而尚非诚心崇奉。世宗则专求长生，是以信之笃而护之深,与汉武之宠文成、栾大,遂同一辙。臣下有谏者必坐以重罪,后遂从风而靡,献白兔、白鹿、白雁、五色龟、灵芝、仙桃者,几遍天下。贻讥有识,取笑后世,皆贪生之一念中之也。

成化嘉靖中百官伏阙争礼凡两次

成化中,慈懿钱太后崩,宪宗以生母周太后意,不欲慈懿祔葬英宗陵,乃议别葬。群臣咸疏谏,帝重违太后意,皆不允。给事中魏元偕同官三十九人疏争,御史康永韶亦偕同官四十一人疏争,未得俞旨。给事中毛弘倡言大小臣工当伏阙争,众许诺。有退者,给事中张宾呼曰:"君辈独不受国恩乎?"乃共伏哭文华门,周太后亦心动,竟得如礼。《魏元》《毛弘》等传。

世宗由藩邸入继大统,廷臣欲帝以孝宗为父,本生父兴献王为皇叔父,帝不许。驳诘再三,举朝争之,疏不下,皆汹汹。会朝罢,何孟春倡言于众曰:"宪宗朝百官哭文华门,争慈懿皇太后葬礼,宪宗从之,此故事也。"修撰杨慎曰:"仗节死义,正在今日。"编修王元正、给事中张翀等遂遮群臣于金水桥,谓今日有不争者共击之。孟春等又相号召,于是九卿则尚书金献民等,侍郎孟春等,都御史王时中等,寺卿汪举等,凡二十三人,翰林则贾咏等二十二人,给事中则张翀等二十一人,御史则王时柯等三十(一)人,诸郎官吏部则余宽等十二人,户部则黄待显等三十六人,礼部则余才等十二人,兵部则陶(磁)〔滋〕等二十人,刑部则相世芳等二十七人,工部则赵儒等十五人,大理之属则毋德纯等十一人,俱跪伏左顺门。帝命中官谕退,众曰:"必得俞旨乃敢退。"自辰至午,凡再传谕,犹不起。帝大怒,遣锦衣官先执为首者丰熙等八人系狱。杨慎、王元正乃撼门大哭,众皆哭,声震阙廷。帝益怒,命收四品以下官。明日,编修王相等十八人杖死,熙、慎、元正俱谪戍。《何孟春传》。而帝本生父兴献帝卒称皇考。

同一伏阙而从违各异,固由宪宗仁厚,世宗刚决,性各不同,然亦以所争典礼有当有不当也。慈懿本英宗正后,礼宜祔葬,宪宗特以生母故欲别葬。其事本不顺于理,故群臣争而周太后亦心折,遂得如礼。世宗生于孝宗崩后二年,孝宗初未立为子,而欲使之考孝宗,而抹其本生之亲,情理皆不协,故愈争而愈激成事变也。说见《大礼之议》条内。

正德中谏南巡受杖百官

成化、嘉靖两次伏阙,固属大案,而正德中百官谏南巡被杖之多,亦不减此二案也。武宗南巡诏下,员外郎夏良胜、主事万潮、博士陈九川连疏谏,而舒芬、黄巩、陆震疏已先入。吏部郎中张衍瑞等十(一)〔四〕人,刑部郎中陆俸等五十三人疏继之,礼部郎中姜龙等十六人,兵部郎中孙凤等十六人疏又继之。帝与诸幸臣大怒,遂令良胜等百有七人罚跪午门外五日。而大理寺正周叙等十人,行人司余廷瓒等二十人,工部主事林大辂等疏又上。帝益怒,并下诏狱。跪午门者,晚亦系狱,晨出暮入,累累若重囚。金事张英且肉袒戟刃于胸,囊土数升,当跸道跪哭,即自刺血流出。卫士夺其刃,送狱,问囊土何为,曰:“恐污帝廷耳。”诏杖八十,死。舒芬等百七人跪既毕,各杖三十,良胜等六人及叙、廷瓒、大辂各杖五十,余三十人各杖四十,有死者。《良胜传》。然是时南巡之行,究因群臣之谏而止,其后南巡,则又自宸(豪)〔濠〕之变借为词耳。

明代文人不必皆翰林

唐、宋以来,翰林尚多书画医卜杂流,其清华者,惟学士耳。至前明则专以处文学之臣,宜乎一代文人尽出于是。乃今历数翰林中以诗文著者,惟程敏政、李东阳、吴宽、王鏊、康海、王九思、陆深、杨慎、焦竑、陈仁锡、董其昌、钱福、钱谦益、张溥、金声、吴伟业耳。其次则夏㫋、张泰、罗玘、王维祯、王淮、晏铎、王廷陈、王韦、陈沂、袁袠、黄辉、袁宗道,虽列《文苑传》中,姓氏已不甚著。

而一代中赫然以诗文名者,乃皆非词馆。如李梦阳、何景明、王世贞、李攀龙,世所称四大家,皆部郎及中书舍人也。其次如徐祯卿、边贡、杨循吉、柯维骐、王慎中、唐顺之、田汝成、皇甫涍兄弟、王世懋、袁中道、曹学佺、钟惺、李日华、陈际泰,亦皆部曹及行人博士也。其名称稍次,而亦列《文苑传》者,储瓘、郑善夫、陆师道、高叔嗣、蔡汝楠、陈束、梁有誉、宗臣、徐中行、吴国伦、王志坚,亦皆部曹及中书行人也。顾璘、王圻、李濂、茅坤、归有光、胡友信、屠隆、袁宏道、王惟俭,则并非部曹而皆知县矣。然此犹进士出身也。若祝允明、唐寅、黄省曾、瞿九思、李流芳、谭元春、艾南英、章世纯、罗万藻，则并非进士而举人矣。并有不由科目而才名倾一时者。王绂、沈度、沈粲、刘溥、文徵明、蔡羽、王宠、陈淳、周天球、钱毂、谢榛、卢柟、徐渭、沈明臣、余寅、王穉登、俞允文、王叔承、沈周、陈继儒、娄坚、程嘉燧，或诸生，或布衣、山人，各以诗文书画表见于时，并传及后世。回视词馆诸公，或转不及焉，其有愧于翰林之官多矣。

明中叶才士傲诞之习

《明史·文苑传》，吴中自祝允明、唐寅辈才情轻艳，倾动流辈，放诞不羁，每出名教外。今按诸书所载，寅慕华虹山学士家婢，诡身为仆，得娶之。后事露，学士反具资奁，缔为姻好。《朝野异闻录》。文徵明书画冠一时，周、徽诸王争以重宝为赠。《玉堂丛语》。宁王宸濠慕寅及徵明，厚币延致，徵明不赴，寅佯狂脱归。《明史·文苑传》。又桑悦为训导，学使者召之，吏屡促，悦怒曰："天下乃有无耳者！"期以三日始见，仅长揖而已。王廷陈知裕州，有分巡过其地，稍凌挫之，廷陈怒，即散遣吏卒，禁不得祗应，分巡者窘而去，于是监司相戒勿入裕州。康德涵六十生日，召名妓百人为百年会，各书小令付之，使送诸王府，皆厚获。谢榛为赵穆王所礼，王命贾姬独奏琵琶，歌其所作《竹枝词》，歌罢即饰姬送于榛。大河南北无不称谢榛先生者。俱见《稗史汇编》。此等恃才傲物，跅弛不羁，宜足以取祸。乃声光所及，到处逢迎，不特达官贵人倾接恐后，即诸王亦以得交为幸，若惟恐失之。可见世运升平，物力丰裕，故文人学士得以跌荡于词场酒海间，亦一时盛事也。

明仕宦僭越之甚

鄢懋卿恃严嵩之势，总理两浙、两淮、长芦、河东盐政。其按部尝与妻偕行，制五彩舆，令十二女子舁之。见《严嵩传》。张居正奉旨归葬，藩臬以上皆跪迎，巡方御史为之前驱。真定守钱普创为坐舆，前轩后室，旁有两庑，各立一童子给使令，凡用舁夫三十二人。所过牙盘上食，味逾百品，犹以为无下箸处。普无锡人，能为吴馔，居正甘之，曰："吾至此始得一饱。"于是吴人之能庖者，召募殆尽。（居正传）《〔玉堂丛语〕》。

擅挞品官

唐时大吏有擅杖官吏之弊，明制已革除，然权势在手，亦竟有违例肆威者。王来为参政，以公事杖死县令不职者十余人。《来传》。陈怀镇四川，笞佥事柴震。《怀传》。雍泰为山西按察使，太原府尹珍不避道，泰责之，不服，泰竟笞之。珍诉于朝，下泰狱，释之。泰巡抚宣府，参将李稽坐事畏劾，乞受杖，泰以大杖决之，稽奏泰凌虐。《泰传》。黄泽为浙江布政使，盐运使丁镒不避道，泽挞之，为所奏，下狱。《泽传》。副都御史周铨以私憾挞御史，诸御史共劾之，遂下铨狱。《铨传》。巡盐御史祝徽、巡按御史毕佐周皆擅挞指挥使。崇祯帝以指挥秩崇，非御史可挞，下部稽典制，御史无挞指挥例。都御史陈于廷引巡抚提问四品武职敕书对，帝以比拟不伦斥之。《于廷传》。是故事本无擅挞品官之例，而威柄在手，辄肆行之，亦可见是时仕宦之横也。

明乡官虐民之害

前明一代风气，不特地方有司私派横征，民不堪命，而缙绅居乡者，亦多倚势恃强，视细民为弱肉，上下相护，民无所控诉也。今按《杨士奇传》，士奇子稷，居乡尝侵暴杀人，言官交劾，朝廷不加法，以其章示士奇。又有人发稷横虐数十事，乃下之理。士奇以老病在告，天子不忍伤其意，降诏慰（免）〔勉〕，士奇感泣，遂不起。是时士奇方为首相，而其子至为言官所劾，平民所控，则其肆虐已极可知也。又《梁储传》，储子次摅为锦衣百户，居家与富人杨端争民田，端杀田主，次摅遂灭端家二百余人。武宗以储故，仅发边卫立功。《朝野异闻录》又载，次摅最好束人臂股或阴茎，使急迫而以针刺之，血缕高数尺，则大叫称快。此尤可见其恣虐之大概矣。《焦芳传》，芳治第宏丽，治作劳数郡。是数郡之民皆为所役。又《姬文胤传》，文胤宰滕县，白莲贼反，民皆从乱。文胤问故，咸曰祸由董二。董二者，故延绥巡抚董国光子，居乡暴横，民不聊生，故被虐者至甘心从贼，则其肆毒更可知也。又《琅琊漫抄》载，松江钱尚书治第多役乡人，砖甓亦取给于役者。有老佣后至，钱责之，对曰：“某担自黄瀚坟，路远故迟耳。”钱益怒，答曰：“黄家坟亦吾所筑，其砖亦取自旧冢，勿怪也。”此又乡官役民故事也。

其后昆山顾秉谦附魏忠贤得入阁,忠贤败,秉谦家居,昆民焚掠其家,秉谦窜渔舟以免。《秉谦传》。时秉谦已失势,其受侮或不足为异。至如宜兴周延儒方为相,陈于泰方为翰林,二家子弟暴邑中,宜兴民至发延儒祖墓,又焚于泰、于鼎庐。《祁彪佳传》。王应熊方为相,其弟应熙横于乡,乡人诣阙击登闻鼓,列状至四百八十余条,赃一百七十余万,其肆毒积怨于民可知矣。

温体仁当国,唐世济为都御史,皆乌程人。其乡人盗太湖者以两家为奥主,兵备冯元飏捕得其魁,则世济族子也。《元飏传》。是乡官之族且庇盗矣。又有投献田产之例,有田产者为奸民籍而献诸势要,则悉为势家所有。天顺中,曾翚为山东布政使,民垦田无赋者,奸民指为闲田,献诸戚畹,翚断还民。见《李棠传》。河南濒黄河,淤地民就垦,奸民指为周王府屯场,献王邀赏,王轵据而有之。原杰请罪献者,并罪受者。《原杰传》。又《戒庵漫笔》,万历中,嘉定、青浦间有周星卿,素豪侠。一寡妇薄有赀产,子方幼,有侄阴献其产于势家。势家方坐楼船鼓吹至阅庄,星卿不平,纠强有力者突至索斗,乃惧而去。诉于官,会新令韩某颇以扶抑为己任,遂直其事。此亦可见当时献产恶习。此一家因(胡)〔周〕星卿及韩令得直,其他小民被豪占而不得直者,正不知凡几矣。由斯以观,民之生于我朝者,何其幸也!

　　按邓茂七之乱,其俗佃人送租至田主家,茂七倡其侪毋送,令田主自往受租。田主诉于县官,官遣巡检往摄,茂七杀弓兵数人,遂反,陷二十余州县。后大举剿之,始灭。事具《丁瑄传》。此亦可见激变之由。然恶佃恃强轵敢拒官倡乱,此风亦不可开。是在长民者禁势家之欺凌,又惩奸民之凶悍,则两得其平,不至滋事矣。

吏役至大官

《梁璟传》,(天顺)〔弘治〕八年,修隆善寺,工竣,授工匠三十人官,尚宝〔少〕卿任道逊等,以书碑亦进秩,王诏上疏切谏。工匠授官已滥觞于此。正德初,刘健等疏中有画史工匠滥授官职,多至数百人,岂可不罢?《健传》。刘瑾擅权,《通鉴纂要》成,诬诸翰林纂修官誊写不谨,皆被谴,而命文华殿书办张骏等改誊。骏擢至礼部尚书,他授京卿者又数人，装潢匠役亦授官秩。见《瑾传》。世宗时，匠役徐杲以营造擢官工部尚书，其属皆太仆少卿、苑马卿以下职衔者以百数。《李芳传》。又工匠赵奎等五十四人，亦以中官请，悉授职。《胡世宁传》。

海外诸番多内地人为通事

《明史·外国传》，洪熙时，黄岩民周来保、龙岩民钟普福逃入日本，为之乡导，犯乐清。成化四年，日本贡使至，其通事三人，自言本宁波人，为贼所掠，卖与日本，今请便道省祭，许之。五年，琉球贡使蔡璟，言祖父本福建南安人，为琉球通事，擢长史，乞封赠其父母，不许。十四年，礼部奏言琉球所遣使多闽中逋逃罪人，专贸中国之货，以擅外番之利。时有闽人（胡）〔谢〕文彬，入暹罗国，仕至坤岳，犹天朝学士也，充贡使来朝，下之吏。正德三年，满剌加入贡，其通事亚刘，本江西人萧明举，负罪逃入其国，随贡使来，寻伏诛。五年，日本使臣宋素卿，本鄞县朱氏子，名缟，幼习歌唱，倭使悦之，缟叔澄因鬻焉。至是充使至苏州，与澄相见。又琉球王左长史朱辅，本江西饶州人，仕其国多年，年八十余，彼国贡使偕来，奏明许其致仕还乡。又佛郎机贡使内有火者亚三，夤缘江彬，得侍帝侧，自言本华人，为番所使，后伏诛。万历中，有漳州人王姓者，为浡呢国那督，华言尊官也。又有海澄人李锦及奸商潘秀、郭震，勾荷兰人贿税使高寀，求借澎湖为互市之地。此皆内地民阑入外番之明据，然犹未至结队聚党也。

三佛齐国为爪哇所占，改名旧港，闽、粤人多据之，至数千家。有广东人陈祖义为头目，群奉之。又嘉靖末，广东大盗张琏为官军所逐，后商人至旧港，见琏为市舶长，漳、泉人多附之，犹中国市舶官云。又吕宋地近闽，闽人商贩其国者至数万人，往往久居不返，至长子孙。后佛郎机夺其国，多逐归，留者悉被侵辱。以上俱见《明史·外国传》。是内地民人且有千百为群，家于外番者矣。

及嘉靖中，倭寇之乱，先有闽人林汝美、李七、许二诱日本倭劫海上；《七修类稿》。继有汪直、叶碧川、王清溪、谢和等据五岛，煽诸倭入寇；又有徐海、陈东、麻叶等偕倭入巢柘林、乍浦等处劫掠，《胡宗宪传》。内地亡命者附之，如萧显、（池）〔沈〕南山、叶明等，实繁有徒，凡十年而乱始定。《七修类稿》。是奸民不惟向外番滋事,且引外番为内地害矣。《郑晓传》谓倭寇中国,奸民利倭贿,为之乡道,以故倭入所据营砦,皆得要害,尽知官兵虚实。倭恃汉人为耳目,汉人以倭为牙爪。

嘉靖中倭寇之乱

明祖定制,片板不许入海。承平日久,奸民勾倭人及佛郎机诸国,私来互市。闽人李光头,歙人许栋,踞宁波之双屿为之主,势家又护持之。或负其直,栋等即诱之攻剽。负直者胁将吏捕之,故泄师期令去,期他日偿。他日负如初,倭大怨,益剽掠。朱纨为浙抚,访知其弊,乃革渡船,严保甲,一切禁绝私市。闽人骤失重利,虽士大夫亦不便也,腾谤于朝,嗾御史劾纨落职。时纨已遣卢镗击擒光头、栋等,筑寨双屿,以绝倭屯泊之路,他海口亦设备矣。会被劾,遂自经死。纨死而沿海备尽弛,栋之党汪直遂勾倭肆毒。《明史·朱纨传》。

按郑晓《今言》,谓国初设官市舶,正以通华夷之情,行者获倍蓰之利,居者得牙侩之息,故常相安。后因禁绝海市,遂使势豪得专其利,始则欺官府而通海贼,继又借官府以欺海贼,并其货价干没之,以至于乱。郎瑛《七修类稿》,亦谓汪直私通番舶,往来宁波有日矣。自朱纨严海禁,直不得逞,招日本倭叩关索负,突入定海劫掠云。郑晓、郎瑛皆嘉靖时人,其所记势家私与市易,负直不偿,致启寇乱,实属酿祸之由。然明祖初制片板不许入海,而晓谓国初设官市舶,相安已久,迨禁绝海市,而势豪得射利致变。瑛并谓纨严海禁,汪直遂始入寇,是竟谓倭乱由海禁所致矣。此犹是闽、浙人腾谤之语,晓等亦随而附和,众口一词,不复加察也。海番互市,固不必禁绝,然当定一贸易之所。若闽、浙各海口俱听其交易,则沿海州县处处为所熟悉,一旦有事,岂能尽防耶?

外番借地互市

海外诸番与中国市易,必欲得一屯驻之所,以便收泊。明初暹罗、占城、爪哇、琉球、浡泥诸国,皆在广州互市。正德中,移于高州电白县。嘉靖中,始移香山之壕镜,岁输课二万金,即今澳门也。佛郎机人因得混入其中。后佛郎机并昌宋、满剌加二国,势力独强,诸国人之在壕镜者,皆畏之,遂为其所专据,筑城建寺焉。大西洋人来,亦乐居此,故市易益广。今番人皆立家室,长子孙,不下数千家,从无不轨之谋,盖其志在市易取利,无别意也。然海外诸番不一,壕镜所居,大约只数国之人,而他国不与焉,故往往各欲乞地以为永业。如嘉靖中,林道乾遁于台湾,后去,而荷兰人即据之。万历中,荷兰人又贿税使高寀,求筑城于澎湖,都司沈有容往谕之,始去。其在台湾者,亦为郑芝龙所逐。芝龙降后,荷兰又据之,郑成功又夺其地。本朝取台湾后,始不复为外番所占。可见诸番互市,必欲得一屯泊之所也。近日英吉利国遣使入贡,乞于宁波之珠山及天津等处,僦地筑室,永为互市之地。皇上以广东既有澳门听诸番屯泊,不得更设市于他处,所以防微销萌者至深远矣。

　　按珠山即舟山也,四面皆海,昔勾践欲栖夫差于甬东,即此地。宋为昌国城,明属宁波之定海县。倭乱时据为巢穴,汪直约降于胡宗宪,曾遣其子激破倭于舟山。徐海死,余党亦窜舟山,为俞大猷所殄。及汪直既降被诛,激又栅于舟山入寇。见《胡宗宪传》。明末,总兵黄斌卿据之,鲁王以海监国绍兴,兵败来投,斌卿不纳。先是舟山田皆属内地大户,至是斌卿尽籍为官田,使民佃田纳租,盖欲占为世业也。顺治六年,斌卿为张名振等所杀,鲁王复来驻。顺治八年,大兵攻之三阅月,始遁去。我朝使巴臣兴镇守。十二年,郑成功遣洪旭来寇,臣兴降之。明年我兵复其地,始入版籍。可见此山乃浙海中要地,番人得之,即可据为巢穴,固不可轻授也。《明史·张可大传》,舟山,宋昌国城,居海中,有七十二墺,为浙东要害。可大为参将,条八议筹战守,皆硕画。

天主教

　　意大理亚国在大西洋中。万历中,其国人利玛窦至京师,为《万国全图》,言天下有大洲五,第一曰亚细亚洲,凡百余国,而中国居其一;第二曰欧罗巴洲,凡七十余国,而意大理亚居其一;第三曰利未亚洲,亦百余国;第四曰亚墨利加洲;第五曰墨瓦蜡泥〔加〕洲,而域中大地尽矣。大抵欧罗巴诸国悉奉天主教。天主耶(酥)〔稣〕,生于(女)〔如〕德亚,即古大秦国也,其国在亚细亚洲之中,西行教于欧罗巴。其始生在汉哀帝元寿二年庚申,阅一千五百八十一年,至万历九年,利玛窦始泛海九万里,抵广州之香山澳,其教渐行。二十九年,入京师,以方物献,并贡天主及天主母图。礼部以《会典》不载大西洋名目,驳之。帝嘉其远来,假馆授餐。公卿以下重其人,咸与交接。利玛窦安之,遂留居不去。三十八年,卒。其年以历官推算日食多谬,五官正周子愚言大西洋人庞迪我、熊三拔等深明历法,其书有中国所不及者,当令采择,遂令迪我等同测验。

自利玛窦来后,其徒来者益众,有王丰肃、阳玛诺等居南京,以其教倡行,官民多从之。礼部郎中徐如珂恶之,奏请逐回。四十六年,迪我等奏:"臣与利玛窦等泛海九万里,观光上国。臣等焚修行道,尊奉天主,岂有邪谋,敢堕恶业?乞赐宽假。"帝亦不报,而其居中国如故。崇祯时,历法益舛。礼部尚书徐光启请令其徒罗雅(名)〔谷〕、汤若望等,以其国新法相参较。书成,即以崇祯元年戊辰(历)为历元,其法视《大统历》为密焉。其人东来者大都聪明特达之士,意专行教,不求禄利,所著书多华人所未道,故一时好异者咸尚之。其徒又有龙华民、毕方济、艾如略、邓玉函诸人,皆欧(巴罗)〔罗巴〕国之人也。

统而论之,天下大教四,孔教、佛教、回回教、天主教也。皆生于亚细亚洲,而佛教最广。亚细亚洲内,如前、后藏,准噶尔,喀尔喀蒙古等部,悉奉佛教,中国亦佛教盛行。亚细亚洲外,如西洋之古里国、锡兰国、榜葛剌国、沼纳朴儿国,南洋之白葛达国、占城国、宾童龙国、暹罗国、真腊国,东洋之日本国、琉球国,皆奉佛教。俱见《明史·外国传》。又(增)〔僧〕迦剌国、马八儿国,俱有佛钵舍利。见《元史·亦黑迷失传》。其余海外诸番,则皆奉天主教矣。回回教,亚细亚洲内惟乌什、叶尔羌、喀什噶尔、和阗、郭酣、巴达克山、控噶尔、克食米尔、退木尔沙等国奉之。见椿园氏《异域琐谈》。外洋则祖法儿国、阿丹国、忽鲁谟斯诸国奉之。亦见《明史·外国传》。孔教仅中国之地,南至交趾,东至琉球、日本、朝鲜而已。是佛教所及最广,天主教次之,孔教、回回教又次之。

孔子集大成,立人极,凡三纲五常之道无不该备,乃其教反不如佛教、天主教所及之广。盖精者惟中州清淑之区始能行习,粗者则殊俗异性皆得而范围之,故教之所被尤远也。试观古帝王所制礼乐刑政,亦只就伦常大端导之禁之,至于儒者所言身心性命之学,原不以概责之庸众。然则天道之包举无遗,固在人人共见之粗迹,而不必深求也哉!

廿二史札记卷三十五

万历中矿税之害

万历中，有房山民史锦、易州民周言等，言阜平、房山各有矿砂，请遣官开采，以大学士申时行言而止。后言矿者争走阙下，帝即命中官与其人偕往，盖自二十四年始。其后又于通都大邑增设税监，故矿税两监遍天下。两淮又有盐监，广东又有珠监，或专或兼，大珰小监纵横绎骚，吸髓饮血，天下咸被害矣。其最横者有陈增、马堂、陈奉、高淮、梁永、杨荣等。

增开采山东，兼征东昌税，纵其党程守训等大作奸弊，称奉密旨搜金宝，募人告密，诬大商巨室藏违禁物，所破灭什伯家，杀人莫敢问。又诬劾知县韦国贤、吴宗尧等，皆下诏狱，凡肆恶山东者十年。堂天津税监，兼辖临清。始至，诸亡命从者数百人，白昼手银铛夺人财，抗者以违禁罪之。僮告主者，畀以十之三，破家者大半。远近罢市，州民万余纵火焚堂署，毙其党三十七人，皆黥臂诸偷也。事闻，诏捕首恶，株连甚众。有王朝佐者，以身任之，临刑神色不变，州民立祠祀之。陈奉征荆州店税，兼采兴国州矿砂。鞭笞官吏，剽劫行旅，商民恨刺骨，伺其出，数千人竞掷瓦石击之。至武昌，其党直入民家，奸淫妇女，或掠入税监署中。士民公愤，万余人甘与奉同死，抚按三司护之始免。已而汉口、黄州、襄阳、宝庆、德安、湘潭等处民变者凡十起。奉又诬劾兵备金事冯应京等数十员，帝皆为降革逮问。武昌民恨切齿，誓必杀奉。奉逃匿楚王府，众乃投奉党耿文登等十六人于江，以巡抚支可大护奉，焚其辕门，而奉幸免。

高淮采矿征税辽东，搜括士民财数十万，招纳亡命，纵委官廖国泰虐民激变，诬系诸生数十人，打死指挥张汝立，又诬劾总兵马林等，皆谪戍。率家丁三百人，张飞虎旗，金鼓震天，声言欲入大内，遂潜住广渠门外。御史袁九皋等劾之，帝不问。淮益募死士出塞，发黄票龙旗，走朝鲜，索冠珠、貂马。又扣除军士月粮，前屯卫军甲而噪，誓食其肉，锦州、松山军相继变，淮始内奔。梁永征税陕西，尽发历代陵寝，搜摸金玉。纵诸亡命旁行劫掠，所至邑令皆逃，杖死指挥、县丞等官，私宫良家子数十人。税额外增耗数倍，索咸阳冰片五十斤，麝香二十斤。秦民愤，共图杀永，乃撤回。杨荣为云南税监，肆行威虐，诬劾知府熊铎等，皆下狱。百姓恨荣入骨，焚税厂，杀委官张安民。荣益怒，杖毙数千人，又怒指挥樊高明，榜掠绝勔，〔枷〕以示众。于是指挥贺世勋等率冤民万人焚荣第，杀之，投火中，并杀其党二百余人。帝为不食者累日。此数人其最著者也。

他如江西矿监潘相，激浮梁景德镇民变，焚烧厂房。相往勘上饶矿，知县李鸿戒邑人敢以食物市者死，相竟日饥惫而归，乃劾鸿罢其官。苏、杭织造太监孙隆，激民变，遍焚诸委官家，隆走杭州以免。福建税监高寀，在闽肆毒十余年，万众汹汹欲杀寀，寀率甲士二百人，突入巡抚袁一骥署，劫之，令谕众，始退。此外如江西李道，山西孙朝、张忠，广东李凤、李敬，山东张晔，河南鲁坤，四川丘乘云辈，皆为民害，犹其次焉者也。是时廷臣章疏悉不省，而诸税监有所奏，朝上夕报可，所劾无不曲护之。以故诸税监益骄，所至肆虐，民不聊生，随地激变。迨帝崩，始用遗诏罢之，而毒痛已遍天下矣。论者谓明之亡，不亡于崇祯，而亡于万历云。

万历中缺官不补

万历末年怠荒日甚，官缺多不补。旧制，给事中五十余员，御史百余员。至是六科止四人，而五科印无所属。十三道只五人，一人领数职在外巡按，率不得代。六部堂官仅四五人，都御史数年空署，督抚监司亦屡缺不补。文武大选急选官及四方教职积数千人，以吏、兵二科缺掌印不画凭，久滞都下，时攀执政舆哀诉。诏狱诸囚，以理刑无人不决遣，家属聚号长安门。职业尽弛，上下解体。内阁亦只方从哲一人，从哲请增阁员，帝以一人足办，不增置。从哲坚卧四十余日，阁中虚无人，帝慰留再三，又起视事。帝恶言者扰聒，以海宇升平，官不必备，有意损之。及辽左军兴，又不欲矫前失，行之如旧。《方从哲传》。

今按叶向高疏言，白阁臣至九卿，台省曹署皆空。南都九卿，亦止二人。天下方面大吏，去秋至今，未尝用一人。又言今六卿止赵焕一人，都御史十年不补。《向高传》。又孙〔伟〕〔玮〕为户部尚书，时大僚多缺，玮兼署戎政及兵部。又都御史自温纯去后，八年不置代，至外计期近，始命玮以兵部尚书掌左都御史事。《玮传》。御史孙居相一人兼摄七差，署诸道印。《居相传》。观此可见是时废弛之大概也。

三　案

万历中，郑贵妃专宠。光宗虽为皇长子，而储位未定，朝臣多疑贵妃欲立己子福王，故请建储及争三王并封之议者，无虑数十百疏。迨光宗既立为太子，犹孤危无依，故朝臣请福王之国者，又数十百疏。福王已之国矣，四十三年五月四日，忽有人持枣木梃入慈庆宫，光宗为太子时所居。击伤门者，至前殿，为内侍所执。皇太子奏闻。巡城御史刘廷元讯其人，名张差，语无伦次，状似疯癫。移刑部，郎中胡士相等遂欲以疯癫具狱。提牢主事王之寀密讯其人，名张五儿，有马三舅、李外父令随一老公至一大宅，亦系老公家，教以遇人辄打死，之寀录其语。明日，刑部又覆讯，马三舅名三道，李外父名守才，引路老公系庞保，大宅老公系刘成。保、成皆郑贵妃宫内奄人也。中外籍籍，皆疑贵妃弟郑国泰主谋，欲弑太子为福王地。帝亦心动。贵妃窘，自乞哀于皇太子。帝御慈宁宫，皇太子及三皇孙侍，召阁臣方从哲、吴道南及朝臣入，极言我父子慈爱，以释群疑，命磔差、保、成三人，无他及。群臣出，帝意中变，命先戮差。及九卿三法司会同司礼监讯保、成于文华门，保、成以无左证，遂辗转不承。刑部尚书张问达请移入法司刑讯，帝以事连贵妃，恐付外益滋口实，乃毙保、成于内，三道、守才远流，其事遂止。《张问达》、《王之寀》等传。此梃击一案也。

光宗即位，甫数日即病痢，中官崔文昇进利剂，益剧。有鸿胪寺官李可灼进药，称仙丹。帝召阁臣方从哲、韩爌等人受顾命，因问李可灼有药，即传入诊视，言病源甚悉。帝命速进药，诸臣皆不敢决。可灼遂进一丸，帝稍觉舒畅。诸臣退，帝又命进一丸。明日天未明，帝崩。《韩爌传》。此红丸一案也。

光宗初即位时，郑贵妃尚在乾清宫，李选侍为贵妃请封皇太后，帝已允太后之封，谕司礼监矣。时外廷传言，贵妃以美女进帝以致病，御史杨涟劾崔文昇用药无状，并请帝慎起居，因及郑贵妃不宜封太后。越三日，帝召大臣，并及涟，数目视涟，毋听外间流言，遂逐文昇，且停太后命。涟自以小臣受顾命，誓以死报。帝崩，涟急催阁部大臣同入临，毕，阁臣刘一燝问群奄："皇长子何在？"东宫伴读王安曰："为李选侍所匿耳。"一燝大呼："谁敢匿新天子者？"安入白，选侍乃令皇长子出，一燝等即呼万岁，掖升辇，至文华殿，先正太子位。时选侍在乾清宫，一燝谓太子不可与同居，乃奉太子暂居慈庆宫。明日，周嘉谟、左光斗等疏请令选侍移宫。光斗疏中有武氏语，选侍怒，欲召太子加光斗重谴。涟正色谓诸奄："太子今已为天子，选侍何得召？"明日又合疏上，选侍不得已，即日移哕鸾宫，帝乃还乾清。《一燝》、《涟》、《光斗传》。此移宫一案也。

梃击自庞保、刘成死后，浮议已息。明年，之寀为徐绍吉劾去。天启中，之寀复官，乃追理前事，上复雠疏，谓梃击一事何等大变，乃刘廷元以疯癫蔽狱，胡士相亦朦胧具词，实缘外戚郑国泰私结廷元，谋为大逆耳。此又梃击一案争端之始也。光宗崩，阁臣方从哲票拟赏李可灼银币，御史王舜等劾可灼，乃改令可灼引疾归。已而孙慎行入朝，追劾从哲，谓可灼非太医，红丸是何药，从哲乃敢使进御，从哲应坐弑逆之罪。王纪、杨东明、钟羽正、萧近高、邹元标等疏继之，黄克缵等则为从哲辨。此又红丸一案争端之始也。李选侍移宫时，内竖李进忠、刘朝、田诏等盗金宝，过乾清门而仆，帝下法司案治。诸奄惧，则扬言帝薄待先朝妃嫔，致选侍移宫日，跣足投井，以摇惑外廷。御史贾继春遂上安选侍书，黄克缵入其言，亦附和之。帝怒，削继春籍。已而帝渐忘前事，王安又为魏忠贤排死，刘朝、田诏等乃贿忠贤而上疏辨冤，于是继春等起用，倚奄势与杨涟等为难。此又移宫一案争端之始也。

此三案者，本各有其是。梃击虽不能不致疑于郑氏，然安知非庞保、刘成等之行险幸功？故当时孙承宗已谓事关太子，不可不问；事连贵妃，不可深问。庞保、刘成而下可问，庞保、刘成而上不可问。此亦善为调停之说也。红丸之案，据韩爌具述进药始末，谓可灼进药时诸大臣皆在，皆未阻止。而慎行独责从哲以弑逆，本属深文，故疏出，举朝共觉其过当，特以其援引《春秋》许世子不尝药之例，其论自不可没。

至移宫一事,光宗在位日浅,李选侍素无权势,不比郑贵妃之在万历中数十年薰灼也,即暂居乾清,亦岂遂能垂帘称制?特熹宗年尚幼,不可不虑其久而挟制,此杨涟等趣移宫之深意也。既移宫后,自当待以恩礼,乃忽有薄待先朝嫔御之流言,则贾继春之请安选侍,亦未为过。故倪元璐之论此三案,谓主梃击者力护东宫,争梃击者计安神祖;主红丸者仗义之词,争红丸者原情之论;主移宫者弭变于几先,争移宫者持平于事后。各有其是,不可偏非。此说最得情理之平。

乃此三案遂启日后无穷之攻击者,缘万历中无锡顾宪成、高攀龙等讲学东林书院,为一时儒者之宗,海内士大夫慕之。其后邹元标、冯从吾等又在京师建首善书院,亦以讲学为事。赵南星由考功郎罢归,名益高,与元标、宪成,海内拟之三君。其名行声气足以奔走天下,天下清流之士群相应和,遂总目为东林。凡忤东林者,即共指为奸邪,而主梃击、红丸、移宫者,皆东林也。万历末,东林已为齐、楚、浙三党斥尽。《叶向高传》。光、熹之际,叶向高再相,与刘一燝等同心辅政,复起用东林。及赵南星长吏部,又尽斥攻东林者。于是被斥者谋报复,尽附魏奄,借其力以求胜。向高等相继去国,涟、光斗等又被诬害,凡南星所斥者无不拔擢,所推者无不遭祸,迭胜迭负,三案遂为战场。倪元璐所谓三案在逆奄未用之先虽甚水火,不害埙篪。逆奄得志后,逆奄杀人则借三案,群小求进则借三案,经此二借而三案全非矣。

三案俱有故事

光宗在东宫时有梃击之变,固出非常,然此亦有故事。万历元年正月,有王大臣者,为内侍服入乾清宫,被获,下东厂讯。中官冯保欲缘此害高拱,令家人辛儒教以为高拱所使行刺者。锦衣都督朱希孝等会鞫,大臣疾呼曰:"许我富贵,乃掠治我耶?我何处识高阁老?"希孝惧,不敢讯。廷臣杨博、葛守礼等力言于张居正,居正讽冯保,保乃以生漆酒喑大臣,移送法司处斩。(高拱)《〔冯保〕传》。是宫禁之变先已有之。但李希孔疏谓王大臣徒手闯宫门,则非张差之持棍肆击者可比,究不知有主使否也。

红丸亦有故事。孝宗崩,时中官张瑜等以误用药下狱,杨守随会讯，杖之。《守随传》。御史（任惠）〔徐暹〕又请明正张瑜及刘文泰用药失宜之罪。（惠）《〔暹〕传》。世宗晚年服方士药，及崩，法（官）〔司〕坐方士王金等子弑父律。《高拱传》。是用药致殒亦有故事。然高拱谓世宗临御四十五年，抱病经岁，寿考令终，乃谓为王金等所害，诬以不得正终，天下后世视帝为何如主？此又一说也。盖世宗之服方士药，误在平日，故无迹可寻。孝宗、光宗之服药遽崩，误在临时，其迹易见。使崔文昇、李可灼之案，阁臣或仿杨守随杖责之例，则诸臣当亦无异言矣，而反赉以银币，所以招物议也。

至移宫之例，即光宗初登极时，郑贵妃亦尚在乾清宫，为李选侍请封皇后，选侍亦为贵妃请封皇太后。尚书周嘉谟等共诘责郑养性，令贵妃移宫，贵妃即日移慈宁去。是移宫亦已有故事也。第光宗系长君，故郑贵妃不能不移，熹宗则冲主，选侍或以保护为词，同处日久，易启挟制之渐，故涟等早虑之耳。然选侍去而客氏入，卒至与魏阉乱政，盖国运将倾，固非人所能预料也。

张居正久病百官斋祷之多

明天启中，魏阉生祠遍天下，人皆知之。而万历中，张居正卧病，京朝官建醮祷祀，延及外省，靡然从风，则已开其端。盖明中叶以后，士大夫趋权附势，久已相习成风，黠者献媚，次亦迫于避祸，而不敢独立崖岸。此亦可以观风会也。按《明史》，居正病，四阅月不愈，百官并斋醮为祈祷，南都、秦、晋、楚、豫诸大吏无不建醮。而《明朝小史》所载更详。万历十年，居正病久，帝大出金帛为医药资，六部大臣、九卿五府、公侯伯俱为设醮。已而翰林科道继之，部属中行又继之，诸杂职又继之，仲夏赤日中，舍职业而奔走焉。其同乡门生故吏，有再举三举者。司香大僚执炉日中，当拜表章则长跪弗起，至有贿道士数更端以息膝力者。所拜章必书副本，赂其家人达之相公。或见而颔之，取笔点其一二丽语，自是争募词客为之，冀其一启颜。不旬日而南京仿之，山、陕、楚、闽、淮漕、抚、按、藩、臬，无不醮者。于慎行《笔麈》又记建醮时，有朱御史于马上首顶香盒诣醮所，已而奉使出都，畿辅官例致牢饩，则大骂曰："尔不知吾为相公斋耶？奈何以肉食馈我？"此等情状，其去魏阉之牛祠亦岂有异耶？

明言路习气先后不同

明制，凡百官布衣皆得上书言事。《邹缉》等传赞谓太祖开基，广辟言路，中外臣僚建言不拘职掌，草野微贱亦得上书。沿及宣、英，流风未替，虽升平日久，堂陛深严，而缝掖布衣，刀笔掾吏，朝陈封事，夕达帝阍，所以广聪明防壅蔽也。各列传，如练纲以监生言事，范济以谪戍人言事，聊让以仪卫司余丁言事，张昭以前卫吏言事，贺炀以布衣老人言事。其有职官员，如侍讲刘球谏征麓川，讥切王振，郎中章纶、大理卿廖庄请复沂王储位，翰林罗伦劾李贤夺情，修撰舒芬等谏南巡，杨慎等争大礼，员外郎杨继盛、经历沈錬等劾严嵩，皆非言官。《明史》列传不可数计。而科道之以言为职者，其责尤专，其权尤重。《职官志序》谓御史，天子之耳目，凡大臣奸邪，小人构党者劾；凡百官猥茸贪冒者劾；凡上书乱成宪者劾。遇考察，则同吏部司黜陟；大狱重囚会鞫于外朝，则同刑部、大理平谳之。政事得失，军民利病，皆得直言无隐。又有六科给事中，凡制敕有失则封驳。至廷议大事，廷推大臣，廷鞫大狱，皆得预。此可见言官之职掌也。

然统观有明一代，建言者先后风气亦不同。自洪武以至成化、弘治间，朝廷风气淳实，建言者多出好恶之公，辨是非之正，不尽以矫激相尚也。如刘球、章纶等所奏，固关国计民生之大。他如天顺中十三道御史张鹏等共劾石亨、曹吉祥，成化中给事中李俊等劾佞幸李孜省、僧继晓，御史姜洪、曹鼐等劾大学士万安、刘吉，而荐王恕、王竑、李秉等可大用，御史毛弘以钱太后将别葬，邀百官伏哭文华门，卒得祔葬英宗陵之类，《张伦》等传赞谓是时门户未开，名节自励，未尝有承意旨于政府，效搏噬于权珰，如末造所为者。故其言虽有当否，而其心则公，上者爱国，次亦爱民。正德、嘉靖之间，渐多以意气用事。如正德中谏南巡罚跪午门被杖者百余人，嘉靖中议大礼伏哭左顺门者亦百余人，李福达之狱劾郭勋被罪者四十余人之类，已多叫谇之习。张璁所谓言官徒结党求胜，内则奴隶公卿，外则草芥司属，任情恣横。此固台谏恶习，然亦有未可概论者。如刘瑾乱政，御史蒋钦疏劾之，廷杖三十，再劾，又杖三十。越三日又草疏，灯下闻鬼声，钦知是先灵劝阻，奋笔曰："业已委身，不得复顾〔私〕。死即死，此疏不可易也！"遂上之，又杖三十而死。许天锡欲劾瑾，知必得祸，乃以尸谏，夜击登闻鼓缢死，而以疏预嘱家人于身后上之。见各本传。世宗时，杨最等既以谏斋醮杖死，严嵩当国，又杀杨继盛、沈錬等，而御史桑(侨)〔乔〕、谢瑜、何维柏、喻时、童汉臣、陈绍、叶经、邹应龙、林润等,给事中王韬孟、陈瑞、沈良才、厉汝(选)〔进〕等犹先后疏劾,廷杖谪戍,至死而不悔。俱见各本传。且帝深疾言官,以杖戍未足遏其言,乃长系以困之。如沈束在狱凡十八年,传赞谓主威愈震,而士气不衰。可见诸臣虽不免过激,而出死力以争朝廷之得失,究不可及也。

万历中,张居正揽权久,操下如束湿,异己者辄斥去之,科道皆望风而靡。夺情一事,疏劾者转出于翰林、部曹,翰林吴中行、赵用贤,员外郎艾穆,主事沈思孝,进士邹元标等。而科道曾士楚、陈三谟等且交章请留。及居正归葬,又请趣其还朝。迨居正病,科道并为之建醮祈祷。此言路之一变也。继以申时行、许国、王锡爵先后入相,务反居正所为,以和厚接物,于是言路之势又张。张文(兴)〔熙〕、丁此吕等即抗章劾阁臣,而阁臣与言路遂成水火。万历末年,帝怠于政事,章奏一概不省,廷臣益务为危言激论以自标异,于是部党角立,另成一门户攻击之局。《叶向高传》,帝不省章奏,诸臣既无所见得失,益树党相攻。未几争李三才之案,党势遂成。此言路之又一变也。如熊廷弼、王化贞一案,朝臣各有所袒。江秉谦谓今日之事非经抚不和,乃好恶经抚者不和也;非战守之议不合,乃左右经抚者之议不合也。《满朝荐传》亦谓是时辽左尽失,国事方殷,而廷臣互植党,逞浮议,全不以国事为急。高攀龙、顾宪成讲学东林书院,士大夫多附之。既而梃击、红丸、移宫三案纷如聚讼,与东林忤者,众共指为邪党。天启初,赵南星等柄政,废斥殆尽。及魏忠贤势盛,被斥者咸欲倚之以倾东林,于是如蛾赴火,如蚁集膻,而科道转为其鹰犬。《魏忠贤传》。周(忠)〔宗〕建谓汪直、刘瑾时言路清明,故不久即败;今则权珰反借言官为报复,言官又借权珰为声势。此言路之又一变而风斯下矣。诸附者在《阉党》条内。

崇祯帝登极,阉党虽尽除,而各立门户互攻争胜之习,则已牢不可破,是非蜂起,叫呶蹲沓以至于亡。袁继咸疏云:三十年来,徒以三案葛藤,血战不已。《吕大器》等传论谓自《万历》以后,国是纷呶,朝端水火,宁坐视社稷之沦胥,而不能破除门户之角立。故至桂林播越,旦夕不支,而吴、楚之树党相倾,犹仍南京翻案之故态也。熊廷弼疏言朝堂议论,全不知兵,敌缓则哄然催战,及败始愀然不敢言。及臣收拾甫定,则愀然者又哄然矣。又疏言臣以东西南北所欲杀之人,诸臣能为封疆容则容之,不能为门户容则去之。卢象昇亦疏云台谏诸臣不问难易,不顾死生,专以求全责备,虽有长材,从何展布?观此数疏,可见明末言路之恶习也。

明末书生误国

书生徒讲文理，不揣时势，未有不误人家国者。宋之南渡，秦桧主和议，以成偏安之局，当时议者无不以反颜事仇为桧罪。而后之力主恢复者，张德远一出而辄败，韩侂胄再出而又败，卒之仍以和议保疆。迨贾似道始求和而旋讳之，孟浪用兵，遂至亡国。谢叠山所以痛惜于兵交数年，无一介之使也。

有明末造亦然。外有我朝之兵，内有流贼之扰，南讨则虑北，北拒则虑南，使早与我朝通和，得以全力办贼，尚可扫除。且是时我太宗文皇帝未尝必欲取中原，崇祯帝亦未尝不欲与我朝通好。大凌河之役，祖大寿降于我朝，后虽反正，而其子侄已仕于我朝，是宜按以通敌之罪，而帝仍用之，是固欲借大寿为讲和地矣。见《丘禾嘉传》。迨大兵入墙子岭，卢象昇入援，杨嗣昌阴主互市策，象昇见帝曰："臣主战。"帝色变，良久曰："款乃外廷议耳，其出与嗣昌议。"见《卢象昇传》。是和议之策，帝已与嗣昌谋之。《何楷传》，嗣昌方主款议，历引建武款塞故事，楷与御史林〔蕳〕〔兰〕友驳之。及陈新甲为兵部尚书，以南北交困，遣使与我朝议和。傅宗龙奏之，大学士谢陞在帝前曰："倘肯议和，和亦可恃。"帝遂以和事谕新甲密图之，而戒其勿泄。是帝更明知时势之不可不和矣。言官方士亮、倪仁祯、朱徽等谒陞，陞告以"上在奉先殿祈签，和意已决，诸君幸勿多言"，士亮等辄群起劾陞去。见《谢陞》及《二臣传》。新甲所遣求和之马绍愉，以密语报新甲，新甲家人误发抄，《二臣传》如此。《明史》则云帝手诏为其家人误发抄。于是言者大哗，交章劾奏。帝迫于群议，且恶新甲之彰主过，遂弃新甲于市。《新甲传》。自是帝不复敢言和，且亦无人能办和事者，而束手待亡矣。统当日事势观之，我太宗既有许和意，崇祯帝亦未尝不愿议和，徒以朝论纷嗷，是非蜂起，遂不敢定和，以致国力困极，宗社沦亡。岂非书生纸上空谈，误人家国之明验哉？

按明季书生误国，不独议和一事也。如万元吉疏言孙传庭守关中，议者谓不宜轻出，而已有议其逗挠者矣。贼既渡河，诸臣请撤关宁吴三桂兵迎击，而已有议其蹙地者矣。及贼势燎原，群臣或请南幸，或请皇储监国南京，皆权宜善策，而已有议其邪妄者矣。即此一疏观之,可见诸臣不度时势,徒逞臆见,误人家国而不顾也。

明代宦官

有明一代宦官之祸,视唐虽稍轻,然至刘瑾、魏忠贤亦不减东汉末造矣。初,明祖著令,内官不得与政事,秩不得过四品。永乐中,遣郑和下西洋,侯显使西番,马骐镇交趾;且以西北诸将多洪武旧人,不能无疑虑,乃设镇守之官,以中人参之;京师内又设东厂侦事,宦官始进用。宣宗时,中使四出,取花鸟及诸珍异亦多,然袁琦、裴可烈等有犯辄诛,故不敢肆。正统以后,则边方镇守,京营掌兵,经理仓场,提督营造,珠池银矿,市舶织造,无处无之。何元朗云,嘉靖中有内官语朱象元云:“昔日张先生璁。进朝,我们要打恭。后夏先生,言。我们平眼看他。今严先生,嵩。与我们拱手始进去。”按世宗驭内侍最严,四十余年间未尝任以事。故嘉靖中内官最敛戢,然已先后不同如此,何况正德、天启等朝乎?稗史载永乐中,差内官到五府六部,俱离府部官一丈作揖。途遇公侯驸马,皆下马旁立。今则呼唤府部官如属吏。公侯驸马途遇内官,反回避之,且称以翁父。至大臣则并叩头跪拜矣。此可见有明一代宦官权势之大概也。

总而论之,明代宦官擅权自王振始。然其时廷臣附之者,惟王骥、王祐等数人,其他尚不肯俯首,故薛瑄、李时勉皆被诬害。及汪直擅权,附之者渐多。奉使出,巡按御史等迎拜马首,巡抚亦戎装谒路,王越、陈钺等结为奥援。然阁臣商辂、刘(翊)〔珝〕尚连章劾奏,尚书项忠、马文升等亦薄之而为所陷,则士大夫之气犹不尽屈也。至刘瑾,则焦芳、刘宇、张采等为之腹心,戕贼善类,征责贿赂,流毒几遍天下。然瑾恶翰林不屈,而以《通鉴纂要》誊写不谨谴谪诸纂修官,可见是时廷臣尚未靡然从风。且王振、汪直好延揽名士,振慕薛瑄、陈(继忠)〔敬宗〕之名,特物色之。直慕杨继(忠)〔宗〕之名,亲往吊之。瑾慕康海之名,因其救李梦阳,一言而立出之狱。是亦尚不敢奴隶朝臣也。迨魏忠贤窃权,而三案被劾、察典被谪诸人,欲借其力以倾正人,遂群起附之。文臣则崔呈秀、田吉、吴淳夫、李〔夔〕龙、倪文焕,号五虎;武臣则田尔耕、许显纯、孙云鹤、杨寰、崔应元,号五彪;又尚书周应秋、卿寺曹钦程等,号十狗;又有十孩儿、四十孙之号。自内阁六部至四方督抚,无非逆党,骎骎乎可成篡弑之祸矣。

《明史》载太祖制,内官不许读书识字。宣宗始设内书堂,选小内侍令大学士陈山教之,遂为定制,用是多通文义。《四友斋丛说》则谓永乐中已令吏部听选教职入内教书。王振始以教职入内,遂自宫以进,至司礼监。数传之后,势成积重云。然考其致祸之由,亦不尽由于通文义也。王振、汪直、刘瑾固稍知文墨,魏忠贤则目不识丁,而祸更烈。大概总由于人主童昏,漫不省事,故若辈得以愚弄而窃威权。如宪宗稍能自主,则汪直始虽肆恣,后终一斥不用。武宗之于瑾,亦能擒而戮之。惟英、熹二朝,皆以冲龄嗣位,故振、忠贤得肆行无忌。然正统之初,三杨当国,振尚心惮之,未敢逞。迨三杨相继殁,而后跋扈不可制。天启之初,众正盈朝,忠贤亦未大横。四年以后,叶向高、赵南星、高攀龙、杨涟、左光斗等相继去,而后肆其毒痡。计振、忠贤之擅权,多不过六七年,少仅三四年,而祸败已如是。设令正统、天启之初,二竖即大权在握,其祸更有不可胜言者。然则广树正人以端政本而防乱源,固有天下者之要务哉!

按明代宦官擅权,其富亦骇人听闻。今见于记载者,王振时,每朝觐官来见者,以百金为率,千金者始得醉饱而出。《稗史(类)〔汇〕编》。是时贿赂初开,千金已为厚礼。然振籍没时,金银六十余库,玉盘百,珊瑚高六七尺者二十余株,《明史·振传》。则其富已不訾矣。李广殁后,孝宗得其贿籍,文武大臣馈黄白米各千百石,帝曰:"广食几何,乃受米如许?"左右曰:"隐语耳。黄者金,白者银也。"《广传》。则视振已更甚。刘瑾时,天下三司官入觐,例索千金,甚至有四五千金者。《蒋钦传》。科道出使归,例有重贿。给事中周钥勘事归,淮安知府赵俊许贷千金,既而不与,钥计无所出,至桃源自刎死。《许天锡传》。偶一出使即需重赂,其他可知也。《稗史》又记布政使须纳二万金,则更不止四五千金矣。瑾败后籍没之数,据王鏊《笔记》,大玉带八十束,黄金二百五十万两,银五千万余两,他珍宝无算。计瑾窃柄不过六七年,而所积已如此。其后钱宁籍没时,黄金十余万两,白金三千箱,玉带二千五百束,《宁传》。亦几及瑾之半。至魏忠贤窃柄,史虽不载其籍没之数,然其权胜于瑾，则其富更胜于瑾可知也。

顾纳贿亦不必奄寺，凡势之所在，利即随之。如钱宁败后，江彬以武臣得幸，籍没时黄金七十柜，白金二千三百柜，《彬传》。非宦官也。世宗时，宦官无擅权者，而严嵩为相二十年，《明史》所记籍没之数，黄金三万余两，白金二百万余两，他珍宝不可数计。此已属可骇，而《稗史》所载严世蕃与其妻窖金于地，每百万为一窖，凡十数窖，曰不可不使老人见之。及嵩至，亦大骇，以多藏厚亡为虑。则史传所载尚非实数。今按沈鍊劾嵩，谓其揽御史之权，虽州县小吏亦以货取，索抚按之岁例，致有司递相承奉，而民财日削。杨继盛劾嵩疏谓文武迁擢，不论可否，但问贿之多寡。将弁贿嵩，不得不朘削士卒；有司贿嵩，不得不掊克百姓。徐学诗劾嵩疏谓都城有警，嵩密运财南还，大车数十乘，楼船十余艘。王宗茂劾嵩谓文吏以赂而出其门，则必剥民之财；武将以赂而出其门，则必克军之饷。陛下帑藏，不足支诸边一年之费，而嵩所积，可支数年。与其开卖官爵之令，何如籍其家以纾患？（周冕）〔赵锦〕劾嵩谓边臣失事，纳赇于嵩，无功可受赏，有罪可不诛。文武大臣之赠谥，迟速予夺，一视赂之厚薄。张翀劾嵩谓文武将吏率由贿进。户部发边饷，朝出度支之门，暮入奸嵩之府，输边者四，馈嵩者六。边镇使人伺嵩门下，未馈其父，先馈其子；未馈其子，先馈家人，家人严年已逾数十万。董传策劾嵩谓边军岁饷数百万，半入嵩家。吏、兵二部持簿就嵩填注，文选郎万寀、职方郎方祥，人称为文、武管家。嵩赍多水陆舟车载还其乡，月无虚日。邹应龙劾嵩谓嵩籍本袁州，乃广置良田美宅于南京、扬州，无虑数十所。合诸疏观之，可见嵩之纳贿，实自古权奸所未有。其后陈演罢相，以赍多不能行，国变后为闯贼所得。亦皆非宦官也。是可知贿随权集，权在宦官，则贿亦在宦官；权在大臣，则贿亦在大臣。此权门贿赂之往鉴也。

魏阉生祠

魏忠贤生祠之建，始于浙抚潘汝祯。汝祯因机户之请，建祠西湖，疏闻于朝，诏赐名普德，此天启六年六月事也。自是诸方效尤，遂遍天下。其年十月，孝陵卫指挥李之才建之南京。七年正月，宣大总督张朴、宣府巡抚秦士文、宣大巡按张素养建之宣府、大同。应天巡抚毛一鹭、巡按王珙，建之虎丘。二月，蓟辽总督阎鸣泰，顺天巡抚刘诏、巡按倪文焕，建之景忠山。宣大总督朴，大同巡抚王点、巡按养素，又建之大同。三月，鸣泰与文焕、巡按御史梁梦环，又建之西协密云丫髻山，又建之昌平、通州。太仆寺卿何宗圣，建之房山。四月，鸣泰与巡抚袁崇焕，又建之宁前。鸣泰共建七所。宣大总督朴、山西巡抚曹尔祯、巡按刘弘光，又建之五台山。庶吉士李若琳，建之蕃育署。工部郎中曾国祯，建之卢沟桥。五月，通政司经历孙如洌、顺天府尹李春茂，建之宣武门外。巡抚朱童蒙，建之延绥。巡城御史黄宪卿、王大年、汪若极、张枢、智铤等，建之顺天。户部主事张化愚，建之崇文门。武清侯李诚铭，建之药王庙。保定侯梁世勋，建之五军营大教场。登莱巡抚李嵩、山东巡抚李精白，建之蓬莱阁、宁海（县）〔院〕。督饷尚书黄运泰，保定巡抚张凤翼、提督学政李蕃，顺天巡按文焕，建之河间、天津。河南巡抚郭增光、巡按鲍奇谟，建之开封。上林监丞张永祚，建之良牧、嘉蔬、林衡三署。博平侯郭振明等，建之都督府锦衣卫。六月，总漕尚书郭尚友，建之淮安。是月，顺天巡按卢承钦、山东巡按黄宪卿、顺天巡按卓迈；七月，长芦巡盐龚萃肃、淮扬巡盐许其孝、应天巡按宋祯汉、陕西巡按庄谦，各建之所部。八月，总河李从心、总漕尚友、〔山〕东〔巡〕抚精白、巡按宪卿、巡漕何可及，又建之济宁。湖抚姚宗文、郧阳抚治梁应泽、湖广巡按温皋谟，建之武昌、承天、均州。三边总督史永安，陕抚胡廷晏，巡按庄谦、袁鲸，建之固原太白山。楚王华奎，建之高观山。山西巡抚牟志夔，巡按李灿然、刘弘光，建之河东。

每一祠之费，多者数十万，少者数万，剥民财，侵公帑，伐树木无算。开封之建祠，毁民舍二千余间，创宫殿九楹，仪如帝者。参政周镳，祥符县季寓庸恣为之，巡抚俯首而已。镳与魏良卿善，祠成熹宗已崩，犹致书良卿，为忠贤设渗金像。而都城数十里间，祠宇相望。有建之内城东街者，工部郎叶宪祖窃叹，忠贤闻之，立削其籍。上林一苑，至建四祠。童蒙建祠延绥，用琉璃瓦。诏建祠蓟州，金像用冕旒。凡疏词一如颂圣，称以"尧天舜德，至圣至神"，而阁臣辄以骈语褒答。运泰迎忠贤像，五拜三稽首，率文武将吏列班阶下，拜如初。已，又诣像前,祝称某事赖九千岁扶植,稽首谢,还就班,复稽首如初礼。运泰请以游击一人守祠,后建祠者必有官守。其孝等方建祠上梁,而熹宗哀诏至,既哭临,释服易吉拜。监生陆万龄至谓:"孔子作《春秋》,忠贤作《要典》,孔子诛少正卯,忠贤诛东林党人,宜建祠国学,与先圣并尊。"并以忠贤父配启圣公祠。司业朱之俊辄为举行。最后巡抚杨邦宪,建祠南昌,毁周、程、朱三贤祠益其地,鬻滟台灭明祠,曳其像碎之。比疏至,庄烈帝已即位,且阅且笑。后建祠者皆入逆案云。《阉鸣泰传》。

阉　党

崇祯时定逆案,凡附魏忠贤者分五六等。首逆凌迟者二人,忠贤及客氏也。首逆同谋决不待时者六人,崔呈秀、魏良卿、客氏子都督侯国兴、太监李〔永〕贞、李朝钦、刘若愚也。交结近侍秋后处决者十九人,刘志选、梁梦环、倪文焕、田吉、刘诏、薛贞、吴淳夫、李夔龙、曹钦程、许志吉、孙如洌、陆万龄、李承祚、田尔耕、许显纯、崔应元、杨寰、孙云鹤、张体乾也。结交近侍次等充军者十一人,魏广微、周应秋、阉鸣泰、霍维华、徐大化、潘汝祯、李鲁生、杨维垣、张讷、郭钦、李之才也。又次等论徒三年赎为民者,大学士顾秉谦、冯铨、张瑞图、来宗道,尚书王绍徽、郭允宽、张我续、曹尔祯、孟绍虞、冯嘉会、李春蕃、邵辅忠、吕纯如、徐兆魁、薛凤翔、孙杰、杨梦衮、李养德、刘廷元、曹思诚,南京尚书范济世、张朴,总督尚书黄运泰、郭尚友、李从心,巡抚尚书李精白等一百二十九人也。减等革职闲住者,大学士黄立极等四十四人;忠贤本族及内官党附者又五十余人。案既定,其党日夜谋翻,赖帝持之坚,不能动。福王时阮大铖起用,其案始翻云。《崔呈秀传》。福王时杨维垣翻逆案,追赐恤典者霍维华、刘廷元、吕纯如、杨所修、徐绍吉、徐景濂六人,赠、荫、祭、葬、谥俱全也。赠、荫、祭、葬不予谥者,徐大化、范济世二人。赠官祭葬者,徐扬先、刘廷宣、岳骏声三人。复官不赐恤者,王绍徽、徐兆魁、乔应甲三人。他若王德完、黄克缵、王永光、章光岳、徐鼎臣、徐卿伯、陆澄源,虽不入逆案,而为清议所抑者,亦赐恤有差。《霍维华传》。

廿二史札记卷三十六

汪文言之狱

歙人汪文言，有智术，负侠气，入京输赀为监生，用计破齐、楚、浙三党。察东宫伴读王安贤，倾心结纳，与谈当世流品。光、熹之际，外廷依刘一燝，而安居中，以次行诸善政，文言交关力为多。魏忠贤既杀安，府丞邵辅忠遂劾文言，革其监生。既出都，复逮下吏，得末减。益游公卿间，舆马常填溢户外。大学士叶向高用为内阁中书，韩爌、赵南星、杨涟、左光斗、魏大中，皆与往来。会给事中阮大铖与左光斗、魏大中有隙，遂与给事中章允儒定计，嘱同官傅櫆劾文言，并劾大中通文言为奸利。魏忠贤大喜，立下文言诏狱。御史黄尊素语镇抚刘侨曰："文言不足惜，不可使缙绅祸由此起。"侨是之。狱词无所连，文言廷杖褫职，牵及者获免。已而魏忠贤势益张，尽逐诸正人赵南星等，梁梦环遂再劾文言，下诏狱。镇抚许显纯自削牒以上，赵南星、杨涟、左光斗、魏大中、李若星、毛士龙、袁化中、缪昌期、邹维琏、夏之令、王之寀、顾大章、周朝瑞、李三才、惠世扬等，无不牵引，而以涟、光斗、大中、化中、朝瑞、大章为受杨镐、熊廷弼贿。时显纯逼令文言牵引诸人，文言五毒备至，终不承。显纯乃手作文言供状，文言垂死大呼曰："尔莫妄书，异时吾当与尔面质！"显纯遂即日毙之于狱。《魏大中传》。

时坐受赃者，大中三千金，周朝瑞万金，袁化中六千，顾大章四万，周起元悬坐十万，缪昌期三千，周顺昌三千，周宗建万三千，黄尊素二千八百，李应昇三千，熊明遇千二百，而赵南星亦以汪文言狱词悬坐赃万五千，杨涟二万，左光斗二万。光斗等之被诬受贿也，初不肯承，而恐为酷刑所毙，冀下法司得少缓，遂俱自诬服。忠贤乃矫旨五日一比，不下法司，诸人始悔失计。见各本传。

明末辽饷剿饷练饷

嘉靖中,以俺答入寇,户部侍郎孙应奎已议加派,自北方诸府及广西、贵州外,增银一百十五万。（刘圳《〔孙应奎〕传》。万历末年,辽左用兵,又加赋五百二十万。《杨嗣昌传》。崇祯（二）〔三〕年,又以兵饷不足,兵部尚书梁廷栋请增天下田赋。于是户部尚书毕自严议于每亩加九厘之外,此即万历中所加。再增三厘。《梁廷栋》、《毕自严传》。十年,杨嗣昌又请增二百八十万,旧额之粮每亩加六合,计石折银八钱。帝乃下诏:"不集兵无以平贼,不增赋无以饷兵,其累吾民一年。"当时谓之剿饷。剿饷期一年而止。十二年饷尽而贼未平,于是又从嗣昌及督饷侍郎张伯鲸议,剿饷外又增练饷七百三十万。先后共增千六百七十余万。《嗣昌传》。十（五）〔七〕年,蒋德璟对帝曰:"既有旧饷五百余万,新饷九百余万,又增练饷七百三十万,臣部实难辞咎。今兵马仍未练,徒为民累耳。"《德璟传》。未几,遂罢练饷。《德璟传》。盖帝亦知民穷财尽,困于催科,益起而为盗贼,故罢之也。

明末督抚之多

明中叶以后,陕西已有三巡抚,陕西一也,延绥二也,甘肃三也。山西亦有二巡抚,山西一也,大同二也。直隶之宣化,亦另设一抚。至崇祯十四年,山海关内外设二督,昌平、保定又设二督,于是千里之内有四督。又有宁远、永平、顺天、密云、天津、保定六巡抚,宁远、山海、中协、西协、昌平、通州、天津、保定八总兵,星罗棋布,无地不防。见《范志完传》。时事孔急,固势之不得不然也。

明末巡抚多由边道擢用

宣德中,于谦由御史超拜兵部右侍郎,巡抚河南、山西,此尚沿国初用人不拘资格之例。迨资格既定,则巡抚或用佥都御史,或由布政使升用。至末季兵事急,凡边道以才见者,辄擢为巡抚。熊汝霖疏云有司察处者,不得滥举边才;监司察处者,不得遽蹑巡抚。曹于汴疏亦云边道超擢,当于秩满时阅实其绩,毋滥取建牙开府。熊开元疏亦云四方督抚,率自监司,明日廷推,今日传单,吏部出诸袖中,诸臣唯唯而已。此三疏各见本传内,可见是时巡抚多由监司擢用也。

今按洪承畴由督粮参政擢延绥巡抚,范志完由关内佥事擢山西巡抚,杨嗣昌由山海兵备擢永平巡抚,梁廷栋由口北道擢辽东巡抚,薛国用由辽海道擢辽东巡抚,丘民仰由宁前兵备擢辽东巡抚,宋一鹤由副使擢湖广巡抚,冯师孔由副使擢陕西巡抚,朱之冯由副使擢宣府巡抚,龙文光由参政擢四川巡抚,李化熙由兵备擢四川巡抚,丘祖德由副使擢保定巡抚,史可法由副使擢安庆巡抚。甚至余应桂由巡按擢湖广巡抚,高名衡由巡按擢河南巡抚,王汉由知县行取御史即擢河南巡抚,杨绳武亦由御史擢顺天巡抚。迨嗣昌为兵部尚书,建四正六隅之策,奏巡抚不用命者立解其兵柄,以一监司代之。可见是时用巡抚之大概也。盖兵事孔亟,仓猝用人,固有难拘以资格者矣。

明季辽左阵亡诸将之多

《明史·罗一贯传》,自辽左军兴,总兵官阵亡者十四人。抚顺则张承荫,四路出师则杜松、刘綎、王宣、赵梦麟,开原则马林,沈阳则贺世(延)〔贤〕、尤世功,浑河则童仲揆、陈策,辽阳则杨宗业、梁仲善,西平则刘渠、祁秉忠。而副总兵以下战殁如一贯者,更不可数计云。然此尚是万历、天启间事也。

崇祯中,遵化则赵率教,波罗湾则官维贤,永定门则满桂、孙祖寿,皆崇祯二年。旅顺则黄龙,六年事。皮岛则沈世魁、七年事。金日观,十年事。宁远则金国凤,十二年事。松山则杨国柱、十四年事。曹变蛟,十五年事。宁远则李辅明,螺山则张登科、和应荐。十六年事。其他副将以下,亦不可数计。且不特此也,如卢象昇、洪承畴,剿流贼最有功,而一遇大清兵,非死即被执。盖兴朝之运,所向如摧枯拉朽,彼亡国之帅,自必当之立碎。《明史》所谓天命有归,莫之为而为者矣。

明末督抚诛戮之多

《郑崇俭传》,崇祯中,凡诛总督七人,崇俭及袁崇焕、刘策、杨一鹏、熊文灿、范志完、赵光抃也。崇祯二年,王元雅以大清兵入口,惧罪自尽。是年,先诛万历中四路丧师之经略杨镐。五年,诛天启中广宁丧师之巡抚王化贞。九年,总督梁廷栋以失事惧诛,先服毒死。四人尚不在七人数内。《颜继祖传》,

崇祯中,巡抚被戮者十一人,蓟镇王应豸、山西耿如杞、宣府李养冲、登莱孙元化、大同张翼明、顺天陈祖苞、保定张其（中）〔平〕、山东颜继祖、四川邵捷春、永平马成名、顺天潘永图,而河南李仙风被逮自缢不与焉。又崇祯十七年中,兵部尚书凡十四人,亦罕有善全者。二年,王洽下狱死。九年,张凤翼服毒死。十三年,杨嗣昌自缢死。十四年,陈新甲弃市。其余如王在晋削籍归,高第被劾去。其得致仕者,惟张鹤鸣、熊明遇、冯元飙等数人而已。时事周章,人材脆薄,刑章又颠覆,固国运使然矣。

四正六隅

韩雍征两广叛瑶,或请以番骑趋广东,而大军趋广西,分路扑灭。雍曰:"贼已蔓延数千里,而所至与战,是自敝也。不如直捣大籐峡,倾其巢穴,余自迎刃而解。"后果以此成功。及崇祯中,流贼充斥,杨嗣昌则建四正六隅之说,以陕西、河南、湖广、江北为四正,四巡抚分剿而专防。延绥、山西、山东、江南、江西、四川为六隅,六巡抚分防而协剿。是谓十面之纲。而总督、总理二臣,随贼所向,专征讨。其后竟不能灭贼。或咎其备多力分,不如雍之扼要。不知瑶、僮虽四出流劫,而终恋巢穴,故雍专攻其腹心,即可制之。流贼则朝秦暮楚,本无定居,若不四围堵截,而听其东西奔突,官军从后追之,此适以自耗其力,而贼终不得灭。嗣昌之策固未为失也。

其先崇祯七年,陈奇瑜以贼在蜀中,亦先檄四巡抚会剿,陕西练国事驻商南,遏其西北;郧阳卢象昇驻房、竹,遏其西;河南元默驻卢氏,遏其东北;湖广唐晖驻南漳,遏其东南;而己与象昇入山剿之。崇祯九年,贼尽趋永宁、卢氏、内乡、淅川大山中,兵部尚书张凤翼亦请敕河南、郧阳、陕西三巡抚各扼防,毋使轶出,四川、湖广两巡抚移兵近界听援,而督、理二臣以大军入山蹙之。是嗣昌之前已有此策,亦非创自嗣昌。盖必外有重兵以防其轶出,而内以重兵蹙之,庶可尽殄,此固时势之不得不然者也。自奇瑜及熊文灿两误于抚,而流寇遂不可制。然徒剿而不抚,则数十万匪徒亦岂能尽杀?是又当痛加歼戮,使畏死悔祸,而后以一赦散其胁从,归农者不复穷治,则党与自离,贼势孤而易灭矣。赦与抚不同,抚者抚其头目,而不散其部伍,赦者赦其党与,而不复属凶酋也。顾非先加痛剿,小岂易言赦哉?

明末僭号者多疏属

明末自福王失国后，诸僭号者多系疏属。鲁王以海，则太祖子鲁王檀之裔孙也。崇祯末，转徙台州，张国维等奉之监国于绍兴。后遁入海，泊舟山。又窜闽之金门，为郑成功所沉。唐王聿键，亦太祖子定王(桓)〔桱〕之裔孙也。崇祯末，以擅举兵勤王，废锢高墙。福王立，赦出。南都不守，苏观生、郑鸿逵奉之入闽监国，年号隆武，为我朝兵所执。其弟聿鐭，复立于广州，年号绍武，亦为我朝兵所执。又唐王监国时，先有靖江王亨嘉，自立于广西，则太祖从孙守谦朱文正之子。之裔孙也，为巡抚瞿式耜所诛。又有朱容藩，自称楚世子、天下兵马副元帅，据夔州。《吕大器传》。范文光、刘道贞等奉镇国将军朱平榭为蜀王。《樊一蘅传》。未几皆败没。统计此数人，于崇祯帝已极疏远，本不宜僭号，而妄冀非分，宜其速败也。至永明王由榔，则神宗第七子桂王常瀛之子，与福王同为崇祯帝从兄弟，崇祯帝曾封为永明王。唐王被俘后，僭号永历，流转于广西、湖南、贵州、云南者十余年。后遁入缅甸。我朝兵入缅，缅人执以献，死于云南。

流贼伪官号

《明史·流贼传》，李自成既据襄阳，创官爵名号，有上相、左辅、右弼、六政府侍郎、郎中、从事等官。要地设防御使，府曰尹，州曰牧，县曰令。武官则有权将军、制将军、威武将军、果毅将军等名。及至陕西，称伪号，又设天佑殿大学士，六政府尚书、(鸿)〔弘〕文馆、文谕院、谏议、直指使、从政、统会、尚契司、验马寺、书写房等官，复五等封爵。后破京师，又益改官制，六部曰六政府，司官曰从事，六科曰谏议，十三道曰直指使，翰林曰弘文馆，太仆曰验马寺，巡抚曰节度使，兵备曰防御使。今按《路振飞传》，有闯贼节度使吕弼周、防御使武愫，皆为振飞所擒。又《曾亨应传》，亨应先为御史张懋爵所劾，后亨应死难，而懋爵降贼为直指使。此伪官名号见于各列传者也。

张献忠僭号武昌，亦设尚书、都督、巡抚等官。既得成都，又设左、右丞相及六部、五军都督府。亦见《流贼传》。后孙可望据黔中，凡诸军悉曰行营，设护卫曰驾前官。可望欲设六部等官，恐人议其僭，乃以范鑛、马兆义、任僎、万年策为吏、户、礼、兵尚书，并加以行营之号。后遂自设内阁六部等官，欲以文安之为东阁大学士，安之不肯。事见《安之传》。李定国出师桂林，有西胜营张胜，铁骑右营郭有名，前军都督高存恩，铁骑前营王会，武安营陈国能，天威营高文贵，坐营靳统武，右统军都督王之邦，金吾营刘之谋，武英营廖鱼，骠骑营卜宁等。见黄宗羲所著《永历纪年》。

郑成功之横海上也，分所部为七十二镇，有中军提督甘辉，左都督文兴，铁骑镇王起凤，冲锋镇柯朋，礼武镇陈凤，前冲镇黄梧，角宿镇康澄，援剿左镇施显之，理饷镇王恺。又有金武、木武、土武等镇。又设六官，分理庶事。举人潘赓昌为吏、户官，陈宝钥为礼官，世职张光启为兵官，浙人程应璠为刑官，举人冯澄世为工官，后以洪旭为兵官，郑泰为户官。其寇瓜洲、镇江时，中提督甘辉外，又有左提督翁天佑，右提督（禹）〔马〕信，后提督万礼，总督水师黄安，前锋镇余新，正兵镇韩英，援剿左镇刘猷，援剿右镇（杨）〔姚〕国泰，援剿后镇黄昭，前冲锋镇蓝衍，右冲锋镇万禄，后劲镇杨正，右虎卫陈鹏，左虎卫林胜，监纪推官何平等。郑经时尚有二十八镇，如征北将军吴淑，平北将军何祐，侍卫冯锡范，左武卫刘国轩，右武卫薛进思，左虎卫许耀，左都督赵得胜，宣毅前镇江胜，宣毅后镇陈谅，建威后镇朱友，援剿左镇金汉臣，楼船中镇萧琛，楼船左镇朱天贵，吏官洪磊，礼官柯平，兵官陈绳武等。见野史《郑成功传》。

草窃奸宄，横行一时，崛负自雄，设官建职，适以自速其毙也。永明王奔安龙，孙可望使一知府给其粮，册开"皇帝一名，皇后一口"。李自成死，其兄子锦奉自成妻高氏降于唐王，犹称自成为先帝，高氏为太后。

明从贼官六等定罪

《解学龙传》，福王时，定从贼官罪，仿唐六等。其一等应磔者：吏部员外宋企郊，举人牛金星，平阳知府张嶙然，太仆少卿曹钦程，御史李振声、喻上猷，山西提学参议黎志陞，陕西左布政使陆之祺，兵科给事高翔汉，潼关道金事杨王休，翰林院检讨刘世芳，十一人也。二等应斩缓决者：刑科给事光时亨，河南提学巩焴，庶吉士周钟，兵部主事方允昌，四人也。二等应绞拟赎者：翰林修撰兼给事中陈名夏，户科给事杨枝起、廖国遴,襄阳知府王承曾,天津兵备副使原毓宗,庶吉士何〔孕〕〔胤〕光,少詹事项煜,七人也。四等应成拟赎者:主事王孙蕙,检讨梁兆阳,大理寺正钱位坤,总督侯恂,副使王秉鉴,御史陈羽白、裴希度、张懋爵,郎中刘大巩,员外郭万象,给事中申芝芳、金汝砺,举人吴达,修撰杨廷鉴及黄继祖,十五人也。五等应徒拟赎者:通政司参议宋学显,谕德方拱乾,主事缪沅,给事中吕兆龙、傅振铎,进士吴刚思,检讨方以智、傅鼎铨,庶吉士张家玉、沈元龙,十人也。六等应杖赎者:员外潘同春、吴泰来,主事张琦,行人王于曜,知县周寿明,进士徐家麟、向列星、李枢,八人也。

其留北俟再定者:少詹事何瑞徵、杨〔现〕〔观〕光,少卿张若麒,副使方大猷,侍郎党崇雅、熊文举,太仆卿叶初春,给事中龚鼎孳、戴明说、孙承泽、刘昌,御史涂必泓、张鸣骏,司业薛所蕴,通政参议赵京仕,编修高尔俨,郎中卫周祚、黄纪、孙襄,十九人也。其另存再议者:给事中翁元益、郭充,庶吉士鲁槩、吴尔埙,后同史可法同死扬州。史可程,即可法之弟,后居宜兴四十年而卒。王自超、白〔孕〕〔胤〕谦、梁清标、杨栖〔鹤〕〔鹗〕、张元琳、吕崇烈、李化麟、朱积、赵颖、刘廷琮,郎中侯佐、吴之琦,员外郎左懋泰、邹明魁,行人许作梅,进士胡显,太常博士龚懋熙、王之牧、王皋、梅鹗、姬琨、朱国寿、吴嵩〔孕〕〔胤〕,二十八人也。其已奉旨录用者:尚书张缙彦,给事中时敏,谕德卫〔允〕〔胤〕文、韩四维,御史苏京,知县黄国琦、施凤仪,郎中张〔振〕〔正〕声,中书顾大成、姜荃林,十人也。有旨周钟等不当缓决,陈名夏等未蔽厥辜,侯恂、宋学显、吴刚思、方以智、潘同春拟罪未合,新榜进士尽污伪命,不当复玷班联,令再议。后又议周钟、光时亨等各加一等。时马、阮专柄,杀钟、时亨,即传旨二等罪斩者谪充云南金齿军,三等者充广西边卫军,四等以下俱为民,永不叙用。然案内诸犯多漏网,一等者皆随贼西行,实未尝正法也。

按福王时所定六等,盖就一时闻见草率成案,其实尚多遗漏者。李自成入京时,阁臣魏藻德等率百官表贺,坐殿前俟命,为群贼所戏侮,事见《明史》列传,而六等中无之。他如大学士李建泰,尚书张〔炘〕〔忻〕,侍郎刘余祐,光录卿李元鼎,庶吉士张端〔明〕,以及御史傅景星,为贼兵政府侍郎;陕西监军道陈之龙,为贼宁夏节度使;御史柳寅东、张懋爵,俱为贼直指使,此皆文臣之降贼者。

锦衣卫左都督骆养性,降贼仍原官;宣化总兵姜瓖、密云总兵唐通,皆降贼于居庸;荡寇将军白广恩,降贼封桃源伯;副将南一魁、董学礼,降贼为总兵,此武臣之降贼者。事见我朝《二臣传》,而六等中亦皆无之。可见所定之案之疏略也。

就所定中一等者固随贼西去,二等中亦只周钟、光时亨二人正法,其他仍漏网。三等中如陈名夏,入我朝官至大学士兼吏部尚书。可见六等之案,固不过悬拟罪名,实未尝能行法。其留北俟再定者,入本朝转多有至大官,梁清标、党崇雅、卫周祚、高尔俨,皆至大学士;刘昌、龚鼎孳,皆至尚书;孙承泽,至左都御史;薛所蕴、熊文举、叶初春,皆至侍郎;戴明说、张若麒,皆至京卿;方大猷,至巡抚。诸人在福王时,既以传闻未确,得免丽名于六等之内,入本朝官位通显,又莫有记其曾污伪命者。皇上命词臣以明臣之仕于我朝者,编作《二臣传》,其中有降贼者,据事直书,然后失节之处,昭然莫掩。此真彰瘅之大公,可以立万世之大闲矣。

时苏州诸生檄讨其乡官从贼者,奸民和之,少詹事项煜、大理寺正钱位坤、通政司参议宋学显、员外汤有庆之家,皆被焚劫。常熟又焚给事中时敏家,毁其三代四棺。《祁彪佳传》。

明代先后流贼

盗贼蜂起,至覆国家,汉则张角等,魏则葛荣等,隋则翟让等,正史皆未有专传。《唐书》则立《黄巢传》,而入于《逆臣》中,然巢初未为臣也。《明史》以李自成、张献忠另立《流贼传》,最为允当。然只传此二人,而永乐以后伺间窃发者不备载,但附见于诸臣列传中。今特摘出,以便观览。其他土司之叛服不常,及苗、瑶之据巢穴为梗者,不赘及。

唐赛儿

永乐十(九)〔八〕年,蒲台林三妻唐赛儿作乱,自言得石函中宝书神剑,役鬼神,剪纸作人马相战斗。徒众数千,袭据益都卸石寨。指挥高凤捕之,败殁,势遂炽。其党董彦昇等攻下莒、即墨,围安丘。总兵官柳升率刘忠围赛儿,赛儿夜劫官军,惊溃,忠战死,赛儿逃去。攻安丘益急,知县张旷等死守,不能下,合莒、即墨万余贼来攻。都指麾卫青备倭海上,闻之,率千骑驰至,大破贼。城中亦鼓噪出，杀贼二千，擒四千余，悉斩之，余贼奔散。时城中旦夕不支，青救稍迟，城必陷矣。赛儿竟不获。《青传》。

刘千斤

成化中，荆、襄贼刘千斤作乱。千斤名通，河南西华人。县门石狻猊重千斤，通只手举之，因以为号。时流民聚荆、襄者，通以妖言煽之，谋作乱。石龙者，号石和尚，聚众剽掠，与通共起兵，伪称汉王，建元德胜。朝命尚书白圭提督军务，率朱永、喜信、鲍政等讨之。至南漳，败贼，乘胜逼其巢。通奔寿阳，又退保大市，官军又败之，斩其子聪。贼退据后岩，诸军四面攻之，遂擒通及其众三千五百人，获子女万一千有奇。石龙与刘长子逸去，扰四川。圭分兵蹙之，刘长子缚龙以降，余寇悉平。《白圭传》。

李胡子

圭既平刘通，荆、襄间流民仍屯结。通党李胡子，名原，伪称平王，与小王洪、王彪等掠南漳、房县、内乡，流民附之至百万。总督项忠讨之，先遣人入山招谕流民，归者四十万，彪亦就擒。贼仍伏山砦出击。忠又遣李振等击之，禽李原、小王洪等，又招流民五十余万，安插著籍。《项忠传》。

叶宗留等

正统中，庆元人叶宗留与丽水陈鉴胡，聚众盗福建宝丰县银矿，群盗自相杀，遂作乱。福建参议竺渊往捕，被执死。宗留僭称王。福建邓茂七亦聚众反，宗留、鉴胡附之，剽浙江、江西、福建境。参议耿定、佥事王晟及都督陈荣、刘真、吴刚等，前后败没。遂昌贼苏牙、俞伯通又与相应。朝命张骥为浙江巡抚讨之，骥遣官击斩牙等。而鉴胡方以忿争杀宗留，自称大王，国号太平，建元泰定，分掠浙东。未几茂七死，鉴胡势孤，骥招之遂降。别贼苏记养等，亦为官军所获。《张骥传》。

邓茂七

福建沙县人邓茂七，为甲长，以气役属乡民。其俗佃人输租外例馈田主，茂七倡其党无馈，而要田主自往受粟。田主诉于县，县下巡检捕之，茂七杀弓兵数人。上官闻，遣官军三百人往捕，尽被杀，巡检亦死。茂七遂大掠，自称划平王，设官属，聚党数万人，陷二十余州县，指挥范真、彭玺等先后被杀。会左布政使安南人〔阮勤〕〔宋新〕贪浊渔民，民益从乱。巡按汪澄檄浙江、江西会讨，寻以贼议降，檄止其兵，贼益炽。茂七围延平，朝命御史丁瑄往招讨，都督刘聚、金都张楷大军继其后。瑄诱贼再攻延平，督众击败之，遂斩茂七。《丁瑄传》。

李添保

天顺中，麻城人李添保以逋赋逃入苗中，伪称唐太宗后，聚众万余，僭称王，建元武烈，掠远近。总兵官李震大破之。添保逃入贵州，复诱群苗出掠，震擒之。《震传》。

黄萧养

天顺末，广东贼黄萧养作乱，围广州。杨信民先官广东，有惠政，至是以巡抚至，使人持谕入贼营招之。萧养素服信民，克日请见。信民单车莅之，贼望见曰："果杨公也。"争罗拜愿降，而信民寻即病卒。会朝命都督董兴来讨，萧养等惧，遂不降。兴调江西、两广兵，侍郎孟鉴赞理军务，兴用天文生(冯)〔马〕轼随行。景泰元年春，至广州，贼舟千余艘，势甚炽。而征兵未尽集，诸将请济师，轼曰："广州被围久矣，即以现兵往击，犹拉朽耳。"兴从之，进至大洲，击贼，杀溺死者无算，余多就抚。萧养中流矢死，俘其父及党与，皆伏诛。《信民》及《兴传》。

刘六　刘七　齐彦名　赵疯子

正德中，文安人刘六，名宠，其弟七，名宸，并骁悍。有司患盗，召宠、宸及其党杨虎、齐彦名等捕盗，有功。刘瑾家人索贿不得，遂诬为盗，遣宁杲、柳尚捕之，宠等乃投大盗张茂家。茂与宦官张忠为邻，茂结之。时河间参将袁彪捕茂，茂窜，求救于忠。忠置酒招茂、彪宴，以茂嘱彪，彪遂不敢捕。宠等自首，寻复叛去，陷城杀将。朝命马中锡提督军务，与张伟等讨之，诸将懦，或反与贼结。参将桑玉遇贼村中，宠、宸窜，匿民家，而玉受赂，故缓之。有顷，齐彦名持大刀至，杀伤数十人，大呼入，宠、宸知救至，出杀数人，遂复炽。自畿辅犯山东、河南，下湖广，抵江西，又自南而北，直窥霸州。杨虎等由河北入山西，复至文安，与宠等合，纵横数千里，所过如无人。中锡、伟不能御，乃下招降令。中锡肩舆入其营，宠请降，宸曰："今奄臣柄国，马都堂能自主乎？"遂罢去，焚掠如故。朝议乃遣侍郎陆完出督师，调边将郤永、许泰等率边兵入剿，败贼于霸州，于信安、阜城。刘六、七乃南陷山东二十州县，杨虎又北残威县、新河。刘六等纵横沂、莒间，连陷宿迁、虹、永城等处。边兵追及,至小黄河渡口,虎溺死,余贼奔河南,推刘惠为首,败总兵白玉军,杀指挥王保,势大炽。有陈翰者,奉惠为奉天征讨大元帅,赵燧副之,翰自为侍谋军国重务元帅府长史,与宁龙立东西二厂治事。分其军为二十八营,以应二十八宿,营各置都督。

赵燧者,文安诸生,号赵风子。挈家避贼,贼得之,欲淫其妻女,燧怒,手击杀数人,贼以其勇,遂奉之。燧戒毋淫掠,毋妄杀。移檄府县,官吏师儒毋走避,迎者安堵。由是横行中原,势出刘六等上。连陷鹿邑、上蔡、西平、遂平、舞阳、叶县,纵掠南顿、新蔡、商水、襄城。至钧州,以马文升家在,舍之去。攻泌阳,毁焦芳家,束草为芳像,斩之。副总兵冯祯、时源击败贼,贼奔入西平城。官军塞其门,焚死千余人,余贼溃而西。巡抚邓璋等朝崇王,宴饮三日,贼得招散亡,势复振。陷鄢陵、荥阳、汜水,围河南府三日,官军始集。贼觇官军饥疲,乃来犯,祯战死。此燧等之乱河南也。刘六、七及彦名则扰山东、畿辅,亦陷数十州县。官兵追及,贼辄驱良民在前,官兵所杀皆良民,故虽屡奏捷而贼势不衰。

于是朝命又以彭泽提督军务,与仇钺办河南贼,其山东、畿辅贼则专委陆完。泽等至河南,燧等走汝州、宝丰、舞阳、固始、颍州、光山,钺追及之,贼大败。湖广军又破其别部贾勉儿于罗田。贼流六安、舒城,趋庐州、定远,屡败,而道遇杨虎余党数千人,又振。陷凤阳、泗、宿、睢宁,诸将连败之,追至应山,贼略尽。燧薙发逃至江夏,被执伏诛。惠走土地岭,为指挥王谨射中目,自缢死。勉儿亦获于项城。余党邢本恕、刘资、杨寡妇等皆就擒。而陆完之办山东贼也,贼入登莱海套,又北走,沿途啸聚益众,巡抚宁杲兵为所败。贼又南走湖广,夺舟至夏口,为满弼等追及,刘六与其子仲淮赴水死。刘七、齐彦名乘舟抵镇江,时河南贼已平,帝命彭泽等会剿,贼犹乘潮上下。操江伯赵弘(靖)〔泽〕遇之,败绩。完至镇江,分舟师备江阴、福山港等处。贼惧,至通州,飓风大作,走保狼山。完等攻之,彦名中枪死,七中矢,亦赴水死,余贼尽平。《陆完》、《彭泽》、《仇钺》、《马文升》、《冯祯》等传。

江西盗

正德中,流贼不独刘六、七等也,江西亦有剧盗。抚州则王钰五、徐仰三、傅杰一、揭端三等,南昌则姚源贼汪澄二、王浩八、殷勇十、洪瑞七等,瑞州则华林贼罗光权、陈福一等,赣州则大帽山贼何积钦等。朝命陈金总制军务讨之。金调广西土官岑猛、岑猛土兵,与官兵合击贼于熟塘,于东岸禽仰三、馘钰五等。移师姚源,分命参政。董朴等扼余干等县,防其逸出。亲统大军捣巢,勇十、瑞七等皆就诛,乘胜斩光权,华林贼尽平。又击大帽山贼,擒积钦。半年间剿贼略尽。金置酒高会，余贼觇诸隘无守兵，乃赂土目，乘间逸出。时贼已绝爨三日，自分必死，至贵溪始得一饱，遂掠徽、衢间。金招降王浩八，伪降以缓师，而攻剿如故。《陈金传》。东乡贼亦乞降于副使胡世宁，号新兵，亦剽掠，惧罪又叛。朝命以俞谏来代金，浩八据贵溪之裴源山，众又集，连营十余里。谏令世宁等分兵断其去路，贼凭山发矢石，官兵几不支。谏与副总兵李铉殊死战，贼乃走，追数十里，擒浩八。其党胡浩三既抚又叛，参政吴廷举往谕，为所执，居三月，尽得其要领。诱浩三杀其兄浩二，官兵乘乱攻之，遂禽浩三，以次平刘昌三等。而东乡贼王垂七、胡念二等又杀官吏，焚廨舍，谏又发兵禽之，乱乃定。《俞谏》《李铉》《吴廷举》等传。

四川盗

是时流贼之在四川者，保宁有蓝廷瑞，称顺天王；鄢本恕，称刮地王；其党廖惠，称扫地王。众十万，置四十八总管，蔓延陕西、湖广之境。廷瑞、惠谋据保宁，本恕谋据汉中，取郧阳东下。巡抚林俊调罗、回兵及石柱土兵，至龙滩河，乘贼半渡击之，获惠，余贼奔陕。总制洪钟下令招抚，降者万余人。贼又掠蓬、剑二州，钟檄陕、豫、楚兵分道进，廷瑞走汉中，官兵围之。廷瑞遣人乞降于陕抚蓝章，章以贼本川人，遣官护之出境。贼既入川，乞降而多所要求，欲以营山县或临江市处其众。钟遣通判罗贤入其营，被杀，钟乃分兵为七垒守之，贼不得逸。廷瑞以所掠女子诈为己女，结婚于钟所调来之永顺土舍彭世麟，冀得间逃去。世麟密白钟，钟使以计图之。及期，廷瑞、本恕及其党二十八人咸来会，伏发，尽擒之。惟廖麻子得脱，偕其党曹甫掠营山、蓬州。钟又议抚，甫听命，廖麻子忿甫背己，袭杀之，并其众。转掠川东，自合州渡江，陷州县。《钟传》。甫党方四亡命思南，巡抚林俊发兵击走之。《俊传》。朝命彭泽来代钟，泽偕总兵时源数败之，禽麻子于剑州。其党喻思俸窜巴、通间，泽又会之。《泽传》。时钟所调永顺土兵恣为暴，民间谣曰："贼兵梳，官兵篦，土兵薙。"陈金所调广西土兵亦恣横，民间谣曰："土贼犹可，土兵杀我。"

曾一本

嘉靖中，海寇曾一本，本蜑户，纠众横行闽、广间。俞大猷将赴广西，总督刘焘令大猷会闽师夹击。一本至闽，总兵李锡出海御之，与大猷遇贼柘林澳，三战皆捷，贼遁马耳澳，复战。广东总兵刘显及郭成率参将王诏以师会，次莱芜澳，分三哨进。一本驾大舟力战，诸将连破之，毁其舟，诏生擒一本及其妻子，斩首七百余，死水火者万计。一本之党梁本豪，亦蜑户。一本既诛，本豪窜海中,习水战,远通西洋,且结倭兵为助,杀千户、通判以去。总督陈瑞与参将黄应甲谋分水军二,南驻老万山备倭,东驻虎门备蜑,别以两军备外海,两军扼要害。乃率水军进,沉蜑舟二十,生禽本豪。余贼奔潭洲,聚舟二百及倭舟十。诸将合追,先后俘斩千六百,沉其舟二百余,抚降者二千五百,海贼尽平。《李锡》、《刘显传》。

徐鸿儒

天启二年,山东妖贼徐鸿儒反,连陷郓、巨野、邹、滕、峄,众至数万。巡抚赵彦任都司杨国栋、廖栋,檄所部练民兵,守要地,起家居总兵杨肇基,使统兵往讨。而栋、国栋等攻邹,兵溃,游击张榜战死。彦方视师兖州,遇贼,肇基至,急迎战,令栋、国栋夹击,大败之横河。贼精锐聚邹、滕中道,肇基令游兵缀(败)〔贼〕邹城,而以大军击贼纪王城,大败贼,殪之峄山,遂围邹。国栋等亦先后收复郓、巨野、峄、滕诸县。乃筑长围攻邹,三月贼食尽,其党出降,遂擒鸿儒。《杨肇基传》。

刘 香

崇祯初,福建有红夷之患,海盗刘香乘之,连犯闽、广沿海邑。总督熊文灿议招抚,遣参政洪云蒸,副使康(成)〔承〕祖,参将夏之本、张一杰等宣谕,俱被执,乃令降盗郑芝龙击香于田尾洋。香势蹙,令云蒸止兵,云蒸大呼"急击贼,勿顾我",遂遇害。香势穷,自焚溺死,承祖等脱归。《文灿传》。

明祖本纪

《明史·太祖本纪》,大概多本之实录,及《御制皇陵碑》、《世德碑》、《纪梦文》、《西征记》、《平西蜀文》、《周颠仙人传》。此外则《皇明祖训》、《皇朝本记》、《天潢玉牒》、《国朝礼贤录》,及陆深之《平胡录》、《北平录》、《平汉录》、《平吴录》、《平蜀记》[①],黄标之《平夏记》,张纮之《云南机务抄黄》,高岱之《鸿猷录》,唐枢之《国琛集》,王世贞之《名卿绩记》,顾璘之《国宝新编》,徐祯卿之《剪胜野闻》,王文禄之《龙兴慈记》等书,无虑数十百种,类皆资其采掇。然使决择不精,如《南》、《北史》徒搜异闻以炫人耳目,往往转至失实。《明史》则博揽群书,而必求确核,盖取之博而择之审,洵称良史。不参观于各家记述,不知修史者订正之苦心也。

【校】

① 陆深之《平胡录》、《北平录》、《平汉录》、《平吴录》、《平蜀记》 《校证》：陆深所著者惟《平胡录》一种，与《北平录》等均收于《纪录汇编》。其作者，《平汉录》署宋濂（《明史·艺文志》作童承叙《平汉录》），《平吴录》署吴宽，《北平录》与《平蜀记》皆未署名。

皇陵碑

叙明祖侧微时，当以《御制皇陵碑》为据。盖明祖自述其少日流离艰苦之况，甚至裸葬父母，髡发沙门，乞食江、淮，皆所不讳，则其事之确核可知也。《天潢玉牒》，明祖母陈太后在麦场，有一道士修髯簪冠，红服象简，来坐，拨一白丸曰大丹，付太后吞之，已而有娠。据此则道士授丹乃实事也。《皇朝本纪》则云，太后夜梦黄冠来麦场中，取白药一丸使吞之，觉语仁祖，即明祖之父。而口尚有香。是梦中事也。高岱《鸿猷录》亦云是梦，《明史》本纪从之。《玉牒》又谓明祖兄南（阳）〔昌〕王及子山阳王先死，贫无葬地，同里刘继祖以地与之。时仁祖先梦于彼处筑室，今葬长子，后果夫妻亦同葬此地，即凤阳陵云。是长子先葬，数年后父母随葬也。然《皇陵碑》云，皇考终于六十有四，皇妣五十有九而亡。孟兄先死，合家守丧。田主德不我顾，呼叱昂昂，忽伊兄之慷慨，惠此黄壤。则是父母兄相继死于旬日之内，故刘继祖悯其鞠凶而舍地与之。且继祖弟方不许，若已葬兄有地，又何烦继祖之赠耶？又徐祯卿《翦胜野闻》，帝父母兄相继死，贫不能具棺，与仲兄谋草葬山中。途次绠断，仲返计，留帝视尸。忽风雨，天大晦，比明视之，则土裂尸陷，已成坟。田伯刘大秀即与地而弃责焉。按《皇陵碑》云殡无棺椁，蔽体恶裳，是草葬自是实事。至天葬之神异，事本不经，碑中并无一语，或其后因裸葬而附会为此说耶？《玉牒》谓刘继祖，《野闻》谓刘大秀，名亦不同。

明祖以不嗜杀得天下

明祖以布衣成帝业，其得力处总在不嗜杀人一语。初遇李善长，即以汉高豁达大度不嗜杀人为劝。及取和州，诸将颇不戢，范常规以得一城而使人肝脑涂地，何以成大事？即责诸将，搜军中所掠妇女，遣送其家。既渡江，将取太平，令李善长预书禁约榜文，入城即悬诸通衢,兵皆肃然毋敢犯。故陶安谓"明公神武不杀,天下不足平也"。及将取镇江,先坐诸将以重罪,令善长再三求释,乃下令庐舍不焚,民无酷掠,方许免罪。于是克城之日,民不知有兵。池州之役,徐达、常遇春败陈友谅兵,生获三千人,遇春欲尽诛之,徐达不可,乃以闻。而遇春已坑其兵过半,帝急命释之,由是命达尽护诸将。遇春围熊天瑞于赣州,固守不下,帝虑其多杀,先戒曰:"得地无民亦何益?"乃筑长围,半年始克之。于是诸将皆承顺风旨,咸以杀掠为戒。徐达围张士诚于平江,亦几一年,城将破,先约遇春曰:"兵入,我营其左,公营其右,禁杀掠。"故城破而民亦晏然。潘元明以杭州降于李文忠,文忠身宿谯楼,兵有借民釜者,立斩以徇。建宁守将达里麻、翟也先不花送降款于何文辉,主将胡美怒其不先诣己,欲屠其城,文辉曰:"兵至为百姓耳,何可以私意杀人?"美遂止。张彬攻靖江南关,为守城者所诟,怒欲屠其民,杨璟谕之亦止。邓愈之徇安福也,部下有掳掠者,判官潘枢入责之,愈急下令禁止,搜军中所得子女,悉还之。徐达克元都,市不易肆,尤见威令之肃。

盖是时群雄并起,惟事子女玉帛,荼毒生灵,独明祖以救世安天下为心,故仁声义闻,所至降附,省攻战之力大半。其后胡、蓝二党诛戮至四五万人,则天下已定,故得肆其雄猜。又平定滇、黔,杀苗蛮亦不下六七万,则以番夷之性但知畏威,非此不足以惩创。盖明祖一人,圣贤、豪杰、盗贼之性,实兼而有之者也。

明祖用法最严

明祖亲见元末贪黩懈弛,生民受害,故其驭下常以严厉为主,虽不无矫枉过正,然以挽颓俗而立纪纲,固不可无此振作也。当其用兵之始,命禁酿酒。胡大海方攻越,其子首犯之,王恺请勿诛以安大海心,帝曰:"宁使大海叛我,不可使我法不行。"遂手刃之。赵仲中守安庆,陈友谅来攻,仲中弃城走。常遇春请原之,帝不许,曰:"法不行,无以惩后。"遂诛之。冯胜攻高邮,城中诈降,使康泰等先入,敌闭门尽杀之。帝召胜还,决大杖十,令步行至高邮。胜愧愤,竟攻克之。可见其威令之严,不可摇动。独邓愈守洪州,祝宗、康泰反,愈不及备,逃出抚州门,帝竟不杀,仍令往守。岂以事出不意而恕之耶? 抑以其功大而不忍执法耶？

明祖重儒

明祖初不知书，而好亲近儒生，商略今古。徐达往取镇江，令访秦从龙，致愿见之意。即令侄文正、甥李文忠以币聘至应天，朝夕过从，以笔书漆简问答甚密。从龙又荐陈遇，遇不受官，而尊宠之逾于勋戚。后置江南行中书省，省中自李善长、陶安外，又有（安）〔宋〕思颜、李梦庚、郭景祥、侯元善、杨元杲、阮弘道、孔克仁、王恺、栾凤、夏煜、毛骐、王濂、汪河等，皆燕见无时，敷陈治道。又聘刘基、宋濂、章溢、叶琛至，曰："我为天下屈四先生。"下婺州后，又召吴沉、许元、叶瓒玉、胡翰、汪仲山、李公常、金信、徐孳、童冀、戴良、吴履、张起敬等会食省中，日令三人进讲经史。其后定国家礼制，大祀用陶安，祫禘用詹同，时享用朱升，释奠耕籍用钱用壬，五祀用崔亮，朝会用刘基，祝祭用魏观，军礼用陶凯，一代典礼，皆所裁定。寻以胡惟庸谋反，废丞相，又设四辅官，以王本、杜佑、龚敩、杜斅、赵民望、吴源等为之，隆以坐论之礼。谏院疑谳，四辅官得封驳。又有安然、李幹、何显周等，相继为之。帝尝谓听儒生议论，可以开发神智。盖帝本不知书，而睿哲性成，骤闻经书奥旨，但觉闻所未闻，而以施之实政，遂成百余年清晏之治。正德以前，犹其遗烈也。

郭子兴之被执

至正十二年二月，郭子兴、孙德崖等陷濠州。未几，有徐州盗魁彭大、赵均用为元兵所败，亦奔于濠。彭僭称鲁淮王，赵僭称永义王，部众恣横，子兴等反为所制。高岱《鸿猷录》云：彭、赵一日执郭下狱，帝力为营救，彭、赵闻而释之。《天潢玉牒》亦云：彭、赵执郭于狱，明日彭帅释之。是执子兴者，彭、赵共之也。然《皇朝本纪》则云：子兴奉彭而轻赵，德崖等恃赵威，执子兴，因于德崖家。帝以子兴次夫人往诉彭，彭曰："孰敢若是？"呼左右点兵，帝亦披坚执锐，围孙宅，共掀椽揭瓦，见子兴钳足系项，令人负归，脱去钳锁。是赵执子兴，而彭脱之也。其后帝总兵和阳，德崖求寄居，子兴至，其兵与德崖兵斗，子兴执德崖，德崖兵亦执帝，犹以此宿憾也。《明史·郭子兴传》不从《鸿猷录》，而专用《皇朝本纪》，较为确核。

刘继祖　汪文

《玉牒》又云：帝父母死，无食，时年十七，入皇觉寺为僧，邻人汪文助为之礼，事高彬为师。此即碑所云"汪氏老母，为余筹量，遣子相送，备礼馨香，空门礼佛，出入僧房"。汪文盖即汪媪之子。《鸿猷录》亦谓帝从汪媪议，托身皇觉寺，汪媪为少具仪物，师事僧高彬。郑晓《今言》云：凤阳皇陵有奉祀二人刘氏、汪氏。徐祯卿《翦胜野闻》云：帝念刘大秀施地之惠，封为义惠侯。又感汪媪之意，敕授世官，令卫皇陵。《明史》作刘继祖。又云帝平淮安，后至濠，赐故人汪文、刘英粟帛。

张士德之擒

按陆深《平吴录》云：徐达攻常州，张士诚遣其弟士德来援，士德败走，遇坎坠马被擒。《皇朝本记》则云：徐达破张士诚兵于宜兴湖桥，擒其弟张九六。即士德。今《明史·徐达传》则云擒士德于常熟。

刘福通被杀

陆深《平胡录》，至正十九年，刘福通以宋主韩林儿走安丰。二十三年，张士诚遣吕珍破其城，杀刘福通。而《平吴录》则云：帝率常遇春等救安丰，珍败走，福通奉韩林儿退居滁州。按二录皆陆深所著，而一则云福通被杀，一则云福通奉其主居滁，何舛错如此？高岱《鸿猷录》则云：珍攻安丰急，刘福通遣使求救于建康，上亲率诸将救之。至则珍已破安丰，杀福通，上遂以林儿还金陵云。按是时群雄多奉林儿龙凤年号，明祖亦用之，令下则云"皇帝圣旨，吴王令旨"，已居然天下共主矣。福通其宰相也，权位并在明祖之右。吕珍已为明兵所败，并获元将忻都，走左君弼。使福通不死，必仍奉林儿据大位以号召天下，其肯退居于滁寄人篱下耶？是珍之杀福通自是实事。福通既死，明祖奉林儿居滁，则已在掌握中。不逾年林儿死，遂改年为吴元年。《廖永忠传》并谓永忠迎林儿还应天，至瓜步，覆其舟死。则《鸿猷录》所云奉林儿还金陵者，亦误也。

明祖之取江州

《明史·赵德胜传》，至正癸卯，太祖西征陈友谅，破安庆水寨，乘风泝小孤山，距九江五里，友谅始知，仓皇遁去。是友谅不及战即往武昌也。《刘基传》亦云：明祖攻安庆，自旦及暮不下，基请径趋江州，遂悉军西上。友谅出不意，帅妻子奔武昌。亦见《国初礼贤录》。然《御制西征记》，抵皖城，寇舟不战，水陆固守。我师遂宵昼弗停，次日午后直抵浔阳，与彼交战。再冲再折，若此者三，彼负而我胜，友谅逃遁，遗将伏降。是明兵到时，友谅亦曾拒战，既败而逃，当以《西征记》为准。按《明史·廖永忠传》，是时永忠从攻江州，州城临江，守备甚固。永忠度城高下，造桥于船尾，名曰天桥，以船乘风倒行，桥附于城，遂克之。是不惟交战，抑且攻城。使友谅不待战即仓皇遁去，又何用造桥于船尾方攻破城耶？

徐达纵元君之误

陆深《玉堂漫笔》，徐达之蹙元顺帝于开平也，开一角使逸去。常遇春怒无大功，达曰："是尝君天下，将裂地封之乎，抑遂甘心也？既皆不可，则纵之固便。"徐祯卿《翦胜野闻》，亦谓达追顺帝，忽传令班师，遇春大怒，驰归告达反。达料遇春归必有谮言，乃亦引军归，别白此事，谓若执以归，将焉用之云云。按洪武元年，达、遇春至通州，以八月庚午克元都，顺帝已于七月丙寅开建德门北走，固未有故纵之事。二年春，达方在陕西戡定巩昌、临洮、庆阳等处。遇春以通州有元丞相也速来窥伺，乃与李文忠还师北平。既败元兵，遂追入开平，顺帝已北走沙漠。遇春归，亦卒于柳河途次。是开平之役，达未在行，遇春亦无归朝面奏之事。

且达小心恭谨，当平江攻张士诚时，遣使请事，帝嘉其忠，而以"将在外，君不御"勉之。胡德济从征扩廓，违令致败当斩，达以功臣胡大海之子，械送京，帝曰："将军效卫青不斩苏建耳，继自今毋姑息。"是达之不敢自专可知。况灭国大事，敢故纵其君乎？《明史》谓上幸汴梁时，达密请于帝，谓："元主若北走，将穷追之乎？"帝曰："元运衰矣，行自澌灭。出塞之后，慎固封守可也。"此事较为得实，然达并未追顺帝也。陆、徐著述颇可观，此事乃谬误如此，盖徒得之传闻，而未尝见实录也。

新月诗

黄溥《闲中今古录》，明祖尝试诸子《新月》诗，懿文太子云："虽然未到团圞夜，也有清光照九州。"成祖云："谁将玉指甲，掐破青天痕。影落江湖里，蛟龙不敢吞。"郑晓《今言》则以"影落江湖"为建文君所作。盖世所传《从亡录》，建文窜迹西南，终免于祸难，似其诗谶也。

通州粮运京二传所载不同

土木之变，英宗既北狩，也先将入寇，朝议欲焚通州仓以绝寇资。后令京军自运到京，不数日京师顿足。《明史·周忱传》以为此议本出自忱，《于谦传》则又以为出自谦。盖《忱传》本之何良俊《四友斋丛说》，谓忱适以事至京，令军士预支半年粮，俾自往取，何至付为煨烬？《谦传》则本之陈沂《畜德录》，谓国之命脉在此，传示城中有力者尽取之。高岱《鸿猷录》，亦谓谦令军士预支月粮，以赢米为之直。此各记所记者也。盖本忱建此议，而谦奏行之耳。

于谦王文之死

黄溥《闲中今古录》，英宗复辟时，石亨等诬王文、于谦谋迎立外藩，坐以大逆，将肆之市。谦连呼"皇天后土"，文但云："今已到此，伸起头来就砍，连呼何为？久自明白。"是文之临危不惧，视死如归，过于谦远矣。然《明史·文》、《谦》二传，谦并无"皇天后土"之呼，文则力辨召亲王须用金牌信符，遣人必有马牌，内府、兵部可验也，谦笑曰："亨等意耳，辨之何益？"是从容就死者谦，而自辨冤枉者乃文也。盖又各就其平日之人品，而系以盖棺定论耳。

喜宁之擒

《明史·于谦传》，英宗陷虏时，有叛阉喜宁降也先，为之谋主。尝导之入寇，邀大臣出迎驾，索金帛以万方计。后随出塞，又嗾扰宁夏等边。谦密令大同守将禽而戮之。是谦授计之功也。《杨俊传》，中朝患喜宁，购禽斩宁者银二万两，爵封侯。为都指挥江福所获，宣府参将杨俊冒其功。景泰帝以边将职所当为，仅加左都督，赐金币。后事白，夺俊冒升官,别赏江福。是江福擒叛之功也。然阅《正统北狩事迹》、尹直《北征事迹》、高岱《鸿猷录》等书,则不惟杨俊冒功,即江福亦非功首,其始谋乃英宗也。英宗在北,以宁数嗾也先扰边,则和议不可成,和不成则己无还期。会欲遣使至宣府索春衣,嘱也先以宁往,而使军士高磐随行,密以手谕书木片,缚磐髀股间,使以示俊。俊与宁饮城下,磐即抱宁大呼,遂缚送京师伏诛。盖福是磐抱宁时手缚之者。则俊与福之功皆属幸得,而又系之于谦。盖以其忠诚为国,凡有善事皆归美焉耳。高磐,《北狩事迹》作高斌,《北征事迹》作高旺。

曹吉祥　江彬

太监曹吉祥从征云南、福建,朝命以诸降夷之安插畿甸者随行。既还京,吉祥皆结以恩为爪牙。其侄钦官锦衣卫指挥使,封昭武伯。钦弟铉、镭、铎,皆至大官。英宗复辟时,钦曾以此辈夺门,冒功得官至数千人。石亨败,冒功者皆革,此辈又为吉祥所庇得免。吉祥招权纳贿肆无忌,上寖疏之。钦亦以恣横失上意,别以卫事委任逯杲。于是吉祥、钦谋为乱。天顺五年七月初二夜,将以明日五鼓禁门开,率诸番将一拥而入,吉祥于内应之,可以得志。会有马亮者告变于恭顺侯吴瑾,瑾与怀宁伯孙镗二鼓从门隙中密本奏入,遂执吉祥于内廷,钦等不知也。及期,百官方至待漏院入朝,而门不启。钦知事泄,乃与诸弟率番将伯颜普华等,先至杲家杀杲,并杀瑾及都御史寇深于朝房,又刃伤大学士李贤。镗等闻变,率兵来大战于长安街,吉祥、钦、铉、镭、铎、伯颜等皆伏诛。使非镗、瑾等剌闺告变,祸几不测矣。然亦有不可解者,吉祥方密应于内,镗、瑾等虽奏入,岂不能拦截弗使上闻,何以能直达御前,遂至被执?及观李贤《天顺(实)〔日〕录》,乃知吉祥不通文墨,未尝掌司礼监,故章奏不经其手也。《明史·吉祥传》却称其掌司礼监,然李贤系同时人,自当以贤说为准。

武宗嬖江彬为义子,自通州回京,彬将边兵扈行,而帝已病,彬矫旨改团营为威武团练营。及帝崩,大学士杨廷和虽令中官密启皇太后谋诛之,然近在肘腋间,何以能束手就缚?及观箬陂《继世纪闻》及唐枢《国琛集》、何良俊《四友斋丛说》,是时廷和方惧其为变,谋之于王翱,翱请于遗诏内叙边兵扈从南巡之劳,而离家日久,俱令至通州给赏散归①。于是彬左右无人,遂不能脱。此一说也。高岱《鸿猷录》则云:武宗崩,廷和等秘不发丧,以武宗命召彬入,遂就擒。此又一说也。按彬日侍豹房不离左右,岂有帝崩而犹不知者?《明史·杨廷和传》,是时彬拥重兵在肘腋,知天下恶之,心不自安。其党李琮劝以家众反,不胜则走塞外,彬犹豫未决。廷和谋以皇太后命捕诛彬,因题大行铭旌,乃与中官温祥等谋,胁司礼魏彬入奏皇太后。良久未报,顷之报曰,彬已擒矣。又《明史·佞幸传》,帝崩,江彬称疾不出,衷甲观变。会坤宁宫安兽吻,皇太后传命江彬与工部尚书李铭祭神以礼服入,家人不得从。祭毕,中官张永留饭,皇太后诏至收彬,彬遂不能出。此盖当日实事。诛彬在武宗晏驾数日后,初非秘不发丧,即日诱诛彬而后成服也。盖彬虽有不轨谋,而素无布置,是以廷和等得乘间除害耳。

【校】

① 是时廷和方惧其为变,谋之于王翱,翱请于遗诏内叙边兵扈从南巡之劳,而离家日久,俱令至通州给赏散归 《校证》:王翱卒于成化三年,而此为正德末年之事,绝不能相及。《继世纪闻》与《国琛集》皆作谋之于张永,《四友斋丛说》则作王琼。赵氏似取何良俊之说,而误王琼为王翱。

明代宦官先后权势

明内监故事,永乐中,差内官至五府六部禀事,内官离府部官一丈作揖。途遇公侯驸马,则下马旁立。今则呼府部官如属吏,公侯驸马途遇内官,转回避矣。陆容《菽园杂记》。张吏侍(延)〔廷〕祥云:内阁待中官之礼凡几变。天顺间,李贤为首相,司礼监巨珰至者,以便服接见之,事毕揖之而退。彭文宪继之,门者来报,必衣冠见之,与之分列而坐,太监第一人对阁老第三位,常虚其二位。后陈阁老文则送之出阁,商阁老辂又送之下阶,万阁老安则送至内阁门矣。今凡调旨等事,司礼者间出,或使少监等传命而已。陆深《金台记闻》。太监至,阁臣迎之于花台,送之止中门。李西涯告王鏊云:此定例也。陆深《玉堂漫笔》,又见王鏊《震泽长语》。朱象元云有一顺门上内官云:我辈在顺门上久,见时事凡几变。昔日张先生乎敬。进朝,我辈俱要打恭。后来夏先生,言。我们只平眼看着。今严先生,嵩。与我们恭恭手才进。何良俊《四友斋丛说》。此阁部大臣与内官交接先后不同之大概也。至王振、汪直、刘瑾、魏忠贤，则有长跪叩头呼九千岁者矣。

权奸黩贿

《震泽长语》，正德中，刘瑾籍没时，金二十四万锭，又五万七千八百两，元宝五百万锭，银八百万，又一百五十八万三千六百两。以上金共一千二百五十万七千八百两，银共二万五千九百五十八万三千六百两。箬陂《继世(记)〔纪〕闻》，刘瑾时，凡有贿赂，一千曰一干，一万曰一万，后渐增至几干几万矣①。《留青日札》，嘉靖初，籍没钱宁金七十扛，共十五万五千两，银二千四百九十扛，共四百九十八万两。《鸿猷录》，江彬籍没时，入公帑者黄金七十柜，柜一千五百两，银二千二百柜，柜二千两。《继世余闻》，严嵩籍没时，金银、珠宝、书画、器物、田房，共估银二百三十五万九千二百四十七两余。又直隶巡按御史孙丕扬所抄嵩京中家产，亦不减此数，而所估价又不过十之一。即如裘衣共一万七千四十一件，仅估银六千二百五两零，帐幔被褥二万二千四百二十七件，仅估银二千二百四十八两零，则其他可知也。计其值不下数十倍。此外又行赂于权要者十二三，寄顿于亲戚者十三四云。《明史·严嵩传》，嵩籍没时，黄金三万余两，白金百余万两，他珍宝不可数计。盖犹少言之也。

【校】

① 箬陂《继世(记)〔纪〕闻》，刘瑾时，凡有贿赂，一千曰一干，一万曰一万，后渐增至几干几万矣 《校证》："万"，《纪闻》原作"方"，"干"、"方"皆取其与"千"、"万"字形相近，用为隐语。原刻本"干"字不误，"万"字似脱上面一点。

明代科场之弊

唐寅举乡试第一，与江阴富人徐经同举，遂同入京会试。寅故有才，梁储为延誉于程敏政。适敏政与李东阳同主会试，策题以四子造诣为问，乃是许鲁斋一段文字，见刘静修《退斋记》，通场士子皆不知。敏政得二卷，独条对甚悉，将以为魁。而寅出场后亦疏狂自炫，给事中华昶遂劾敏政鬻题。时榜未发，诏敏政毋阅卷，其所录令东阳覆阅，二人卷皆不在所取中，东阳以闻。言者犹论不已，敏政、昶、寅、经俱下狱，坐经尝谒见敏政，寅尝乞敏政作序文，俱黜为吏，敏政亦勒致仕。

见《明史·敏政》、《寅传》并何良俊《丛说》、箬陂《治世余闻》、王世贞《明诗评》。昇亦以言事不实，调南太仆主簿。盖定谳时未尝实其关节之罪也。

归安人韩敬尝受业于汤宾尹，宾尹分校会试，敬卷为他校官所弃，宾尹越房搜得之，并取中五人。他考官皆效尤，竞相搜取，共十七卷。宾尹又以敬卷强总裁萧云举、王图录为第一。榜发，士论大哗。及廷对，宾尹又为敬夤缘第一。宾尹旋以考察夺官，敬亦告病，事已隔三年矣。会进士邹之麟分校顺天乡试，所取童学贤有私，御史孙居相并宾尹事发之，下礼官及都察院议，而不及宾尹。给事中孙振基请并议，礼部侍郎翁正春议黜学贤，谪之麟，亦不及宾尹。振基再疏劾，乃下廷臣更议。时宾尹已去官，敬谪行人司副。《明史·孙振基传》。

按宾尹在浙党中本为巨魁，尝把持京察，以麻禧依附东林，即出之为按察司知事。即其在闱中越房搜卷，并强总裁拔敬第一，廷试又为敬夤缘大魁，居相、振基连劾之，而廷臣皆不敢议。既罢官后，犹能使霍维华疏言宾尹宜雪，敬宜复官，可见其权力声势足以奔走一时。故孙丕扬以宾尹召号党与，又将图柄用，乃并其门生王绍徽亦出之于外。真所谓奸人之雄也。《王绍徽传》。

明人说部

徐祯卿《翦胜野闻》，明祖擒张士诚后，斥江浙行省参政周伯琦曰："元君寄汝以腹心，乃资贼为乱耶？"先迎之，三日大醉以酬其劳而戮之。按《元史》，平江破后，伯琦归故乡，以良死，初未尝被戮也。《野闻》又云：士诚司徒李伯昇先以国情输我师，帝亦以为奸臣而诛之。然湖州之破，满城皆降于明，独伯昇不肯，曰："张太尉待我厚，何忍为此？"不得已亦降。及平江将陷，伯昇又使人说士诚以保身全家为上策。则其惓惓于故主，尚非恝然，是以既降后命仍故官。洪武七年，尚命伯昇掌屯田山东、北平等处，后又兼懿文太子同知詹事院事，又命将兵讨平湖广慈利蛮。《吴良传》，伯昇又随邓愈讨广西叛蛮。则伯昇初未被诛也，而《野闻》以为被戮，果何所据耶？

又王锜《寓圃杂记》，元有全某者，乃宋渊圣皇帝之母舅，在元学佛于土番，号合尊大师，有子亦从其教。后元主坐以说法聚众，皆杀之。按渊圣乃钦宗追尊之号，至元朝已百六十余年，何得尚存？合尊大师乃德祐帝也。盖全某系德祐帝母全太后之兄弟耳，而讹为渊圣，可谓屯毛不辨。又德祐帝有子曰完普，亦出家为僧，然未有杀害之事。此明人小说中最陋者也。

长　随

长随本中官之次等，受役于大珰者。《明史·宦官·何鼎传》，鼎在弘治中为长随。又《王振传》，英宗陷于土木，郕王监国，群臣既击杀振党马顺，又乞出王、毛二长随，亦击杀之。下又云：王、毛二中官。是长随即中官也。郑晓《今言》，司礼珰王岳为刘瑾所恶，谪充南京净军，瑾党长随王成等追至临清小沙滩，缢杀之。今俗所谓长随，则官场中雇用之仆人，前明谓之参随。《明史·宦官传》，高淮监税辽东，有参随杨永恩，婪贿事发，几激军变。又税监陈奉在武昌肆毒，众欲杀奉，逃而免，乃投其参随十六人于江。又《何景明传》，太监廖銮镇关中，横甚，其参随遇三司不下马，景明执而挞之。

明朝米价贵贱

《明史·周忱传》，时京师百官月俸，皆持俸帖赴南京领米，米贱时，俸帖七八石易银一两。忱请重额官田极贫下户准纳银，每两当米四石，解京代俸。民出甚少，而官俸常足。《王文传》，苏、松、常、镇四府，每粮四石折银一两，民甚便之。后户部复令征米输徐、淮，率三石致一石，文用便宜停之。《张瑄传》，榆林水灾，瑄请移王府禄米于他处，留应输榆林者济荒，每石取值八钱输榆林，民皆称便。《马文昇传》，输边者粮一石费银一两以上，丰年用粮八九石方易银一两。《李敏传》，请令山、陕州县岁输粮于各边者，每粮一石征银一两，以十九输边，依时值折军饷，有余则籴以备军兴。由是北方二税皆折银，自敏始也。《杨守随传》，王府禄米每石征银一两，后增十之五，守随入告于王，得如旧。何乔新勘处播州事情疏云：四川布政使发银三百两，照依时价，每银一两买米二石五斗，给筑城夫口粮。是明中叶以前米价不过如此，及崇祯中始大贵。《李继贞传》，崇祯四年，斗米值银四钱，民多从贼。《左懋第传》，崇祯时，山东兵荒，米石二十四两，河南乃每石一百五十两。

廿二史札记补遗

《御批历代通鉴辑览》总裁诸臣钦奉上谕：金源肇起东方，与本朝满州之地同一疆域。如完颜为金国族，至今隶我旗籍，而今之富察氏，即金蒲察转音，此其明证也。间考史册所载，金语与今国语类多吻合，第音译传讹，遂至歧舛。而元人所著《金语》一篇，又多臆度失真，如"勃极烈"即今"贝勒"，为管理众人之称，乃解为犹汉云冢宰，附会无当。至"猛安"音近今"明安"，明安，千也，与千夫长相协。"谋克"之为百夫长，义实难通，或即今语"穆昆"，为族长之称，犹可比合。若以"按出虎"为金，与国语"爱新"迥不相同。而《金国语解》又有金曰"按春"之文，则又与今耳坠语相同，亦与金无涉，不知何以踳谬若此。盖金朝所制女真大小字，未经流传中外，而又未经译以汉字，其后裔式微，遂无从考证，不及我朝审音辨字之精详，足为同文准的耳。

夫各国各有其语，各有其字。我满洲与蒙古，一字一音，即尽其一字一音之义，从无一音而有两字以至数字。惟汉字则一音有多至数字者，于是以汉字译清字者，得以意为爱憎，每取恶字以示见贬。不但于异国异字用之，即于同一汉文，颇有用是为抑扬者矣。此仓颉造字，所以有鬼夜哭之语也。然汉自汉，清自清，以汉译清，原非本文，庸何伤乎？若求其音之正，则必当用三合音字，庶不失本来，而三合音字非人所能尽晓。兹因批阅《通鉴辑览》，思《金史》成于汉人之手，于音译既未谙习，且复任情毁誉，动以丑字肆其诋訾，如"乌珠"之必书"兀术"之类，不可枚举。而"贝勒"或讹为"勃极烈"，或讹为"孛堇"，实可鄙笑。我国家中外一统，治洽同文，不忍金朝之官族人名为庸陋者流传所误，因命廷臣悉按国语改正，其旧名仍注于下，以资参考，使读史者心目豁然，不为前人谬妄所惑。特于初见处发其大凡如此。钦此。

臣纂辑《廿二史札记》时，第就坊刻《辽》、《宋》、《金》、《元》、《明》旧史为据。今蒙高宗纯皇帝御批《历代通鉴辑览》，所有人名、官名、地名一一翻译改正，始知数百年以来皆承讹袭谬，今日方得本音，诚千古不刊之书，读史者宜奉为准的。第恐外间坊刻旧本正多，不能家喻户晓，臣谨逐一录出，转以旧名在前，今名在后，使人知旧本如此，今本如此，读史者可不迷于检阅焉。

辽　耶律奴哥今改讷格。　习泥烈今改萧锡甲。　胡土白山今改瑚里巴山。　余睹今改伊都。　夷列今改伊呼。　白斯不今改博硕布。　耶律大石今改耶律达什。　师姑今改锡衮。　挞曷里今改达哈拉。　遅买今改萧锡默。　余睹姑楚今改余睹姑。　敖卢斡今改阿姥罕。　挞鲁今改塔鲁。　谟葛失今改玛克锡。　得里底今改达尔丹。　紏邻今改吉林。　诋沙勒今改并索勒。　述烈今改珠尔。　朴古只沙里今改布固济苏沙喇。　普速完今改普苏完。　可敦今改哈吞。　回王毕勒哥今改伯勒格。　忽儿珊将军名号，今改呼尔察。　斡里剌今改鄂罗济。　移剌窝斡今改伊喇鄂斡。　萧翰本名迪里，辽太宗入汴，赐后族小汉曰萧翰，自后后族皆以萧为氏。　敌烈今改迪里。　寒真今改罕扎。　敌鲁今改达鲁。　阿钵今改阿巴。　郎(五)〔五〕今改郎(马)〔乌〕。　兀欲今改鄂约。　麻答今改满达勒。德光从弟。　〔白麻答〕白再荣贪虐，满达勒所取之财又取之，恒州人称为白麻答。今改白满达勒。　津撚今改伊(约)〔纳〕克。　述(乾)〔轧〕今改舒斡。　察割今改察罕。　挞烈今改塔鲁。　涅鲁衮今改尼噜衮。　里古直今改努古济。　兀律今改乌里。　小哥今改(肖)肖格。　化哥今改化(哥)〔格〕。　辛古今改锡古。　燕燕今改叶叶。　寅古今改英格。　忽没里今改华默哩。　耶律禅珠喇今改耶律琮。　克沙骨慎思今改格什古星什。　昌尤今改禅珠喇。　挞马扈从官号。今改达噶拉〔美〕。　巴速堇今改巴尔斯济斯。耶律斜轸今改耶律色珍。　于越官号。今改裕悦。　曷鲁今改嚇噜。　耶律休哥今改耶律休格。　夷离堇今改额勒金。　绾思今改乌苏。　奚底今改希达。　乙辛隐今改伊逊伊尔。　咄李今改绰里特。　勃古哲今改博郭济。　蒲奴隐今改布尼雅。　蒲古只今改布格齐。　详稳今改详衮。　达烈哥今改特尔格。　打里今改达哩。　勒浪党项别种。今改埒克拉木。　合利今改浩里。　潘罗支吐蕃族。今改巴喇济。　〔耶律〕奴瓜今改耶律诺郭。　迷般嘱今改密班珠尔。　逋吉今改日巴勒戬。　者(龙)〔龙〕今改扎巴。　厮锋督今改斯榜多。

金　散睹今改索都。　胡突衮今改呼塔噶。　阇母今改多昂摩。　特母哥今改特默格。　撒鸾今改雅里。　阿古哲今改阿固齐。　斡布后改名宗斡，今改斡本。　斡离不今改斡喇布。　蒲卢虎今改博勒郭。　挞懒今改达赉。　撒离揭今改色勒默。　黄掴敌古本今改洪郭达呼布。　星显今改锡馨。　三宝奴今改三宝努。　尤虎〔今改〕珠赫呼。　七斤今改齐勤，即布萨端。　火鲁虎必喇地名。今改和尔和必喇。　畏吾儿国名。今改辉和尔。　别失八里地名。今改巴什（八）〔伯〕里。　庆山奴今改庆善努。　纳合买住今改纳哈塔迈珠。　粘合合打今改钮祜禄哈达。　独吉千家奴今改通吉迁嘉努。　胡沙今改和硕。　万奴今改鄂诺勒。　乌古孙兀屯今改乌克逊鄂吞。　唐括合打今改唐古哈达。　留哥今改留格。　丑奴今改绰诺。　乌克论夺剌今改乌库里道喇。　石古乃今改锡固纳。　斜烈今改色垧默。　纥儿今改和尔。　抹撚象多今改穆延挬多，即尽忠。　搜温今改索衮。　扎达今改卓达。　笔什尔今改必什呼勒。　查拉尔今改扎拉喇。　素兰今改苏呼。　银青〔今改〕伊木沁。　花道戍名。今改和托。　昔烈今改锡喇。　寅答虎今改音达辉。　阿海又名阿哈。今改布萨安贞。　夹谷石里哥今改瓜尔佳锡尔格。　蒲剌都今改富拉塔，即富珠哩德裕。　必兰阿鲁带今改必噜阿鲁岱。　徒单百家今改图克坦拜札。　仆散扫吾出今改布萨萨固珠。　佗满胡土门今改图们和挬。　乌古论德什今改乌库哩德升，即垧尔锦。　讹出虎今改恩彻痕。　巴土鲁今改巴图鲁安。　讹可今改鄂和。　牙吾答今改要赫德。　移喇八狗今改伊喇巴噶。　讹鲁古必喇今改额（不）〔尔〕衮必剌。　移剌众家奴今改伊喇重嘉努。　伯开今改布木凯。　卜吉今改博济。　胡里今改呼尔噶。　斡不答今改鄂博台。　合达今改哈达。　纳合六哥今改纳哈塔禄格。　移剌蒲阿今改伊喇丰阿拉。　陈和尚一名（右）彝，彝字良佐。今改禅华善。　（连）〔速〕不台、兀良合皆地名。今改苏布特、乌梁海。　两讹可一名草火讹可，一名板子讹可。今俱改鄂和。　六儿今改禄尔。　斡烈今改沃哩。　兀林答今改乌林噶。　按得木今改阿达茂。　定住今改鼎珠。　口温不花今改琨布哈。　别里古台今改伯勒格特依。　〔徒单〕兀典今改图克坦乌登。　阿里合今改阿里哈。　纳合合闰今改纳哈塔赫伸。　石(笺)〔盏〕女鲁欢今改什嘉纽勒绎。　白撒今改博(宗)〔索〕。　撒合辇今改萨哈廉。　阿虎带今改阿固岱。　赤盏合喜今改迟嘉喀齐喀。　徒单益都今改图克坦伊都。　丰新今改封仙。　阿尤鲁今改鄂卓罗。　众僧奴今改重僧努。　珠颗今改珠赫。　合周今改哈准。　〔完颜〕久住今改〔完颜〕玖珠。　斜卯爱实今改锡玛喇爱锡。　把奴今改博诺。　奴申今改讷苏肯。　习捏阿不今改萨尼雅布。　都喜今改德希。　尤甲塔失不今改珠喜塔克锡布。　〔蒲察〕官奴今改富察固纳。　乞奴今改齐诺。　乌古论忽古今改乌库哩瑚鲁。　野驴今改郭叶鲁。　女奚烈完出今改钮祜禄温绰。　乌古孙爱实今改乌可逊爱锡。　拷栳今改〔喀喇,即〕乌(古)〔库〕哩镐。　孛尤鲁今改富珠哩。　兀沙惹今改乌色。　兀林答胡土今改乌凌噶瑚图克。　玉山儿今改裕色尔。　夹谷久住今改瓜尔佳玖珠。

蒙古　斡难河今改鄂诺河。　孛端叉儿今改勃端察不。　阿兰果火今改阿抡郭斡。　脱奔咩哩犍今改托本默尔根。　畏罗今改卫拉特。　也速该今改伊苏克依。　跌甲温盘陀山今改特里衮布达拉山。　泰赤乌今改泰楚特。　月伦今改鄂楞。　察兀秃鲁官名。今改察衮图尔。　帖麦该地名。今改特默格。　太阳罕今改迪延汗。　蔑里乞今改默尔奇斯。　成吉斯汗今改青吉斯汗。　尤赤今改卓齐特。　察合台今改察罕台。　窝阔台今改谔格德依。　木华黎今改穆呼哩。　札剌尔今改扎拉尔。　孔温窟哇今改崆根郭斡。　怯台今改奇尔台。　哈台今改哈斯台。　薄察今改布扎尔。　拖雷今改图类。　肃也先今改萧额森。　吾也儿今改乌叶尔。　珊竹今改萨勒珠特。　察噶察华今改察克察衮。　三哥拔都今改僧格巴图。　弘吉(利)〔剌〕今改鸿吉哩。　塔忽今改达呼。　唆鲁忽秃今改苏呼呼图哩。　撒尔塔今改萨里里台。　兀胡乃太不花今改乌呼禰尔(合)〔台〕布哈。　安赤今改阿齐台。　默德那今改默迪纳。　派噶木巴尔今改排哈木巴尔。　密里今改密尔。　扎拉丁今改扎拉迪(青)〔音〕。　密里汗今改玛里克汗。　斡脱罗儿地名。今改鄂托落尔。　迭里密地名。今改达(尔)尔玛。　班勒讫地名。今改巴喇

（尔）〔勒〕哈。　塔里寒今改塔里哈。　达噜噶齐谓掌印官。　撒马儿罕今改赛马尔堪。　侯小叔今改侯孝顺。　斡可今改翁科。　阿鲁带今改阿鲁岱。　博尔尤今改博果济。　纳忽阿儿兰今改纳固尔敦拉。　博儿忽今改博勒呼。　许兀慎今改厚新。　赤老温今改齐拉衮。　拨里班曲律今改都尔本库鲁克，即木华黎、博尔尤、博尔忽、赤老温等四人，犹华言四杰也。子孙皆领宿卫，号四集赛，旧作四怯薛。　亦腊喇翔昆今改齐拉克和双琨。　霍博地名。今改和博。库铁乌阿剌里地名。今改（本）〔奎〕腾阿噜。　黑马今改刘哈玛尔。　斡骨栾今改翁郭罗。　速不罕今改绰布干。　著古今改珠古。　蒙哥今改莽赉扣。　木儿哥今改默尔根。　忽睹都今改（珊）〔瑚〕图克图。　忽必烈今改呼必赉。　旭烈今改辖鲁。　阿里不哥今改阿里克布克。　回古乃今改辉尔古纳。　塔察尔今改塔齐尔。　俦盏今改布展。　阔端今改库腾。　唐兀乌密今改瑭古特乌密。　曲也怯律今改绰依辰类。　钦察国名。今改奇卜察克。　宽佃地名。今改库勒腾。　木思海亦地名。今改济苏哈雅。　玉里吉今改伊勒吉。　拔都今改巴（都）〔图〕。　斡罗思今改俄罗斯。　也烈赞城名。今改额里克。　乃马真今改鼐马锦氏。　脱烈哥今改托里格讷。　讹铁镎湖兰地名。今改乌特古呼兰。　奥都剌合蛮今改谔多拉哈玛尔。　失烈门今改锡里玛勒。　曲出今改库春。　月里麻思今改伊拉玛斯。　也可那颜今改伊克那颜。　牙剌瓦赤今改伊勒噶克齐。　汪吉宿灭秃里地名。今改昂吉苏默（北）〔托〕里。　斡兀立海迷失今改乌拉海额锡。　横相乙儿地名。今改杭锡雅尔。　兀良合台今改乌特哩哈达。　阔帖兀阿兰地名。今改奎腾敦拉。　忙哥今改莽噶。　那摩西僧名。今改纳摩。　没脱赤地名。今改摩多齐。　乞里吉忽帖尼今改克勒奇库塔纳。　唆大脱今改苏固图。　〔亦〕孙哥今改伊逊克。　也速儿今改约索尔。　孛里叉今改布尔察克。　赛典赤今改赛音鄂德齐。　珊竹带地名。今改沙卜珠岱。　纽璘今改糯呼。　阿答胡今改阿都固。　乞石迷地名。今改克什密尔。　抄马那颜今改绰勒们诺延。　密里霍者今改密剌伯和卓。　李忽兰吉今改李呼哩雅济。　阿尤今改阿珠。　苦彻拔都儿今改哲辰巴图噜。　脱忽斯今改托郭斯。　真金今改精吉木。　迈铁赤今改默德齐。　合鲁氏今改赫噜氏。　浑都海今改浑塔噶。　乞台不花今改奇塔特布哈。　八春今改巴崇。　八思巴僧名。今改帕克巴。　萨斯迦今改萨斯嘉。　族款今改足克衮。　朵栗赤今改多尔济。　阿合马今改阿哈玛特。　不鲁花今改布拉噶。　玉龙答失今改玉龙哈什。　安童今改安图。　和礼霍孙今改和尔郭斯。　匿赞马丁今改鼐智密迪音。

蒙古　改国号曰元。宋度宗咸淳七年,元世祖至元八年。　赛典赤瞻思丁今改赛音谔德齐展斯迪音。　乌马儿今改乌马喇。　阿里海涯今改阿尔哈雅。　合剌今改哈喇。　伯颜今改巴延。　博罗欢今改博罗干。　忙兀今改莽郭。　畏答〔儿〕今改鄂约达勒。　逊都思今改安塔海。　塔出今改达春。　阿剌罕今改阿楼罕。　那木罕今改诺摩罕。　合式大王今改和硕王。　宋都㩼今改苏都尔岱。　奥鲁赤今改鄂罗齐。　忙兀台今改蒙古岱。　昂吉儿今改昂吉尔。　野蒲今改叶普尔努。　阔里吉思今改哈丹克呼济苏。　杨琏真伽僧名。今改嘉木扬喇勒智。　昔里吉今改锡喇勒济。　阿麻里地名。今改阿尔穆尔。　斡鲁欢今改鄂尔坤。　也的迷失今改叶特密什。　也速觰儿今改伊逊岱尔。　抹速忽今改玛苏库。　四集赛分番宿卫之官,博勒呼、博尔济、穆呼哩、齐拉衮四族子孙为之。　火敦脑儿河源。又名鄂敦塔拉。今改鄂端诺尔。　也孙斡论今改也孙鄂洛木。　腾乞里塔蒙古谓天为腾格哩,谓山峰为哈达。今改腾吉哩哈达。　阿里伯今改阿勒巴。　燕铁木儿今改雅克特穆尔。　完者都今改乌哲勒图。　相答吾儿今改桑阿克达尔。　纳剌速丁今改纳剌苏尔丹。　太(上)〔卜〕今改台布。　也罕的斤今改伊克特济。　匣剌鲁今改锡喇娄。　瓮古剌带今改昂吉尔岱。　索罗今改博罗。　亦麻都丁今改尼马多卜丹。　阿鲁浑萨里今改谔尔根萨里。　不鲁迷失海牙今改博罗哈思哈雅。　撒的迷失今改撒题勒密什。　桑哥今改僧格。　胆巴今改丹巴。　功嘉葛剌今改恭噶喇实。　突甘思旦麻今改思图克达木。　哈剌哈孙今改哈剌哈斯。　斡剌纳儿〔今改鄂罗纳尔〕。　彻里今改彻里克。　燕只台吉今改延济克台。　太赤今改塔喇齐。　要束木今改纳苏穆尔。　脱脱忽今改托克托呼。　阿必失合今改阿必锡合。　麦术督丁今改莽珠迪音。　乃颜今改纳延。　阿沙不花今改阿实克布哈。　纳牙今改纳恰。　金家奴今改锦嘉努。　铁哥今改特格。　玉昔铁木儿今改约苏特穆尔。　阿八赤今改阿巴齐。　昔都儿今改萨都尔。　月里迷失又名博罗哈思哈雅。今改云丹密实。　火鲁哈孙又名火鲁火孙。今改和洛霍斯。　土土哈(班都察)今改图图尔哈。　撒的迷失今改萨题勒迷失。　怯伯今改奇卜。　甘麻拉今改噶玛拉。　合剌带今改哈剌台。　亦怯烈今改伊奇哩。　扎忽带今改扎呼岱。　完泽土别燕今改旺扎勒。　亦(里)〔黑〕迷失今改伊克穆苏。　百查儿今改布扎尔。　明里铁木儿今改穆尔特穆尔。　阿彻忽突地名。今改哈斯图岭。　月赤察尔今改伊彻察喇。　亦里吉觯今改伊勒吉台。　色辰今改薛禅。　秃鲁麻谓释罪囚作佛事。今改多尔玛。　三不剌地名。今改赛音布拉克。　伯括吾氏今改巴约特氏。　托里斯今改托里实克。　小薛今改锡锡。　蛮子台今改曼济岱。　阿老瓦丁今改阿拉威迪音。　万僧今改乌(孙)〔逊〕。　床兀儿今改绰和尔。　俺答今改谙达。　孛伯今改博拜。　特灵台今改特尔特。　也不干今改额布根。　也速答儿今改伊逊岱尔。　海山今改海桑。　答剌麻八剌今改达尔麻巴拉。　立智理威今改勒芝剌斡。　薛超兀儿今改薛绰尔。　忽怜今改阿什。　杨汉英赐名赛音布哈。　迷儿火者今改密喇卜和卓。　八都马辛今改巴特玛琳沁。　马兀合剌今改马乌赫哩。　阿忽台今改阿呼岱。　爱育黎拔(丈)〔力〕八达〔即仁宗〕。今改阿裕尔巴(黑)〔里〕巴特喇。　押忽大珠名。今改雅郭。

完者笃今改额勒哲依图。　秃剌今改图喇。　阔阔今改库库。　牙忽都今改雅呼图。　马(诸)〔谋〕沙今改茂穆苏。　沙的今改锡迪。　阔阔出今改库克楚。　博达今改拨绰。　和世〔王束〕〔㻋〕即明宗,武宗长子。今改和锡拉。　答斯不花今改塔斯布哈。　乞台普济今改奇塔特伯奇。　教瓦班西僧名。今改罝勒斡巴勒。　三布瓦丁今改三布斡鼎。　款彻今改库齐。　三布瓦今改三布(瓦)〔斡〕。　脱虎脱今改托克托。　保八今改保巴。　忙哥铁穆尔今改蒙格特穆尔。　不里牙敦今改布琳尼敦。　脱怜今改托琳。　迸不剌今改班巴尔。　剌失里阿纳今改喇特纳锡里。　铁里西僧。今改德勒克。　阿儿思兰今改阿尔萨兰。　旺光察都今改翁郭察图。

曲律今改库鲁克。　旺毕今改旺布。　乌马儿今改乌玛喇。
木儿火赤今改玛拉噶齐。　铁木迭儿今改特们德尔。　只孙衣今
改积苏衣。　雍古今改永固特。　咬住今改约尔珠。　秃忽鲁今改
图固勒。　护都沓儿今改呼都克托里。　昵匿马丁今改羃智密迪
音。　灭里吉歹今改默尔格特。　硕德八剌即英宗。今改硕迪巴
拉。　鳌日今改哩日。　教化今改嘉辉。　阿思罕今改阿斯罕。
　脱里伯今改图鲁卜。　察阿台今改察克台。　伯答沙今改博迪
苏。　买住今改迈珠。　阿木哥今改阿穆噶。　脱不台今改图布
台。　月鲁帖木儿今改伊噜特木尔。　卜领(勒)〔勒〕多礼伯台今
改布凌锦都尔伯特。　普颜笃今改布延图。　乞失监今改齐克慎坚。
　秃秃哈今改图图尔哈。　八尔吉思今改巴尔积苏。　乃剌忽今
改羃拉固。　塔失海牙今改塔斯哈雅。　黑驴今改赫鲁。　脱忒
哈今改托多尔海。　亦列失八今改伊呼萨巴。　帖赤今改塔齐尔。
　胥益儿哈呼今改索约尔哈瑚。　锁咬儿哈的迷失今改索约勒哈
达穆苏。　铁里威失今改德呼威苏。　奴儿干今改尼噜罕。　图
帖睦尔〔即文宗〕。今改(托克特穆尔)图卜特穆尔。　亦启烈今改伊
奇哩。　益里海涯今改伊勒噶雅。　铁冶今改特克锡。　赤斤铁
木儿今改彻辰特穆尔。　也先铁木儿今改额森特穆尔。　按梯不
花今改阿尔古布哈。　探忒今改塔坦。　斡罗斯今改乌鲁斯。　失
秃儿今改锡达尔。　旭迈杰今改舒马尔节。　别烈迷失今改巴勒密
拉锡。　焉速忽今改延斯固。　买奴今改满努。　秃满今改图们。
　纽泽今改宁珠。　马剌今改马剌勒。　曲吕不花今改奇尔布哈。
　兀鲁思不花今改乌鲁斯布哈。　锁秃今改宁珠苏图。　八八罕
今改巴巴罕。　阿速吉八今改阿苏奇布。　左塔不台今改左塔布
台。　塔失帖木儿今改塔什特穆尔。　也先捏今改额森羃。　阿
剌忒纳失〔里〕今改喇特纳锡哩。　铁木哥今改特默格。　朵朵今
改多木达。　明理董阿今改莽赉托噶。　别不花今改拜布哈。　王
不怜吉台今改旺布凌吉特。　乃马台今改羃马岱。　蔑理吉觯今
改默尔吉济特。　脱别台今改托博台。　曲烈今改奇拉尔。　别铁
木儿今改拜特穆尔。　王禅今改旺辰。　松山今改苏克(彻)〔伞〕。
　怀王图卜特穆尔即文宗。　阔阔台今改库库特(旨)〔音〕。　铁

木儿补化今改特穆尔布哈。　撒敦今改萨敦。　唐其势今改腾吉尔〔斯〕。　阔不花今改库库布哈。　忽喇台今改呼喇台。　探马赤今改特默齐。　马扎儿今改穆齐尔台。　自当今改则丹。　不花帖木儿今改（在）〔布〕哈特穆尔。　囊加台今改囊加岱。　宽彻今改库齐。　珣阿不剌今改多阿克巴勒。　奴兀伦今改努抡。　唐兀氏今改瑭古特氏。　护都笃今改胡土克图。　钦察台今改奇彻台。　阿儿思兰海牙今改阿尔萨兰哈雅。　阿荣今改鄂允。　铁木儿脱今改特穆尔图。　辇真乞剌思西僧名。今改年扎克喇锡。　懿璘质班明宗子。今改额琳沁巴勒。　秃坚今改图沁。　伯忽今改布固。　阿禾今改阿瑚。　乞住今改克楚。　帖木尔不〔花〕今改特穆尔布哈。　小云失今改硕裕实。　八不沙今改必巴什。　云都思帖木儿今改温都素特穆尔。　脱脱木儿今改托克托穆尔。　只儿哈郎今改济尔噶朗。　也的迷失脱迷今改伊德尔实特默。　观音奴今改观音努。　野里牙又作野里海牙。今改阿里雅。　马儿今改玛尔。　阿剌忒纳答剌今改（喇纳）〔喇特纳达喇〕。　香山今改希沙。　搠思班今改绰斯巴勒。　也速也不干今改伊苏伊伯根。　古纳答剌今改古噜喇特纳。　阿鲁浑撒里今改鄂尔根萨里。　燕帖古思今改雅克特古思。　怯烈今改克呼。　必剌都古象失今改必喇图库图齐。　玉珍达八的剌板的今改木津达巴迪尔班第。　必剌忒纳失里沙津爱护持今改布哩讷实喇音沙津阿固齐。　僧家奴今改僧嘉努。　扎牙笃今改济雅图。　妥欢帖睦尔即顺帝。今改托欢特穆尔。　迈来的今改玛里达。　阿鲁浑帖木儿今改阿里衮特穆尔。　真哥今改珍格。　普化今改布哈。　泰不花今改台哈布哈。　伯牙吾台今改巴约特。　丑的今改绰台。　（壹）〔党〕兀班今改丹巴。　佛家（阁）〔间〕今改佛（家间）〔嘉律〕。　搠斯监今改绰斯戩。　汪家奴今改旺嘉努。　沙剌班今改锡哩巴勒。　燕者不花今改杨珠布哈。　世杰班今改沙克置巴勒。　月可察儿今改依克彻尔。　只儿瓦歹今改珠尔噶岱。　月鲁不花今改阿噜布哈。　也里牙今改阿里雅。　不答失里今改布特达锡里。　月阔察儿今改伊克彻尔。　巎巎今改库库。　吾者野人今改乌哲勒额森。　铁木儿达（什）〔识〕今改特穆尔达什。　别儿怯不花今改博尔克布哈。　燕只吉觯今改延济克台。　忽都不花今改瑚图克布哈。　朵尔直班今改多尔济巴勒。　亦怜真班今改额琳沁巴勒。　朵儿只班今改多尔济巴勒。　斡勒海寿今改乌兰海苏。　哈麻今改(巴克什)〔哈玛尔〕。　雪雪今改苏苏。　脱忽思今改托郭(思)〔斯〕。　拔实今改巴克什。　伯帖木儿今改拜特穆尔。　偰哲笃今改奇齐叶图。　秃鲁今改图鲁。　秃赤今改图齐。　达识帖木尔今改达什特穆尔。　宽彻哥今改琨彻格尔。　丑闾今改超尔。　秃坚不花今改图沁布哈。　彻里不花今改齐里克布哈。　兀忽失今改乌格什。　彻彻帖木儿今改彻辰特穆尔。　密尔麻今改玛尔默。　和谟今改和谟克。　阿思兰今改阿(思)〔斯〕兰。　察罕帖木儿今改察罕特穆尔。　晃火帖木儿今改鸿和特穆尔。　完者帖木儿今改旺扎勒特穆尔。　和尚今改华善。　阿里浑察今改阿里衮彻尔。　庆童今改庆同。　完者不花今改旺扎勒布哈。　宽彻普化今改库沁布哈。　爱猷识理达腊今改阿裕锡哩达喇。即顺帝太子。　汝中柏今改儒克忠巴勒。　悟良哈台今改乌兰哈达。　褚不花今改褚布哈。　班格今改伴哥。　不兰奚今改布喇奇。　纽的该今改努都尔岱。　完者都今改旺扎尔图。　答理麻失里今改达尔玛锡哩。　胡伯颜今改胡巴延。　帖木补花今改特穆尔布哈。　兀都蛮今改乌德美。　达国珍改达克津。　普颜不花今改布延〔布〕哈。　竹贞今改珠占。　寿童今改硕通。　哈喇鲁今改哈喇鲁特。　燕赤不花今改伊齐布哈。　朵列今改都呼。　崔完者帖木儿今改〔崔〕旺扎勒特穆尔。　石抹宜孙今改舒穆尔伊逊。　迪烈今改德里纠。　厚孙今改和逊。　朴不花今改布木布哈。　伯颜不花的斤今改巴延布哈德克津。　大圣奴今改达腾努。　也先忽都今改额森呼图克。　扩(廊)〔廓〕帖木儿今改库库特穆尔。　木儿古彻兀地名。今改穆尔固楚。　塔思帖木儿今改塔斯特穆尔。　马合谋今改玛哈穆特。　貎高今改摩该。　伯撒里今改巴咱尔。　老的沙今改罗达锡。　也速今改伊苏。　答兰帖木儿今改达兰特穆尔。　真保今改珍布。　上都马今改玛勒。　〔金〕那海今改金诺海。　伯达儿今改毕德尔。　八思儿今改巴咱尔。　脱烈伯今改图鲁卜。　虎林赤今改和尔齐。　满尚宾今改玛实贝尔。　掩笃剌哈今改温都尔罕。　脱因帖木儿今改托音特穆尔。　　侯伯颜达世今改侯巴延达什。　　沙蓝答儿今改锡喇岱尔(尔)。　　神保今改绅宝。　　朵耳麻今改多尔玛。

迭里弥实今改德尔密什。　　阿里衮察罕帖木儿之父。　　也儿结尼今改额尔吉讷。　　黑厮今改赫色。　　迭儿必失今改德尔毕什。朴赛因不花今改富森赛音布哈。　　满川今改穆辰。　　阿儿温沙今改阿尔乌逊。　　卜颜帖木儿今改布延特穆尔。　　牙罕沙今改扬沙。

伽璘真西僧名。今改结琳沁。　　秃鲁帖木儿今改图噜特穆尔。演撰儿今改延彻尔。淫亵之处。　　倚纳淫亵伙伴。今改伊纳克。皆即兀该言事事无碍也。今改济齐乌格衣。　　哈喇答今改哈喇台。

加巴剌般乐器。今改噶巴拉萨巴。　　报恩奴今改报恩努。　　大斡耳朵谓大家产也。今改大鄂尔多。　　洪丑驴今改洪趄尔。　　哈剌章今改哈喇章。　　桑哥失里今改桑图锡里。　　答失八都鲁今改达什巴图鲁。　　火赤温今改和实衮。　　绊住马今改珠尔马克。　　陈也先今改陈额森。　　蛮子海牙今改曼济哈雅。　　刘哈喇不花今改刘哈剌布哈。　　庆生今改齐克慎。　　盖里伯今改噶尔布。　　韩扎儿今改哈扎噶尔。　　沙不丁今改沙布迪里。　　上都罕今改沙达哈。　　阿鲁浑河今改鄂尔坤河。　　(哈)〔土〕喇河今改图拉河。皆黄河源。别笃山今改毕道山。　　长加奴今改昌嘉努。　　何琐南普今改何索诺穆温布。　　卜纳剌今改伯纳呼。　　喃加巴藏卜今改纳木扎勒巴勒藏布。　　南哥思丹八亦监藏今改纳木喀萨丹巴嘉木灿。　　脱古思帖木儿元顺帝之孙。今改特古斯特穆尔。　　俄力思今改额哷苏。巴者今改拜哲。　　伯颜子中今改巴延资中。　　脱火赤今改托和齐。

爱足今改按珠。　　忽都帖木儿今改瑚图克特穆尔。　　亦怜真今改额淋沁。　　达里麻今改达尔玛。　　达的今改托迪。　　乃剌吾今改鼐喇固。　　刘探(乌)〔马〕赤今改刘特默齐。　　一秃河今改伊图河。地保(努)〔奴〕今改迪保务。即元顺帝之曾孙。　　天保奴今改添保务。　　也速迭儿今改伊逊岱尔。　　咬住今改耀珠。　　坤帖木儿今改琨特穆尔。　　鬼力赤今改郭勒齐。　　兀良哈今改乌梁海。　　迤都山今改伊都山。　　彻彻儿山今改察察尔山。　　索林帖木儿今改布琳特穆尔。　　买的里八剌今改密迪。元顺帝孙，顺帝嗣君阿(俗)〔裕〕锡哩达(赖)〔喇之子〕。　　哈秃兀今改哈拉固。　　火真蒙古人，永乐中番将。　**安克帖木儿**哈密王。今改恩克特穆尔。　**脱列干**鞑靼人。今改图(唤)〔噜〕根。　**阿鲁台**今改阿噜台。　**察罕道鲁花**今改察罕达尔噶。　**瓦剌灰**迤北降人。今改鄂尔和。　**哈里麻**西僧名。封为大宝法王。〔今改哈里玛〕。　**瓦剌**蒙古部落。今改卫拉特。　**马哈木**今改马哈木特。　**把秃孛罗**今改巴图博啰。　**煖答失**今改诺衮达什。　**本雅失里**今改布尼雅锡哩。本元裔。　**兔力帖木儿**哈密王。今改推勒特穆尔。　**老的沙**凉州番酋。今改娄达衮。　**答里巴**卫拉特汗。今改塔尔巴。　**忽兰忽失温**卫拉特地名。今改和拉和锡衮。　**康哈里孩**地名。今作刚哈拉海。　**屈律儿河**在朵颜境内。今改启拉尔河。　**也先土于**蒙古人。今改额森托(子)〔于〕。　**答兰讷木儿**地名。今改达兰纳穆尔河。　**阔阔纳浯儿**今改库库诺尔。　**母纳山**今改穆纳山。　**阿卜只俺**今改鄂博尔济延。　**托都不花**元后。今改托克托布哈。阿尔台所属。　**也先**今改额森。　**喃哥**今改讷格。　**困即来**今改琨济楞。　**完者脱欢**今改旺扎勒托欢。　**皮儿马**今改丕勒马尼。　**黑麻**今改哈玛尔。　**乞儿蛮**今改奇里玛。　**革(于)〔干〕帖木儿**今改格根特穆尔。　**孛来**鞑靼部人。今改保喇。　**麻儿可儿**今改穆尔格尔。号小王子。　**毛里孩**今改玛拉噶。　**孛汗**今改博汗。　**乌林台巴鞑**今改乌林台巴丹。是为准噶尔之始。　**答实巴**番僧。今改扎实巴勒。　**(答)〔札〕巴坚参**亦番僧。今改〔托〕把置(勒)勒木灿。　**卜列革**今改布拉噶。　**把塔木儿**今改巴图穆尔。　**罕慎**今改哈商。　**阿力**今改阿里。　**速(礼)〔檀〕**今改苏勒坦。　**牙兰**今改伊兰。　**乜〔克〕力**今改默克埒。　**脱罗干**今改〔陀〕罗陵。　**亦思马因**今改伊斯玛音。　**辛爱**谙达子。今改锡林阿。　**桃松泰**鞑女,锡林阿之妻。今改托斯齐。　**吉能**即济农也。济农本蒙古王号,旧分作吉囊、吉能,今仍改济农。隆庆初,济农据河套,为西陲诸部长,屡入寇,乃以王崇古总督三边。　**老把都**今改〔娄〕把图尔。　**土蛮**今改土默特。即鞑靼小王子后。　**把都儿**今改巴图尔。　**通罕**今改托干。　**把汉那吉**谙达孙。今改巴噶奈济。　**一克哈屯**谙达妻。今改伊克哈敦。　**袄儿都司**今改鄂尔多斯。盖即今鄂尔多斯地。　**昆都力**(吟)〔今改昂都埒〕。即老把噶,本谙达弟。　**朵颜长秃**今改朵颜察克图。　**董狐狸**今改董呼哩。　**长昂**今改长安。　**张其哈剌**今改章齐喀喇。　切尽台吉_{今改彻辰台吉}。　黑石灰_{今改哈斯坦}。　委_{今改韦微}。　煖土_{今改诺木图}。　拱土_{今改恭图}。　卜言台周_{今改布延台珠尔}。　把速亥_{今改苏巴尔噶}。　炒花_{今改绰哈}。